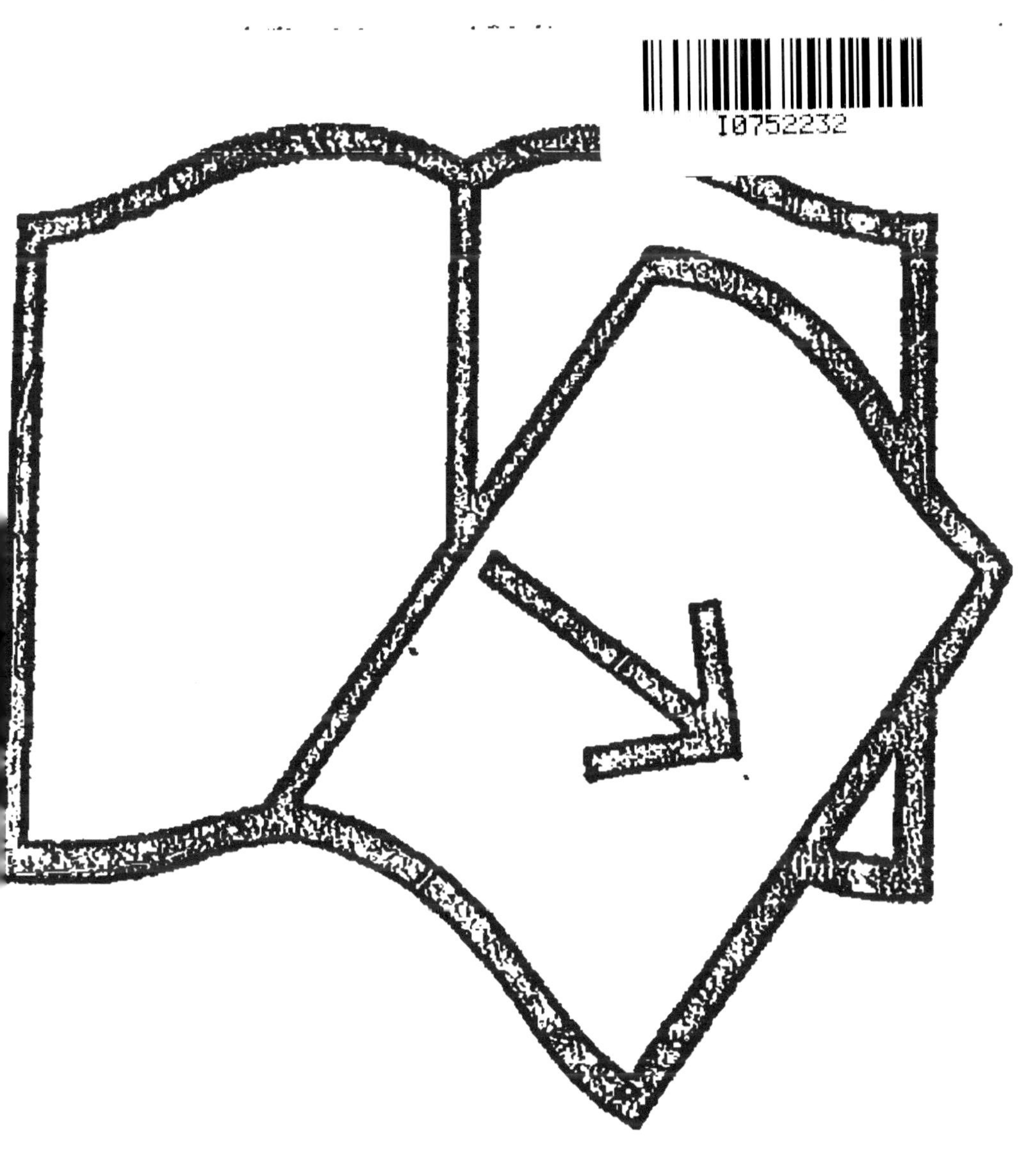



Couvertures supérieure et inférieure manquantes

# DAVID D'ANGERS

PARIS. TYPOGRAPHIE DE E. PLON ET Cie, 8, RUE GARANCIÈRE.

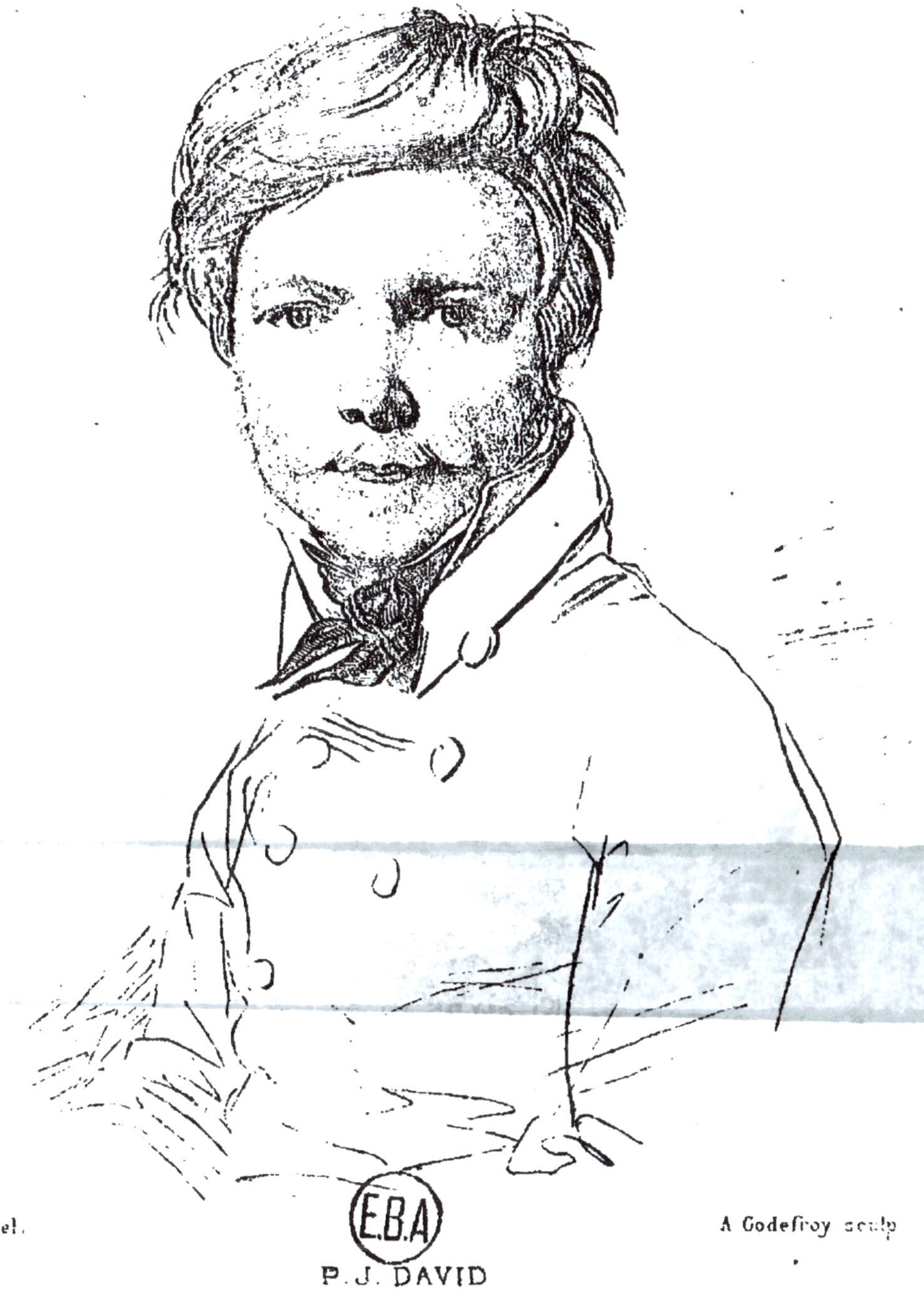

Ingres del. A Godefroy sculp

E.B.A

P. J. DAVID

d'après un dessin de J.D Ingres.
(Rome 1815)

Imp A. Durand, Paris

# DAVID D'ANGERS

## SA VIE, SON ŒUVRE
## SES ÉCRITS ET SES CONTEMPORAINS

PAR

M. HENRY JOUIN
Secrétaire de la Commission de l'*Inventaire général des Richesses d'art de la France*

DEUX PORTRAITS DU MAITRE, D'APRÈS INGRES ET ERNEST HÉBERT, DE L'INSTITUT
VINGT-TROIS PLANCHES HORS TEXTE ET UN FAC-SIMILE D'AUTOGRAPHE
GRAVÉS PAR A. DURAND

TOME SECOND

ÉCRITS DU MAITRE — SON ŒUVRE SCULPTÉ

Celui qui s'habitue à suivre n'ira jamais devant.
MICHEL-ANGE.

Un marbre fait âme est un flambeau.
DAVID D'ANGERS.

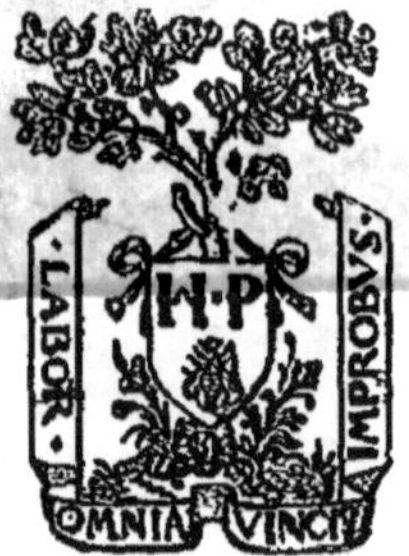


PARIS
E. PLON ET Cie, IMPRIMEURS-ÉDITEURS
RUE GARANCIÈRE, 10

MDCCCLXXVIII


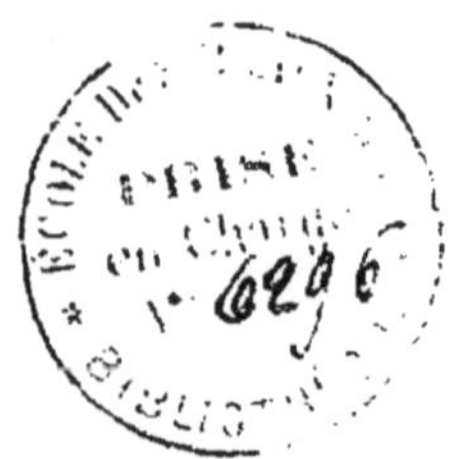

# AVANT-PROPOS

Les pages qui vont suivre, et que nous intitulons *Esthétique et Histoire de l'art*, *Portraits d'artistes*, *Impressions et Critiques*, *Mélanges*, sont loin de renfermer la totalité des écrits du maître.

Ayant eu à notre disposition pendant de longs mois, grâce à l'entière obligeance de la famille de l'artiste, ses papiers les plus intimes, nous avons compulsé dans ses notes de voyage, dans ses réflexions relevées sur la table de l'atelier, tout ce qui a trait à l'art, mais nous n'avons pas cru devoir donner place ici aux écrits politiques ou autres signés par David d'Angers.

Parmi les *Lettres* autographes qui nous ont été communiquées, nous avons limité notre choix à celles où David traite de l'art en général, de ses confrères, de sa méthode, de ses œuvres ou de lui-même.

A l'égard des études publiées par l'artiste dans divers recueils, nous avons gardé la même indépendance : ce n'est que par fragments que plusieurs figurent dans cet ouvrage. Mais le plus modeste document reproduit par nous étant accompagné de l'indication de nos sources, le lecteur peut se reporter, s'il le veut, à l'édition première de certaines pages de David qui se réclament autant du polygraphe que du statuaire.

La notice de l'*Œuvre sculpté* nous a demandé de longues années de recherches. Est-ce à dire que nous n'ayons fait aucun oubli en l'écrivant? Nous n'osons pas l'affirmer. On tenterait vainement de rassembler les pensées d'un homme de génie, et chez David chaque pensée devenait une œuvre.

Nous voudrions remercier ici toutes les personnes qui nous ont aidé dans nos perquisitions minutieuses : la liste en serait longue. Il est un nom, pourtant, qui domine tous les autres quand il s'agit de David, et que nous ne tairons pas : c'est celui de madame David d'Angers.

Les rares biographies du maître sont incomplètes, et souvent inexactes : la date, la matière, la destination de chaque ouvrage ne s'y trouvent pas mentionnées, et dans la plupart des cas nous avons dû recourir, pour être plus exact que nos devanciers, à la bienveillance infatigable de madame David elle-même. C'est ainsi que pendant plusieurs années elle a reçu de nous de véritables dossiers renfermant mille questions de toute nature, lui soumettant les contradictions les plus bizarres, en appelant à sa mémoire de certains ouvrages faussement attribués à David. En un mot, nous avons soumis à son approbation chaque ligne écrite sur l'*Œuvre* de son mari, en sorte que cette partie de notre livre, fréquemment rectifiée par elle, est presque autant son travail que le nôtre.

Le Musée David étant dû tout entier à la munificence du statuaire, nous avons pensé qu'il suffisait de signaler ici l'origine des œuvres sans nombre qui composent ses galeries, en nous dispensant de répéter sans cesse, à la suite de chacune d'elles, la mention *Donné par l'auteur*. Les libéralités de l'artiste à l'égard des hommes de son temps nous rendront, d'ailleurs, cette formule promptement familière.

Lorsque des médaillons n'étaient pas datés, ce qui s'est produit fréquemment, sans rien vouloir préjuger de l'époque à laquelle ils ont pu être exécutés, nous avons simplement recherché leur date d'envoi au Musée David, et nous les avons signalés au lecteur comme naturellement antérieurs à cette date.

Ce dernier mode de classement n'offre pas toute la précision que nous aurions souhaitée. Mais il nous a bien fallu nous borner ici à des indications approximatives. Nous avons, il est vrai, essayé d'obtenir d'un certain nombre d'hommes, dont l'artiste a reproduit les traits, quelques renseignements sur l'époque à laquelle leur médaille leur fut offerte; mais peut-être devons-nous croire que les soucis de la gloire présente ne permettent point de revivre aisément dans le passé, car nos demandes en savaient plus déjà que la mémoire des clients du maître.

Encore que la notice de l'*OEuvre sculpté* soit le document le plus étendu qui ait jamais paru sur les ouvrages de David, ses pages modelées étaient connues, tandis qu'on ignorait ses écrits. C'est donc à la première partie de ce volume que se reporteront le plus volontiers les lecteurs désireux de connaître sous tous ses aspects la figure multiple d'un grand artiste de ce temps.

Nous pensons que les écrits du maître, publiés par nous, sont de nature à lui marquer sa place entre Falconet et Flaxmann, deux sculpteurs écrivains dont les livres ne doivent pas périr. Moins savant qu'Etienne Falconet, David juge l'antiquité avec plus d'ampleur et de critique que ne l'a su faire le commentateur de Pline. Chargé d'enseigner, le statuaire français n'a pas rédigé, sans doute, sous leur forme définitive, comme l'a fait Flaxmann, ses leçons d'esthétique, mais les fragments que nous mettons au jour nous le montrent plus philosophe, plus spiritualiste que le sculpteur anglais. Ni Falconet, ni Flaxmann n'ont senti au même degré que David d'Angers les sévères beautés de l'art gothique.

# ÉCRITS DE DAVID D'ANGERS

# DAVID D'ANGERS

---

## ESTHÉTIQUE ET HISTOIRE DE L'ART

## SCULPTURE

### CHAPITRE PREMIER

#### PHILOSOPHIE DE LA SCULPTURE

I. But de l'art plastique. — II. La sculpture est une religion. — III. Dignité de sa mission. — IV. Un marbre fait âme est un flambeau. — V. De la beauté morale. — VI. Le beau dans la forme s'impose au statuaire. — VII. Insuffisance de l'art en présence du beau. — VIII. Du réel. — IX. De l'illusion matérielle produite par l'œuvre d'art. — X. L'art doit ennoblir tout ce qu'il touche. — XI. Supériorité de l'art plastique sur la peinture. — XII. De l'expression de la douleur en sculpture. — XIII. Des caractères essentiels de l'œuvre modelée. — XIV. Causes de l'impopularité de l'art plastique chez les modernes. — XV. Ce que le maître appelle « la poussière divine ». — XVI. La statue de Dieu.

I. — L'art, et tout spécialement l'art plastique, doit être un moyen de consacrer les hautes pensées, celles-là seules qui peuvent aider au progrès de l'humanité. Que me fait la représentation, même la plus parfaite, de l'homme, si l'image est impuissante à m'initier aux mystères de son âme? Autant vaudrait le faire mouler, si l'on ne veut avoir qu'une écorce; autant copier un modèle de profession. Le corps humain n'est que l'alphabet du livre écrit par le Créateur, et dont les pages renferment tant de grandes leçons. J'avoue que j'apprécie peu la représentation matérielle de l'homme. Ce sentiment exista chez moi dès l'enfance, puisque j'avais à peine douze ans quand je me mis à pleurer devant une gravure du *Marcus Sextus* de Guérin. J'étais trop jeune, trop peu exercé dans l'art du dessin pour saisir les beautés ou les défauts de cette œuvre, mais une infortune profonde, noblement exprimée, m'avait remué jusqu'à l'âme [1].

II. — Le marbre, par sa blancheur, a quelque chose de pur et de céleste. Les couleurs sont terrestres. Nous portons sur nos traits l'empreinte de la destruction; la sculpture, au contraire, porte l'image de l'éternité. Plus une fleur est brillante, moins elle dure. La sculpture est la tragédie des arts. J'ai toujours pensé à la sculpture en voyant Hamlet sur la scène. L'homme qui lutte seul contre le malheur est héroïque. La sculpture est une religion.

III. — La nature est un grand statuaire qui peuple l'univers de ses créations. Elle allume le feu divin dans chaque être. Les uns sont dotés d'un flambeau; d'autres reçoivent une lampe; d'autres, enfin, et ce sont eux qui forment la portion moyenne de l'humanité, ne reçoivent qu'une veilleuse. L'œuvre vit et se remue pour un temps, puis la nature détruit elle-même son propre ouvrage. C'est alors que commence la mission de l'art. A lui revient l'honneur de conserver les types supérieurs que la nature avait mis au jour; mais il doit observer dans ses choix la même gradation que le maître par excellence, dont il n'est que l'imitateur.

La sculpture implique l'idée d'apothéose. A mesure que l'homme avance dans la vie, les brillantes couleurs de la jeunesse font place à la blancheur mate du teint et de la chevelure. C'est

[1] Toutes les pensées comprises sous le titre *Esthétique et histoire de l'art* sont inédites, et nous les avons relevées sur les carnets de David d'Angers.

le présage d'une transformation prochaine où le corps ne sera bientôt plus qu'une dépouille. La couleur blanche doit être celle des âmes. Si dans un marbre elle séduit le regard, c'est sans doute qu'elle agit sur notre âme à notre insu. Le blanc, c'est la lumière du ciel.

IV. C'est l'enthousiasme et l'exaltation qui, seuls, peuvent approfondir les mystères de la nature et lever ce voile épais qui la cache. L'âme a plusieurs enveloppes : d'abord le squelette, ensuite la chair, cette parure terrestre qui indique par sa pureté la qualité de l'objet qu'elle renferme. C'est en vain que l'on essaye de contenir un parfum en l'entourant de plusieurs enveloppes ; s'il est généreux, il se révèle au dehors, quelques précautions que l'on prenne pour le bien renfermer. Il y a des parfums qui sont confiés à des vases de terre ; d'autres sont déposés dans des urnes de prix. Ces parfums-là, ce sont les âmes des Napoléon, des lord Byron, des Socrate, etc. De tels hommes ne sont appréciés que par les êtres qui ont un sens délicat, par les intelligences d'élite qui seules ont le don d'intuition. Telle est la mission de l'art moderne ; il doit mettre l'âme en relief, fût-elle enfouie sous un corps défectueux. Il arrive souvent que des objets de grande valeur sont conservés dans des meubles grossiers, selon la fortune des personnes qui les possèdent. Le riche use de tissus recherchés, le pauvre, au contraire, de toile brute ; mais qu'importe ce qui est l'extérieur? L'âme est tout. Soyez sévères dans vos choix ; qu'on ne puisse pas dire devant vos statues qu'il n'y a de précieux que l'enveloppe, et que, si on l'enlevait, il ne resterait plus qu'une chose sans saveur, un modèle indigne de notre art.

Un marbre ou un bronze fait âme est un flambeau destiné à guider les générations.

V. — Combien notre art est grand! il transmet à l'avenir toutes les créations de la nature. La jeune beauté, l'homme de génie, le héros qui a versé son sang pour la patrie ont dans l'artiste un archiviste qui conserve les formes que la nature a pris plaisir à briser afin de les repétrir avec des modifications dans son moule immense.

Toutefois, la sculpture ne peut jamais prétendre à nous rendre l'illusion complète de la vie. Elle est l'apparition de l'âme; c'est à l'âme qu'elle doit s'attacher, car il n'y a que l'âme qui soit immortelle. Le corps, avec ses imperfections maladives, doit rentrer dans la terre; l'âme, au contraire, doit se refléter sur la terre par une statue. C'est l'étoile qui dirige les cœurs généreux dans cette route si difficile de la vie. Voyez l'effet misérable que produit un masque moulé sur la nature vivante. A peine si vous pouvez reconnaître la personne. Ce qui prouve sans réplique que le véritable moulage de la nature doit se faire dans le cerveau de l'artiste, et, en passant par cet organe, il recevra le souffle de son âme. Aussi l'artiste doit-il élever continuellement son intelligence et son cœur s'il veut comprendre les sublimes actions qu'il est appelé à reproduire. L'âme de l'artiste est l'unique source des grandes conceptions qui seront enregistrées un jour dans les annales du génie.

VI. — Une loi thébaine ordonnait aux artistes de ne consacrer leurs talents qu'aux nobles sujets, et de sacrifier exclusivement aux Grâces sous peine d'amende. Effectivement, la beauté est l'expression de la bonté, et l'art qui écrit pour l'avenir ne doit pas enregistrer les erreurs de la nature. La beauté frappe tout le monde. « Ne pleure pas, dit la bonne d'enfant au petit affligé : tu serais laid »; cela agit surtout sur les petites filles, qui essuient aussitôt leurs larmes.

VII. — Les productions d'un homme de génie ne sont qu'un faible reflet des rayons qui illuminent son âme. De même, on ne peut exprimer à l'objet d'un profond amour qu'une faible partie de l'émotion du cœur. Mystères indéfinissables, qui font dire au penseur : « Que sais-je? » On a toujours en soi un idéal bien différent de la réalité sujette à tant de vicissitudes et de déceptions physiques. L'homme gâte tout ce qu'il touche, même son bonheur; le malheur seul ne dévie pas de sa réalité. Le monde, c'est l'état de veille dont le bonheur est le rêve. L'art qui matérialise la forme, c'est le malheur daguerréotypé; celui qui idéalise, c'est le rêve du bonheur consolant pour l'espèce humaine. La laideur est la fausse note du concert admirable de la nature. A quoi sert que l'art nous montre continuellement le laid, qui est la plus grave erreur de la création?

VIII. — Ce n'est pas toujours la réalité qui est belle, ce sont les impressions qu'elle inspire et qui deviennent celles de l'âme. Un soir, à Pau, je fumais mon cigare sur un balcon; la lune éclairait de pâles rayons les maisons voisines; une d'entre elles présentait des lignes, des masses si grandes et si nobles qu'il me semblait voir un monument égyptien, et que je rêvais quelque chose de surnaturel. Le lendemain matin, je restai désenchanté en face d'une grande et laide masure.

IX. — L'illusion matérielle ne saurait être le but dans les arts. Si une action représentée pouvait imprimer à l'imagination une secousse assez forte pour pervertir le jugement au point de faire croire à la réalité de la scène, si peu que la composition fût dramatique, sa vue deviendrait un sujet de torture. En effet, un pareil tableau placerait l'homme en face d'une grande douleur pour le soulagement de laquelle il se sentirait impuissant. De là son supplice. Mais l'art, dans l'expression du malheur, doit laisser pressentir, au contraire, une douleur possible et prochaine que le spectateur éprouvera peut-être à l'exemple du héros qu'il a sous les yeux, et cette vision émeut son âme en éveillant chez lui la pitié.

X. — Il le faut, l'art, comme l'amour, doit être assez puissant pour ennoblir ce qu'il touche. Une sorte d'atmosphère divine enveloppe l'être aimé. Le cœur s'en nourrit, et l'enivrement de l'esprit fait oublier les misères et les défections du corps. — Que du marbre jaillisse un parfum d'idéal.

XI. — Ce qui donne une haute supériorité à la sculpture sur la peinture, c'est qu'elle parle à la postérité par la durée des matières dont elle se sert dans ses apothéoses. Personne ne trouvera ridicule qu'un simple particulier se fasse peindre en pied, tandis qu'il n'oserait jamais faire exécuter sa statue en bronze ou en marbre, et pourtant une statue affublée de notre costume moderne n'est guère autre chose qu'un portrait en pied.

Tout art qui en suit un autre abdique ses propres vertus et devient impuissant. La mission des arts est de créer, non de traduire. Toute imitation d'un art par un autre n'a lieu qu'aux dépens de l'imitateur.

Le peintre force la postérité à ne voir les traits qu'en pauvres trois quarts. Le statuaire donne la réalité tout entière. La peinture présente toujours les mêmes ombres, les mêmes lumières; les ombres et les lumières varient sans cesse pour la sculpture. Ainsi, la nuit même, on peut encore distinguer les formes d'un ami ou d'un ennemi.

La sculpture, plus durable et plus grave sous sa teinte monochrome que la peinture, parut aux Grecs un moyen de rendre avec moins de lacunes la majesté des dieux et des héros, le marbre étant de nature à faire naître dans la pensée une vague sensation d'éternité glorieuse.

XII. — Le grand ascendant de l'art sur l'homme lui vient de cette puissance mystérieuse qui veut que les larmes coulent à la vue des larmes et produisent cette électricité morale qui remue les masses.

La première fois que je vins à la Ferté-Milon, je fus frappé à l'aspect d'une énorme branche brisée, qui, pourtant, tenait encore à un grand chêne, comme un enfant mort aux bras de son père.

Quelques mois après, je la revis dans la même situation. On ne conserve que vaguement le souvenir du bonheur, tandis que le malheur est comme un jalon placé dans la vie. Quelque beau qu'eût été l'arbre, je l'eusse bientôt oublié s'il n'avait porté l'empreinte de la destruction. Tel est le secret de l'impression que font éprouver les ruines ou la vue d'un marbre imprégné de torture.

XIII. — Le poëte et le philosophe peuvent retracer avec développement les illusions du cœur, les douleurs de l'âme, mais il n'en est pas de même pour le statuaire : son marbre doit être un résumé simple et clair. Il faut qu'il soit simple parce que d'un seul regard le spectateur enveloppera son œuvre; la clarté est commandée au statuaire pour la même raison, car l'œuvre plastique qui est une énigme rebute l'esprit dès le premier instant, et le spectateur s'en éloigne.

L'art doit impressionner l'âme humaine. Les castes cessent d'exister devant un chef-d'œuvre. L'homme philosophe et l'homme vulgaire doivent se sentir émus par un même marbre; mais leurs émotions diffèrent quant à leur nature et à leur intensité. Chacun contemple l'aspect qui lui est accessible. Toutefois, le côté naïf qui seul frappe l'homme du peuple doit aussi intéresser l'homme instruit, dont l'intelligence se plaît aux spéculations élevées, car le génie lui-même ne se dépouille jamais totalement de l'état de nature. Quelque chose de primitif, de populaire, d'humain reste en germe au fond du cœur; l'enfant survit dans l'homme; aussi, pour peu qu'une œuvre ait été bien pensée et rendue avec art, elle inondera de joie l'homme d'élite; elle mettra tout son être en vibration.

XIV. — Si le peuple est si insouciant et si froid à l'égard des œuvres sculptées, cela vient des sujets que choisissent les statuaires. La sculpture ne doit représenter que de grandes actions; toutes les fois qu'elle se montre oublieuse de sa tâche sublime, elle est dans le cas de ces prêtres qui disent des choses frivoles. On serait choqué de voir un magistrat chanter à l'audience au lieu de rendre la justice avec gravité. — Le gouvernement est coupable de ne pas imprimer une direction morale à un art qui ne peut exister que par lui. — La peinture est plus indépendante; elle a pour elle le public; mais aussi, voyez comme elle concède aux idées sensuelles afin de plaire! La peinture, c'est le feuilleton; la sculpture, c'est le livre qui doit traverser les siècles.

XV. — Quel bonheur j'éprouve à voyager, quoique je sente bien l'insuffisance des sentiments que j'exprime! Je roule sur le grand ossuaire de l'humanité comme ces machines montées pour parcourir une certaine course sur le parquet, et qui cessent leur mouvement, à l'ébahissement des enfants, quand la main n'est plus là pour remonter le mécanisme. Dans mes courses, je ramasse parfois un peu de poussière divine, je la pétris, je la sculpte, et je l'offre à la vue des générations futures.

XVI. — Les montagnes inspirent un sentiment de terreur. Si l'homme pouvait facilement en atteindre les cimes, elles perdraient beaucoup de leur sublime prestige. Les grandes choses de la création doivent être vues de loin. Si Dieu prenait un visage humain, il perdrait à nos yeux de sa toute-puissance. C'est une faute de chercher à représenter le grand Être qui a pu former l'immensité sans bornes et l'éternité.

## CHAPITRE II

### DES STYLES

I. Origines de l'art plastique. — II. Sculptures d'Égypte. — III. Sur des fragments assyriens. — IV. L'art des Éginètes et des Étrusques. — V. Majesté de l'art grec. — VI. La Grèce est surtout redevable de sa gloire à ses statuaires. — VII. L'art grec est la déification de l'homme. — VIII. Respect de la tradition chez les Grecs. — IX. Du méplat observé par les Grecs dans les figures de ronde bosse. — X. Les membres des statues grecques sont pleins, sans engorgement. — XI. De l'importance des figures d'hommes dans les bas-reliefs. — XII. Les Grecs ont fait peu de groupes. — XIII. Du caractère conventionnel des têtes dans la sculpture grecque. — XIV. Les sculptures du Parthénon. — XV. L'art romain. — XVI. Débuts de l'art chrétien : les Catacombes. — XVII. Les maîtres byzantins. — XVIII. Les gothiques. — XIX. La prééminence de l'âme sur la matière est le caractère dominant des sculptures gothiques. — XX. Les saints sculptés par les gothiques. — XXI. Les vierges. — XXII. Les statues de moines. — XXIII. Les figures gothiques sont comme des flammes. — XXIV. Les pieds des statues gothiques. — XXV. Caractéristiques de la Renaissance au point de vue de la sculpture. — XXVI. De la recherche du nu par les sculpteurs des deux derniers siècles. — XXVII. De l'influence des peintres sur les sculpteurs au siècle de Louis XIV. — XXVIII. De l'imitation des étoffes par les statuaires au temps de Louis XV. — XXIX. Le statuaire Julien et quelques autres, au dernier siècle, ont cherché à rendre dans leurs œuvres la vie intellectuelle. — XXX. De la sculpture française sous l'Empire et la Restauration. — XXXI. De l'écueil que n'ont pas évité quelques disciples de Louis David. — XXXII. L'art est toujours l'expression d'une époque : les sculpteurs allemands.

I. — Les commencements de la statuaire datent de la caisse de la momie. Le sculpteur s'est d'abord exercé sur la mort; la vie en est sortie plus tard. Il y a dans l'être mort un langage mystérieux que nous entendons de l'autre vie. Lorsqu'on représentait un dieu sous la forme inflexible d'un tronc d'arbre ou d'une pierre, l'imagination suppléait évidemment à l'insuffisance de l'image et faisait pressentir la divinité. Cela me rappelle ce pauvre fou de Saint-Rémy [1] qui avait tracé le portrait de celle qu'il aimait sans

[1] Bouches-du-Rhône.

former de traits, pour satisfaire sa jalousie. Incorrect pour d'autres yeux que les siens, ce dessin parlait à sa pensée. L'enfance de l'art suppose un culte populaire ou une grande faculté de sentir.

Il me semble que chez tous les peuples les artistes ont dû s'occuper d'abord de la représentation de la pantomime, sans prendre garde à l'expression du visage. Ne dirait-on pas que les Grecs ont cherché à conserver quelque trace de ce type primitif de l'art, même à l'époque de leur gloire, ce qui donne à leurs marbres quelque chose d'archaïque qui rappelle la jeunesse de l'homme?

II. — Dans les sculptures d'Égypte et d'Assyrie, les héros sont toujours figurés plus grands que les autres personnages. Un sentiment naturel et aussi la vérité historique le voulaient ainsi. L'histoire nous apprend, en effet, que les peuples primitifs choisissent ordinairement pour chef un homme plus grand que ses semblables par la taille et la force physique. Voilà pour les faits. L'imagination, de son côté, se plaît à grandir quiconque a su accomplir des actes difficiles et mémorables. Voilà pour le sentiment. Puis, ne sait-on pas que le chef d'une nation s'efforce toujours de frapper les yeux, soit par quelque avantage corporel, soit par son costume, dont il veut la couleur éclatante et riche, et la forme imposante? Et n'est-il pas vrai que le peuple retient aisément dans sa mémoire un trait caractéristique, le geste habituel, l'attitude familière aux personnages placés en évidence? Par tous les points, de tels hommes sont plus grands que les autres.

III. — Je viens de visiter des fragments rapportés de Ninive. Dans la série de leurs dieux et de leurs héros, les sculpteurs assyriens ont toujours reproduit le même type, hors les cas où ils avaient à représenter un ennemi. On distingue parfaitement le caractère d'une nationalité différente sur les *têtes de leurs ennemis*, et l'on serait tenté d'y chercher quelques points de rapprochement avec le type juif. Cette uniformité de traits pour des personnages qui réclamaient une certaine variété doit-elle être considérée comme une marque d'inexpérience chez les sculpteurs anciens? N'est-elle pas plutôt le résultat d'une tendance commune aux artistes de tous les temps qui les porte à résumer l'image distinctive d'un peuple dans celle de son chef? De nos jours, on n'a pas fait autrement vis-à-vis de Louis XIV et de Napoléon. L'artiste qui cède à cette pente indique, sans y songer peut-être, que la nation se retrouve et se reconnaît dans l'homme qui la gouverne. Or, les Assyriens se faisaient une opinion si haute d'un tel homme qu'ils confondaient son image avec celle des dieux. — Dans les sculptures assyriennes, les cheveux sont toujours rendus de la même manière : ce sont des nervures comptées et juxtaposées. Les maîtres qui ont sculpté ces œuvres pensaient sans doute que la nature ne doit pas être copiée servilement, mais interprétée, et, dans leur effort pour imprégner leurs ouvrages de symbolisme et d'idéale grandeur, ils s'étaient arrêtés à cette méthode. Ce fut d'ailleurs le procédé dont usèrent les artistes chez tous les peuples primitifs. On en constate l'existence chez les Perses, les Égyptiens, les Grecs d'Égine, les Étrusques et même chez les maîtres gothiques. Un jour, on me présenta des ébauches d'un jeune sabotier de Mer, près Blois : ses bustes avaient les cheveux en nervures, ainsi que cela s'observe dans les ouvrages des premiers temps de la statuaire.



IV. — Les Éginètes et les Étrusques sont secs et positifs. Il y a de la sécheresse et de la dureté dans tout art qui débute. Les gothiques eux-mêmes ne se sont pas affranchis de cette loi. Examinez les croquis que les gens du peuple esquissent parfois sur les murs. Tout y est brutal. L'art dans son enfance a pour but de rendre la vérité matérielle et de parler aux sens. C'est seulement lorsqu'il s'oriente vers l'âme qu'il répudie le réalisme et devient poëte.

Sur l'un des frontons découverts à Égine, on voit un certain nombre de guerriers blessés à mort qui ont le sourire sur les lèvres. C'est sur le mépris de la mort, sur l'expression persistante de la valeur morale s'imposant à la nature physique, que repose toute la philosophie des anciens statuaires.

V. — Je sors de voir les fragments antiques que M. Le Bas a envoyés d'Athènes à Paris, et j'admire une fois de plus la simplicité de l'art grec. Ces jeunes hommes en marche, graves sans austérité, ont dans tout leur être une bonhomie que seuls les peuples naïfs savent conserver. Une douce mélancolie éclaire le visage ou caractérise l'attitude de ces beaux êtres. On les voit s'entretenir ensemble sans aucun souci des spectateurs. La sécurité de la pose et du geste dit clairement que de tels personnages ne redoutent rien de l'avenir : ils savent qu'on ne peut les troubler, ils ont conscience de leur immortalité. Mais l'abandon n'exclut pas ici la décence. Comme on se sent bien en face d'êtres supérieurs habitués au respect d'eux-mêmes jusque dans les plus humbles occupations de la vie! Il semble aussi que la dignité de l'image ait impressionné l'artiste lui-même : le travail de ces marbres a la franchise de l'homme qui dit tout ce qu'il sent et n'attend ni l'éloge ni la faveur d'autrui [1]. En sortant de voir ces chefs-d'œuvre à l'École des Beaux-Arts, mes yeux se sont arrêtés, dans la cour de l'École, sur les sculptures de la Renaissance : combien l'art de cette époque est pincé, fiévreux et maladif!

VI. — Quelle n'est pas la puissance de l'art plastique! Voyez si la sculpture n'est pas le joyau le plus précieux de la couronne d'immortalité que les siècles ont faite à la Grèce! On parle davantage des artistes de l'Ionie que de tous ses grands hommes, capitaines, poëtes, savants.

[1] Il s'agit ici des fragments que M. Philippe Le Bas recueillit en Grèce au cours de la mission scientifique que lui confia le Gouvernement français en 1842. Voir *Sur deux Bas-Reliefs provenant, l'un de Gortyne, dans l'île de Crète, et l'autre d'Athènes*, par Philippe Le Bas. — *Nouvelles Annales de l'Institut de correspondance archéologique de Rome*, tome XVIII.

VII. — L'art grec est la déification de l'homme. Un héros étant l'homme le plus remarquable de son temps, les Grecs ont voulu rendre sensible l'image des héros à l'aide d'une beauté surhumaine. De là est découlé le principe de l'apothéose, de l'élévation perpétuelle de la forme, du grand art, en un mot.

VIII. — Les artistes grecs ne cherchaient pas à faire du nouveau dans l'art. Leurs institutions religieuses et leurs costumes avaient une grande fixité. Chaque artiste travaillait sur le thème légué par ses devanciers et ne cherchait qu'à l'améliorer par l'étude de la forme. Nombre de grands génies littéraires se sont assurés une gloire immortelle avec des thèmes tout faits. Dante, Byron, etc., ont écrit leurs plus admirables vers sur des légendes populaires; c'est par la manière de les présenter avec une forme expressive, des aperçus nouveaux et une poésie émouvante qu'ils ont ainsi transformé en une nouvelle vie des faits connus depuis plusieurs générations. Le génie est comme le soleil, il vivifie tout.

On me disait tantôt : Il serait intéressant de décrire la physionomie du talent de chaque statuaire de l'antiquité. Cela est impossible, d'abord parce que les ouvrages ne sont pas signés; puis, les principes de l'art étaient chez les Grecs si despotiques que l'individualité de chaque artiste était étouffée sous la règle commune et ne se décelait que par des nuances fugitives. Il semble que toutes les productions de l'antiquité soient sorties de la même main. Les plus médiocres paraissent être échappées à l'artiste lorsqu'il était mal disposé; ce sont ses *errata*, les écarts de son génie.

IX. — Il existe dans les galeries du Louvre des plâtres moulés sur des cariatides d'Athènes. Bien que de ronde bosse, elles sont méplates comme des bas-reliefs. Les Grecs agissaient ainsi afin que la lumière fût plus large et vînt se jouer sous l'œil avec plus d'ampleur. Si ces statues avaient été modelées en style de ronde bosse, tel que nous le comprenons, la lumière serait étroite, et de grandes ombres sur les tournants viendraient rétrécir encore les figures. Il est à remarquer que toutes les statues des frontons d'Athènes que nous connaissons ont été traitées d'après la méthode du bas-relief. Dans les figures de ronde bosse drapées, les draperies ne sont jamais fouillées sur le milieu.

X. — Chez les Grecs, les statues ont des membres pleins; on y sent une vie robuste, mais les compatriotes de Phidias ont su se garder d'un écueil contre lequel s'est heurté plus d'un statuaire de ce temps : les Grecs n'ont jamais modelé l'obésité, fruit d'un bien-être excessif qui étouffe l'âme. La pléthore n'est point du domaine des sculpteurs.

XI. — Dans les bas-reliefs que nous ont laissés les Grecs, l'homme est toujours plus grand que les accessoires, tels que maisons, arbres, chevaux. Les lignes des monuments sont ordinairement vues comme si l'homme était au-dessus. Ce fut aussi le système adopté par les Égyptiens pour indiquer la supériorité de l'homme sur les objets.

XII. — Les scènes voluptueuses, les tableaux agités n'ont pas été connus de la sculpture grecque, parce que la passion tend à rassembler les êtres au lieu de les isoler. De là les groupes. L'art grec est plus riche en bas-reliefs et en statues qu'il ne l'est en groupes.

XIII. — La faute des artistes grecs a été de vouloir idéaliser les têtes de leurs personnages en les soumettant à des règles conventionnelles. Combien l'homme et la femme grecs devaient être beaux! Quelles générations magnifiques! Quels peuples privilégiés! Eh bien, toute question d'école mise à part, est-ce que vraiment nous pouvons nous faire une idée des célèbres courtisanes ou des belles jeunes filles qui venaient poser devant Zeuxis, lorsque sur des corps sans lacunes, nous voyons des têtes inanimées, de convention, qui toutes paraissent être sorties du même moule?

XIV. — En étudiant les sculptures d'Athènes, il est impossible de ne pas reconnaître que plusieurs mains y ont travaillé. D'abord, les figures des métopes, d'un sentiment rond et mou, ne peuvent être de Phidias. Ce sont toutes celles d'un style méplat, très-méplat, généralement les personnages des Panathénées, par exemple, qui me paraissent être de sa main puissante. Il y a dans l'exécution difficile de ces sculptures une énergie et une assurance qui décèlent le maître.

XV. — Les Romains ne se sont pas élevés dans notre art à la même hauteur que les Grecs. Leur ciseau n'a pas la suavité de celui des sculpteurs d'Athènes, mais il leur reste d'avoir compris que c'est sur le visage humain que se moulent les divines impressions du génie. Il est impossible de ne pas être frappé de cette vérité pour peu qu'on observe dans le commerce de la vie la tête d'un homme illustre. Or, le même jugement doit résulter de l'examen des productions de l'art. Ce n'est donc pas à l'aide de traits émoussés, flétris ou vulgaires, que l'on peut espérer modeler l'enveloppe des hautes et fortes pensées. Il faut que devant un buste sculpté l'émotion vous saisisse et vous fasse dire : « Je ne connais pas cet homme, mais il doit avoir du génie! » Et ce cri ne sera suggéré au témoin de l'œuvre plastique que si le marbre du statuaire est en parfait équilibre sous le rapport de la beauté de la forme et de la majesté de l'expression. C'est là le terme qu'il faut atteindre, et plus d'un buste romain n'est pas au-dessous de cet idéal.

XVI. — Aux origines de l'art chrétien, l'éducation des artistes ayant été très-bornée, ils ne s'attachaient qu'à rendre les contours. Le modelé leur importait peu; aussi demeure-t-il presque nul dans la plupart des ouvrages de cette période. Cependant, on reste surpris de l'énergie et de la mâle grandeur qui donnent à certaines sculptures des Catacombes un caractère si remarquable. L'art, il faut le reconnaître, fut alors plus sculptural que pittoresque, lors même qu'on se servait du pinceau.

XVII. — A l'époque de Constantin, l'art nous apparaît encore à ses débuts, quant à la simplicité et à l'énergie de l'image peinte ou sculptée. Mais les artistes ne représentaient guère que des martyrs; ils consacraient leur talent à célébrer les luttes du catholicisme et de ses dogmes mystérieux contre le vieux monde; peintres et statuaires étaient eux-mêmes dans le mouvement, ils avaient pris parti pour la religion nouvelle; ils avaient l'âpreté d'hommes résolus à mourir pour leurs convictions : c'est pourquoi les figures qu'ils nous ont laissées portent dans leur pose et dans l'expression de leur visage un caractère d'inflexible austérité.

XVIII. — Les maîtres gothiques, à l'exemple des byzantins et des artistes primitifs, étaient encore impressionnés par le mystère des Catacombes. C'étaient des hommes de foi : aussi les œuvres qui nous sont venues d'eux portent-elles un cachet d'une simplicité noble, d'un travail sobre, d'une conviction profonde. L'art n'a été vraiment chrétien qu'avec les artistes des Catacombes, les byzantins et les gothiques.

XIX. — L'art convaincu par excellence, c'est l'art gothique. Toutes les figures, chez les gothiques, respirent ce sentiment élevé de la prééminence de l'âme sur la matière, principe du culte chrétien. De là, simplicité des lignes qui se rapprochent, maigreur des chairs : le corps est vraiment l'esclave de la volonté. L'art égyptien paraît s'être proposé le même but que l'art gothique. L'art grec, au contraire, expression d'un culte sensuel, a subordonné toutes choses à la forme. Chez les Grecs, on distribuait des prix à la beauté! Toutefois les contemporains de Phidias ont idéalisé l'image corporelle. Les gothiques d'Allemagne ont exagéré d'une manière frappante la maigreur de leurs figures. Cela tient au caractère positif des hommes du Nord, et le fait est digne d'attention. Voyez les images de femmes, d'enfants même : les corps n'ont que la peau sur les os. En suivant cette méthode, les gothiques n'ont cessé d'indiquer — les uns avec excès, d'autres dans une juste mesure — le mépris de l'âme pour le corps qui est sa prison, et qu'elle a hâte de quitter. Aussi les artistes modernes ont-ils le devoir de s'initier au sentiment moral de l'art chrétien chez les gothiques. S'ils ont à traiter une œuvre religieuse, les Grecs les induiraient en erreur. Par contre, il serait ridicule de vouloir s'inspirer des gothiques dans la représentation d'un sujet païen.

Si parfois on rencontre dans les monuments gothiques des traces d'érudition, c'est que les prêtres inculquaient aux artistes quelque parcelle de science; mais d'eux-mêmes les statuaires comprenaient le sentiment moral de la religion parce qu'ils étaient croyants. Si les figures de saints et de vierges restent supérieures à l'humanité par la sveltesse et la pureté candide de leurs poses, c'est que les artistes avaient sans cesse devant leurs yeux des religieuses, des femmes croyantes dont l'âme dominait le corps. Les figures infernales sont, au contraire, toutes sensuelles, grasses, matérielles. En personnifiant le mal, les gothiques lui donnaient en général les allures et l'expression de gens qui leur étaient connus par leurs mauvais penchants.

XX. — Les saints sculptés au moyen âge portent sur leurs traits une expression de rudesse ascétique. On sent chez eux l'homme accoutumé aux grandes luttes. Les saints, tels qu'on les représente aujourd'hui, ne sont plus des êtres de combat : on dirait des hommes graves, vivant en sécurité auprès d'une abondante moisson semée par eux et qu'ils récolteront demain.

Ce soir, au moment où j'écris, le soleil couchant dore encore la façade de la cathédrale d'Amiens; le visage calme des saints de pierre semble rayonner.

XXI. — L'art, chez les Grecs, était chaste, sévère et toujours calme. Il semble que les anciens n'aient pas connu la tristesse et la mélancolie. De là l'expression douce, parfois méditative, de leurs figures. Chez les gothiques, — les seuls maîtres qui aient reflété dans leurs œuvres la foi religieuse des temps modernes, — les saintes, les vierges elles-mêmes semblent à peine se soutenir; elles sont frêles, maladives. La mélancolie est l'état normal des peuples qui ont soif d'inconnu.

XXII. — Les sculpteurs du moyen âge savaient représenter des religieux occupés de leurs pieuses pensées. A notre époque, où toute conviction est éteinte, les figures de religieux, telles qu'on les sculpte, ne paraissent plus imprégnées de piété : on dirait plutôt des acteurs qui posent devant le public, certains d'avance de l'approbation du parterre.

XXIII. — Les figures gothiques sont comme des flammes : elles en ont la souplesse et l'élan. Combien les dépressions y sont rares! La lumière baigne les draperies avec liberté; les statues en reçoivent une élégance et une grandeur que l'artiste ne leur a pas données. D'un aspect virginal sous les blanches effluves des rayons d'en haut, les figures gothiques ont des reflets divins.

XXIV. — Les pieds des statues gothiques sont toujours entièrement recouverts par la draperie. Les statuaires ont voulu marquer par ce détail que les personnages qu'ils représentaient n'adhéraient plus à la terre. C'était leur façon de laisser dans le vague tout ce qui est essentiellement corporel et sans dignité chez l'homme.

XXV. — A l'époque de la Renaissance, il n'était plus question de luttes religieuses. L'homme, alors, se repose, s'engraisse, s'amollit. L'art affecte des formes rondes sur la toile ou la pierre. Par l'attitude, les personnages semblent protester de la vivacité de leurs croyances. On dirait des acteurs, à voir l'exagération des poses, et surtout l'ampleur des draperies. Combien différent était le costume chez les maîtres primitifs ! On savait le réduire à sa plus simple expression. Dans les œuvres de la Renaissance, les têtes minaudent afin de plaire; le sensualisme, qui s'est infiltré dans la religion, imprègne l'art.

XXVI. — Les sculpteurs contemporains de Louis XIV et de Louis XV comprenaient et rendaient très-bien la vérité des étoffes. Ce qui prouve que le talent est le brevet d'existence d'une œuvre, c'est que certains artistes du dernier siècle ont su faire oublier le ridicule atroce du costume qu'ils devaient traiter; mais, bien que les statuaires dont je parle s'astreignissent à être de leur époque par un ciseau fidèle aux usages du temps, leur regret du nu se fait sentir. Ils soignaient les mains de leurs statues mieux qu'on ne l'a jamais fait en ce siècle; souvent, ils allaient jusqu'à montrer un genou nu, que laissait apercevoir la culotte défaite en cet endroit, ce qui est absurde. C'est donc que le nu est presque indispensable au sculpteur !

XXVII. — La sculpture est essentiellement religieuse, elle est trop grave pour recevoir sa direction de la peinture. Tant qu'elle-même a influencé la peinture, elle l'a dirigée dans la route du noble et de l'utile. Sous Louis XIV, elle s'est laissé diriger par la peinture; alors elle n'a produit que des ouvrages indignes d'elle. Sous Louis XV, de même. L'immortel peintre David a donné un nouvel élan vers le noble. Il en est de l'autorité de la peinture, à l'endroit de l'art plastique, comme de la direction morale d'une courtisane à l'égard d'une femme honnête et religieuse.

XXVIII. — Au dernier siècle, les sculpteurs s'appliquèrent à rendre le velours, les soies, la mousseline, la dentelle, toutes choses futiles, et justice leur est due : il est impossible de porter plus loin qu'ils ne l'ont fait l'imitation; mais de tels accessoires rentrent-ils dans le domaine du statuaire? N'oublions jamais que la sculpture est l'art sérieux entre tous. L'homme, dans ses manifestations les plus hautes, est seul vraiment digne du ciseau.

XXIX. — Si les sculpteurs du dernier siècle donnaient parfois à leurs têtes quelque chose de chiffonné, ils représentaient souvent la vie intellectuelle sur la face de leurs personnages. J'en trouve une preuve dans les statues de Poussin et de la Fontaine par Julien. On peut dire de Julien et de quelques statuaires de son temps qu'ils se sont préoccupés de faire penser une tête, ce qu'on n'a plus cherché après eux.

XXX. — Il faut rendre cette justice aux statuaires du temps de l'Empire, ils ont compris la dignité de la sculpture et ne l'ont pas profanée dans la représentation de scènes vulgaires ou inconvenantes. C'est à l'époque de la Restauration que l'on a vu la littérature et les arts briser toutes les entraves que la morale publique et la saine raison commandaient de respecter. Et comme le beau sera toujours, par son essence, l'expression de ce qui est bon et vertueux, les artistes qui souhaitaient de faire parler au marbre des pensées impures ont adopté le laid pour modèle! Ils le mirent en honneur. On érigea le principe : « Le beau, c'est le laid. » Des artistes de valeur s'attachèrent à reproduire les infirmités disgracieuses, les côtés ridicules de l'homme, et, ce qui est plus triste, on vit un grand peuple se ruer à de tels spectacles. Le mal que peut produire l'art, au point de vue des mœurs d'une nation, quand on le détourne de sa voie, permet de juger quel puissant auxiliaire on trouverait pour l'éducation d'un peuple dans un art respecté, sévère et toujours maintenu à la hauteur de sa mission divine.

XXXI. — Les artistes de ce temps qui n'ont pas su bien comprendre Louis David ont exagéré la rigidité des contours; mais comme, d'autre part, ils voulaient donner de la rondeur aux membres, leurs œuvres n'ont pas même pour elles la naïveté.

XXXII. — J'ai dit souvent que les productions des arts étaient toujours l'expression d'une époque. Les sculptures de la fontaine de la rue de Grenelle portent l'empreinte du règne de Louis XV par la mollesse, le flou, le passé des formes indécises. Elles révèlent le sensualisme qui prédominait alors. Sous Louis XV, on faisait des figures nues, mais elles étaient censées vêtues du tricot des écuyers de cirque; ce n'est point là l'art austère des anciens. On peut dire de l'art italien mou, cotonneux, qu'il est l'expression vraie d'un peuple énervé. Cet art nous donne l'apparence, non le sentiment de la réalité. Rien de vrai. Sous l'écorce paraît le mensonge; les passions se dissimulent sous des formes arrondies comme les gestes et les expressions usés par le frottement d'une génération qui s'applique à cacher toutes les émotions de nature à trop accentuer la vigueur du caractère. L'art s'est fait comédien; il offre un mauvais calque. La sensibilité remplace les expressions les plus fortes; la minauderie a supplanté la grâce.

Chez les Allemands, l'art est plus austère. Il est brutal dans les grands drames, d'une naïveté sèche et égoïste dans les scènes gracieuses. La grâce est chez eux un peu refroidie; elle manque de l'action qui caractérise celle des anciens. Les peuples du Nord vivent en serre chaude; il leur manque le soleil du Midi. La plante pousse chez eux d'une manière factice, et d'étranges rejetons modifient la pureté de ses formes.

Les idées se succèdent avec lenteur chez les Allemands; aussi les productions de leurs sculpteurs ont-elles une forme inflexible et arrêtée. Jamais on ne rencontrera dans l'œuvre d'un homme de génie français ou italien cette froideur persévérante. En France, comme en Italie, l'artiste est trop vite emporté par son imagination mobile.

# CHAPITRE III

## DE L'ARTISTE

I. L'antique doit être la première étude du statuaire. — II. De la nature. — III. La forme. — IV. Anatomie et physiologie. — V. Le nœud de toute vie est dans l'âme. — VI. La lecture des philosophes. — VII. De l'idéal. — VIII. Du divin. — IX. Insuffisance de l'étude pour former l'artiste. — X. L'enthousiasme, vertu nécessaire au sculpteur. — XI. De l'intelligence. — XII. Du cœur. — XIII. De la sensibilité naturelle. — XIV. Puissance du génie. — XV. C'est le statuaire qui donne l'immortalité. — XVI. Peintre de la boue. — XVII. A propos d'un élève de Louis David. — XVIII. Sur une réunion d'artistes. — XIX. L'envie fait obstacle à l'inspiration. — XX. Il faut être doué de vie pour produire. — XXI. Ce ne sont pas les maîtres les plus originaux qui font les meilleurs élèves. — XXII. Tortures morales de l'artiste. — XXIII. Influence possible de la femme sur le talent. — XXIV. L'artiste dépendant. — XXV. Rôle bienfaisant de la critique. — XXVI. L'artiste éducateur du peuple. — XXVII. C'est l'avenir qui pèse le génie.

I. — Un jeune statuaire doit diriger ses premières études vers les grands maîtres, et avant tout vers l'antique. C'est l'antique qui peut rendre familières la pureté de la forme et la simplicité des lignes. Entre les grands maîtres, l'élève doit préférer ceux qui se sont approchés le plus de la nature. De bonne heure, il faut qu'un artiste se soit rompu au mécanisme de son art afin de ne pas être arrêté, dans la suite, par les difficultés de l'exécution. L'âme doit trouver dans la main un outil toujours docile, apte à rendre avec promptitude les impressions qui l'émeuvent. Tout cela, c'est la grammaire de l'artiste. Ayant vécu dans la familiarité des maîtres, de l'antique, de la nature, s'étant habitué à la pratique de l'art, l'élève est en possession de sa langue. Un jour, il saura la parler, il en comprendra les sublimes ressources, la beauté grandiose.

II. — Quelque belles que soient les statues antiques, elles sont des productions humaines, et par conséquent susceptibles d'imperfections et de lacunes. Il faut, sans doute, se former le goût par l'étude de ces marbres divins, mais il est indispensable avant tout de remonter à la source inépuisable : la nature.

Que l'artiste s'oriente à jamais vers la nature; qu'il s'applique à toute heure à lui ravir ses secrets. Pour peu qu'il apporte de la persévérance dans la lecture de ce livre sans pareil, il sera bientôt récompensé de sa peine par les pures jouissances que lui vaudra son étude. Au premier instant, la nature est un hiéroglyphe; mais, à mesure que l'artiste poursuit ses investigations dans ce champ qui est le sien, la langue mystérieuse de la nature devient plus claire; il se familiarise avec un idiome que tout à l'heure il ignorait, et sans effort, presque sans labeur, il parvient à parler haut dans ses productions la langue de la nature. C'est alors que les masses comprennent ce qu'il dit. L'homme d'éducation ainsi que l'homme de la nature se proclament sous le charme. Le premier peut analyser ce qu'il éprouve; le second n'a pas la même liberté, mais un caractère de grandeur répandu sur l'œuvre de l'artiste le séduit, et voilà qu'il est subjugué par la volonté du sculpteur. Car il ne faut pas mettre en oubli qu'un artiste n'est créateur qu'autant qu'il accentue la beauté dans le sentiment de la nature.

III. — L'idée sans la forme châtiée, c'est déjà beaucoup; la forme sans l'idée, c'est peu de chose. Pour qu'une œuvre plastique soit sans reproche, il faut qu'une idée de génie ait pour vêtement une forme exquise.

IV. — Une étude essentiellement utile à l'artiste, c'est celle du cœur humain. Qu'il parvienne à la science des causes par l'analyse des effets; qu'il se rende familiers les grands mouvements de l'esprit retracés par les historiens; qu'il scrute la physiologie qui donne le secret de l'organisme; qu'il aille au chevet du mourant où se soudent toutes les plaies du cœur; qu'il sache épier l'homme dans les drames les plus cachés de son existence, dans ses joies si rares qu'on dirait des trêves fugitives aux tristesses qui sont le fond de toute destinée; voilà, selon moi, ce qui peut élever l'artiste doué de génie à produire des œuvres philosophiques, les seules qui soient vraiment utiles à la morale et à l'humanité. On peut affirmer que l'étude de l'anatomie et celle de la physiologie sont deux sources d'inspiration pour l'artiste. C'est l'anatomie qui lui révèle le plan de la nature dans telle saillie du corps; elle fait l'artiste plus à même d'accentuer les beautés qui le frappent. C'est dans l'étude de la physiologie que l'artiste puisera le secret de cette vitalité variable, propre à chacun, qui constitue le caractère d'un homme supérieur, qui lui fait une physionomie. Que le statuaire ait ensuite à modeler l'image d'un poëte, il accentuera l'ampleur du front et la bosse de la poésie et de l'idéalité. S'il n'a pas auparavant étudié le principe de ces facultés, il court grand risque d'en affaiblir le signe extérieur. Il n'y a pas d'effet sans cause. C'est à la cause, au principe de tout ce qui émeut le regard ou la pensée, que l'artiste est tenu de remonter. Que ce soit là son premier travail. La pratique de l'art, c'est l'outil; la philosophie de l'artiste, c'est la main qui guidera l'outil. Je savais que, dans la vie de Canova, son historien avait fait place aux réflexions du maître sur l'art plastique. Je désirai vivement de connaître ces pages; j'espérais y découvrir quelque haute pensée sur le moral de l'art. Quelle ne fut pas ma surprise de voir que les écrits de Canova se réduisaient à des notes qu'on pourrait appeler grammaticales! Cette infériorité dans la pensée est explicable si l'on songe aux études favorites et aux œuvres de Canova, perpétuellement occupé du mécanisme de l'art, de la superficie de l'être humain, et nullement soucieux de remonter aux causes fondamentales.

V. — Le nœud de toute vie est dans l'âme. C'est là qu'est le foyer générateur. Voilà pourquoi nous savons un gré infini à l'artiste qui sait appeler sur l'épiderme d'un marbre l'âme de son héros. Alors, la statue est douée de puissance, de rayonnement, de vie.

VI. — Certains artistes sont en proie à une mobilité passionnée, résultat du besoin quotidien qu'ils éprouvent de rendre des sujets différents et parfois opposés quant à la nature des pensées qu'ils éveilleront. De là quelque chose d'inconséquent, de brisé, de décousu dans l'idée, et souvent dans la manière d'être. De pareils artistes sont des hommes d'instinct, aux impressions passagères et superficielles. Rien n'est plus aisé que de voir si un artiste s'est occupé d'approfondir le « moral de l'art ». Examinez la tête de Poussin et des quelques artistes philosophes qui nous sont connus; malheureusement, le nombre en est petit. Pour vaincre cette mobilité, ce goût des choses superficielles, l'artiste devrait se nourrir constamment de la lecture des penseurs. C'est ainsi qu'il peut espérer de régler ses idées, et de représenter les grands hommes en se pénétrant de leur génie. C'est avec les philosophes que l'artiste pourra s'établir dans le for intérieur des hommes d'intelligence et se familiariser avec eux. Alors, les sculpteurs seront capables de modeler autre chose qu'un portrait en pied ou une image de surface. — Jeunes artistes, étudiez d'abord la physiologie; habituez-vous à la réflexion; lisez, lisez beaucoup les ouvrages des philosophes, et vous serez surpris de vos découvertes: il n'est pas de secret concernant votre art que vous ne puissiez arracher à la nature.

VII. — L'artiste ne produira jamais que des « à peu près » défectueux. Les impressions de son âme apparaissent diminuées lorsqu'il essaye de les rendre. Quelle ne serait pas la puissance de son ciseau s'il pouvait traduire l'idéal entrevu, sans en rien distraire! Que de lueurs qui s'élèvent dans son esprit sans qu'il puisse les saisir!

VIII. — L'homme garrotté, enchaîné sur cette terre, cherche inutilement à renfermer dans le cercle étroit de sa misérable réalité ce qui est céleste et infini; c'est pourquoi le divin lui échappe; ce sublime reflet de l'immortalité est d'une essence trop pure pour se laisser emprisonner dans l'argile. Semblable à l'aigle, l'artiste doit s'élever vers les cimes; voyageur curieux, il doit méditer en face de l'immensité des mondes, parce qu'il se rapproche ainsi du foyer de toute grandeur. La véritable sphère de l'idéal n'est pas ici-bas.

IX. — Si vous n'avez rien puisé en vous-mêmes, si vous devez tout à l'étude, une doctrine nouvelle, un maître inconnu peuvent vous troubler. L'homme de pensée ne craint rien des systèmes qui se succèdent; il est prêt à en faire son profit. L'opposition qu'on rencontre doit être féconde. L'homme peut apprendre partout.

X. — L'enthousiasme doit être la vertu du sculpteur. Sans enthousiasme, comment serait-il assez fort pour braver les inquiétudes et les privations qui l'attendent s'il a le désir élevé de léguer son nom aux générations futures? Ce nom lui-même ne sera recueilli dans l'avenir que par quelques hommes d'élite, car la multitude des êtres qui tourbillonnent comme des flots sur l'océan de la vie n'est point soucieuse du talent. Les intérêts matériels, de vulgaires plaisirs, détournent les yeux du grand nombre de la contemplation du génie dans sa divine majesté. — Artistes, travaillez pour satisfaire votre penchant intime, et ne soyez point inquiets d'attirer sur vous le regard des êtres nuls. Que peut vous faire l'indifférence de ces jeunes femmes à qui l'on signale un grand homme passant auprès d'elles, et qui se retournent avec nonchalance, pendant qu'un châle ou une robe étalés à quelque vitrine captivent toute leur attention! L'homme de pensée laisse de pareils êtres à leur vague ennui.

Lorsqu'une idée s'empare de moi et me jette dans l'enthousiasme, j'éprouve littéralement une sensation brûlante à l'endroit du crâne où les phrénologues placent la bosse de l'exaltation.

Quand j'étais jeune et que je dessinais au Musée des Antiques, s'il m'arrivait de méditer pendant quelque temps sur les sublimes représentations de la beauté, je croyais voir les statues s'animer; j'avais une sorte de vertige, et la fable de Pygmalion devenait une réalité pour moi. L'âge n'a point refroidi mon enthousiasme. Aujourd'hui encore, c'est le même mirage, la même illusion, le même sentiment dans son étrangeté violente mêlée de douceur.

XI. — Traduire la nature, ce n'est pas l'art dans sa manifestation complète. L'art doit parler la vie des passions; il est l'accentuation sensible du for intérieur. La nature n'est qu'un instrument qui résonne et peut rendre des accords sublimes sous les doigts du musicien s'il possède une âme. Car il y a des règles qui peuvent aider le statuaire dans la partie technique de son art, comme il existe une gamme pour le virtuose, une grammaire pour le littérateur; mais il n'y a point de règles pour interpréter la nature avec justesse et avec profondeur. Il faut avoir une intelligence élevée, une âme de feu pour pénétrer ses secrets.

XII. — Un peintre, me montrant les muscles vigoureux de son bras, me disait : « Il y a encore des tableaux là dedans ! » Raphaël aurait montré son cœur.

XIII. — Il y a une sensibilité naturelle et une sensibilité acquise. Celle-ci est commune aux artistes qui exercent leurs nerfs à s'impressionner en face de toutes sortes de sujets. Un pareil système fatigue l'organisme. Les hommes dont je parle deviennent irascibles; ils ne vivent que d'émotions. La sensibilité naturelle a son siége au cœur. Elle est inconsciente, concentrée, timide. La première est bruyante : c'est l'instrument de métal qui résonne au gré de la main; la seconde obéit aux pulsations d'une pensée grave ou touchante, mais toujours élevée et discrète. Cette sensibilité est la richesse de l'artiste.

Est-ce assez que l'artiste soit doué d'un sens juste, d'une âme ardente? qu'il soit profondément versé dans la philosophie, qu'il ait fait une étude approfondie des grands moralistes; qu'il ne soit pas étranger à la physiologie, base de la philosophie; qu'il ait observé et observe sans cesse l'homme dans toutes les crises de la vie; qu'il s'approche du lit des mourants, où il découvrira des secrets précieux pour son art? Sans doute, de telles facultés, de pareilles découvertes seront pour lui un trésor; mais si les douleurs, si les agonies ne remuent pas jusqu'à les rompre les fibres de son cœur, qu'il renonce à l'art. Il sera peut-être un habile manœuvre, un artiste jamais.

XIV. — Les contemporains d'Homère s'arrêtaient pour écouter ce mendiant sublime qui chantait les exploits de leurs ancêtres. Ils lui donnaient une aumône en échange de ses strophes patriotiques. Aujourd'hui, la grande figure d'Homère n'a point de rivale, et tous les peuples ont tressé la couronne d'immortalité du divin poëte. — Artistes, méditez sur la puissance du génie. Lorsqu'il peint la nature, tout ce qui porte un cœur d'homme le comprend. Les générations se sentent émues. L'œuvre du génie n'est pas l'œuvre d'un peuple ou d'une époque, elle devient le patrimoine de l'humanité, et sous tous les cieux, à travers les siècles, l'acclamation se poursuit à l'adresse du génie.

XV. — C'est le statuaire qui donne ici-bas l'immortalité. Combien d'êtres qui seraient oubliés, inconnus des générations de l'avenir sans le ciseau de l'artiste! Je dis plus : c'est le génie du sculpteur qui transfigure la matière. Le statuaire commande au marbre de se dresser, et pendant qu'il creuse le bloc, un rayon du ciel l'illumine : le marbre rayonne. Hier encore, la pierre sans honneur était foulée aux pieds : demain, des multitudes d'hommes s'inclineront devant elle.

XVI. — Les Grecs avaient un mot pour flétrir l'artiste qui s'abaissait à des représentations indignes : ils l'appelaient « peintre de la boue ».

XVII. — Un élève de Louis David faisait admirablement la charge du maître, au point que ceux qui ne regardaient pas notre camarade croyaient entendre David parler et corriger ses élèves. On le dit au maître, qui voulut être témoin de la scène. Le jeune homme se fit longtemps prier, mais David exigea, et la charge fut exécutée, ce qui le fit beaucoup rire. En sortant, David dit à demi-voix : « Celui-là est né pour me copier en charge. » Effectivement, notre camarade n'a rien fait de mieux ; il est inconnu comme artiste. J'ai remarqué en mainte occasion que ceux qui ont le goût de faire rire les autres n'arrivent jamais bien haut, soit dans la science, soit dans l'art. Il n'y a que ceux qui suent et qui « piochent ferme » qui avancent vers la gloire.

XVIII. — Un soir, à une réception chez Lebrun[1], arrivèrent tout à coup plusieurs groupes d'artistes. Tous avaient le regard vif; les uns gardèrent une pose gênée, d'autres le sans façon de l'atelier. Beaucoup avaient les cheveux en désordre, — souvent rares, comme le gazon sur une terre brûlante, — le teint pâle, les muscles de la face plissés, mais sur le visage d'aucun d'eux je n'ai retrouvé ces traits profondément sculptés qui distinguent la noble tête de Poussin, et sont l'indice des réflexions philosophiques. On voit, en général, sur un visage d'artiste, les impressions se succéder avec une rapidité telle qu'il n'en reste aucune trace. Si les conversations des artistes n'ont pas pour thème la plaisanterie, on les voit exhaler leurs doléances sur les travaux confiés a quelque camarade, les erreurs de conduite ou de talent d'un confrère. S'ils parlent de leur art, c'est sur le métier, la facture, que roule l'entretien. De l'idéal, du moral de l'art, il n'est rien dit ou presque rien. Des sentiments généreux, du patriotisme que peut stimuler une œuvre bien faite, il n'est point question : à les entendre, on ne les supposerait pas citoyens d'un pays. Veulent-ils parler politique? Ils n'ont d'anathèmes que pour l'opposition qui

[1] Directeur de l'Imprimerie royale.

peut troubler un gouvernement dont ils espèrent toujours des commandes. Ne faut-il pas vivre, subvenir à son luxe, à ses dépenses, avoir des occasions de mettre son talent en lumière, qui resterait sans cela perdu dans le silence de l'atelier? Ainsi est étouffé le caractère, ainsi est garrotté le génie qu'il faudrait mettre aux prises avec l'obstacle et qui, enfermé dans des liens, ne jette que quelques lueurs. Pauvres artistes! Platon n'avait-il pas raison de les bannir de sa République?

XIX. — Pauvres artistes! la colère et l'envie les dévorent, et ce sont ces mêmes hommes qui doivent parler au monde de génie, d'héroïsme, de haute vertu! Comment les grandes pensées qui viennent du cœur pourraient-elles naître dans une âme ulcérée par la jalousie! Rien de noble et de généreux ne germera chez de tels hommes!

XX. — L'homme courbé par la souffrance ou la misère ne saurait créer des œuvres de génie. Chez lui, la nature s'épuise à réparer les pertes d'un organisme déprimé : il faut être doué de vie avec plénitude pour produire.

XXI. — Ce ne sont pas les maîtres les plus originaux qui font les meilleurs élèves. Ils ont une façon trop personnelle, trop excentrique de voir la nature. Il serait nécessaire que l'élève eût une organisation presque identique avec celle du maître pour tirer profit de ses leçons. Sans cela, il ne sera frappé que par les points exagérés de la doctrine qui lui est enseignée; il ne saura faire que la « charge » du talent de son initiateur. Michel-Ange n'a point laissé d'élèves; Rembrandt, quelques hommes supérieurs parmi ses contemporains; de nos jours, Prud'hon, Géricault, Delacroix et plusieurs autres, n'ont pas eu ou n'auront pas de disciples. Ces hommes avaient eu des maîtres dont ils avaient appris la grammaire de l'art. On n'apprend pas le génie. Un maître, qui n'a lui-même qu'un talent secondaire, laisse plus aisément toute liberté à l'élève. Et, d'autre part, si l'élève porte en lui quelque étincelle d'originalité, il saura se mettre en évidence, il trouvera lui-même l'expression de ce qu'il veut produire. Souvent la première œuvre d'un artiste reste la meilleure. Pourquoi? Parce que l'artiste sait entendre au début cette voix intérieure et personnelle qui vient de l'esprit, tandis que plus tard ce même artiste se préoccupe outre mesure de ses contemporains qui lui font faire fausse route. Les élèves de Raphaël sont nombreux, parce que ce maître s'est tenu plus que bien d'autres dans le sillon de la nature.

XXII. — On ne saura jamais tout ce que peut endurer un artiste pendant ses nuits d'insomnie. Ses œuvres lui sont présentes à la pensée; il n'y voit que défauts; son cœur se serre et bat violemment. Avec l'aube, son sang se rafraîchit, sa tête se calme; il se remet au travail avec ardeur, et l'illusion renaît. Elle s'évanouira de nouveau lorsque viendra la nuit. Telles sont les alternatives par lesquelles je passe constamment; telle est l'histoire de ma vie d'artiste. Aucun de mes ouvrages n'est sorti de mon atelier sans que j'aie traversé ce martyre de l'esprit à son sujet.

Demain matin, on doit mouler ma statue de Jean Bart. Voilà encore des transes vives à ajouter à celles que j'ai déjà traversées. Elles sont nombreuses, en effet, les inquiétudes de l'artiste. Il a d'abord à guider le forgeron, dont le squelette de fer peut donner une entorse à la pose de sa statue. L'enveloppe de terre devient un premier engagement. L'artiste laisse voir son modèle. Que d'anxiété lorsqu'il étudie le visage de ses visiteurs, lorsqu'il pèse leurs réticences sur les points défectueux, qu'il ne connaît que trop bien; leur tendance invincible à se tenir constamment du côté le moins avantageux de la figure, malgré ses efforts pour les ramener au meilleur point de vue; leurs compliments, d'une banalité significative, qui déchirent son âme, car il sait qu'il n'a pas dit sur la glaise tout ce que lui inspirait son héros! — Mais s'il voit venir un de ces hommes d'élite, capable de révéler à l'artiste l'impression qu'il a lui-même cherchée, un homme épris de beauté qui se pénètre de la pensée du statuaire et le comprend, alors le calme renaît pour un jour dans l'âme du sculpteur. — Le mouleur transforme l'œuvre; le fondeur l'achève, puis l'architecte la pose sur son piédestal, et les générations bourdonnent autour du monument. Nouvelle torture. L'artiste se glisse furtivement dans la foule. A-t-il dignement exprimé la pensée qu'il espérait léguer aux âges les plus reculés? Sa conscience se trouble; il gémit et pleure dans le secret sur l'impuissance humaine.

XXIII. — Une femme peut avoir une grande influence sur la vie d'un artiste. En comprimant son cœur sous le poids des peines, elle peut faire évaporer la flamme créatrice du génie; mais par sa tendresse, son amour élevé, l'épouse peut aussi multiplier les inspirations de l'artiste qui se donnera dans des marbres sublimes.

XXIV. — L'artiste dont les inspirations demeurent soumises aux exigences du pouvoir me fait songer à l'oiseau retenu par une patte et à qui l'enfant permet de voler de toute la longueur du lien.

XXV. — La critique, avec sa règle et son compas, disent certains artistes, glace l'inspiration. Lorsqu'elle est sérieuse, la critique maintient l'artiste dans un ordre de pensées susceptibles d'être appréciées par les masses qui ne sont pas initiées aux secrets de notre art; un pareil rôle est utile.

XXVI. — Le peuple, n'ayant pas le temps d'étudier, veut un art qui l'instruise. Les grands, au contraire, recherchent l'art qui les amuse. L'homme respecte et vénère les choses moralement utiles, tandis qu'il fait peu de cas de celles qui ne peuvent que distraire. Une source de jouissances intellectuelles est cachée dans le bon et le beau. Ce qui n'agit que sur les sens les émousse. Les artistes doivent travailler pour le peuple : lui seul est digne d'être leur juge.

Les artistes ne sont-ils pas nés dans les rangs du peuple? Il est donc juste qu'ils se fassent les éducateurs du peuple, qu'ils l'élèvent en le charmant, qu'ils parlent à son cœur et le rendent plus pur. En même temps, l'art ne manquera pas de frapper l'esprit des classes privilégiées de la société et de les rapprocher de la nature, dont elles ont une invincible tendance à s'éloigner. Que le statuaire ne se détourne pas du peuple. Être populaire, nationale, telle est chez les modernes la mission de la sculpture.

XXVII. — L'artiste doit toujours avoir le regard de l'intelligence fixé sur l'avenir. C'est l'avenir qui pèse le génie. L'enfant, encore attaché au sein de sa mère, sera notre juge le plus impartial quand il sera parvenu à l'âge d'homme. Alors la terre aura refermé sur nous ses bras maternels. Nous dormirons de l'éternel repos sous cette draperie de fleurs dont la terre recouvre indistinctement le criminel et l'homme vertueux, voulant que malgré les erreurs et les fautes de la pauvre nature humaine, il y ait dans la mort le niveau de l'égalité. L'artiste qui se préoccupe trop de ses contemporains peut obtenir leurs suffrages, mais presque toujours au détriment de sa renommée durable, car il devient l'interprète et le serviteur des modes, des aberrations, des folies de son époque, tandis que s'il eût travaillé pour l'avenir, ses œuvres seraient l'image de la grande nature, immuable comme la création.

# CHAPITRE IV

## DES DIFFÉRENTS MODES EN SCULPTURE

SCULPTURE RELIGIEUSE. I. L'image des saints doit parler d'immortalité. — II. Du caractère de la sculpture religieuse autrefois et aujourd'hui. — III. Une âme croyante supplée à l'insuffisance des statues qui ornent les temples. — SCULPTURE HISTORIQUE. IV. La sculpture historique date des modernes. — V. Elle réclame la vie dans les lignes. — VI. L'image des héros et des savants appartient à l'art plastique. — VII. De l'enseignement que portent les sujets historiques. — VIII. Les grandes catastrophes nationales doivent être rappelées par des monuments. — IX. De l'emplacement des sculptures nationales. — SCULPTURE ALLÉGORIQUE. X. L'allégorie est toujours actuelle. — XI. L'avenir de la sculpture allégorique. — XII. La simplicité, le naturel, caractères indispensables de l'allégorie. — XIII. L'allégorie peut entrer comme élément poétique dans une page modelée. — SCULPTURE ICONIQUE. XIV. La vérité individuelle et la vérité typique. — XV. Portraits en pied. — XVI. Des bustes exécutés après la mort du modèle. — XVII. Il est difficile de bien fa're un portrait d'artiste.

I. — Est-ce un sujet religieux qui vous est demandé, il vous faut rappeler la vie, mais seulement avec la nuance nécessaire à l'indication de la vie terrestre du personnage. Son existence *évanouie a fait place à une vie d'immortalité qui n'a plus le sang* pour mobile, mais l'esprit; aussi, en sculpture, plus de veines, plus de fortes saillies qui accordent trop à la vie physique par le cliquetis des ombres et de la lumière.

II. — Dans les temps primitifs des croyances chrétiennes, l'art religieux n'était pas exempt d'une expression de contrainte et de timidité. Bon nombre de figures aux vêtements serrés, aux membres roides et collés contre le corps, rappellent l'attitude de l'accusé devant un juge. Avec les siècles, les draperies ont acquis plus d'ampleur, les gestes plus de liberté; mais, dépourvus de caractere, les saints sculptés de nos jours ont l'air de jurer leur parole d'honneur qu'ils sont croyants. — Y a-t-il progrès?

III. — Les âmes tendres et croyantes discernent une âme divine à travers une image informe, tandis que d'autres ne voient que la réalité matérielle et repoussante. On voit dans les églises de campagne des statues de saints quelquefois bien ridicules, parce que l'ouvrier sculpteur n'a pas su trouver le caractère divin digne d'être présenté à l'admiration et à la vénération des croyants; elles sont la représentation bien plutôt d'un nom que d'une âme. Toutefois, c'est un signe qui suffit aux âmes religieuses; plus elles sont croyantes, plus elles voient belles des images sans valeur, parce qu'elles portent un type céleste en elles-mêmes. Tout est signe et apparence dans la nature, le monde matériel étant une production bien inférieure au monde moral.

IV. — Ceux qui cherchent des points de rapprochement entre l'art grec et l'art moderne ont bien tort. Chez les Grecs, la sculpture historique n'existait pas. Les héros vêtus de beauté étaient assimilés aux dieux. Chez eux, peu de représentations de grands hommes, toujours des divinités. Chez les modernes, les grands hommes ne sont que des êtres privilégiés auxquels les nations reconnaissantes élèvent des monuments selon les idées qui prédominent aujourd'hui. On les particularise par le costume de leur époque et la spécialité qui les a distingués. Bien que placés sur un piédestal, ils sont toujours de la famille, ils tiennent le haut bout dans la grande assemblée humaine. Ce sont des grands hommes, ce ne sont pas des dieux. Chez les Grecs, le nu et la draperie aidaient à diviniser un personnage humain : il semblait que le héros n'eût aucun besoin des haillons aux formes capricieuses réclamés par les infirmités de notre nature.

V. — Avez-vous mission de traiter un sujet historique, cherchez la vie dans les lignes.

VI. — Il y a des hommes dont l'image ne doit être qu'un portrait en pied et d'autres dont le mérite exige une statue colossale. On ne peut faire celle de Dieu; car comment le représenter? Mais la représentation d'un héros, d'un savant, appartiendra toujours sans conteste à l'art plastique. Si l'artiste est un penseur, il saura trouver une idée capable de particulariser son personnage, et susceptible d'être perpétuellement admirée.

VII. — Si l'on voyait souvent les grands hommes représentés d'une manière digne de l'idée que l'on s'est formée d'eux, l'imagination s'élèverait dans cette contemplation, le goût s'épurerait, et l'on sait que les hommes qui sont susceptibles des sensations les plus délicates sont aussi les plus vertueux.

VIII. — Dans un État où les hautes pensées sont en honneur, de grandes catastrophes, telles que la retraite de Moscou et la bataille de Waterloo, doivent avoir leur monument. Le courage malheureux a droit au respect. Ses exemples sont un enseignement pour les générations de l'avenir.

Quand Gros a peint ses admirables compositions, Napoléon était le saint de l'époque, et l'artiste dévot, avec toute la France, était l'expression de la foi du moment. Gros m'a raconté avec enthousiasme que lorsqu'il terminait son tableau *la Peste de Jaffa*, dans l'ancienne salle du Jeu de paume, à Versailles, une foule d'ouvriers s'approchaient des fenêtres; ils se levaient sur la pointe des pieds, et, tendant de leurs mains noires des pièces de cent sous à l'artiste, ils lui criaient : « Laissez-nous entrer! Voulez-vous de l'argent? Laissez-nous voir! » — Jamais il ne sera donné à un artiste d'atteindre au sublime s'il ne sait émouvoir les grandes masses, s'il n'est l'interprète d'une nation. C'est aux législateurs à diriger les productions de l'art vers ce terme; les artistes pourront alors contribuer à élever l'âme des peuples.

IX. — Il faut à la représentation des grands faits qui sont la gloire d'un pays un sanctuaire digne de pareilles archives, un lieu qui porte à la méditation et au respect. On éprouve un sentiment pénible lorsqu'on parcourt les galeries de Hofgarten, à Munich, et qu'on voit se dérouler l'histoire de la Bavière dans une suite de tableaux formant frise au-dessus de la devanture des cafés ou des marchands de chandelle. Que la rue appartienne à l'industrie, rien de mieux; mais l'art exige un temple.

X. — Il y aura toujours profit pour l'artiste à puiser ses sujets dans l'histoire ancienne, grecque, romaine, ou dans la Bible, parce que ce sont là des annales familières à tous les peuples. Au contraire, s'il ouvre l'histoire d'une nation moderne, il n'intéressera guère que les habitants d'une contrée. Mais, au-dessus de tous les autres, les sujets qui touchent à l'humanité par d'ingénieuses allégories sont d'une actualité sans déclin, et tous les hommes les comprennent.

XI. — Lorsqu'on aborde l'allégorie, une grave question se pose. L'artiste de ce temps doit-il être le continuateur des Grecs tant au point de vue du costume que des usages inscrits dans une théogonie que nous avons peine à comprendre et qui nous laisse indifférents? Ou bien l'artiste doit-il s'emparer des figures symboliques de la mythologie, qui ne sont pas encore dépourvues de sens pour nous, et leur donner pour attributs des objets empruntés à notre vie contemporaine, de telle sorte que, par une heureuse alliance du moderne et de l'antique, l'allégorie revête un cachet typique de notre époque? Enfin, est-il préférable que l'artiste puise dans son génie les éléments d'une réalité plastique entièrement neuve et qui soit l'expression de nos coutumes, de nos mœurs, de notre âge? Je crois que l'allégorie sera prochainement renouvelée par un homme d'élite qui aura la puissance d'imprégner la sculpture moderne d'une vie toute d'actualité unie à une grâce idéale.

XII. — Plus une allégorie est simple et lisible, plus vous prêtez d'esprit au spectateur, qui s'applaudit d'avoir trouvé le mot de l'énigme.

Les Grecs savaient qu'un dialogue a surtout besoin du naturel pour être pathétique. L'audace, les élans de la haute poésie étonnent et charment l'imagination beaucoup plus qu'ils ne touchent le cœur. Un tombeau couvert des allégories les plus poétiques vous laissera froid, tandis que le berceau vide et les jouets d'un enfant placés sur sa tombe vous feront pleurer.

XIII. — L'allégorie, quand elle est très-claire, peut, dans une scène empruntée à la réalité, servir à indiquer la partie poétique du sujet, à l'exalter en élevant l'imagination; elle aide à rendre plus sensibles les sentiments moraux; elle les explique comme sur le théâtre grec le chœur expliquait les événements aux spectateurs. L'artiste doit se faire comprendre par la poésie de son discours. Toutefois, il arrive que souvent le drame impressionne assez vivement par lui-même pour n'avoir pas besoin d'être poétisé.

A Estagel nous avons éprouvé un orage terrible qui a duré toute la journée et a fait déborder le torrent dans la petite ville; il a submergé des habitations, ruiné les récoltes et fait périr plusieurs personnes. Une pauvre femme était occupée à boucher avec du fumier l'intérieur de la porte de sa masure : l'eau montait avec une rapidité effrayante. Tout à coup elle se rappelle son petit enfant couché dans son berceau dans la pièce voisine; elle y court et trouve le berceau vide. Elle pousse des cris affreux, et ne se calme que lorsque sa voisine lui raconte que, voyant l'enfant en danger, elle l'avait emporté : « Voyons-le, voyons-le, car je doute encore », s'écrie la mère éplorée, et, après l'avoir étreint dans ses bras, elle tombe évanouie.

Que viendrait donc faire l'allégorie dans de semblables drames?

XIV. — Il y a des tempéraments rétifs dont les portraits minutieusement exacts sont la reproduction permanente de modèles individuels, et non l'image idéalisée de figures typiques. Ces artistes peuvent être comparés au miroir inexorable qui ne fait grâce ni d'une tache, ni d'une ride, ni d'une ligne capricieuse en désaccord avec l'ensemble, et de nature à rompre l'harmonie générale. Qu'ils y prennent garde; il existe trois sortes de personnes qui ne s'accommodent point de l'image littérale de la tête humaine. Les hommes à l'esprit paresseux n'accordent aucun mérite à l'artiste qui ne les émeut pas par la soudaineté de la touche et les laisse à leur indolence naturelle; les imaginations vives ne se sentent pas satisfaites; les natures mélancoliques sont blessées par le réalisme du portrait.

XV. — L'idée régnante est de faire des portraits en pied; il est probable que, comme tous les hommes ont en eux le sentiment du beau, il viendra une réaction qui changera cette manie. On fera le portrait en pied d'un homme revêtu du costume de l'époque, mais on lui élèvera aussi un monument sur lequel il sera représenté dans une autre sphère et débarrassé de ses haillons.

Je sais bien que les réalistes crieront beaucoup, car il est bien plus aisé de représenter des vêtements que l'homme nu, ce qui demande de graves et sérieuses études. N'est-il pas absurde que les hommes cherchent avec avidité la représentation exacte des animaux, et qu'ils cherchent avec affectation à dissimuler la noble structure de l'homme, le plus parfait ouvrage sorti des mains du Créateur; qu'ils s'étudient à en faire un magot, risée des générations qui se succèdent?

Il faut espérer pour l'avenir de l'art qu'une grande réaction aura lieu, car les arts tomberaient sans cela dans la décadence la plus absolue. Si les réalistes dominaient, il ne leur resterait plus qu'à colorier les statues, car la couleur uniformément blanche ne peut rendre les bottes et les habits. La nouvelle école a si bien senti cela, qu'elle a cherché à donner des teintes différentes dans ses modèles en plâtre, pour imiter un peu les différentes nuances du costume.

La sculpture ne peut, comme la peinture, prétendre au trompe-l'œil, et une statue, quelque bien peinte qu'elle fût, n'en ferait pas moins horreur par son immobilité, et contrasterait d'une manière absurde et effrayante avec la nature. N'est-ce pas faire une concession suffisante aux exigences des idées actuelles que de représenter dans les bas-reliefs du piédestal d'une statue le costume de l'époque?

XVI. — Les bustes faits après la mort du modèle portent d'ordinaire l'empreinte de la nullité. Ils manquent de caractère. L'artiste est paralysé par les conseils des parents et des amis. L'art, qui a pour objet d'accentuer la nature, est souvent réduit à amoindrir les formes. Une mère, une épouse veut voir toujours souriant celui qu'elle vient de perdre. Les parents, les amis viennent vous accabler de leurs puérils souvenirs; ce sont des cheveux pauvres qui retombaient misérablement sur le front; c'est une verrue, un pli profond qu'il ne faut pas oublier; et si l'artiste trouve, dans l'observation du masque moulé sur nature ou même dans l'examen d'un mauvais portrait naïvement exact, quelques indices, une forme qui réponde parfaitement au génie du modèle, les conseils le forcent à amoindrir ces signes. Puis, lorsque enfin la tête bien nulle, — grâce à la nullité des donneurs d'avis, — est sortie des mains du pauvre statuaire, ils s'extasient sur la ressemblance, parfaite à leurs yeux, puisqu'ils l'ont inspirée; mais le public ne trouve rien à remarquer dans cette tête vulgaire, et si le nom n'est pas gravé sur le socle, l'avenir ne reconnaît pas le grand homme annulé par ses contemporains.

XVII. — Rien n'est difficile comme d'exécuter un portrait d'artiste; aussi est-il rare de voir un chef-d'œuvre dans ce genre. Il serait presque à souhaiter, dans l'intérêt de l'ouvrage, que le modèle fût un homme d'un talent secondaire. Si c'est un homme supérieur, il résulte de son génie, de sa renommée, une gêne invincible chez le confrère qui s'approche de lui, et cela suffit pour mettre en grand péril la réussite du portrait.

# CHAPITRE V

## PRINCIPES GÉNÉRAUX SUR LA COMPOSITION

I. Du sujet. — II. La forme doit être le vêtement d'une pensée. — III. Du symbolisme des lignes. — IV. Du dessin. — V. De l'ébauche. — VI. Le caractère. — VII. Le style. — VIII. Le modèle ne donne pas le sentiment du sujet. — IX. Les documents moulés sur nature. — X. C'est avec les yeux de l'âme qu'un statuaire observe son héros. — XI. De l'accent individuel dans l'image plastique. — XII. De la beauté idéale d'une figure. — XIII. Les grandes masses. — XIV. Les nuances. — XV. De l'unité dans l'œuvre d'art. — XVI. L'expression. — XVII. Gradation voulue dans le modelé. — XVIII. Trop de retouches déflorent. — XIX. Le magnétisme de l'œuvre plastique.

I. — Plus l'artiste a su se définir sa pensée, plus il prononce la forme ou l'effet d'ombre et de lumière qui doit la rendre saillante aux yeux de tous. Voilà pourquoi le jour vient d'en haut dans l'atelier des artistes. La lumière donne ainsi plus de ressort au modèle humain; le statuaire est mieux à même d'interpréter la nature qu'il a sous les yeux. Mais il ne doit pas oublier que celle-ci ne peut lui servir que de note. C'est dans son intelligence, dans son cœur, dans son âme tout entière, dans son expérience des hommes qu'il doit chercher le moyen de mettre en relief, en parlant très-haut, les caractères qu'il a mission de rendre. Comment supposer qu'un modèle payé, souvent grossier, puisse donner l'idée d'un grand homme! C'est au maître à susciter l'âme et la vie.

Il est nécessaire qu'en voyant une œuvre modelée on n'ait aucun besoin de consulter sa notice. Si l'artiste a su n'exprimer que des actions claires, la poésie de son sujet sera sensible pour tous, et le spectateur gardera d'une pareille œuvre une vive impression.

L'art ne saurait exprimer des idées abstraites ou subtiles.

Ainsi, la *Désillusion*, du statuaire Jaley, ne représente que l'abattement [1].

II. — Combien nous attachons peu de prix aux fleurs desséchées de l'herbier du naturaliste! Elles n'ont plus ni couleur ni parfum; la forme seule existe encore. L'artiste ne doit point oublier que la forme ne saurait suffire à la représentation de la vie. Il faut plus.

Je n'aime la forme dans l'art plastique qu'autant qu'elle est le vêtement d'une pensée. L'art pour l'art a pour moi peu d'attrait. Je ne saurais me passionner pour un torse ou une draperie. Une simple tête, comme celle du *Christ* de Titien au Musée de Dresde, me touche bien plus par tout ce qu'elle exprime de mélancolie profonde, que les tableaux les plus renommés des Flamands, des Italiens ou des Espagnols. La forme sans la pensée me paraît être l'œuvre d'un grammairien.

L'artiste qui s'attache exclusivement à la forme n'est ému que par ce qui est périssable. C'est la matière qui l'occupe, tandis qu'il devrait chercher l'âme pour la rendre dans sa splendeur : c'est l'âme qui est le foyer de la vie.

III. — Les lignes qui inclinent vers la terre font naître une impression de tristesse; celles qui montent vers le ciel, un sentiment de gaieté. Le ciel, c'est la joie; la terre rappelle le malheur, l'anéantissement.

Une teinte uniforme dans une page modelée, la tranquillité des lignes répandent sur la composition un caractère mélancolique. Au contraire, une exécution brillante éveille l'idée de gaieté. Dans un convoi funèbre, la sombre uniformité des vêtements de deuil s'harmonise avec la tristesse de la cérémonie. L'opposition se

[1] David fait allusion dans ces lignes à la figure exposée par Jaley, au Salon de 1852, sous le titre : « *Souvenir de Pompéi.* » Le public avait cherché un titre plus précis, et cette statue fut généralement appelée *la Désillusion*.

peut constater dans une noce, où les costumes diaprés, éclatants, inspirent des idées joyeuses. La lumière tombe sur ces étoffes avec un cliquetis qui, en réveillant le nerf optique, cause une impression de plaisir.

IV. — Il n'est pas bon qu'un dessinateur cerne les contours d'une figure. Agir ainsi, c'est vouloir enfermer la pensée du spectateur : cela le refroidit. La vie n'a pas tant de rigidité. Dans une image où l'artiste a su répandre la vie, l'âme suit volontiers l'émotion du trait; elle s'en pénètre; elle procède par bonds comme la touche du maître; or, c'est à l'âme qu'il appartient d'achever le contour à peine ébauché. Laissez-lui le soin de discerner dans cette multitude de traits échappés au crayon la ligne austère ou suave qui doit circonscrire la scène ou le portrait que vous avez tracé. Cette ligne qui rendra vivante une feuille de papier n'est pas la même pour tous. Faites donc le champ libre à la spontanéité de l'âme d'autrui. Laissez les intelligences délicates saisir sur tel point de votre image ce météore insaisissable qui passe au-dessus des chefs-d'œuvre, capricieux dans son vol, et que l'artiste ne doit pas chercher à fixer, sous peine de le voir s'évanouir.

V. — Quand un artiste compose avec l'ébauchoir, il ne doit pas craindre de multiplier les « traits de repentir ». C'est dans ces « repentirs », amas de lignes confuses, qu'il découvre tout à coup la ligne de la vie, du sentiment. La distance, les clartés douteuses de la lune, le brouillard donnent aux objets des formes indécises ou fantastiques qui ne sont pas celles de la réalité; et cependant ce vague nous émeut, il éveille dans notre âme mille souvenirs, de même qu'il suffit souvent d'une seule note pour nous rappeler un air autrefois entendu avec bonheur.

Je suis quelquefois très-lent dans le travail d'un ouvrage : j'attends l'instant de le sentir. Tel autre jour, il m'arrive de lire la nature avec la plus grande rapidité.

VI. — Le caractère, en sculpture, c'est la manifestation de l'esprit.

Je préfère une tête laide qu'illumine une pensée profonde à une copie d'après l'antique; car, toute pure que soit celle-ci, elle demeure pétrifiée dans sa nullité.

VII. — Le style ne consistera jamais dans la réalité de la forme, mais bien dans l'assemblage de plusieurs perfections groupées avec goût sur un même personnage ou un même objet, bien qu'elles soient empruntées à différents modèles.

VIII. — Le modèle ne donne jamais le sentiment du sujet; l'artiste doit chercher dans son cœur l'expression du mouvement. Quand l'artiste a longtemps étudié son art, qu'il s'est surtout exercé sur la nature prise sur le fait dans toutes les circonstances de la vie, les différentes positions sociales, dans les hôpitaux, les rues, les marchés, etc., il ne doit se servir que comme note seulement du modèle qui pose. La preuve évidente que l'expression du mouvement doit exister dans l'inspiration de l'artiste, c'est que son juge, le public, n'a pas besoin de voir poser le modèle pour apprécier si le mouvement est bien compris.

D'ailleurs, le modèle qui pose se décompose, et ceci se comprend facilement. Il n'est pas possible que les muscles conservent toujours la même énergie, et que le pauvre être qui pose pour le héros devant l'artiste garde sans cesse l'attitude qui lui est donnée, pas plus qu'il ne peut comprendre l'âme héroïque qui n'est point passée dans la sienne. Le modèle n'est que le plan servant à indiquer les positions pour l'artiste, comme la carte militaire pour le soldat. C'est dans le cerveau du sculpteur, comme dans celui du capitaine, que doit luire la pensée morale qui domine l'action matérielle. C'est la nature intellectuelle qu'il faut imprimer sur la toile ou sur le marbre.

IX. — M. Biot m'a donné le masque de Laplace moulé sur

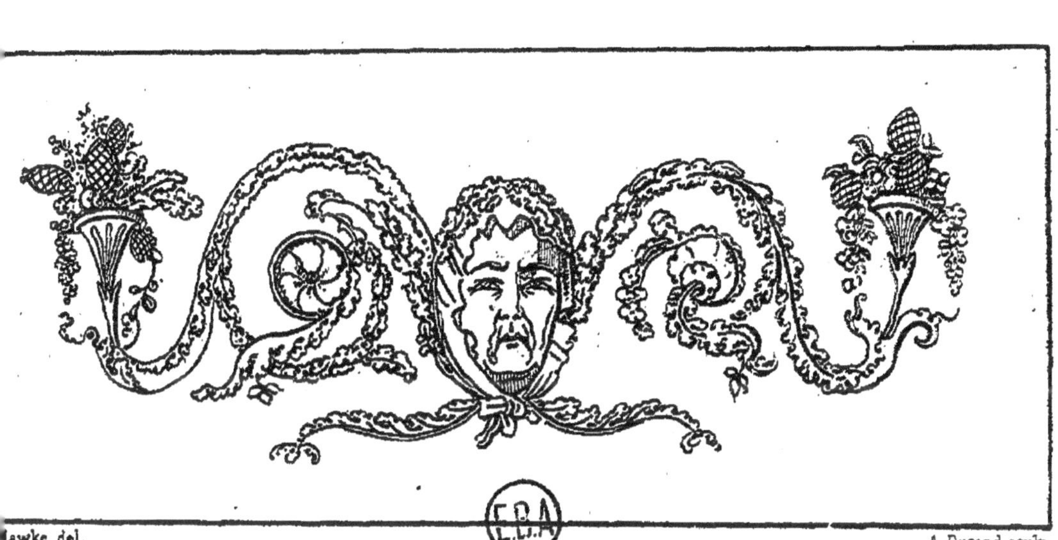



Hawke del. A. Durand sculp.

LA VIRILITÉ

Le Châtelet, près Milon (Maine-et-Loire) — *Bois*

Imp. A. Durand, Paris

nature. « Je vous l'offre, m'a-t-il dit, parce que vous lui rendrez la vie. » Comme ce masque est tel que le mouleur l'a relevé sur la mort, il éveille en moi une profonde mélancolie. C'est le spectacle le plus pénible qu'on puisse voir que ce *fac-simile* de la nature; c'est la forme sans le fond, l'instrument sans le musicien, la demeure déserte. Le calque inanimé de la vie ne doit servir à l'artiste qu'à titre de note; c'est en lui, c'est dans son cœur qu'il doit chercher la flamme dont a resplendi le front de l'homme de génie. C'est à cette lumière intérieure qu'il doit ranimer les hautes émotions, trésors de ces hommes que le Créateur a marqués de son sceau pour l'admiration des siècles.

Houdon faisait ses bustes de la grandeur du modèle, se servant d'un moule pris sur nature. C'est un tort. La nature moulée ne rend jamais l'homme. Il faut que la physionomie d'un personnage illustre se moule en pleine liberté dans le cerveau de l'artiste.

Quand on moule sur nature, on obtient le calque de la vérité. Quand l'artiste moule avec son cerveau, c'est à l'expression de la vérité qu'il fait appel. C'est l'âme qu'il évoque; c'est l'apparition d'une puissance cachée qu'il prépare. Le moule, c'est l'enfant, qui a forme humaine sans avoir le mouvement. L'œuvre pensée, c'est l'homme en action, c'est l'étincelle du regard et la flamme de la parole qui animent, échauffent et embrasent tout.

X. — Quand un statuaire a pour mission de représenter un grand homme, son œil plonge dans les sublimes régions où demeure son héros. Il le voit avec les yeux de l'âme. Comme il lui apparaît sous des proportions gigantesques, ses traits sont accentués. Ce n'est plus un homme, c'est l'homme; c'est un type que l'univers entier doit saluer. L'artiste n'ira pas entreprendre le calque de la forme humaine périssable; il fixera dans le bronze ce type divin, cette noble apparition dont son âme a senti le reflet. Si l'on veut parler à l'avenir, il convient de parler haut et dans la plénitude d'une réelle liberté. Sans elle, on ne peut produire que de tristes ébauches, étiolées, viles, obscures comme la bassesse et le mensonge.

Il s'échappe de la face d'un homme illustre des rayons qui viennent illuminer le cerveau d'un artiste.

XI. — Un statuaire qui a l'intelligence de son art doit accentuer avec le plus grand soin l'individualité, car la statue d'un héros doit toujours être individuelle. Il y a peu d'hommes illustres dans la vie desquels il ne se rencontre un acte qui leur a mérité l'admiration de leur époque, la vénération des temps à venir. Qu'il s'agisse d'un savant, d'un soldat, d'un artiste, le trait distinctif se doit trouver; sa recherche est parfois une chose difficile, mais le génie doit en triompher. Les Grecs avaient un autre système : ils plaçaient l'homme qu'ils voulaient honorer dans une sphère supérieure où toute trace de sa vie terrestre devait disparaître. C'était la divinisation du héros. Dans de telles conditions, le calme et la dignité devenaient la parure nécessaire de l'œuvre modelée. Les artistes n'avaient point à poursuivre cette individualité que nous impose l'adoption du costume moderne en sculpture.

D'autre part, les dévots de la vérité individuelle ne manquent jamais de répéter que le génie, comme la vertu, est souvent renfermé dans un corps sans noblesse. C'est là, en effet, une des tristes nécessités de la nature; mais qu'importe? La laideur doit être le seul stigmate du crime ou des turpitudes humaines. Le génie et la vertu rayonnent. A la matière de s'ennoblir, si elle prétend à l'expression des hautes facultés. Hélas! en face des œuvres modernes, adieu l'idéalisation de l'homme, telle que l'avaient connue les anciens, adieu les lignes de beauté partout cherchées dans la nature, adieu ces personnifications grandioses, presque divines, qui faisaient que l'homme se sentait fier d'appartenir à l'humanité. Pauvres artistes que nous sommes, l'esthétique des Grecs n'est plus rien pour nous; aux marbres du Parthénon nous avons substitué des magots et le culte de la laideur.

La passion, en sculpture, doit toujours avoir quelque chose d'individuel : elle caractérise la personne.

XII. — L'âme s'impose au statuaire. C'est la vérité idéale qui doit l'emporter aux yeux du sculpteur sur la vérité historique et la vérité locale. Une connaissance exacte des temps, des lieux, de la marche des événements ne sera pas inutile à l'artiste; loin de là : mais cette connaissance n'est que la lettre de l'art. Ce qui doit préoccuper l'artiste dans son âme, c'est de ressusciter l'homme. C'est l'homme qu'il doit interroger sans cesse, non pas seulement afin de connaître ses actes, mais afin de saisir sa pensée la plus secrète. Un maître doit se pénétrer des facultés morales de son modèle, découvrir ce qui l'a poussé à jouer un rôle dans le drame, ce qu'il y cherchait, quelle a été son audace, sa force et son mérite.

En exécutant le portrait d'une femme dont le visage est ordinaire, l'artiste peut embellir la nature s'il sait jeter un certain vague sur les traits. Il aura soin de passer légèrement sur les défauts et d'accentuer les lignes ou les points de beauté. C'est un moyen de laisser libre cours à l'imagination du spectateur. S'il s'agit de représenter une belle femme, la méthode n'est plus la même. Ici, la nature a tout dit, et vous resterez toujours au-dessous d'un si grand maître. Notre dernier mot ne vaut jamais le sien.

Le génie embellit les traits les plus défectueux. Lorsque Mirabeau parlait, tous les spectateurs étaient tellement sous le charme qu'ils le voyaient très-beau. Voilà l'idéalisation. Le statuaire doit chercher à agrandir, à ennoblir le visage de son modèle; c'est le moyen d'approcher du génie, dont nous ne donnerons jamais une idée juste.

L'art obtient l'élévation et le grandiose en accentuant fortement les formes caractéristiques, en creusant peu les contours, tout en conservant cependant religieusement le dessin qui particularise l'individu. Le grand homme a toujours, au physique comme au moral, quelque trait saillant. C'est ce qui nous impressionne tout d'abord et laisse dans la mémoire un souvenir ineffaçable. Ainsi, insister sur les qualités, et non sur les défauts, qui ne sont souvent que le résultat de certaines habitudes imposées par notre civilisation. Quand on a du bien à dire d'un homme, il faut le dire tout haut et ferme; le mal, au contraire, s'il faut en parler, on ne le révèle qu'à demi-voix.

Les femmes ont bien soin d'arranger leur costume de manière à faire valoir leurs avantages et à suppléer aux grâces qui leur manquent. Les maîtres grecs n'ont pas fait autre chose. Leur science du beau les inclinait à mentir à la vérité prosaïque, afin de satisfaire aux exigences du goût. La nature, dans certains cas, n'était qu'une note, un document dont ils se servaient pour la composition de leurs hymnes de marbre en l'honneur de la Beauté. Nous autres modernes, nous visons moins haut. C'est un tort. La vérité individuelle nous satisfait, nous ne nous sentons pas attirés par cette beauté collective que poursuivaient les anciens. Chez nous, ce sont les sens, non l'esprit, que l'on veut émouvoir. Une figure capricieuse parle plus aux sens que la beauté mâle et grave. Un visage chiffonné a des aspects plus variés, plus piquants qu'une tête régulière. Les effets de lumière sont abrupts sur une face aux saillies nombreuses, et le regard, surpris par ces accidents multiples et fortuits, se sent agacé. Je ne nie point le mérite que peuvent dépenser dans de telles œuvres les artistes de notre temps, mais je préfère à leurs ouvrages l'expression noble et simple de la beauté typique.

Certains êtres semblent porter sur leurs traits comme un voile éclatant. Le visage est lumineux, les vêtements obscurs. Que l'artiste y prenne garde; dans de telles conditions, un être n'a plus rien de terrestre : l'idéalité s'impose à quiconque essaye de sculpter l'image d'un être de cet ordre.

XIII. — Lorsqu'on entend une musique lointaine, on ne reçoit que de larges et grandes impressions produites par les instruments les plus puissants. L'effet est simple, noble. Les détails ne sont pas perceptibles. De même en est-il à l'égard des grands événements et des hommes de génie, qui ne frappent l'âme que par leur côté saisissant. Il doit en être ainsi de l'art, de la statuaire surtout. Elle doit frapper par la majesté de ses lignes; les détails, qui sont l'indice du caractère intime, ne doivent être aperçus qu'en second lieu.

L'artiste doit s'attacher aux grandes masses qui sont de nature à peindre le caractère de l'individu. En voulez-vous une preuve élémentaire? Lisez l'histoire des sauvages. Chez les peuples enfants, chaque individu reçoit un surnom. L'un s'appelle « Œil-de-Faucon », l'autre « Jambe-de-Cerf », etc. Chez nous-mêmes, il n'est pas rare que dans le peuple un homme soit plus connu par un sobriquet que sous son nom. Et, le plus souvent, ce sobriquet exprime les qualités physiques de la personne. Il n'y a pas jusqu'aux animaux qui ne reçoivent dans la langue écrite ou parlée une épithète presque inséparable de leur nom, qui permet à la pensée de concevoir les habitudes, les manières d'être de l'animal. Voudriez-vous donc que le marbre fût moins explicite qu'un adjectif ou qu'un sobriquet, lorsque votre image n'a pas simplement pour objet de rappeler un être vulgaire, mais bien un homme supérieur, doué par la main divine de facultés éminentes?

N'oubliez jamais que la sculpture monumentale ne doit pas être un trompe-l'œil, mais une apothéose.

Ce qui caractérise les chefs-d'œuvre des grands maîtres, ce n'est point la finesse des détails, mais la ligne générale, les grandes masses de lumière et d'ombre qui, au premier aspect, impressionnent. C'est là qu'est gravé le sens moral du sujet. Le *Pensieroso* de Michel-Ange, d'aussi loin qu'on le découvre, indique un homme plongé dans de profondes pensées. Certes, la cavité des yeux, le front chargé, la bouche contractée avec un accent de violence, concourent admirablement à rendre l'expression que l'artiste ambitionnait de donner à son héros, mais l'énergie de la pose, à elle seule, dit tout. Les traits du visage ne sont que le corollaire du discours. C'est la variété qui converge vers l'unité. Que l'artiste fasse peu de cas des choses accessoires; qu'il les rejette s'il aspire à travailler pour l'avenir; il doit laisser de côté ce qui n'est que le reflet et puiser à la source lumineuse, principe vital du monde.

Le laconisme dans l'œuvre d'art permet de dégager la pensée; je me plais à voir dans cette qualité un élan spiritualiste. La recherche des détails, au contraire, marque une décadence.

Le corps, les vêtements, tout ce qui est matière, en un mot, l'emporte sur l'esprit à mesure que l'artiste s'écarte davantage de la concision.

XIV. — Les ressources de la statuaire sont innombrables; elle dispose de moyens variés pour traduire les nuances. Soit que l'artiste ait à traiter un bas-relief, une statue, un buste, il dépend de lui de tempérer ou de faire plus intense l'émotion de son outil. Le buste de Gilbert doit être nécessairement plus remué que ceux de Socrate ou de Platon.

*Le statuaire, — je l'ai dit bien des fois, —* ne doit pas s'en prendre aux détails lorsqu'il débute dans son travail. Ce qu'il doit accentuer énergiquement, ce sont les grandes lignes, les traits caractéristiques capables d'impressionner au loin. Il lui est même permis d'outrer ces signes extérieurs de la vie morale; on y lira l'effroi, le désordre de la nature physique sous les fortes excitations de l'âme. Quand l'Océan se révolte, ses vagues montent parfois jusqu'au ciel. Mais, en règle sous ce rapport, l'artiste peut ajouter à l'honnêteté de son récit par des nuances délicates, comme le littérateur qui, après avoir peint son héros dans ses points essentiels, lui prête volontiers quelques mots naïfs afin de rappeler l'homme dans l'être supérieur.

Il demeure entendu que l'étude des petits plans, des nuances délicates de la nature ne dispense pas de l'étude des grands plans, qui a dû tenir la première place dans les travaux de l'artiste. Toutefois, il est bon que le sculpteur pénètre de plus en plus dans l'intimité de la nature et cherche à s'initier davantage à la connaissance de ses secrets. De même en est-il avec un ami auquel vous vous êtes étroitement lié pour ses grandes qualités, et que vous aimez encore à étudier dans les nuances fugitives de son caractère et de son cœur.

XV. — Certains artistes semblent ne pas comprendre combien est nécessaire l'unité d'impression comme résultante de l'œuvre d'art. Supposons un sujet à émotion vive : le spectateur, mis en face de la composition, s'identifie avec une manière d'être nouvelle pour lui. Ceci fait, la cause de l'artiste est gagnée; mais s'il avait l'imprudence de solliciter l'imagination du spectateur vers un second but, distinct du premier, l'effort intellectuel devrait être repris par le témoin de son œuvre, et cet élan recommencé présenterait des difficultés d'autant plus grandes que le sillon tracé par l'impression première était plus profond. L'illusion que l'artiste peut ambitionner de faire naître est le fruit d'une émotion continue, rajeunie et renouvelée sur chaque point du marbre, mais jamais interrompue ou brisée.

J'étudiais hier l'une des figures du fronton d'Égine. L'unité qui règne dans la divergence multipliée des lignes et l'harmonie qui naît sans effort de l'agitation même des membres devraient être longuement analysées par les artistes de nos jours, qui se plaisent à taxer les marbres antiques d'une immobilité absolue. Les Grecs sont nos maîtres. Ils sentaient aussi bien que nous le besoin d'exprimer la vie à l'aide du mouvement; mais ils atteignaient au mouvement sans sacrifier la grâce ni la beauté.

Les effets de lumière et d'ombre ne doivent jamais contrarier l'idée maîtresse d'une composition. Je prends deux exemples bien connus. Dans le *Serment du Jeu de paume*, les effets de lumière sont extrêmement variés : ils concourent à marquer l'effort enthousiaste d'hommes résolus à renverser un pouvoir. Le *Congrès d'Amérique* forme avec cet ouvrage un saisissant contraste. Tout est calme, ordonné, sans débat dans cette page d'histoire :

on y lit l'unanimité d'une nation. Les représentants d'un tel pays sont graves; ils accomplissent un acte solennel. Une lumière douce plane sur eux, et il semble que l'immobile clarté soit le présage sensible de la durée d'un ordre de choses issu de la volonté de tous.

XVI. — L'expression, prise dans son acception la plus vraie, est le verbe de l'esprit. Lorsqu'on travaille un buste, ce n'est pas l'homme de l'instant qu'on doit avoir en vue pour satisfaire ses proches, ses amis, ses contemporains, c'est l'homme de l'avenir, celui-là seul qui intéresse la grande famille humaine. Si vous vous maintenez dans l'exactitude littérale, un mois après son achèvement, l'image a perdu de sa justesse. L'âme, source et foyer des hautes pensées, ne change pas. C'est elle qui est le vrai portrait.

L'expression veut être indiquée avec laconisme. L'artiste oublieux de cette loi qui outre l'expression me laisse froid, et ses ouvrages me rappellent les tigres empaillés que l'on voit dans les magasins de fourrures, la tête levée, la gueule ouverte, les dents acérées, et qui ne font peur à personne, pas même aux enfants.

Avez-vous à représenter un homme en proie à une crise violente, signe avant-coureur de la mort? Que les membres palpitent; que la respiration haletante soit lisible dans les muscles de l'abdomen et des lombes; que la crispation des muscles des cuisses et des jambes, la contraction des pieds, des mains, le gonflement du cou et des artères, les cheveux collés sur le visage rendent saisissable la dernière lutte de l'homme qui va mourir. Mais, d'autre part, il ne faut pas oublier que c'est par le laconisme des lignes qu'un statuaire peut prétendre exprimer une grande passion. En multipliant les plis de la peau, vous ne faites que marquer le dépérissement de l'être. Observez les vieilles femmes : elles s'affublent de superfluités; au contraire, la jeune fille n'a garde de rechercher des ajustements inutiles : ils voileraient sa beauté, la simplicité de ses formes, don précieux de la nature. La statuaire est jeune. De plus, l'artiste qui entreprend d'exprimer les passions de l'âme doit se bien défendre de dépasser jamais les limites du terrible; car, au delà de ce terme, il n'y a place que pour le dégoût. L'horreur n'attire pas; elle repousse. Une œuvre qui éveille l'horreur ne saurait inspirer de plaisir; or, le spectateur d'un ouvrage peint ou sculpté doit emporter un sentiment de délectation du spectacle qui l'a retenu. Que ce sentiment s'exalte jusqu'à la violence dans de certaines occasions, cela est permis; mais il ne doit pas cesser d'être supportable.

XVII. — Lorsque, dans une composition, vous devez placer certains êtres abjects, il convient de « passer » les muscles afin de les laisser dans un vague limoneux. Il faut qu'on éprouve, en regardant ces figures, quelque chose de la sensation que fait naître la vue d'un égout; le geste doit être en rapport avec cette couleur terne et molle qui marque une déchéance. Raphaël a bien compris ce que je viens d'écrire lorsqu'il a peint son *Saint Michel*. Les membres de Satan sont à peine dessinés.

XVIII. — L'élégance du modelé n'est pas la maigreur. J'ai remarqué bien des fois que la maigreur des formes est le résultat des trop longues recherches de l'artiste. Il ne faut pas s'attarder outre mesure sur la même œuvre. Trop de retouches déflorent.

XIX. — La sublimité d'une œuvre d'art n'est pas tant le résultat de notre travail matériel que le produit de l'émotion qui jaillit de l'âme du spectateur lorsque nous avons parlé la vérité. Si notre juge est doué d'un tempérament impressionnable, nos œuvres grandissent à ses yeux : le magnétisme de la composition de l'artiste l'envahit.

# CHAPITRE VI

## FIGURES DE RONDE BOSSE

I. La statue doit être l'expression d'une idée. — II. Symbolisme de la matière. — III. Un sculpteur doit observer sa statue au déclin du jour. — IV. Des statues qui se détachent sur un fond de ciel. — V. L'art veut être en son milieu. — VI. De la nécessité du piédestal pour la statue. — VII. C'est au statuaire qu'appartient le choix du piédestal de sa figure. — VIII. La statue doit être à portée du regard. — IX. On ne voit ordinairement que des vieillards autour des statues. — X. Loi primordiale du groupe. — XI. Du buste.

I. — La statue doit être l'expression d'une idée. L'idée est le criterium du génie. Aussi comparez la face d'un homme nul et les traits d'un homme supérieur; pour peu que vous sachiez observer, vous serez frappé de leur dissemblance. Le visage d'un homme de pensée se fixe aisément dans la mémoire. L'idée, l'idée, voilà la source féconde des nobles émotions. Toute grande vie se résume dans une idée dominante. Kléber a voulu dompter l'Égypte, et la bataille d'Héliopolis a été la réalisation de son rêve : c'est là ce qui le particularise. Newton, Cuvier ont eu l'un comme l'autre une idée qui les a désignés à la vénération des siècles. Ce n'est donc pas seulement la statue d'un penseur qui permettrait de nommer de tels savants, de même que l'image d'un soldat appuyé sur son sabre ne suffit point à particulariser un grand capitaine. Encore une fois, de l'idée! car, sans cela, le spectateur passera devant votre ouvrage en disant : « Que m'importe? N'ai-je pas déjà vu cette figure? Ce marbre est l'allégorie banale de tous les penseurs; ce bronze, la représentation de tous les soldats. »

II. — Le bronze, par sa gravité sévère, porte dans ses plis un caractère d'apothéose qui commande le respect; mais le héros représenté dans le bronze n'a pas encore quitté notre sphère terrestre. Le marbre est plus près du divin. A une époque de positivisme, le bronze est en harmonie avec les idées en vogue. Aux siècles primitifs, lorsque l'homme avait pour ainsi dire établi son domaine moral dans les sphères célestes, le marbre dut primer le bronze.

III. — Un sculpteur devrait souvent examiner sa statue à la tombée du jour, ou même la nuit, en l'éclairant d'une lumière factice. Cet examen lui permettrait de juger si la silhouette générale de son œuvre n'est point embarrassée de masses, de plis ou d'accessoires nuisibles à l'effet. La simplicité du mouvement n'est rien moins que l'expression de l'individu; c'est ce qui constitue l'unité. Toutefois, je ne veux pas dire que, l'œuvre terminée, il faille chercher une heure favorable pour juger une statue. Je me souviens d'un statuaire de talent qui avait fait un bon ouvrage et qui, à l'époque d'un Salon, tourmenta sans relâche le jury. Les plus belles places ne lui convenaient pas; sa figure devait avoir un côté dans l'ombre; on ne pouvait sans cela juger de son mérite! Je ne conçois pas de semblables aberrations. La sculpture ne doit-elle pas être faite pour toutes les places et pour tous les jours? Voyez donc la statuaire grecque. Pauvre jury! Les auteurs du plus misérable petit croquis se montrent d'une inconcevable exigence.

IV. — Votre statue doit-elle se détacher sur un fond de ciel? Les contours recevront de cette situation une grande netteté; aussi vous devez craindre que l'aspect des draperies ait de la roideur, si votre figure est imitée de l'art grec. Les ouvrages conçus dans le style de la Renaissance sont à l'abri d'un pareil danger. Germain Pilon, Jean Goujon savaient donner tant de souplesse aux draperies, que leurs descendants, s'ils les suivent dans leur voie, n'ont rien à craindre de l'emplacement de leurs statues. Ce que je viens de dire, d'ailleurs, des imitateurs de l'art grec ne s'applique point à Phidias. Ses figures assises du Parthénon sont vêtues de draperies tellement transparentes que, vues de loin, leurs contours ont la légèreté de l'étoffe. Mais combien parmi les modernes à qui les lointains d'un ciel pur ont été perfides, en faisant à leurs œuvres des contours de métal!

La figure qui se détache sur un fond de ciel paraît plus grande qu'elle ne l'est en réalité, et, pour peu que la silhouette en soit heureuse, le sentiment poétique acquiert plus d'intensité dans de telles conditions. Les nuages qui courent dans les airs animent la statue en laissant croire à son déplacement. L'immensité devient l'élément dans lequel elle se meut. Pendant la nuit, les étoiles lui font une couronne, et leur clarté scintillante à l'horizon enveloppe de toutes parts le bronze ou le marbre transfiguré, qui semble une apparition fantastique, au premier plan d'un monde supérieur.

V. — Je ne puis vaincre une impression pénible quand je vois passer dans nos rues une statue qui vacille sur sa voiture de transport, ou un tableau sur les crochets d'un commissionnaire. J'aime l'art en son milieu. C'est à l'homme à se détourner de son chemin pour aller voir la statue debout et immobile sur son piédestal, la toile incrustée dans les riches parois du monument. Je ne puis supporter davantage la vue d'un tableau dans un cadre mobile : je crois être dans une boutique de marchand.

VI. — Lorsqu'un homme se trouve placé sur un point élevé par rapport à ceux qui l'entourent, il revêt je ne sais quoi de monumental. La place qu'il occupe impose l'attention. Son regard est difficilement supporté par ceux qui l'observent d'en bas. Il y a comme un vague sentiment de domination tout au profit de cet homme qui double pour un instant l'empire qu'il peut avoir sur ses semblables. Je trouve dans ce fait une preuve de la nécessité du piédestal pour la statue d'un grand homme. Quelle n'est pas l'impression fâcheuse que nous éprouvons lorsqu'une figure est momentanément déposée sur le même plan que nous! L'œuvre n'est plus en son lieu, et le marbre antique le plus achevé, descendu de son piédestal, a perdu le caractère d'apothéose que donne à l'image plastique une juste élévation.

VII. — Je voudrais que les statuaires fussent toujours maîtres du piédestal de leurs figures. Ils chercheraient à compléter par une composition variée l'impression morale qui doit jaillir du sujet. Dernièrement, en Espagne, je voyageais à travers des sites d'un caractère sublime et terrible. Je songeais aux moyens sans nombre dont dispose l'artiste pour remuer l'imagination. La statue de Geoffroy Saint-Hilaire me vint à la pensée au milieu des montagnes majestueuses qui semblent être des piédestaux préparés pour les grandes effigies des naturalistes. J'imaginais le piédestal distinctif d'une telle figure. A la base, quatre sphinx, souvenir de la campagne d'Égypte et en même temps symbole de l'art des découvertes. Au-dessus, des fossiles entremêlés de plantes des tropiques, aux larges feuilles, imitant des chapiteaux. Par l'ensemble du piédestal, j'essayerais d'éveiller l'idée de la Création. Les détails d'un pareil monument ne s'improvisent pas, ils sont à trouver; mais il n'est que temps, à mon avis, de se débarrasser des éternelles moulures qui n'ont aucun sens. Le véritable monument, c'est celui dont toutes les parties rappellent l'homme que l'artiste a la volonté d'honorer. En traitant ainsi les piédestaux, il me semble qu'on atteindrait sûrement à la poésie plastique. Il me reste maintenant à trouver une composition capable de particulariser le grand et fécond système des analogies qui recommande Geoffroy Saint-Hilaire à l'admiration des hommes. Mais, quoi qu'il arrive, je n'oublierai point ces idées générales; car pendant que j'étais occupé à les coordonner, je négligeai de tenir les guides de ma monture qui trébucha, et je fus envoyé par-dessus sa tête, au milieu des pierres, tout près d'un précipice que nous côtoyions depuis longtemps pour arriver à Boucharo. J'en fus heureusement quitte pour quelques coupures à la jambe et au bras. Quand on n'a pas voyagé dans les Pyrénées espagnoles, on ne peut se faire une idée des périls et des émotions qui vous attendent.

Si j'exécute la statue de Drouot, je tâcherai de faire adopter l'idée d'un piédestal qui me paraîtrait particulariser l'artillerie, arme spéciale de ce général. Si l'on demandait aux artilleurs de concevoir une base, ils la composeraient de canons, d'obusiers, d'affûts, de drapeaux, le tout convenablement agencé et relié, afin de présenter un appui non moins solide que caractéristique. Aux quatre angles, je voudrais placer un artilleur tenant en main soit un écouvillon, soit tout autre instrument en usage dans son arme. La statue du général dominerait ainsi ses soldats (1847).

On eût pu, pour la statue de Mathieu de Dombasle, grouper en forme de piédestal des instruments d'agriculture.

VIII. — Toutes les merveilles de la nature gagnent à être vues de loin, montagnes, architecture, etc., mais l'homme doit l'être de près. Les Grecs mettaient leurs figures sur le devant des tableaux et ne les rapetissaient jamais, comme l'exige la perspective. Rien n'est plus ridicule que de mettre les statues des grands hommes hors de la portée de la vue, sur des colonnes ou sur le faîte des monuments. Dans ce cas, les statues deviennent des décorations, des accessoires, tandis qu'il faut qu'on puisse lire l'expression du grand homme sur son visage; l'architecture doit, en ce cas, se borner à son rôle d'accessoire.

IX. — On ne voit ordinairement autour des statues des grands hommes exposées sur les places publiques que des gens d'un âge mûr; il est très-rare que les jeunes gens s'arrêtent à ce spectacle; ils sont trop pressés de faire usage de la vie : les vieillards l'analysent.

X. — Il est une loi primordiale, impérieuse, à laquelle le sculpteur ne peut jamais se soustraire dans la composition d'un groupe. Il doit invariablement respecter l'intégrité individuelle de chaque personnage en évitant de porter atteinte aux contours par les draperies avoisinantes ou les accessoires.

XI. — Un nom doit impressionner l'artiste à l'égal d'un monument. Quand vous voyez le nom de Mazet, ce jeune médecin mort à Barcelone victime de son dévouement à soigner les pestiférés, si ce nom est inscrit à côté de celui de Bichat, votre imagination doit élever un buste au premier, une statue au second.

Quand on regarde un portrait peint, c'est comme si l'on voyait l'original à travers une glace; au contraire, le buste est un monument, avec sa forme d'hermès ou son corps et ses bras coupés.

Tout en accentuant dans un buste les grandes masses qui caractérisent les habitudes de l'âme, il ne faut pas négliger les nuances délicates, qui attestent que cette représentation de l'homme a été interprétée naïvement. Ce sont les nuances, les détails qui souvent communiquent la vie à l'œuvre modelée. L'artiste qui n'a pas le sens de ces finesses produit des ouvrages assez semblables aux pétrifications qu'on rencontre à Chaudes-Aigues et au mont Dore : la forme extérieure subsiste, la vie est absente. En revanche, les sculpteurs qui ne voient chez l'homme que les petits plis et les nuances produisent des moulages où la philosophie des grandes lignes n'apparaît point. Tous ces petits plis viennent se confondre avec les sourcils, la prunelle, les cheveux. En peinture, la couleur de chaque objet établit une distinction et s'oppose à la confusion. Les sculptures dont je parle me rappellent les têtes desséchées par les sauvages que les voyageurs rapportent en Europe. On ne voit plus qu'une peau ridée, et cependant les sourcils et les cheveux ressortent encore par leur couleur. Le génie ne se particularise pas par les plis de la peau, conséquence de l'appauvrissement de la vie matérielle; les plans vigoureux et larges sont l'expression de la nature; c'est par eux qu'elle modèle le cachet des grandes vertus ou des grands vices.

# CHAPITRE VII

## BAS-RELIEFS

I. Il faut dessiner beaucoup pour bien traiter le bas-relief. — II. Dans le bas-relief tout est fiction. — III. La concision doit être la règle du statuaire qui compose un bas-relief. — IV. Méthode et procédé des Grecs dans l'exécution de ce genre d'ouvrages. — V. Des reliefs de demi-ronde bosse. — VI. Des plans multipliés. — VII. Du méplat et de la saillie. — VIII. Règles pour la composition d'une scène agitée. — IX. Du jeu de la lumière sur une scène apaisée. — X. De l'intention pittoresque. — XI. Du contour des figures. — XII. Peut-on modeler des nuages sur le fond d'un bas-relief? — XIII. De l'absence de perspective dans les bas-reliefs qui décorent les piédestaux. — XIV. Du médaillon. — XIV. L'éloquence du profil. — XVI. Médailles d'après nature et médailles exécutées d'après un buste.

I. — Les sculpteurs qui veulent exécuter des bas-reliefs doivent dessiner beaucoup; ils verront que le principe est le même pour le bas-relief et le dessin, puisque, sur une surface plane, il faut, dans les deux cas, rendre la saillie.

II. — Tout est fiction dans le bas-relief : le fond tient lieu de ciel; de là l'obligation d'accentuer le contour d'un groupe ou d'une figure, car, dans la vie réelle, les personnages se détachent toujours vigoureusement sur l'horizon.

III. — Quand un orateur veut se faire entendre d'une grande assemblée, il simplifie ses phrases et va droit au but. S'il lui arrivait de surcharger son discours de détails, même poétiques, on ne saisirait pas ce qu'il veut dire. Ainsi en doit-il être du bas-relief monumental. L'artiste qui prétend parler de loin doit employer le moins de mots possible; c'est la concision qui fera sa force.

Lorsqu'on se tient à distance de certaines gravures, on croit voir quelquefois des choses toutes contraires à la scène que l'artiste a voulu rendre. De même, dans la nature, certains effets contredisent parfois la réalité. Ces phénomènes optiques doivent maintenir en garde l'artiste contre lui-même afin qu'il se défende avec soin, dans ses ouvrages, de tout ce qui peut jeter de la confusion sur une scène modelée. Que les lignes soient toujours simples et qu'il n'y ait rien d'indécis, à moins que le sujet ne l'exige, comme, par exemple, lorsqu'on veut représenter une bataille ou un mouvement populaire.

IV. — Dans les bas-reliefs antiques, chaque figure est un symbole. Un type unique sert à rappeler les foules : il les ramène à l'unité. Un seul homme personnifie l'armée; le chœur est représenté par un vieillard; un autre est l'image du peuple. De ce principe découle la simplicité, qui est plus appréciée de l'esprit qu'elle n'est palpable pour les sens. Le bas-relief a un caractère presque religieux. Les personnages qui s'y meuvent forment une sorte de procession. Il convient qu'ils aient de la gravité. Le champ qui sépare les figures remplace le ciel sur lequel elles se détachent dans la réalité.

Il est facilement explicable que les Grecs aient isolé les figures de leurs bas-reliefs. Les personnages sculptés par eux n'eussent-ils pas été symboliques, ce qui ajoutait à leur importance et défendait de les confondre ensemble, la draperie prêtait merveilleusement à l'effet. Les lignes pouvaient en être librement rendues; elles présentent à l'œil d'heureuses silhouettes. Chez les Grecs, l'individu jouait toujours un grand rôle. Chez nous, les actions mémorables sont le plus souvent l'expression des masses; l'artiste ne peut représenter celles-ci que par des groupes. D'ailleurs, nos costumes absurdes n'offrent que des lignes ridicules sur le personnage isolé; ils se dessinent plus avantageusement dans les groupes. C'est un des motifs qui ont obligé les modernes à exécuter des bas-reliefs avec plusieurs plans, afin de répondre aux exigences de notre temps, qui réclame, dans les productions de l'art, de l'action, du mouvement et la représentation de masses imposantes par le nombre. L'artiste est tenu d'exprimer les idées dominantes de son époque.

En distribuant les groupes avec art dans leurs bas-reliefs, les Grecs se sont ordinairement appliqués à les séparer les uns des autres, et la contemplation successive des parties d'un même tout fait éprouver à l'œil une sensation comparable à celle qui charme l'oreille lorsqu'elle est frappée par une musique harmonieuse et régulière. Cette disposition des personnages sur le fond doit être sentie par l'artiste, car il serait bien difficile d'en formuler les règles. Regardez une page écrite : si c'est un homme de goût qui l'a tracée, les marges, les interlignes présentent un ensemble attrayant, et l'écrivain ne s'est pas même douté du caractère distingué qu'il allait imprimer à son œuvre. La silhouette d'un bas-relief sur le fond est à observer. Elle donne la mesure de l'équilibre et de la justesse des pensées de l'artiste.

Il est à remarquer que les Grecs, dans leurs bas-reliefs, ont toujours pris à tâche de laisser aux membres leur plus grand développement, de telle sorte que, placé à une forte distance, le spectateur discerne sans fatigue le plan général de la composition.

Dans le bas-relief antique *Ulysse consultant Tirésias*[1], j'observe que la figure d'Ulysse est presque de ronde bosse, tandis que celle de Tirésias est d'un saillant très-doux et les draperies sont dans le vague.

V. — Ce qui choque dans un bas-relief de demi-ronde bosse, c'est la vaine prétention de l'artiste à jouer la ronde bosse. L'art

[1] On sait que ce bas-relief est au Louvre. La pensée du maître demande à être complétée. Suivant le récit de l'Odyssée, Ulysse, obéissant à l'ordre de Circé, descendit vivant aux enfers, et, ayant écarté les ombres qui se pressaient sur son chemin, parvint jusqu'à celle du devin Tirésias qu'il consulta sur son avenir. Il est permis de penser que le sculpteur grec a cherché à rendre la différence de nature des deux personnages par le modelé ressenti de la figure du roi d'Ithaque et le relief demi-perdu de l'ombre de Tirésias. Cette opinion a été vraisemblablement celle de David, et elle lui fournit une note sur le relief.

n'est pas fait de ruse. Son vrai but est de rendre l'imitation de la nature saisissable pour l'esprit bien plutôt que pour les sens. Que les sculpteurs ne l'oublient jamais : la teinte uniforme de la matière qu'ils mettent en œuvre ne leur permet pas de produire l'illusion de la vie physique.

VI. — La sculpture n'a pas à son service, comme la peinture, la ressource des effets qui éloignent les personnages à volonté. Si vous creusez le champ d'un bas-relief pour en multiplier les plans, les figures placées au troisième plan, par exemple, recevront, malgré vous, l'ombre portée des figures sculptées au premier, et vous n'atteindrez le plus souvent qu'à la confusion. Cependant, les personnages étant traités par méplats, il est arrivé que certains artistes ont pu produire des bas-reliefs remarquables avec une certaine profondeur; exemple : le tombeau de François Ier, à Saint-Denis.

VII. — J'ai vu, dans un bas-relief antique, une tête du *Soleil,* de face, du saillant le plus doux. L'artiste avait adopté ce parti afin sans doute que la lumière fût très-vive, et, de fait, le masque du *Soleil* était le point le plus lumineux. Toutes les figures environnantes, accentuées quant au relief, se trouvaient enveloppées d'ombre.

VIII. — Si vous avez à traiter une scène agitée dans un bas-relief, tout en faisant les figures méplates et nettement accentuées sur les contours, il ne vous est pas interdit de fouiller le nu ou le vêtement dans une certaine mesure. Du jeu de la lumière sur ces saillies répétées sans profusion naîtront le mouvement, la vie.

IX. — Dans un bas-relief dont la scène est tranquille, la lumière veut être large, et pour atteindre à ce résultat, il faut que les traits du visage, ainsi que les plans des draperies, soient peu saillants, mais chaque personnage peut sans péril se détacher avec vigueur sur le fond; en d'autres termes, les contours peuvent toujours être accentués.

J'ai fait un bas-relief représentant le comte Frotté et plusieurs de ses compagnons au moment où ils vont être fusillés. Si j'avais accentué les jambes de mes personnages, des ombres vigoureuses se seraient massées sur cette partie de mon travail et y auraient attiré l'attention; mais j'ai pris soin de faire les jambes d'un relief très-doux et les têtes saillantes. Il en résulte que le jeu des ombres appelle le regard sur les têtes, dont le modelé, quoique ressenti, est cependant encore très-méplat et ne laisse courir aucun risque à la tranquillité de la scène. Tout le travail est gradué en demi-teinte. Faire que l'intérêt se résume sur la tête humaine dans une œuvre modelée, n'est-ce pas traduire un mouvement naturel? Si l'on rencontre un homme, si l'on parle avec lui, c'est dans ses traits qu'on le juge, c'est sa face qu'on observe. A peine pourrait-on dire si l'on a vu ses jambes. Lorsque j'allai voir Walter Scott, que je ne connaissais pas, je restai près de trois quarts d'heure avec lui, et, en sortant, je demandai à Victor Pavie et à son frère, qui m'avaient accompagné, quel était le costume du romancier. Il se trouva qu'aucun de nous ne put dire comment il était vêtu, tant nous avions été frappés par la tête de cet écrivain de génie. Telle est, à mon sens, l'impression que l'art doit chercher à rendre quand il s'exerce à la représentation de l'homme.

X. — Certains sculpteurs croient pouvoir composer leurs bas-reliefs dans un sentiment pittoresque. Ils simulent des draperies volantes, tourmentées. Les figures sont de demi-ronde bosse, et présentent, par conséquent, de petites surfaces lumineuses à côté de fortes masses d'ombre. Il en résulte un cliquetis perpétuel qui fatigue l'œil; les membres de chaque personnage semblent appartenir à quelque figure voisine; le regard n'est parfaitement en repos que s'il s'arrête sur le fond, et alors l'imagination ne perçoit que de l'ennui, puisque le fond ne peut l'intéresser.

XI. — Lorsqu'un bas-relief prend l'aspect d'une planche découpée, son auteur montre, par cela seul, qu'il n'a pas le sens du dessin. Quand on dessine, est-ce qu'on ne laisse pas dans le vague tout ce qui doit fuir?

Jean Goujon a deviné en partie les principes de Phidias, car il répandait largement la lumière sur l'ensemble de ses figures, et il les détachait par un contour prononcé. Nos modernes, au contraire, tombent dans la mollesse par la liaison du contour avec le fond où il va se perdre.

XII. — Quel sentiment pénible font éprouver les sculpteurs qui essayent de simuler des nuages ou une tempête sur le fond d'un bas-relief! Le marbre et le bronze ne sont pas faits pour traduire ce qui est impalpable dans la nature physique. Dès lors qu'ils rendent tangible ce que mon doigt n'a jamais touché, je me sens désenchanté. La peinture n'est pas soumise à ces lois sévères : elle colore de sa poésie tout ce qu'elle traduit, parce que les œuvres du pinceau n'affectent pas le sens du toucher.

XIII. — Je crois que les bas-reliefs à l'aide desquels on décore un piédestal devraient toujours être placés dans un renfoncement, afin de diminuer l'ombre des contours que la perspective n'adoucit pas, puisque toute latitude est laissée au spectateur de s'approcher du travail de l'artiste.

XIV. — Les médailles sont le résumé des grands événements; elles servent à rappeler des personnifications illustres. Il faut, en conséquence, qu'elles disent beaucoup, sans cesser d'être claires pour l'homme de goût et d'instruction, en même temps que pour le peuple, l'art étant fait pour l'éclairer.

Combien de villes ont déjà disparu du globe et ne sont restées consignées que par des médailles qui assignent la place qu'elles ont jadis occupée! Souvent l'antiquaire a résolu le problème de leur position par la vue d'un accessoire pris dans les productions végétales ou animales qui, inhérentes au sol, fixaient avec précision l'endroit où de grandes cités s'élevèrent autrefois.

Depuis que j'ai mis au jour quelques médaillons, une nuée de statuaires se sont appliqués à ce genre d'ouvrages. Ils n'ont pas compris qu'une médaille ne doit être, aux yeux de l'artiste, qu'une sorte de feuilleton. L'art veut être étudié dans ses manifestations grandioses. Que serait l'œuvre du sculpteur qui ne laisserait derrière lui que des notes prises sur la face humaine?

XV. — J'ai toujours été profondément remué par un profil. La face vous regarde. Le profil est en relation avec d'autres êtres; il va vous fuir, il ne vous voit même pas. La face vous montre plusieurs traits, et c'est plus difficile à analyser. Le profil, c'est l'unité.

XVI. — La nature a sur moi une telle puissance qu'il m'est arrivé quelquefois de faire un médaillon d'après un de mes bustes, et qu'il n'avait jamais autant de vie que ceux d'après nature, d'abord parce que j'éprouve de la répulsion à me copier, et qu'ensuite le rayon qui sort de la nature n'agissait pas sur moi. C'est pour cela qu'il ne faut pas astreindre les jeunes élèves à s'user sur des copies, même des grands maîtres; il faut les habituer à réchauffer leur âme au foyer de la nature. Je ne dis pas pour cela qu'ils ne doivent pas commencer leurs études par la copie des chefs-d'œuvre, car ils apprendront ainsi à mieux interpréter la nature.

# CHAPITRE VIII

## DES PROPORTIONS

I. Des impressions qui motivent le choix de proportions plus grandes que nature. — II. Le colossal, c'est la poésie. — III. La statue doit toujours être colossale. — IV. Grandir une œuvre d'art par un procédé mécanique, c'est détruire le sentiment. — V. De la réduction de l'œuvre d'art. — VI. Le buste colossal. — VII. Il ne peut venir à la pensée de faire le buste colossal d'une femme ou d'un enfant.

I. — Il y a certains effets qui se reproduisent invariablement. Nous éprouvons une impression de respect pour une haute stature. Les gens doués d'une taille élevée voient presque tous les hommes au-dessous d'eux, et leurs paupières se baissent naturellement. Les autres, au contraire, regardent en haut, comme s'ils parlaient à des êtres objet d'un culte. Les premiers sont sur un piédestal; les autres sur le sol de la vie. Or, ces distinctions, établies par la nature dans un ordre purement physique, impriment — par l'habitude qu'elles imposent à l'homme — une direction toute spéciale à ses idées. Je trouve là un puissant argument en faveur du colossal, et l'objection que l'on peut faire que beaucoup de grands hommes sont de petite taille n'en est pas une pour moi. Est-ce que nous ne prêtons pas naturellement au génie des proportions grandioses? Et puisque la statuaire n'est pas la représentation littérale de l'homme, mais une sorte d'apothéose, et l'essence d'une âme divine, devenue forme afin d'être saisie par le regard des générations, je maintiens que le colossal convient à la représentation des grands hommes.

Lorsqu'on entend raconter quelque haut fait, est-ce que l'imagination ne grandit pas le personnage qui en est le héros? Voilà donc les proportions colossales motivées par l'impression de l'âme. L'artiste est-il tenté de s'en tenir à l'imitation exacte de la nature? c'est qu'il ne fait qu'obéir à l'impulsion naturelle de son propre tempérament, tandis qu'il a besoin d'échapper au cercle étroit où se meut sa vie quotidienne pour s'élancer dans les hautes régions où le génie du poëte a placé ses créations, types glorieux et sublimes revêtus de formes idéales. Qu'on n'objecte pas qu'une différence est à établir entre les personnages de pure fiction et ceux que l'histoire nous présente grandis par la perspective des âges. Aux uns comme aux autres, les hautes proportions. N'est-ce pas en faisant naître l'idée d'une puissance extraordinaire et d'une expansion sans bornes qu'un statuaire peut exciter l'admiration? N'est-ce pas en agissant ainsi qu'il entre en colloque avec les âmes supérieures éprises de vertu, de vérité, d'immortalité, et dont les méditations habituelles ont pour objet l'éducation de l'homme, l'apothéose de l'humanité? Cependant, l'image colossale n'est en complet accord avec l'impression que l'on éprouve au récit des grandes choses qu'autant que l'artiste n'a pas omis, dans son ouvrage, les accents, qui sont pour ainsi dire le cachet de la nature. Lisez les poëtes, Homère, Virgile, et dites si les scènes touchantes et reposées n'ont pas l'excellent résultat de donner un plus grand degré de probabilité à la fiction poétique. De pareils tableaux sont facilement saisis par le lecteur; ils forment contraste, ils retiennent sous le charme. De même en est-il des détails dans l'œuvre plastique de proportions colossales. Je vois dans Napoléon un homme pour lequel mon imagination conçoit à peine la possibilité d'une vie vulgaire. Voilà ce qui explique pourquoi le statuaire doit représenter les grands hommes avec une taille colossale et nus, parce qu'ainsi il les place dans une sphère différente de la nôtre. On a peu de respect pour l'homme qui marche terre à terre avec vous, qui se perd dans les masses par sa taille, par son vêtement, résultat d'un caprice, tandis que la nature est de tous les temps. Il faut donc élever les statues sur un piédestal; il faut les faire colossales, sans pour cela mentir aux proportions qu'avait l'original, c'est-à-dire que s'il était court, il faut le représenter ainsi. — La dimension de la statue suffit à particulariser le personnage. — Si l'on habitue le public à ne voir dans les grands hommes que des êtres ordinaires, toute illusion tombera bien vite, et notre siècle positif n'est que trop porté à se désillusionner. Les Égyptiens l'avaient compris. De quels mystères ils entouraient leur religion! Chez nous, on voit en étalage, dans la boue, un *Christ* auprès des objets les plus impurs.

II. — Le colossal impressionne avec une puissance que ne possèdent pas les proportions réelles de la nature. Le colossal, c'est la poésie; le réel, c'est la prose. La poésie ne renferme pas moins de vérité que la prose, mais c'est une vérité lumineuse qui a traversé l'âme et qui seule a le don de la toucher.

Des proportions réduites poétisent également la représentation plastique de l'homme. Dans le premier cas, l'imagination retrouve ce qu'elle a rêvé; dans le second, elle crée le colossal. Lorsque, au contraire, la forme représentée a les mesures exactes de la réalité individuelle, ce positif mathématique glace la pensée et la rappelle au terre à terre de la vie.

III. — Élever une statue à un grand homme, c'est une manière de le particulariser, de le placer dans une sphère différente de la nôtre. Il importe, par ce motif, que la statue dépasse les proportions de la nature. Il serait ridicule qu'un vivant, fût-il doué d'une taille même gigantesque, pût être mis en parallèle avec la statue d'un grand homme. Est-ce que, si l'on vous parle d'un homme qui a su accomplir des choses mémorables, prodigieuses, votre imagination ne lui prête pas une essence surhumaine? Ce sentiment est naturel. J'en trouve une preuve dans l'attitude soudaine que prend instinctivement celui qui essaye d'en imposer aux autres : il se redresse, il monte sur quelque chose, moins pour s'élever que pour se grandir. Un jour, je me trouvais avec Béranger chez Dupin. La conversation tomba sur le procès qui venait d'être intenté à Béranger au sujet de ses

*Chansons*. A la fin, le poëte dit fièrement : « J'ai quarante-huit ans, ma carrière est presque terminée; ils m'infligeront telle peine qu'ils voudront, mais je ne cesserai jamais de dire toute ma pensée. » En s'exprimant ainsi, Béranger s'était redressé, et il paraissait beaucoup plus grand qu'il ne l'est en réalité. Toute parole, tout acte supérieur éveille une idée de domination durable. Si c'est un vaincu qui parle, chacun de ses mots porte en substance : « Que me font mes ennemis? Qu'ils se montrent, et je leur présenterai ma poitrine. »

Grâce au ciel, mon bonheur passe mon espérance.

On a dit que les figures du pont Louis XVI étaient trop colossales, et qu'elles paraissaient plus grandes que le palais voisin. Tant mieux. C'est dans cet ordre de pensées que l'on doit marquer le vrai caractère des grands hommes. Que les monuments soient trop petits pour les contenir, je m'en applaudis, parce qu'ils ne doivent avoir pour cadre que le ciel. Les hommes élèvent les temples et bâtissent les monuments; mais les grands hommes sont donnés au monde par l'Être incréé qui nous gouverne.

IV. — Le statuaire Tieck me disait un jour qu'il n'est pas nécessaire de sculpter une tête colossale; qu'il suffit de faire un modèle de petite dimension, et que le praticien peut ensuite grandir l'œuvre à son gré jusqu'à la plus haute proportion. Un pareil procédé, qui n'est que mécanique, nuit singulièrement à la vie, au sentiment de l'œuvre plastique. Il existe en nous quelque chose qui s'harmonise avec une dimension donnée, et si l'on tente de la grandir, il s'opère, à notre insu peut-être, une contrariété qui paralyse le sentiment et lui ôte toute sa jeunesse.

V. — Les ouvrages d'art réduits à de petites dimensions, — les réductions fussent-elles exécutées d'après des colosses, — conservent ordinairement un grand charme. Le colossal se perçoit très-aisément, quelque petites que soient les proportions nouvelles, et même, s'il s'agit d'un portrait, le colossal devient plus frappant que dans l'œuvre première. Mais si, au contraire, on emploie la machine de Collas pour grandir un médaillon, on est surpris de la lourdeur des traits, de leur empâtement; la ressemblance elle-même a disparu. J'ai sous les yeux une médaille antique augmentée : le divin caractère de beauté grandiose n'existe plus. Le grand modèle a perdu la poésie du petit, qui laissait du vague à l'imagination et l'invitait à rêver.

Dans les ouvrages de proportions réduites qui nous sont venus des Grecs, on est surpris de la pente des anciens à traiter toute chose dans un sentiment colossal. C'est la marque de leur génie d'avoir essayé de satisfaire l'imagination dans ses tendances à grandir l'objet qui l'occupe, à prêter une stature incommensurable aux personnages qu'elle divinise.

VI. — La sculpture est le livre chargé de transmettre aux époques les plus reculées, non des notes sur la vie d'un homme, non la nomenclature de ses traits, mais le poëme d'une âme noble. Le buste colossal convient à la représentation du génie, mais il indique par ses proportions qu'il doit être placé dans un grand monument, et non dans nos étroits réduits qu'on appelle salons. Je sais bien que, dans notre siècle prosaïque, on veut tout ramener à sa petite taille. De même, dans un jardin, l'ouvrier taille les arbres qui, pleins de séve, s'élèveraient au-dessus des avortons, et ceux-ci finissent par atteindre à la hauteur des tiges généreuses, grâce aux ciseaux du jardinier; mais le sculpteur ne sera point dupe de ces habiletés. Actuellement, on écrit un feuilleton sur un grand homme; au temps du bon Plutarque, on écrivait un livre qui valait un poëme.

Quand j'entrepris le buste de Gérard, je l'avais massé plus fort que nature; mais le vieil artiste m'exprima le désir que les proportions fussent réduites à celles de la réalité. C'était une idée de peintre. La peinture, en effet, a pour mission de rendre la vérité; la couleur lui en fait une loi. La sculpture, avec sa teinte monochrome, a pour terme l'apothéose de l'âme. Elle est bien plus une apparition de l'être représenté qu'une image réelle. Le buste est un monument. Voilà pourquoi, s'il rappelle un homme qui a fait de grandes choses, les proportions colossales n'ont rien de déplacé, puisque l'imagination prête à l'âme de cet homme une puissance surhumaine.

VII. — Il ne viendra jamais à la pensée d'un artiste de mérite de modeler le buste colossal d'une femme ou d'un enfant.

## CHAPITRE IX

### DU GESTE, DE L'ATTITUDE, DU MOUVEMENT

I. Le geste et l'attitude précèdent la parole. — II. De la simplicité du geste en sculpture. — III. Attitude, port de la tête, selon la nature des personnages. — IV. Le sculpteur doit imprégner de mouvement la matière immobile. — V. Le mouvement en sculpture veut être écrit avec concision. — VI. Comment traduire avec l'ébauchoir la marche du vieillard?

I. — Observez la nature : l'attitude, le geste, le regard, précèdent la parole comme l'éclair précède la foudre. L'expression qui leur est propre ajoute singulièrement à l'éloquence du discours, en ce qu'elle décèle une âme si profondément pénétrée, qu'impatiente de se manifester, elle a choisi les signes les plus rapides et les plus variés pour dire ce qu'elle sent. L'âme se répand, pour ainsi parler, sur toute la personne humaine par l'explosion subite d'un langage multiple. Le statuaire qui doit sculpter un marbre est tenu de représenter son personnage dans le silence précurseur du discours. Ainsi le veut la matière. L'artiste doit donc user des moyens d'expression qui ont été mis à la disposition de l'homme pendant que sa parole demeure suspendue. C'est à l'attitude, c'est au geste, c'est au regard de parler, si vous ne voulez pas que la physionomie d'une figure modelée demeure froide et laisse supposer que votre modèle est sous le poids d'une vulgaire distraction.

II. — Le geste est plein d'expression. Il peut constituer la vie d'une œuvre modelée; mais des gestes multiples, simultanés, enlèvent à la noblesse du maintien.

La simplicité du geste aide beaucoup au grandiose; le geste est le langage de la statuaire.

Le sentiment moral commande d'éviter de grands gestes. Les

figures de saints qui ont la tête renversée sur une épaule, les mains convulsivement serrées sur la poitrine, manièrent le sentiment !

Plus l'amour est profond, plus il est intime, secret, et plus aussi il donne à l'homme extérieur un air d'humilité. N'est-ce pas le véritable caractère moral du chrétien? Un homme faux qui tente d'en imposer a recours à des protestations exagérées, à de grands gestes. Au contraire, celui qui est fort de sa conscience ne suppose pas que personne puisse douter de sa foi. Il reste calme.

III. — Je viens de voir les statues qui décorent les faces latérales extérieures de la Madeleine. Je me suis convaincu de nouveau qu'il n'est pas bon de sculpter une figure la tête relevée. En effet, la lumière baigne en plein le visage, et toute expression disparaît sous cette clarté intense. Au contraire, si la statue penche la tête vers la terre ou même si elle se tient droite, la face se colore sous les ombres qui dessinent ses traits et leur communiquent le mouvement.

Dans les mouvements contemplatifs de l'âme, la tête a une tendance à se pencher sur une épaule. Il y a une espèce de balancement qui vient de la faiblesse des muscles, noyés, pour ainsi dire, dans le bonheur. Je songerai à rendre ce détail dans le buste de Lamartine.

Un homme laid, dont l'âme est noble, doit être représenté la tête droite; c'est une manière d'indiquer que le moral domine le physique. Exemple : le buste de Socrate. Si la tête était penchée, le personnage aurait l'air accablé sous le poids du malheur; alors, il n'inspirerait plus qu'un sentiment de pitié. La beauté souffrante intéresse; la laideur souffrante fait peine à voir.

IV. — Tel est le problème qui s'impose au sculpteur : il doit imprégner de mouvement la matière, éternellement immobile.

V. — Lorsque l'inimitable Fanny Essler dansait sur le théâtre et que ses poses excitaient un enthousiasme général, si elle fût demeurée quelques minutes dans la même attitude, ses admirateurs les plus épris eussent été obligés de lui crier : « Assez! » C'est qu'en effet le mouvement, rendu par une forme tangible, veut être laconique. Qu'on n'objecte pas, en faveur des poses exagérées, l'exemple des peintures d'Herculanum. Elles nous offrent, je le sais, des danseuses dans les poses les plus délirantes, et la magie de la couleur, le vague des effets dans l'œuvre peinte, les fonds uniformes, sans détails, dont les peintres d'Herculanum usaient de préférence, ont pu produire une illusion favorable à leurs fresques; mais on ne saurait dire que ces œuvres appartiennent au grand art, aux sévères traditions de l'art grec; puis, en fin de compte, ce ne sont pas des sculptures.

Il y aura toujours un écueil pour la statuaire à tenter de reproduire des mouvements excessifs dans l'immobilité palpable du marbre ou du bronze. Les *Danseuses* de Canova ont des attitudes qui ne sont pas sans beauté; mais qui oserait prétendre qu'elles sont exemptes de recherche? Ne semblent-elles pas manquer de naturel et pencher vers la manière? Cela se peut expliquer. La danse est un art dont l'effet principal réside dans l'extrême rapidité avec laquelle le danseur change d'attitude. Plus les mouvements sont brefs avec grâce, plus ils sont nombreux, plus aussi la danse provoque notre enthousiasme. Des mouvements multipliés sont-ils conciliables avec la statuaire? Pouvons-nous même en suggérer l'idée?

VI. — Lorsqu'on veut indiquer, en sculpture, la marche lente d'un vieillard dont les pieds glissent péniblement sur le sol, que la pointe du pied soit posée légèrement en dedans, et les genoux quelque peu ployés. Si l'artiste veut marquer l'énergie du personnage au déclin de la vie, qu'il ait soin d'enfoncer un peu le pied de sa statue dans la plinthe. Les pieds d'un vieillard chez qui la matière n'a pas vaincu la volonté ont peu de relief.

## CHAPITRE X

### DU CARACTÈRE DES FORMES

I. La tête. — II. Le sourcil. — III. L'œil. — IV. La bouche. — V. Il y a deux moyens d'accroître la puissance du visage humain. — VI. La poitrine. — VII. Les jambes. — VIII. La forme chez les vieillards.

I. — La tête est tout le poëme humain; c'est ce qu'il y a de plus difficile à reproduire. Chose digne de remarque, l'art, dans l'enfance des peuples, n'a jamais bien rendu la tête, tandis que les membres et les draperies étaient souvent exprimés avec bonheur. C'est par la mobilité des traits, bien plus que par le geste ou la pose, que se trahissent les impressions de l'âme, l'émotion de la vie. En n'imprimant pas de caractère à leurs têtes, les artistes de nos jours accusent leur impuissance, comme ce peintre grec qui, ne sachant pas rendre la douleur d'Agamemnon au sacrifice d'Iphigénie, lui couvrit la tête d'un manteau. Combien de statues contemporaines dont le visage est couvert d'un masque de nullité!

Lorsque nous rencontrons dans le monde une belle jeune fille, nous restons saisis d'admiration devant ce visage transparent où tout est délicatement achevé. On dirait un vase d'albâtre au sein duquel tremble une lumière. Les détails d'une tête de jeune fille sont plutôt sensibles pour l'âme qu'ils ne tombent sous la vision du regard. C'est la poésie de la forme et de l'effet. Les Grecs ont admirablement rendu ce vague séducteur et aérien. Les grands plans de leurs figures sont indiqués avec énergie; tout y est exprimé, même les nuances les plus fines, puis il y a dans le travail je ne sais quel vague qui donne à la forme de paraître insaisissable. C'est ainsi que le marbre revêt la transparence de la nature. Alors l'imagination se sent libre dans ses élans; elle complète, elle termine l'œuvre du statuaire, et souvent même elle dépasse la limite qu'il voulait atteindre. C'est ainsi que les grands poëtes agissent dans leurs productions. Les ouvrages de lord Byron me paraissent être admirablement imprégnés de ce sentiment, qui est le véritable principe de l'art.

Si l'on moule une main, un pied, des membres, les formes de plâtre paraissent plus grandes que nature. Au contraire, le moulage d'une tête d'homme paraît toujours plus petit. Cela vient du rayonnement de l'âme, qui agrandit les traits du visage et qui manque à l'image inerte reproduite par la matière. La matière, c'est la mort. Il n'appartient qu'à la vie de faire impression sur la vie.

II. — Dans les pays où la nature a accentué ses productions, le sourcil, ce fronton de l'œil, est noir, pour qu'il soit vu de loin. C'est probablement pour cela que les statuaires grecs indiquaient si fortement l'os ou l'arête qui remplace le sourcil dans leurs ouvrages. Ils accentuaient leur forme et rendaient ainsi cette copie de la nature plus expressive; ils lui donnaient une vie morale. Je crois que tout ce qui est utile est accentué. Quand on accentue les beautés dans le sentiment de la nature, c'est alors qu'on est créateur. Il y a des figures dont il semble qu'on ait le type au fond du cœur.

III. — Dans quelques-uns de mes bustes, j'aime à indiquer le regard par un méplat au milieu de l'œil et un cercle simulant la prunelle. Il en résulte un certain mystère qui sied à un buste de poëte. Ainsi parfois on aperçoit le disque de la lune à travers un léger nuage.

Lorsque les Grecs ont voulu représenter l'austérité de leur Minerve, ils ont cerné les formes. Les yeux ne sont pas rendus avec le vague nuageux et tendre qu'ils donnaient aux yeux de Vénus. Les paupières sont aiguës. Tous les détails ont quelque chose d'inflexible.

IV. — Les linéaments qui entourent la bouche concourent essentiellement à l'expression. Les nuances y sont écrites, comme aussi les passions violentes et sauvages, mais la nature a voilé cette partie du visage. Cela permet à l'artiste de conserver de la noblesse jusque dans les mouvements désordonnés; le front, les sourcils et les yeux, le nez lui-même ne sont pas sans noblesse dans les grandes crises. Il importe que la bouche ne soit point déshéritée. La masse de la barbe sert à idéaliser toute la partie inférieure de la face. Les ouvrages des Grecs sont conçus d'après ce système.

V. — Il y a deux moyens d'accroître la puissance du visage humain. Le premier consiste à outrer les défauts : alors naît la caricature, que les Grecs répudiaient avec tant d'énergie. Le second repose sur l'accentuation des formes significatives de la grandeur morale du sujet. Il convient, dans ce cas, d'adoucir les défauts; la forme n'est pas changée pour cela, mais il y a interprétation de la nature. C'est toujours la même gamme, mais les notes qui correspondent aux traits distingués de la face sont données avec force, tandis que les points défectueux sont voilés par le doigté du statuaire.

VI. — Dans les statues de femmes, le statuaire ne doit pas insister sur les creux occasionnés par la saillie des formes. La chasteté de notre art commande de glisser sur ces détails, de même que, dans un discours, on passe sur certaines choses qu'on sent être inconvenantes; on ne les dit qu'à voix basse, parce qu'il faut pourtant qu'elles soient dites pour la confirmation d'un fait. Une considération d'un autre ordre, c'est que les ombres causées par les creux sont lourdes dans une œuvre modelée, tandis que dans la nature, même chez une femme maigre, il y a toujours la transparence du sang et je ne sais quel fluide vital qui rayonne autour de l'être et corrige l'âpreté des plans.

VII. — Une figure d'homme doit toujours être modelée par

méplats. C'est surtout dans la sculpture monumentale que ce principe doit être respecté. Dans l'une des figures placées sous le péristyle de la Madeleine, le statuaire a tellement creusé les plis de la robe, vis-à-vis de la jambe qui porte, que l'œil ne peut deviner cette jambe, et le personnage paraît ainsi appuyé sur un seul membre qui, posé en avant avec exagération, oblige la draperie à coller. Quelles dissonances !

VIII. — Voyez comme chez les vieillards les formes sont accentuées, durement aiguës ! Il n'y a plus chez eux cette poésie d'avenir qui donne tant de charme au corps du jeune homme !

# CHAPITRE XI

## DU NU, DU VÊTEMENT, DES ATTRIBUTS DE LA COLORATION DES STATUES

I. Le nu est la condition de la sculpture. — II. Le vêtement défigure l'œuvre de Dieu. — III. Il faudrait renoncer à l'art plastique si le nu devait être banni de la sculpture. — IV. Du grand caractère des fragments antiques. — V. Des règles qui pourraient être observées sous le rapport du nu et du vêtement dans la représentation des grands hommes. — VI. Des personnages qui peuvent être représentés nus et drapés. — VII. De la draperie. — VIII. Il est des cas où le costume moderne s'impose. — IX. Le costume est plus aisément admissible pour les personnages d'un bas-relief que pour les figures de ronde bosse. — X. De l'uniformité du costume en Europe. — XI. Le costume moderne est contraire à toute esthétique. — XII. Nous ne léguerons à nos neveux que des magots. — XIII. Le costume peut particulariser une figure. — XIV. Vêtue à la moderne, une figure doit être représentée dans l'action. — XV. Des attributs. — XVI. De la coloration des statues.

I. — Le nu est la condition de la sculpture, qui est presque toujours misérable et vulgaire sans lui. — Les modernes cacheraient volontiers le visage de leurs statues, s'ils l'osaient !

Il y avait un sentiment grand et généreux dans l'esprit des anciens, qui sculptaient pour l'éternité la représentation de leurs grands hommes, nus, tels qu'ils étaient sortis des mains du Créateur.

Le besoin de l'industrie, qui fait à chaque instant surgir de nouvelles modes, plaidera mieux la cause des artistes que tous les raisonnements. L'exécution d'une statue exige deux ans. La mode, pendant ce temps, change plusieurs fois.

Je conçois très-bien que les peintres rendent exactement les accesssoires du costume. Ils ont le droit d'inventorier toutes choses ; les ressources que la couleur met en leurs mains les autorisent à se mesurer avec la réalité. Mais le statuaire, qui ne peut user que d'une matière monochrome, le marbre, qui rend si bien la pâleur de la mort, ne peut prétendre à l'imitation de la vie. L'œuvre modelée est une apothéose. Ce qu'un sculpteur doit chercher, c'est l'âme; ce qu'il doit dire, ce sont les clartés dont cette âme s'est illuminée, les grandes choses qu'elle a faites et qui valurent au modèle l'admiration des âges. Voilà pourquoi il me semble regrettable d'envelopper une image plastique de ces vêtements qui ne sont que les auxiliaires de l'humaine infirmité, dont le but est uniquement de protéger le corps contre les intempéries de l'air extérieur, et dont l'âme humaine n'a nul souci.

II. — C'est l'homme, tel qu'il est sorti de la main du Créateur, que je veux voir, car celui-là est un fils bien-aimé sur lequel le Père s'est complu à répandre ses faveurs; c'est Dieu qui a modelé ses formes et sculpté ses traits. Était-ce donc pour que l'on vînt défigurer son œuvre en l'enveloppant d'absurdes haillons?

III. — La sculpture tomberait bientôt si l'on obligeait les artistes à ne faire, pendant dix ans, que des hommes habillés. Chaque art a ses moyens et ses ressources. Le peintre a besoin de draperie, de couleurs différentes pour faire des oppositions, et pourtant, quand il surviendra un homme puissant qui colorera comme Titien et dessinera comme Phidias, il méprisera le secours des draperies; mais ce génie n'est pas encore venu.

IV. — L'avenir n'a pas besoin de nos costumes ridicules taillés dans la pierre; ce qu'il attend de nous, ce qui seul peut l'émouvoir, c'est la représentation plastique des passions éternelles de l'homme, de son caractère, de ses aptitudes, de son âme enfin. Ce genre de plastique est de tous les temps. Il est vrai qu'il présente à l'artiste de sérieuses difficultés, car il est plus aisé de faire un pantalon et de sculpter une botte que de modeler une jambe et un pied en parfait rapport avec la dignité du personnage représenté. Le pied d'un être distingué n'a point la même forme que

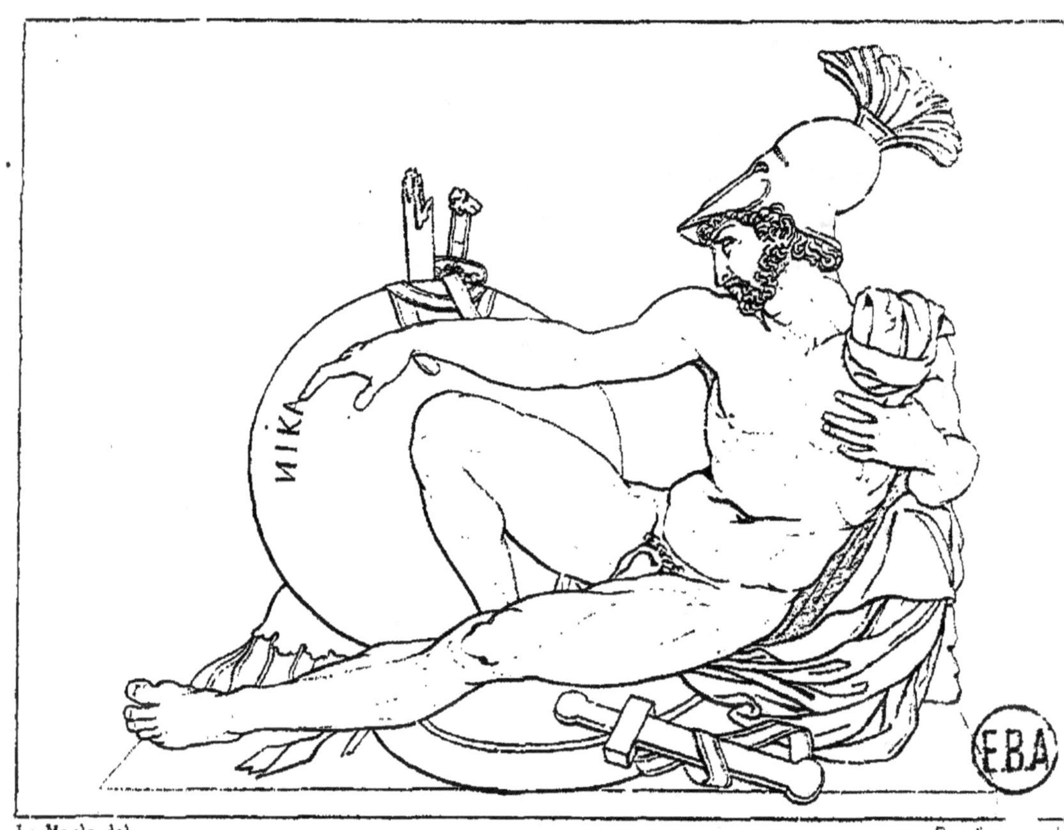




Le Masle del. Bourgeois sculp.

OTHRYADES MOURANT

Deuxième grand prix de Rome

Héliog.ie et imp. A. Durand, Paris

celui d'un être vulgaire. Or, ces nuances ne sont pas écrites sur des bottes. Le nu est évidemment la seule sauvegarde du grand art.

Dans les fouilles faites en Italie ou en Grèce, chaque fragment trouvé devient précieux; on reconnaît tout de suite s'il appartient à une statue de divinité ou à celle d'un héros. C'est l'avantage du nu, et un pied, un bras, un torse, sont des pages qui décèlent le livre. Serait-il possible d'asseoir un jugement sur un fragment de nos statues réalistes? Que dirait donc à l'imagination le torse d'un grand homme recouvert d'une redingote ou d'un habit, un pied chaussé d'un soulier ou d'une botte, un col entouré d'une cravate? La forme du nu indique parfaitement le moral de l'être représenté, si l'artiste a compris que la forme extérieure du corps exprime très-bien le moral de l'homme. Le pied d'un dieu ou d'un homme supérieur ne ressemble pas à celui d'un être grossier. Nous n'avons que la série des saints qui conserve à l'art sa physionomie morale véritable.

V. — Je voudrais que l'on posât certaines règles pour la représentation des grands hommes. Les portraits en pied porteraient le costume de l'époque, les hommes d'un génie supérieur seraient nus; ce qui, par parenthèse, est parfois d'une exécution difficile dans notre siècle de raffinement où la gastronomie joue un si grand rôle. Les formes détériorées, qui sont le résultat de la bonne chère, s'arrangent mal avec une draperie de grand style. Le costume burlesque des modernes convient à ces difformités.

VI. — Les savants, les poëtes, les artistes, les orateurs peuvent être représentés par le statuaire nus et drapés. Un accessoire habilement choisi, en indiquant ce qui particularise le personnage, permet de désigner l'époque à laquelle il a vécu. D'ailleurs, cette note importe peu au bas de l'image du génie : le génie n'a point d'âge; il travaille pour le genre humain.

VII. — Les maîtres de l'antiquité ont voulu imprimer à la statuaire un caractère solennel en revêtant leurs figures d'un costume toujours ample et beau de lignes. C'était là une noble pensée, puisqu'elle avait pour but de rehausser l'humanité, de la faire prendre en plus grande estime. Les modernes diffèrent en cela essentiellement des anciens. Toutes nos modes semblent faites pour amoindrir l'homme. Les Grecs, aussi bien que les Romains, savaient parfaitement que ce qui frappe l'œil impressionne l'esprit et demeure dans la mémoire. L'éducation naturelle, dans beaucoup de cas, n'a pas d'autre source qu'une vision répétée de la même chose, et l'empreinte qui en résulte influe sur toute une vie. L'homme nourri dès son enfance de grandes lignes, de nobles tableaux, n'en perdra plus le souvenir. La caricature n'a pas eu certainement, chez les Grecs, la même popularité que chez nous. Les Grecs avaient une idée trop haute de la dignité de l'homme pour s'appliquer à la recherche du ridicule, exploité, souvent avec bonheur, par les modernes. D'ailleurs, où pouvait être le ridicule extérieur chez les Grecs, dont les draperies n'offraient que de belles lignes, donnaient à l'homme un port noble, sévère, et lui conseillaient la gravité dans le geste? Chez nous, au contraire, ces morceaux d'étoffes bigarrées qui nous couvrent; ces poches si nombreuses qui font songer aux besaces d'un commissionnaire; ces vêtements, ni assez amples pour conserver de grands plis, ni assez étroits pour laisser à la forme humaine son caractère, condamnent le plus bel homme au ridicule. C'est un supplice qui lui est infligé pour la vie, et pour l'éternité, si cet homme a mérité par ses actes l'honneur du bronze. Eh quoi ! il sera dressé des statues avec notre costume ! Ah ! je ne m'étonne plus que cette lèpre des arts, les caricaturistes, réussissent à attirer la foule, qui, en riant d'autrui, ne s'aperçoit pas que c'est d'elle-même qu'elle se moque !

Le nu aura toujours plus d'éloquence que le vêtement pour marquer l'apothéose d'une figure. Le vêtement ne permet pas de deviner l'homme, et les silhouettes d'une statue doivent toujours dessiner l'homme sans indécision. De là le désagrément des draperies volantes en sculpture : elles jettent une telle confusion dans l'œuvre modelée qu'il est souvent difficile d'indiquer avec certitude le mouvement d'une figure. Cet obstacle disparaît lorsque l'homme est nu ou seulement couvert d'une draperie aux plis simples. C'est dans l'acceptation franche du nu que les Grecs ont trouvé leur supériorité sur les modernes. Quel n'est pas le caractère mesquin de notre costume! Un singe habillé donne une assez juste idée d'un homme en miniature. N'est-il pas désespérant d'offrir aux regards des générations de l'avenir des statues qui auront quelque rapport avec des singes costumés?

Les Grecs ont parfois abordé l'art individuel dans l'image de leurs grands hommes. Certes, rien n'est plus naïf que la statue de Démosthènes assis. Mais la draperie comporte de belles lignes, des plans nobles et simples. On n'est pas tenté de sourire devant ce marbre, comme on le sera pendant des siècles en voyant nos grands hommes affublés des costumes grotesques que la mode de chaque époque leur inflige. Sans même remonter à la plus haute antiquité, est-ce qu'au temps où vivait le Christ on avait l'étrange audace de défigurer l'homme en le revêtant d'un frac ou d'une redingote? Quel respect auriez-vous pour la divine figure du Christ s'il vous apparaissait ainsi déguisé? Que les modernes prennent un plaisir d'enfant à se vêtir sans goût, soit; mais qu'au moins on respecte les hommes supérieurs, qui portent sur leur personne un reflet lumineux de la Divinité.

VIII. — Le costume moderne s'impose à l'artiste lorsqu'il représente dans l'action un personnage de notre époque, mais il existe une foule de circonstances où le génie d'un homme, — eût-il été notre contemporain, — peut être dignement rappelé par l'adoption de la draperie et le style grec.

IX. — Le costume moderne est plus aisément admissible dans un bas-relief que pour une figure de ronde bosse; mais cependant ceux qui ont bien compris le bas-relief ont eu le soin d'arranger les draperies de telle sorte que le méplat des membres ne fût pas altéré par des saillies qui eussent fait obstacle à la lumière, et le costume est ordonné de façon qu'il aide à l'accentuation des contours.

X. — Tous les peuples de l'Europe tendent à se vêtir d'une manière uniforme. Dans un siècle, peut-être, les artistes n'auront plus la ressource de particulariser un personnage par son costume. Alors, ils seront obligés de recourir aux signes distinctifs qui sont la marque de la nature sur les races et les individus. Le caractère, l'individualité physiologique à l'aide desquels la nature a sculpté tel homme de génie deviendra le livre nécessairement consulté par l'artiste. Il devra dire, par exemple, ce qui sépare un Descartes de tous les autres philosophes, et cette recherche de la vérité morale formera des penseurs.

XI. — J'ai entendu maintes fois demander qu'on instituât une chaire d'esthétique à l'École des Beaux-Arts. Ce serait une dérision. Comment veut-on parler du beau avec nos costumes modernes, presque aussi ridicules que ceux des sauvages ! Cherchez l'esthétique sous le positivisme de nos sociétés modernes ! Hélas ! la science du beau n'a plus que de rares adeptes : on l'étouffe.

XII. — Quel malheur pour l'artiste de nos jours de ne léguer à l'avenir que des magots à peu près aussi ridicules que ceux du Japon et de la Chine, avec lesquels il semble que nous cherchions à lutter ! Tel capitaine de ce temps, avec sa structure difforme, n'était-il pas indigne de la statue équestre? N'a-t-il pas, dans l'ensemble, quelque chose d'abject, ainsi monté sur ce bel animal qui, lui, du moins, est représenté sous une forme impersonnelle et choisie, tel que ses pareils sont sortis des mains de la nature? Que la noble bête ne jette-t-elle bas cet homme ventru?

On voit parfois, dans des magasins, dans des salons même, des bustes d'hommes ayant un titre à l'admiration de leurs semblables ou des droits à l'affection de celui qui en a la garde, affublés d'une casquette ou d'un chapeau qu'y dépose un domestique inconscient. Quelle ironie! cette défroque de l'époque en fait des mannequins propres à nous amuser! Voilà pourtant ce qui attend les statues des grands hommes avec un costume qui n'est pas celui de l'apothéose. On rira de leurs vêtements, tandis qu'une draperie de tous les temps commande le respect par sa noble simplicité.

Les statues contemporaines, avec notre costume moderne, ne sont pas autre chose qu'un inventaire matériel de nos défroques. Ce qu'il importe de léguer à la postérité, c'est l'image morale. Voilà ce qui doit motiver l'admiration de l'avenir. Que l'on use du costume moderne dans les bas-reliefs qui orneront le piédestal d'une statue, soit. Ces bas-reliefs sont une sorte de biographie intime, une note complémentaire, tandis que la statue est le poëme. C'est l'apothéose. Il faut que la statue soit nue.

Je viens de voir une gravure représentant Voltaire vêtu du costume exact de son époque; cette représentation si vraie ne choque pas en peinture; celle-ci est chargée de faire, pour ainsi dire, l'inventaire de ce que possède l'homme, tandis que la sculpture ne doit s'occuper que de l'âme. Qu'un homme d'esprit vous parle d'un personnage illustre, il vous le présentera sous un aspect bizarre; au contraire, si c'est un homme de génie qui parle d'un de ses frères par la pensée, il vous le représentera grandiose, il laissera de côté tous les détails qui n'appartiennent qu'aux infirmités de la matière. L'homme d'esprit, c'est le peintre; l'autre, c'est le sculpteur.

XIII. — Le costume peut être, dans certains cas, un indice très-significatif du caractère d'un personnage. Il faut donc que l'artiste en étudie le symbolisme avec beaucoup de soin; qu'il note l'impression que lui fait éprouver chaque jour la forme ou la couleur du costume, la manière dont il est porté, la signification d'un costume ample ou étroit ou de celui qui n'est ni ample ni étroit, etc. Si l'artiste sait se rendre compte du pourquoi de toutes ces choses dans le commerce de la vie, lorsqu'il devra modeler, il saura compléter sans hésitation le caractère moral d'un personnage par un costume convenablement adapté.

Quand les artistes du siècle de Louis XIV représentaient le Roi vêtu d'un costume romain, ils semblaient dire que la France est toujours sous la domination, — sinon effective, au moins morale, — de ce peuple conquérant qui a su vaincre les Gaulois. Le costume romain pour un roi de France! Mais c'était une livrée que nous portions tous, dans l'image du chef de l'État, et cette facilité à subir un joug étranger est entrée plus profondément qu'on ne pense dans les mœurs de notre nation. De là sans doute cette tendance de l'esprit public à faire accueil aux artistes étrangers, au détriment des nationaux, bien que les premiers nous soient souvent inférieurs par le talent.

Les militaires peuvent être représentés par le sculpteur avec leur costume, qui a toujours du caractère. Cela précise une époque.

XIV. — Vêtue à la moderne, une figure doit agir et paraître passionnée, sous peine de ressembler aux mannequins placés dans les boutiques de fripiers. Le costume appelle nécessairement les habitudes et les gestes particuliers à une époque. Il résulte de cette obligation pour l'artiste que parfois l'individualité de son modèle se trouve annulée. Quand je vois un personnage en costume moderne avec une pose antique, — dissonance assez fréquente dans les œuvres des statuaires français du premier Empire, — je me sens choqué au delà de toute expression. Il nous faut donc nous plier au goût prosaïquement bourgeois de ce temps, nous résigner au portrait en pied, à la statuette vue avec des verres grossissants, ne faire, pour ainsi dire, que des inventaires sculptés, et abandonner les divines inspirations du grand art, qui transfigure la forme aussi bien que l'esprit. Une apothéose majestueuse par le marbre, c'est la lumière dégagée des nuages qui obstruaient ses rayons. Dans nos œuvres amoindries, l'âme essaye en vain de se faire pressentir à travers tant de détails qui l'étouffent : c'est un soleil enveloppé de brouillards.

XV. — Lorsque Girodet a placé l'Amour entre Galathée et Pygmalion, pour marquer l'union du statuaire avec son modèle, Girodet a commis une faute, qui se retrouve d'ailleurs dans la plupart des ouvrages antérieurs à son temps et contemporains de l'époque de Louis XIV et de Louis XV. L'idée doit être si simple, si bien accentuée, ayant été saisie dans l'instant le plus significatif; le sujet doit être exposé si nettement que le spectateur n'ait pas la moindre peine à se pénétrer de la pensée de l'artiste. Il arrive souvent qu'un accessoire est utile, mais il ne faut pas en abuser.

La belle statue d'Euripide tenait un masque tragique à la main; l'artiste avait gravé sur le fond le titre des principales pièces du poëte. Que voudrait-on de plus pour reconnaître ce tragique? Un costume du temps l'eût-il mieux caractérisé [1]?

XVI. — Plus une statue sera coloriée avec art, plus le spectacle en sera rendu intolérable par l'immobilité de la pierre.

Ce qui fait comprendre parfaitement combien serait grossière la sculpture coloriée, ce sont les têtes exposées dans les vitrines des coiffeurs. Elles ont la couleur de la vie, une chevelure naturelle, des prunelles qui regardent sans voir; cela fait horreur. On ne rendra jamais, par l'application des couleurs sur une forme en relief, cette transparence que la chair de l'homme reçoit de la vie. D'ailleurs, fût-il possible de faire illusion sur ce point à l'aide d'une habileté surhumaine, l'immobilité de la statue deviendrait alors effrayante. Un visage modelé paraîtrait un soleil sans cha-

[1] L'*Euripide* est bien connu : nos lecteurs l'on vu au Louvre. Une table de marbre adossée au siége du poëte porte la liste de trente-six des pièces qu'il a composées. David, en supposant qu'Euripide tenait un masque tragique dans la main droite, émet un avis conforme à celui des archéologues. « Le bras droit, écrit Clarac dans sa description de ce marbre, manque depuis la fin du deltoïde ; probablement la main descendait à peu près sur la cuisse, où elle avait tenu un masque. » *Musée de sculpture antique et moderne,* tome V.

leur, une lumière sans rayons. J'ai vu quelquefois des hommes conserver pendant très-longtemps une pose inerte, brusquement rompue par un mouvement automatique : le spectacle de ces hommes m'est intolérable. L'immobilité de la vie physique fait songer à la mort et à la putréfaction qui la suit. La mission de la sculpture est toute différente; notre art consacre une existence éternelle contre laquelle la vieillesse ne peut rien ; aussi convient-il que la blancheur du marbre soit à l'œuvre plastique comme un vêtement d'immortalité.

Les figures peintes en couleur de chair que l'on rencontre tout à coup dans les jardins sont désagréables à voir, quand cette rencontre est imprévue ; elles produisent l'effet d'une surprise, d'une peur. Si l'objet n'est que ridicule, on sourit de pitié; s'il est grave, on éprouve un moment d'impatience ou de colère. Rien n'est plus absurde que de chercher à faire sortir la statuaire de ses limites naturelles; c'est vouloir galvaniser la mort. L'impression que doit chercher le statuaire, c'est, avant tout, celle de la vie intellectuelle, à laquelle s'ajoute ensuite la vie physique, rendue par l'étude des lignes et de la chair. Le travail de l'artiste doit renfermer ces deux éléments, mais le second n'est que le complément du premier.

## CHAPITRE XII

### NOTES PHYSIOLOGIQUES

I. La chevelure du jeune homme et celle du vieillard. — II. Le front, sa conformation, ses rides. — III. Des paupières saillantes dans leurs rapports avec l'œil. — IV. Le regard des jeunes gens. — V. Le nez, son importance dans la physionomie. — VI. Les lèvres aux différents âges de l'homme. — VII. La bouche peint les passions sensuelles. — VIII. Le menton. — IX. La barbe modifie la forme du visage. — X. De la conformation générale des têtes. — XI. De l'ensemble des traits. — XII. L'artiste doit connaître le symbolisme de chaque ligne du visage. — XIII. Du réalisme des traits à certaines heures de la vie. — XIV. Le visage des vieillards. — XV. C'est la tête qui conserve le type des différentes races. — XVI. Des épaules. — XVII. Les formes de la jeune fille et celles de la femme. — XVIII. Des jambes. — XIX. Du pied. — XX. Le corps de l'enfant. — XXI. A propos des tempéraments sanguins. — XXII. Expressions de la voix. — XXIII. Démarche : le pas de l'enfant, de la jeune fille, de la femme, du jeune homme, de l'homme mûr. — XXIV. Lorsque deux personnes qui s'aiment marchent côte à côte. — XXV. Le pas de deux personnes en discorde est sans harmonie. — XXVI. Le pas du malheur. — XXVII. A propos de deux religieuses en marche. — XXVIII. De l'habillement chez les femmes. — XXIX. Expression du costume militaire. — XXX. L'artiste doit observer les foules. — XXXI. Une mère et son enfant. — XXXII. De la place des vieillards dans les églises. — XXXIII. La pose de la douleur. — XXIV. Du caractère religieux d'une procession. — XXXV. Le type des Saxons. — XXXVI. Les Croates. — XXXVII. Les femmes de Weimar. — XXXVIII. A Dusseldorf. — XXXIX. Le paysan grec. — XL. Dans un omnibus. — XLI. Vision nocturne : la silhouette humaine. — XLII. Jeux de lumière.

I. — Chez un jeune homme, de longs cheveux confèrent à la tête de la noblesse et de la grâce. Chez un vieillard, une chevelure abondante a quelque chose de commun. Cela vient peut-être de ce qu'on attribue la perte des cheveux à une grande douleur, et l'esprit a peine à concevoir un homme parvenu aux limites de la vie sans avoir traversé toutes les tristesses.

II. — Un front très-fuyant indique que la réflectibilité est déprimée; en revanche, la perceptibilité domine. Y a-t-il fronts plus fuyants que ceux des nègres? C'est la perceptibilité qui, chez eux, agit exclusivement; elle est la sentinelle avancée qui reçoit toutes les impressions du dehors, mais celles-ci se succèdent, sans se fixer jamais, avec une rapidité prodigieuse. De là cette mobilité dans l'action qui distingue les nègres; de là leur élasticité corporelle dont l'artiste doit écrire les signes; mais la puissance de sensation ne fait pas que les nègres soient des penseurs.

Les fronts avancés du haut, les fronts creusés dans le milieu (bosses de la causabilité et de la sagacité comparative) indiquent une personne entêtée, persévérante dans les idées fausses qu'elle a adoptées. Si l'orgueil s'ajoute à de pareilles tendances, c'est un grand malheur pour ceux qui doivent vivre avec cette personne.

Le front du poëte est souvent exempt de rides. Le poëte perçoit sans fatigue le sens élevé de toutes choses, il chante ses douleurs ou ses joies, le plus souvent sans les analyser.

Les hommes de pensée portent ordinairement sur le front des plis horizontaux et perpendiculaires, conséquence naturelle de l'habitude de la réflexion et de la forte tension des muscles.

On distingue sur le front des hommes qui ont le plus souffert, des veines qui le sillonnent en zigzag : n'est-ce pas une juste image de la foudre?

III. — Les paupières saillantes et larges donnent aux yeux, surtout s'ils sont allongés et peu ouverts, une expression voluptueuse. Au contraire, des paupières saillantes et des yeux ouverts répandent un caractère de candeur sur les traits. Les yeux demi-clos de Vénus sont voluptueux; ceux de Minerve, largement ouverts, ont une austérité loyale, franche, tempérée par la grâce. Ce sont les yeux des *Vénus* antiques qui ont servi de modèle à Canova dans l'exécution de ses têtes de femmes et de jeunes gens. — Les sculpteurs ne doivent pas oublier qu'il leur est impossible d'indiquer, par l'épaisseur des paupières, — privés qu'ils sont des ressources de la peinture, — les cils, qui ajoutent tant de douceur au regard. Ce détail ne peut être exprimé par la sculpture.

IV. — Les jeunes gens, quand ils aiment, ont quelque chose de puissant et de tendre dans le regard. Les vieillards libertins ont l'œil effronté; il brille, mais sans douceur.

V. — Les hommes qui ont le nez retroussé portent la tête haute; ils marchent le nez au vent. Ceux qui ont le nez droit et long, conséquence naturelle des grands traits, portent la tête baissée sur la poitrine, dans l'attitude ordinaire de la méditation.

Les nez retroussés donnent à la physionomie un caractère caustique, surtout quand les lèvres sont fines et que l'inférieure dépasse la supérieure; ces traits sont l'indice d'une nature active qui perçoit avec promptitude les travers humains; mais les impressions ne sont jamais durables, et partant peu méchantes. Les nez longs et retombants indiquent les impressions profondes.

VI. — Pendant la jeunesse, les lèvres de l'homme sont légèrement projetées en avant, comme pour mieux aspirer la vie. Les lèvres du vieillard se retirent, perdent de leur relief et disparaissent. Pendant la vieillesse, l'homme parle à la tombe.

VII. — La bouche peint toutes les passions sensuelles. L'homme dont le goût est distingué a des lèvres fines. Celle du dessus est ordinairement plus saillante que l'autre. Jamais de grosses lèvres émoussées n'ont exprimé la délicatesse des pensées : elles sont le signe d'un matérialisme profond.

Lorsque la mâchoire inférieure est prédominante, l'homme porte la tête très-haut, en signe d'énergie et de fierté. Les nègres, qui ont la mâchoire inférieure très-accentuée, marchent la tête en avant.

VIII. — Les jeunes filles portent le menton en avant, ce qui leur donne un air naïf. Les Grecs ont représenté dans cette attitude leur Minerve, afin d'indiquer la candeur en ajoutant au caractère d'austérité, qui écarte toute autre idée que celle de la vertu. La tête de Vénus est placée différemment : elle affecte la pose de profil. Celle de Junon se renverse en arrière, indice de son caractère altier.

J'ai remarqué bien des fois, dans la nature, que les personnes boiteuses avaient le front saillant et le menton prédominant et accentué.

IX. — Rien n'a été fait au hasard par la nature. Voulant marquer l'importance de la tête dans le corps humain, elle l'a ornée d'une barbe qui permet de l'allonger, et de cheveux qui en modifient la masse imposante au gré de l'homme ou de l'artiste.

X. — Les têtes courtes donnent au visage une expression vulgaire et quelquefois basse. La face humaine soumise à cette conformation semble déprimée : le ciel la repousse, c'est la terre qui l'appelle.

Une tête élargie d'une oreille à l'autre porte un caractère de bassesse et de férocité. Les mêmes indices peuvent être constatés chez les animaux ; le cheval de roulier, le dogue n'ont-ils pas l'expression triviale? La plante qui rampe a un cachet déprimé. L'arbre et le roseau, qui se tiennent droit, doivent à cette attitude des formes sveltes, dignes. L'animal dont la tête est en longueur a l'air distingué. L'homme qui marche la tête haute, légèrement levée vers le ciel, éveille une idée de noblesse, et on lui suppose volontiers des sentiments généreux.

Rien n'inspire plus l'idée de la mysticité qu'un visage long et étroit, le menton en avant, comme cela a toujours lieu dans ces sortes de têtes ; une tête large annonce la vie d'action qui a besoin de se répandre en dehors. Ces réflexions m'ont frappé en regardant la *Vierge du Vœu de Louis XIII*, par Ingres. Il lui a fait une tête large et il a peint de petits traits dans ce gros visage matériel. C'est, je crois, un manque d'observation de la nature. — Toutes les femmes vouées au sensualisme le plus grossier sont envahies par la graisse; la matière domine où manque l'âme. Ce n'est pas l'âme qui dévore le corps, mais le ventre qui dévore l'âme. Une pure jeune fille, à formes à peine indiquées, n'inspire pas de tels sentiments.

XI. — Les gens qui ont les traits arrêtés sont graves, passionnés et orgueilleux; ceux qui ont la tête large, les traits courts, le nez retroussé, le front en avant comme les enfants, sont passionnés par la chaleur du sang, enjoués, et leurs impressions se renouvellent souvent. Les traits plus larges que longs ont plus de propension à s'épanouir, tirés par les nerfs zygomatiques vers les parois de la tête, où siégent les bosses qui sont le signe des facultés inférieures et des passions matérielles. Au contraire, les traits élevés vers le sommet de la tête indiquent d'ordinaire des personnes sérieuses. Qu'elles se regardent dans une glace; leur visage grave n'appelle pas le rire, tandis qu'une figure ronde présente presque toujours l'image de la gaieté.

Les hommes aux traits marqués, bilieux par tempérament, ont l'air âgé dès leur jeunesse. Ils fourniront une longue vie. La nature a construit son œuvre avec maturité. A mesure que ces hommes vieillissent, leurs traits paraissent accrochés les uns aux autres : on dirait un monument dont toutes les pièces ont été solidement scellées par l'architecte. Le chêne, si jeune qu'il soit, porte dans sa structure des promesses de longévité. Les bilieux exigent de l'artiste qui les représente un travail concis et serré.

Des traits peu profonds et courts donnent à un visage d'homme un air de jeunesse, parce qu'alors la masse du front et des joues présente plus de surface. Il n'y a pas jusqu'aux gens affligés d'un embonpoint excessif qui ne paraissent encore jeunes malgré cela, si leurs traits sont délicats et glissants.

XII. — Un seul trait que l'artiste fait prédominer sur les autres peut indiquer le caractère de la personne; mais il importe pour cela que l'artiste possède bien la signification de chaque ligne du visage.

XIII. — Rien n'est curieusement laid comme la face d'un homme qui vient de soutenir un rôle. Les traits sont déformés. On dirait un linge fin qui, après avoir été empesé, a été plissé et froissé par une main fiévreuse. Les acteurs devenus vieux; les libertins à l'âge mûr; les femmes qui ne sont plus tout à fait jeunes, mais qui veulent faire les gracieuses si on les observe à la fin d'un bal; les diplomates après une séance laborieuse, sont affreux, et malheur à l'artiste qui ne songerait point à voiler le réalisme de leur visage.

XIV. — On distingue une foule de plis sur le visage des vieillards. Il semble que la nature ait voulu indiquer ainsi la fin de son travail. Elle replie son œuvre, comme le marin qui cargue les voiles lorsqu'il est au terme de son voyage.

XV. — Une preuve palpable de la prééminence de la tête chez l'homme, l'indice évident de la présence de l'âme, du principe vital dans cette partie de l'être humain, c'est que seule la tête conserve le type des différentes races. Le corps se modifie, la tête, jamais.

XVI. — Les épaules hautes donnent à une femme l'air peu distingué, le col se trouvant raccourci. Il y a, au contraire, une grande noblesse dans un col de cygne et des épaules basses; la démarche d'une personne à épaules hautes est désagréable; elle semble marcher par elles.

XVII. — Les jeunes filles se rapprochent dans leurs formes de la ligne droite : dans cette tendance est écrit un des caractères distinctifs de la naïveté.

Rien n'est plus suave que la vue d'une jeune fille aux membres délicats, dont la taille légère s'élève vers le ciel. La grâce d'un tel spectacle enivre l'âme et laisse muette la partie matérielle de notre être. Au contraire, les jeunes filles aux formes arrondies, à la taille courte, à la carnation fraîche, ravissent et exaltent la matière chez l'homme. La beauté chaste et gracieuse, c'est le sourire de la Divinité sur notre terre. La beauté matérielle, c'est le point de rappel de la vie des sens avec toutes ses séductions. Elle attire à elle pour perpétuer l'œuvre de la nature. Combien la beauté chaste est plus digne du ciseau de l'artiste !

Les femmes passionnées ont des formes opulentes, le pied fin, la jambe pleine. Tous ces signes disent la volupté.

XVIII. — Dans l'âge avancé, les jambes de l'homme approchent de l'équerre ; il semble prêt à s'agenouiller sur cette terre qui le couvrira bientôt. Dans la jeunesse, le jarret est tendu, et lorsqu'il appartient à un corps souple, le pied pose d'abord sur le talon, puis il s'opère un mouvement qui le fait s'élever sur la pointe.

XIX. — Les pieds, ces serviteurs complaisants et quelquefois rebelles, ont une physionomie très-remarquable ; s'ils sont épais du cou, ils indiquent des idées sages ; larges et plats chez les femmes, ils sont un signe de sensualité, surtout si les malléoles ont tendance à se rapprocher ; le talon fin annonce de la distinction. Il est impossible qu'une femme qui a le cou-de-pied élevé, le talon fin et les malléoles éloignées, n'ait pas des sentiments délicats, du goût, de la noblesse dans les pensées.

XX. — Dans un corps d'enfant, la chair enveloppe les muscles et les fait invisibles. A mesure que l'homme avance dans la vie, les formes se creusent, la mort soulève le voile qui se dérobait au regard. Chaque pli des chairs est le cercueil de ce fantôme enchanteur qu'on appelle la vie. Les sculpteurs modernes ont cru exprimer la vie en accentuant ce qui n'est en somme que le signe de la mort. Les Grecs en jugeaient autrement ; aussi conservaient-ils à leurs créations cette parure de la beauté des formes qui fait songer à la jeunesse éternelle des dieux.

XXI. — Il est à craindre que les hommes qui conservent pendant l'âge mûr un air de jeunesse ne vivent pas très-vieux. Ce sont les tempéraments sanguins. Les traits du visage sont courts. La nature a construit très-rapidement son ouvrage; elle a travaillé l'enveloppe extérieure à la hâte. Voyez l'acacia. Les arbres qui, comme lui, croissent très-vite, dont le tronc est lisse et les branches cassantes, gardent les grâces de l'arbuste, mais ils en ont aussi la fragilité. D'ordinaire, ils périssent promptement. Tels sont les sanguins, dont l'image veut des touches glissantes.

XXII. — Qui n'a surpris maintes fois le caractère d'une personne et ses émotions diverses en l'entendant parler? La voix a selon moi une importance extrême pour aider l'artiste à connaître l'individu.

XXIII. — Il m'arrive souvent dans la rue de chercher à découvrir dans la tournure, dans la démarche d'une personne, si elle est distinguée ou non. J'ai été assez souvent heureux dans mes pronostics. Mais ce qui m'a toujours réussi, c'est l'étude des profils. La vérité s'est trouvée conforme à mes prévisions en toute circonstance. Rien n'est plus aisé qu'un pareil exercice pour quiconque vit à Paris; il suffit de fréquenter les lieux de réunion où se rencontrent les hommes d'intelligence. Il est vrai que certains êtres se couvrent parfois d'un voile impénétrable, lorsqu'ils se sentent au milieu d'hommes nuls, et leur mépris de l'espèce humaine devient une barrière que l'œil de l'observateur ne perce pas; mais il arrive un moment où tous leurs calculs sont déjoués : ils s'oublient, et on les déchiffre comme les autres.

Les enfants ont une manière gauche et charmante de poser le pied en marchant; quelquefois le pas est précipité, incertain, selon les idées qui passent avec tant de rapidité dans ces jeunes cervelles; d'autres fois, l'indécision ou la timidité mêlent les petites jambes, il y a une espèce de balancement de barque prête à quitter le rivage. Néanmoins, avec un peu d'attention, on reconnaît l'énergie ou la mollesse du caractère de l'enfant à la pose de son pied, sa délicatesse gracieuse ou sa grossièreté.

La jeune fille pleine de candeur et de modestie penche le corps en avant, ainsi que la tête; elle pose d'abord la pointe du pied, par suite de ce mouvement d'inclinaison; quand elle a compris qu'elle est un objet d'admiration, l'orgueil l'engage à se redresser; elle pose alors ses pieds avec assurance sur cette terre dont elle est l'ornement; son jarret devient plus tendu et plus ferme.

Quand on voit une noble et belle figure de jeune fille qui semble plutôt glisser sur la terre que marcher; ses vêtements longs, serrés contre son jeune corps, — qui ressemble à une belle colonne corinthienne, — cachant ses pieds, on éprouve un sentiment d'admiration pour l'être qui passe, semblable à une apparition. Si la robe est trop courte, les pieds détruisent beaucoup de l'illusion; c'est aussi pour cela que l'on estime tant la petitesse du pied d'une femme; il semble que la femme ne devait pas marcher.

La jeune fille a des mouvements pleins de retenue, les membres supérieurs et les vêtements sont rapprochés du corps; quand elle est assise ou debout au milieu des hommes, on dirait un ange qui se repose timidement sur cette terre de douleur.

Des pieds qui se rapprochent et se heurtent dans la marche révèlent la timidité : les très-jeunes filles lancent leurs pieds en avant avec l'aplomb de l'innocence; elles posent à peine le talon, et le pied reste peu sur terre; la jeune fille n'a nul besoin d'assurer fortement son point d'appui pour soutenir son corps. La femme âgée pose le pied avec énergie, puis elle s'accorde un rapide instant de repos pour donner au corps le temps de se remettre. Quelques pieds s'étalent, s'écrasent avec nonchalance, comme des membres accablés; ce sont les pieds des hommes de travail qui cherchent le repos. J'ai remarqué souvent de la maussaderie et de l'aigreur chez les gens ayant les pieds en dedans; ils ont aussi presque toujours les yeux de travers. Les pieds en dehors annoncent l'effronterie et le libertinage. Les gens communs ont les pieds gros et ronds; ils les appuient l'un après l'autre; il y a un intervalle avant la levée de celui qui succède à l'autre. Cela indique un caractère sans délicatesse, et si les personnes dont je parle ont des passions, elles seront matérielles et honteuses. Quand on est content, on se balance sur la pointe du pied, après avoir posé la plante. Quand les jeunes filles se balancent sur leurs talons, elles ne sont plus naïves; les femmes maigres et acariâtres jettent souvent le pied en dehors; c'est, suivant moi, un bien mauvais signe. Il y a quelque chose d'élastique dans la marche des femmes grasses, qui posent le pied avec une grande souplesse, et si légèrement, qu'elles semblent ne pas devoir rester sur le sol; les femmes maigres, au contraire, se cramponnent à la terre, il n'y a plus chez elles d'élasticité; elles en feront bientôt partie, de cette terre si avare. Je me trompe : c'est elles qui n'ont pas su la faire fructifier; leur nature aride fait songer aux chardons.

La femme à la démarche légère et sautillante est une femme heureuse. Elle n'a point de soucis qui l'absorbent. Ainsi marche l'enfant.

Les jeunes gens bondissent sur la terre et la foulent avec joie; plus on avance dans la vie, plus la démarche est circonspecte. Dans la vieillesse, on glisse sur le sol, on craint d'éveiller l'écho qui, par la voix de la mort, annonce la tombe préparée. Les mouvements semblent n'être dictés que pour chercher et choisir une meilleure place, et, comme la vue faiblit, la tête penche vers la terre pour mieux voir le sépulcre.

Un homme qui s'élève sur la pointe des pieds en se balançant quand il marche est un être égoïste et content de lui. Généralement aussi les personnes très-grasses prennent cette allure.

Les hommes énergiques, passionnés et inquiets marchent à petits pas pressés et indécis. On sent, par leur manière de presser le sol, qu'il veulent quelque chose qui ne peut être une action molle. Tel est Eugène Delacroix, que j'observais tout à l'heure dans la Bibliothèque de l'Institut, devant ce grand poëme qu'il vient de peindre à la voûte.

XXIV. — L'homme irascible pose le pied avec violence, comme s'il voulait enfoncer les pavés.

On peut surprendre la grande affection qui unit deux êtres à la façon dont ils se donnent le bras : les épaules ont une tendance à se rapprocher. S'agit-il de deux êtres qui ne s'aiment plus, comme des époux las l'un de l'autre, les épaules s'éloignent. Ce sont là des signes dont l'accentuation varie selon la distinction des sujets. Mais combien les nuances deviennent plus nombreuses si l'on a devant soi des amants timides et respectueux ! Les mouvements se modifient avec des délicatesses infinies. Je ne sais rien d'intéressant comme d'étudier les nuances. C'est la passion qui parle bas.

XXV. — Lorsque deux êtres sont fâchés l'un contre l'autre, leur démarche trahit les sentiments qui les agitent. Précipitée chez l'un, elle est ralentie chez l'autre : toute harmonie est détruite. Le pas de deux amants a la cadence régulière du pas des soldats sous les armes.

XXVI. — Le pas du malheur est traînant et sans vitesse.

XXVII. — Je viens de suivre très-longtemps deux religieuses. L'une était âgée, l'autre jeune. La démarche de la première était plus pesante que celle de la seconde, mais elle avait conservé une naïveté, une droiture capables de révéler une femme qui n'a voulu prendre de la vie que la part la plus simple. Rien, chez elle, n'est venu fausser les mouvements ; elle n'a point cette libre allure, si contraire aux personnes qui se sont vouées au service d'un principe religieux. La jeune décelait, par sa démarche, son âge, sa timidité, sa grâce. En dépit de son grossier costume, on devinait en elle des membres souples et délicats. Son pas élastique, que ne parvenait point à corriger sa timidité, était plein d'harmonie et de sentiment. Elle se tenait rapprochée de sa compagne, comme une jeune biche auprès de sa mère. L'étude du corps humain m'étant familière, je reconstituais à travers le vêtement les lignes serpentines et suaves de cet être jeune et sans passions; mais tout autre que moi se fût avoué sous le charme. Ce qui distingue l'artiste des autres hommes, c'est qu'il est en mesure d'analyser ses sensations, et cette analyse fait sa force; aussi doit-il s'y livrer en toute occasion. La démarche de la jeune religieuse était incertaine; les jambes semblaient parfois se mêler; le pied, avec son talon si fin, perceptible pour l'œil de l'esprit à travers une chaussure vulgaire, paraissait se poser en tremblant sur un sol inconnu : on eût dit la marche d'un ange au milieu des démons. Cependant, la femme se retrouvait, lorsque, surprise d'entendre toujours les mêmes pas derrière elle, elle saisissait les occasions les plus conformes à la décence pour retourner la tête, afin de savoir quelle personne la suivait. Qu'elle était belle! Rien, dans ce jeune être, ne portait vers une pensée sensuelle. De pareilles femmes ne songent pas à faire hommage de leur beauté corporelle; c'est leur âme qu'elles donnent en exemple, et une âme qui est l'expression la plus pure de l'être créé.

XXVIII. — Un vêtement serré qui épouse les formes juvéniles de la jeune fille, qui ne la gêne en rien, n'inspire aucune idée indécente; il en est autrement lorsqu'il accentue les formes développées de la femme : il la gêne et la rend confuse, car elle a conscience des idées sensuelles qu'elle provoque. Les gestes et les mouvements de celle-ci deviennent alors contraints et indécis, tandis que la première garde cette libre assurance que donne la parfaite innocence.

Les jeunes filles doivent être vêtues sobrement. Que l'étoffe ne soit ni trop serrée sur le corps, ni trop vague. L'innocence est ordonnée, sobre, digne.

Je viens de voir, dans un omnibus, une grande et belle jeune fille avec sa mère. Toutes deux étaient vêtues de noir. Je suis resté longtemps sous l'étrange impression que faisait naître en moi la vue de tant de beauté unie à tant de mélancolie. La jeunesse en habits de deuil porte dans tout son corps je ne sais quoi de combattu. C'est l'aube et c'est le déclin, la vie et le néant. L'artiste est tenu d'écrire ce drame.

Une jeune femme a passé près de moi, grande, belle, mais d'une maigreur extrême; elle était couverte de misérables vêtements dont les plis droits et longs, collés sur son corps, descendaient en tuyaux : ils semblaient pleurer.

Les religieuses ont des vêtements d'une ampleur raisonnable. Elles laissent à peine voir leur visage. S'il leur était possible de faire oublier complétement le nu, elles le feraient. Cette tendance doit servir de règle aux artistes lorsqu'ils ont à sculpter des figures relevant de l'art religieux. De même feront-ils bien de ne point oublier ces détails, s'ils doivent éveiller des pensées de deuil, d'affliction, à l'aide d'une œuvre modelée.

Une femme vêtue de grandes draperies qui flottent sur son corps m'inspire l'idée du désordre; — les femmes de mauvaise vie sont toujours costumées ainsi. — Au contraire, les vêtements peu drapés annoncent la gravité, l'ordre.

Les courtisanes portent des vêtements extrêmement serrés ou en désordre. Dans l'un ou l'autre cas, le costume fait naître une impression de volupté.

A mesure que les femmes avancent dans la vie, elles augmentent la richesse de leur costume; elles croient suppléer ainsi à la beauté et à la jeunesse qui s'enfuient. La jeune fille parée de tous ses charmes n'a pas besoin d'ornements. Ne peut-on dire de l'art moderne, qui colore ses statues, qu'il prouve l'absence du sentiment du beau?

XXIX. — Les soldats portent des costumes très-étroits. La liberté de leurs mouvements est intéressée à ce qu'il en soit ainsi.

La vaillance veut être dégagée. Serait-ce par une vaine forfanterie que les Gaulois, en un jour de bataille, auraient dépouillé leurs vêtements? Je crois plutôt que c'était pour mieux se battre. Il ne faut pas qu'un soldat puisse glisser quelque chose sous son costume pour se protéger. Si l'on supposait que tel fût son désir, le prestige militaire serait diminué. Les Grecs ont représenté mainte fois leurs soldats nus, et plus le caractère de bravoure des héros est accentué, plus nos maîtres dans l'art plastique les ont totalement dépouillés.

XXX. — C'est dans la foule, au milieu du peuple, que l'artiste observateur pourra saisir des gestes et des attitudes héroïques.

XXXI. — Lorsqu'une femme tient son enfant sur ses genoux, c'est le visage de l'enfant qui est baigné de lumière. Il est le rayon d'en haut : la mère n'est que le reflet. Pas d'ombres sur ce jeune front. Dans l'omnibus où je suis à la tombée du jour, seul, un petit enfant est éclairé. La femme est la joie de la création, mais l'enfant est l'explosion de cette joie. Un visage d'enfant est toujours beau de transparence. Les enfants portent sur eux quelque chose de cette clarté du ciel d'où ils semblent descendre.

XXXII. — J'ai toujours observé que dans les églises, principalement dans celles des campagnes, les vieillards se placent en arrière, tandis que les jeunes gens se tiennent volontiers près de l'autel. Il semble que l'homme qui approche du dernier instant craigne de paraître devant son juge. Je n'oublierai point ce détail, si je dois traiter une grande scène religieuse.

Les gens de la campagne, les vieillards surtout, se prosternent dans les églises, sur la pierre, le corps penché en avant vers l'image de Dieu, en qui ils croient; les gens des villes, que l'éducation ou la fortune ont pétris d'orgueil, se tiennent droits. Ils trouvent que prier de la sorte, c'est prier avec dignité.

XXXIII. — Les anciens représentaient la douleur sous la forme d'une figure assise, les mains croisées autour des genoux. J'ai vu ce matin un homme dans cette pose. Elle indique bien la résignation. Les épaules de cet homme étaient hautes; sa tête y paraissait enfoncée : on eût dit qu'il avait peur. Ses sourcils s'élevaient vers le ciel, ses lèvres étaient serrées, ses narines ouvertes. Un homme résigné, mais courageux, se serait tenu la tête droite, l'œil ouvert, le sourcil relevé, le regard calme et pénétrant, les lèvres serrées, effleurées par un sourire de dédain. Ses mains auraient pu sans inconvénient demeurer croisées autour des genoux.

XXXIV. — Une procession porte toujours avec elle un caractère religieux qui frappe. Quand les individus se suivent un à un, l'effet est plus mystérieux que lorsque les rangs sont composés de plusieurs personnes; car, alors, c'est la foule à expressions et à mouvements divers, suivant les tempéraments individuels. L'homme marchant seul est naturellement plus réservé, plus impressionné que celui qui se sent entouré. S'il en était ainsi dans les cérémonies funèbres, on n'aurait pas le scandaleux spectacle de gens s'entretenant de leurs affaires en suivant un convoi. L'aspect religieux des processions se retrouve admirablement dans les bas-reliefs des Égyptiens, des Grecs et des Perses. C'est que ces peuples se servaient de l'art comme d'une écriture religieuse, et n'éprouvaient pas le besoin de le profaner à stimuler le sensualisme ou les caprices de leur imagination.

XXXV. — Les habitants de Dresde ont la tête extrêmement large au-dessus des oreilles, comme les hommes d'action; cependant, ils ne se rangent pas dans cette catégorie. C'est que la bosse de la circonspection l'emporte de beaucoup chez eux sur celle de l'action. Cela m'explique pourquoi les Allemands agissent lorsqu'ils ont bien réfléchi et qu'ils croient l'heure venue de se risquer. — Les Saxons ont généralement les traits assez droits;

ils ne sont pas aussi blonds que les autres peuples de l'Allemagne.

XXXVI. — Les Croates ont des pantalons serrés qui leur dessinent les formes. Tous sans exception (je n'ai pu en trouver) ont le talon saillant, comme les nègres, ainsi que le mollet très-haut.

XXXVII. — A Weimar, les femmes de la basse classe ou de la campagne ont les cheveux enfermés dans de grandes bandelettes de soie noire qui retombent sur les épaules. Vue par un jour un peu sombre, cette coiffure fait l'effet de grands cheveux en désordre. Les femmes de la Germanie portaient de longs cheveux ; ne serait-ce pas en mémoire de cette coutume que les Allemandes portent la poétique coiffure qui m'a frappé?

XXXVIII. — A Dusseldorf, dans la cathédrale, j'ai vu un enterrement. Tout le monde était dans le recueillement. Une jeune petite fille se faisait un collier en jouant avec son chapelet.

XXXIX. — Le paysan grec vous regarde avec le calme placide du bœuf. On sent qu'il n'y a qu'une vie végétative qui impressionne cet être, et qu'il ne voit qu'une chose à la fois; il est tout en dehors de la vie de l'intelligence; ses gestes sont en rapport avec l'absence de sensations qui le distingue; il est sur la même ligne que le très-petit enfant. Les hommes sont généralement beaux en Grèce et ont beaucoup de dignité dans leur démarche; les femmes sont presque toutes laides; elles ont l'air dur; on ne voit jamais cette physionomie timide et gracieuse, qui donne tant de charme aux visages des femmes fortes. Il fallait qu'il en fût autrement dans les temps antiques pour que les artistes aient pu concevoir l'idée de leur élever des monuments. Cela ne viendrait pas à la pensée aujourd'hui.

XL. — Un omnibus est un spectacle qui se renouvelle incessamment. On y voit la comédie changeante des physionomies et des mouvements qui sont l'expression du caractère. On y surprend aussi des ébauches de drames qui peut-être deviendront sanglants. Tout à l'heure j'avais devant moi un homme presque en guenilles, les épaules couvertes d'une mauvaise blouse. La tête extrêmement large au-dessus des oreilles, le front bas, le visage court annoncent un être en proie aux plus viles passions. Il est le type exact du voleur. Cet homme peut avoir quarante-cinq ans. Auprès de lui était une toute jeune fille d'une dizaine d'années, couverte aussi de haillons. Elle portait sur ses traits je ne sais quelle expression où se laissaient lire tout ensemble un vague pressentiment du malheur et une inconsciente résignation. Pendant qu'un tel homme entourait de ses bras la pauvre petite et lui faisait subir ses grossières caresses, j'étudiais les mouvements de la frêle créature. Elle et son conducteur me faisaient songer à la gazelle près du tigre.

XLI. — Hier, par une nuit obscure, j'ai vu deux jeunes filles, à la taille élancée, sur le pas de la porte d'un magasin. Elles se détachaient en silhouette sur un fond clair. C'était un beau bas-relief, visible seulement dans ses contours. Cela m'a fait songer aux Égyptiens, qui ne s'occupaient que des grandes lignes. L'artiste qui exécute un bas-relief ne peut avoir la prétention de rendre l'effet de la réalité. Le méplat exigé par les conditions d'une sage décoration monumentale fait qu'un bas-relief n'est jamais que l'ombre d'un acte historique ou d'un grand homme; c'est pourquoi la simplicité des contours est le charme d'un bas-relief. Si, cheminant la nuit, vous rencontrez un ami, ne sont-ce pas les grandes lignes de sa personne, ses contours extérieurs qui vous le font reconnaître?

XLII. — J'ai été depuis longtemps frappé du mauvais effet que produit sur les acteurs l'éclairage de nos théâtres. La lumière, se faisant de tous les côtés, n'a pour ainsi dire qu'une importance factice, comme dans un paysage, à l'heure de midi, lorsque le soleil éclaire indistinctement tous les objets, dont la forme est noyée dans la lumière; le matin et le soir, au contraire, les grandes ombres font valoir les larges masses lumineuses et accentuent ainsi la vie des lignes.

Je viens de voir dans une boutique une marchande de fleurs : son visage était éclairé par un jour très-favorable. Ses traits pâles, distingués, aux plans fins et méplats, la faisaient paraître d'une grande beauté. Tout à coup elle s'est levée et s'est avancée en pleine lumière. Mon impression se modifia. La tête était encore belle, mais, vu de face, le visage était trop étroit. Toutefois, les pommettes, très-aplaties, conservaient à l'ensemble un caratère de dignité. Règle générale, des pommettes saillantes impriment à la face humaine je ne sais quoi de trivial et de commun. Un visage allongé renferme plus de distinction qu'un visage rond, et plus la nature a procédé par méplats, plus vous vous sentez séduit par l'harmonie de la face.

## CHAPITRE XIII

### OUVRAGES PROJETÉS

I. L'Humanité. — II. Le Temps. — III. Le Génie destructeur. — IV. Les Trois Grâces. — V. Sophocle devant l'Aréopage. — VI. Le Vengeur. — VII. Le Serment du Jeu de paume.

I. — L'Humanité ! Comment rendre cette allégorie d'une manière claire ? Sera-ce sous la figure d'une jeune femme, ayant devant elle un petit enfant qui lui tend les bras ; elle tiendrait d'une main des épis de blé, de l'autre un rouleau pour l'instruire ? — Une jeune femme près d'un homme dans la force de l'âge, un enfant entre eux deux ; la femme mue par une tendre inquiétude, l'homme la rassurant par sa puissante protection ? — Une femme, un enfant sont bien les emblèmes de l'Humanité. Ces deux êtres sont tout mystère : l'enfant tient d'une main au passé dont il sort, et de l'autre à l'avenir qui est devant lui. La femme est également mystérieuse : elle s'ignore elle-même et est toujours enfant.

II. — Il faut que je fasse un dessin représentant le Temps, grand et terrible vieillard, la tête voilée par une draperie et des nuages aidant encore à le rendre plus mystérieux. Il tiendra une faux et sera appuyé sur une lyre de forme égyptienne. Il sera debout sur un rocher ; à droite et à ses pieds, un berceau, duquel sembleront sortir les générations qui vont essayer de toucher à la harpe, pour s'engloutir ensuite dans le tombeau béant placé à la gauche du principal personnage.

III. — Voyez cet homme sur le faîte d'un mur qu'il démolit ;

la tête est presque dans les nuages : il a le ciel pour fond, et par conséquent point d'objets de comparaison, ce qui le fait paraître bien plus grand qu'il ne l'est réellement. Cette action appelle l'allégorie. C'est l'homme qui s'élève, mais qui, génie destructeur, renverse lui-même son piédestal et va se trouver tout à l'heure au milieu des ruines.

IV. — C'est un sujet fertile et philosophique que la représentation des Trois Grâces. Il y a mainte façon de l'envisager. Les sculpteurs grecs ont eux-mêmes traité plus d'une fois ce groupe avec de profondes différences. L'artiste veut-il prendre pour type la femme? La grâce de ses formes varie avec l'âge : l'adolescence, la jeunesse, l'âge du complet développement offrent une trilogie qui serait pleine de charme. Est-ce la sculpture elle-même qui intéresse le statuaire? Qu'il personnifie la grâce particulière à l'art grec, à l'art gothique, à l'art de la Renaissance. Il y a dans ce sujet une véritable source de poésie. Les *Trois Grâces* de Canova expriment bien l'idée que pouvait avoir sur la grâce un homme de son caractère : je ne vois pas là le reflet de l'art grec. Les figures du maître italien ont de l'animation, de la morbidesse, un certain attrait; mais ne peut-on leur reprocher un peu d'afféterie? Puis, deux des *Grâces* ont tout à fait l'apparence de personnes occupées à consoler celle de leurs compagnes qui occupe le milieu du groupe. La figure centrale est conçue dans un sentiment de mélancolie qui n'a pas sa raison d'être. Ces états d'âme sont profondément écrits dans l'attitude, et chaque ligne les accuse lorsqu'on observe la composition en se plaçant derrière.

V. — Espercieux me disait, ce matin, que lorsqu'il dut faire la statue de la Liberté, il alla voir Raynal, qui lui demanda comment il avait conçu son sujet. « Je conçois le personnage, répondit Espercieux, tenant dans une main une figure de la Félicité publique, dans l'autre une épée, et ayant à sa gauche le génie de l'Instruction. » Raynal ne dit rien, mais il s'inclina devant l'artiste.

Cette pose me paraît bien expressive. De la part d'un vieillard, elle dit plus que des paroles. Cette pose est vraiment belle, et dans mon *Sophocle lisant sa pièce devant l'Aréopage*, je représenterai plusieurs vieillards s'inclinant devant lui.

VI. — Il faudra que je compose un dessin représentant une mer calme, éclairée par la lune dont quelques rayons percent les nuages. Du sein de la mer s'élèvera le vaisseau *le Vengeur*, avec ses sublimes héros pressés près du drapeau de la République.

VII. — La composition, en sculpture, doit viser, dans les sujets historiques, à ce grand caractère qui fait de quelques marbres sans reprises les annales du genre humain. J'avais composé un fronton pour la Chambre des députés ; c'était le *Serment du Jeu de paume*. Au milieu, Bailly monté sur une table ; près de lui, groupés, les députés qui assistèrent à ce grand acte : voilà pour l'histoire. Je me suis ensuite demandé si l'on ne pourrait pas mettre, dans les angles, des figures allégoriques assises pour satisfaire aux exigences du fronton. Dans l'un, des vieillards et des femmes protégés par la Liberté ; dans l'autre, la Liberté enseignant de jeunes enfants, symbole des générations à venir. Il me semble que rien ne paraîtrait extraordinaire dans l'adjonction de ces groupes, qui se rattachent pour ainsi dire à la réalité. Il faut que la sculpture puisse, par la vérité du rendu des formes, faire comprendre que les êtres qu'elle représente ont existé, mais qu'ils sont passés à l'état de glorieuses annales. — Le statuaire est puissamment stimulé lorsqu'il se sent appelé à léguer à l'avenir ces grands discours sur les révolutions du cœur humain, à faire pleurer, gémir, trembler les générations devant ses bronzes ou ses marbres palpitant d'une vie éternelle, à voir des nations faire de ses chefs-d'œuvre les bases d'un traité de paix entre tous les partis.

# PEINTURE

## DES STYLES. — DU PROCÉDÉ

I. Un monument grec rassure le regard sur sa durée. — II. Les marbres de l'Acropole. — III. Caractères de l'architecture gothique. — IV. Seule, chez les modernes, l'architecture gothique a été propice à l'art plastique. — V. Les portails gothiques. — VI. Le lierre consolide et pare les monuments en ruine. — VII. Poésie des ruines. — VIII. Les démolisseurs sont des criminels. — IX. Règles pour juger de l'effet d'un monument. — X. De la place des figures décoratives sur un édifice. — XI. Des bossages sculptés. — XII. Des ornements.

I. — Un monument grec, avec ses lignes droites horizontales, est une chose terminée; l'artiste a tout dit. L'architecture grecque rassure sur sa durée, et bien que le temps lui ait infligé ses dégradations, il faut en faire responsable pour une large part la stupidité humaine, car les lignes simples des édifices grecs, inspirées par le raisonnement plein de justesse des architectes, assurent une solidité presque éternelle à leurs œuvres.

II. — J'ai visité avec le plus grand soin les cubes immenses qui ont servi à la construction des temples de l'Acropole. On est émerveillé de l'extrême finesse des joints; on juge par les cubes épars sur la terre la grande précision du ciseau des marbriers; les traces sont d'une régularité remarquable et montrent la patience des ouvriers, bien supérieure à celle des Romains. Ceux-ci travaillaient avec une ardeur qui semblait dévorer le marbre; il y a, dans les sculptures romaines, quelque chose de fiévreux qui peint bien le caractère de ce peuple guerrier, et sa passion est exprimée par ce fouillement extrême des ornements et des plis des draperies. Ce fouillement nuit à la simplicité en motivant des oppositions d'ombres fortes et de petites lumières, tandis que, dans les ouvrages grecs, le peu de profondeur des plis sur les membres rend la lumière large et imprime une suavité étonnante aux œuvres sculptées. Le tempérament des Grecs, moins fougueux, leur faisait redouter la fatigue du trépan et du refouillage; peut-être aussi était-ce chez eux un calcul harmonieux inspiré par l'art égyptien, conservateur des lignes architecturales; ce peuple gravait en creux : sa sculpture semblait une sorte de broderie. Les Grecs ont mis leur sculpture en dehors, mais les ornements sont si doux qu'ils n'interceptent nullement les lignes.

III. — Un monument gothique semble ne devoir jamais être fini. Cela convient à l'incommensurabilité de la Divinité; il y a convenance et modestie de la part des peuples qui ont inventé cette architecture et l'ont consacrée au culte chrétien.

L'architecture gothique a quelque chose de fugitif. Les monuments s'élancent vers le ciel; la finesse des dentelures donne aux détails je ne sais quoi d'aérien : tout l'ensemble paraît fragile, et l'on serait tenté de craindre que la basilique qui vous charme ne vînt subitement à disparaître.

IV. — L'architecture gothique est la seule, chez les modernes, qui ait été vraiment propice à la sculpture. Architecte et statuaire créaient alors dans une entente parfaite, dans un juste équilibre, des œuvres inspirées. Tous deux parlaient leur langue en même temps avec harmonie, et déroulaient, sous les yeux du peuple sans instruction, leurs livres de pierre à la portée des masses. Depuis que les gothiques ont été remplacés, l'architecture s'en tient à de froides et mesquines imitations de l'art grec. Elle ne demande plus à l'art plastique que de lui fournir quelques ornements pour égayer le regard; voulant concentrer sur elle-même toute l'attention, l'architecture exige que la sculpture soit muette. Chez les gothiques, le monument servait de cadre au sculpteur; chez nous, le sculpteur n'a plus que l'accessoire : il fait le couvercle du livre.

V. — Ce soir, au moment où j'écris, le soleil couchant dore encore la façade de la cathédrale d'Amiens; le visage calme des saints de pierre semble rayonner.

N'est-il pas vrai que les portails gothiques, avec leurs gracieuses décorations peuplées de sujets fantastiques, semblent inviter le visiteur à entrer dans la maison? C'est comme un riant visage qui vous attire et fait naître en vous la confiance. N'est-il pas vrai aussi que les portails de nos maisons modernes sont glacials et semblent indiquer la froide réserve de celui qui habite la maison? — Une maison moderne ressemble à un visage qui ne rit jamais; vous n'êtes pas tenté d'y entrer, à moins que vous n'ayez absolument affaire à ses hôtes. Le style de l'architecture est assez semblable à celui d'une prison. La tendance des idées modernes est portée vers le puritanisme; les hommes deviendront plus graves et par conséquent plus sages.

VI. — Quand un monument est dans sa splendeur, le lierre l'évite. Vient-il à tomber en ruine, le lierre s'en empare et cherche à cacher ce qu'il y a de pénible dans une grande infortune. Il rapproche et consolide les vestiges.

VII. — Un temple en ruine, couvert de lierre où se réfugient les petits oiseaux qui chantent le matin les louanges du Créateur, qu'il soit ancien ou gothique, inspire à l'homme un sentiment de respect, car des prières ferventes y ont été adressées. Il n'en sera pas de même de nos églises modernes, auxquelles des ornements surchargés donnent la physionomie de salles de bal. Quand les montagnes se couvrent d'arbres, leurs formes disparaissent; nues, leurs formes s'accentuent, et le géologue peut, à une grande distance même, discerner les matières dont elles sont composées.

VIII. — Lorsque j'entends dire que des monuments sculptés par nos pères tombent sous le marteau, je ne puis me défendre d'une grande tristesse. Les destructeurs d'œuvres anciennes sont des criminels : ils commettent un parricide moral.

IX. — Pour juger d'un monument d'architecture, il faut se placer à une distance deux fois égale à la hauteur totale de l'édifice, et, de cette place, il est nécessaire qu'on puisse distinguer les scènes des bas-reliefs et suivre les contours des figures. Pour atteindre à ce résultat, l'artiste doit avoir modelé ses figures méplates, mais saillantes sur le fond; en d'autres termes, la partie médiane de chaque personnage ne doit pas offrir de saillie, afin que la composition ne soit pas rompue par de grandes ombres. Une demi-teinte générale est favorable à l'accentuation des contours, et il est nécessaire que ces contours se détachent vigoureusement sur le fond. Cette remarque s'applique surtout aux bas-reliefs placés sous les péristyles et les portiques — (portique de Sainte-Geneviève), — qui ne sont éclairés que par un jour de reflet. Dans de pareils ouvrages, toutes les lignes doivent être simples; car si le contour est surchargé de draperies confuses, l'œil ne discerne plus les divisions du sujet avec une suffisante clarté.

X. — Les architectes ont vraiment tort de placer des médaillons et des statues hors de la portée de l'œil. Il serait plus simple, plus logique et plus profitable pour l'édifice de remplir les vides à l'aide d'ornements.

XI. — Je n'aime pas, dans un monument, les bossages sculptés. Les lignes seules sont belles en architecture. Les fortes masses produisent un effet grandiose : la sculpture n'est que la broderie de l'édifice. Ce sont les notes attachées aux feuillets du poëme architectural. Je ne me lasse pas d'admirer dans leur majesté sévère les monuments égyptiens. Une belle femme n'a nul besoin de bijoux ; ils détourneraient le regard des lignes dont la nature l'a douée.

XII. — Les ornements en bas-relief peuvent être traités dans le genre de la peinture. Ces parties saillantes et les rinceaux qui se perdent sur le fond donnent le mouvement et la vie par des accidents de lumière qui égayent et font briller ce genre de sculpture, strictement destiné à rompre la monotonie des grandes lignes de l'architecture. Cependant, quand les ornements décorent un espace très-éloigné de la vue, le système doit changer et revenir au bas-relief historique, c'est-à-dire aux figures traitées par méplats et saillantes sur le fond, afin que leur ombre portée les fasse bien nettement distinguer en détachant les contours. En revanche, sur les vases d'orfévrerie et les objets destinés à être vus de très-près, ce système méplat, comme on l'a fait pendant l'Empire français, produit un aspect de lourdeur désagréable.

# ARCHITECTURE

## GENRES. — MÉTHODES

I. Du trait et de la couleur. — II. Les coloristes. — III. Les prismatiques. — IV. Les réalistes. — V. L'art religieux. — VI. L'art philosophique. — VII. Des sujets voluptueux. — VIII. Pourquoi les Grecs n'ont pas fait de paysages. — IX. Du portrait. — X. Des natures mortes. — XI. Des figures peintes, à peine ombrées. — XII. Du relief en peinture. — XIII. De la caricature. — XIV. Des peintures obtenues par des procédés mécaniques. — XV. Du daguerréotype.

I. — Le trait, c'est le contour de la réalité. La couleur n'est que le mirage des saillies et des dépressions de la nature. Vienne l'heure des ténèbres, le mirage disparaît, le contour seul reste visible.

En grec, le mot qui signifie « peindre » signifie également « écrire ». Le trait est une écriture.

II. — Suivant moi, la peinture, comme les coloristes la sentent, ne devrait représenter que des scènes qui ne sortent pas de notre sphère terrestre. Pour la couleur qui sied à l'apothéose, l'homme de génie pourrait varier à l'infini ses tons; il trouverait dans la nature, dans des choses étrangères à l'homme, des teintes qui donneraient par analogie du naturel à ses figures, mais un naturel senti par l'âme, et non pas par nos sens grossiers.

III. — On pourrait, ce me semble, désigner sous le nom de « prismatiques » certains peintres de notre époque, qui ne voient dans le coloris que matière à combinaisons brillantes. Ces artistes, tout occupés à décomposer la lumière sur leur palette dont ils usent comme d'un prisme, ne songent pas que la couleur est faite pour de plus hauts destins.

IV. — Il est pénible de constater l'enthousiasme produit par les ouvrages des artistes qui peignent les excentricités, le terre à terre de la vie physique. Ces sortes de représentations sont plus à la portée des masses que les sujets qui transportent l'âme vers des régions élevées. Triste époque que celle qui se repaît avec fureur des sujets rendant ce qui est périssable dans l'homme. Autant vaut un astronome étudiant le système du monde dans un ruisseau.

Toutes les scènes pathétiques ou burlesques que les peintres nous représentent dans un sentiment réaliste finissent par dépoétiser la vie en lui enlevant l'imprévu. Les poëtes, au contraire, nous jettent dans un vague qui agrandit l'existence. La peinture trop positive est trop perçue par les sens.

Je crains bien que la nouvelle école allemande ne cherche trop le trompe-l'œil dans la peinture, et que cela ne l'empêche de penser assez à l'âme.

V. — Je voudrais vivre parmi des hommes ne faisant pas de tableaux; eux, du moins, ne nous donneraient pas de nausées comme celles que causent les scènes vulgaires qui peuplent nos salons. Comme on est tout autrement impressionné lorsque l'art a une destination morale ou religieuse, et qu'une œuvre se voit dans l'endroit pour lequel elle a été créée!

VI. — Je ne suis pas de ces artistes qui n'admettent qu'un seul genre, à l'exclusion des autres. Je vois avec le plus grand intérêt les paysages qui transportent mon âme dans des sites imaginaires; j'aime les scènes douces, les tableaux reposés qui portent un aimable reflet de la nature, mais, je l'avoue, je leur préfère l'art qui fait penser, l'art philosophique.

VII. — Un peintre, lorsqu'il représente une scène voluptueuse, doit avoir devant l'esprit le besoin de solitude et d'obscurité auquel céderont toujours les hommes de plaisir. Son pinceau devra chercher des effets doux et voilés. Corrége sentait admirablement ce devoir. C'est pour cela que la sculpture ne doit jamais aborder des sujets de cet ordre. Au contraire, les actions qui honorent l'espèce humaine peuvent être reproduites avec éclat dans la pleine lumière, et le marbre, par sa blancheur, convient à l'immortalité visible de la vertu.

VIII. — On voit toujours en Grèce des montagnes à l'horizon, mais elles n'ont rien de grand et de terrible comme les Alpes et les Pyrénées. Elles ont des formes arrondies d'une grande noblesse, mais je ne m'étonne pas que les anciens peintres grecs n'aient pas cultivé le genre paysage. Ce sont toujours les mêmes effets, comme les têtes de leurs statues, tandis que nos montagnes sont mobiles d'effet, comme notre caractère et notre physionomie.

IX. — Les jeunes peintres qui s'essayent dans l'art du portrait atteignent souvent à la ressemblance, mais ils font moins beau que la réalité. D'où vient cela, si ce n'est que ces artistes inexpérimentés placent la vérité dans les détails, qu'ils s'efforcent d'accentuer, tandis que la ressemblance gît avant tout dans les grandes masses et dans les plans fidèlement rappelés aux points de la face où les a voulus la nature?

X. — Je n'ai aucune estime pour les tableaux de nature morte. Ils me font songer aux bûches peintes sur les boutiques des charbonniers.

XI. — J'ai toujours remarqué que les figures peintes à peine ombrées, fussent-elles exécutées dans une teinte presque uniforme, si elles sont vues à une certaine distance, donnent l'illusion de la nature. Les tableaux des maîtres, dans lesquels il y a de grandes ombres, ne produisent pas la même illusion.

XII. — Je viens de voir une peinture chinoise imitée par un peintre français avec toute la saillie et la rondeur possibles. C'est une chose étonnante combien ce modèle saillant détruit toute naïveté. Les peintures chinoises en silhouette conservent un sentiment naïf, parce qu'elles ne consistent guère qu'en un trait légèrement ombré. Le modelé dit tout; il est positif. Le trait ombré laisse le champ libre à la pensée : il n'est qu'un indice. Enlever à l'art chinois son indécision, qui fait pardonner ses fautes, c'est vouloir accentuer l'incorrection du dessin et faire disparaître toute poésie.

XIII. — La caricature exige de celui qui s'adonne à ce genre de travail une mémoire spirituelle, des facultés d'observation toujours en éveil, et un grand sang-froid. Un caricaturiste, c'est un daguerréotype vivant. Il lui faut en outre un talent suffisant pour rassembler les mille traits épars dont il pourra constituer un caractère, dire avec laconisme et avec esprit un travers d'intelligence, une manie, une situation.

XIV. — Dans la chambre que j'occupe à Tortosa, se trouvent deux paysages peints sur la muraille. Ce sont des peintures médiocres, mais j'aime encore mieux ces œuvres de main d'homme que les papiers produits par une machine. La main transmet toujours au pinceau quelque émotion; la machine pétrifie. Dans l'énergie des lignes, dans la sauvagerie de la couleur, fussent-elles, comme ici, peu en rapport avec le sujet, il y a pourtant une sorte d'impression ressentie par l'ouvrier. On vit de sa vie; on s'identifie avec ses sensations.

XV. — Le daguerréotype convient à une époque positive. De nos jours, certains hommes aiment à toucher du doigt ce qui les émeut. Ils analysent. Le procédé mécanique du daguerréotype devra les satisfaire, car il donne la note juste de la nature, mais il ne saurait rendre le souffle intime qui vient de l'âme. La vie matérielle est surprise avec précision par un instrument, non la vie morale.

# MUSIQUE

## SOUVENIRS

I. L'*Iphigénie en Tauride* de Gluck. — II. Sur le lauréat du prix de Rome. — III. A propos d'un élève de Paganini.

I. — Je viens d'entendre de la musique de Gluck au Conservatoire : elle répond à l'idée que je me suis faite de la musique des Grecs. Gluck est grand comme Sophocle. Il me fait songer à Phidias, aux peintures des vases grecs, aux tragédies de Scopas ou d'Agésandre, les *Filles de Niobé, Laocoon*. C'est le suprême privilége du génie de produire un effet si extraordinaire, de peindre si profondément les passions du cœur, ce qui est tendre comme ce qui est terrible. La nature prend la place de l'artiste; c'est elle qui parle et qui pleure. Nulle part la main de l'homme n'est visible. Voilà le sublime.

C'est un passage d'*Iphigénie en Tauride* qui m'a ému. Quelle harmonie merveilleuse entre l'orchestre et les paroles! Au moment où éclate le désespoir d'Oreste, on croit saisir les battements du cœur dans les vibrations des instruments.

Eh bien, le public français ne goûte plus ce génie. Il est trop grand, trop simple pour nous. La musique brillante de Rossini nous a gâté l'oreille. Ce même Rossini me disait un jour : « Je vais souvent entendre la musique de vos Français. Dalayrac a des accents admirables de naturel, ainsi que Grétry et d'autres[1]. Si

[1] Chacun sait que Gluck est né sur les frontières de la Bohême, dans le haut Palatinat, et Grétry à Liége; mais ces deux compositeurs ayant vécu presque constamment à Paris, ils peuvent être revendiqués par la France, qui les a faits illustres.

vos compatriotes avaient voulu marcher dans cette voie, vous posséderiez une école bien remarquable; mais il vous faut toujours du nouveau, à vous autres Français. »

Parmi les musiciens de l'orchestre, au Conservatoire, j'observais un vieillard qui était dans un coin, derrière les jeunes gens : il jouait d'un air craintif. Ses allures, comme les notes de sa harpe, étaient bien en rapport avec son grand âge : la vie à son déclin est un son qui se meurt.

II. — Je viens d'assister au jugement de la cantate pour le prix de Rome. L'un des auteurs était auprès du piano, tout occupé à stimuler les chanteurs; il les dirigeait, ayant l'air de se complaire dans l'exécution de son œuvre. J'aurais mieux aimé le voir dans un coin de la salle, triste et découragé; alors je me serais dit : « Il y a de l'avenir dans cet artiste »; car, plus on avance dans la carrière, et plus on doit se sentir affligé de ne pas atteindre à la perfection que l'âme entrevoit sans cesse sans pouvoir en fixer l'éclat.

III. — Le jeune ***, élève de Paganini, a joué admirablement bien un solo de violon; il me paraît posséder de grands moyens d'exécution, mais, par malheur, il semble attacher trop d'importance aux difficultés vaincues. Je sais que le public doit être fait responsable de cette tendance, parce qu'il n'applaudit le plus souvent que les tours d'adresse. Il faut évidemment se rendre maître du mécanisme dans tous les arts, mais cette science ne doit être qu'un moyen d'exprimer les impressions de l'âme; on ne doit pas voir l'effort ni l'adresse calculée, autrement toute émotion vraie s'évanouit chez les hommes sincères.

## DANSE

### LE RANELAGH

J'ai visité le bal du Ranelagh, et, depuis plusieurs jours, les femmes que j'y ai vues valsent encore dans mon cerveau. Rien n'est excentrique comme les attitudes auxquelles s'abandonnent ces almées françaises. Celle qu'on appelle la reine Pomaré a, dans la structure de son squelette, une grâce et une énergie étourdissantes. Sa vue serre le cœur sous la plus puissante émotion. Lorsqu'elle valse, parfois elle a l'air de vouloir échapper aux étreintes de son cavalier, mais, dans sa lutte adroitement simulée, la femme ne cesse pas de faire sentir sa présence : sa tête s'incline avec une grâce timide; le mouvement se ralentit; elle semble s'avouer vaincue. Tout à coup, elle reprend sa course, et son expression passionnée tient du délire; puis son front, qu'elle avait penché sur la poitrine de l'homme, se redresse et penche en arrière. La danseuse étend un bras suppliant, comme si elle implorait sa liberté de l'être qui la domine. De nouveau résignée, je la vois, dans sa grâce enfantine, joindre ses deux mains et laisser retomber sa tête sur la poitrine de son antagoniste. Au début de la danse, le port de sa personne est imposant; ses gestes marquent son autorité. Plus tard, elle provoque par l'abandon de ses mouvements. Quelquefois on la dirait fascinée, et alors elle approche lentement de son danseur, les yeux au ciel, dans une sorte d'extase[1]. Voilà la véritable danse. La passion double le

[1] Élisa Sergent, dite « la reine Pomaré », dut sa réputation au jeu passionné de sa danse que M. Nadaud a rendu célèbre par l'une de ses chansons, et que M. Auguste Barbier semble avoir pressenti lorsqu'il écrivait *Terpsichore*.

mouvement de la vie, et cette activité haletante, fiévreuse, se traduit par des gestes. C'est la danse des almées, des Espagnols, des Italiens; tandis que la danse française n'est, le plus souvent, qu'une pitoyable sauterie de figures qu'on supposerait de bois.

En observant, d'un point élevé, ce spectacle étrange, en présence de tant de jeunes gens qui tournaient avec frénésie, je n'ai pu écarter le souvenir des naufragés de la *Méduse*, que le délire faisait valser sur le radeau et qui tombaient, en tournoyant, dans l'abîme. Y a-t-il donc tant de différence entre ces naufragés et les malheureux qui s'agitent sur le radeau de la vie?

# PORTRAITS D'ARTISTES

## I

### BOSIO (François-Joseph), sculpteur.

Bosio sculpte comme il parle. Les gens qui bégayent s'expriment facilement pendant les premières minutes, puis la langue s'embrouille, et vous n'entendez plus que des mots sans suite. Bosio fait un torse sans défauts; il se trouble en sculptant la tête et s'interrompt presque toujours aux endroits où il faudrait du sentiment. Cet artiste a l'instinct des morceaux, mais il n'a pas d'âme; aussi n'a-t-il vraiment bien exécuté que des sujets dépourvus de pensée.

Notes autographes de David appartenant à la famille.

## II

### CALLAMARE (Charles-Antoine), sculpteur.

Le hasard me fit entrer un jour dans un cimetière abandonné. Et comme je tâchais de lire quelques noms sur des monuments à moitié détruits et obstrués par les ronces, celui du sculpteur

Callamare me frappa ; mon cœur s'émut au souvenir de cet artiste presque oublié maintenant, et ce simple nom me fit une impression plus profonde que la pompe des plus vaniteuses épitaphes.

Assez souvent, en remuant la cendre d'une foule de personnages qui n'avaient eu de remarquable que leur rôle sur la scène du monde, on n'a découvert que des turpitudes longtemps cachées sous le voile de la tombe. Aujourd'hui, je veux évoquer l'image d'un pauvre artiste dont la modestie, le talent et le patriotisme ont plus d'une fois éveillé les sympathies de mon cœur, d'un statuaire dont je vais essayer de faire connaître les ouvrages, l'existence douloureuse et la fin.

Par le genre sérieux de leurs travaux, les statuaires sont presque toujours obligés de vivre en dehors de ce mouvement qui fait monter les réputations ; ils ne travaillent ordinairement que pour l'avenir, et leur vie se passe à éterniser les traits et les belles actions de héros auxquels ils demeurent inconnus. Pendant que le nom des grands peintres est resté populaire, combien peu de personnes ont conservé le souvenir de Houdon, de Moitte, de Julien, de Chaudet, de Roland? C'est que la peinture, par le prestige de ses effets, attire et flatte les masses, qui courent toujours après les plus fortes impressions, tandis que la froide et austère sculpture a le sort de ces livres de morale que tout le monde estime et que personne ne lit.

Cependant, il est des époques glorieuses, fécondes en événements et en hommes, où la statuaire, chargée d'en consacrer la grandeur et d'en éterniser la mémoire, devient un puissant moyen d'agir sur l'esprit du peuple, et reconquiert tout à coup son importance. Ce fut pendant les mémorables époques de la Révolution française et de l'Empire que vécut le sculpteur Charles-Antoine Callamare. Il était né à Paris, le 25 mars 1769[1]. Élève de Pajou, il était entré à l'École des Beaux-Arts dans sa quinzième année, avait obtenu une troisième médaille en 1790,

[1] Plusieurs biographes font naître Callamare en 1776.

une deuxième en 1791. Il avait remporté le deuxième grand prix en 1792 et le premier en 1797 (an V de la République); mais avant d'arriver à l'analyse de ses ouvrages, il faut, pour les mieux apprécier, jeter un coup d'œil sur la période artistique dans laquelle sa vie est encadrée.

Avant la Révolution, l'art s'était vu condamné à n'être que la flatterie du despotisme et l'image de la dépravation universelle. Affligés de cette prostitution de la forme, les artistes copièrent avec ardeur les sublimes ouvrages des Grecs, pour revenir, par cette voie, au sentiment de la beauté. Mais, comme tous les copistes, ils ne firent souvent qu'exagérer la simplicité du modèle, qui, reproduit par eux, devint roide et glacial; ils oublièrent que la nature est la seule source vivifiante des ouvrages d'art. Le génie ne peut être compris que par le génie. Il répugne à un artiste supérieur de puiser ses inspirations autre part qu'en lui-même. Michel-Ange disait : « Si je marche toujours derrière un homme, je ne le dépasserai jamais. » Les artistes de l'Empire ne comprirent pas que l'étude constante et raisonnée de l'antique ne pouvait servir qu'à former leur goût et à leur faire mieux sentir les beautés de la nature, qui est notre modèle, à nous, comme elle fut le modèle des anciens. Ils devinrent guindés et prétentieux en copiant les statues des divinités du paganisme. Les Grecs regardaient l'immobilité comme devant caractériser les symboles de leur croyance; pour eux, le mouvement était un sacrifice fait à la personnification terrestre, tandis que l'âme, débarrassée des liens de cette vie, devait jouir d'une quiétude éternelle; de là cette tendance vers une apparente froideur, si opposée aux idées de mouvement et de vie qui ont prévalu chez les peuples de l'Occident. N'ayant ni les idées ni la religion des Grecs, les artistes modernes auraient dû les imiter avec moins de servilité et plus d'intelligence. S'ils avaient mieux connu la part qui leur était réservée, ils auraient abandonné cette théogonie, qui avait fait son temps, pour ne prendre dans l'antiquité que les traits qui peuvent fournir de nobles encouragements au dévouement et à la vertu. Ils n'auraient fait en cela que suivre l'exemple qui leur était donné par un peintre immortel, Louis David, lui dont les plus sublimes tableaux ont été inspirés par l'amour de la patrie. Si un homme de génie s'emparait des sujets anciens, même les plus rebattus, en faisant ses héros vivants, ou du moins capables de vivre, et en dédaignant cette convention absurde qui tend à leur donner une nature en dehors de l'humanité, il remuerait ses contemporains, et il imposerait silence à ceux qui vont répétant sans cesse :

Qui nous délivrera des Grecs et des Romains?

Les ouvrages de Callamaro sont bien de son époque ; ils en ont tous les défauts et aussi toutes les qualités. Son groupe (modèle en plâtre) représentant *Astyanax arraché des bras de sa mère*, composé de trois figures, nous offre un exemple de cette imitation exagérée de l'immobilité grecque, dont nous parlions tout à l'heure. Sa statue de l'*Innocence*, qu'il exécuta en Italie pour le gouvernement français, est noblement composée et vraie de formes; elle est d'un modelé discret et chaste, en harmonie avec le sentiment moral du sujet.

Comme tous les sculpteurs d'alors, Callamaro fut chargé d'une statue colossale de Bonaparte. Il l'ébaucha en marbre, et représenta le héros nu, tenant un sabre d'une main et de l'autre une branche d'olivier.

C'est ici le cas d'exprimer mon opinion sur le parti à prendre par la statuaire, à l'égard des proportions et du costume.

Élever une statue à un grand homme, c'est faire son apothéose. Il faut donc que la statue dépasse les proportions vulgaires pour éblouir nos yeux et pour frapper notre esprit. Quand on entend le récit de hauts faits, l'imagination double la taille du héros; voilà le *colossal motivé par l'impression de l'âme*. L'imitation exacte de la nature est une sorte de compte rendu qui peut suffire pour l'homme ordinaire; mais l'artiste qui veut sculpter l'image d'un héros a besoin de s'élever dans ces hautes régions où le génie du poëte a placé et revêtu de formes idéales ceux que l'histoire lui

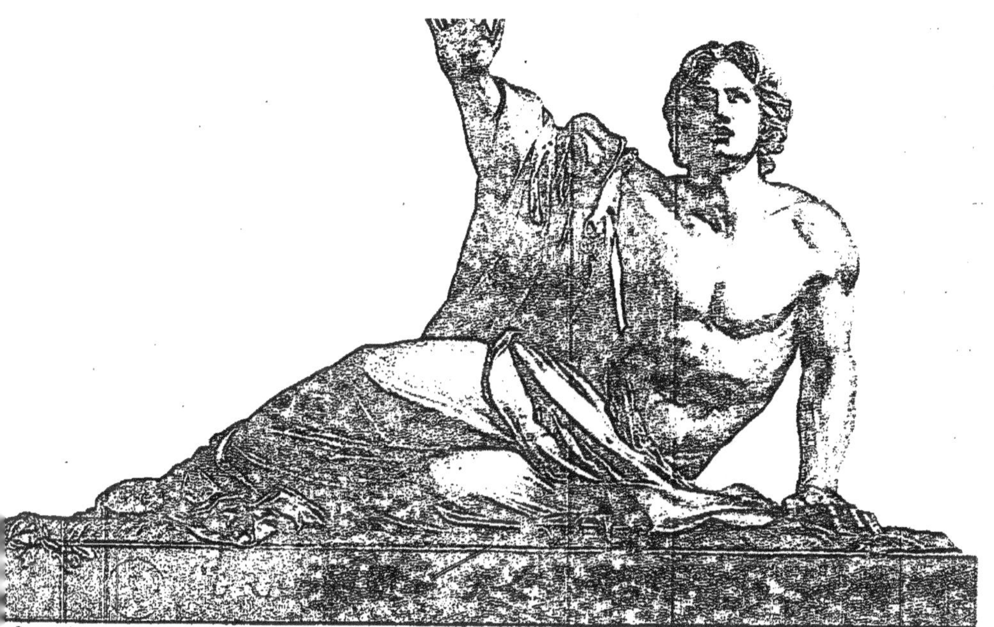

Tertre del. A. Durand sc

BONCHAMPS

Saint-Florent (Maine-et-Loire) — Marbre.

avait déjà fournis tout agrandis par elle et par le temps écoulé. Une chose digne de remarque, c'est que l'image de l'homme, moulée sur la vie, paraît à nos yeux plus petite que nature, tandis que la représentation colossale nous trompe souvent sur ses véritables dimensions.

La simplicité du geste aide beaucoup aussi au grandiose; le geste est le langage de la statuaire; l'attitude, le regard doivent précéder la parole, comme l'éclair précède la foudre. Le geste est, dans l'art, le plus puissant des moyens d'expression, en ce qu'il décèle une âme si profondément pénétrée, qu'impatiente de se manifester, elle choisit les signes les plus rapides.

Quant au costume, c'est une grave question, bien souvent et bien diversement tranchée. Sans avoir la prétention de la résoudre, je ne puis résister au désir d'exprimer mon opinion à cet égard. L'artiste doit, à mon avis, s'emparer de l'homme, qui est l'œuvre de la nature, et négliger le costume, qui est l'œuvre d'une civilisation changeante, imparfaite et souvent ridicule. L'homme habillé ne ressemble-t-il pas à ces plantes qu'on renferme dans des serres, ou qu'on protége avec des claies garnies de broussailles, sortes de prisons où leur forme primitive s'altère et dépérit? C'est, il me semble, une noble et généreuse idée qu'ont eue les anciens de nous léguer leurs grands hommes tels qu'ils étaient sortis des mains du Créateur.

Est-ce que d'ailleurs la mobilité des modes ne plaide pas mieux la cause des artistes que tous les raisonnements possibles? Il faut deux ans pour exécuter une statue en marbre, et le costume varie vingt fois pendant ce court espace de temps. Chez les anciens, tout se renfermait dans l'unité de la patrie. Le grand homme était le symbole d'une idée, le mythe d'une nation; chez nous, au contraire, on indique le jour et l'heure où un homme a été remarquable, comme s'il n'avait eu dans sa vie qu'un seul moment de grandeur. En voyant sur la colonne Vendôme la statue de Napoléon, avec son chapeau, sa redingote et sa lorgnette, je n'éprouve qu'une sensation pénible, et j'ai besoin, pour m'expliquer cette statue, de me rappeler qu'une pensée politique a exigé ce costume, dans la crainte, sans doute, qu'une apothéose n'élevât l'Empereur trop au-dessus de notre mesquine époque.

Il faut espérer, pour l'avenir de l'art, une heureuse et prochaine réaction ; car il tomberait dans la décadence la plus déplorable, si les « réalistes fripiers » venaient à dominer. Il ne resterait plus alors qu'à colorier les statues, car il est certain que la blancheur uniforme du marbre n'est pas la couleur de nos habits, et qu'elle nuit beaucoup à la vérité des bottes.

On pourrait, du reste, concilier les deux systèmes, en rappelant le costume de l'époque dans les bas-reliefs du piédestal ; car il faut convenir aussi qu'il serait bien ridicule de voir un soldat moderne combattant nu. L'auteur qui écrit la vie d'un homme célèbre s'empare des traits qui font ressortir le caractère de son héros, et il relègue, dans les notes qui terminent l'ouvrage, les circonstances particulières de sa vie intime. Les notes, ce sont les bas-reliefs ; le livre, c'est la statue.

Une belle et noble draperie jetée avec goût sur la figure d'un grand homme plaira dans tous les siècles, tandis que les gestes de convention sociale et le vêtement d'actualité ne pourront plaire qu'aux hommes futiles, aux esprits étroits. L'histoire des modes peut être bonne à garder ; mais n'est-il pas affligeant de la confier au marbre, et de penser qu'un portrait, déjà ridicule pour nous, ne sera utile dans l'avenir qu'aux perruquiers et aux tailleurs?

Au surplus, comme tout tend à l'uniformité en Europe, les artistes n'auront bientôt plus la ressource de la variété des costumes pour désigner les différents peuples, et ils seront bien obligés alors d'avoir recours à des personnifications prises dans la nature des races. Il faudra bien aussi particulariser le génie de Descartes, de Newton, de Cuvier, par le signe de la découverte qui fait leur gloire.

Callamare fit, à Rome, une tête colossale en marbre de madame Bonaparte mère, et une tête de Minerve en marbre.

A son retour à Paris, en 1807, il exécuta en pierre, pour l'arc du Carrousel, un bas-relief représentant *les Arts*. ce travail montre la grâce que l'artiste tenait de la nature et les sérieux efforts qu'il fit pour comprendre l'antique.

Cette composition, qui eût été fort convenable chez les Grecs, où l'art jouissait de toute son indépendance, devenait presque ironique sous le règne de Napoléon; car, à cette époque, les artistes, comme les littérateurs, n'osaient entreprendre en fait de grands sujets nationaux que ceux où, par ordre, ils devaient représenter l'Empereur et ses soldats, marchepied obligé de sa fortune.

Callamare fut chargé de deux bas-reliefs en pierre pour les côtés de la belle tribune de Jean Goujon, dans la salle du Louvre, et de plusieurs bas-reliefs pour la colonne de la place Vendôme; il fit deux bas-reliefs pour l'une des manufactures de MM. Péchard et Lenoir, et deux grands bas-reliefs demi-circulaires pour un escalier de la colonnade du Louvre, du côté du midi.

L'entente des bas-reliefs a toujours été vicieuse depuis que les statuaires se sont éloignés des principes posés par Phidias; l'influence des peintres avait fait multiplier les plans et composer ces sortes d'ouvrages à l'instar des tableaux; chez nous, Jean Goujon et Germain Pilon suivirent seuls, à cet égard, les traces des anciens maîtres.

L'antiquité nous a prouvé par des chefs-d'œuvre avec quel succès on peut employer les bas-reliefs dans la décoration des monuments. L'artiste qui représente dans un bas-relief un grand sujet d'histoire peut donner un libre essor à son génie, quoique, considéré en lui-même, ce genre soit contre nature. Le sculpteur, en faisant un bas-relief peu saillant, imite les objets comme le dessinateur, non tels qu'ils sont, mais tels qu'ils paraissent : c'est ce genre que les Florentins appelaient vrais bas-reliefs; il en est qui offrent en saillie la moitié de la rondeur du corps, d'autres enfin qui présentent plus de la moitié, c'est-à-dire des figures presque de ronde bosse.

C'est, sans contredit, le bas-relief méplat qui seul convient à la décoration des monuments ; il est en harmonie parfaite avec l'architecture, tandis que les imitations de tableaux semblent percer la muraille et rompent toute la gravité des lignes ; dans ce genre de bas-reliefs, les figures doivent être traitées avec la plus grande simplicité, le plus de développement et de grandeur possible sous le rapport de la forme et de la dimension. Il faut éviter autant qu'on le peut les raccourcis sur l'étendue des membres ; les plans et les cercles concentriques d'une partie qui se présente en raccourci ne sauraient avoir, dans un bas-relief, assez de vraisemblance pour que la vérité fût frappante et l'illusion possible.

Les anciens ont fait seulement deux plans, voisins l'un de l'autre, et quelquefois trois : c'est dans les ouvrages de quelques Florentins qu'on en trouve un plus grand nombre.

Les statuaires grecs ont toujours donné aux figures toute la hauteur du cadre, en laissant voir peu de fond et en ne faisant même qu'indiquer les corps accessoires.

Dans certaines circonstances, dans les portiques où la lumière ne paraissait que par reflet, notamment dans les métopes du Parthénon, les Grecs ont fait des figures presque de ronde bosse ; mais les membres sont toujours méplats. Si, par exemple, un bras passe sur un torse, ils lui donnent une saillie extrêmement douce ; car, s'il était de ronde bosse, il projetterait une ombre qui détruirait le grandiose de la figure.

Dans ces bas-reliefs, la lumière se répand largement sur les membres, et l'ombre portée le long des contours sert à les détacher fortement sur le fond.

Jean Goujon a bien suivi ce principe, et ce qui donne tant de mollesse aux ouvrages des modernes, c'est que les contours se lient et vont se perdre avec le fond.

Les grands creux et, par conséquent, les grandes ombres nuisent à la noblesse des formes, à leur harmonie et à l'unité ; l'œil a un travail pénible à faire avant d'être parvenu à se rendre compte du sujet : c'est la même raison, sans doute, qui a engagé aussi les peintres grecs à éviter ces effets qui tendent à approfondir la toile.

Les modernes se sont plus occupés du matériel que du moral de leurs compositions.

Les Masaccio et les Perugino, qui appartenaient à l'école grecque, ont bien compris le principe de leurs illustres maîtres, et la lumière venant du ciel a répandu sur leurs productions une clarté divine.

Il faut, on le sait, pour juger de l'effet d'un monument d'architecture, se placer à la distance de deux fois sa hauteur, et pour que, de loin, on puisse distinguer le sujet d'un bas-relief et suivre le contour des figures, l'artiste doit porter toute son attention sur la simplicité des lignes et se garder de les interrompre par des draperies tortillées qui nuiraient à la clarté de la scène.

Dans les bas-reliefs comme dans la peinture, on peut donner la couleur morale par l'ensemble de l'effet. *Socrate buvant la ciguë au milieu de ses élèves consternés* doit avoir un aspect différent du sujet dans lequel il serait représenté *sauvant la vie d'Alcibiade dans une bataille*. Dans le premier cas, il faut rendre le morne silence qui dut régner à cet instant; les draperies, les nus, les cheveux seront traités d'une manière large; pas de noirs qui, en répétant des ombres, donneraient trop de vie, trop de mouvement à cette scène. Dans le second, au contraire, il faut que l'effet concoure à accentuer la vie dans un état puissant d'énergie.

Un bel ouvrage des Grecs représente *Ulysse consultant l'ombre de Tirésias*. Le héros est presque de ronde-bosse, tandis que le devin est d'une saillie extrêmement douce; les draperies et les cheveux sont d'un travail peu indiqué et vague : c'est la poésie permise à la statuaire.

Si je me suis étendu longuement sur les principes appliqués par les anciens dans l'exécution de leurs bas-reliefs, c'était pour mieux faire apprécier la différence qui existe entre ces beaux ouvrages et ceux des sculpteurs qui ont précédé la nouvelle école. Callamare, comme presque tous ses contemporains, n'a pas osé, malgré son talent, aborder franchement la véritable question du bas-relief.

On remarque parmi ses œuvres une statue en marbre, *Hyacinthe blessé* : le sentiment moral est parfaitement exprimé dans cette figure, et l'expression de la tête est bien sentie. Si la critique peut s'exercer sur ce travail, c'est sous le rapport de la vie des chairs, qui n'est pas rendue avec assez de vérité.

Callamare exécuta pour le gouvernement une statue d'Oreste, dans laquelle se trouvent réunis le goût, la délicatesse et la pureté de son talent. Elle fut exposée au Salon de 1812, et lui fit le plus grand honneur.

Il sculpta une statue en marbre de douze pieds de proportion, représentant le général d'Espagne ; belle figure où l'on remarque un grand caractère et cette largeur de plans qui convient si bien à la sculpture monumentale. Cependant, les statuaires de l'Empire ont, à quelques exceptions près, abandonné la naïveté de la nature, et négligé ces vérités de détail qui, en imprimant un sentiment de vie à l'ouvrage, impressionnent puissamment le spectateur ; la statue du général d'Espagne n'est pas exempte de ce reproche.

Il reste de Callamare plusieurs bustes en marbre, d'après lesquels on peut juger de la direction de l'art à son époque.

Le buste est un monument ; la forme architecturale de l'hermès l'annonce ; on n'a pas eu la prétention de viser à l'illusion, ce qui serait absurde : c'est le génie de l'homme dont on a fait un monument pour l'avenir. C'est donc une immense tâche pour le sculpteur obligé de parler, non aux sens, mais à l'âme, que de nous rendre l'homme dans son excentricité divine, d'en faire un objet de vénération et de poésie muette.

Les Grecs sont sublimes ; ils ont tout senti, tout compris dans le juste et le vrai ; ils connaissaient admirablement la puissance des contrastes ; ils savaient effacer certaines parties pour en laisser briller d'autres, et toute cette convention était basée sur la connaissance des sentiments naturels.

Quand on parle à un homme de génie, c'est son visage qui

absorbe les regards; on ne s'arrête ni à son costume ni aux autres parties de son corps. Ainsi les Grecs rendaient avec exactitude tous les traits de la face, accentuaient la forme dans le sentiment de la nature, et indiquaient à peine les muscles du cou, afin que toute l'attention se reportât sur le visage.

Gœthe disait à l'égard du buste de proportions colossales : « Si dans ce genre d'ouvrages les sculpteurs croient devoir supprimer les détails, ils ne font plus qu'une grosse tête, effrayante par sa nullité, tandis qu'en rendant toutes les finesses, toutes les nuances de la nature, ils peuvent faire croire que le modèle a vraiment existé avec des proportions surhumaines. »

Il ne faudrait pas supposer que nous appliquons à tous les hommes le système colossal pour le buste; ces proportions ne conviennent qu'aux hommes hors ligne par la supériorité de leur génie.

Et, il faut bien le dire, les bustes de Callamare ne sont pas à la hauteur de ses autres productions. Encore une fois, trop préoccupé, comme les artistes de son temps, de la grave simplicité de ce genre, il ne s'attachait qu'aux grandes masses des plans, principe vrai qui imprime un caractère grandiose, mais qui, en excluant les vérités de nature, fait de ces représentations des images dénuées de la vie si précieuse dans l'art.

Aujourd'hui, loin de penser au grandiose, on s'adonne souvent au genre mignard; les héros d'albums, les statuettes pour figurer un grand homme, ne sont que trop en faveur. Mais la postérité devra faire justice de ces misérables jouets; elle fera table rase de toutes les œuvres indignes de l'art statuaire, comme, le carnaval terminé, on rejette avec dédain les déguisements bizarres dont on s'était affublé avec plaisir pour un instant. Tous les torts d'une semblable direction dans l'art ne doivent pas être exclusivement attribués aux artistes : si les arts ont à craindre les fausses doctrines d'école, ils ont aussi un écueil terrible dans les caprices, les modes et les préjugés de la société; dès l'instant que l'artiste attend sa réputation et sa fortune de l'amateur, il se livre, pour l'étonner, aux inventions les plus ridicules, aux puérilités les plus niaises.

Callamare était doué d'un esprit vif, d'une extrême sensibilité; la grâce et la noblesse de son caractère répandaient un charme tout particulier sur ses productions.

Il en est resté une forte empreinte dans sa statue de jeune fille représentant l'*Adolescence*. Ce fut son dernier ouvrage capital; ce marbre, commencé sous ses yeux, était destiné à l'impératrice Joséphine.

Il dessinait avec un talent tout particulier, et tous les dessins qui nous restent de lui prouvent combien sa pensée, souvent délicate et spirituelle, savait s'élever aussi au grandiose.

C'est par son excessive sévérité pour ses œuvres qu'on est privé du beau modèle d'une statue de *Vénus victorieuse* qu'il détruisit en 1813, tant il avait une haute idée de son art.

Comme les statuaires ses contemporains, Callamare a compris l'art grave et n'a pas profané son talent à des sujets indignes. C'est plus tard que l'on a vu les littérateurs et les artistes briser les limites posées par la raison, les uns exposant sur la scène des sujets de débauche, les autres prostituant leur pinceau ou leur ciseau à la reproduction d'images licencieuses.

Depuis cette époque, l'art n'a été trop souvent qu'un objet d'*amusement* et d'*ostentation*; il a perdu *son caractère de sacerdoce*; la spéculation, sous ses mille formes, a tourné les idées de la nation vers un positif désespérant, même pour l'indépendance nationale.

Carthage, la commerçante, n'eut pas de statuaires; aussi on ne reconnaît plus la place où elle a existé.

Les événements de 1814 trouvèrent Callamare souffrant et affaibli par une maladie qui l'empêchait de travailler. Cependant, son âme, ardente et passionnée, lui faisait désirer de pouvoir exécuter un groupe qu'il avait conçu, dans lequel se reconnaissent un grand talent et une belle imagination; il représente *Thésée terrassant Phériphète* : le héros a renversé le brigand armé d'une massue; de la main gauche, il le tient à la gorge, et, de la droite, il s'apprête à lui plonger son épée dans la poitrine : ce groupe est conçu avec force et aurait produit un grand effet sous tous les aspects, mais l'état moral de notre pauvre sculpteur ne lui permit pas d'y mettre la dernière main.

Il réunit un jour ce qui lui restait de forces pour en faire une esquisse dessinée qu'il laissa à l'un de ses meilleurs amis; ce fut son dernier soupir d'artiste!

Quoique jeune encore, sa vie était depuis longtemps minée par les souffrances physiques; ses forces l'abandonnaient : l'impossibilité où il se trouvait de se joindre à ceux qui voulaient défendre la patrie contre l'étranger torturait son âme, qui n'avait cependant rien perdu de son énergie morale.

Renfermé chez lui, il entendait le son lugubre et rauque des tambours ennemis, car le tambour français, si vif, si passionné, ne résonnait plus, ou si, à de rares intervalles, il se faisait entendre encore, il semblait sourd, et, voilé de crêpes, il accompagnait le convoi de quelque brave, mort de ses blessures en combattant l'étranger. On sentait que les bras n'avaient plus la même énergie pour éveiller cet instrument qui naguère retentissait si bruyamment dans presque toutes les villes de l'Europe, soumises par nos soldats. Hélas! le sang qui coule dans les veines de l'homme asservi n'est plus si bouillant!

C'était un spectacle démoralisant de voir des Français réduits à partager avec le vainqueur la garde de nos villes. Malheur mille fois à celui qui ne sent pas la rougeur lui monter au front à de pareils souvenirs! Les hommes de cœur comprendront ce qui devait se passer dans l'âme du noble statuaire, lorsque, se traînant à sa fenêtre, il voyait ces soldats du Nord, le casque orné de feuillage, symbole de la victoire, débordant dans nos rues et sur nos places publiques comme une lave brûlante qui ne laisse sur ses traces que malheur et destruction...

Callamare avait trop de patriotisme et une âme trop passionnée pour ne pas avoir de sinistres pensées à la vue de tant de bassesse et d'ignominie. Cette horrible sensation le poursuivait sans relâche : trop fier pour courber le front, il ne put se résigner au spectacle de l'asservissement de son pays; il se tua.

Encore jeune, un avenir glorieux l'attendait dans les arts. Callamaro sacrifia tout à un mouvement du cœur. Irrévocablement décidé, il envisagea la mort avec calme; il ordonna lui-même ses funérailles, recommandant à un de ses amis que l'on fît peu de frais. Le seul désir qu'il témoigna fut d'avoir une simple pierre qui le rappelât à ceux qui l'avaient aimé, et leur fît retrouver la place où il reposerait : « Vous mettrez dessus, leur dit-il, *Souvenir d'amitié*. »

*Revue du Progrès politique, social et littéraire*, tome II, 10e livraison, 1er décembre 1839. Cette étude a été en outre reproduite dans le journal allemand *Deutsche Volkshalle*, nos 55, 56, 57, 59, 60, 61, 63, 11-20 mars 1840.

---

## III

### CANOVA (ANTOINE), sculpteur.

Vers la fin du dernier siècle, en 1757, naissait, à Possagno, un pauvre enfant qui fut longtemps frêle et maladif. Antoine Canova n'avait guère que trois ans lorsque son père, tailleur de pierre, mourut. Le petit orphelin fut recueilli par son oncle paternel, qui exerçait la même profession; plus tard, l'heureuse étoile de l'enfant lui fit rencontrer un zélé protecteur dans le seigneur de Possagno, Giovanni Faliero; il mit cet enfant chez Torretti, le meilleur sculpteur de ce temps-là.

C'est vers l'âge de quatorze ans que la reconnaissance de Canova pour son bienfaiteur lui fit entreprendre deux corbeilles de fruits et les statues d'Orphée et d'Eurydice. Ces ouvrages et les prix qu'il remporta à l'Académie de Venise éveillèrent l'orgueil de ses compatriotes, et engagèrent le gouvernement à lui payer une pension à Rome.

Dans cette ville, sa réputation grandit ; mais, à cette époque, le goût faux qui régnait aurait pu l'entraîner sans les conseils d'Hamilton, Winckelmann et Mengs, avec lesquels l'ambassadeur de Venise le mit en rapport. Le premier ouvrage inspiré par ces doctes influences fut un *Thésée assis sur le Minotaure,* où l'on remarque l'étude de l'antiquité, jusque-là tout à fait incomprise. Dans le groupe de *Dédale et Icare,* fait entièrement à Venise, il y a une vérité de nature poussée jusqu'à la manière. Toutefois, c'est une vérité de la peau, non celle de la forme, traduite par de grandes et puissantes masses, comme l'exprimait Phidias.

En 1802, Canova fut appelé par le premier consul Bonaparte pour modeler son buste de proportions colossales. Depuis lors, tous les honneurs, la munificence des souverains vinrent chercher l'artiste, et ce fut après le second voyage qu'il fit à Paris, à la suite de nos revers, pour nous ravir les chefs-d'œuvre conquis, qu'il fut créé marquis d'Ischia, chevalier de l'Éperon d'or. Les souverains ont beau faire : le génie n'a pas besoin de leurs jouets d'enfants ; c'est lui-même qui se fait noble. Canova fut encore nommé prince de l'Académie de Saint-Luc, président et associé de vingt Académies étrangères. Des médailles furent frappées à son image. Les cités se disputèrent l'honneur de lui décerner le droit de bourgeoisie, et s'il paraissait dans un théâtre, ses enthousiastes compatriotes se levaient spontanément pour l'acclamer. Une statue lui fut érigée, et elle fut placée au Capitole ; je l'ai vue, en 1815, dans l'atelier de Fabbris, où je me rencontrai avec Canova lui-même, fier de son apothéose.

Canova se montra généreux ; il consacra toujours une grande partie de sa fortune au soulagement des malheureux et à l'encouragement des arts.

Vers 1820, une paralysie de l'estomac menaça Canova. Au lieu de se rendre à Saint-Pétersbourg, où il devait exécuter la statue d'Alexandre, l'artiste se fit transporter à Possagno, vers le milieu de septembre 1822. Après quelques jours de souffrances passés sur sa terre natale, il parvint à gagner Venise, où il mourut, le 13 octobre de cette même année, à l'âge de soixante-cinq ans.

Sa mort fut un deuil général pour toute l'Italie, qui n'en avait pas éprouvé de plus grand depuis la mort de Michel-Ange. Ses restes mortels reposent maintenant dans le temple qu'il avait fait élever à ses frais, en le consacrant à Dieu.

Nous voudrions parler de chacun des ouvrages du maître en particulier; mais comment analyser 33 statues, 12 groupes, 14 sarcophages, 8 grands monuments, 9 figures ou compositions colossales, 54 bustes, 26 bas-reliefs?

Parmi les belles œuvres du statuaire, celles où le sentiment moral est le plus saisissant, on doit citer : *Marie-Magdeleine.* C'est assurément un des chaînons qui relient la sculpture moderne à celle des Grecs; il est impossible de ne pas être profondément ému devant ce marbre, devenu de la vie, de la douleur, sous les brûlantes étreintes d'un ciseau créateur. Sans doute la critique pourrait reprocher à la tête de ne pas rendre la beauté du type judaïque; aux membres, de n'avoir pas le sentiment d'affaiblissement physique et de maigreur qui rend une pauvre créature intéressante, lorsqu'une âme ardente et passionnée a consumé le corps; mais on répondra toujours à la critique que cette sainte apparition touche jusqu'aux larmes. C'est, d'ailleurs, le seul ouvrage qui soit sorti du cœur de l'artiste!

Le groupe des *Trois Grâces* est aussi très-remarquable. C'est l'un des sujets les plus difficiles à rendre. Comment atteindre par des formes matérielles à cette manifestation du lien mystérieux qui unit l'âme et le corps : la grâce, qui varie selon les climats, les époques du monde et les âges de la femme? Dans le groupe dont je parle, Canova a bien plutôt exprimé la grâce un peu affectée de notre temps. Ses jeunes filles sont surtout animées du désir de plaire : deux des sœurs ont l'air de consoler avec l'affection la plus caressante celle qui est au milieu. Leurs formes sont d'une grande délicatesse et d'un fini précieux; elles ont la grâce de

Canova imprégnée de sa nature éminemment portée vers l'affectation, mais non celle des nobles filles de la Grèce.

Ses statues de *Danseuses* produisirent un grand effet à leur apparition. Il y a dans ces ouvrages un charme et une faculté de rendre visible ce que la vie a de plus adorable et de plus séduisant sous le rapport des lignes; mais n'est-ce pas trop une danse d'attitudes? ne souhaiterait-on pas de pouvoir deviner le sentiment passionné qui a fait mouvoir ces beaux corps? Le drame du cœur, rendu compréhensible sur le visage d'une femme, fait désirer d'être identifié avec son âme. Ici, les têtes ne vivent pas, et j'ajoute que ces danseuses manquent, en somme, de mouvement; ce sont des femmes de théâtre surprises dans une pose remarquable et subitement pétrifiées. Mais ne sait-on pas que Taglioni elle-même fait valoir ses attitudes par une loi de contraste et d'opposition dont elle use avec une rapidité vertigineuse? Rompre subitement ses poses, ce serait en détruire l'effet et rendre choquante peut-être l'attitude exagérée du dernier instant. La sculpture, par sa fixité, enlève toute illusion au spectateur, toute grâce à l'élan de la danseuse, si, au lieu de se renfermer dans une indication contenue, elle vise à traduire une pose quelque peu violente. Ainsi fait Canova, et, pour avoir ambitionné de trop remuer la pierre, ses figures de *Danseuses* ne se meuvent pas.

Les figures de femmes et de jeunes gens qui assurent à Canova une renommée durable et constituent le plus beau titre qu'il ait à l'immortalité, sont : *Hébé*, *Vénus*, cette dernière exécutée dans le but de remplacer la *Vénus de Médicis*, à la galerie de Florence; ses *Nymphes couchées*, le groupe de l'*Amour et Psyché*, où il a représenté Psyché faisant marcher un papillon dans la main de l'Amour; mais on pourrait reprocher à l'Amour d'avoir une tête trop petite, qui lui ôte tout caractère de jeunesse, et à Psyché un col trop court, défaut contraire à l'innocence, qui doit caractériser l'image d'une pure et jeune vierge[1].

[1] David, revenant sur cet ouvrage dans une de ses notes, s'exprime en ces termes : « On remarque au premier coup d'œil que le maître italien avait fait choix

Il faut encore citer le groupe de *Vénus et Mars*, le *Pâris*, et le *Persée* destiné à remplacer l'*Apollon*. Toutes ces créations attestent l'âme ardente et gracieuse du statuaire et sont la véritable physionomie de son talent; la muse qui l'inspirait était enjouée et sensuelle, mais elle ne fut jamais lascive.

La nature ne l'avait pas bien doué sous le rapport de l'énergie qui convient à l'exécution des figures d'hommes, et si parfois, comme dans son groupe d'*Hercule et Lycas*, on remarque une grande résolution de lignes, il est aisé de reconnaître que Canova n'avait pas fait d'études anatomiques; aussi le serré de la nature manque absolument, les muscles de ses figures sont ronds et boursouflés. Ce boursouflement des muscles est très-remarquable dans le groupe de *Thésée et le Centaure*. Dans les deux pugilateurs *Damoxène et Creugas*, les muscles sont comme ceux de ces êtres dont les nerfs, agents spéciaux de l'âme, sont paralysés par la maladie, tandis que les muscles ont conservé la puissance matérielle du mouvement. Toutes les fois que Canova vise à la force, il me semble voir un bel enfant qui grossit sa voix pour faire l'homme. Entreprend-il de poser un héros, il lui donne une attitude de matamore : Canova se laissait influencer par la mimique des acteurs italiens.

Si maintenant nous cherchons pourquoi les ouvrages de ce maître ont été l'objet d'un enthousiasme frénétique en Europe, ce résultat, selon moi, doit être attribué au besoin de réaction que l'on éprouvait à son époque vis-à-vis des œuvres de Boucher et de Van Loo, dont on ne cessait pas de subir l'influence au point

d'un modèle uniforme pour le cou de ses statues. L'*Amour*, observé de profil, est un petit vieux avec des formes enfantines. Dans les figures de Canova, la jeunesse est vidée, amoindrie; il semble que ses jeunes gens sont épuisés, sans avenir. Canova était une nature sans suc vivifiant. Toutes les parties de ses figures ont l'air d'être faites au tour. Les membres sont mal dessinés. Le contour des bras de son Amour aux ailes déployées est mauvais; les formes sont dessinées en balustre; un bras est plus gros que l'autre; le bassin de la femme manque de profondeur; Canova arrangeait la nature à sa guise; il lui mentait presque toujours, et cependant il y a un grand charme dans les ouvrages de cet artiste. »

de vue de la pensée. Canova s'est maintenu dans un sentiment délicat, un peu efféminé, quelquefois même un peu étiolé; aussi ses productions gracieuses demeurent-elles plus à la portée des masses superficielles, dont le suffrage crée les réputations, que l'art sévère et philosophique. Ce maître s'était admirablement défini cette tendance, et son désir extrême de plaire à tous lui indiqua la route qu'il suivit. Il est aisé de saisir dans son œuvre la trace persistante du sensualisme qui caractérise l'époque de Louis XV; l'artiste a jeté sur son marbre, essentiellement moderne, par le défaut que je relève, une teinte d'antiquité. Tel a été l'effort de son esprit; son originalité n'est pas à chercher ailleurs.

D'autre part, Canova n'éprouvait aucun embarras à traiter toutes sortes de sujets, pour peu qu'ils lui fussent commandés. Le buste ou la statue d'un ennemi de son pays ne lui coûtait pas plus à sculpter que l'image d'un patriote. A mon sens, l'artiste qui a cette élasticité de caractère se rabaisse au rang des acteurs que l'on voit prêter leur talent à l'expression du vice ou de la vertu. Qu'on excuse l'acteur, j'y consens : il n'est que l'interprète d'autrui; mais le statuaire, comme le peintre, est créateur.

Il va de soi que cette facilité du maître à condescendre aux appels de tous dut provoquer l'affluence des commandes. Pouvons-nous donc, à l'exemple de certains critiques, nous autoriser de la multitude des travaux exécutés par Canova, pour proclamer la grandeur et la fécondité de son génie? Évidemment, il y a dans cette abondance d'œuvres sculptées une preuve sérieuse de talent, mais il importe de se bien souvenir des conditions particulières au milieu desquelles a vécu Canova. Depuis que l'Italie a été le foyer des arts à l'époque de la Renaissance, on s'imagine volontiers, d'un bout à l'autre de l'Europe, que rien de médiocre ne peut être produit sur le sol italien. De là cet engouement si commun chez les amateurs et les touristes, accoutumés à juger toutes choses sur des « dit-on ». Puis chacun sait combien la mode est tyrannique. Cet engouement pour l'Italie et la mode du moment ont fait la fortune de Canova; aussi posséda-t-il d'immenses ateliers, qui formaient presque à eux seuls un quartier de Rome. Un peuple de praticiens, un monde de statues remplissaient ces ateliers. Chacun voulait avoir quelque ouvrage du grand homme, puisque milord *** lui avait acheté un marbre. Telle est la tyrannie de la mode! Pourquoi des artistes sérieux ne se sont-ils jamais trouvés dans des conditions aussi favorables? Combien qui eussent pris à tâche, se voyant en possession de la fortune et de l'indépendance, de produire de grandes œuvres! Au lieu de cela, les statuaires sont réduits à attendre les rares commandes que leur accorde l'État; là est leur seule ressource, puisque le public dédaigne la sculpture, ou, s'il en prend souci, c'est à l'étranger qu'il va chercher des œuvres souvent médiocres, dans la singulière conviction que tout ce qui vient de loin doit être remarquable.

Canova s'était lié d'amitié avec Prud'hon. Leurs rapports s'expliquent par une certaine parenté qui existe entre eux; mais je trouve que le peintre avait un génie plus inventif que le statuaire. Quel malheur pour Prud'hon d'avoir porté un nom dont la consonnance est si française! S'il fût né dans quelque village d'Italie, Prud'hon serait mort comblé de gloire et dans l'opulence. Canova ne se lia jamais avec le peintre David. Celui-ci avait l'âme trop antique, il portait en lui une trop haute idée de la mission de l'art, il était aussi trop patriote pour que le sensuel sculpteur d'Italie appréciât la nature d'élite de Louis David. De quel secours eût été pour lui, cependant, le voisinage du sévère dessinateur!

Les figures d'hommes que le maître a sculptées n'ont été mises au jour que dans le but d'établir sa supériorité, quel que fût le genre qu'il abordât; mais, nous le répétons encore, c'est seulement dans l'expression des scènes douces et féminines que Canova se montre grand prestidigitateur, et si l'on peut exprimer un regret, c'est qu'il se soit fait un type exclusif et l'ait reproduit dans toutes ses compositions, en le modifiant légèrement, selon l'âge du modèle. Il avait adopté une nature de convention, qui enlève toute originalité, tout imprévu à ses ouvrages, mais qui a aussi immensément favorisé l'artiste pour produire autant d'ouvrages. Qu'une statue de ce maître soit brisée, chaque fragment le fera tout de suite reconnaître.

Le manque de religieuse probité dans l'étude ferait la perte des élèves qui voudraient copier ce maître, et l'on ne saurait trop leur redire qu'il ne faut jamais se condamner à être le reflet d'un homme « que la nature gênait », selon le mot de Boucher sur le peintre Reynolds, et que l'artiste qui veut puiser à la véritable source, la nature, trouve toujours dans son cerveau un coin d'originalité.

Canova n'a pas compris, dans ses bas-reliefs, le genre de sculpture particulier à la décoration des monuments, qui, pour produire de l'effet à distance, exige des figures modelées, méplates sur toute leur étendue, saillantes sur le fond, pour y porter une ombre qui dessine énergiquement leurs contours, principe immuable légué par Phidias.

Dans les bas-reliefs des plus mauvais temps de la sculpture du dix-septième et du dix-huitième siècle, les figures sont comme des rondes bosses coupées par la moitié : les membres saillants, passant sur les figures, produisent un cliquetis de lumière et d'ombre qui porte la confusion dans l'action des personnages. Tel fut le genre adopté par Canova, genre qu'il modifia cependant un peu en s'inspirant de l'exemple des anciens.

Canova n'est pas le continuateur des Grecs, comme l'a dit le docte Quatremère de Quincy. Les œuvres du statuaire italien me paraissent bien plutôt se rapprocher des toiles du Corrége, à la différence que celui-ci a eu le don de rappeler la grâce attique, qui ne pose pas et semble s'oublier. Canova n'atteint pas à cette perfection. Il est vrai que les fictions du clair-obscur aident à voiler une certaine afféterie que l'art plastique, avec la sévérité de ses formes et sa teinte monochrome, n'a nul moyen d'atténuer.

Le titre de continuateur des Grecs convient mieux, selon moi, à Flaxmann, ce poëte des statuaires, et aux artistes français du commencement de ce siècle, à qui l'on peut décerner cet éloge. Le talent de Canova a une parenté avec le Bernin; il n'a manqué au Bernin que de naître dans un temps de réaction pour être le Canova de son siècle, et l'on peut acquérir cette conviction en étudiant son admirable groupe de l'*Extase de sainte Thérèse*, dans l'église de la Victoire, à Rome : c'est l'animation divine et passionnée portée à son plus haut degré; les ouvrages de Canova n'offrent rien de comparable.

Si loin des Grecs que soit resté le maître italien, il sut apprécier l'antique. J'étais à Rome lorsque Canova revint d'Angleterre. Il était fou de ce qu'il avait vu des fragments du Parthénon. Il me dit : « J'apporte des plâtres moulés sur les marbres d'Elgin, afin de faire voir aux Italiens jusqu'à quel point les Grecs ont fait nature avec la plus belle naïveté! »

Ce maître a rarement abordé les sujets religieux, trop graves, trop élevés, sous le rapport moral, pour son organisation, plus inclinée vers le sensualisme païen que vers le spiritualisme chrétien. L'homme qui se plaisait à dire : « *La carne piacce a tutti* », n'était pas apte à comprendre le caractère formidable d'austère grandeur empreint dans les mosaïques du temps de Constantin, où l'on voit que l'art s'adresse aux hommes d'un siècle portant encore dans ses entrailles le retentissement des luttes incessantes, des drames sanglants qui firent dominer le christianisme en Europe, et l'œuvre sublime de ces mâles républicains du Bas-Empire. Les sujets religieux sculptés par Canova manquent d'austérité. Les vêtements de ses figures sont embarrassés par une foule de petits plis; parfois, cependant, le statuaire a voulu traiter sa draperie avec largeur, mais le style n'atteint pas au caractère de dignité qui est le charme des gothiques.

Sans rival dans le travail du marbre, Canova se plaisait à accumuler les difficultés dans un ouvrage, afin de se donner à lui-même le facile plaisir de les vaincre. De là le défaut de simplicité qui dépare un si grand nombre de ses compositions.

Les ouvrages dans lesquels on remarque le plus d'invention de la part de Canova sont les monuments de l'archiduchesse d'Autriche, de Clément XIII, la *Magdeleine*, le groupe *Hercule et Lycas*. Mais, dans presque tous les ouvrages de Canova, les draperies sont mesquines, sans originalité dans l'ajustement, sans goût dans les motifs et dans l'exécution des plis.

Ses bustes, si nous exceptons la tête de Clément XIII, qui est un chef-d'œuvre de vérité et de sentiment religieux, manquent généralement de cette individualité nécessaire à la représentation de chaque personnage. Le rayon magnétique échappé du cerveau du modèle illustre doit passer par celui de l'artiste pour lui dévoiler, à travers les formes de la matière, la vérité sur l'homme intérieur idéalisé par le génie. Canova, lui, pensait idéaliser son modèle en négligeant de reproduire les nuances délicates qui donnent tant de vie à la sculpture et peuvent seules faire voir que l'homme représenté a réellement existé.

Ses bustes de Pâris, Hélène, Laure, Corinne, Béatrix, sont des rêves sortis de l'unique moule formé par son cerveau, et cependant notre Léopold Robert nous a montré quelle variété de types existe sur cette puissante terre d'Italie!

La statue de Madame mère est d'un travail extrêmement soigné, mais il est permis de regretter que Canova n'ait pas attendu l'inspiration plutôt que de se borner à faire une répétition de la statue antique d'Agrippine. Certes, il n'y avait aucune ressemblance morale entre les deux femmes, et certaines œuvres devenues célèbres sont, pour ainsi dire, l'image identifiée d'un personnage, et, dans ce cas, les poses choisies par les maîtres qui ont créé ces chefs-d'œuvre paraissent inconvenantes, si l'on essaye de les adapter à d'autres images. Toutefois, nous devons approuver le maître, qui a représenté la mère de Napoléon dans l'attitude du repos. Cette attitude convient bien à celle qui a mis au monde l'un des génies les plus puissants de l'époque. Quand Dieu eut créé l'homme, il dit : « Cela est bien », et il se reposa.

La statue de Napoléon est dans le style héroïque : il tient dans la main le monde surmonté de la Victoire; la tête, à force d'être idéalisée, n'est pas ressemblante. Vers la même époque, le statuaire Chaudet traita le même sujet; son travail fut donné au roi de Prusse, qui, sur le conseil de mon illustre ami M. de Humboldt, la fit placer dans le Muséum, vis-à-vis celle de César; elle est ajustée d'une draperie découvrant la poitrine et les bras, sa main gauche est appuyée sur son épée, et la droite tient le Code; la tête, si pleine de grandes pensées, idéalisée sans cesser d'être parfaitement ressemblante, est couronnée de laurier. C'est le guerrier législateur, qualification que Canova n'a pas su ou voulu indiquer.

Le Napoléon du statuaire italien est devenu la propriété de Wellington en 1815, et je me souviens avoir vu le marbre de Canova au bas de l'escalier de l'Anglais, en 1816, avec des vestes de domestiques sur l'épaule. Cependant, cette figure est remarquable. En la sculptant, Canova n'a pas perdu de vue qu'il avait à représenter un grand homme.

Il exécuta pour Napoléon, qu'il regardait comme le tyran de son pays, tous les travaux que celui-ci lui commanda. Et plus tard, lorsqu'il vit pâlir l'étoile du grand homme, il modela séparément, dans la prévision d'une chute, le cheval qui devait porter l'Empereur, et sur lequel pèse maintenant la statue de Ferdinand de Naples, qui fit périr Murat.

Pourquoi le maître italien, travaillant la statue de la princesse Pauline, a-t-il laissé pendant plusieurs années la tête dans la masse, si ce n'est parce qu'il prévoyait la chute de la famille impériale? Se peut-il donc qu'il n'y ait aucune conviction dans l'âme d'un artiste?

On peut encore reprocher à Canova de n'avoir pas employé son génie, son immense fortune et l'autorité de son grand nom, à élever des monuments aux défenseurs de la Liberté, au courageux tribun Rienzi, à Dante et aux littérateurs patriotes, à l'immortel Galilée! Lui, enfant du peuple, comment a-t-il oublié sa noble origine?

Quant à moi, qui reconnais aux arts une mission sainte et civilisatrice, je crois que l'homme, au lieu de se renfermer dans l'égoïsme des sciences ou des arts, doit avant tout être citoyen.

Malgré sa supériorité, Canova n'est pas la seule gloire artistique du siècle de Napoléon. La véritable pléiade de cette grande époque était en France, ayant à sa tête l'immortel régénérateur de l'art, le peintre patriote, génie aux grandes, sévères et philosophiques conceptions, Louis David. Après lui marchaient Gros, Gérard, Girodet, Prud'hon, Guérin, Regnault. Parmi les statuaires qui allièrent au style antique la sincérité et la profondeur de la science moderne, on peut citer avec orgueil Houdon, Julien, Dejoux, Moitte, Chaudet, Lemot, Cartellier, Bosio, Ramey père; il n'a manqué à ces dignes et modestes enfants de la France que des occasions aussi fructueuses, une renommée aussi bienveillante que celle qui a si bien servi le statuaire italien, pour couvrir le monde de leurs belles et puissantes productions. Voilà cependant de dignes et resplendissantes intelligences! comment n'ont-elles pas été mieux appréciées par les étrangers? comment ont-elles souvent été dépréciées par eux? C'est la France qui donne à la gloire toute sanction; nul ne peut conquérir sans nous le droit d'être célèbre en Europe, mais nous n'exerçons pas notre droit à notre profit; la trop facile bienveillance de nos compatriotes accueille et loue de préférence toute œuvre non française. Napoléon, en appelant Canova en France pour exécuter sa statue, faisait une insulte aux statuaires français, dont le talent était d'un ordre bien plus sérieux que le sien; l'Empereur se rendait en même temps coupable d'un acte impolitique. Mais tous les souverains ont eu ce travers. Louis XIV fait venir le Bernin, lorsqu'il avait près de lui le sublime Puget et tant d'autres grands statuaires. Que n'eût pas fait Lesueur s'il eût eu les occasions offertes à Raphaël, et que d'admirables ouvrages ne posséderions-nous pas si Poussin, placé dans les mêmes circonstances que

Lebrun, eût pu léguer au monde un plus grand nombre de ses pages philosophiques! Les souverains appelant à leur aide les artistes étrangers font de l'ostentation et rabaissent leurs nationaux. Que deviendrait un peuple si l'on osait recourir à des étrangers pour défendre ses frontières et son indépendance?

Manuscrit autographe de David appartenant à M. Victor Pavie. — Notes autographes appartenant à la famille.

---

## IV

### CARADJEAT, sculpteur.

Chose digne de remarque, il nous vient du midi de la France de jeunes statuaires qui savent répandre sur leurs ouvrages un accent de vie surprenant; en revanche, ils restent médiocres sous le rapport de la pensée et de la composition. Ils sont aptes à saisir l'expression des lignes et de la chair, mais on ne les voit pas s'éprendre du moral de l'art. Ce sont des sculpteurs coloristes. Se montreront-ils toujours tellement dominés par la recherche de la couleur que la forme et la pensée n'entreront pas dans leurs préoccupations? Caradjeat, D..., R..., confirment ce que je viens de dire. Mais Caradjeat, mort il y a quelques jours à l'âge de vingt-quatre ans, était certainement appelé à occuper le premier rang dans les arts. Notre siècle fait en lui une perte immense.

Notes autographes de David appartenant à la famille.

---

## V

### CHARLET (NICOLAS-TOUSSAINT), peintre et dessinateur.

Toutes les fois que Charlet a essayé de grandir ses figures, on s'est aperçu de son manque d'étude. Une certaine manière qui lui est propre est peu sensible dans des personnages de petites dimensions, mais elle s'accentue bien vite si le peintre aborde des sujets moins réduits, et ses figures paraissent lourdes. Il ne sait comment traiter le vide des formes; aussi les figures, dans ses tableaux, sont-elles d'autant moins vivantes qu'elles ont plus d'importance. L'âme impressionnée par l'idée perçoit le sublime, mais il ne lui est pas toujours donné de transmettre sa vision. Le sublime disparaît trop souvent quand la main tente de le traduire : le divin fluide passe malaisément à travers la matière. C'est pour cela que les petites esquisses des maîtres sont quelquefois si étonnantes : une âme les a conçues, et c'est notre âme qui les voit. Elles ne renferment pas assez de perfection palpable pour que nos sens soient émus.

Notes autographes de David appartenant à la famille.

---

## VI

### CORTOT (JEAN-PIERRE), sculpteur.

La sculpture de Cortot est de glace. Sans défauts sous le rapport des proportions et du jeu des membres, elle n'a point de vie. L'âme est absente. Un compas ne tient pas lieu de génie.

Cortot n'a mis au jour que des œuvres raisonnables, aidé des conseils et du secours des anciens. Rien ne sort de son cerveau ; c'est pourquoi sa sculpture est sans vices ni vertus. Un copiste ne peut rendre que les qualités superficielles de son modèle. Pour copier le génie, il faudrait avoir soi-même du génie, et alors on trouve plus simple de remonter à la source, qui est la nature. Cortot est un honnête marchand qui met le poids convenu dans la balance.

Notes autographes de David appartenant à la famille.

---

## VII

### DANNECKER (Jean-Henri de), sculpteur allemand.

J'ai vu chez Bethmann, à Francfort, cette *Ariadne* tant vantée par les étrangers, qui, il faut bien le dire, sont une race éminemment moutonnière. Tant de gens se croient tenus d'admirer sur parole ou de voir par les yeux de ceux qui les ont précédés !

*Ariadne* est soi-disant le chef-d'œuvre de Dannecker. Je connaissais déjà son buste de Schiller, qui me semble l'ouvrage le plus faible qu'on puisse imaginer. Comment un artiste a-t-il pu rester impassible en présence d'un tel génie ! Dannecker a fait à son modèle un nez de carton, des yeux dessinés d'après ceux de l'*Apollon*, une bouche maussade et boudeuse. L'expression générale de la face a de la dureté ; or, quelle ne fut pas la tendresse d'âme de Schiller ! La tête n'est pas bien attachée sur les épaules ; la chevelure symétrique fait songer à du fil mouillé ; le crâne est petit. Bref, ce buste est une horreur.

*Ariadne* est la copie d'une figure peinte retrouvée à Herculanum. Dans l'œuvre peinte, les membres sont homogènes, le corps pourrait se mouvoir sans fatigue. Il n'en est pas de même dans l'œuvre sculptée. *Ariadne* manque d'aisance. La tête est dépourvue d'expression, les traits sont lourds; la bouche est trop distante du nez, ce qui particularise les habitants du Nord, mais ce qui est antigrec. Aucune souplesse dans les muscles du torse. *La silhouette du côté gauche*, qui devrait onduler avec ampleur et simplicité, a je ne sais quoi de rétréci qui rappelle l'influence du corset. L'effort accusé par l'artiste n'est pas naturel chez la femme. Le col appartient au torse beaucoup plus qu'à la tête, ce qui est une faute. Il est trop droit. Mais si le mouvement de la tête n'a pas fait incliner le col, c'est que, sans aucun doute, cette partie a été copiée sur un antique, et le modèle de marbre devait être dans une attitude différente de celle de l'*Ariadne*. En un mot, ce qui me frappe dans cette œuvre, c'est qu'elle n'est pas le jet de la nature. On peut dire de Dannecker ce que l'on doit dire de tant d'autres : « Il fait des figures avec des figures, c'est pourquoi ses ouvrages ont l'air *pétrifié*. » Les plagiaires ne prennent pas garde qu'ils copient des membres dont le mouvement, dans l'original, est autre que celui qu'ils leur donnent.

La jambe droite d'Ariadne est cassée; elle fait le cerceau. Dannecker ne sait donc pas qu'une jambe légèrement cagneuse est d'un heureux effet dans les statues de femmes; du reste, que l'on consulte la nature, et l'on verra la justification de cette vérité. Qu'est-ce que des membres qui passent les uns sur les autres sans présenter la moindre flexion de chair?

La panthère qui est auprès d'Ariadne n'est pas vraie de formes; les pattes sont enflées. Un morceau de draperie jeté sur cette bête est arrangé comme un châle de femme. Toutes les draperies, d'ailleurs, sont mesquines, sans caractère et sans goût dans cet ouvrage.

J'ai vu, chez M. Bethmann, un plâtre de Dannecker. C'est un *Génie*. Encore une figure copiée sur l'antique. La jambe droite fait toujours le cerceau; elle est fortement arquée, ce qui enlève de la naïveté à la statue.

Mon avis sur Dannecker, le voici. Ce sculpteur est un ouvrier persévérant. Il sait à peu près tout ce qu'on peut apprendre, mais quant au feu sacré qui permet de deviner l'âme des grands hommes pour l'interpréter sur leurs traits, quant à l'inspiration qui donne à l'artiste de faire courir la flamme dans les muscles du marbre, Dannecker ne les possède point.

Notes autographes de David appartenant à la famille.

---

## VIII

### DAVID (Jacques-Louis), peintre.

En l'année 1748 naquit à Paris, sur le quai des Pelletiers, un enfant dont les aptitudes furent lentes à se développer. D'un caractère taciturne, d'un esprit enclin à la méditation, le jeune David — car c'était lui — se tenait à l'écart de ses camarades d'enfance. On ne savait trop ce que deviendrait ce petit penseur dans l'avenir. Nulle gaieté, nulle grâce, nulle saillie. Jacques-Louis avait devancé l'âge. Une maturité précoce et singulière se manifestait chez lui.

En ce temps-là, il y avait foule chaque matin à ce qu'on appelait « les déjeuners de Boucher ». La maison du peintre des Grâces était encombrée d'amateurs qui venaient supplier le maître de leur vendre quelqu'une de ces compositions faites pour décorer les boudoirs et les alcôves de la débauche.

Boucher fut le premier maître de David; mais il ne garda son élève, qui était en même temps son parent, que peu de semaines;

il le plaça dans l'atelier de Vien, un peintre éminent, préoccupé de relever le goût en réformant l'École.

Vien ne tarda pas à apprécier les hautes aptitudes de David. Il discerna sans peine chez l'adolescent qu'il devait former une âme préparée à comprendre ce qui est grand et noble. Heureux de cette découverte, et ne craignant pas que l'avenir de son élève démentît jamais les fières espérances qu'il fondait sur son talent, on le vit peindre le portrait de Jacques-Louis, qui ne comptait guère alors que quinze années. Ce portrait, je le possède. Un jour que je furetais dans la boutique d'un brocanteur, j'aperçus cette toile enfouie au milieu de vieilles armes rouillées, de vieux meubles et de *Christs* vermoulus. Il y a, dans la tête du jeune David, tout ce que l'observateur peut souhaiter de voir sur le masque du génie. Les yeux surtout sont très-beaux : un long regard s'en échappe et semble sonder l'avenir.

La Révolution n'était encore qu'en germe que notre artiste méditait déjà ses mâles ouvrages. Il habitait Rome, et ses facultés se développaient sous ce ciel qui avait échauffé l'âme des grands citoyens.

C'est alors qu'il incarna, dans le vieil *Horace* et dans ses fils, ce sublime et religieux sentiment de la défense de la Patrie; dans *Brutus*, l'abnégation de l'individu pour le salut de tous. Et l'impression fut si saisissante que les Romains dégénérés vinrent cependant en foule visiter les œuvres du jeune maître. L'affluence fut telle, dans la rue qui conduisait à son atelier, que les pauvres se tenaient rangés sur deux files, comme auprès des églises, les jours de fête.

Plus tard, à Paris, David composa son admirable tableau, la *Mort de Socrate*, grand et terrible reproche adressé à l'homme, qui toujours s'acharne avec rage contre les êtres privilégiés que la nature fait surgir à de rares intervalles, pour révéler à l'humanité des vérités si grandes qu'elles semblent inspirées par Dieu.

A Paris, comme à Rome, les œuvres de David produisirent un effet d'enthousiasme. Quelle gloire, à vous artistes, de réveiller les plus nobles sentiments dans l'âme humaine! Vous êtes les prêtres de l'humanité, vous êtes les enfants choisis de Dieu, puisqu'il vous décerne un si noble sacerdoce.

La Révolution trouva Louis David avec un cœur brûlant. Le républicain fut appelé par ses concitoyens à faire partie de la Convention.

Un jour, après une séance dans laquelle Danton avait fait vibrer les âmes républicaines sous son éloquence formidable, Louis David dessina en traits de feu le portrait du tribun, et, l'offrant au citoyen Rousselin, il lui dit : « Tiens, voilà Jupiter Tonnant. »

Un assassin tue Félix Le Pelletier, dans un caveau du Palais-Royal; Louis David fait surgir sur la toile le conventionnel couché, un poignard dans le flanc; grave et touchante résurrection produite par l'art. Sur le fond de son tableau, l'artiste a inscrit le motif de cette mort et ces mots : « David à son ami Félix Le Pelletier. »

Un jeune tambour est blessé à mort en Vendée. Les royalistes l'entourent et lui disent de crier : « Vive le Roi! » Lui, d'une voix presque éteinte, crie : « Vive la République! » et meurt en pressant la cocarde tricolore sur son cœur. La Convention déclare que le peintre national est chargé de reproduire cette héroïque action pour le Panthéon. Mais le décret est rendu peu de temps avant le 9 thermidor; un grand drame allait se jouer, et notre artiste dut expier dans la prison du Luxembourg l'audace et la droiture de ses convictions; peut-être même eût-il subi le sort de plus d'un de ses amis, si les élèves du maître n'étaient venus réclamer à la barre de la Convention en faveur de sa liberté.

David rentre dans son atelier, et les *Sabines* permettent à la nation d'admirer le grand citoyen redevenu grand peintre. Une autre toile reçoit l'image de *Léonidas* et des Spartiates tombés aux Thermopyles. J'allais partir pour l'Italie, lorsque le maître me fit l'aider à détourner cette toile, qui avait été abandonnée pendant plusieurs années dans la poussière de l'atelier; c'était plus qu'une ébauche, car déjà plusieurs groupes étaient achevés. Je ne puis rendre l'effet que me fit la vue de cette grande scène, et la modestie de Louis David, critiquant lui-même quelques-unes des figures de son tableau, me toucha profondément. — « J'ai fait, disait-il, des yeux de bœuf à mon Léonidas; il a l'air trop étonné de sa résolution. Il faut que je recommence cette tête; il faut qu'une mâle énergie apparaisse sur ses traits, nuancée de mélancolie. Léonidas dut s'attendrir sur le sort de ses sublimes guerriers, abandonnant les objets de leur amour pour *aller dîner chez Pluton.* »

Ce tableau fut exposé vers l'année 1814. Après nos désastres, l'artiste fut exilé en Belgique avec les survivants de la Convention. Pendant son exil, il reçut une lettre du roi de Prusse, qui lui faisait les propositions les plus flatteuses pour venir à Berlin fonder une École. Louis David refusa. Tout occupé des intérêts de l'a[illegible], on le vit travailler avec une ardeur que l'âge n'avait pu refroidir. Que n'a-t-il alors terminé son tableau du *Jeu de paume!*...

Le vieux conventionnel, qui avait conservé toutes ses convictions, était honoré et respecté du peuple belge, qui l'a constamment entouré d'hommages; il avait une place réservée au théâtre, auquel il se rendait tous les soirs. A une représentation, un Anglais se fit montrer le peintre, et aussitôt il vint près de lui : « Monsieur David, dit-il au maître, permettez que j'embrasse cette main qui a fait de si grandes choses, et qui a pressé la main de Robespierre. »

Un jour, on vint annoncer à David que des Anglais désiraient l'entretenir; mais lorsque ses visiteurs furent en sa présence, il reconnut dans l'un d'eux ce soldat ambitieux que le hasard et d'heureuses circonstances favorisèrent plus que son faible mérite. Wellington lui dit : « Je voudrais avoir mon portrait de la main du plus grand artiste de l'Europe. » David, qui s'était levé pour recevoir ses hôtes, se remit au travail et dit, sans même regarder le général : « Je ne peins pas les ennemis de mon pays. »

La nature avait orienté l'âme de cet homme vers le sublime. Louis David a compris, lui seul, que l'art doit aux hommes de sévères leçons, qu'il n'est pas fait pour amuser, mais pour instruire, et qu'avant tout, un artiste doit être citoyen.

Manuscrit autographe de David appartenant à M. Victor Pavie. — Notes autographes appartenant à la famille.

---

# IX

## DAVID (Pierre-Louis), sculpteur.

Pierre-Louis David naquit à Margoncy, village voisin de Paris, en 1756. Son père, agriculteur, mourut fort jeune, et laissa une veuve pauvre et chargée de famille. Parmi les parents qui furent utiles aux pauvres petits enfants, était un sculpteur ornemaniste qui, frappé de l'air intelligent du petit Louis, l'emmena avec lui pour lui apprendre sa profession.

Parvenu à sa quinzième année, le jeune élève comprit bientôt la nullité complète du talent de son maître, et cette conviction lui faisait passer des nuits sans sommeil. Il avait remarqué, dans les courses que lui donnait son premier maître, les ateliers du sculpteur d'ornements le plus en vogue à cette époque, et au risque de recevoir, à son retour, les rudes corrections de son parent, le pauvre enfant se détournait chaque fois de son chemin pour aller contempler pendant quelques instants (les bras appuyés sur la fenêtre de l'atelier, son panier de provisions à ses pieds) les ornements souples et gracieux qui s'animaient sous les doigts des artistes. L'un des plus adroits d'entre eux remarqua cette attention persévérante. « Cela te plaît donc beaucoup, mon enfant? lui dit-il. Veux-tu que je t'apprenne à en faire autant? — Oh! oui, je vous en supplie! » répondit l'enfant, presque suffoqué de joie; et quelques jours après, il avait disparu de chez son parent et travaillait avec ardeur sous son nouveau maître. Il fit d'étonnants progrès et prit bientôt rang parmi les plus habiles. Mais redoutant de se laisser entraîner par la reconnaissance à suivre les mauvais exemples de son maître, joueur et ivrogne, il prit la sage résolution de quitter Paris. Ses pas se dirigèrent, par hasard, vers l'Anjou.

C'est en travaillant à un chapiteau, à l'angle de l'hôtel Lantivy, qu'il vit pour la première fois la fille de M. Lemasson, riche menuisier, qu'il épousa quelque temps après.

Ses projets de voyage furent ainsi détruits, et il commença à espérer un heureux avenir, car il avait fait choix d'un être angélique.

Il fut chargé de beaucoup de travaux importants, il exécuta et termina la plus grande partie de la sculpture en bois du chœur de Saint-Maurice d'Angers.

Quatre-vingt-neuf ayant réveillé la nation française... le sculpteur ne fut pas un des derniers à ressentir la commotion électrique de l'indépendance. Il se rendit à Paris pour assister à la Fédération...

C'est alors que commença cette lutte acharnée de la Vendée, épisode gigantesque du grand drame révolutionnaire. L'artiste, devenu soldat, prit part à presque tous les combats, et son courage l'entraînait toujours au plus fort du péril. Son intrépidité le fit remarquer de ses chefs, qui lui confièrent souvent des missions et des postes très-dangereux.

Un jour de bataille, on lui donna la garde de l'église de Gonnord, remplie de prisonniers vendéens. Ceux-ci, s'étant aperçus que la porte n'était gardée que par un seul homme, tentèrent une sortie; mais le soldat, mû par cette énergie qui le caractérisait, fonça sur eux avec une telle force, que la baïonnette se brisa dans la porte qu'ils avaient refermée. Le supposant désarmé, ils allaient de nouveau sortir; mais, ainsi qu'il le racontait lui-même, lorsqu'ils le virent brandissant ses deux pistolets, le visage enflammé de colère et animé de cette résolution d'un homme prêt à tout, ils reculèrent, vaincus par la fascination qu'exerce toujours le vrai courage.

C'est que, dans ces temps merveilleux, la profonde conviction des hommes s'élevait à la hauteur des événements, et faisait de chacun un héros dont les brillantes actions étonneront nos descendants.

Mon père fut l'un des cinq mille prisonniers, enfermés dans l'église de Saint-Florent, qui durent la vie au sentiment de politique et d'humanité qui s'exhala des lèvres mourantes de Bonchamps.

Kléber, qui avait été témoin de son grand courage, voulait l'emmener avec lui à l'armée du Rhin; mais le cœur du père parla plus haut que la gloire guerrière, et le sculpteur, qui venait d'être blessé à Torfou, obtint, lorsqu'il fut guéri, une place assez importante dans la direction des charrois militaires.

Mon père croyait que sa modeste paye subviendrait aux besoins de sa nombreuse famille; mais, hélas! la République était pauvre, et il fallait la servir par amour pour elle : il ne touchait donc jamais ses appointements. Pendant ce temps, sa jeune femme passait les nuits à confectionner des guêtres pour l'armée, afin de gagner ainsi quelques assignats. Mon père et ma mère habitaient alors une des plus petites maisons de la rue Saint-Aubin. Que de fois, travaillant à la triste lueur d'une résine, ma pauvre mère se vit entourée jusqu'au matin de ses quatre enfants affamés! Puis, lorsque le jour avait paru, elle courait prendre son rang à la porte d'un boulanger et attendait, pendant plusieurs heures, la distribution si désirée.

Quelles nuits douloureuses pour cette femme, dont la jeunesse fortunée avait été exempte de telles privations, et qui, avant son mariage, ne travaillait que pour son délassement! Que de pleurs versés sur le sort incertain de son mari, sur la misère de ses enfants!

C'était un beau spectacle que de voir ma mère, luttant contre un pareil dénûment, refuser, avec une dignité simple et une fermeté inébranlable, les sacs de blé et les sommes d'argent que lui offraient les fermiers, afin d'obtenir que mon père les exemptât du service, eux et leurs bestiaux!

Qu'il y avait d'abnégation, de puissance, d'élévation d'âme chez cette femme dont la constitution physique était si peu en rapport avec ces grands et terribles événements! Il fallait qu'elle fût soutenue par un patriotisme et une vertu en harmonie avec le patriotisme et les vertus de mon père.

A la pacification de la Vendée, le sculpteur rentra dans son atelier. Il y revint plus pauvre qu'il n'en était sorti, mais sans murmurer, car il avait participé, selon ses moyens, au grand acte de la Révolution.

C'est alors qu'il fut chargé de sculpter l'*Autel de la Patrie,* placé à cette époque dans le Temple décadaire, et maintenant dans la grande salle de la mairie[1].

Homme grave, sérieux, aimant la retraite, on voyait mon père toujours dans son atelier, travaillant avec une ardeur incroyable pour élever sa jeune famille. N'est-il pas pénible de penser que, malgré ses vertus, les chagrins les plus cuisants l'accablèrent sans relâche? Le premier malheur qui laissa dans son âme une trace ineffaçable fut la mort de sa digne et respectable compagne, suivie successivement de celle de deux de ses filles, bien dignes des sympathies de son cœur.

Puis, lorsque l'avenir semblait se présenter devant lui plus consolant; lorsque son fils, de retour d'Italie, allait enfin lui assurer une vieillesse calme, sans inquiétudes d'aucune sorte, il fut atteint d'une maladie grave. Une visite de son fils sembla le ranimer et laissa quelque espoir de guérison; mais, peu de mois après, la maladie empira de nouveau, et termina presque subitement une vie qui, quoique obscure, fut remplie d'actes de probité et de sentiments les plus honorables.

Par une soirée d'hiver, en 1821, à travers un épais brouillard, on vit passer deux hommes chargés d'un cercueil. Ils étaient

[1] L'*Autel de la Patrie,* placé en 1839 à la mairie d'Angers, est aujourd'hui au Musée David, ainsi que nous l'avons dit plus haut. Voir tome I, p. 12.

suivis d'un prêtre et de l'enfant de chœur portant l'eau bénite. Un homme âgé, tremblant de froid et de vieillesse, suivait à pas inégaux, la tête penchée sur la poitrine, les restes de l'ami dont il avait si constamment partagé et adouci les chagrins : c'était le respectable Delusse, peintre d'histoire, bienfaiteur du fils de David. Cet homme de bien voulut accompagner jusqu'à sa dernière demeure celui dont il avait apprécié les nobles qualités. La chère mémoire du défunt, qui devait nécessairement laisser la foule indifférente, eut du moins un sanctuaire dans le cœur du fils du sculpteur et dans celui de son excellent ami.

Paris, 5 septembre 1839.

*Bulletin de la Société industrielle d'Angers*, 10e année, 1839. — *Journal de Maine-et-Loire* du 30 octobre 1839.

---

# X

## DAVID D'ANGERS (peint par lui-même).

Je suis né à Angers, rue de l'Hôpital, près de l'ancienne porte Neuve. J'y ai passé les premières années de mon enfance. Ma mère m'a dit qu'avant que la petite vérole m'eût défiguré, j'étais beau et que toutes les dames qui allaient se promener au Mail[1] m'embrassaient. Si j'étais devenu un homme remarquable, on eût pu penser qu'instinctivement elles se réjouissaient de l'avenir d'un compatriote qui devait honorer son pays. Au moins

[1] Il s'agit ici du mail *Martineau*, planté en 1752 et qui était situé entre la porte Neuve et la porte Saint-Aubin. — Voir Célestin Port, *Dictionnaire historique de Maine-et-Loire*.

elles en caressaient un dont le cœur bat avec passion pour sa patrie, et qui ne la déshonorera pas par son caractère [1].

Je suis petit (cinq pieds deux pouces). J'ai la tête grosse, munie d'une épaisse chevelure blonde. Je suis laid. J'ai les yeux couverts, et mon regard laisse deviner que j'ai beaucoup souffert. Quelques femmes ont voulu découvrir dans mes yeux une passion vive pour leur sexe, mais cette passion s'adresse bien plus à l'âme qu'à l'enveloppe corporelle. Ma démarche est calme et lente. Parfois, elle devient impétueuse, à mon insu, quand des pensées violentes soulèvent ma poitrine.

J'ai le dos voûté comme un homme qui a beaucoup travaillé et médité. J'ai les mains petites et actives. L'ensemble de ma personne dénote que je ne suis pas issu d'une famille à armoiries et à parchemins. J'ai le type populaire, mais j'appartiens à cette partie du peuple qui lutte pour la liberté.

J'ai un cœur ouvert à toutes les infortunes. J'aime à me priver moi-même pour être utile, et j'ai plus d'une fois bravé les sarcasmes des gens « comme il faut » pour me réserver les moyens de soulager quelques misères. J'aime beaucoup les enfants et suis plein de compassion pour les animaux : on me voit, dans la rue, caresser les uns et les autres. Quand je rencontre un pauvre animal hurlant à une porte fermée, je frappe et le fais entrer.

Je suis extrêmement nerveux. J'ai de l'orgueil; non celui de l'habit, que je méprise, quoique j'aime la propreté. Je me souviens que lorsque j'étudiais à Paris, dans la plus affreuse misère, il m'est souvent arrivé de me trouver, dans des lieux publics, auprès d'hommes richement habillés, qui, voyant mon pauvre vêtement, s'éloignaient de moi avec dégoût : j'en étais très-affligé, car je suis d'un naturel extrêmement susceptible. Mais, ce premier mouvement passé, je faisais un retour sur moi-même et me disais avec orgueil : « Ils ne savent pas qu'il y a un cœur

[1] Ce premier paragraphe porte la date de 1836.

d'homme sous ces haillons. » Dans plusieurs lettres à ma mère, je lui ai fait part de ce sentiment. Pauvre mère! j'aurai déchiré son âme si aimante, car c'était lui dire combien j'étais malheureux!

Dès mes plus jeunes années, j'ai écrit bien des pages de ma vie, pages trempées de larmes qui n'ont été connues que d'un petit nombre de personnes, et qui resteront probablement ignorées. A quoi sert le tableau des douleurs passées, si ce n'est à satisfaire presque toujours la curiosité d'êtres qui ne vous comprennent pas? Je me rappelle un épisode de ma jeunesse, assez bizarre, peut-être futile, mais qui m'est toujours présent à l'esprit. Je me rendais un jour chez madame Benoist, peintre d'histoire, dans l'intention de lui demander si elle ne pourrait pas me procurer quelques élèves. J'ai dit plus haut que mon costume était de la plus grande simplicité, pour ne pas employer une autre expression. Avant d'entrer, je me trouvai confus de porter des bottes tachées de boue, et consultant davantage mon goût pour la propreté que l'état de ma pauvre bourse, dont cependant mon estomac aurait dû me rappeler le dénûment, je posai le pied sur la sellette d'un décrotteur. Déjà je me complaisais à voir reluire ma chaussure. Tout à coup, une de ces idées qui frappent comme l'éclair me fit porter la main à mon gousset, que je trouvai vide. La rougeur couvrit mon visage. Je fis croire au pauvre petit garçon qui cirait ma botte qu'il fallait que je courusse après un ami qui venait de détourner la rue, et que je reviendrais tout de suite. Il faisait beau me voir regagner ma chambre à toutes jambes, où j'allai cacher ma honte et ma botte crottée!

Je réprouve une mise recherchée. J'avais environ douze ans lorsqu'un portrait du général Moreau me frappa. L'intérêt résulta sans doute de ce que j'avais entendu dire de cet homme, mais je fus surpris de la sévérité de son costume. Son habit boutonné jusqu'au col me plut singulièrement. Je tourmentai alors ma bonne mère pour qu'elle me fît faire mes habits ainsi. Depuis cette époque, je n'ai jamais changé de mode, ce qui a fait dire à quelques plaisants que j'étais toujours « hermétiquement boutonné ». Je n'augure rien de bon d'un homme qui modifie souvent son costume, à moins qu'une mode nouvelle ne lui présente sur l'ancienne des avantages réels au point de vue du goût ou de la simplicité. L'homme devrait se souvenir que ce n'est point par un costume brillant qu'il doit se distinguer; mais le défaut de mise me paraît également blâmable. Cela rappelle la juste réprimande de ce Grec qui, rencontrant un philosophe avec un vêtement déchiré, lui dit : « On voit poindre ton orgueil à travers les trous de ton manteau. »

Avec mon éducation d'homme du peuple, c'est-à-dire cette éducation qui vous fait voir les choses comme elles sont, sans fard, sans détours, quand je me suis trouvé mêlé à ce qu'on appelle la haute société, j'ai plus d'une fois éprouvé un sentiment d'amertume en face de gens qui se gourmaient à outrance avec un air de dédain. S'ils jouissaient réellement de la vie, prendraient-ils ces allures blasées qui trahissent leur ennui? Certes, dans ces occasions, pour peu qu'on ait cherché à lire ma pensée, le mépris ironique devait être peint sur mon visage.

Je suis quelquefois, trop souvent, injuste comme les hommes passionnés. Et, cependant, j'ai la plus profonde vénération pour la justice. Toutes les fois que je crois voir l'injustice, je me révolte : toute mon âme s'irrite, et, comme je viens de le dire, de simples apparences peuvent éveiller ma colère. Ce sentiment de la justice fait que je porte en moi l'amour de la liberté comme une flamme qui brûle éternellement. C'est ce même amour qui m'a fait suivre la noble profession des arts, parce que j'y ai vu un moyen d'apporter ma part de coopération au durable monument de l'émancipation des peuples. Sans cela, je me serais fait soldat. L'état militaire m'a toujours séduit. Il est en harmonie avec mes goûts aventureux, mon tempérament énergique, ma passion pour la gloire.

S'il m'arrive de passer devant une maison jadis habitée par moi, je me sens la même indifférence que pour les autres demeures. Il n'en est plus de même à l'égard des ateliers où j'ai travaillé. Je ne puis en revoir un seul sans une vive émotion. La maison abrita mon corps; l'atelier a été le lieu du travail de mon intelligence. Les œuvres de mon esprit doivent survivre à mon corps, selon du moins les chances de durée du marbre et du bronze.

Dans l'exercice de mon art, si je m'applique à observer les hommes qui m'environnent, je rends mon œuvre moins imparfaite. Jamais je n'ai pu former un plan et le suivre jusqu'au bout sans interrompre ma tâche ou en modifier les points secondaires. Il m'est arrivé de laisser pendant plusieurs mois un ouvrage sous les linges. Je m'efforçais de n'y plus songer et m'occupais d'autres travaux; puis, un jour, le désir invincible de revenir à ma première œuvre et de l'achever s'emparait de moi.

Combien de compositions charmantes qui sont restées ensevelies dans mon cœur, et qui eussent pris, avec les années, une forme plastique, si la pente de mes idées ne m'eût entraîné vers l'art grave! L'art tel que je l'ai compris dérive bien plus chez moi du raisonnement et d'un effort de l'intelligence que de mon cœur, si aisément accessible aux douces émotions. Je suis doué d'un culte passionné pour la beauté des formes.

Lorsque j'entreprends une œuvre nouvelle, je jette une multitude de traits sur le papier, sans trop savoir ce qu'il en restera. C'est alors que, dans ce fouillis, certaines lignes mystérieuses prennent tout à coup une physionomie, elles revêtent un sens et une forme. Je fixe alors l'expression graphique de mon idée. Au contraire, certains artistes, certains littérateurs possèdent une lucidité de pensée extraordinaire : ils ne changent ou n'ajoutent presque rien à la conception première d'un travail. Tant de précision dans l'esprit est un don précieux de la nature : cependant elle aussi a recours à bien des épreuves, avant de présenter aux regards un être supérieur et parfait, capable de fixer l'attention[1].

[1] 1837. — Notes autographes de David appartenant à la famille.

## XI

### DURET (Francisque), sculpteur.

Duret me faisait aujourd'hui de grands éloges de Simart. « Sa sculpture, me disait-il, exhale un parfum d'antiquité. » Je lui répondis : « La différence que je trouve entre vos œuvres et celles de Simart, c'est qu'imprégné des anciens comme vous l'êtes, votre culte pour eux vous fait interpréter la nature, que vous copiez avec amour; c'est ce qui donne à vos créations un caractère personnel qui atteint à l'originalité. Simart, lui, ne cherche qu'à reproduire des ouvrages antiques. Il s'enferme dans un cercle qui, chaque jour, le serre de plus près, à mesure qu'il ajoute un calque de plus à ses œuvres précédentes. L'antique est un champ qui devient rapidement stérile, si l'on n'apporte, en y moissonnant, de sa propre inspiration. »

Notes autographes de David appartenant à la famille.

---

## XII

### ESPERCIEUX (Jean-Joseph), sculpteur.

Dans le quartier Saint-Jean, à Marseille, habité par une population énergique et laborieuse, naquit, le 22 juillet 1757, Jean-Joseph Espercieux, fils d'un maître charpentier. La vie simple de ses proches eut une influence sérieuse sur la destinée du statuaire marseillais. Plus tard, lorsque son travail et ses économies l'eurent placé dans une situation au-dessus de la gêne, la simplicité de sa vie se ressentit de son origine; il n'habitait qu'une seule chambre, meublée d'une couchette en fer, d'une commode, d'une bibliothèque, d'une petite table et de quelques chaises. A ceux qui exprimaient leur étonnement qu'aussi peu lui suffit, il répondait: « N'est-ce pas assez pour penser et travailler? »

Espercieux fit ses premières études dans sa ville natale. Il débuta par la sculpture en bois, sous un maître inconnu dans les arts. Venu à Paris, à l'âge de dix-neuf ans, ce fut dans l'atelier de Bridan qu'il apprit à travailler le marbre. Élève de l'Académie, il se rapprocha de préférence des hommes à idées libérales. On le vit choisir parmi les plus distingués alors dans les lettres et les arts. Ami de Raynal, il devint celui de Volney, de Robespierre, de Danton, de Marie-Joseph Chénier, du poëte Lebrun, de Gohier, de Talma, du peintre Gérard, du peintre républicain Topino-Lebrun, assassiné sous le Consulat, du littérateur Lemercier.

Le matin, de bonne heure, Espercieux se rendait chez Louis David, le grand, le sublime peintre. C'était dans l'intimité que ces deux hommes échangeaient de hautes pensées sur l'art. Après quelques heures d'entretien, le sculpteur allait s'enfermer dans son atelier, pour n'en sortir qu'à la fin de la journée.

Je dois consigner ici un trait qui peint l'âme noble, énergique et aimante du statuaire. Le 9 thermidor, Louis David fut emprisonné et sa vie fut en réel danger, mais tous ses élèves se présentèrent à la barre de la Convention, pour demander la mise en liberté de leur maître; ils l'obtinrent. Dès ce moment, tous les rivaux du maître l'accablèrent d'injures; ils le montraient du doigt dans la rue avec des gestes d'horreur. Or, si Louis David eût été sanguinaire, comme ses ennemis s'efforçaient de le faire croire, il lui aurait été bien facile au temps de sa puissance, lorsqu'il faisait partie du Comité de Salut public, de se défaire de misérables jaloux qu'il connaissait de longue date. Le grand peintre fut donc abandonné de tous. Je me trompe. Espercieux seul lui resta fidèle. Il affecta même de sortir tous les jours avec lui et de se montrer sur les promenades publiques, au risque de se créer de

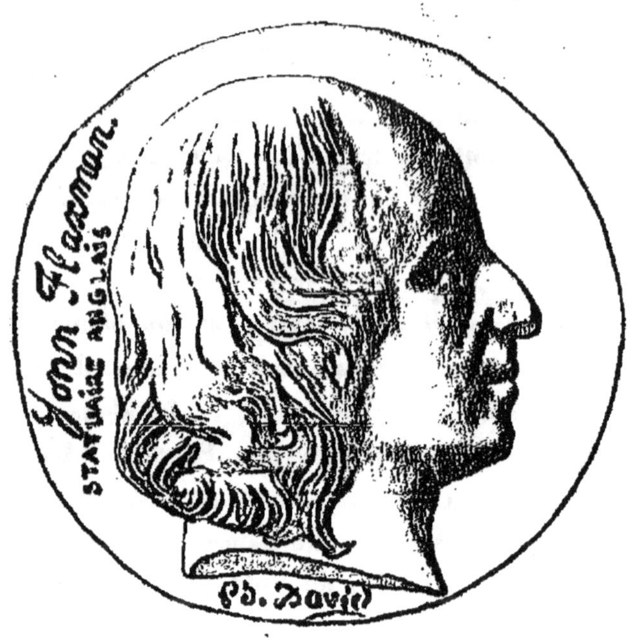


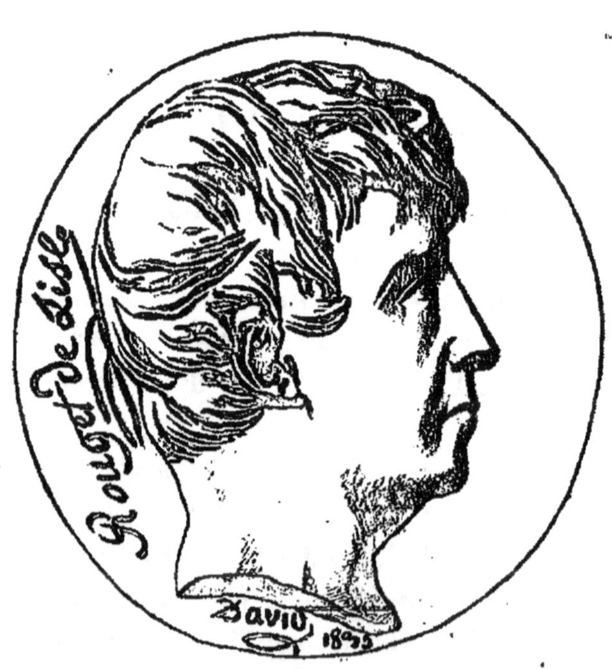


Th. Berengier del. A. Durand sculp.



J. FLAXMAN — ROUGET DE LISLE

cruels ennemis. Aussi plusieurs artistes influents d'alors ne lui ont jamais pardonné cette noble intimité.

Lorsque les événements de 1815 eurent obligé David à chercher un asile en Belgique, Espercieux se lia d'une façon particulière avec Guillaume Lethière, l'auteur de *Junius Brutus faisant exécuter ses fils*.

Espercieux prit une part active à la Révolution; toujours guidé par ses sentiments généreux, il usa plusieurs fois de son influence pour sauver la vie de ses concitoyens menacés. Il rendit notamment ce précieux service à Quatremère de Quincy, qui ne s'en souvint plus lorsqu'il fut à l'Institut. Sollicité par plusieurs de ses amis de se présenter à l'Académie des Beaux-Arts, Espercieux répondit : « Si l'on me nomme, c'est qu'on m'aura trouvé digne; il sera temps alors de consentir, mais je ne ferai ni démarches ni demandes; la brigue n'est pas dans mes principes, et je ne la juge pas conforme à la justice. Il se passe d'ailleurs à mon endroit une chose étrange : chaque fois qu'il a été question parmi mes amis de m'appeler à l'Institut, j'ai toujours eu contre moi la voix de Quatremère de Quincy. » Sous l'Empire, ses amis tentèrent inutilement de le présenter aux Tuileries. « Pourquoi, lui disaient Fontaine, l'architecte, et Gérard, le peintre, ne fréquentez-vous pas la cour et les salons comme la plupart de vos amis, savants ou artistes? — N'est-ce pas assez pour moi, répondait-il, de fréquenter mon atelier? »

C'est à cette rigidité de caractère que l'on doit de ne pas avoir un plus grand nombre d'ouvrages de ce statuaire, car il faut des occasions pour qu'un artiste puisse mettre en évidence son talent, et il n'y a que le gouvernement qui puisse les procurer aux sculpteurs.

La croix d'honneur ayant été offerte au maître à plusieurs reprises, il se mettait à rire et disait : « La croix est un hochet tout au plus bon pour amuser les enfants; j'ai bien vécu jusqu'ici sans décoration, je mourrai bien de même. Un ruban peut-il ajouter au talent? » Et il tournait le dos en citant l'exemple de son digne ami Lemercier, qui l'avait refusée de Napoléon lui-même.

Il vivait au milieu d'un nuage épais de fumée de tabac. « Fumer était pour lui, disait-il, une habitude de jeunesse, sa seule récréation, et un moyen de méditer plus à son aise. » Dans ces spirales qui ondulent, n'y a-t-il pas tout un monde d'illusions, de poésie? La vie de l'esprit, doublée par le sommeil factice du corps, appelle l'illusion qui chasse, pour un temps, la réalité.

Son occupation constante, hors de l'atelier, était de relire tour à tour les anciens historiens, les tragiques grecs et latins, ainsi que les divers historiens de France, et certaines relations de voyages qui composaient sa bibliothèque.

Quand on lui parlait des critiques de ses ennemis et de leur rage à son égard, il disait : « Je ne veux pas me tourmenter de ce qu'ils disent; il n'est pas dans mon caractère de leur répondre par des intrigues; j'aime mieux rester dans mon atelier; je me venge des critiques en créant de nouveaux ouvrages plus étudiés que les précédents. »

Il n'estimait un homme de talent qu'autant qu'il était laborieux. « Celui qui ne travaille point est indigne d'être homme, disait-il; il faut à l'homme un travail quelconque; le travail procure l'indépendance; si tous les hommes aimaient à travailler, ils n'auraient pas le temps d'être méchants, le genre humain serait bon et, par conséquent, heureux. » Son amour extraordinaire du travail a assez prouvé qu'il joignait au précepte l'exemple. Le travail était sa vie; il fut aussi la cause de sa mort. Il fallait que la température fût bien rigoureuse pour que l'artiste ne se rendît pas à son atelier, chaque jour, malgré son grand âge. Ce trajet formait sa seule promenade, surtout après la mort de sa femme; et pendant qu'il cheminait ainsi, il avait soin d'observer, d'étudier les physionomies et les poses des passants; il en traçait les esquisses fidèles en arrivant à son atelier. Parfois, il passait de longues heures près des fontaines, où il cherchait à surprendre les gens du peuple dans leurs mouvements naïfs; il avait bien compris que la nature est le grand livre de l'artiste.

C'est dans le trajet de sa demeure à son atelier qu'il contracta tout à coup la maladie aiguë qui l'a enlevé. Il modelait alors la statue de Puget, son divin compatriote. « Que sont devenus vos anciens amis qu'on rencontrait dans votre atelier? lui disais-je un jour. — Ne sont-ils pas ici? répliqua-t-il d'une voix brusque, en mettant la main sur son cœur; d'ailleurs, regardez leurs bustes »; et il désignait Raynal, Mirabeau, Népomucène Lemercier, etc., et, les larmes aux yeux, celui de sa femme. Pour être austère, Espercieux n'en était pas moins sensible.

Penseur profond, esprit observateur et juste, il avait la parole brève et sobre, le regard perçant. Ses réponses sentencieuses ne sont-elles pas tout l'homme, le citoyen, l'artiste? Doué d'un jugement sûr, il prévoyait les changements politiques. Il avait prédit la chute de Napoléon, la révolution de Juillet, et il prévoyait encore un autre cataclysme. Son opinion était que les arts et les lettres éprouveraient les mêmes secousses que la liberté : les productions de l'art ne doivent-elles pas être l'expression fidèle d'une époque?

Les opinions qu'il émettait, il les avait longtemps mûries par la réflexion, et malgré son calme ordinaire, s'il était heurté par une opinion contraire, sa réponse était brusque, mordante, rapide comme un trait, et souvent sans réplique. D'un abord froid et même dur, il était fort aimable dans l'intimité; sa conversation était extrêmement instructive, semée de saillies et d'aperçus piquants.

Sa dernière volonté, exprimée dans son testament, d'être conduit directement au cimetière, annonce assez quelles furent ses idées philosophiques.

On ne vit qu'un petit nombre d'amis à son modeste convoi. Vivre pur et mourir délaissé!

Deux jours avant de mourir, il se rendit encore à son atelier, et j'ai entendu dire à son ami Broc, élève de Louis David, et peintre d'un grand mérite, qu'ayant rencontré Espercieux dans le Luxembourg il l'avait accompagné jusqu'à l'atelier; il était entré avec le statuaire toujours silencieux. Celui-ci, ayant allumé sa pipe, jetait des regards sombres sur tout ce qui l'entourait; enfin n'en pouvant tirer une seule parole, et d'ailleurs piqué de ce silence, Broc l'avait laissé. Deux jours après, il apprenait la mort de l'artiste. Que s'était-il passé dans l'âme du statuaire pendant qu'il revoyait son atelier pour la dernière fois? Sans doute il sentait la vie lui échapper, et il lui restait dans le cœur plus d'une inspiration qui allait être ensevelie avec lui.

A qui sera-t-il donné d'expliquer le mystère des derniers instants des êtres dont la vie a été consacrée à l'étude? Leur adieu suprême à leurs nobles occupations, la conversation mentale qu'ils ont alors, avec cette puissance lumineuse qui éclaira leur intelligence, où chercher la formule de pareils entretiens? Je vois encore le peintre Gérard sur son lit de mort, aveugle et ne pouvant parler, mais traçant avec son doigt glacé des lignes dans le vide!

Le matin de sa mort, 6 mai 1840, Espercieux dit à la personne qui lui a prodigué tous les soins possibles après la perte de sa femme : « C'est aujourd'hui l'anniversaire de la mort de ma pauvre femme », et il redevint silencieux jusqu'à l'instant où ses yeux se fermèrent. Il l'avait aimée bien tendrement, cette femme qui a été un ange pour lui et à laquelle je veux consacrer ici quelques lignes. Ne l'oublions pas, la femme joue un rôle immense dans la vie d'un artiste; elle peut avoir une puissante influence sur la perfection morale de ses créations; elle peut aussi comprimer son cœur par le chagrin et empêcher la flamme créatrice de briller.

Espercieux, dont la vie s'était écoulée dans la méditation, lui qui ne pensa jamais à courtiser la renommée, trouvait un grand stimulant dans la naïve admiration que témoignait sa femme en face de ses productions. Souvent, avec l'air satisfait d'un enfant, je l'ai vu me dire : « Ma femme a été contente de cette expression, de cette pose. » Il y a effectivement chez la femme un instinct merveilleux qui fait qu'avec la rapidité de l'éclair elle comprend tout ce qui est sentiment.

Cette femme était presque une enfant lorsque son père l'abandonna. D'une beauté remarquable, douée d'instruction, elle fut obligée d'embrasser la profession de modèle pour subvenir à ses besoins et nourrir sa vieille mère. Espercieux comprit qu'il y avait une âme d'élite sous cette belle enveloppe; il épousa cette jeune fille et la sauva peut-être de la honte. Le tact exquis du statuaire ne l'avait pas trompé : la femme d'Espercieux fut son ange gardien; tous ceux qui l'ont connue n'en parlent qu'avec respect, tant sa vie fut exempte de la moindre tache pendant le temps qu'elle passa sur cette terre. Les regrets profonds que sa mort a causés et qui ont abrégé la vie d'Espercieux, homme d'un esprit si solide et si juste, font le plus bel éloge de cette femme.

C'est à mon retour d'Italie que j'eus le bonheur de connaître particulièrement le statuaire. Tous les jours, il m'admettait dans l'intimité de son atelier; le vieux républicain trouvait avec satisfaction que ses idées avaient un écho dans mon âme, et je n'oublierai jamais les sages préceptes que j'ai puisés chez cet homme digne des temps anciens. L'énergie, la justesse et la profondeur de ses pensées, ainsi que la tournure fine et quelquefois mordante de ses idées, me plaisaient. Plusieurs de ses confrères ne l'aimaient pas, parce qu'ils lui trouvaient « l'écorce rude ». Il ne se prêtait pas volontiers à toutes les ruses de camaraderie, inspirées le plus souvent par le désir de pénétrer dans l'atelier d'un confrère pour épier ce qui s'y passe, et glacer son imagination par un froid silence en face de ses ouvrages, ou bien, ce qui n'arrive que trop souvent, lui donner des avis tout opposés à ce qu'on pense. Espercieux ne nourrissait aucun sentiment de jalousie contre ses confrères, et son insouciance était vraiment remarquable en ce qui le concernait.

Si les ouvrages de ce statuaire ne sont pas aussi nombreux que l'on serait en droit de l'attendre d'un homme aussi laborieux que lui, cela vient du soin qu'il apportait à l'exécution de ses marbres, et aussi de son caractère inflexible qui lui interdisait toute démarche de nature à lui procurer quelques commandes. Je vais essayer d'analyser les œuvres les plus marquantes dues à son ciseau.

Deux statues en pierre décoraient le fronton du palais du Luxembourg, façade du jardin, et sont présentement placées à la nouvelle Orangerie du même jardin. L'une représente la *Victoire*, l'autre la *Paix*; dans la première, l'artiste s'est peut-être trop rappelé que la Victoire, souvent, ne s'achète qu'après des luttes terribles, et c'est sans doute ce qui a motivé la roideur contractée que l'on remarque dans cette statue. Peut-être serait-on en droit de demander plus de bienveillance dans la pose et dans l'expression de cette figure; il est si doux, après une lutte terrible contre ses ennemis, de leur montrer des sentiments affectueux qui les consolent de leurs défaites! La *Paix*, qui est pour les hommes la base de toutes les jouissances sur cette terre, pourrait avoir un visage moins austère que celui dont l'a dotée le sculpteur.

Dans la statue de Mirabeau, qui était placée au sommet du grand escalier de la Chambre des pairs, et que la Restauration a donnée à un des membres de la famille de l'orateur, on distingue un accent remarquable de vérité individuelle; la pose est celle que le tribun affectionnait. L'artiste a saisi l'instant où, debout à la tribune, Mirabeau s'est écrié : « Les priviléges passent et les nations restent. » La tête est expressive, et le caractère rappelle ce dédain, que le masque moulé après la mort a conservé, et qui peint bien la pensée intime de cet homme chez qui le mépris de l'espèce humaine dominait. Toutefois, pour ceux qui ont étudié le masque dont je parle, la tête de la statue laisse peut-être quelque chose à désirer.

Espercieux, comme tous les vrais artistes, pensait que le nu est la seule manière de faire connaître par les formes extérieures chaque individualité et de rendre sensibles les passions qui ont laissé des traces ineffaçables sur chaque pli du corps. Il gémissait de l'obligation dans laquelle se trouvent les sculpteurs de nos jours, d'affubler leurs personnages de la défroque que le despotique usage des modes nous impose.

Viennent ensuite quatre bas-reliefs en marbre qui décorent la fontaine du marché Saint-Germain. Le premier représente *Cérès enseignant l'agriculture à Triptolème*; le second, le *Commerce unissant les quatre Parties du monde*; le troisième, *les Arts et les Sciences se donnant la main*, en face d'un hermès surmonté de la tête de Minerve; le quatrième, la *Victoire ailée, tenant d'une main une palme et de l'autre une couronne*, ayant à sa droite l'Abondance, à sa gauche la Paix. Cette dernière figure tient à la main une branche d'olivier. Derrière l'Abondance et la Paix, un trophée.

Dans le second bas-relief, Espercieux a personnifié les quatre Parties du monde par les productions qui les particularisent. C'est la première fois qu'elles ont été désignées par un symbole si juste, et qui peut ouvrir une ère nouvelle à l'allégorie s'éclairant de la réalité. L'entente de ce bas-relief est tout à fait basée sur les principes des Grecs : figures séparées et traitées dans le style méplat; les contours soutenus sur le fond, portant, par cette raison, une ombre vigoureuse qui dessine énergiquement les figures, sur lesquelles est répandue une large lumière qui n'est pas interrompue par des membres saillants, comme dans les bas-reliefs des mauvais temps de l'art. Espercieux est le seul statuaire, après Jean Goujon, qui ait compris le bas-relief monumental, et la sculpture de cette fontaine peut servir d'exemple aux sculpteurs. C'est un travail des plus remarquables. Si les quatre bas-reliefs du maître français eussent été exhumés de quelques fouilles, en Grèce ou à Rome, les artistes s'empresseraient de les copier et de s'en inspirer, car c'est une grande et puissante consécration que celle des siècles. Le temps répand un voile transparent plein de poésie sur les créations de l'homme, puis la justice que l'on est tenté de rendre aux œuvres du passé n'est point entravée par les clameurs envieuses des contemporains.

Notre statuaire a exécuté aussi la statue en marbre du général Roussel. Elle devait être placée sur le pont de la Révolution; elle décore actuellement la grande cour du château de Versailles : sous

Louis-Philippe, la tête fut amputée et remplacée par celle du maréchal Jourdan. Lorsque cette statue possédait sa tête primitive, elle avait un cachet grandiose et austère, digne des héros de la grande époque de la République, et l'on voyait que le statuaire s'était senti heureux de représenter ce général.

Espercieux est l'auteur d'une statue en marbre de Philoctète : elle est actuellement placée dans le parc réservé du château de Compiègne. C'est l'un des ouvrages les plus achevés de l'artiste. Le héros est représenté s'appuyant sur son arc, le pied gauche malade et enveloppé. Le corps penche, et le bras semble vouloir se porter vers la partie douloureuse; de ce côté, tous les muscles paraissent immobiles, tandis que, de l'autre, on constate une contraction qui révèle une profonde douleur, dont la trace est saisissable jusque dans le pied droit, qui se crispe sur le sol avec une ardeur fiévreuse. La tête est levée vers le ciel et semble implorer les dieux. Cette statue est totalement nue. L'étude y est admirablement écrite sur des méplats harmonieux qui attestent le profond savoir de l'auteur. Toutes les nuances externes que les fibres et les muscles impriment à l'épiderme ont été saisies par le ciseau de l'habile artiste. Mais, ainsi qu'il arrive dans les ouvrages les plus voisins de la perfection, il y a toujours place, malheureusement, pour la critique. Je crois que l'on pourrait désirer que cette étude magistrale fût davantage imprégnée de vie intime; je voudrais y voir cette animation que la science seule ne donne pas, et qui est le trésor de ceux que la nature a doués d'une exquise sensibilité. Cette impression de l'âme, cette voix mystérieuse et intuitive qui dirige le ciseau du statuaire et lui dit : « Arrête-toi », ce guide invisible, Espercieux ne l'a pas connu. L'artiste eût appris à cette école comment les parties charnues doivent être plus flexibles que celles qui attestent la présence des os; il eût appris que la peau doit voiler, sans le cacher, le travail des muscles. La tête semble peut-être un peu trop une réminiscence affaiblie de celle de l'Ajax antique; on n'y retrouve pas cette douleur si éloquente, si divinement exprimée par le poëte grec, quand il a décrit les douleurs de l'ami d'Hercule. Me trompé-je? Je ne saurais le dire.

Dans tous les cas, le *Philoctète* reste une belle étude qui ne peut qu'honorer la statuaire de notre époque. Notre artiste exécuta encore un *Jeune Baigneur*, en marbre, placé actuellement dans le jardin du Palais-National. Ce jeune homme, appuyé, mais non assis, avance le pied vers l'eau avec une certaine hésitation, sentiment qui serait peut-être plus naturel chez une jeune fille. Les lignes sont simples; les contours, purs et nobles, rappellent les ouvrages des Grecs, dont la parenté d'emprunt se fait, je crois, un peu trop apercevoir. Au lieu de toujours se tenir dans la convention grecque, qui faisait les têtes petites, avec des cheveux très-courts, Espercieux aurait pu trouver dans la nature de ces beaux types de jeunes gens qui, bien compris, revêtent un aspect d'individualité si précieux dans les arts. Mais, à l'époque où cet ouvrage a été créé, les artistes croyaient imprimer un cachet grec à leurs œuvres en copiant les têtes d'après l'antique. Quoi qu'il en soit, le *Baigneur* d'Espercieux est une figure d'un mérite incontestable.

Sur l'arc du Carrousel, le statuaire exécuta un bas-relief en marbre : *le général Rapp présentant à Bonaparte les prisonniers d'Austerlitz*. Dans ce bas-relief, Espercieux a laissé bien loin derrière lui tous ses confrères par ses méplats et l'ampleur de ses plans. L'effacement des membres sur le corps, la sobriété de plis sans profondeur, donnent à son ouvrage un aspect de grandeur et d'énergie qui frappe le spectateur; même à une très-grande distance, chaque figure se distingue de celles qui l'entourent. Cet ouvrage, selon moi, peut servir de modèle aux artistes qui abordent la sculpture monumentale.

Il existe encore d'Espercieux une statue en marbre de *Jeune Femme sortant du bain et rattachant sa sandale;* on la voit, actuellement, dans le musée de Bordeaux; c'est la femme de l'artiste qui lui a servi de modèle. Les formes de cette figure sont d'une grâce, d'une noblesse et d'une vie tout à fait dignes de frapper l'attention. Exprimer la vie de la chair n'était cependant pas chose naturelle à notre artiste; mais il aimait si passionnément son modèle qu'il a sculpté cet ouvrage avec son cœur. Puissance sublime de l'amour, qui fit trouver au statuaire une œuvre digne des anciens! Pour une fois, sa rigidité inflexible avait fait place aux plus suaves impressions. Quel admirable privilége est accordé à l'artiste! Il peut imprégner de beauté et de vie éternelle une matière inerte; il fixe pour jamais dans la pierre l'image de ce qu'il a le plus aimé au monde!

On voit encore de ce maître des figures de *Renommées* sur l'arc de l'Étoile, côté de l'ouest. Ce ne sont pas des figures gracieuses, c'est de la sculpture nerveuse qui rappelle l'art romain.

Espercieux est l'auteur d'une statue de *Diomède enlevant le Palladium*, modèle en plâtre, actuellement au Musée de Marseille. Dans cet œuvre, on voit que l'âge commençait à s'appesantir sur le statuaire; c'est toujours la même simplicité de lignes, une grande entente des principales divisions, des plans et des méplats, mais la flexibilité des chairs, l'expression de la vie est tout à fait absente, et la tête n'a pas le caractère de l'inquiète énergie qui devait impressionner Diomède dans l'accomplissement de son action courageuse.

Espercieux avait exécuté, sous la Restauration, une statue colossale de Sully (en marbre); cette statue a été exposée pendant quelques années sur le pont de la Révolution, lieu pour lequel elle avait été sculptée. Le grand ministre est enveloppé à mi-corps de son manteau; de la main droite il s'appuie sur une épée, et dans la gauche il tient un rouleau de papier; on discerne dans l'attitude ferme et fière de cette figure le caractère moral du modèle.

C'est également au ciseau de notre artiste qu'est dû le petit fronton du Louvre faisant face au pont des Arts. Il représente deux *Génies militaires*. Primitivement, ils entouraient le buste de Bonaparte; maintenant, ce buste s'est transformé en un casque;

mesquine transformation que des intérêts de parti ont dictée, comme si l'on pouvait déchirer les pages de notre histoire! Le statuaire s'est conformé, dans l'exécution de ces figures d'enfants, aux principes posés par les anciens dans leurs figures allégoriques; les *Génies* d'Espercieux ont les formes prononcées : on dirait de petits hommes. D'ailleurs, est-il juste de personnifier le génie par une figure d'enfant? Le génie est la pleine extension des facultés de l'homme. Nous ne professons plus la croyance théogonique des anciens; nous devrions nous en tenir à la réalité.

Lorsque Girodet a représenté *Pygmalion et Galatée*, il n'aurait pas dû ajouter la figure de l'Amour; elle est là comme pour dire aux ignorants que le sentiment d'un amour brûlant dans le cœur de l'artiste grec avait animé le marbre créé femme : le miracle attribué à l'artiste le dit assez. De même, sur la colonne de Juillet, la figure d'un combattant des grandes journées eût été une allégorie plus saisissable que celle de ce jeune homme (reproduction du *Mercure* de Jean de Bologne), qu'on nous dit être le Génie de la Liberté, ayant brisé ses fers et cherchant à s'envoler pour répandre les saintes idées d'émancipation parmi les peuples. Cette personnification devient pour tout le monde un hiéroglyphe inexplicable, et l'on ne peut voir dans cette figure qu'un éphèbe qui fait de vains efforts avec ses ailes pour s'arracher de la place à laquelle il est fixé par le bronze. Pourquoi n'a-t-on pas osé mettre sur sa tête le bonnet phrygien? C'est cependant là un emblème reçu pour désigner la Liberté.

Espercieux a fait plusieurs statuettes en terre cuite, entre autres la *Ville de Marseille* et *Mirabeau*. Deux autres statuettes représentent, l'une *Corneille dévoilant la Tragédie*, et l'autre *Molière découvrant la Comédie*, toutes deux ayant auprès d'elles un hermès portant le masque tragique et comique. Une composition allégorique de l'artiste montre l'*Envie expirant auprès du tombeau de Racine*. Ces ouvrages ont été donnés par l'auteur à Népomucène Lemercier, son ami.

Le maître a laissé une énorme quantité de compositions, de bas-reliefs tirés du théâtre grec.

On a aussi de lui beaucoup de bustes, dont les plus remarquables sont ceux de l'abbé Raynal, du poëte Lebrun, de Népomucène Lemercier, du littérateur Arnaud, membre de l'Institut, et enfin du conventionnel Barral, Marseillais.

L'austérité du talent de l'artiste se trouvait à l'aise avec le caractère de ces hommes, et c'est surtout dans la tête de Raynal qu'on remarque empreinte l'invariable énergie qui distingua cet illustre défenseur des Africains. Dans le buste de Lebrun, il est aisé de voir que le statuaire avait été vivement impressionné par l'ode sublime sur le *Vengeur*. L'impression n'avait pas été moins grande chez Espercieux lorsqu'il avait sculpté Népomucène Lemercier. C'est un grand bonheur pour un artiste d'être admis à contempler des hommes en qui le génie est l'égal du caractère.

Espercieux ne posséda pas toutes les facultés que peut souhaiter un artiste. Il nous a donné sa mesure, la physionomie de son for intérieur. Il ne faut pas s'attendre à voir un homme présenter toutes les perfections; il serait alors aussi grand que Dieu, qui n'a pas fait les créatures parfaites. D'ailleurs, chaque individualité a son genre de beauté. Chaque artiste donne à ses inspirations une forme dans laquelle s'accentuent ses qualités ou ses défauts. Nous ne pouvons que demeurer dans la vie avec notre âme telle que Dieu l'a pétrie.

Espercieux a vécu à une époque où une grande révolution s'opérait dans les idées. On sortait d'une période où le goût et les mœurs avaient été faussés au delà presque du possible; on éprouvait alors le besoin de porter ses regards vers les maîtres de la Grèce, et, comme tous les hommes énergiques, notre artiste, dans cette réaction, a dépassé le but; ce descendant des Phocéens n'a demandé que l'austérité du style et une certaine dureté dans le ciseau à l'art des Éginètes et des Étrusques; cependant, l'avenir lui rendra justice, et, s'il ne s'est pas élevé à la hauteur du sublime Puget, Espercieux reste une des gloires de Marseille.

Je regrette que ces lignes soient une trop faible image du monument que je voulais élever à la mémoire de ce statuaire, dont je m'honore d'avoir été l'ami, et qui fut toujours un franc et pur républicain.

Je ne pourrai plus aller porter des couronnes sur sa tombe; je vais chercher moi-même un tombeau sur une terre étrangère [1].

Bruxelles, 21 avril 1852.

Manuscrit autographe de David appartenant à M. Victor Pavie.

---

## XIII

### FLAXMANN (JOHN), sculpteur.

Si courte qu'ait été mon entrevue avec Flaxmann, il trouva le temps de m'avouer que son tempérament le portait à faire des compositions dessinées, et, si les circonstances ne l'avaient conduit à s'occuper de monuments, il n'eût voulu faire que des dessins. D'une organisation chétive, Flaxmann était bossu et de petite taille : or, la sculpture exige une certaine force physique. Sa physionomie était expressive et annonçait une grande réso-

[1] Sur l'un des carnets de David, nous avons relevé ce fragment, daté de 1847, qui a trait à la tombe d'Espercieux : « Non loin de la tombe de Louis Bertrand, au cimetière de Montparnasse, est la tombe abandonnée d'Espercieux. Ce monument, élevé par mes soins, et le médaillon, moins périssable que les fragiles couronnes que j'apporte, parlent seuls aujourd'hui du statuaire. Pourquoi cette tombe est-elle abandonnée? Espercieux a laissé une petite fortune à la femme chez laquelle il s'était retiré pendant sa vieillesse. En m'approchant du tombeau, j'aperçus une de ces petites plaques de verre que l'on vend aux abords des cimetières. Je crus à un souvenir tardif de la légataire d'Espercieux; mais, prenant cet objet dans mes mains, j'y lus : « A ma bonne « mère! » C'était le vent qui avait arraché cette inscription d'une tombe voisine! — 1847. »

lution. J'ai vu chez lui de nombreux croquis d'après les marbres d'Athènes. Flaxmann ne cherche que le grandiose des masses; il néglige les détails, c'est ce qui rend sa sculpture si froide. Il se tient dans ce que nous appelons le « convenu ». Ce maître s'était de bonne heure formé un type de son choix qu'il a placé dans tous ses ouvrages, sans se douter que le style de l'artiste varie selon les sujets. La nature, bien comprise et accentuée dans son sentiment, conduit tout simplement à faire du style. Flaxmann a manqué de cette sensibilité nerveuse qui donne à de certains artistes l'intuition de la vie. Ce fut un philosophe qui faisait de l'art avec sa tête, comme Poussin; seulement Poussin se tient dans sa sphère quand il peint, et Flaxmann sort de la sienne lorsqu'il cesse de dessiner.

Les artistes du commencement de ce siècle avaient reçu une éducation vicieuse; ils l'ont senti lorsqu'ils se sont aperçus qu'ils outraient les Grecs. Flaxmann appartient à cette génération. Je regrette vivement de n'avoir pas pu rester une année à Londres. J'eusse aimé étudier l'art de ce pays. Il m'a semblé que les artistes anglais devaient sentir au suprême degré le charme de l'expression. Ils sont observateurs et mélancoliques; ils saisissent le sentiment de la nature, ils l'accentuent, et parfois avec exagération : c'est ce qui rend leurs ouvrages si originaux. Cependant la sculpture ne s'élèvera point chez eux aussi haut que la peinture, parce que l'art plastique doit avant tout représenter le nu, et les Anglais ont une tendance à copier de préférence ce qu'ils voient journellement et en tout lieu, sans donner un but à leur étude. Ajoutons que la sculpture, chez les modernes, a besoin d'être encouragée par les gouvernements; or, le pouvoir, en Angleterre, ne montre aucune préoccupation des arts, ce qui réduit les statuaires à n'exécuter que des portraits ou des tombeaux commandés par des particuliers.

Notes autographes de David appartenant à la famille.

---

## XIV

### GÉRARD (FRANÇOIS, baron), peintre.

Gérard a le don de parler en public pendant une heure, sans rien dire de précis. Ses phrases correctes s'alignent avec harmonie, et toujours il se montre plein de ménagement pour les personnes. Dans l'intimité, l'allure de son esprit est plus franche : on s'aperçoit alors de la richesse de ses pensées, de la justesse de ses opinions, mais il est rarement bienveillant. A tout instant, lorsqu'il parle, on le voit se retourner, comme s'il craignait qu'un nouveau venu n'eût saisi ce qu'il vient de dire. Gérard est extraordinairement peureux. Il me semble que jamais les hommes courageux n'ont la vue hésitante. (C'est une chose sur laquelle j'aurai soin de porter mon attention.)

Notes autographes de David appartenant à la famille.

---

## XV

### GIRODET-TRIOSON (ANNE-LOUIS), peintre.

Girodet concevait des sujets sublimes; il avait le sens des grandes compositions, mais son dessin pétrifiait tout.

Notes autographes de David appartenant à la famille.

---

## XVI

### GOUJON (JEAN), sculpteur.

Jean Goujon dut être délicat de formes, nerveux à l'extrême. Il y a une netteté, une assurance dans les contours de ses figures et dans les ornements de ses arabesques qui annoncent le caractère résolu de l'artiste et la puissance du grand maître. Il a parfaitement compris la valeur des saillies méplates. Elles donnent du corps à une figure et laissent croire à leur réalité, bien que le méplat soit très-accusé.

Dans les ouvrages de Jean Goujon, il y a une énergie toute particulière, même dans ses figures de femmes. Les gestes sont décidés. Elles posent ferme sur leurs jambes, gracieuses de formes, et les draperies indiquent énergiquement le nu sur les parties qui servent à écrire le mouvement. Je remarque que les draperies sont toujours souples sur le nu, tandis que les statuaires qui ont cherché à faire du style ont mis pour ainsi dire le nu sur les draperies.

Son élève, qui a terminé après sa mort deux des œils-de-bœuf de la cour du Louvre, ne possédant pas la vigueur du célèbre maître, ni son tempérament nerveux, a cherché dans la rondeur des membres et la souplesse des draperies à continuer l'œuvre; mais il est lourd et mou, et l'on ne reconnaît Jean Goujon que dans la pose des mains et l'agencement des doigts, car on ne peut copier d'un grand homme que les détails, ce qui ne suffit pas pour constituer un ouvrage remarquable. Les têtes, qui portent surtout le cachet du sentiment moral du grand artiste, sont, chez son continuateur, sans aucun caractère, mignardes et insignifiantes. Le génie ose tout, il accentue avec une énergie qui seule particularise les œuvres supérieures. Quand on hésite, c'est qu'on doute de soi, qu'on n'entend pas cette voix intérieure qui crie :

« Marche sans crainte sans regarder derrière, si ce n'est pour t'inspirer du courage qui a animé tes devanciers. »

Quoique la forme des draperies, chez Jean Goujon, indique l'époque de la Renaissance, alors qu'on drapait les personnages pour ainsi dire avec de petits morceaux d'étoffe, le maître, par l'agencement de ses figures et le moelleux de ses marbres, a su trouver des silhouettes heureuses.

Je viens de passer sur la place des Innocents. J'ai revu avec un nouvel intérêt, je dis plus, avec admiration, la superbe fontaine de Jean Goujon. Au milieu de marchandes de légumes, de gens couverts de haillons, prosaïques, dénués d'intelligence, s'élève cette pure expression de l'art d'un goût achevé. Aussi, quelle n'est pas la solitude qui règne, malgré la foule, autour de ce diamant inimitable, vrai chef-d'œuvre du génie! Ces êtres grossiers qui bourdonnent, disputent, jurent au pied du monument; ce soldat en faction qui va et vient en sifflant, préoccupé de voir arriver sa délivrance, et qui jamais ne lève le regard sur ces belles œuvres qu'il coudoie, m'ont plongé dans de graves réflexions. Le génie est-il donc condamné à vivre isolé, compris seulement par quelques hommes d'élite? Est-ce là tout le parterre qui l'applaudira? Je le crois sincèrement, surtout si un maître a limité son effort à la représentation de la seule beauté physique. La question change, il est vrai, lorsque le génie entreprend de descendre, si j'ose dire, dans les entrailles de l'humanité. Qu'un artiste entre en relation avec les masses, avec l'homme, qu'il rende saisissables pour l'œil les drames de la vie, les pulsations de l'âme, et le peuple fera fête à ses marbres.

Au milieu de cette foule qui s'agite sur la place des Innocents, j'ai remarqué plus d'une jeune fille qui eût été digne de servir de modèle à Jean Goujon; mais toutes étaient enveloppées de vêtements si grossiers que la forme disparaissait sous la livrée de la douleur et de la pauvreté. Toutefois, l'observateur lit avec son âme, et je croyais voir ces jeunes filles comme autant d'étoiles à travers les brouillards nocturnes. Il y avait aussi des vieillards, usés par les chagrins de la vie, tristes fragments dont le temps saura bientôt triompher. Des enfants jouaient dans la boue, autour de l'étalage de leurs mères, et peut-être plus d'un d'entre eux laissera-t-il un nom respecté; peut-être leur image, symbole d'héroïsme ou de dévouement, sollicitera-t-elle le ciseau des artistes patriotes.

Les figures de femmes de Jean Goujon ne sont pas sensuelles : elles sont chastes. Bien que le nu y soit toujours accusé, on pourrait dire cependant qu'elles sont vêtues. Elles ont pour elles cette grâce noble qui plaît à l'esprit sans troubler les sens. Jean Goujon dut avoir un tempérament très-nerveux, car il y a un nerf et une volonté vraiment extraordinaires dans ses ouvrages.

Notes autographes de David appartenant à la famille.

---

## XVII

### GRAILLON (PIERRE-ADRIEN), sculpteur.

J'ai été visiter le statuaire populaire de Dieppe, Graillon. Sa boutique est située dans la Grande-Rue et contient une grande quantité de ses œuvres, presque toutes de petits chefs-d'œuvre de naïveté. Les scènes populaires sont exécutées avec une remarquable finesse, une vérité parfaite et une variété toute particulière. Les figures de Graillon, dignes de Teniers, portent le cachet de la misère; mais les Dieppois n'ont pas l'expression vulgaire et abaissée des misérables de Paris et des grandes villes. Lorsque Graillon eut l'idée de se fixer à Paris, il parcourut les endroits les plus populeux, et effrayé du repoussant aspect, de l'excentricité cynique de la dernière classe de la société, il retourna vivre au milieu de sa population de pauvres marins.

J'ai passé des heures entières au milieu de ce peuple rendu à la vie par cet habile homme, devant ses petites filles si sveltes, si gracieuses, d'une grâce qui s'ignore et ne pose pas, interprétée par l'âme impressionnable d'un artiste. Tout est réminiscence chez Graillon ; il fait le portrait d'un être à son insu : c'est ce qui lui fait saisir le fortuit de la nature. C'est un daguerréotype. Il dit qu'il sentirait ses idées brouillées et ne pourrait rien faire si un modèle posait devant lui. Charlet était organisé ainsi. Les hommes d'instinct ont besoin de la plénitude de leur liberté pour produire. Si même ils avaient fait des études sérieuses d'après les grands maîtres, les réminiscences involontaires seraient venues paralyser leurs inspirations et flétrir cette fleur du sentiment qui est la puissante jeunesse d'une imagination demeurée vierge. Ils ont ce jet qui se retrouve si souvent dans les esquisses des maîtres, dont les ouvrages sont parfois diminués par le fini des détails. L'imagination de l'artiste étant calmée, vient le tour de la froide raison, qui pèse les chances de succès. La raison peut jouer un rôle dominant dans l'étude des questions philosophiques; mais quand on la transporte dans les œuvres d'imagination, elle paralyse. Peu d'hommes conservent pendant toute leur vie cette chaleur d'âme qui alimente l'esprit et l'aide à créer des ouvrages dignes de la méditation des siècles. C'est la part de Poussin, du grand Louis David, etc., de J. J. Rousseau, de Voltaire, de Gœthe et de quelques hommes sublimes, presque tous morts âgés, dans la plénitude de leur génie. Les hommes purement d'instinct meurent jeunes ou se survivent. Inutile d'énumérer ici comme exemple les musiciens et les poëtes, tant ils sont nombreux. Plus une flamme est brillante, moins elle dure.

Graillon était cordonnier; il s'est mis à sculpter l'ivoire par instinct et sans la moindre donnée. Plus hardi, il a modelé; ses ouvrages ont attiré l'attention des baigneurs, non de ses compatriotes. Les compatriotes sont en général peu encourageants pour ceux qui s'élèvent au-dessus d'eux.

Graillon est resté très-simple dans ses manières. Sauf la boutique, qui est fort propre, tout le reste de sa demeure est extrêmement primitif. L'arrière-boutique lui sert de salle à manger, et dans un petit coin obscur, auprès de l'escalier très-sombre qui conduit à son atelier, est un fourneau où l'on fait cuire les repas. L'atelier offre l'aspect du fouillis le plus complet que je connaisse. Une trentaine d'ouvrages de sculpture, dont aucun n'est terminé, sont là sous des linges mouillés; des tableaux sont cloués sur toutes les murailles, les solives mêmes en sont garnies; car Graillon est peintre aussi. Sa peinture, quoique naïve, comme celle d'un homme qui n'a pas eu de maître, ne manque pas de puissance, d'énergie et de vérité de ton; elle présente, comme sa sculpture, l'expression passionnée de la nature prise sur le fait. L'artiste me racontait, un jour, que lorsqu'il avait une toile devant lui, il y mettait au hasard tous les tons de sa palette; alors, découvrant un sujet au milieu de ce croquis étrange, il lui donnait la forme qu'enfantait son imagination, comme dans un rêve. Graillon est très-maladroit pour expliquer ses sujets par la parole; c'est toujours le chaos, et il a peine à démêler sa pensée; il faut attendre un certain temps que ses idées se débrouillent; mais pour peu qu'on l'écoute jusqu'au bout, on est bien récompensé d'un quart d'heure de patience. L'atelier de cet homme est l'image de son cerveau.

Notre artiste est dévoré du besoin de reproduire ses inspirations avec la rapidité de la pensée. Il ébauche dans un morceau d'ivoire des figures pleines de vie; il les abandonne ensuite sans qu'elles soient achevées, pour en ébaucher de nouvelles, et sous sa main jaillissent des groupes d'enfants dans les attitudes les plus neuves et les plus gracieuses. Vite à un autre. L'ivoire manque? Un os de cachalot y supplée. Ce n'est ni aussi blanc, ni aussi précieux, mais le travail de l'artiste le rendra tel. Ici, c'est la représentation de la misère dans toute sa triste vérité : le bois, le marbre, tout doit s'assouplir sous les doigts brûlants du statuaire pour recevoir l'empreinte de la vie instinctive. Lorsque, tout jeune apprenti cordonnier, Graillon trouvait un instant de loisir pour s'occuper d'art, il essayait de faire de la sculpture sur un vieil essieu qu'il avait découvert. Un sculpteur d'ornements lui donna un jour un morceau d'ivoire, et notre artiste se mit à le travailler. Jamais l'ivoirier de Dieppe n'a tenu de crayon ; il dessine au pinceau ou à l'outil ; c'est avec l'ébauchoir qu'il incise sa pensée.

La constitution de Graillon est très-nerveuse ; on pourrait craindre pour lui un anévrysme, il en a tous les symptômes. Peut-être serait-il déjà mort si sa vie eût dû s'écouler dans les émotions de Paris, cette fournaise où l'homme est consumé par les désillusions. Le public de Graillon est formé d'étrangers et de gens du peuple qui s'arrêtent devant les carreaux de son magasin. Les bourgeois lui reprochent de ne pas faire de statuettes dans le genre Pradier. Un membre du conseil municipal, administrateur du bureau de bienfaisance (cela pose bien un homme dans sa ville), lui disait : « Pourquoi nous faire des figures de pauvres? Nous en sommes assez fatigués toute la journée ! »

J'avais deviné à la figure placide de la femme de Graillon que notre artiste avait en elle un trésor ; tout ce qu'il m'a dit d'elle annonce le dévouement le plus absolu et la plus entière admiration pour ce qu'il fait ; il n'est en résumé qu'un enfant, avec les caprices en moins. Malgré l'exaltation fiévreuse qui souvent lui arrache des larmes, comme il l'avoue, sans savoir pourquoi, Graillon porte en lui une raison et un bon sens étonnants. Ainsi que la chose arrive à la plupart des hommes du peuple qui s'élèvent par leur talent, auxquels la tête tourne, je craignais pour Graillon quelque faiblesse en comptant les médailles d'or et d'argent obtenues par lui dans différentes expositions. Heureusement il n'en a pas été ainsi ; le sculpteur de Dieppe a gardé sa blouse populaire, même pour recevoir dans sa boutique Napoléon III lorsqu'il vint lui accrocher la croix. Graillon est resté peuple et n'a pas cherché une société où il se fût senti déplacé. Sa femme l'encourage beaucoup par ses aperçus pleins de fine vérité sur la nature ; elle est, sans le savoir, pour une large part dans ses succès : bonheur trop rarement accordé aux littérateurs et aux artistes.

Chateaubriand me dit un jour devant sa femme qu'elle n'avait jamais lu une seule ligne de ses ouvrages, et celle-ci avoua ingénument que c'était vrai. De semblables caractères de femme sont très-communs et viennent d'un amour-propre excessif qui ne veut pas reconnaître la supériorité du mari. Madame de Chateaubriand avait un esprit féminin d'une grande finesse, très-délié; elle n'a pas compris cependant qu'aux œuvres de son mari était due la renommée du nom.

Graillon n'a pas fait des « messieurs » de ses fils, mais des travailleurs; ce sont de très-bons sujets; il y a là encore une preuve de bon sens. Je crains pourtant que notre artiste ne paye son tribut à la pauvre faiblesse humaine. Sans rivaux, selon moi, dans son genre, pétri par la nature pour cette mission, Graillon a eu la tête montée par la visite impériale et rêve de faire des statues colossales : c'est là son ambition, son côté divaguant. Il descendrait bien vite du piédestal qu'il s'est élevé, s'il abordait la grande sculpture et venait se perdre dans la foule des hommes instruits qui sont demeurés confondus dans la masse.

Il m'a fait voir son établi. Au milieu de ses ivoires et de ses outils se trouvent les œuvres de Béranger et la Bible. A part quelques livres poudreux qu'il a lus, Graillon n'a jamais eu le temps de s'instruire. S'il réalisait son projet de devenir sculpteur en grand, il ne pourrait aborder le nu, toute science lui faisant défaut. Voudrait-il grandir à la proportion de la nature humaine ses figures aux expressions si justes, aux mouvements si bien sentis, cela deviendrait épouvantable, et l'absence de dessin sauterait aux yeux. Charlet a tenté quelquefois d'agrandir ses compositions : ce n'était plus de la vie ni de la couleur vraie. Que serait-ce s'il s'agissait d'œuvres sculptées? Le colossal est réservé à la majesté de l'histoire; il deviendrait odieux et ridicule s'il devait servir à la représentation des petites misères de la vie humaine, à l'apothéose des haillons de la pauvreté. J'ai exprimé mon opinion à Graillon avec tous les ménagements possibles; l'aurai-je convaincu? Il m'a écrit fréquemment depuis ma visite, se plaignant d'être dans la nécessité de se répéter. Il ne trouve, dit-il, plus rien de neuf. Je lui ai répondu que les drames du cœur sont inépuisables ; que les réduits les plus humbles en sont parfois le théâtre, et que le sculpteur trouverait là une source éternelle de larmes et d'émotions dans laquelle il pouvait se retremper. Il a paru approuver mon conseil : nous verrons la suite. La nature a désigné à tous les hommes le cercle dans lequel ils doivent se mouvoir ; mais leur vanité les porte à croire qu'ils peuvent en sortir et aborder tous les genres. Bonaparte, en Égypte, se croyait capable de faire progresser la science; Louis David, qui comprenait si bien la philosophie et le dramatique de l'histoire, a cherché, à la fin de sa carrière, à peindre des figures d'Amours, au lieu de terminer son tableau du *Jeu de paume*. Ne parlez pas à Ingres de sa peinture ; mais si vous voulez le rendre bienheureux, vantez son talent de violoniste.

6 septembre 1854.

Notes autographes de David appartenant à la famille.

---

## XVIII

### GROS (Antoine-Jean), peintre.

Gros rend ses idées dans une langue à lui, mais qui est toujours pittoresque et qui traduit bien ce qu'il veut dire. Il est plein de fermeté ; parfois aussi son caractère devient bizarre, irascible, sauvage.

Notes autographes de David appartenant à la famille.

## XIX

### HEMLING (Jean), peintre.

Quand on n'a pas vu les peintures d'Hemling, on ne peut se faire une idée de la naïveté, du sentiment, de l'expression toujours simple avec lesquels il traduit l'âme sur ses toiles. Van Eyck fait preuve des mêmes qualités. Ces artistes ont eu l'avantage de vivre à une époque primitive, si on la compare à ce siècle; aussi étaient-ils naïfs à leur insu. Plus on avance dans la civilisation, plus on vit dans un milieu factice. De nos jours, l'artiste, avant d'entreprendre son œuvre, se recommande vainement la naïveté; elle lui échappe. Hemling et Van Eyck ont compris l'art comme les Grecs; il ne leur a manqué qu'une nature aussi puissante et aussi choisie que celle qui inspira les maîtres de l'antiquité. Je retrouve sur leurs toiles cette expression pure qui distingue Phidias, et mieux que lui les deux peintres flamands ont su dire la majestueuse profondeur des sentiments moraux. J'aime cette manière d'accentuer le dessin d'une figure, de ne pas fondre les contours, comme cela se pratique chez nos peintres modernes. Dans leur désir de faire tourner une figure et de frapper le regard par de vives oppositions d'ombre et de lumière, les peintres modernes ont maintes fois amolli et sacrifié les contours. Hemling, Van Eyck et les maîtres de leur école ont peint dans la plus franche lumière. Toutes leurs têtes sont saillantes, et l'on a peine à saisir par quel artifice ils ont atteint ce résultat. L'air baigne librement leurs personnages. Les peintres, appelés de notre temps coloristes, ont la prétention de rendre leurs toiles très-fuyantes; leurs effets ne sont pas moins remués que le geste et l'action de leurs figures. Les maîtres primitifs, au contraire, visaient à la sobriété des effets et des mouvements. Le calme parfait de leurs toiles est cent fois plus expressif et plus grand que l'agitation recherchée par les coloristes.

Ce qu'ils n'ont pas compris, ces vieux maîtres, ce sont les figures d'enfants. Eux qui excellaient à rendre avec naïveté des têtes de femmes, je ne puis m'expliquer l'absence de vérité qui dépare leurs ouvrages, surtout dans l'interprétation du visage de Jésus enfant.

Les anciens maîtres flamands et hollandais ont une grande ressemblance avec les Italiens primitifs, bien que ceux-ci se soient montrés moins vigoureux dans le dessin, le coloris et l'accent qui doit marquer le sentiment. Les Italiens ont été de tout temps plus énervés que les hommes du Nord. En retour, la grâce enfantine est délicieusement traduite dans leurs ouvrages, et personne n'a mieux saisi que Raphaël le vague indéfinissable d'une tête d'enfant. Les Flamands, dans le but de donner une expression saisissante au petit Jésus, ont passionné des traits qui doivent être plus devinés que rendus. — La maigreur étique des enfants, dans les compositions de certains maîtres primitifs, tient peut-être à ce qu'on emmaillottait si cruellement à cette époque ces pauvres petits êtres que leurs membres, privés d'air, devaient certainement rester chétifs pendant de longues années. Cette singularité, facile à relever chez les vieux maîtres, cache une lacune.

Notes autographes de David appartenant à la famille.

---

## XX

### INGRES (Jean-Dominique-Augustin), peintre.

Quand on veut agacer les nerfs d'Ingres, il suffit de lui montrer un Rubens ou un Rembrandt.

Je viens de voir un portrait peint par Ingres. La couleur de la chair est, comme toujours, d'un ton qui s'éloigne le plus possible de la nature. Des êtres de cette carnation ne pourraient pas vivre. En revanche, la couleur et les détails du costume sont d'une vérité digne des Flamands. Le peintre semble dire : « Voyez ce que je pourrais faire si je le voulais pour rendre mon coloris toujours vrai, mais je méprise ce que vous appelez la vie des chairs; c'est à la vie morale que je voudrais atteindre : celle-ci survit à l'autre. »

Un soir, nous assistions, Ingres et moi, à une représentation de voltige donnée par des écuyers français à Rome. Ingres, en voyant ces beaux jeunes gens, hommes et femmes, qui développaient leurs membres pleins de souplesse, couverts d'un simple maillot très-fin, me dit : « Regardez ces contours coulants; il semblerait que les Grecs ont dû habiller ainsi leurs modèles, afin de faire disparaître les détails. » Voilà bien ce qui a trop préoccupé ce peintre! Le contour est tout pour lui, l'intérieur d'une figure presque rien. Cependant le dessin doit être cherché sur les méplats, dans les milieux comme sur les contours, mais les détails, dans ces parties médianes, demandent à être traités avec une telle finesse qu'au premier aspect ils ne laissent apercevoir que les masses et le contour d'ensemble.

Notes autographes de David appartenant à la famille.

---

## XXI

### KIRSTEIN (Jacques-Frédéric), orfévre-ciseleur.

Tout près de la cathédrale, à Strasbourg, dans la petite rue des Orfévres, au n° 4, vous voyez, dans une boutique obscure, un ouvrier dont les manières simples rappellent les artistes des vieux temps. Cet homme fait successivement passer sous vos yeux ses productions, puis, pour peu que vous paraissiez vous intéresser à ses ouvrages, il vous raconte naïvement comme quoi il a travaillé de l'état de son père (orfévre) jusqu'à l'âge de trente-cinq ans, époque à laquelle il perdit sa femme. Dans le but de se distraire, il se mit à faire quelques essais de petits ouvrages repoussés en argent : « On les trouva bons, dit-il; cela m'amusait, je continuai. » Le premier ouvrage qu'il me fit voir était un grand vase, représentant le *Triomphe d'Alexandre*, d'après la composition de Thorvaldsen. Il semble que l'habile artiste ait fait passer la vie dans l'argent : chaque personnage est en mouvement, l'expression des figures est parfaite; on croit entendre le galop des chevaux, les cris des cavaliers, et l'argent, dont la transparence reflète les objets environnants, ajoute encore à l'animation des reliefs. Ce vase fut envoyé à Paris, pour être acquis par Charles X; mais on apprit au Roi que l'auteur du travail était chargé de l'exécution d'un vase destiné à Manuel, ce courageux député, à qui reste la gloire d'avoir osé dire ce que la France pensait et qui, pour cette cause, fut indignement rayé de la représentation nationale. Charles X ne voulut pas acquérir l'œuvre de Kirstein, bien qu'il l'eût admirée longuement. On apprit d'ailleurs à la cour que notre artiste venait d'accepter la commande d'une coupe destinée au sergent Mercier[1]. Aussitôt on fit parvenir à Strasbourg, par le télégraphe, l'ordre de saisir cette coupe; mais tout avait été prévu par Kirstein, et la police ne put découvrir l'objet qu'elle cherchait.

J'ai vu dans la boutique de notre artiste différents sujets copiés d'après Raphaël et d'après nos maîtres modernes, notamment, d'après Gérard, l'*Entrée de Henri IV à Paris*. Kirstein possède une composition représentant la *Mort de Poniatowski*. Il a fait hommage de ce travail à Mickiewicz, le lord Byron

[1] Mercier, sergent de la garde nationale parisienne, avait refusé de s'emparer de Manuel.

de la Pologne, qui passa sept années dans l'exil pour avoir parlé de liberté. Une telle injustice avait remué l'âme de l'artiste patriote.

Kirstein aime éperdument la chasse. Il disparaît dans les forêts pendant une quinzaine de jours; il revient ensuite s'enfermer dans sa boutique, et sous ses doigts naissent les types exquis des animaux sauvages contre lesquels il a combattu. Aussi les compositions dans lesquelles il me semble au-dessus de tout éloge, ce sont ses chasses. Ses sangliers sont vraiment pleins de caractère et de style. Kirstein, dans ce genre d'ouvrages, n'est le copiste de personne; son génie prend une allure personnelle.

Cependant notre artiste aime les compositions héroïques, et son chagrin est de ne pouvoir pas s'y livrer exclusivement. Si cet homme recevait des commandes importantes, la postérité lui serait redevable d'un plus grand nombre d'ouvrages; il travaille une belle page avec une vigueur sans pareille, une ténacité surprenante; on l'entend dire qu'il ne pourrait pas déployer la même ardeur sur des ouvrages insignifiants. Kirstein a le génie observateur; il trouve aisément l'expression juste pour peindre sa pensée. Sa parole est toujours pittoresque.

Je me suis senti heureux d'être initié par lui au mécanisme de son art. Il m'a expliqué comment une lame d'argent extrêmement mince, scellée sur une espèce de mastic résineux, assez dur pour soutenir la pression de l'outil, mais assez souple, cependant, pour que la volonté puisse s'imprimer sur cette surface, doit suffire à l'artiste. J'ai pris beaucoup d'intérêt à voir quelques ébauches informes, qui seront plus tard une représentation de la vie, plus durable que la vie elle-même. Le procédé du ciseleur ressemble à celui du statuaire. Il s'occupe d'abord des grandes masses, qu'il rend visibles en enfonçant et repoussant. Lorsqu'il a dessiné les formes du membre qui doit être isolé du fond, il le relève tellement en repoussant sur les côtés, qu'il lui donne une saillie des plus accusées. Parfois, il retourne sa feuille d'argent, et travaille par derrière. C'est alors que l'artiste doit avoir très-précis à la pensée l'effet qu'il veut atteindre, afin de ne pas détruire les formes par cette manière obscure de travailler.

J'éprouvais un réel plaisir à considérer ces ouvrages, dont plusieurs rappellent les scènes décrites par Homère; et au milieu de tout cela, vous voyez un homme simple et bon, qui répond aux acheteurs, vend des boucles d'oreilles et des anneaux à des gens qui ne se doutent pas que l'homme qu'ils ont devant eux est le plus grand artiste de l'Europe dans son genre.

Kirstein n'a que deux passions : il aime les arts et sa patrie. Son noble cœur est remué par le récit des grandes choses qui se sont passées sous nos yeux, et il parle avec reconnaissance de son vieil ami Ohmacht, dont il estime à juste titre le beau talent. On l'entend regretter de n'avoir pas pu profiter plus tôt des conseils de cet habile sculpteur. Il a raison : si Ohmacht l'eût toujours guidé, Kirstein eût moins produit de copies d'après des gravures, bien conçues le plus souvent au point de vue pittoresque, mais impropres à être traduites par la sculpture, qui a ses limites très-définies.

Kirstein est tout au plus âgé de soixante ans; il est plein de vigueur, sa tête est forte, le crâne est large à la hauteur des oreilles, vers la région où les phrénologues placent la bosse de la poésie. Sa physionomie est franche et cordiale, les yeux sont couverts. Il en est ainsi chez la plupart des artistes de mérite. La bouche annonce la finesse du goût et la bonté. Le col est développé, indice de grande énergie. La bosse de la persévérance est extrêmement saillante. Kirstein est doué d'une constitution robuste et sanguine.

On éprouve un sentiment pénible lorsqu'on songe que cet homme, dont les œuvres devraient être offertes en présent aux souverains, n'a qu'une existence précaire. Kirstein n'est aucunement encouragé. Il est là, sur la frontière de France, comme pour annoncer le haut point de perfection où nos arts sont parvenus; mais je crains que sa vue ne fasse dire à plus d'un étranger que les Français, qui savent si bien récompenser les hommes de mérite quand ils viennent de loin, se montrent injustes à l'égard d'un grand compatriote. Espérons que notre roi citoyen sera fier d'ajouter à sa gloire, en encourageant comme il le mérite notre habile artiste.

1831.

Manuscrit autographe de David appartenant à M. Victor Pavie. — Notes autographes de David appartenant à la famille.

---

## XXII

### MICHEL-ANGE (BUONARROTI MICHEL-ANGIOLO, dit), sculpteur et peintre.

Michel-Ange n'avait jamais assez de marbre pour faire les pieds de ses statues. On lui aurait donné le monde à tailler, son génie l'eût encore dépassé.

A Rome, je ne pouvais voir les peintures de Raphaël sans penser à Racine; celles de Michel-Ange éveillaient chez moi le souvenir de Corneille, bien que Michel-Ange ait moins profondément sondé les passions de l'âme que ne l'a fait Corneille.

Notes autographes de David appartenant à la famille.

---

## XXIII

### OHMACHT (LANDELIN), sculpteur.

Landelin Ohmacht est né dans la ville de Rothweil, sur les hauteurs de la forêt Noire, vers 1760. Il a commencé par être berger, et il travaillait de ces petites figures en bois que l'on vend dans les foires. On le mit chez un figuriste pour qu'il se perfectionnât; mais comme on découvrit en lui des dispositions très-remarquables, il dut changer plusieurs fois de maître, jusqu'à ce qu'il parvînt, par la médiation du magistrat de sa ville natale, à entrer dans l'atelier du sculpteur Melchior, qui habitait une ville de la Bavière rhénane. C'est en suivant les conseils de Melchior qu'Ohmacht acquit une certaine réputation. Il quitta ce nouveau maître et séjourna pendant quelque temps à Manheim et à Bâle, où il travailla principalement le portrait.

De Bâle il se rendit, au commencement de 1790, en Italie, et y vécut pendant deux années. La plus grande partie de son temps s'écoula dans les musées et les monuments de Rome. Ohmacht consacra tous ses instants à se perfectionner dans son art. De retour en Allemagne, il visita les galeries de Munich, de Dresde, et plus tard celles de Vienne. Il séjourna pendant longtemps à Hambourg. C'est à Hambourg qu'il exécuta le monument du bourgmestre Rhode de Lubeck pour le dôme de cette ville. C'est là encore que le statuaire connut le sublime poëte du Nord, Klopstock, dont il a fait passer les traits à la postérité dans un buste d'une expression remarquable.

A la fin de 1800, Ohmacht fut appelé à Strasbourg pour exécuter un monument que la France destinait à honorer Desaix. Sur un piédestal élevé repose un sarcophage, orné dans ses quatre faces de bas-reliefs, dont trois ont rapport à la vie et à la mort de Desaix. Le quatrième représente son buste couronné par Minerve et Mars. Aux angles s'appuient quatre Victoires très-élégantes. Sur le sarcophage reposait un casque gigantesque qu'on a enlevé. Après dix-huit mois de séjour, Ohmacht quitta Strasbourg et y revint en 1803. Il s'y est définitivement fixé; c'est à Strasbourg qu'il a exécuté la plupart de ses grands travaux, au nombre desquels il convient de citer :

1° Quatre figures de grandeur naturelle représentant le *Jugement de Pâris* et formant un groupe. Elles sont placées dans le jardin royal de Munich.

2° Deux bustes de proportions colossales de Jean Holbein et d'Erwin de Steinbach, l'architecte de la cathédrale de Strasbourg. Ces ouvrages font partie du musée du roi de Bavière.

3° *Neptune* sur un rocher, statue colossale en pierre de grès.

4° Un *Jeune Faune*, œuvre pleine de finesse et de vérité, en pierre de grès.

Ces deux figures sont dans un château, près de Strasbourg.

5° Le monument du professeur Oberlin, placé à l'église Saint-Thomas, à Strasbourg. Un haut relief en marbre représente la muse Uranie. Les draperies de cette figure sont d'un style très-sévère, et l'expression de la tête pleine d'intelligence.

6° Une *Vénus* en marbre; elle est représentée sortant du bain. On regarde cette figure comme l'ouvrage le plus parfait de l'artiste.

7° Une *Flore*. Elle fait pendant à la statue de Vénus.

8° Le monument du professeur Kock, que l'Université de Strasbourg fit ériger à l'église Saint-Thomas.

9° Le buste du préfet Lezay-Marnésia, placé au Casino littéraire.

10° Un *Christ en croix* pour l'église de Carlsruhe.

11° Deux figures, la *Charité* et la *Religion*, formant groupe au-dessus de la chaire de la même église.

12° Une *Hébé* en marbre. Elle est agenouillée; elle tient d'une main un vase et de l'autre une coupe.

13° Un buste de Raphaël.

14° Six Muses. Ces statues décorent la façade du théâtre de Strasbourg.

15° Une statue de l'empereur Adolphe de Nassau pour le dôme de Spire.

16° Une statue de Flore exécutée pour un château près de Reims.

17° Un *Christ aux enfants* pour le mausolée du professeur Blessig.

Enfin, une grande quantité d'excellents bustes et de médaillons d'un travail exquis qu'il serait trop long d'énumérer.

Les bustes d'Ohmacht sont très-nature, mais les formes n'y sont pas assez accentuées ; les muscles sont trop « passés » ; le buste de Klopstock est exécuté dans ce système. Au soleil couchant, les couleurs s'éteignent ; de même, lorsque l'âme s'évanouit, les traits s'effacent chez les êtres ordinaires ; mais il n'en est pas ainsi pour les grands hommes. Le buste de Klopstock est fidèle, mais c'est Klopstock moins son âme.

Je n'ai rien découvert dans les œuvres d'Ohmacht qui annonçât un véritable génie. Ce statuaire possède au suprême degré le sentiment d'une touchante naïveté. On remarque dans ses ouvrages un mélange de candeur, de simplicité, de douceur très-digne d'attention. Ohmacht n'a pas su se défendre, en plus d'une circonstance, de l'influence des anciens, et ces ressouvenirs ont quelquefois paralysé ce sentiment si fin, si tendre et si naïf dont la nature l'avait doué. J'ai vu plusieurs bustes de lui bien rendus au point de vue du naturel ; mais on dirait que ce maître ne voit que l'épiderme, il n'ose pas accentuer la vie. Tous ses ouvrages trahissent cette timidité qui, au reste, est l'expression dominante de son caractère, et qui fait qu'il paraît si froid au premier abord.

Manuscrit autographe de David appartenant à M. Victor Pavie. — Notes autographes de David appartenant à la famille.

---

## XXIV

### PAHLER ET KAISER, peintres.

J'ai vu à Weimar deux jeunes paysagistes, MM. Pahler et Kaiser. Le premier possède une énergie et une largeur de style vraiment remarquables. Dernièrement, à Dresde, on a refusé d'acquérir un de ses tableaux parce qu'il ressemblait trop à ceux de Poussin. Le second a un style moins sévère; mais il sent noblement la composition, et il est plus coloriste que M. Pahler, qui paraît surtout préoccupé de la couleur locale.

Notes autographes de David appartenant à la famille.

---

## XXV

### PROVOST (JEAN-LOUIS), architecte.

Jean-Louis Provost, architecte de la Chambre des pairs, prix de Rome la même année que moi, mon plus dévoué et mon plus sincère ami, vient de mourir. Le jour de son enterrement, il ne se trouva pas de porteurs pour enlever le corps. On avait oublié ce détail dans les préparatifs des obsèques. J'engageai quelques personnes à se joindre à moi, et trois des assistants voulurent bien m'aider à porter la bière. Je me sentais honoré de pouvoir rendre ce dernier devoir à un homme si justement regretté. Pendant la messe, les yeux fixés sur le cercueil, j'évoquais les souvenirs de notre passé et j'érigeais en esprit le monument funèbre de Provost. Chacun prépare pendant sa vie, sans y prendre garde, son propre monument. Celui de Provost, — quel qu'ait été le talent personnel de l'artiste, — ne s'est guère élevé que jusqu'à la base.

Des circonstances étrangères à la volonté de mon ami l'ont retardé dans sa marche : il n'a pas donné sa mesure. Je trouverais convenable que ses restes mortels fussent recouverts d'une base en marbre blanc ; il y faudrait sculpter son portrait et graver sur le pourtour les projets d'édifices qu'il a exécutés, soit pour remporter le prix de Rome, soit dans des concours plus récents. Son projet pour Notre-Dame de Lorette, par exemple, était une œuvre d'un style mâle et original : le sentiment moral qui s'attache à un temple chrétien s'y trouvait rendu avec une exquise perfection. Je n'en pourrais dire autant du projet de Le Bas, qui cependant a obtenu le prix. Au pied de la base funéraire que je voudrais élever à Provost, je placerais un cercueil de marbre posé sur deux marches de granit. Ce monument serait expressif. Pourquoi ne pas mettre une pensée vivante, moderne, vraie, dans toutes les œuvres que nous créons? Je voudrais que nous eussions une architecture à nous. Cela ne serait point impossible, si les architectes voulaient se pénétrer de la convenance qui est leur règle, comme l'être humain est le modèle invariable du sculpteur, et s'ils avaient un plus grand souci du symbolisme des monuments qu'ils élèvent.

Notes autographes de David appartenant à la famille.

## XXVI

### PUGET (PIERRE), sculpteur et peintre.

Puget abusait moins de sa brosse que de son ciseau. Celui-ci lui brûlait les doigts, il avait des démangeaisons de le faire briller en lui faisant résoudre des difficultés. Dans un grand nombre d'ouvrages de Puget, on distingue des fautes dont les hommes froids et méthodiques se déclarent indignés. Puget était tellement impressionnable que l'émotion ne lui permettait pas toujours « d'arranger ses phrases » : il avait hâte d'exprimer ce qu'éprouvait son cœur, et, certes, Puget entraîne à sa suite; on vole sur ses ailes vers la passion traduite par ses marbres ou sa toile. Toutefois, comme le pinceau présente à l'artiste plus de ressources pour corriger ses « repentirs », le peintre, chez Puget, est plus correct que le statuaire. Cela vient aussi de ce que le marbre appelle à une lutte qui enivre le sculpteur et l'empêche trop souvent de calculer la convenance des proportions. De pareils emportements ne seront point connus des artistes qui, n'ayant rien dans l'âme, se rattrapent sur le poids de l'armature.

Je viens de revoir à Marseille le bas-relief *la Peste de Milan*. Tout d'abord, la composition n'est pas pathétique; ensuite, si l'on s'occupe de l'entente du bas-relief, l'œuvre est complétement manquée. Pas de masses, toutes les figures s'entremêlent. Les muscles et les os se confondent avec les draperies et forment des trous sur tous les points. On ne voit que petits noirs et petites lumières qui fatiguent le regard, et l'on est très-longtemps à reconstituer une figure. Il y a loin de là aux bas-reliefs de Phidias.

Très-différent de la *Peste de Milan* est le *Saint Sébastien* que j'ai revu à Gênes à mon retour d'exil. C'est de la vie, de la passion pétrie en marbre. La tête est belle et noble, mais c'est plutôt une figure moulée sur nature que dans le cerveau de l'artiste. Il n'y a pas non plus, sur la face, de ces grands plans qui accentuent les divisions dans le corps humain; qui, de loin, donnent de l'énergie, de la volonté d'âme au personnage représenté. Les bras, fort beaux, levés au-dessus de la tête, entraînent les côtes du thorax et forment une arcade énergique. La poitrine est gonflée par la respiration qui précède le dernier soupir, d'accord avec la pensée de Puget, qui a représenté saint Sébastien les jambes fléchissant sous lui et n'ayant plus d'existence que dans la partie supérieure du corps. Pour voir combien le marbre est imprégné de vie, il faut s'approcher de très-près. De loin, le modèle paraît mou; mais quand je fus auprès, j'avoue que le marbre me semblait ému, palpitant. Je lisais une âme dans la tête du martyr; le ravissement est gravé dans les yeux, qui reçoivent les rayons divins. Tout dans ce marbre raconte la béatitude de l'être joyeux de quitter une enveloppe mortelle.

A Marseille, j'ai revu la petite maison du maître, dans la rue de Rome. Elle semble d'architecture grecque par la simplicité de son style. Il y avait autrefois une *Tête de Christ*, dans une niche, au-dessus de la porte; elle est aujourd'hui remplacée par une *Tête grecque*. J'ignore ce qui a pu motiver ce changement. Il y avait une idée mélancolique dans le choix de la figure du Christ. C'était une allusion aux douleurs des artistes. La maison de Puget est construite sur un terrain des plus exigus dont la ville lui avait fait concession. On se sent honteux d'un pareil don des Marseillais à leur plus illustre compatriote, à l'une des gloires les plus pures de notre France. La vie de ce noble artiste fut singulièrement douloureuse, et il avait eu raison de placer au fronton de sa demeure l'image du divin Martyr.

Notes autographes de David appartenant à la famille.

## XXVII

### RAMEY (CLAUDE), sculpteur.

Ramey père a une physionomie insignifiante, roide, mécanique. Il laissera des ouvrages dont on ne pourra rien dire, si ce n'est qu'ils seront conformes aux lois techniques de notre art. Ses marbres rappellent parfois la sauvagerie de la sculpture romaine. Ramey est maigre et a le tempérament bilieux.

Notes autographes de David appartenant à la famille.

## XXVIII

### RAMEY (Étienne), sculpteur.

Les grands causeurs produisent peu. Un ouvrage sérieux leur semble long à mettre au jour; il faut qu'on les paye argent comptant; leur impatience ne s'accommode point des récompenses de la postérité. Ramey fils est essentiellement causeur. Il s'occupe de toute sorte de choses étrangères à son art. Il sait par cœur la chronique de son quartier; il aime à parler sur tout et se grise du son de sa propre voix. Qu'arrive-t-il? Dans ses ouvrages, la science tient lieu du sentiment. Il eût dû se faire avocat. Lui-même en convient. Je crois qu'il aurait gagné bien des causes : à défaut d'autre motif, les juges auraient acquitté ses clients par un sentiment de pitié pour ses poumons. Il n'y a pas d'âme dans sa sculpture, mais ses statues sont conçues d'après les règles et relèvent d'une saine raison. Ramey porte un visage froid et régulier, des yeux éteints, de longues mains qu'il agite sans cesse. Il a le tempérament lymphatique; il est industrieux à la manière d'une femme, mais, d'ailleurs, bon camarade.

Notes autographes de David appartenant à la famille.

---

## XXIX

### RAPHAEL (SANZIO Raphael, dit), peintre.

Certes, Raphaël est un homme immense, mais a-t-il fait tout ce qu'il était possible de faire? A-t-il porté l'art à son développement suprême? Devons-nous dire, avec certains admirateurs exclusifs de Raphaël, qu'il n'existe qu'une manière de comprendre les innombrables aspects de la nature? Le peintre immortel de la Fornarine n'a pas su rendre dans sa puissante beauté le caractère individuel de la nature italienne. Observez ses saints : ils ne donnent pas une idée convenable des graves et sublimes apôtres. Je préfère à ses figures, sous le rapport de la grandeur, qui doit être l'apanage sévère des saints, les mosaïques exécutées au temps de Constantin par des artistes grecs. Laissons au génie de l'homme toute liberté. Ne jugeons pas l'ensemble des belles œuvres d'après un ouvrage, ni les peintres de l'avenir d'après un maître disparu, si grand qu'il nous apparaisse.

Notes autographes de David appartenant à la famille.

---

## XXX

### RETZSCH (MORITZ), peintre.

J'ai dit quel était l'homme chez Moritz Retzsch [1]. Je parlerai maintenant de ses ouvrages. — J'ai vu, dans son atelier, un petit tableau représentant le *Génie de la mort emportant des enfants*. De loin, quand on regarde l'Ange, une grande masse d'ombre l'enveloppe, ce qui fait que l'on distingue peu les yeux. Un sentiment pénible s'empare de l'âme. Cet Ange n'est pas sans beauté, mais ses traits sentent les ténèbres; si l'on s'approche, les yeux se laissent voir et prennent une expression de grâce consolante; c'est là du génie.

J'ai vu aussi, chez Retzsch, un tableau où son caractère mordant est bien peint. Deux satyres se battent à outrance, tête

[1] Voir tome I, p. 297.

contre tête, pour une jeune fille qu'un beau jeune homme emmène dans une barque. — La couleur de Retzsch est peu naturelle, elle a peu de ressort, mais les contours de ses figures n'ont pas la sécheresse si commune aux Allemands. On reconnaît, toutefois, que ce peintre n'est pas rompu au mécanisme de la couleur.

Notes autographes de David appartenant à la famille.

---

## XXXI

### ROLAND (Philippe-Laurent), sculpteur.

« Il est si doux, si beau de s'être fait soi-même,
« De devoir tout à soi, tout aux beaux-arts qu'on aime !
« Vraie abeille en ses dons, en ses soins, en ses mœurs,
« D'avoir su se bâtir, des dépouilles des fleurs,
« Sa cellule de cire, industrieux asile,
« Où l'on coule une vie innocente et facile. »

André Chénier.

Roland (Philippe-Laurent), statuaire, naquit le 13 août 1746 à Pont-à-Marcq, près de Lille. Son père, pauvre tailleur d'habits et cabaretier, n'était guère capable de développer ni de soupçonner même les heureuses dispositions de son fils ; mais le jeune Roland eut cela de commun avec plusieurs hommes nés obscurs comme lui, et comme lui devenus célèbres, qu'il dut à l'inspiration de sa mère et à ses salutaires excitations le goût d'une carrière qu'il a parcourue depuis avec tant d'éclat. Madame Roland (Marie-Magdeleine Cuille) était continuellement préoccupée de l'idée d'en faire un sculpteur. Elle pensait que la faiblesse de sa complexion ne lui permettrait pas de résister aux dures fatigues de l'ouvrier ; peut-être encore, par un sentiment d'ambition si naturel et si excusable chez une mère, rêvait-elle pour son fils bien-aimé un glorieux avenir. Aussi ne négligea-t-elle rien pour faire entrer son mari dans ses vues, et l'enfant fut confié à un sculpteur qui n'avait d'autre occupation que de façonner des ouvrages en bois. On ne tarda pas à s'apercevoir que cette jeune imagination demandait à prendre un plus large essor; il fallait à Roland les fructueuses leçons d'une école de dessin. Il obtint d'être admis à celle de Lille, qui avait alors pour directeur M. de Séchelles, intendant de la province de Flandre. Là il eut pour professeurs MM. Tillier et Guéret. D'étonnants et rapides succès lui inspirèrent le désir de s'aventurer sur un plus vaste théâtre. A Paris, l'atelier du statuaire Pajou lui était ouvert; il partit, sans autre appui que les vœux de sa mère et la conscience de ce qu'il devait être un jour. Il avait alors dix-huit ans.

Encore un enfant du peuple, de ce peuple dont les misères, commencées au berceau, n'ont trop souvent pour terme que le corbillard du pauvre, qui va par son génie conquérir une place honorable parmi les hommes dont la postérité gardera précieusement la mémoire! Mais cette place, de combien de tortures physiques et morales il lui a fallu l'acheter! Souvent, se laissant aller à cette mélancolie si naturelle aux grandes âmes, le jeune homme, assis sur son grabat, soutenant de ses deux mains sa tête affaissée, sentait son cœur se perdre aux froides étreintes du désespoir. Cet avenir qu'il avait rêvé si beau, si brillant, fuyait devant lui; il doutait de lui-même... Mais qu'à travers les ais mal joints de la porte un rayon de soleil vînt se jouer à ses pieds, soudain s'évanouissaient les sombres pensées. Grâce à la mobilité d'esprit particulière à cet âge, le jeune artiste redevenait confiant, assuré. Ce rayon de soleil, égaré dans son humble cellule, était pour lui le bienveillant et prophétique sourire d'un ami qui venait ranimer son courage abattu.

Et qu'on nous pardonne de nous appesantir sur ces combats intérieurs, sur ces doutes déchirants, sur ces horribles angoisses qui ne manquent jamais d'assaillir l'artiste à son début. Il est bon que le monde sache à quelles épreuves est condamné le génie naissant, ce qu'il lui faut dépenser d'efforts et de puissance pour mettre la foule à ses pieds, ce qu'il en coûte enfin pour grandir et pour enfanter ces chefs-d'œuvre qui sont la plus pure, la plus vraie gloire d'une nation.

Oh! comme on serait saisi d'une douloureuse pitié si l'on pouvait pénétrer dans ces mansardes mal abritées, refuges de la misère, où le jeune sculpteur pétrit de ses mains fiévreuses et humecte des sueurs de son front l'argile qui doit devenir une chair vivante, et s'empreindre à jamais de fortes et chaleureuses inspirations! C'est là qu'aux douteuses clartés d'une lampe fétide, l'œil ardent, portant haut le front et comme aspirant la gloire, il oublie les heures qui devaient être consacrées au sommeil. Cependant ses artères battent trop violemment, il lui faut de l'air. Il ouvre sa petite fenêtre donnant sur le toit et que, dans sa naïve poésie, le peuple appelle « jour de souffrance ». Mais cet air qui le rafraîchit n'est pas pur; il a passé sur tant d'infortunes, sur tant de larmes! Il lui apporte tant d'imprécations et tant de soupirs! Cette rangée de fenêtres obscures et fermées qu'effleure son regard l'effrayent par leur aspect sinistre; ou si quelqu'une est encore éclairée, c'est qu'il y a, derrière les vitres, un moribond qui râle, une jeune fille qui pleure, une pauvre mère qui travaille près de la litière de paille où ses enfants étiolés dorment avec la faim; ou bien encore quelque âme semblable à la sienne, pauvre sculpteur! quelque brûlant cerveau comme le sien, tourmenté d'insomnie, et où germe une idée qui un jour peut-être remuera le monde.

Disons-le pourtant, dans cette lutte d'une volonté forte contre l'accablant sommeil, le jeune artiste éprouve un certain orgueil. Il est maître de lui, puisqu'il dompte la nature. Il veille, il vit par l'intelligence, tandis qu'autour de lui tout est plongé dans un engourdissement profond. Ses yeux étincelants d'enthousiasme interrogent le ciel. Peut-être y cherche-t-il une étoile, son étoile de prédilection, qui semble s'animer sous son regard, et lui tracer une route de feu vers un meilleur avenir, comme celle qui jadis guida les Mages à Bethléem, vers la crèche dépositaire du berceau d'un Dieu et d'une religion nouvelle; comme celle encore que voyait ou croyait voir Napoléon affrontant les hasards de la guerre et promenant sa fortune au travers des empires brisés. Puis, lorsque vers les dernières heures de la nuit, épuisé de fatigue et d'émotions, il se permet enfin quelques instants de repos, les membres étendus sur des planches grossières (car sa pauvreté lui interdit le luxe d'un matelas; tant de mollesse d'ailleurs énerverait son courage), il reprend de nouvelles forces pour la lutte du lendemain, et, bienfait inappréciable de la nature, de riantes images charment son court sommeil. Ainsi sur son radeau le naufragé qui s'endort, pressé de soif et de faim, rêve qu'il est assis à une table opulente, ou qu'il s'abreuve à longs traits d'une eau limpide. Enfin le jour revient, et le jeune artiste se rend en hâte chez le maître, impatient d'entendre sa parole féconde et de s'initier aux rudes pratiques de la science.

Plus tard, lorsque les faveurs de la fortune eurent dignement récompensé son mérite, Roland aimait à se reporter par la pensée vers les années de sa laborieuse jeunesse. C'était surtout vers la fin de la journée, alors que les derniers rayons du soleil couchant glissaient sur les toits de la Sorbonne, où Roland avait son atelier, et semblaient quitter à regret les imposantes statues du maître, que celui-ci aimait à se reprendre aux souvenirs de ses difficiles débuts. Assis au milieu de ses élèves, qui, debout et immobiles, la tête penchée, recueillaient chaque accent du statuaire, sa parole exprimait avec simplicité des choses profondément senties. Il disait ses tourments, ses anxiétés passées, tout ce qu'il lui avait fallu de force et de résolution pour étouffer en lui la révolte des sens et ne point se laisser entraîner par le tourbillon des plaisirs. Il racontait les émotions du jeune provincial abordant ce Palais-Royal si brillant alors, et dont les mille lumières resplendissantes semblaient à ses yeux éblouis se confondre avec les feux de la voûte céleste; puis ces belles femmes couronnées de fleurs, et à cet âge on ne sait pas que ces fleurs et ces femmes ne sont que mensonges. Ces maisons de jeu où résonnait l'or avec tant d'ironie;

ces agents de change, corsaires de la fortune publique; cette tourbe de sots et d'oisifs qui fluait et refluait, heurtant de ses vagues l'homme de génie inconnu; ces trépignements, cette ivresse d'une joie folle, toutes ces splendeurs enfin, toutes les séductions du luxe, du vice, de la débauche et du crime contrastant d'une si étrange façon avec les haillons de l'homme du peuple, de l'ouvrier, qui, libre de son travail quotidien et regagnant son gîte, passait silencieusement à travers le bruit et les vapeurs de la grande orgie.

Ce spectacle si nouveau pour lui et si dangereux, le jeune élève le contemplait avec son âme d'artiste; un feu inconnu lui brûlait le sang; sa raison s'égarait, il chancelait comme pris de vertige, et plus d'une fois il faillit succomber; mais soudain il s'arrêtait en songeant à sa mère. Une voix intérieure lui disait que là était la mort de son avenir de gloire; il reprenait alors, le cœur gros de soupirs, le chemin de sa mansarde, où l'attendait, sur le seuil, l'Espérance qui le ramenait à ses études chéries.

La conversation de Roland était encourageante et fructueuse pour ses élèves : « Ce qu'un homme d'une chétive santé a fait, » disait-il, les autres hommes peuvent le faire. J'avais une âme » ardente pour le plaisir, mais j'aimais encore plus la gloire, et je » marchais dans le devoir, soutenu par le souvenir de mes vieux » et respectables parents. »

Après ses passions, l'ennemi le plus redoutable qu'il eût à combattre, c'était le sommeil. Il racontait comment, pour se soustraire à l'influence d'un besoin si impérieux dans le jeune âge, il s'était ingéré d'un moyen infaillible. A cette époque, on portait les cheveux rassemblés en queue derrière la tête; il les nouait avec une corde fixée au plafond. Lorsque sa tête appesantie retombait sur sa poitrine, la douleur causée par le tiraillement de la nuque le réveillait violemment, et il se remettait au travail avec une nouvelle ardeur.

Jamais, quand il redisait cette particularité de son existence, il n'est venu à l'idée de ses élèves d'en rire, tant ils respectaient en lui l'homme courageux qui ne devait son illustration qu'à lui-même; tous ces détails, pour d'autres puérils peut-être, le grandissaient à leurs yeux et semblaient revêtir un touchant prestige, sortis de la bouche du maître entouré de ses œuvres, son imposant cortége et la digne auréole de son génie.

Roland était venu à Paris presque sans ressources. Son père était trop pauvre pour l'aider convenablement; mais son ange protecteur, sa bonne mère, avait pourvu à ses premiers besoins : à force d'économie et de privations de chaque jour, la généreuse femme était venue à bout d'amasser un petit pécule. Quelle ne fut pas la surprise de son fils, combien il versa de larmes d'attendrissement lorsque, en déballant la modeste caisse qui renfermait tout son bagage, il y trouva le trésor que sa digne mère y avait caché!

Quand Pajou eut compris tout ce qu'il y avait d'avenir dans le jeune artiste, il l'associa à ses travaux de décoration du château de Versailles et du Palais-Royal. Il l'engagea à se rendre facile, par une pratique assidue, le travail du marbre, et lui fit exécuter plusieurs de ses statues. Après quelques années d'un labeur opiniâtre, Roland put consacrer le fruit de ses pénibles épargnes à voyager en Italie. Il y passa cinq ans. Alors commencèrent pour lui ces études si sérieuses d'après l'antique et les grands exemples que nous a légués l'art italien.

Entre autres ouvrages où il s'essaya, ses premières inspirations se traduisirent par un gracieux buste de *Jeune Fille*, par une statue mi-corps de *Jeune Dormeur*, et par un *Vieillard* également jusqu'à mi-corps. Ces deux derniers sont en terre cuite. Le *Vieillard* se voit actuellement dans le Musée d'Angers. On remarque une vérité incroyable de nature dans ces productions. C'est de la chair qui, pour palpiter, semble n'attendre qu'une étincelle du feu sacré, que la volonté du Créateur; mais ce n'est pas encore la vie grandiose et le goût épuré qu'on admire dans les autres ouvrages de l'artiste.

Roland avait commencé par une imitation naïve et religieuse de la nature, négligeant trop le véritable but de l'art, qui est de communiquer aux objets, par l'expression accentuée des formes, une vie plastique, celle qui doit traverser les siècles. Ce but n'est point la sèche réalité du calque ou du daguerréotype, par qui l'art n'est plus qu'un mécanisme grossier, c'est une expression morale que peut seul sentir et rendre le cœur de l'artiste. La vie matérielle est comme ce jour terne et froid qui ne pénètre jusqu'à nous qu'à travers un épais brouillard; mais l'expression de l'âme qui se reflète sur le visage de l'homme, c'est le soleil resplendissant d'une vive lumière. Le calque ne donne qu'une ombre, une image inanimée. Mais quand l'âme de l'homme a passé dans le marbre avec ses traits, quand elle a pris figure, si j'ose parler ainsi, l'être nous apparaît alors environné de splendeur, c'est le type de la création dans toute sa beauté.

Si l'artiste, avec l'œil ardent de la contemplation, pouvait jamais saisir la nature idéalisée jusqu'à la dernière puissance, il éprouverait ce qu'on éprouve dans les élans de l'amour divin poussé jusqu'au paroxysme de la passion, cette sublime et indicible extase qui rend la matière muette, parce que cet amour s'élève bien au-dessus des affections terrestres.

Canova, ainsi que plusieurs grands artistes, a commencé par la recherche du calque naïf de la nature, mais le statuaire italien n'est pas entré dans l'intimité de l'individu aussi profondément que Roland et quelques célèbres sculpteurs français. Les Italiens s'occupent plutôt du *primo aspetto*, de l'effet extérieur, ou, qu'on me passe ce terme, du charlatanisme de la forme; ils sont tellement impressionnables et ils parlent à un peuple qui comprend si vivement, même une simple indication, pourvu qu'il en soit frappé tout à coup, se réservant pour plus tard, s'il en a le temps, la sévère analyse, qu'ils ne sentent pas le besoin de pousser aussi avant l'étude de l'anatomie et de la physiologie, étude si nécessaire à qui veut rendre la nature agrandie dans sa réalité saisissante. Et c'est en cela, je le répète, que les statuaires français diffèrent, à savoir que l'impression de l'âme, quoique ayant sur eux une immense influence, n'exclut pas l'analyse, condition indispensable à toute œuvre appelée à résister à l'engouement d'une époque.

Près de quitter Rome après avoir presque entièrement épuisé ses ressources, Roland avait fait une statue de petite dimension d'après la *Junon* antique. Elle avait plu à un amateur qui voulait l'acheter, mais lorsqu'il fallut, pour la mouler, la transporter dans la pièce voisine, notre immortel peintre David, qui s'était chargé de ce soin, se heurta si rudement contre une porte, que la secousse fit tomber la statuette et l'aplatit sur le carreau, à la grande douleur des deux amis, qui demeurèrent un instant comme pétrifiés. David m'a souvent raconté cette anecdote.

Juste appréciateur des études que Roland avait faites à Rome, Pajou mesura tout de suite toute la portée de son talent. Il le pressa d'exécuter un ouvrage qui lui donnât le droit de se présenter à l'Académie. Roland suivit son conseil et fut admis au nombre des agrégés. Le sujet se prêtait à une grande énergie d'expression. C'était la *Mort de Caton d'Utique*. Il y a dans cette figure une animation vraiment saisissante : l'artiste a heureusement rendu la sombre résolution de l'homme méditant froidement sur ce dernier acte du drame de la vie, et prêt à briser une existence qu'avaient flétrie la honte de Pharsale et l'anéantissement de la liberté. Parfois il semblerait qu'abreuvé de déceptions, l'homme de cœur se reproche de se laisser vivre et vieillir, qu'il ressente le besoin de rompre ses liens, de sortir violemment de ce monde, surtout quand il a le bonheur de croire que l'immortalité l'attend dans un monde meilleur.

A notre avis, pourtant, le suicide de Caton fut l'erreur d'un grand homme. C'est à de tels citoyens surtout qu'il appartient de vivre, et de vivre longtemps, de combattre jusqu'au bout les brigands qu'enfantent les tourmentes sociales, et enfin, à défaut d'autres armes, de protester par leur vertu contre le triomphe du crime.

Roland avait eu la précaution de modeler à part, d'une grandeur plus que naturelle, les bras et les jambes de la statue de

*Caton*, et bien lui en prit. On prétendait que ces fragments étaient moulés sur nature. Il fallut le témoignage du compas pour prouver que de pareils membres n'eussent pu appartenir qu'à un géant. D'ailleurs, tout en conservant la plus stricte vérité, Roland avait empreint son œuvre d'un cachet original; les plus incrédules furent forcés de reconnaître que le moulage seul eût été impuissant à rendre des formes si vivement accentuées. Il fit hommage à la ville de Lille du modèle réduit de cette statue; touchante reconnaissance d'un artiste qui aimait à reporter vers son pays natal son premier succès, prélude de tant d'autres.

Pajou s'intéressait plus vivement chaque jour à son élève chéri. Il lui fit épouser, en 1782, la fille de Nicolas Potain, architecte du Roi[1], et obtenir un logement au Louvre. A cette époque, la royauté donnait un asile aux artistes qui s'étaient distingués. C'était une coutume remise en usage par Louis XIV et qui remontait à la féodalité. Les grands seigneurs alors prenaient sous leur patronage les artistes et les poëtes, qui vivaient confondus avec la haute domesticité de leurs castels. De là la dépendance de ces enfants du génie, contraints qu'ils étaient toujours de ne reproduire que les faits et gestes de leurs protecteurs. Ainsi les grandes idées qui pouvaient déplaire au maître, tout ce qui devait intéresser le peuple et le glorifier était passé sous silence : c'est pourtant ce peuple qui accomplit plus tard tant de grandes choses. Homère a dit : « Dès l'instant qu'un homme devient esclave, il « perd la moitié de sa vertu. »

Ce n'est pas pour un homme que les artistes doivent travailler, c'est pour la nation, l'humanité tout entière. Ils doivent envisager l'art comme un sacerdoce dont ils sont les ministres, et contribuer par leurs œuvres à propager la morale, qui seule peut amener les

[1] L'unique fille que Roland ait eue de ce mariage est devenue l'épouse de l'honorable M. Lucas de Montigny, conseiller de préfecture du département de la Seine.

hommes au plus haut degré de perfection possible et conséquemment au bonheur.

En 1781, Roland fut reçu membre de l'Académie. Son ouvrage de réception était une statue de *Samson*. Il y a dans cette figure une science profonde d'anatomie, une puissance de mouvement parfaitement sentie; le dessin est grand et sévère; un sentiment remarquable d'animation s'y joint à la dignité de la forme. Le héros est représenté à l'instant où, quoique enchaîné, il va renverser une des colonnes qui soutiennent le temple. Ses pieds pincent le sol avec une nerveuse contraction qui trahit l'invincible résolution de son âme.

L'année même de son mariage, Roland fut reçu membre de l'Académie de la ville de Lille; l'ouvrage qui lui valut cet honneur est une figure de terre cuite représentant la *Mort de Méléagre*. Profondément sentie sous le rapport de l'expression morale, de la noblesse des formes, souples comme la nature, d'un dessin pur sans être la copie de l'antique, cette statue renferme toutes les qualités d'un ouvrage de premier ordre.

A cette époque Roland exécuta deux bas-reliefs considérables. L'un représente un *Sacrifice des anciens*, l'autre l'*Astronomie* et la *Géométrie*. Dans ces bas-reliefs on voit qu'il avait su se débarrasser des funestes influences de l'école du dernier siècle, et ce n'est pas son moindre titre à l'estime.

Les bas-reliefs, par leur destination, attachés à la muraille des monuments, sont une sorte d'écriture, d'inscriptions historiques. Ils ne peuvent ni ne doivent avoir la prétention de jouer le trompe-l'œil, de chercher à représenter l'apparence de la réalité, comme fait la peinture, à qui la couleur en donne les moyens. Chaque art a ses limites, qu'il est absurde de vouloir franchir; trop longtemps les statuaires ont manqué à la véritable mission que la raison leur assigne. Ils creusaient la muraille, espérant donner à croire que les personnages se mouvaient réellement : ils s'imaginaient pouvoir se servir avec avantage des ressources de la perspective linéaire et aérienne, accessible à la peinture seule, comme si la sculpture avait aussi la ressource des effets, qui éloignent les personnages suivant l'exigence du sujet. Qu'arrivait-il alors? Les figures du premier plan projetaient leur ombre sur celles qui étaient censées se trouver à une plus grande distance; celles-ci étaient bien conçues comme perspective linéaire, mais l'effet aérien venait apporter un cruel démenti aux prétentions du sculpteur. Témoin un bas-relief que j'ai eu occasion de voir. C'était *Joseph vendu par ses frères*. Il représentait dans le lointain des hommes passant sur un pont. Les figures, quoique d'un saillant très-doux, recevaient de grandes ombres de celles placées sur le premier plan; celles-ci, en outre, paraissaient porter le pont sur leurs épaules. N'est-ce pas là un contre-sens insupportable? D'ailleurs, toutes ces figures de demi-bosse produisent à la vue un cliquetis d'ombres et de lumières qui embrouillent la composition, mêlant les membres des personnages sans que l'œil puisse se rendre compte auxquels d'entre eux ils appartiennent. Le spectateur a besoin que chacune des figures réunies dans un même cadre soit distincte et nettement présentée. Sans cela, il en résulte pour lui une fatigue pénible qui le détourne de la vue d'une composition ainsi conçue. Dans ces bas-reliefs, il semble que tout le monde parle à la fois. On est assourdi.

Le seul genre de bas-reliefs avoué par le goût est celui des Grecs. Des figures méplates sur le milieu offrent à la lumière une large surface, les membres qui passent au-devant du corps ne présentent qu'une saillie peu sensible et par suite n'y projettent point d'ombres. L'ombre de la figure elle-même se trouve portée sur le fond, la dessine énergiquement et la rend visible sans aucune indécision; chaque personnage est isolé; c'est un type pour ainsi dire symbolique. Dans ces bas-reliefs, une armée est représentée par quelques soldats, comme l'était par un vieillard le chœur du peuple sur leurs théâtres. Grâce à ce principe, le sujet traité par le ciseau était simple et d'une interprétation facile. Il y a tout lieu de croire que ce même principe n'était pas étranger aux peintres grecs, et qu'ils mettaient fort peu de plans dans leurs tableaux. C'était bien plutôt à la représentation de l'homme moral, dans ses plus nobles actions, dans sa beauté, qu'ils consacraient leurs efforts, qu'à ces tours de force de l'art qui étonnent l'esprit, mais ne disent rien à l'âme.

Les temps n'étant plus les mêmes, l'art a nécessairement dû se prêter à des exigences nouvelles. La Renaissance a essayé, et il faut en convenir, avec succès, de modifier les bas-reliefs antiques. De nos jours, on exige l'apparence de la réalité, des scènes où soient rendus le mouvement et les passions de la foule, une exactitude rigoureuse dans la reproduction des costumes; aussi, quand les artistes modernes ont à représenter une bataille, c'est le choc des escadrons, la mêlée furieuse, les chevaux des vainqueurs écrasant sous leurs pieds les morts et les mourants, etc. De là, le besoin de faire plusieurs plans, comme on en a des exemples dans les ouvrages des célèbres statuaires français de cette époque, et surtout dans les bas-reliefs du tombeau de François I$^{er}$, sculptés par Germain Pilon. Là, on peut voir quel parti avantageux l'artiste a su tirer des monuments grecs. Tout en conservant une saillie très-peu prononcée et méplate, il est parvenu à produire une illusion frappante, autant du moins qu'il est donné à la sculpture de le faire.

Dans l'art grec, chaque figure était une apothéose du héros; bien que les guerriers, en marchant au combat, fussent couverts d'une armure complète, l'artiste les représentait entièrement nus. C'était une personnification du guerrier idéalisé. Les statuaires avaient pensé avec raison que leur art devait être plus synthétique que la peinture. Les modernes ne font plus de demi-dieux de leurs grands hommes. S'ils les élèvent encore sur des piédestaux, c'est avec le costume obligé de leur époque, accessoire ingrat qui semble imposer à ces morts glorieux les habitudes de la vie commune et bourgeoise.

Roland, qui, lors de ses débuts dans la sculpture, s'était livré à l'étude des bas-reliefs conçus dans un vicieux système, legs déplorable des temps de Louis XIV et de son successeur, ne dut pas, sans de grandes difficultés, arriver à secouer le joug de ses premières impressions. C'est là ce qui rehausse encore son mérite comme l'un des restaurateurs de l'art. Il était éminemment statuaire monumental, et c'est pourquoi je me suis plus longuement arrêté sur le genre de bas-reliefs que comportent les convenances de l'architecture. Je n'ignore pas, du reste, que le bas-relief a une latitude immense; que l'artiste, de nos jours, peut s'abandonner à tous les caprices de son imagination, selon la destination de son ouvrage ou le fantastique du sujet. Nous en avons d'irrécusables preuves dans les travaux d'orfévrerie de Benvenuto Cellini et de tant d'autres artistes recommandables. Je me réserve d'en parler un jour dans des études sur les ouvrages des immortels statuaires Jean Goujon et Pierre Puget.

Cette même année encore, Roland exécuta un ouvrage qui le plaça en première ligne : la statue du grand Condé jetant son bâton de maréchal dans les lignes de Fribourg. Sa longue habitude de travailler, ou plutôt, suivant une énergique expression, de faire trembler le marbre devant lui, qualité qui lui fut commune avec les princes de la statuaire, les Michel-Ange et les Puget, le mit à même d'achever son œuvre sans le secours de mains étrangères. Le peu d'étendue de son atelier lui donna occasion de montrer combien il savait triompher heureusement des plus graves obstacles. La tête de son héros était cachée dans l'ombre, et la main qui tient le bâton ne put être exécutée qu'à l'aide d'une feuille de papier qui lui reflétait la lumière. Cependant les mains sont belles et sévèrement dessinées; la majesté guerrière dont les traits de la face sont empreints annonce une ferme assurance de vaincre; le mouvement de la statue est noble et fier, digne du héros en qui l'impétuosité du courage est tempérée par la dignité du commandement. Il y a, dans l'harmonieux ensemble du costume, un goût et une vérité qui décèlent la main du maître. Si la manière des sculpteurs du temps de Louis XIV et de Louis XV n'est pas à l'abri de reproche, au moins faut-il reconnaître que ces artistes s'entendaient merveilleusement à arranger les vêtements et à leur donner en quelque sorte la couleur. Leurs cheveux étonnent par le soyeux, le fini et la légèreté. L'art, paralysé quant au rapport moral, envieux pourtant de plaire à une société sensuelle et étiolée, fut obligé de se rejeter sur les détails. Il se signala par la recherche et la coquetterie. Le statuaire dégénéré descendit au rôle de modiste et de tailleur. Roland, en homme habile, ne prit de ses devanciers que ce qu'ils avaient de bon, et leur laissa leurs défauts.

En 1783, il exposa les médaillons, de proportion colossale, de *Lenoir*, *Louis XV*, *Louis XVI*, ainsi que celui de *Philibert Delorme*, notre grand architecte français.

En 1784, il fit pour le parc de Fontainebleau une gracieuse figure d'*Enfant jouant avec un cygne*, puis, pour la ville de Lille, le portrait de *Feutry*, qu'elle conserve dans son Musée.

Il sculpta, en l'année 1786, les superbes et gigantesques Cariatides qui décoraient la façade du théâtre Feydeau. Dans cet ouvrage, on peut remarquer combien, sans les copier, Roland s'était inspiré des beaux exemples de ses prédécesseurs. Les figures, d'un style grand et sévère, portaient bien le cachet du sentiment individuel de l'artiste. C'était une imitation libre, hardie et rivale à la fois, des Cariatides dont Jean Goujon a embelli l'une des salles du Louvre.

De cette époque date aussi un bas-relief représentant les *Neuf Muses*, qui décorait à Fontainebleau les appartements de la Reine. La noblesse et l'ampleur, qui s'y joignent à la grâce des contours et à la suavité des formes, ne laissent rien à désirer.

En 1791, il fut chargé de l'exécution d'un groupe colossal : l'*Image du Peuple terrassant le Fédéralisme*. Dans cette vaste composition, il put déployer à l'aise toute la puissance de son mâle génie. L'œuvre fut digne du sujet. Le peuple était là, debout, dans sa simple, énergique et robuste personnification. On reconnaissait, sans aucune hésitation, que ce juge inflexible, quelquefois terrible comme le destin, accomplissait un grand acte de souveraineté.

En 1792, il exécuta le monument dont, à la séance de la Convention nationale du 18 mars, Jean de Bry, au nom du Comité d'instruction publique, avait fait décréter l'érection à la mémoire de Simoneau, maire d'Étampes, tombé victime de son dévouement aux lois.

Cette même année, Roland modela dans des proportions gigantesques la statue allégorique de la *Loi*, qui fut placée sous le péristyle du Panthéon. Dans cette admirable production, il avait traduit et rendu visible par la forme une des plus hautes et des plus sérieuses abstractions que l'esprit humain puisse concevoir. C'était en quelque sorte l'incarnation de la Loi, non pas de ce monstre qui en usurpe le nom, création capricieuse et servile instrument du despotisme, Janus politique à double face, portant deux poids et deux mesures, impitoyable aux faibles et souriant aux forts, mais de cette loi, fille aînée de la liberté, et son rempart contre les oppresseurs, pour tous égale, soit qu'elle protége ou qu'elle punisse, parce qu'elle est l'expression solennelle de la volonté de tous; de cette loi enfin qui, n'ayant en vue que l'intérêt de la société, n'ordonne que ce qui est juste et utile, ne défend que ce qui est injuste et nuisible. Roland l'avait représentée dans l'acte du commandement. A la vue de cette noble et austère figure, il était impossible de se défendre d'un sentiment religieux : tout en elle respirait le calme et la majesté. A la perfection, au fini des chairs s'ajoutaient la richesse et la beauté des draperies. Quoique travaillée avec un soin particulier dans tous ses détails, cette statue, même de loin, n'en aurait pas moins frappé les spectateurs par son aspect monumental, par la grandeur, la simplicité des lignes et la largeur des plans. C'est encore là un des incontestables mérites de Roland.

Il sculpta aussi, sous ce même péristyle du Panthéon, un bas-relief en pierre, ingénieux symbole de la nouvelle jurisprudence. La *Patrie*, assise à l'entrée du temple des lois, montre à l'*Inno-*

*cence* la statue de la *Justice* et la salutaire institution du jury. L'*Innocence* embrasse avec empressement cette divinité protectrice. Deux figures, les *Jurisprudences civile et criminelle*, sont debout et semblent s'applaudir, l'une, de la lumière apportée enfin dans le chaos des lois, l'autre, de n'avoir plus à punir que des coupables. Le bas-relief de Roland s'harmonisait parfaitement, sous le rapport moral, avec celui du statuaire Lesueur, qui lui servait de pendant et représentait l'*Instruction publique*.

C'était au milieu des plus épouvantables commotions politiques que la Convention nationale décrétait de pareils monuments, grands comme leur époque et investis d'une sorte de magistrature morale. Les artistes, brûlant d'un saint enthousiasme, s'élevaient au-dessus d'eux-mêmes et répondaient par des chefs-d'œuvre à l'appel de la nation. Développer l'esprit public, inspirer l'amour des lois, consacrer la mémoire des faits et des hommes héroïques, telle fut leur mission, et ils n'y ont pas manqué. Témoin la pierre et l'airain, indestructibles gardiens de ces grandes pages humanitaires qu'ils ont tracées pour l'éternité.

C'était peu d'enflammer l'émulation par la consécration des héros éteints et de leurs nobles exemples; il fallait encore mettre les générations présentes en état de les imiter, de les surpasser même. Et l'infatigable Assemblée, qui portait sa puissante main sur toutes choses, couvrait la France d'écoles primaires et centrales, où la jeunesse venait puiser gratuitement une instruction et des lumières qui devaient féconder un jour le sol de la liberté.

Alors, Paris voyait passer dans son sein ces formidables légions de braves, soldats improvisés, qui, au cri de la patrie en danger, s'élançaient à la frontière et allaient faire repentir les rois d'avoir osé violer le territoire sacré! Ils savaient bien, en partant, que beaucoup d'entre eux ne reviendraient pas, et que leur laurier n'ombragerait que leur tombe; mais qu'importait le trépas à ceux dans le cœur de qui retentissait cette fière parole : « Si nous n'avons pas fait un pacte avec la victoire, nous en avons fait un avec la mort! »

Puis, un peu plus tard, quand il commença à recueillir le fruit de tant de dévouement et de sacrifices, le peuple guerrier, enivré de gloire, saluait de ses acclamations une longue file de chariots chargés de statues et de tableaux antiques, contribution de guerre levée par la victoire, et dont la pensée est encore due à la mémorable Assemblée qui porta si haut les destins de la République. Ces productions du génie disputées par les nations, ces conquêtes achetées au prix du sang donnaient à l'art une immense importance. Les artistes s'exaltaient en pensant qu'à leurs œuvres aussi, peut-être, les siècles à venir réservaient de semblables hommages.

En ces jours où la nation concevait et exécutait de si grandes choses, non-seulement pour repousser l'invasion étrangère (et ici je ne puis me rappeler sans une vive et patriotique émotion l'héroïque résistance de la ville de Lille, patrie de notre statuaire), mais encore pour préparer l'émancipation intellectuelle des peuples et leur avénement à la liberté, il était impossible que l'ébranlement général ne réagît pas sur l'âme déjà si impressionnable des artistes et n'éveillât pas en eux de chaudes et soudaines inspirations. De même que la *Marseillaise* fut l'œuvre de la nation tout entière dont la puissante voix dictait à Rouget de Lisle cet hymne sublime, prière de tout peuple qui voudra rompre avec la tyrannie, de même les grands événements vibraient dans le cœur des artistes, qui sont toujours l'expression de leur époque.

En l'an IV, lors de la création de l'Institut, Roland fut élu à l'unanimité membre de la classe des Beaux-Arts et professeur à l'École des Beaux-Arts. Les années IV et V de la République furent consacrées par lui à l'exécution de plusieurs ouvrages qui, pour être d'un genre moins sérieux, n'en accusent pas moins le faire du maître. On peut citer, entre autres, une figure de *Bacchante* portée sur une chèvre qu'elle agace avec son thyrse. La vivacité et la grâce de la pose, la pureté des formes font ranger cette œuvre parmi les plus belles qui aient exercé son ciseau.

mesquine reproduction de tous ces petits plis qui en sont les infirmités et affectent la vue aussi désagréablement que les têtes desséchées de sauvages exposées dans nos galeries d'histoire naturelle. Au contraire, il accusait vigoureusement les grands plans qui servent à donner le caractère moral aux traits, passant sur les détails avec une extrême délicatesse. En un mot, il parlait très-haut pour les divisions principales et bas pour les nuances; alors, la lumière vibre, la tête vit, la bouche respire, les yeux semblent voir.

En 1802, il exposa son modèle de la statue d'*Homère*, qui reçut les applaudissements unanimes des artistes et des hommes de goût. Le sublime mendiant est assis, tenant une lyre de laquelle il semble tirer des sons; une draperie, posée sur le bras gauche, sert à arranger les lignes de la figure sans cacher le nu; son bâton repose près de lui, et des couronnes sont à ses pieds; la tête est celle qui nous est venue des Grecs; l'expression de cette tête, si rayonnante de poétiques inspirations, s'harmonise parfaitement avec le mouvement et l'ensemble idéal de la composition. Les couronnes sont celles que les Grecs, ravis des chants divins où revivaient les demi-dieux leurs ancêtres, déposaient aux pieds du poëte, avec l'obole destinée à le préserver de la faim. Aujourd'hui, cette grande et toujours jeune renommée plane au-dessus du monde, le front ceint des palmes de l'immortalité. Toutes les générations qui se succèdent et qu'emporte la mort, comme le vent d'automne les feuilles des forêts, saluent en passant le barde des temps antiques, le majestueux Homère, qui demeure éternellement debout au milieu de leurs ruines. Voilà la récompense du génie, quand, dans ses œuvres, il a su fondre et répandre avec profusion tout ce qui frappe et intéresse le plus vivement les hommes, les simples et touchantes beautés de la nature, les larges et vigoureuses pensées qui agrandissent l'âme, ces éclairs de sentiment qui la pénètrent, la subjuguent, et enfin ces grands actes de courage et de dévouement à la patrie qui sont autant de leçons léguées à tous les âges de l'humanité.

C'est une admirable individualité reproduite avec un art extraordinaire, c'est la beauté, la suave candeur présentées avec toute la magie du sentiment le plus exquis et la correction la plus achevée. La lumière se repose avec largeur, on pourrait dire avec bonheur, sur ce portrait si plein d'ingénuité. L'œil du spectateur ne se détache qu'à regret de ce beau visage, de ces yeux qui ont des regards si doux, de cette bouche naïve de vierge qui semble ne devoir s'ouvrir que pour laisser tomber des paroles aussi pures que l'âme qui l'effleure. On est enchanté du goût qui a présidé à l'arrangement de la chevelure; c'est bien la mode de l'époque, mais elle a obéi à la fantaisie de l'artiste. Les cheveux sont d'une légèreté, d'un soyeux qui annonce qu'ils ne peuvent appartenir qu'à une jeune fille.

Quand on voit cette œuvre, on regrette que les statuaires, au lieu de nous reproduire à satiété les têtes grecques, qui semblent toutes moulées sur le même type, ne s'impressionnent pas plus souvent de la beauté vivante dont l'inépuisable nature se plaît à leur varier les modèles à l'infini.

Un buste est une œuvre d'une haute importance. En effet, n'est-ce pas sur le visage que se joue le drame de la vie humaine? La phrénologie est une science indispensable à l'artiste. C'est la phrénologie qui permet de discerner sur le crâne de l'individu les qualités distinctives dont les traits de la face sont la résultante. La face est le miroir des facultés de l'homme. Il est important de rendre saillante la structure monumentale de l'être, afin de faire penser le spectateur en l'impressionnant fortement. Cela fait, le statuaire exprimera les nuances presque insaisissables qui sont comme le prisme des passions et répandent sur une physionomie je ne sais quoi de mystérieux que seules les âmes d'artistes peuvent sentir. C'est là une carrière immense que l'art moderne est appelé à parcourir.

Roland comprenait merveilleusement la sculpture monumentale, qui est faite pour l'espace et l'éternité; il était convaincu que la statuaire ne doit pas être un moulage de la nature, une

Ce fut alors que, cédant à l'impulsion de son cœur reconnaissant, il entreprit le buste de *Pajou*, admirable ouvrage sous tous les rapports. Il était impossible de rendre avec plus de vie et une plus heureuse expression l'âme de son maître. On sent dans ce travail la vive émotion que l'élève a dû éprouver. Ce buste obtint, à l'Exposition, un prix de première classe.

Il modela aussi la tête sévère et énergique de l'amiral *Ruyter*; celle si mélancolique du grand peintre *Eustache Lesueur*; puis le buste colossal de l'archichancelier *Cambacérès*; ceux du sénateur *Laboissière*, du savant chimiste *Chaptal*, ministre de l'intérieur, et quelques autres encore de personnages dont les noms n'appartiennent pas à l'histoire. Dans tous ces bustes, empreints d'un singulier caractère d'authenticité, on remarque une puissance d'expression toujours contenue dans les graves limites de la statuaire, qui ne doit qu'indiquer les sentiments sans les rendre dans leur dernière extension. On ne saurait pousser plus loin la rigidité du trait, l'élégante pureté des contours. C'est toujours, si je puis m'exprimer ainsi, la stéréotypie de la nature à un haut degré.

Quelques critiques, pourtant, auraient demandé au ciseau plus de variété; ils pensaient que le fini des étoffes et des autres accessoires, aussi parfait que celui des chairs, apportait un peu de monotonie dans l'ensemble de l'œuvre; ils auraient voulu que le grenu de ces étoffes, le luisant poli de la soie, etc., fissent opposition avec le visage. Mais Roland connaissait parfaitement les ouvrages de ses prédécesseurs, statuaires qu'on pourrait désigner sous le nom de coloristes, et si un artiste de sa trempe, aussi habile qu'il l'était à dominer le marbre, à l'assouplir à son gré, a dédaigné de tels artifices, c'est qu'il croyait sans doute que la gravité de la statuaire aurait pu en souffrir. Il faut alors s'incliner devant une volonté qui fut toujours dirigée par un jugement droit et un tact d'une extrême finesse.

Le buste de sa fille, pour lequel il obtint à l'Exposition un prix de première classe, est sans contredit un chef-d'œuvre.

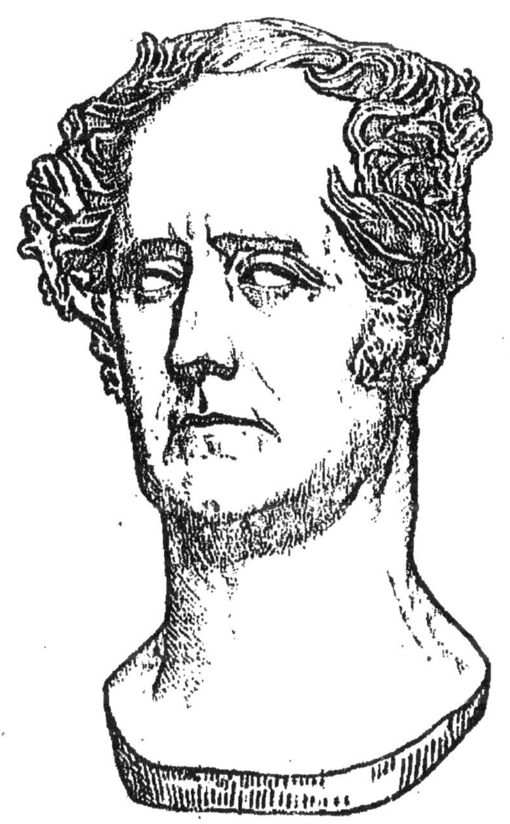

E. Marc del. A. Durand sculp

CHATEAUBRIAND

*Marbre*

E.B.A

Imp A Durand. Paris

Ces hommages de tous les peuples et de tous les siècles sont une justice tardive, sans doute, mais qu'importe? Ne faut-il pas que le génie paye de ses malheurs la gloire que ses contemporains jaloux ne lui mesurent souvent qu'à regret?

Il est impossible de pousser plus loin la science de la nature que Roland ne l'a fait dans cette composition. Les lignes en sont graves et simples; les plans des muscles, modelés par méplats, témoignent d'une profonde expérience de l'anatomie; les fibres charnues vibrent, et chacune des couches qu'elles forment est nettement dessinée; les os sont accusés sans dureté, et tout ce savant travail est recouvert d'une peau délicate, ainsi que d'un voile transparent; les grandes divisions constitutives de l'homme sont énergiquement marquées, de telle sorte que les nuances les plus fines de la vie s'y font sentir, sans nuire au grandioso. Les statues qu'on dresse aux grands hommes étant destinées à leur apothéose et devant contempler la foule du haut de leur piédestal, il s'ensuit que les principales divisions du corps humain sont celles qu'il faut accentuer plus fortement que nature, parce que ce sont celles qui ont été le plus fortement modifiées par les passions dominantes de l'âme. On glisse plus légèrement sur les détails, qui ne sont que l'expression de la vie intime.

Ainsi le littérateur qui se propose d'écrire l'histoire d'un homme célèbre, ou les annales d'un peuple, rassemble et trace à grands traits les principaux événements; et autour de ces groupes de faits, qui sont comme les fondements de son œuvre, il jette et sème les circonstances de moindre importance, les particularités qui nous initient à l'intimité de l'homme ou des nations, n'admettant de ces détails pourtant que ce qui peut être avoué par le goût et la raison.

Cette statue est d'un style très-élevé dans sa donnée de convenance et d'art. Le style n'est pas seulement l'imitation plus ou moins exacte d'une épée ou d'autres accessoires, c'est le caractère, l'originalité de la forme en harmonie avec le moral du sujet; c'est l'épuration de la nature qu'on apprend à interpréter par l'examen réfléchi, par la comparaison éclairée des modèles que la Grèce nous a transmis.

La statue d'*Homère*, remarquable entre les plus belles de la statuaire française, est placée au milieu des chefs-d'œuvre de notre école, dans l'une des pièces du rez-de-chaussée du Louvre, qui forme l'aile droite du pavillon de l'Horloge. Elle sera toujours un objet d'études fécondes pour les artistes qui viendront s'inspirer devant cette nature mâle, exempte d'infirmités : ils admireront comment Roland, nourri des sublimes productions des Grecs, a su se placer auprès de ses maîtres en copiant la nature, et reflète librement l'antique. A sa vue, ils comprendront que ceux qui ne s'attachent qu'à reproduire servilement les œuvres du temps passé s'enferment dans un cercle qui va se rétrécissant chaque jour, à mesure que les fragments deviennent plus rares, se perdent ou s'altèrent.

Ces fragments, si je puis ainsi parler, ne représentent plus que l'étui : l'instrument est absent. Mais la nature est variée, infinie, incommensurable comme la vie. Un grand moraliste a dit : « La nature a son centre nulle part et sa circonférence partout. » Pourquoi donc, dans les arts, s'obstiner à lui assigner un centre imaginaire? N'est-ce pas les enchaîner au même point à tout jamais et briser leur essor?

Roland fut choisi à l'unanimité et au scrutin secret, par ses collègues de l'Institut, pour faire la statue de Napoléon, qui orne encore la salle des séances publiques de ce corps savant. Le héros, revêtu de son costume impérial, tient le sceptre d'une main et distribue, de l'autre, des croix et des couronnes de laurier. L'aspect de cette statue est grand et noble, l'exécution large et franche. Cette œuvre et quelques autres de nos statuaires français, représentant l'Empereur, font regretter cette malheureuse et impolitique inspiration qui lui fit appeler à Paris et charger de son buste un artiste étranger. Certes, dans son œuvre toute maniérée, Canova s'est montré bien inférieur aux nôtres, comme à lui-même.

Vers l'année 1805, notre maître eut à s'occuper d'un important travail dans la cour du Louvre. C'était un bas-relief dont le champ, étroitement resserré par les exigences de l'architecture, opposait au sculpteur de graves difficultés. Il fallait y faire entrer deux grandes figures de *Victoires*, soutenant un écusson sur lequel était inscrite l'initiale du nom de Napoléon ; à droite et à gauche un *Hercule* et une *Minerve*, et deux *Fleuves* au milieu.

Roland triompha de cette gêne, et ses figures ne se ressentent en rien de l'exiguïté du cadre. Les *Victoires* sont d'un style grandiose, d'une forme puissante et décidée. Elles sont bien les Victoires de cette gigantesque époque. La figure d'*Hercule* est vigoureusement dessinée, celle de *Minerve* dignement sentie. L'entente du bas-relief est celle qui procède par méplats ; aussi la lumière n'est-elle nullement interrompue par la saillie des membres superposés à la masse du corps ; les ombres, en se projetant sur le fond autour des contours, circonscrivent nettement les personnages, qui se trouvent cependant placés à une grande distance du spectateur. Si l'on avait quelque chose à reprendre, ce serait peut-être que la main énergique du maître se soit un peu trop appesantie sur les draperies, et ait trop durement indiqué les plis qui passent sur les membres. Quoi qu'il en soit, ce bas-relief n'en sera pas moins considéré comme une des productions les plus distinguées d'un temps où florissaient nombre d'habiles statuaires.

Vers cette époque, Roland fit la statue de Cambacérès, dans son costume de grand chancelier. La tête en est remarquable : c'est celle d'un penseur profond, de l'homme que la Convention nationale avait chargé, avec Merlin, de Douai, de rédiger un Code civil ; qui, sous le Consulat et l'Empire, poursuivit ce beau travail que l'Empereur décora de son nom. L'obésité du modèle était un rude obstacle au statuaire ; il réussit à le surmonter, et, tout en restant dans les strictes limites de la vérité, sut revêtir son œuvre d'une gravité et d'une grandeur dignes de l'apothéose.

Il fit encore une statue de Solon, destinée à la salle des séances du Sénat. Le législateur montre la table où sont inscrites ses lois.

Une correcte sévérité domine dans la forme du nu et des draperies. La tête porte au plus haut degré ce caractère de méditation, propre à l'homme qui, toute sa vie, a rêvé aux moyens de servir l'intérêt de l'humanité et la gloire de sa patrie.

La statue de Tronchet vint ajouter encore à la réputation de l'infatigable Roland. Celui que, en 1801, le premier consul, en le portant au Sénat par son suffrage, avait proclamé le premier jurisconsulte de France, celui qui coopéra si activement aux travaux du Code Napoléon méritait certes bien que ses traits fussent consacrés par la statuaire, et surtout par un tel maître. Il est représenté dans l'attitude d'un homme enfoncé dans la pensée. La noblesse et l'austérité du maintien, en parfaite harmonie avec le mouvement des bras et des mains, annoncent une forte contention de l'esprit, la concentration des facultés morales sur un important objet. La main droite est portée vers la tête, qui penche en avant; l'index étendu, comme celui d'un homme poursuivant une idée qui l'absorbe; la gauche pose, appuyée sur des feuilles du Code. Le visage respire une imposante gravité. On sent que le regard est en dedans qui scrute l'histoire du genre humain et interroge la sagesse des temps passés. Les vêtements, traités avec goût et vérité, recouvrent avec aisance cette pure et belle nature de vieillard, et complètent merveilleusement l'ensemble de cet irréprochable ouvrage.

Peu après, Roland exécuta un bas-relief d'un style élevé et d'une grande dimension. *Marc-Aurèle* est le sujet de cette composition, qui, ainsi que les précédentes, rappelle les hautes conceptions et le large faire du maître.

L'un de ses derniers ouvrages fut la statue de Lamoignon de Malesherbes, que l'on voit aujourd'hui dans la salle des Pas-Perdus, au Palais de justice. Le vieillard, en costume d'avocat, est dans l'attitude de l'orateur.

En 1815, Louis XVIII ayant rendu une ordonnance pour l'érection de douze statues en marbre, sur le pont Louis XVI, Roland fut chargé de la statue du Grand Condé; mais il n'eut que le temps de modeler son esquisse. Il avait représenté son héros debout, auprès d'un cippe surmonté de la couronne royale ; au pied croissait une tige de lis. Condé la couvrait de son épée menaçante, comme pour défendre cet emblème.

On doit aussi à son ciseau la copie de la *Minerve antique* placée devant le péristyle de la Chambre des députés.

Un jour, douloureusement miné par une affection de poitrine, Roland voulut quitter le lit où il se sentait mourir, et revoir une fois encore son atelier, confident de son génie, théâtre de tant de beaux et légitimes triomphes. Là, appuyé sur la plinthe du modèle de sa statue d'*Homère*, il promenait ses yeux presque éteints sur son ouvrage de prédilection. On eût dit un tendre père qui, avant de se livrer au sommeil, va déposer le baiser du soir sur le front de ses enfants au berceau ; c'était le dernier éclat d'un soleil prêt à s'abîmer dans l'éternelle nuit ; c'était le dernier effort d'une volonté puissante qui se révolte et maîtrise quelques moments encore la fiévreuse matière qui va se désorganiser pour jamais. Oh ! qui dira tout ce qui se passa en lui, toutes ses émotions, toutes ses voluptés, tous ses désespoirs dans cet adieu suprême ! Que ce serait chose merveilleuse à voir, s'il nous était donné de pénétrer le mystère de cet instant sublime où l'âme, sur le point de quitter sa périssable enveloppe, se recueille et va se refléter une dernière fois sur ses productions immortelles !

La famille de Roland, toujours si attentive, et dont les soins touchants entouraient journellement son illustre chef, vint l'arracher à sa solennelle et mélancolique contemplation. Quelques heures après, il n'était plus. Il succomba le 11 juillet 1816. Longtemps avant, il avait reçu des mains de l'Empereur la croix de la Légion d'honneur.

Sa famille avait eu l'heureuse idée de faire sculpter sur son tombeau une représentation de la statue d'*Homère*. J'ai longtemps cherché cette pierre, qui portait au front les images de l'artiste et de son œuvre chérie. Je l'ai vainement cherchée au milieu de cette avalanche de morts que vomit la Babylone moderne, au milieu de cette foule innombrable qui vient chaque jour, au lugubre appel, se caser dans la silencieuse nécropole où vices et vertus, héroïsme et crime, sottise et génie, sont reçus à loyer et gisent confondus dans un effroyable pêle-mêle. Ces orgueilleux tombeaux qui s'enfoncent sous l'herbe, ces fastueuses inscriptions que les ans effacent, montrent qu'il n'y a de vraiment grand et de durable au monde que le souvenir des belles actions et des œuvres du génie. C'est là l'homme immatériel, c'est par là qu'il échappe à la destruction commune. Les honneurs rendus au corps ne sont que d'étiquette[1].

Les montagnes sapées par le vent s'écroulent et s'engloutissent, les rocs disparaissent emportés par le flot ou brisés par la foudre, les fleuves changent leurs cours ou se dessèchent, les nations périssent, et l'on ignore un jour jusqu'au lieu où dorment les cadavres de leurs cités. Mais le nom qu'illustra le génie survit aux catastrophes et surnage immortel au-dessus des ruines du monde. Les siècles qui finissent le transmettent aux siècles qui commencent; répété avec enthousiasme, il traverse d'échos en échos la longue succession des âges, car c'est dans le cerveau de l'homme que le génie écrit ses glorieuses archives.

Roland n'a eu que quatre élèves. Son caractère loyal et intègre écartait la foule des jeunes étudiants qui recherchent avant tout le maître qui fait avoir des prix. « A quoi bon, disait-il, chercher « à influencer vos juges? Si vous êtes plus capables que les autres « concurrents, vous devez immanquablement finir par l'emporter. « Si quelqu'un d'eux, au contraire, me paraît le plus digne, je « lui donnerai ma voix; car ce serait une lâcheté que de lui ravir « ce qui lui appartient. Il faut devoir son avancement à soi seul, « à son propre mérite. » Avec de tels sentiments chez le maître, il était impossible que son école fût nombreuse.

[1] J'ai appris depuis peu que l'honorable M. Lucas de Montigny allait faire rétablir le monument de Roland, qui renfermera aussi les restes mortels de la femme de l'illustre statuaire.

Son premier élève a été M. Caillouette, qui, par ses ouvrages, s'est acquis un rang distingué dans les arts. Le second, M. Van Geel, de Malines, généreusement doué par la nature, promettait de se placer un jour entre les premiers statuaires ; il avait obtenu le second prix pour un ouvrage qui réunissait toutes les qualités distinctives de son jeune talent : la science des formes, la délicatesse du sentiment et une singulière aptitude à vivifier son œuvre. Il est à déplorer qu'une sombre mélancolie soit venue briser un si bel avenir. Le troisième fut le bon Massa, celui qui semblait devoir le mieux rappeler le style du maître. David d'Angers enfin fut le dernier.

Je ne puis résister ici au désir de consacrer quelques lignes à la mémoire de Massa, qui, après de brillants succès obtenus dans les concours, fut si tôt enlevé à ses amis et aux arts par une cruelle maladie de poitrine. Il s'était lié d'une affection toute particulière avec l'un des élèves de l'atelier. Celui-ci était venu à Paris pour étudier, sans argent, sans autre stimulant qu'un ardent amour du travail et le souvenir de ses parents, trop pauvres, hélas! pour lui envoyer autre chose que leurs vœux. Massa apportait tous les jours à l'atelier un long pain, unique nourriture des deux amis, mets frugal qu'assaisonnaient l'eau claire de la fontaine et l'insouciante gaieté de leur âge. Quant à corriger par quelques douceurs la sèche monotonie de leur repas, nul des deux n'y songeait, ni l'un ni l'autre ne possédant les modiques pièces de monnaie qu'eût exigées une pareille dépense. Massa, du moins, trouvait le soir, chez ses parents, un souper plus substantiel. Son ami, lui, n'avait pas de dédommagement, et la faim l'attendait dans sa mansarde. Et pourtant, ce morceau de pain qu'il tenait de l'amitié, ce faible secours a suffi à soutenir ses forces et lui a permis de se livrer à l'étude, sans autre préoccupation. Heureux temps de l'existence, où l'âme, encore vierge du contact des hommes, est accessible aux plus douces émotions, au dévouement le plus entier! Pourquoi faut-il que le froissement de la société la déflore et la souille si vite? N'est-il donc pas possible que chacun se crée une position honorable, sans chercher à écraser les autres? Ne peut-on louer, admirer franchement l'œuvre d'un confrère, si elle doit honorer l'art et la patrie? Ne vaut-il pas mieux ouvrir son cœur à une généreuse émulation, source d'inspirations fécondes, qu'à une basse jalousie qui le crispe et le dessèche?

Roland était d'une taille moyenne et d'une complexion délicate. Son teint très-coloré annonçait un tempérament sanguin, mais en lui l'élément nerveux prédominait. Sa démarche, quoique posée, participait de son énergie morale; il avait les mouvements souvent brusques, la parole brève, la tête développée, le front très-large par le haut. Son crâne offrait une protubérance extrêmement prononcée, celle de la persévérance. Les traits de son visage portaient l'empreinte de la disposition habituelle de son esprit. Ses yeux étaient vifs et pénétrants, comme ceux de l'artiste; sa bouche grande, mais bien dessinée. Ainsi que les hommes occupés de choses sérieuses, il parlait peu. Dans ses rapports sociaux, il montrait une réserve digne et une loyale franchise, que rehaussait encore une grande austérité de principes. Nul artiste plus que lui n'a imprimé son caractère dans ses ouvrages. C'est de Roland qu'on peut dire avec vérité : « Le style, c'est l'homme. »

Ce qui distingue avant tout les productions du statuaire de Lille, c'est un sentiment de vie et de correction uni au grandiose de l'art. A Rome, il comprit que c'est par l'étude raisonnée de l'antique et des anciens maîtres que doit se former le goût de quiconque aspire à interpréter la nature dans ses manifestations les plus sublimes. La sculpture de Roland offre un air de parenté incontestable avec la sculpture romaine de la belle époque d'Auguste. Son âme, fortement trempée, s'identifiait naturellement avec le mâle génie de cette époque; car, dans les arts surtout, les nations, comme les individus, portent un sceau d'originalité qui caractérise leurs œuvres. Roland a doté ses figures de femmes d'un sentiment de formes chaste et sérieux et d'un voile de gracieuse modestie, bien différent en cela de Clodion et d'autres artistes qui, dans leurs modèles de femmes, ont prostitué l'art au plus effréné sensualisme et se sont faits les apôtres du vice et de la plus excitante débauche.

Il faut savoir gré à Roland de la gravité de style dont il ne s'est jamais départi, et reconnaître qu'il est toujours resté fidèle à l'imposante mission du statuaire. Ce n'est point à caresser, à diviniser le luxe, la vanité, l'ostentation et la mollesse, que l'artiste qui respecte son art doit consacrer ses veilles. Il faut qu'il ait toujours en vue l'utilité générale, et que, convaincu de l'influence puissante des monuments qu'il élève sur le jugement que porteront de son siècle et de son pays les âges à venir, il fasse concourir tous ses efforts à maintenir l'esprit public, à épurer les mœurs, à inspirer à ses concitoyens l'amour de la vertu, de la patrie et de la liberté. Ce n'est pas à dire cependant qu'il lui soit interdit d'aborder les sujets gracieux. On est heureux de pouvoir reposer sa vue fatiguée sur quelques naïves et touchantes figures de femmes et d'enfants. C'est un spectacle qui calme, qui rafraîchit l'âme, comme les oasis enchantées qui, du fond d'arides déserts, viennent tout à coup sourire aux voyageurs haletants, et leur promettre, au bord d'une source vive, un peu de repos et d'ombre.

Il n'a manqué à Roland, comme aux statuaires français, que de vivre au milieu de circonstances aussi favorables que celles offertes à Canova et à Thorvaldsen, pour mettre au jour un plus grand nombre de chefs-d'œuvre qui, certainement, eussent témoigné une science plus profonde, un goût plus pur que les productions des deux célèbres statuaires de Rome.

J'aurais voulu rendre plus dignement ce que m'inspirent et la reconnaissance et ma profonde estime pour ce grand maître. J'aurais voulu donner une juste idée de tout ce qu'il y a de douleurs et de larmes amères au cœur de ces pauvres enfants du peuple, quand ils se sentent brûler de ce feu sacré qui enfante tant de grandes choses, et que la faim, la faim impitoyable, avec ses besoins renaissants, plus impérieux chaque jour, vient les arracher à leurs rêves de gloire et les replonger durement dans la triste et énervante réalité. Si je n'ai pas réussi, je le regretterai, et pour l'artiste et pour la noble cité qui a eu l'heureuse idée de rappeler à la mémoire des hommes le nom d'un de ses plus illustres enfants. Car il est bon de montrer aux jeunes gens qui se laissent aller au découragement dès l'entrée de la carrière, comment et jusqu'où est monté un homme d'une constitution frêle, sans protection, sans fortune, armé seulement d'une volonté robuste et d'une inébranlable conviction. J'avais quelques droits peut-être à retracer toutes ces luttes et toutes ces souffrances, car moi aussi, je puis dire :

*Non ignara mali, miseris succurrere disco.*

(Virg.)

Cette notice valut à son auteur une médaille d'or décernée par la Société royale des sciences, de l'agriculture et des arts de Lille, qui avait mis au concours l'*Éloge de Roland*. Le travail couronné fut publié dans les *Mémoires de la Société*. Lille, imprimerie L. Danel, année 1840. — Nous avons relevé sur les carnets de David cette note complémentaire relative à son maître : « Roland avait accroché à la muraille de son appartement le portrait de son père, celui de sa mère, celui de son cher maître et quelques gravures de Poussin, le grand philosophe, l'homme des sculpteurs. »

---

## XXXII

### SARAZIN (Jacques), sculpteur.

Sarazin a été un grand sculpteur. Il a su rendre la grâce avec un art divin. C'est dans ses Cariatides du Louvre qu'il faut étudier cet artiste. Que de noblesse dans ces figures, et combien est pur le parfum de virginité qui s'en échappe! Les Cariatides sont bien comprises au point de vue de l'élégance : elles mesurent sept têtes de proportion.

Notes autographes de David appartenant à la famille.

## XXXIII

### THORVALDSEN (Bertel), sculpteur.

Vous me demandez ce que je pense de Thorvaldsen, et vous voulez bien attacher quelque prix à l'expression de mon sentiment personnel[1].

Je vous adresse de grand cœur les notes que voici. Ce sont des souvenirs que j'ai mis par écrit dans l'ordre, ou plutôt dans le désordre où ils me sont venus. Publiez-les dans l'*Almanach du Mois*, si vous le jugez utile, mais n'y mettez pas plus d'importance qu'il ne faut.

Vous savez que Thorvaldsen naquit en pleine mer, en 1779, entre Copenhague et Rejkiavik, et qu'il était fils d'un ouvrier de la marine islandaise, pauvre sculpteur de figures grossières. Admis à recevoir une éducation gratuite à l'Académie des beaux-arts de Copenhague, il remporta, en 1794, le grand prix, qui lui donnait le droit d'aller à Rome, aux frais de l'État. Sa biographie, du reste, est partout; elle n'offre rien de bien saillant.

Thorvaldsen n'appartient pas à l'école du dernier siècle, à cette école qui, en Italie, avait commencé au cavalier Bernin, et qui, en France, remonte au Puget. Ce n'est pas l'homme de l'art mouvementé et hardi. Il est toujours calme, quelquefois jusqu'au sommeil; il est toujours sévère, quelquefois jusqu'à la pesanteur.

Sa vie a été longue, et son œuvre est immense. Il me serait difficile d'énumérer ses statues, ses groupes, ses bas-reliefs;

[1] Cette notice fut adressée à M. Charles Blanc, qui, après lui avoir fait subir quelques retouches, l'inséra dans l'*Almanach du Mois*.

mais quelques-uns me suffiront pour vous donner une idée de son génie et du caractère qui le distingue de son illustre émule, Canova.

Un soir, j'étais alors bien jeune, et j'apprenais la sculpture avec amour, je me trouvais à Rome, dans l'atelier de Canova; le grand artiste avait cessé de travailler; il parlait de son art. Un dernier rayon de soleil éclairait encore les corniches les plus élevées; un peu au-dessous, dans une chaude demi-teinte, on voyait le groupe des *Trois Grâces*, et à quelque distance, d'autres figures mythologiques de nymphes, de déesses ou de courtisanes sensuelles, à peine vêtues.

Je contemplais ces figures que la lumière abandonnait peu à peu, et qui bientôt se trouvèrent noyées dans le crépuscule. Il y eut un moment où je crus les voir s'agiter comme des apparitions fantastiques; il me semblait que ces poétiques figures, prenant du doigt leurs draperies légères, allaient se détacher de leur piédestal et se mêler dans une danse aérienne. Alors tout ce qu'il y avait de séduisant dans ces formes voluptueuses parlait à mon imagination; la sculpture m'apparaissait comme la pure expression des beautés exquises, comme l'art de diviniser la forme, en la faisant adorer. Jamais je n'avais senti une attraction plus forte vers le sensualisme antique; j'étais enchanté, fasciné par la grâce de ces divinités de marbre, auxquelles j'allais consacrer mon admiration et mon ciseau.

Mais quand je fus sorti de cet atelier et que je m'en revins par les rues tranquilles de Rome; quand j'eus respiré l'air du soir et que ma tête se fut un peu calmée, il se fit en moi une réaction puissante; l'austère souvenir de Poussin, de ce génie français qui avait erré parmi ces ruines, me commandait un retour sur moi-même; je fus bientôt en proie à un autre genre d'exaltation; je sentais mon âme s'élever dans les régions de la pensée, je me rappelais les préceptes de Platon. Les statues que je rencontrais, çà et là, sur ma route, et qui forment, pour ainsi dire, un autre peuple dans Rome, redoublaient en moi la vénération des héros.

Elles me révélaient toute la grandeur de la sculpture, destinée à perpétuer les mâles vertus, les nobles dévouements, et à faire vivre les traits de l'homme de génie quatre mille ans après qu'il n'est plus. Je dis faire *vivre*, car je rêvais, dans mon enthousiasme, d'animer le marbre et le bronze, je voulais poursuivre le mouvement et la vie; ma plus grande ambition d'artiste était de faire disparaître ces mots : *la froide sculpture*.

Vous comprenez déjà, mon ami, pourquoi mes sympathies ne vont pas précisément du côté de Thorvaldsen, artiste prudent, compassé et d'une sagesse inaltérable; mais je n'en suis que plus à mon aise pour vanter ses qualités éminentes.

Les Grecs regardaient l'immobilité comme devant caractériser les symboles de leur croyance; de là cette tendance vers une apparente froideur, si opposée aux idées de mouvement et de vie qui ont prévalu chez les peuples de l'Occident.

Thorvaldsen, étant un classique pur, était extrêmement réservé, calme, et ne se permettait le mouvement que dans une très-petite mesure. Il subordonnait le geste à l'harmonie des lignes, et leur agencement le préoccupait beaucoup plus que l'expression elle-même; aussi cette disposition le rendait propre surtout à traiter le bas-relief, et, en effet, on peut dire que Thorvaldsen a excellé dans cet art si difficile qui, depuis Phidias, a fait le désespoir de tant de sculpteurs.

Vous connaissez les figures du *Jour* et de la *Nuit*, qui décorent une des frises du palais Quirinal, à Rome, et qui ont été reproduites par la gravure. Celle du *Jour* me semble un peu triviale, mais j'aime et j'admire beaucoup celle de la *Nuit*, portant des enfants endormis dans ses bras, et le front ceint des pavots symboliques dont se compose sa triste couronne. C'est un heureux mélange de puissance et de grâce. La plénitude des formes n'empêche pas qu'elles n'aient de l'élégance et une sorte de légèreté majestueuse. Les draperies abondantes sont soulevées et comme soutenues par le vent; les lignes sont heureusement balancées, et le grand vide qui se trouve entre les ailes et les pieds de la déesse est parfaitement rempli par la figure mélancolique du hibou aux ailes étendues.

On trouve des ouvrages de Thorvaldsen dans toutes les grandes villes de l'Europe, particulièrement à Munich, à Stuttgart, à Mayence, à Varsovie; la plus grande partie est maintenant à Copenhague, sa patrie.

Je vous dirai un mot de sa statue de Schiller, qui est sur une place publique à Stuttgart. Cette statue, de douze à quinze pieds de haut, s'élève sur un piédestal de granit, où est dessinée une simple palme. Le poëte est représenté debout, couvert d'un ample manteau rejeté sur l'épaule, tenant d'une main sa draperie, de l'autre son manuscrit; ses yeux sont attachés à la terre.

Schiller était mélancolique, sans doute, mais il était fier; il fut le poëte de la liberté. Si je ne me trompe, c'étaient les cieux que devait regarder le front de Schiller. Thorvaldsen a toujours été l'artiste des puissants de ce monde; il n'eût pas osé donner à sa statue une allure plus généreuse; c'était bien assez pour les souverains d'Allemagne que l'image d'un tel poëte s'élevât au milieu d'une de ces places que l'adulation a si longtemps réservées aux rois.

Je ne vous parle pas du *Tombeau de Pie VII*, que je n'ai point vu. On vante la beauté de la tête du Pontife.

La statue équestre du prince Max de Bavière, qui se voit sur une des places de Munich, est un des plus remarquables ouvrages de Thorvaldsen : c'est celui où il s'est montré, je crois, le plus hardi, bien que le cheval soit conçu dans le sentiment des anciens, c'est-à-dire sévèrement, sans cet attirail de harnais, de houppes, de glands et de détails de toute espèce qui sont indignes de l'austérité et de la grandeur de notre art.

Il est inutile de vous dire que la question du costume n'a guère occupé Thorvaldsen. Il pensait que l'artiste doit s'emparer de l'homme, qui est l'œuvre de la nature, et négliger le costume, qui est l'œuvre d'une civilisation imparfaite, changeante et souvent ridicule. C'est ainsi que sur le *Tombeau du prince Eugène*, il a représenté son héros nu, tenant son épée sur son cœur. Il est entouré de trophées et de figures allégoriques, parmi lesquelles on distingue la *Mort* éteignant un flambeau, et, en regard, l'*Immortalité* montrant une couronne.

Ne croyez pourtant pas, mon ami, que j'entende bannir absolument le costume! Il est clair que des personnages qui ne se sont pas élevés jusqu'au sublime ne méritent pas l'honneur d'être idéalisés comme des dieux; qu'ils portent donc le costume de leur époque ajusté avec une certaine grandeur, et dissimulé dans ce qu'il peut avoir d'ingrat; mais si le sculpteur est en présence d'une de ces grandes figures qui n'apparaissent que de loin en loin, de Napoléon, par exemple, nul doute qu'il pourra s'élever jusqu'à l'apothéose, et alors, dépouillant son héros de ce qui le rattache plus particulièrement à telle époque ou à telle nation, la statuaire le représentera non plus comme Français, mais comme homme; elle en fera la plus haute expression de l'humanité.

Une belle et noble draperie, jetée sur les épaules d'un grand homme, plaira dans tous les siècles, tandis que les gestes de convention sociale et les vêtements d'actualité ne pourront plaire qu'aux esprits étroits. L'histoire des modes peut être bonne à conserver, mais ce n'est vraiment pas la peine de l'écrire en marbre ou de la couler en bronze, surtout quand le personnage peut être dégagé de son costume par une action sublime.

En ce sens, et pour ce qui est des hommes de génie, Thorvaldsen avait parfaitement raison de repousser le costume moderne; ne croyez-vous pas, du reste, que l'on pourrait concilier les deux systèmes en rappelant le costume de l'époque dans les bas-reliefs du piédestal? Celui qui écrit la vie d'un homme célèbre relègue dans les notes de l'ouvrage les circonstances de sa vie intime. Ainsi ferait le sculpteur. Les bas-reliefs sont aux pieds de la statue comme les notes aux pieds du livre.

Le nom de Thorvaldsen amène naturellement celui de Canova, son contemporain, auquel on l'a si souvent comparé. Bien que je me défie des comparaisons, s'il fallait me prononcer entre ces deux artistes, je n'hésiterais pas dans ma préférence pour Canova. Celui-ci a évidemment plus d'idéal, plus de *composition*, dans le sens élevé du mot. Thorvaldsen, ce me semble, a manqué d'inspiration et d'élan : son œuvre produit rarement l'émotion, et ce n'est qu'après une longue étude qu'on y découvre des beautés éminentes.

J'ai vu Thorvaldsen à Rome; sa tête scandinave paraissait plus singulière encore au milieu de tous ces visages italiens : il avait le masque large, osseux, les pommettes saillantes, les yeux petits et d'un bleu dur; de longs cheveux blancs accompagnaient cette physionomie massive, où la puissance remplaçait la délicatesse, et dont le sourire honnête annonçait un homme bon et ferme. Canova, au contraire, était une nature sensible et fine, dont tous les pores étaient ouverts à l'impression; sa sculpture est plus coquette, sans doute, mais elle est aussi plus séduisante, plus fine, plus suave. Son exécution est supérieure à celle de Thorvaldsen, qui, en général, a de la dureté.

La statue de Byron ne mérite pas la réputation qu'on lui fit dans le temps. L'expression, qui eût été si facilement idéale, n'a pas toute la poésie qu'on voudrait. Et cependant, lorsque Byron dut poser pour Thorvaldsen, il parut tout à coup dans son atelier sans l'avoir prévenu. Il s'était drapé dans son manteau et avait pris un air héroïque de nature à frapper l'artiste et à lui laisser une impression profonde.

Une seule fois peut-être Thorvaldsen s'est permis la fantaisie : c'est quand il a modelé la statue équestre de Poniatowski, statue qui devait surmonter une fontaine à Varsovie. Le cheval est représenté reculant effrayé devant les eaux de la fontaine, qui sont prises là pour les flots de l'Elster, tandis que Poniatowski, voulant mourir, enfonce l'éperon dans les flancs du cheval.

Cette fantaisie, qui touche à la grandeur, est une exception chez Thorvaldsen, car, en général, il y a chez lui peu d'invention; mais, en revanche, il y a beaucoup de métier, en ce sens que Thorvaldsen avait aquis une science d'arrangement qui le servait toujours à propos, et l'empêchait de jamais tomber dans des fautes considérables. Malheureusement, je le dis avec franchise, il laisse voir trop de choses apprises par cœur, et à propos de cette combinaison des lignes dont je vous parlais plus haut, je ne puis m'empêcher de remarquer que le besoin de compensation qui l'occupait sans cesse, et que je retrouve dans ses ouvrages, l'a conduit un peu trop loin. Il faut sacrifier sans doute à l'équilibre de la composition, et, pour me servir d'une expression vulgaire que vous me pardonnerez, il faut savoir *boucher les trous*, mais il importe aussi de ne pas glacer son audace, de ne pas refroidir son œuvre à force de pondération.

Vous comprenez, mon ami, pourquoi Thorvaldsen a dû exceller dans l'art du bas-relief, dans cet art éminemment classique, où la sagesse et la convention tiennent tant de place. Élevé dans la vénération des Grecs, Thorvaldsen ne s'est pas écarté des principes devinés par le génie de Phidias. Il se fût bien gardé de multiplier les plans et de tomber, comme tant d'autres, dans ces imitations de tableaux qui semblent percer les murailles et rompre toute la gravité des lignes générales de l'édifice. Il y a une fort belle figure de vieille femme dans son bas-relief de l'*Hiver*, et d'admirables morceaux dans celui de *Némésis*, où je ne trouve à blâmer que le style un peu mesquin des chevaux. Quant à la frise où Thorvaldsen a représenté le *Triomphe d'Alexandre*, elle est regardée comme un chef-d'œuvre.

Thorvaldsen a modelé sur le mur ou taillé dans le marbre des figures tranquilles, aux contours irréprochables et remplies de convenance. Dans le *Triomphe d'Alexandre*, les figures sont belles et fières, mais elles ne se meuvent point, ou, si vous aimez mieux, elles ne sauraient se mouvoir. Imaginez-vous des héros qu'une autre espèse de daguerréotype aurait fixés sur les murailles du monument, et qui demeureraient à jamais immobiles, dans l'état même où la pensée de l'artiste les aurait saisis. Je conviens, du reste, que ce calme étrusque a bien aussi sa solennité et sa grandeur.

Mais dans les frises du Parthénon, je sens vivre les cavaliers athéniens, je comprends, à leur souplesse, qu'ils devront se mouvoir, et je les vois, pour ainsi dire, s'avancer et continuer leur marche, de sorte que mon imagination me les représente encore dans leurs mouvements futurs, après que mon œil les a embrassés dans leur allure présente.

Voilà l'expression bien franche de mon opinion sur le grand sculpteur qui vient de mourir. N'y voyez d'autre mérite que celui d'une parfaite sincérité.

J'ai lu, mon ami, avec plaisir et avec orgueil, le récit des pompeuses funérailles qui ont été faites à notre illustre associé de l'Institut. Jamais, je crois, depuis Périclès, de pareils honneurs n'avaient été rendus à un artiste. Aussi, je vous le répète, j'ai senti revivre en mon âme la noble idée que j'avais toujours conçue de l'art statuaire, et je me réjouis d'apprendre qu'il s'est relevé à ce point dans l'esprit des hommes, que des rois et des princes ont suivi jusqu'au bout le convoi du fils d'un ouvrier islandais.

L'*Almanach du Mois, revue de toutes choses.* Paris, in-12, tome I, n° 5, mai 1844. — L'étude de David d'Angers porte la date du 19 avril 1844.

---

## XXXIV

### VALLASTRE, sculpteur.

Vallastre, le sculpteur de Strasbourg, dont l'atelier est renfermé dans la cathédrale, a un sentiment tout particulier pour bien traiter les figures d'église. Son ciseau fait de lui le continuateur de ce style si éminemment chrétien des vieux maîtres. On peut trouver qu'il a peu d'étude, mais il atteint à l'expression. Cet homme est un ouvrier, mais un ouvrier bien religieux. Il est de taille médiocre, d'une organisation robuste. La tête paraît plus large que haute, surtout au-dessus des oreilles. Les yeux sont vifs et les paupières recouvertes, comme cela se retrouve si fréquemment chez les artistes.

Notes autographes de David appartenant à la famille.

---

## XXXV

### VELA (VINCENT), sculpteur.

J'ai vu l'atelier du statuaire Vela; c'est un patriote exilé en Piémont pour cause politique. On peut dire que, comme artiste, il est chef d'une école réaliste qui semble vouloir se former en Italie, et pourrait malheureusement ramener vers le Bernin.

J'ai vu des dessins de ce jeune statuaire; il manie le crayon comme un peintre : cela m'explique sa tendance à faire de la peinture en sculpture. Il me paraît se servir beaucoup du moulage sur nature, comme Pradier le faisait sur l'antique. Il moule même les draperies. Une figure de *Jeune Fille*, sculptée par lui, a un pied tout à fait caché dans l'eau, et elle écarte des branches d'arbustes qui recouvrent un nid renfermant des œufs. Ces deux actions simultanées sont contraires à la bonne composition, qui veut que les accessoires concourent à donner plus de force à l'idée principale; car les émotions se nuisent lorsqu'elles se confondent. La jeune fille porte une chemise moulée sur un vêtement de même nature. Le nu de cette figure a peu de convenance.

Une autre *Jeune Fille* est représentée à genoux, un livre de prières à la main, et elle porte aussi un vêtement moulé sur le linge. Vela moule tout, torses, jambes, bras, et il a le don de réunir avec une grande adresse ces divers tronçons. Ce n'est certes pas là le but de la vraie statuaire, qui doit être pour ainsi dire moulée dans le cerveau de l'artiste, et, pour peu que celui-ci soit initié aux merveilles de la nature, s'il a su pénétrer les secrets d'une âme, il fera son œuvre vivante de la vie morale.

Un *Spartacus* de Vela représente un affreux galérien qui va assassiner le premier être qui paraîtra devant lui. Je n'ai jamais vu de tête plus vile. L'ajustement est des plus grossiers. La draperie n'est qu'un grand torchon tourné autour des hanches, comme le tablier d'un cuisinier.

On comprend l'entraînement actuel des sculpteurs vers le genre qui n'est admissible que pour la peinture. Les statuaires veulent vivre aussi bien que les peintres, et ils savent que les représentations des scènes familières sont à la portée de tout le monde, tandis que l'art sérieux n'a qu'un public restreint.

1853.

Notes autographes de David appartenant à la famille.

---

## XXXVI

### VOGEL DE VOGELSTEIN (Charles-Christian), peintre.

Je viens de faire la connaissance de Vogel, peintre allemand, créateur d'une importante galerie des hommes remarquables de l'Europe. Il m'a fait l'honneur d'exécuter mon portrait. J'ai vu plusieurs dessins pris d'après ses compositions. Ce qui caractérise cet artiste, c'est la profondeur de la pensée. Ses personnages historiques ont tous le type qui les distingue. Il donne à l'expression une sorte de naïveté spirituelle et puissante : ce n'est point cette simplicité niaise que l'on remarque dans un grand nombre d'ouvrages réputés pour naïfs. Un homme convaincu et intelligent est un vrai croyant : il comprend ce qu'il croit, il sait les raisons de sa croyance. Les ouvrages de Vogel laissent lire cette conviction toute d'honneur et de probité. Il m'a fait songer aux vieux maîtres des époques de foi, chez qui on allait en procession chercher le tableau saint.

1834.

Notes autographes de David appartenant à la famille.

# IMPRESSIONS ET CRITIQUES

## MONUMENTS RELIGIEUX

### FRANCE

#### I. — CATHÉDRALE D'ALBY.

La cathédrale d'Alby est d'une architecture très-originale, qui rappelle celle de la cathédrale de Montpellier. Ses tours forment un portique avancé, auquel donnent accès deux escaliers latéraux. Le portail est gothique. L'intérieur de l'église est décoré de peintures. Il n'y a pas un seul pan de muraille ou de plafond qui n'ait reçu quelque composition biblique. En entrant, dans l'intérieur de l'église, deux grosses tours, placées à droite et à gauche de la porte, se présentent au regard. Elles sont décorées du haut en bas de peintures. Dans la partie inférieure, la *Résurrection*; dans la partie médiane, les *Tourments de l'enfer*; au-dessus, la *Béatitude*. Le portail est surmonté d'un jeu d'orgues; est-ce une idée juste que de placer cette musique terrestre au milieu des âmes bienheureuses? Toutes les peintures sont du style byzantin abâtardi. Des statues de saints du plus mauvais goût entourent le chœur; elles rappellent celles de la cathédrale de Mayence. Il n'y a pas d'autres sculptures, à l'exception toutefois de quelques figures d'évêques couchés sur leurs tombeaux dans les chapelles. La peinture n'a pas un aspect aussi religieux que la sculpture dans les monuments gothiques. Il semble qu'on soit dans un salon tapissé. La couleur est trop factice pour les temples. Il leur faut la durée et ce qui en rappelle l'idée. Il semble aussi que les peintures du plafond le rapprochent du sol, tandis que dans les vieilles basiliques la voûte paraît excessivement élevée par le vague mystérieux répandu sur la pierre noircie, qui reçoit peu de lumière des vitraux rendus obscurs par la couleur. En résumé, cette cathédrale, dédiée à sainte Cécile, a un aspect original, coquet; on la visite avec intérêt, on ne peut l'oublier, mais elle n'a pas cet aspect religieux qui frappe ordinairement dans les monuments gothiques[1].

## II. — CATHÉDRALE D'ANGOULÊME.

La cathédrale d'Angoulême est du plus pur roman. La façade, couverte de bas-reliefs, représente la *Récompense des justes* et le *Supplice des pervers;* mais ici l'artiste n'a pas sculpté de longs poëmes comme dans les monuments gothiques. Ces reliefs sont conçus d'après le système des Grecs : une grande chose est représentée par une seule personnification. Si l'artiste a cru nécessaire de mettre plusieurs figures l'une auprès de l'autre, il les a espacées comme dans les bas-reliefs d'Athènes. Les draperies n'étant pas fouillées sur les membres, les contours se dessinent presque comme s'ils étaient nus. Cette sculpture byzantine rappelle beaucoup celle des Étrusques. J'ai remarqué que les figures d'expressions sont mieux rendues que celles qu'animent seulement de douces émotions. Il y a entre autres une figure de damnée qui se tortille, crie, hurle. La tête est horrible de douleur; les formes

[1] *Toutes les notices comprises sous le titre Impressions et critiques* sont inédites, et nous les avons relevées sur les carnets de voyage de David d'Angers.

sont énergiquement accentuées. La vieille gorge aplatie est étonnante de vérité. Dans cet art austère, les figures de femmes et d'enfants ne sont jamais gracieusement traitées. L'attention des artistes se concentrait de préférence sur des têtes d'hommes. Cette façade est une admirable préface du livre chrétien.

On voit encore les restes d'une inscription remontant à l'époque de la première République : ...PLE DE LA RAISON. Ces lettres, profondément gravées, ont résisté aux années.

Deux Espagnols réfugiés passèrent près de moi pendant que je contemplais la façade : le vieux, abattu, soucieux, portait sur son visage amaigri les traces profondes d'une mélancolie sauvage; le jeune homme avait l'air insouciant de l'âge qui espère un long avenir; tous deux avaient la démarche lente et triste.

Entrons dans l'église; elle est précédée d'un péristyle où sont rangés de chaque côté de pauvres infirmes. C'est le chapelet de la misère. Donnez à chaque grain vivant une obole, ce sera l'*Ave* le plus agréable à Dieu. — L'intérieur présente une sauvage simplicité. C'est bien l'architecture du Bas-Empire. Il n'y a que les chapiteaux qui aient reçu l'empreinte du ciseau. Les murailles sans ornements semblent des pages blanches qui attendent qu'une main puissante les remplisse.

## III. — CATHÉDRALE DE BOURGES.

La cathédrale de Bourges mérite bien sa réputation. Ses portails sont admirables de sculpture. L'intérieur est d'une grandeur du plus haut caractère religieux. Il y a un monde de vitraux où sont peints des sujets de la Bible, mais point d'ornements gothiques dans les nefs; tout avait été dit aux portails.

Les vitraux inférieurs sont clairs, ceux du milieu le sont moins, ceux du haut sont très-obscurs. C'est là le secret de cette élévation de l'édifice que l'âme suppose encore plus haute qu'elle ne l'est réellement. J'admirai cette gradation si bien ménagée de l'obscurité de la voûte. L'effet moral produit sur moi fut un indicible saisissement, un serrement de cœur, une mélancolie profonde. Mes yeux se sont portés instinctivement vers cette voûte, comme si j'allais pénétrer dans une région meilleure, faite pour assurer le repos de l'âme.

On n'oserait pas parler haut dans une église gothique. A peine même ose-t-on y poser le pied. Ce sentiment est si naturel que lorsque j'étais dans la cathédrale de Bourges, deux hommes marchaient en faisant retentir le talon de leurs bottes sur les dalles. Chacun des visiteurs éprouva comme moi une sensation pénible. Je regardai ces deux « crétins », et ne fus pas étonné de voir qu'ils manquaient de dessus de tête. En retour, toute la partie matérielle de la base du crâne était largement développée; c'étaient deux commis voyageurs.

## IV. — ÉGLISES DE CAEN.

A Caen, près de l'église de l'Abbaye-aux-Dames, il existe une petite église sur la muraille de laquelle on voit une sculpture contemporaine de Guillaume le Conquérant. A cette époque éloignée, l'art était presque dans l'enfance. Quel que soit le pays, l'art porte les mêmes caractères à sa période d'origine. Les bas-reliefs ne présentent guère que des nervures; on dirait une écriture sauvage, austère. Les draperies comme le nu sont à peine fouillés : la lumière en est plus large. L'art ne dit que peu de paroles, semblable à l'homme de la nature qui exprime brièvement ce qu'il veut, tandis que plus l'homme est instruit, plus il devient disert. Ainsi des artistes. Devenus savants, ils se laissent aller à creuser, à imaginer des difficultés pour faire parade de leur science.

J'ai visité toutes les églises de Caen, qui sont très-remarquables; celle de l'Abbaye-aux-Hommes est du plus pur roman; cette architecture est sauvage comme le peuple, et donne bien le caractère de son époque. De petites colonnettes, appuyées sur des arcades, portent à faux.

On ne peut se défendre d'un certain respect pour les monuments qui ont précédé l'art gothique. On y retrouve la trace de la religion de Dieu et de la religion des siècles, qui est aussi d'une puissance incommensurable : c'est la nuit des temps avec sa mystérieuse terreur. Dans la pesanteur de cette architecture romane avec sa nudité grave perce le dénûment volontaire des premiers chrétiens. Ces générations ont fait contraste avec l'antiquité païenne qui avait déifié les sens. L'âme toute remplie de la grandeur morale de l'art sous ces voûtes qui ont vu passer les siècles comme nous voyons passer les jours, je me sentais profondément ému. — 1841.

## V. — SUR UNE ÉGLISE ROMANE DE CAHORS.

Il existe à Cahors une église romane du style le plus pur. J'ai analysé avec intérêt les modillons des corniches. Un magot a une tête difforme et de toutes petites jambes; deux têtes vis-à-vis l'une de l'autre se regardent de travers avec des bouches symétriquement contournées. L'artiste a évidemment ciselé deux ennemis. Voilà deux êtres qui s'exècrent, accolés ensemble pour l'éternité. Dans l'art, comme dans la vie, la part des douleurs est bien plus large que celle des douces émotions.

Dans une frise cintrée, le sculpteur a représenté diverses occupations de l'homme; mais, comme l'espace est très-étroit, les figures sont couchées : ainsi le maréchal et le cheval qu'il ferre sont à plat ventre; cette nécessité occasionne pour tous les personnages les poses les plus facétieuses.

A l'origine des sociétés, l'art eut pour mission de traduire toutes les phases de la vie et surtout ses misères. Il y avait là une sorte de soulagement pour le peuple, — lui, l'arsenal de tous les maux, — de se voir sculpté dans la maison de Dieu; et en tournant les choses du côté plaisant, il était bon de l'amener à rire de ses douleurs. C'est bien encore ce que nous voyons tous les jours. Les naufragés du radeau ayant perdu tout espoir de salut, absorbé la dernière goutte d'eau, se livrent à une ronde infernale et sont engloutis dans les flots avec le rire convulsif du désespoir. L'Église a toléré toutes les représentations, même les plus vulgaires, d'abord parce que, dans les temps demi-barbares, des scènes inouïes se passaient jusque dans le sanctuaire, à l'époque du carnaval, par exemple. Les prêtres se sentaient contraints de concéder beaucoup pour ne pas rebuter les fidèles. Il est digne de remarque que ces images, quelquefois bizarres, licencieuses même, ne se rencontrent que dans les églises des villes. Les campagnes n'ont jamais eu le moyen de consacrer le désordre sur leurs simples monuments.

## VI. — CATHÉDRALE DE CHARTRES.

Après avoir longtemps regardé les vitraux de la cathédrale de Chartres, avec leurs couleurs plus vives que tout ce que l'on connaît au monde, je suis resté tout ébloui : c'est l'effet que l'âme doit éprouver en arrivant devant l'Éternel; la tête me tournait : je fus forcé de m'appuyer contre un pilier. La partie inférieure de l'église est la plus sombre, les vitraux y sont plus obscurs : c'est le prélude de l'apparition. Tout à fait dans la partie supérieure, les vitraux sont lumineux : c'est le ciel. Les portiques sont surchargés de figures, on pourrait même dire encombrés; cela produit l'effet d'une foule de bienheureux qui vous invitent à entrer. Ce sont des rois, des saints, graves et calmes. Ils s'entretiennent tout bas, comme s'ils étaient dans l'antichambre d'un grand. Les draperies tombent à plis droits et simples, indices de la quiétude de l'âme. Les saints, toujours placés en bas, sont de grandeur naturelle, les anges sont plus petits. Étant groupés dans la partie supérieure, ils sont plus près de la Divinité.

La forme des portiques se termine en pointe, comme une pensée pieuse portée vers le ciel. Les formes droites et carrées des Grecs tenaient plus à la terre : leurs dieux étaient près d'eux.

Dans les sculptures de la cathédrale de Chartres, les pieds des hommes sont visibles; les saintes ont une robe qui couvre tellement leurs pieds que la marche serait impossible. L'artiste a bien rendu par ce détail le sentiment de pudeur, si convenable chez la femme et chez l'ange.

A la partie supérieure du fronton, des anges foulent aux pieds des têtes hideuses, sans doute pour indiquer le pouvoir de l'âme sur les vices de l'humanité. Les saints, au visage reposé, sans aucuns plis qui indiquent les passions terrestres, regardent le spectateur avec une douce mélancolie; ils ne jouissent pas de leur bonheur en égoïstes. S'ils revenaient à s'animer et à parler, on entendrait sans doute s'échapper de leurs lèvres une harmonie de la plus grande suavité.

J'entends chanter les prêtres dans l'intérieur. Les figures modelées semblent les écouter, et bientôt elles vont se joindre à leur concert.

Ces figures, longues et droites, où le nu se sent à peine, rappellent bien les saints, immatériels comme les anges; leurs vêtements n'offrent que des plis fins et suaves. Chaque figure occupe une petite niche, indice de la protection de l'Église envers ses croyants.

Il est presque nuit; des bougies allumées aux piliers produisent l'effet d'étoiles descendues du ciel pour éclairer les fidèles. L'église est obscure; la rosace, composée de verres de couleur brille illuminée du dehors par les derniers rayons du soleil. Il y a quelque chose de consolant dans cet adieu de la lumière, qui laisse pour ainsi dire entrevoir le ciel. La voix des enfants de chœur s'élève jusqu'aux voûtes pour demander d'autres jours : plus l'obscurité augmente, plus les voix s'élèvent, comme dans la peur. Les saints semblent resplendir sous les reflets lumineux. Les hommes à genoux dans l'église sont opaques comme des ombres. Adieu, charmantes figures sculptées autour du chœur, qui rappelez la vie si touchante du Christ. Il y a tant de candeur et de conviction sur vos traits, vous vous entretenez ensemble avec tant de recueillement, vous avez l'air de parler tout bas dans la maison du Seigneur, et devant vous je me sens près de verser des larmes. J'ose à peine lever les yeux jusqu'à vous, car je suis un homme qui doute.

La cathédrale est entourée de maisons très-simples, habitées, je le suppose, par des gens silencieux. Point de boutiques. Rien ne semble fait pour le corps. La cloche qui appelle à la prière tinte sourdement : on dirait la voix des vieux temps.

## VII. — ÉGLISE DE CHATEAUNEUF EN BRETAGNE (ILLE-ET-VILAINE).

On voit à Châteauneuf une petite église très-simple, mais placée d'une façon pittoresque auprès du cimetière avec son ossuaire pour les crânes, et au milieu de celui-ci une grande croix de granit portant un Christ grossièrement sculpté. Derrière la croix, du côté de l'église, le bon larron ; le mauvais est au bas de la croix. Il y a une vue magnifique de ce cimetière, au bas duquel est la petite ville. Les lointains sont grandioses de lignes. De beaux arbres entourent le champ du repos. Pas de chaises dans l'église : les femmes se placent d'un côté, les hommes de l'autre. Elles ont toutes des guimpes qui entourent leur visage et leur donnent l'aspect de religieuses.

## VIII. — ÉGLISE SAINT-BASILE, A ÉTAMPES.

L'église de Saint-Basile est entourée de créneaux. Le portail est de style roman. Au cintre, un bas-relief représente des anges qui pèsent les âmes ; les mauvaises sont livrées à un dragon qui les avale; les âmes heureuses sont du côté opposé. Au-dessus s'étend une main ouverte, symbole de vérité, d'éloquence et de pureté. Je n'avais encore vu ce signe dans aucune église.

## IX. — ÉGLISE D'ÉTRETAT.

A Étretat, l'aspect est grandiose, vu des hautes falaises. Les lignes agitées donnent au paysage une physionomie sauvage qui rappelle les inspirations de Poussin. La petite ville est assise dans une anse. Tout au fond, on aperçoit l'église, isolée et terminant l'espèce de triangle garni de maisons qui aboutissent jusqu'à elle, semblables aux perles d'un chapelet. Un cimetière entoure l'église. Ce flot de morts rappelle les vagues de la mer entourant un rocher noirci par les siècles. A main droite, en regardant l'église, on aperçoit sur une immense élévation de terrain, admirablement poétisé par ses lignes mélancoliques, le sublime pendu sur sa croix.

L'église a été primitivement romane, mais le milieu et le chœur sont gothiques; à la voûte sont suspendus de petits navires en *ex-voto*. — 1846.

## X. — ÉGLISE NOTRE-DAME DE GRACE, PRÈS GUINGAMP (CÔTES-DU-NORD).

L'église Notre-Dame de Grâce, à trois lieues de Guingamp, est entièrement construite en granit, comme tous les édifices de Bretagne. Quoique les sculptures soient d'une sauvagerie des plus grandes, on est néanmoins frappé des refouillements que nul artiste n'aurait pu mieux exécuter en pierre. Malgré le manque de science évident chez les statuaires des premiers temps, on trouve dans leurs œuvres une animation, une justesse de mouvements remarquable. Ils expriment toujours admirablement les sentiments moraux des personnages; ils poussent cela si loin, que leurs animaux mêmes semblent participer aux passions humaines. Cela m'a frappé surtout dans les lions qu'on retrouve sur plusieurs parties de ce monument, et mon souvenir s'est tout de suite reporté aux nombreux édifices gothiques que j'ai vus et où j'ai constaté la même chose. Les ouvriers gothiques songeaient bien plus à l'expression du sentiment moral qu'au rendu de l'exécution des formes; ils étaient croyants et exprimaient humblement de douces et mélancoliques impressions religieuses.

Près de cette église est le cimetière entouré d'arbres. Il y a au pied de chaque tombe un bénitier rempli d'eau bénite pour ceux qui veulent en jeter sur le trépassé. Dans un espace fermé de grilles, on dépose les crânes, parce qu'au bout de cinq années on remplace le squelette par un autre mort. — J'ai été fortement impressionné à la vue de cet humble cimetière. Quand j'étais plus jeune, il m'arrivait fréquemment de faire de longs séjours dans ces lieux de repos; et bien souvent, après une nuit fiévreuse, je restais le matin appuyé contre mon lit et me disant : « A quoi bon recommencer la vie? pourquoi ce sommeil, qui est venu m'engourdir et me faire oublier les douleurs de ce monde, ne dure-t-il toujours? »

Aujourd'hui j'éprouve une douce impression devant ces tombes en pensant à la paix que porte avec soi l'oubli éternel. Un vent assez frais agite bruyamment les arbres, et les feuilles jaunies jonchent la terre de ces tombes muettes; aucun bruit humain ne vient troubler le calme de ce cimetière. Les arbres seuls murmurent, semblables à des amis au chevet d'un mourant, ou pareils aux vagues de l'Océan sur les épaves du navire englouti.

## XI. — CATHÉDRALE DE MEAUX.

A Meaux, la cathédrale possède à son portique un bas-relief représentant l'*Adoration des Mages.*

Que j'aime ces bons gothiques! Ils ont fait passer leur âme dans la pierre; ils l'ont fixée pour l'admiration des siècles futurs. La Vierge tient son petit enfant sur ses genoux, saint Joseph est là, debout, respectueusement. Un roi est à genoux devant le futur Sauveur. Un autre indique l'enfant avec son doigt. Cet acte est naturel. On trouve partout des gens qui vous montrent ce que vous voyez; c'est le cœur humain qui se trahit par l'amour-propre; c'est le besoin de se mettre en scène. Un autre mage arrive et se tient à une certaine distance; il est admirable! Un serviteur garde les chameaux et l'âne. C'est son métier, il n'est qu'une machine. J'aime l'idée de l'artiste qui a mis un roi à genoux devant l'Enfant nouveau-né. Les anges ont des trompettes qui touchent la terre, pour indiquer que c'est à elle que sont destinés les sons qu'elles rendent. Je crains d'entrer dans l'église, tant j'ai peur que l'intérieur ne soit pas digne de l'extérieur.

## XII. — CHAPELLE DU VAL-DE-GRACE, A PARIS.

Sculpture tourmentée, agitée. Toutes les figures parlent haut et crient. Chacune veut l'emporter sur sa voisine. Ce genre de bas-relief, qui semble la ronde bosse coupée par sa moitié longitudinale, produit un cliquetis bruyant; les draperies tortillées nuisent à la simplicité de l'architecture; l'œil est fatigué par tous ces trous pleins d'ombre.

Il faut, dans un monument religieux, des bas-reliefs méplats, afin que la lumière soit large et tranquille; il faut du calme et un caractère de douce conviction dans les figures. Ne prendrait-on pas pour des fous des fidèles gesticulant dans un temple? Abstraction faite du sentiment de convenance, l'exécution des sculptures du Val-de-Grâce est bonne, quoique, cependant, on constate dans les têtes beaucoup d'afféterie.

## XIII. — SUR UNE ÉGLISE ROMANE DE POITIERS.

Je suis allé voir, à Poitiers, un admirable temple du style roman le plus pur et de la plus belle conservation. Les figures sculptées sont très-saillantes sur le fond. L'ombre portée des contours se détache énergiquement; les draperies, très-finement plissées et nullement creusées sur le milieu, recueillent la lumière, qui se repose avec bonheur sur ces nobles formes échappées à des « ciseaux croyants »; un calme divin, résultat de la tranquillité du travail, règne sur ces figures que la lumière déifie. Les ombres appartiennent aux objets terrestres. Dans le bas-relief représentant la *Résurrection*, les démons emportent en enfer les âmes perverses : le travail est creusé, heurté, ce qui lui donne l'aspect tourmenté, l'agitation suite de l'angoisse la plus atroce. De l'autre côté, les anges conduisent avec amour les âmes bénies et heureuses : le travail simple, peu fouillé, inspire l'idée de la béatitude, présage du bonheur céleste.

En entrant dans l'église, j'ai vu quelques malheureux infirmes dévorés de maux affreux, portant des visages rongés, des membres atrophiés, etc.; ils s'étaient accroupis dans des coins obscurs, au pied des colonnes, à l'écart des êtres exemptés par le sort de tant d'horribles misères. Ces monstrueuses erreurs de la nature, ou plutôt ces affreux produits de la débauche, semblaient descendus de la corniche où les artistes gothiques avaient représenté les vices sous la forme de figures hideuses se contournant dans l'espace exigu où elles sont confinées. Il y a pourtant une pensée consolante à voir ces misères abritées dans une église : il semble qu'elles soient sur le seuil du pardon. Deux rangées de malheureuses femmes sont debout en dehors du temple, enveloppées dans de vieilles draperies. Elles serrent ces maigres vêtements autour de leur corps. Le malheur cherche toujours à s'amoindrir pour ne pas gêner les heureux de ce monde. Que ceux-ci jettent donc au malheur une pièce de cuivre pour l'aider à achever sa route jusqu'à la tombe.

## XIV. — CATHÉDRALE DE QUIMPER.

Il faisait presque nuit lorsque j'arrivai devant la cathédrale de Quimper. Quelques rares réverbères et les lumières des cafés voisins éclairaient seuls la base du monument, dont la partie supérieure formait une masse noire qui détachait cependant ses lignes sur le ciel (puissance des masses dans les arts). C'est l'image de la perception humaine, dont les sens ne peuvent voir distinctement que ce qui se passe sur la terre ; ce qui s'élève au ciel est vague, et par conséquent ne parle qu'à l'âme.

Je suis entré dans le temple, où quelques lampes dessinaient des formes fantastiques. A quelques pas de moi, des femmes étaient agenouillées sur la dalle, près d'un catafalque : elles se tenaient tellement immobiles qu'on eût pu les prendre pour les statues de la Prière. Ce calme m'a profondément impressionné ; il n'y avait que moi d'homme dans cette église. Les femmes se trouvent toujours près du malheur ; elles ont des larmes, des prières, des consolations pour toutes les douleurs. Il y a, dans cette aptitude de la femme, la preuve d'une grande sagesse de la nature, car, puisque la femme nous donne l'être, elle nous doit une parcelle de son âme, afin de corriger ce qu'il y a de brutal dans la nôtre. Avec leur imagination ardente, leur organisme délicat, les femmes sentent le besoin d'un protecteur ; c'est pour cela, peut-être, qu'elles sont plus religieuses que nous.

## XV. — CATHÉDRALE DE ROUEN.

La cathédrale de Rouen possède un bas-relief représentant la *Résurrection*. L'artiste a bien rendu, par le caractère, le tourmenté des lignes, le bouleversement des cercueils que chacun s'empresse de quitter. C'est un véritable sauve qui peut. Un autre bas-relief, plus élevé, représente les âmes, dont les anges font le triage. Celles qui sont admises au Paradis sont calmes; une sérénité parfaite règne sur toutes les figures qui vont participer à la vie des bienheureux; les draperies elles-mêmes semblent « parler bas ». De l'autre côté, les âmes, dont les démons s'emparent, sont livrées à la plus grande agitation. Toutes les lignes des figures et des draperies semblent « crier ». Les têtes grimacent, grincent, hurlent.

C'est une belle préface que le portail d'une église gothique. Des *générations ont passé et passeront* insouciantes sans la lire. Elles conserveront ce livre merveilleux comme un amateur d'elzevirs conserve les exemplaires rares et curieux, qu'il ne lit pas, mais qu'il sait être d'un grand prix. Qu'elles sont belles, ces figures de vieillards vénérables, sculptées sur les portiques, qui semblent s'entretenir ensemble des hommes sans conscience qui passent devant eux! Ils gardent leur aimable sérénité; c'est qu'ils sont dans le secret des mystérieuses destinées de l'homme.

La même cathédrale renferme un tableau représentant la *Résurrection du Christ*. L'artiste a donné à cette figure l'expression du plus violent empressement. Ce n'est pas là le calme divin qui sied au Sauveur. L'artiste, jugeant d'après lui et pour nous tous, pauvres mortels, a sans doute pensé que le séjour du tombeau étant horrible, Dieu, à l'exemple de la créature, dut avoir hâte de s'en éloigner! L'artiste a prêté des gestes trop exagérés à plusieurs figures de saints qui décorent la cathédrale. Si les saints sont remplis du Dieu qu'ils adorent, ils n'ont pas besoin de protester si énergiquement de leur adoration. On voit aussi, dans la même église, des figures de saintes qui minaudent et ont des gestes pleins de coquetterie; c'est une faute. La foi sincère est calme, l'humilité est le véritable type de la religion du Christ. — 1837.

## XVI. — ÉGLISE SAINT-MACLOU, A ROUEN.

Je voyais hier, à Saint-Maclou, un autel décoré de draperies blanches et bleues; huit jeunes filles, couronnées de fleurs, vêtues de blanc, étaient assises sur les marches et tenaient devant elles des corbeilles de fleurs. J'étais un peu éloigné. Leurs visages avaient quelque chose de si pur qu'ils ne rappelaient rien de la vie : elles avaient la couleur qui sied à l'apothéose; c'est la coloration de l'enfant, si éthéré parce qu'il arrive plus récemment d'une vie céleste. C'est celle de l'ange sortant du sein de l'Éternel.

## XVII. — ÉGLISE SAINT-OUEN, A ROUEN.

Dans l'église Saint-Ouen, pendant le salut, nous avons entendu un orgue admirablement touché. Comme cette musique large et puissante remplissait bien la vieille église noircie par la fumée de l'encens! les nobles accents de l'instrument transportaient l'âme dans un autre monde. On ne pouvait l'appliquer à rien de connu. Il en est de même de la couleur que revêtent les âmes bienheureuses; elle ne saurait être, en aucune façon, traduite par nos couleurs terrestres. Ingres a très-bien compris le coloris des personnages de son apothéose d'Homère. La couleur vivante de Rubens eût détruit le caractère idéal de cette scène céleste. Le même principe s'impose au sculpteur qui représente l'apothéose de l'âme : il doit épurer la forme, afin qu'elle n'ait plus rien de charnel.

## XVIII. — SUR UNE ÉGLISE DE SAINT-BRIEUC.

Sur une hauteur d'où s'aperçoit la mer, on a construit, à Saint-Brieuc, une vaste église de granit dans le goût moderne, c'est-à-dire d'une physionomie triste et pauvre. L'intérieur est *dénué d'ornements*. Quelques tableaux, quelques statues décorent ce temple. Les tableaux, comme partout, représentent toutes les douleurs humaines. Le catholicisme les étale pour ainsi dire à plaisir, afin de détacher plus vite de la terre. Il semble vous dire : « Vous êtes dans l'enfer, ici-bas, et n'aurez que le ciel pour refuge, car la tristesse est toujours votre compagne dans votre court passage sur la terre. »

## XIX. — ÉGLISE DE SAINT-THÉGONNEC, PRÈS MORLAIX (FINISTÈRE).

Au village de Saint-Thégonnec, à quelques lieues de Morlaix, se voit une charmante église construite en granit. Son clocher est d'une belle et originale forme gothique; l'intérieur est riche, comme celui des églises espagnoles. Dans le cimetière, les tombes sont couvertes d'une dalle de granit. Au centre est un monument surmonté d'un Christ en croix. Tout autour sont groupées les figures de la Passion en ronde bosse. Ces sculptures sont conçues dans le style le plus sauvage. Elles m'ont rappelé les sculptures éginètes, car l'art, dans son enfance, a, chez tous les peuples, le même caractère naïf et convaincu. Rien n'est tortillé, toutes les lignes sont droites. Les nervures des draperies sont accentuées, comme dans le style byzantin. Les ouvrages primitifs sont toujours empreints d'un caractère religieux, indice de la croyance de l'époque; la longue succession des siècles sanctifie encore ces productions, qui deviennent des modèles pour les jeunes générations. C'est ainsi que les Grecs ont été conduits à respecter si longtemps le style éginète. La pierre noircie est plus vénérable que la pierre blanche : celle-ci parle trop de l'homme d'hier.

Si les sculpteurs de Saint-Thégonnec n'avaient pas mis le costume breton à Pilate, au Christ et aux soldats romains, l'illusion serait plus frappante.

Les petits garçons des écoles se tenaient debout dans l'église, écoutant la messe; j'ai remarqué leurs têtes rondes, leurs mâchoires carrées, indices de l'homme d'action et de bravoure. Une jeune fille conduisait, à la sortie du village, son vieux père aveugle, vêtu comme Henri IV, ayant une belle barbe blanche. J'ai donné, avec bien du bonheur, quelque argent à cet homme vénérable, s'appuyant péniblement sur des étais.

## XX. — CATHÉDRALE DE SENS.

Je me promène la nuit sur la place, et je contemple depuis longtemps déjà cette masse noire qu'éclaire très-faiblement un rayon sorti des boutiques qui l'environnent. J'essaye de découvrir par quelques lignes les formes du monument. Les portails ont l'air d'ouvertures de cavernes; ils effrayent l'imagination. Je passais là il y a trente-deux ans, en pleine jeunesse et riche d'espérances. Le soleil éclairait ce jour-là de tous ses rayons l'architecture gothique de la cathédrale de Sens. Où sont ces belles années? L'horloge qui sonne onze heures, du sommet rendu invisible par l'obscurité, me redit ce qu'est la vie. Le temps employé à sonner cette heure n'est déjà plus à moi, et la mort est derrière, prête à s'emparer peut-être du dernier lambeau de mon existence.

## XXI. — CATHÉDRALE DE STRASBOURG.

Je viens de revoir un monument qui m'a fait un bien inexprimable au cœur et à l'âme. C'est la cathédrale de Strasbourg.

Comment peut-on s'ériger contre l'architecture gothique, la plus digne, la plus puissante manifestation du culte chrétien! En analysant ces sublimes créations du génie de l'homme, on sent qu'il n'était pas possible de rien faire de plus pour émouvoir les âmes les plus délicates comme les moins sensibles.

Lorsqu'en sortant de la place du Marché, on se trouve en face de cette basilique, l'œil reste émerveillé, et pourtant on n'aperçoit qu'une partie de l'édifice. Peut-être, après tout, cette vue partielle est-elle favorable au travail de l'imagination, qui grandit ce que l'œil ne voit pas. Que d'efforts les artistes de ces âges croyants ont dû faire pour rendre l'église consacrée au culte de Dieu si splendide que la demeure du plus puissant monarque ne peut l'égaler! Cela s'explique, du reste : le luxe des grands cède toujours par quelques points aux exigences sociales, tandis que les temples, asiles de la prière, peuvent rester dépourvus de tout ce qui est mondain. De là leur complète beauté.

L'architecture gothique se distingue entre toutes par un sentiment moral. Les Perses et les Égyptiens ont donné à leurs monuments un caractère d'incontestable grandeur, mais ils n'ont pas su aller plus loin. Si la cathédrale de Strasbourg présente une masse monumentale qui assure sa solidité, le regard discerne aussi de nombreuses lignes et des ornements de toutes sortes qui donnent à l'ensemble une physionomie légère et presque fragile. Dans les enfoncements de la sculpture, nids creusés par l'artiste, une foule d'oiseaux naissent et meurent. Les cabanes adossées à l'église rappellent la touchante protection accordée aux humbles par la Divinité lorsqu'ils cherchent en elle un appui. C'est la vie avec ses misères et ses joies qui se sculpte aux pieds de l'Éternel. — 29 juin 1840.

## XXII. — ÉGLISE SAINT-SERNIN, A TOULOUSE.

L'église Saint-Sernin, à Toulouse, possède une remarquable sculpture byzantine. Le portique surtout est d'un grand caractère d'austérité. Autour du chœur sont des anges et des apôtres d'une sauvagerie étrange. Chez les artistes des premiers siècles du christianisme, les saints ont l'air grave et décidé. Ce sont des hommes résolus à mourir plutôt que de fléchir devant l'ennemi de leur croyance. Ils portent sur leurs figures, naïvement esquissées par des maîtres qu'éclaire un reflet de l'art grec, le rayonnement de l'auréole du martyre. Les figures d'anges commandent. La Vierge est tellement austère et tient si peu de la femme que l'imagination la plus sensuelle ne pourrait éprouver la moindre émotion tendre à sa vue. C'est le moule grandiose et sévère, terrible même, de l'Homme-Dieu, l'âme civilisatrice du genre humain. L'Enfant qu'elle tient sur ses genoux ne ressemble point aux autres enfants. Il y a sous ce maillot d'enfant une forme moralement divine. Placé au-dessus de l'humanité, le Régénérateur du monde dut être exempt des misérables infirmités de l'enfance. La lumière qui doit éclairer les hommes apparaît déjà dans le jeune Christ. Les Grecs avaient parfaitement rendu cette idée dans la représentation de leurs Génies. Ces petits êtres étaient figurés possédant l'intelligence de leur destinée. C'étaient pour les Grecs des mythes, des symboles. L'idéal, tel est le but que doit se proposer l'artiste. La nature moulée n'éveille que des idées de destruction; il faut donc atteindre à une idéalisation ayant ses racines dans la naïveté de la nature, mais capable de donner une idée de l'âme. L'âme éclaire les traits du visage, comme la lumière contenue dans un vase d'albâtre pénètre les parois du vase. Que pourrait-on saisir d'un flambeau renfermé dans un vase de grossière argile? On ne découvre rien à travers une forme épaisse et toute matérielle.

Comment les artistes byzantins, pauvres enfants eux-mêmes dans l'art, ont-ils pu le comprendre si bien? Comment ont-ils bégayé de si grandes pensées? C'est qu'ils avaient eu pour précepteurs les disciples des artistes grecs, dont la voix presque éteinte depuis des siècles était encore si puissante qu'une sublime syllabe de leurs hymnes, pieusement recueillie par les chrétiens, en a fait des maîtres. Cette étincelle, jointe à leur foi profonde, a produit leurs œuvres.

## XXIII. — SUR UNE ÉGLISE DE VILLAGE (BRETAGNE).

P..., qui est à peine un bourg, possède une église très-originale par son clocher. Une espèce d'arc, surmonté de statues en granit représentant la Passion, est placé devant l'entrée de l'église. Quand on parcourt la Bretagne, on s'explique le culte sauvage et mélancolique des druides. Les immenses déserts de bruyère jaune, les forêts de chênes, les hauts coteaux sur la cime desquels, près de P... par exemple, s'élèvent des éminences semblables aux *tumulus*, les genêts en fleur, dont l'éclat joyeux fait songer au sourire sur un austère visage de vieillard, cette population grave avec son costume sévère et ses longs cheveux qui, comme un voile, retombent sur le dos des hommes, tandis que ceux des femmes sont soigneusement cachés sous la coiffe, tout cet ensemble donne à ce pays primitif un aspect de grandeur pittoresque, inexprimable. Beaucoup de maisons sont construites en terre. Peu de petits oiseaux, mais des légions de corbeaux qui réveillent l'attention par leurs croassements, et vont s'abattre sur le cadavre d'un cheval pour en faire la dissection. — Lorsque les nuages se séparent, un instant apparaît un coin du ciel d'un bleu déteint comme l'œil d'une belle Gauloise après la mort. Le sol des chemins creux est un beau tapis vert, et deux rangs de chênes se rejoignent en arcades. On croirait y voir passer des processions de druides avec leurs lyres et leurs faucilles d'or.

## BELGIQUE

### XXIV. — ÉGLISE DU SAUVEUR, A BRUGES.

Dans l'église du Sauveur, à Bruges, il y a un groupe en marbre attribué à Michel-Ange, mais que je crois seulement de son école, car on n'y remarque pas l'énergique ciseau du grand maître. Ce groupe est très-bien composé : la Vierge tient devant elle l'Enfant Jésus, âgé d'environ six à sept ans. Cet ouvrage est placé sur un autel, et le tabernacle qui est aux pieds des personnages a pour ornements une croix et un Christ crucifié. Il y a selon moi quelque chose de bien poétique dans la figure de la Vierge, la femme type du genre humain, et dans l'image de cet Enfant, dont l'avenir douloureux est écrit à ses pieds. Ici, le drame est l'idée qui s'impose à l'esprit.

### XXV. — ÉGLISE SAINT-PIERRE, A LOUVAIN.

L'église principale de Louvain est d'un style gothique fort curieux. Il y a dans cette église plusieurs tableaux de l'époque d'Hemling, un entre autres d'Hemling lui-même, qui représente avec plus de développement le sujet qu'il a peint à Bruges pour le séminaire où je l'ai vu [1].

Un tableau de la même époque m'a profondément impressionné. C'est une *Descente de croix;* il est impossible de produire un effet plus dramatique. La pauvre mère tombe à terre dans une attitude si vraie, si touchante, que j'en suis encore tout ému, et je pense aussi à la figure du Christ, victime de son noble

[1] Vraisemblablement David fait allusion ici au *Martyre de saint Érasme,* longtemps attribué à Hemling et reconnu pour être l'œuvre de Stuerbout.

dévouement à la cause sainte de l'humanité. Le peintre n'a pas cherché à faire de la couleur ambitieuse comme celle de Rubens et d'autres grands maîtres. J'aime mieux cette simplicité, cette manière naïve d'indiquer sans phrases une scène déchirante. On sent l'humilité d'un homme qui se contente de retracer un fait sans se poser en docteur pour l'expliquer pompeusement et à grands éclats de voix. J'aime la pudeur suave des peintres des temps reculés. On dira : « *Ils ne savaient pas faire davantage.* » Tant mieux pour le spectateur qui a de l'âme et se soucie peu des grandes phrases[1]. — 1851.

## XXVI. — CATHÉDRALE DE TOURNAY.

Les cinq clochers de la cathédrale de Tournay produisent un effet pittoresque, vus de loin. Le monument est de style byzantin. La cathédrale est précédée d'un portique très-curieux par son architecture. On y voit une très-grande quantité de statues et de bas-reliefs, mais ils ne sont pas dans le style de l'édifice. J'aime beaucoup qu'un portique précède le temple.

Rien de remarquable à l'intérieur. Avant d'entrer dans le chœur, placé à une grande élévation, se voit un groupe de l'*Archange Gabriel terrassant les Vices*. L'archange est très-agité; les draperies volantes traduisent bien l'intensité de l'action. L'archange a quitté les régions sereines du ciel, il est sur terre : c'est l'ouragan qui renverse tout. Il faudrait le représenter dans le calme s'il était près de Dieu. — 1851.

[1] La *Descente de croix* de l'église Saint-Pierre de Louvain est, on le sait, de Roger van der Weyden.

# ESPAGNE

## XXVII. — CATHÉDRALE DE BARCELONE.

La tour qui devait reposer sur le portail de la cathédrale de Barcelone n'a pas été terminée, mais l'intérieur est totalement achevé. C'est une belle création comme architecture. Les Espagnols n'ont pas comme nous le mauvais goût de reblanchir leurs églises, dont la teinte grise indique l'antiquité. L'obscurité qui règne dans l'intérieur donne à la voûte qui se perd dans l'immensité un aspect des plus grandioses. Ces innombrables sculptures, qu'on devine bien plutôt qu'on ne les découvre, semblent s'agiter, vivre et s'entretenir ensemble. On ne peut parler haut dans une église; seuls les chants ont le droit de retentir sous les voûtes sacrées.

Il y a là un autel gothique qui date de la construction de la cathédrale : tous ceux que j'ai vus sont misérables en les comparant à celui-là. Comme le tabernacle est bien ajusté! quelles belles et grandes lignes!

On visite ensuite le cloître, tout rempli de chapelles décorées de belles peintures byzantines; ce sont les seules peintures profanes que possède l'édifice; mais pour moi, toutes celles dites religieuses, des plus grands maîtres espagnols, ne me touchent nullement. C'est de la chair bien peinte, bien tourmentée, bien remuée et qui est devenue pittoresque. Les peintres ont déployé tout leur savoir sur leurs toiles, mais c'est la matière dans toute sa splendeur qu'ils nous offrent. Ce n'est point de l'art religieux; ils ont vu le corps et non l'âme. Or, ce n'est pas en Espagne, dans ce pays aux vives convictions, que les modèles ont pu manquer aux artistes. Il suffit d'entrer dans une église : les poses les plus admirables de simplicité et d'extase profonde vous frappent à chaque instant.

## XXVIII. — ÉGLISE DE LA MERCI, A BARCELONE.

Les églises espagnoles sont très-sombres. Ce demi-jour est d'un grand effet. Les vitraux de couleurs différentes transportent les imaginations dans une région qui ne semble plus appartenir à la terre. Dans les angles obscurs, on aperçoit des choses fantastiques. Des femmes ou des vieillards prient, mais pas comme tout le monde : leur pose extatique semble indiquer le paroxysme de la croyance, et le jour douteux donne à ces figures un aspect terrible. — Dans l'église de la Merci, un cercueil recouvert d'un drap noir était exposé au milieu de la nef. Cette bière était là dans une complète solitude : personne ne priait auprès; mais un rayon de soleil traversant une petite ouverture de vitrail caressait le mort abandonné. — 1842.

## XXIX. — CATHÉDRALE DE PAMPELUNE.

Un christ de bois est placé dans une niche de la cathédrale de Pampelune. Il est vêtu à mi-corps (comme la plupart des christs de ce pays) d'une tunique de mousseline garnie de volants empesés et drapée sur le côté avec un gros nœud. Une enfant de sept à huit ans baisait ses pieds avec ferveur. Son tout petit frère voulait en faire autant, mais il était trop petit. La fillette alors le souleva dans ses bras pour qu'il pût accomplir son désir. Le groupe était charmant, et le pittoresque, s'augmentant de l'obscurité de l'église, imprimait un caractère mystérieux à cette scène enfantine. Il n'y a ni bancs ni chaises dans ces sombres églises espagnoles, même dans les plus somptueuses. On sent plus qu'on ne les voit les masses noires accroupies sur les dalles.

## XXX. — ÉGLISE NOTRE-DAME DEL PILAR, A SARAGOSSE.

Le chœur de Notre-Dame del Pilar est très-riche en sculptures. Des sujets païens sont sculptés sur les stalles où s'asseyent les

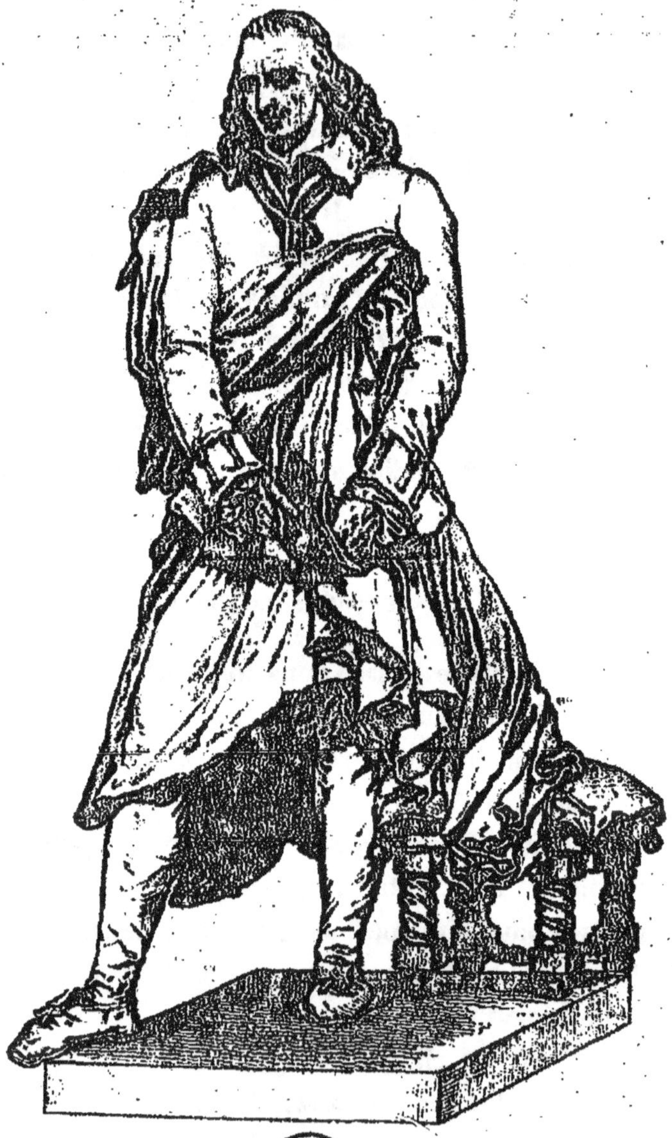

Leroux sculp.



Héliog.re Amand-Durand

P. CORNEILLE

Rouen — *Bronze.*

Imp. A. Durand . Paris.

prêtres; on voit aussi, parmi ces ornements, des scènes bibliques. J'ai visité la cathédrale à la tombée de la nuit; le temple obscur était traversé par quelques rayons du soleil couchant, que les vitraux de couleur transformaient en une lumière étrange. Ce n'était plus celle du jour, mais d'un autre monde, qui faisait rêver au sublime. Supposant qu'il nous ferait plaisir, le sacristain fit glisser un rideau, et l'église s'éclaira tout à coup. L'illusion s'évanouit, et c'est avec un sentiment très-pénible que je rentrai dans la réalité.

## XXXI. — ÉGLISES DE TORTOSA.

Dans la cathédrale de Tortosa, il y a une machine qui, mise en mouvement, agite de petites sonnettes autour d'une tête d'Arabe qui ouvre la bouche et remue ses gros yeux quand l'orgue joue. Il y en a une semblable dans la cathédrale de Barcelone. Elle est placée sous l'orgue et fait une grimace effroyable. — Il y a encore à Tortosa, au-dessus d'une porte de ville nommée porte Saint-Jean, une chapelle dans laquelle deux Arabes soutiennent des lanternes. J'en ai vu beaucoup d'autres dans la même action. C'est une allusion à la chute de la puissance des Maures.

## XXXII. — SUR UNE ÉGLISE DE VILLAGE.

L'église du village de *** n'est pas riche en sculptures, mais on y voit des statues de l'art gothique du meilleur temps. Le style byzantin veut les draperies peu fouillées et à petits plis serrés; les figures que je viens de voir appartiennent à une époque plus avancée. Les draperies sont plus larges; elles sont faites d'après nature, mais les plis sont peu profonds sur les membres; on pourrait dire que c'est du bas-relief sur la ronde bosse; de cette façon la lumière se repose par plans sur les figures et donne un aspect de grandeur qu'elle n'aurait pas si les plis étaient creusés comme dans la nature. J'aime ces costumes espagnols si pittoresques que l'homme le plus pauvre, drapé dans des haillons, a plus de dignité que le plus merveilleux élégant de nos villes, dont les vêtements, composés de petits morceaux, prêtent à rire de pitié. C'est du costume populaire que je parle, car les hautes classes suivent déjà nos modes françaises. Les bonnes traditions se conservent toujours par le peuple.

Il est à remarquer, d'ailleurs, que dans la plupart des églises d'Espagne, si judicieusement obscures, les statues revêtent sous le vague de la lumière des formes si belles, si vivantes, si gracieuses, qu'on s'en trouve puissamment ému. Je me souviendrai toujours d'une *Vierge portée par des anges*. La silhouette de ce groupe était vraiment divine; on osait à peine le regarder. — On aime à croire que ces saintes figures, silencieuses à la lumière du jour, s'entretiennent la nuit des hautes questions de divine béatitude, et le son de leurs voix doit être celui des harpes célestes. En marchant sur les dalles qui recouvrent les corps enterrés dans l'église, je me figurais ces morts, drapés dans leur linceul, venant écouter, à la faveur des ténèbres, ces mélodieux entretiens. Un certain nombre de pierres étant brisées, je me plaisais à penser qu'elles couvrent des tombes de jeunes filles. S'étant complues trop longtemps à cette touchante harmonie, et forcées de rentrer à la hâte dans leurs froides demeures, quand le jour commençait à poindre, la pierre trop lourde aura glissé de leurs mains et se sera fendue.

# MONUMENTS CIVILS

## FRANCE

### I. — LAZARET DE MARSEILLE.

J'ai revu, au Lazaret, le beau tableau de Louis David : *Saint Roch intercédant pour les pestiférés;* c'est une grande et belle peinture sous le rapport du dessin et de la couleur. Les figures sont admirables d'expression. Un tableau de Paulin Guérin, d'un grand mérite et plein de caractère comme tout ce qu'a produit ce maître, c'est la *Peste de Marseille*. Gérard a représenté le même sujet, mais il n'y a que de l'esprit dans sa composition; la peinture est fausse de ton. Un tableau d'Horace Vernet : *le Choléra à bord de la « Melpomène »*, est maniéré, faux de couleur et de dessin, comme tout ce qui sort du pinceau de Vernet. David reste toujours le grand maître, en dépit des criailleries de l'école moderne.

### II. — MUSÉE DE MONTPELLIER.

Au Musée Fabre, de Montpellier, existe une *Tête de jeune homme* peinte par Raphaël. Il est impossible de rien voir de plus tendrement peint. Une haute intelligence se lit sur le front bien développé. Le modèle est mélancolique comme les êtres qui doivent beaucoup sentir, et par conséquent beaucoup souffrir. On voit dans ses yeux doux et voilés, dans une noble rougeur répandue sur tout le visage, que ce jeune homme a bien compris qu'il posait pour un ange. Aussi son regard exprime la vénération et l'enthousiasme dont les élans sont comprimés par le respect. Le nez, d'une forme distinguée, n'est ni trop busqué ni trop droit; la bouche, discrètement dessinée, a des lèvres ni trop fines, ce qui annonce la ruse, ni trop grosses, signe certain de sensualité. La mâchoire est un peu large, indice de la résolution nécessaire au développement des nobles facultés déposées par la nature chez cet être d'élite.

Le modelé des formes est d'une douceur, d'une souplesse exquises; les plans passent de l'un à l'autre sans qu'on puisse en apercevoir la jonction. Il n'en est pas de même chez un trop grand nombre d'artistes, chez Ingres, entre autres, qui cerne les plans comme s'il s'agissait de pièces de marqueterie.

Le tableau de Raphaël, sublime création du génie, m'a cloué devant lui pendant plusieurs heures; Raphaël seul fait comprendre la véritable peinture. Adieu, Tintoret, Giordano, et toi-même, Paul Véronèse. Adieu tous vos vieux saints pleureurs, qui se frappent la poitrine avec un pavé ou qui se déchirent le corps, comme si le Dieu fort, plein de bonté pour la pauvre espèce humaine, était un despote ombrageux et cruel! Adieu, vierges sans divinité; votre grosse et lourde couleur que les peintres disent « chaude », votre dessin tourmenté me laissent froid et sans enthousiasme. Je veux m'imprégner de la touchante apparition qui, traversant mon cerveau, est allée s'incruster profondément dans mon cœur avec mes souvenirs les plus chers. Cette belle et suave création de la nature révélée au monde par le génie, cette image échappée à l'âme du divin Sanzio apparaîtra toujours pure, même aux regards corrompus qui se fixeront sur elle. Rien ne peut ternir désormais son admirable candeur. Noble privilége de l'art qui, plus heureux que l'homme lui-même, préserve à jamais des souillures de cette terre l'être entrevu par le génie et auquel il communique l'immortalité.

## III. — SUR LA MAISON DITE DES CARNAUX, A PARIS, RUE DES BOURDONNAIS.

Il faut, mon cher Victor[1], que je te fasse part d'une nouvelle perte que les amis des arts ont à déplorer.

Ce matin, j'ai appris par le journal que l'on démolissait l'un des plus anciens hôtels de Paris, situé rue des Bourdonnais, portant actuellement pour enseigne : *Maison de la Couronne d'or*. Les traditions disent qu'il fut habité, en 1380, par Philippe, duc de Touraine, qui l'avait acheté deux mille francs d'or. Il le vendit au fameux Guy de la Trémouille. Après la mort de Guy, il fut réclamé par Jehan de la Trémouille et réintégré au nombre de ses biens, puis passa à plusieurs autres propriétaires. Plus tard il appartint à Antoine Dubourg, chancelier de France, oncle du savant et courageux Anne Dubourg; ensuite il fut acquis par le président de Bellièvre, qui eut le rare honneur d'être nommé le *Bonhomme*, quoique homme d'État; c'est lui qui fit tant d'efforts inutiles en faveur de Marie Stuart.

Ce monument, précieux par ses souvenirs historiques, sa belle et coquette architecture, était un reste éloquent de l'art du moyen âge, échappé à cette pioche brutale qui va pulvérisant chaque jour les savantes lignes que l'artiste imprima sur la pierre. A la nouvelle de cet acte de vandalisme, je me hâtai, afin de donner encore un dernier regard à l'ami qui allait m'être ravi. Et bien des fois depuis, je suis revenu sur ces ruines, lorsque mes affaires me portent de ce côté. Un jour, ce fut devant ces vestiges de l'art d'une si belle époque que je reçus le dernier adieu de madame Opie; c'est dans la rue des Bourdonnais que je ressentis la dernière étreinte de cette main qui a tracé tant de belles et touchantes pages! Ayant hâte d'arriver, je précipitai

[1] M. Victor Pavie.

le pas comme quelqu'un qui redoute de parvenir trop tard sur le rivage pour donner une larme à celui qu'il va perdre pour toujours. Dans une semblable préoccupation d'esprit, tout est entraves pour vous; vous traversez chaque rue avec difficulté; vous avez peine à vous faire jour à travers le flux et le reflux des passants, ou la cohue des voitures.

Enfin, m'y voilà! Je suis à l'entrée de la rue des Bourdonnais; je vois une machine humaine habillée en maçon, empêchant avec une longue règle les personnes d'avancer plus loin; mais bientôt mon œil inquiet aperçoit, au milieu des immenses décombres qui remplissent la rue, une foule d'hommes trépignant, et faisant rouler dans le ruisseau ces pierres animées par d'ingénieux emblèmes. Ces pierres, que le génie avait rendues si éloquentes, seront mutilées et enfouies dans d'obscures fondations. De quelle race sont donc les hommes qui commettent de pareils crimes? Pourquoi montrent-ils tant d'acharnement à détruire?

Hélas! j'ai pu assister à la démolition graduelle de cet hôtel plein de souvenirs historiques et si remarquable sous le rapport de l'architecture. Presque chaque jour je suis revenu devant l'emplacement où fut cette merveille.

Tout n'est cependant pas encore démoli : il reste debout une galerie qui est au-dessus du portail d'entrée; c'est là qu'est le logement occupé par le concierge de l'ancien hôtel.

Autour de cette galerie, l'œil ravi admire une frise pleine de grâce et de souplesse. Quoique vestige, elle conserve encore ses rinceaux dans lesquels se jouent de malicieux enfants et des animaux fantastiques qui semblent vivre et courir à travers les courbes élégantes des feuillages.

Que vont devenir les hirondelles, ces douces voyageuses, qui se nichaient dans les vieux pignons? Quelle inquiétude de ne plus retrouver le nid séculaire, berceau de tant de générations! Ces petites créatures animaient et complétaient l'œuvre de l'artiste! elles faisaient croire que la nature s'était complu à travailler de concert avec lui et à lui enseigner la composition. Combien toutes les allées et venues de ces oiseaux étaient agréables à l'œil et imprégnaient de vie l'architecture du monument!

Ce débris m'a remis en mémoire ce que j'ai vu hier dans notre jardin. Mon cher petit Robert avait construit en terre une maison dans l'angle d'une marche, à la porte de mon atelier, sous les tilleuls où nous avons causé quelques heures la veille de ton départ. L'édifice avait porte et fenêtres, et même un fronton décoré d'une tête de Luther trouvée dans les fragments d'un des bas-reliefs du monument de Gutenberg. Robert avait ménagé auprès de sa maisonnette un jardin grand comme la main, et il y avait planté quelques brindilles. Or, imagine-toi que l'une d'elles a pris racine. Elle est en fleur. Cette petite *ne m'oubliez pas* est bien dans ce jardin.

La nature se plaît aux contrastes. Après avoir distribué les forêts sur la surface du globe, disposé les montagnes et les torrents, elle permet que les chefs-d'œuvre du génie croulent sous le marteau, tandis qu'elle se fait la gardienne des jouets de l'enfant et qu'elle leur donne pour parure une brindille en fleur que le pied des passants avait épargnée... — 10 avril 1842.

---

## BELGIQUE

### IV. — HOPITAL DE BRUGES.

Je vais tous les jours à l'hôpital de Bruges voir la châsse du divin Hemling. Quelle merveille que l'art compris ainsi! On se sent heureux d'être artiste, et pourtant on mesure son infériorité quand on se compare à ce grand maître. Lorsqu'on vient de voir ses œuvres, il semble que les figures qu'on rencontre dans la rue se soient détachées de ses tableaux. Le peuple de Bruges a conservé une naïveté qu'on ne retrouve dans aucun pays. On rencontre de grandes jeunes filles à la taille flexible, au visage candide, dont les passions n'ont pas encore terni l'éclat virginal; la mante noire qui les recouvre en fait autant de vestales. Elles semblent ne pas connaître le mal! Elles regardent sans effronterie et sans crainte. Elles n'ont pas ce coup d'œil agaçant des femmes des autres pays. On voit que notre civilisation n'a pas encore passé par là, heureusement!

Toutes les rues sont curieuses, toutes les maisons originales. Des clochers fantastiques terminent merveilleusement chaque point de vue, et ces aspects réunis ne peuvent être que faiblement rendus. Tout est naïf dans cette ville. Un charcutier vend des antiquités! J'ai vu chez lui des plats en cuivre de la Renaissance, dont l'un représentait Adam et Ève, et il était placé près d'une hure de sanglier. Au milieu des andouilles et des boudins, on aperçoit des armes antiques, des statuettes de saints, des vierges, des christs, des Péruviens, des Chinois, des Indiens, et, assise au comptoir, est une de ces gracieuses vierges du divin Hemling! J'étais malheureux à Bruxelles; ici je retrouve mon enthousiasme d'artiste. La prostration m'a quitté. Je voudrais travailler. Hemling a réchauffé mon âme au contact de la sienne.

J'ai visité toutes les églises et les couvents de Bruges dans lesquels existent quelques peintures de ce maître. L'intérieur de ces monuments produit sur moi un effet des plus désagréables, à cause des placages de marbre noir et blanc, taches de mauvais goût imputable aux Espagnols. Sur les autels sont des statues de Vierge à robes de soie, couvertes de dentelle. Elles portent des colliers, des boucles d'oreilles, des diadèmes et un riche manteau de velours brodé : l'homme semble se complaire dans tous les temps à abaisser la Divinité, en lui prêtant son costume et ses passions. Qu'un Phidias vienne donc faire un chef-d'œuvre pour le voir affublé ainsi. Pauvres artistes!

Les maisons de Bruges sont terminées en pointes très-aiguës, par des espèces de dentelures semblables à des marches d'escaliers. Elles se dessinent hardiment sur le ciel. La nuit, on croit voir les pointes d'une couronne du moyen âge, dont les lumières des estaminets et des boutiques forment les joyaux. Tristes joyaux que les buveurs de bière et les marchands, mais il ne faut pas approfondir toutes choses dans ce monde où il y a tant de déception : la poésie a besoin de la fiction pour vivre.

## V. — MUSÉE DE BRUXELLES.

Au Musée de Bruxelles, j'étudie les peintres contemporains de Van Eyck. Les gens du peuple passent devant ces tableaux avec un regard indifférent; ils bâillent, ils fredonnent pour calmer leur ennui, et pourtant ces scènes peintes ont trait à leur culte; mais, semblable en cela au bourgeois, l'ouvrier est attiré par le bruit et l'éclat. La foule court aux Rubens, ou à l'image d'un saint auquel le bourreau arrache la langue. Cette grossière et brutale peinture est mieux sentie par des esprits dont le goût est corrompu que la croyance si naïvement et simplement exprimée par la chaste peinture des anciens maîtres. Les grands coloristes ne m'impressionnent pas comme les maîtres primitifs.

Chez les vieux maîtres que j'aime tant, on voit des têtes peintes en pleine lumière; elles en sont inondées, et cependant elles tournent et ont une saillie extraordinaire. C'est le triomphe de l'art. Il est toujours facile d'obtenir de beaux effets par les grandes masses de lumière et d'ombre, à la manière italienne; mais cela s'obtient au détriment de la vérité avouée par le bon goût.

J'ai vu, au Musée de Bruxelles, un petit tableau qui représente la *Vierge et Joseph en prière devant l'Enfant Jésus.* On aperçoit derrière la muraille un homme à figure démoniaque; son rire semble prédire une vengeance atroce, et une flèche qu'il tient à la main indique le drame réservé au petit Christ. Les peintres primitifs peignaient l'individualité. Chaque tête de leurs compositions est un portrait, et l'on est heureux, en contemplant leurs œuvres, de songer que l'on a devant soi l'image de plusieurs générations couchées dans la tombe depuis des siècles. On voit, sur ces toiles, le type flamand véritable; il n'avait pas encore été altéré par le contact des peuples qui, tour à tour, ont été vainqueurs des Flandres. Certainement l'art des Van Eyck n'est pas le dernier mot du génie, mais c'est un beau programme. Les maîtres de ce temps donnaient trop d'importance à l'architecture de leurs fonds, que dans leur trop grande probité ils ne voulaient pas sacrifier; cependant quelques glacis auraient atténué la crudité des tons et repoussé les lignes architecturales. Ces maîtres tenaient trop à tout dire. Néanmoins, si les artistes leurs successeurs eussent suivi leur route, la Belgique eût possédé une école spéciale, elle eût eu une individualité réelle. De même, chez nous, si les traditions de Grétry et de Dalayrac avaient été conservées, nous aurions aujourd'hui une musique française, nationale et originale.

M. Clays est un peintre de marine de beaucoup de talent. J'ai admiré un de ses tableaux qui représente un vaisseau ballotté par les vagues d'une mer furieuse qui lui servent de piédestal; ses voiles pendent en lambeaux, il va périr, et le cœur se serre à la pensée de l'équipage. Une petite barque, remplie de passagers, vogue à quelques pas sur l'abîme. — 1851.

## VI. — PALAIS DE JUSTICE DE LOUVAIN.

Le Palais de justice est très-curieux. Le cloître, où sont des étalages de marchands, rappelle l'architecture mauresque; les colonnes ne se rattachent au gothique ni par la forme ni par les ornements fantasques. Le carillon de l'horloge joue la *Marseillaise*, et cela me fait du bien. A chaque quart d'heure on entend une partie de la strophe, ce qui fait que celle-ci n'est complétée qu'avec l'heure. Cela m'a paru être une image des obstacles qui s'opposent à la conquête définitive de la liberté.

J'ai vu dans de grands cadres vitrés, à Louvain, des figures en cire représentant le *Christ en croix*. Au pied, la Vierge avec un soleil d'or sur la tête, vêtue comme les dames d'aujourd'hui, et tenant à la main un mouchoir comme cela se pratique dans les soirées; sa robe est couverte de dorures et de paillettes. La Madeleine, vêtue de même, est à genoux avec un mouchoir à la main, ainsi que tous les autres personnages couverts d'habits plus ou moins riches. Le culte s'imprègne de la physionomie de l'époque.

---

# HOLLANDE

## VII. — GALERIE DU PALAIS DU ROI, A LA HAYE.

Je viens de visiter l'admirable galerie du palais du Roi, à la Haye. C'est, je crois, la plus riche collection qui existe des dessins de Raphaël et de Michel-Ange; ils proviennent de la vente du peintre anglais Lawrence. La plupart des dessins de Michel-Ange sont des études au crayon pour la chapelle Sixtine et le tombeau de Laurent de Médicis. A côté d'un torse achevé, d'une jambe très-finie, se voit une tête à peine esquissée et d'une petitesse extraordinaire. J'ai remarqué la même tendance chez Puget lorsqu'il m'est tombé sous la main des dessins de cet artiste. Michel-Ange et Puget, maîtres fougueux, se sont passionnés pour l'étude de certaines parties du corps, et ils ont négligé les autres. Cela s'explique : le moral de l'art n'existait pas pour eux; seule, la puissance du « levier musculaire » les impressionnait. Le regard distrait par la machine, ils ne savaient pas en voir le divin moteur, l'âme qui la fait agir.

J'ai souvent observé que toutes les têtes de Vierge de Raphaël se ressemblent. Elles ont des formes arrondies, molles, cylindriques. On serait tenté de penser qu'il s'est servi d'un modèle belge ou hollandais. Cette remarque sera faite par tous les artistes qui ont habité l'Italie. Raphaël n'a pas tiré parti des admirables types de femme qu'on rencontre à Rome ou dans la campagne romaine. Les têtes naïves, si divinement rendues par Van Eyck ou Hemling, ont quelque chose d'angélique; mais il leur manque cette beauté sévère des visages italiens ou grecs. Raphaël accuse dans son dessin une puissance vitale qu'aucun peintre, le Corrége excepté, n'a révélée avec autant de volonté; mais, en retour, son crayon trahit un tempérament maladif. Raphaël, peintre de la force, rappelle les adolescents qui enflent leur voix afin de paraître des hommes mûrs. Le dessin de Raphaël est sectionné; le maître aime les formes ronflantes; sa ligne n'est pas onduleuse comme la nature: elle fait songer à l'homme qui, après avoir prononcé quelques mots, s'arrête pour reprendre haleine. C'est aussi toujours la même femme courte qui a posé devant lui; mais on sent dans le trait la vibration d'une âme ardente, tendre au delà de toute expression. Jamais Raphaël n'a tracé lourdement une ligne jusqu'au bout: à un moment donné, sa pointe émue devient moelleuse et vague comme la pensée. Le trait est parfois plus deviné que vu. Quelle différence avec Michel-Ange, qui semble s'être servi pour dessiner d'une pointe de fer!

---

## EMPIRE OTTOMAN

### VIII. — HIPPODROME DE CONSTANTINOPLE.

J'ai vu l'hippodrome antique de Constantinople. Il y a au milieu un obélisque égyptien dont la base est composée de blocs de marbre sur lesquels des inscriptions latines sont gravées. Des bas-reliefs romains représentent un empereur assis qui préside des jeux dans l'arène. Près de lui, des magistrats, des musiciens. Trois rangs de personnages sont superposés, comme cela se voit si fréquemment dans les bas-reliefs romains du Bas-Empire. La frise est ornée de sculptures représentant une course de chars, mais cette décoration est cachée par les terres qu'on a jetées en cet endroit, sur l'ordre du Sultan, lorsqu'on construisait son palais. Le piédestal de l'obélisque est à moitié enfoui.

# SCULPTURES

## SCULPTURES ANTIQUES

### I. — Le *Gladiateur mourant* (Rome).

La statue du *Gladiateur mourant* est saisissante. Elle éveille un monde de pensées. On rêve, en face de cette œuvre, aux malheurs de l'esclave, aux angoisses du proscrit, aux revendications que préparent les abus de la force. Le gladiateur était tout ensemble un esclave, un déporté, une victime. C'est une immense fortune pour l'artiste qu'un sujet capable d'émouvoir profondément. Une exécution savante n'est pas même, dans ce cas, absolument nécessaire. Certes, la statuaire jouit d'un sublime privilége, puisque le marbre peut défier les siècles, mais il faut une âme pour remuer l'âme. C'est du frottement des esprits que naît l'étincelle qui vivifie tout ce qu'il y a d'honorable dans l'humanité. C'est parce que le soleil se trouve en contact avec une matière inflammable que ses rayons lumineux échauffent la terre. Concentrez sa lumière dans une lentille, les substances prennent feu. Ainsi en est-il en face des productions du génie; elles peuvent échauffer l'âme et la ravir d'enthousiasme, si l'unité de l'idée franchement comprise se trouve puissamment concentrée sur un marbre. L'auteur du *Gladiateur mourant* a été fidèle à ces grands principes.

Quand on observe de loin le *Gladiateur*, les grandes divisions sont si peu sensibles que les contours paraissent indécis, vagues, sans consistance comme ceux des fantômes qu'on voit en rêve.

C'est bien ainsi qu'il convenait de représenter un mourant, l'homme qui « s'éteint ». Ce beau marbre donne l'idée de l'atmosphère nébuleuse de la mort.

## II. — Le *Laocoon* (Rome).

Examinez le torse du *Laocoon*. Comme il porte gravée l'empreinte de la plus saisissante passion ! Il n'y a pas jusqu'au pied du personnage qui n'exprime une forte douleur. Si un malheur irréparable faisait que ce groupe fût brisé et ses fragments dispersés, quel est l'observateur qui, en retrouvant le cou, le torse, une jambe ou le pied de Laocoon, ne s'écrierait : « Voilà le torse d'un homme horriblement torturé ; ce col est gonflé par la souffrance, ce pied parle de supplice ! » Supposez maintenant que le statuaire eût jeté une cravate, un habit, une botte sur ce marbre douloureux, et dites si ses fragments ne pourraient pas être admirablement employés à faire de la chaux !

## III. — L'*Hercule Farnèse* (Naples).

Malgré sa réputation séculaire, l'Hercule Farnèse me paraît cependant incapable d'avoir exécuté les immenses travaux qu'on lui attribue. Il faut une bien grande force vitale pour pouvoir remuer des membres si lourds, et l'on sait que les gros hommes charnus *n'en sont pas doués en* quantité. L'artiste me semble avoir, en accentuant la grosseur des membres, donné une importance exagérée à la chair et outre-passé la vérité.

---

## SCULPTURES MODERNES

### IV. — *Du Guesclin,* par BARRÊME (Saint-Brieuc).

Sur l'une des promenades de Saint-Brieuc est placée la statue de du Guesclin, par Barrême, d'Ancenis. Elle est en pierre, et peinte en blanc — misère ! — Des cailloux amoncelés sur la plinthe m'ont prouvé que les enfants ne comprennent pas le sens de cette personnification d'un grand homme. Le peuple passe, insouciant, sans accorder un regard à l'image de pierre, qui n'est qu'un portrait en pied. La main droite tient une hache d'armes; la gauche s'appuie sur une longue épée : ce pourrait être la statue de tous les guerriers contemporains de du Guesclin. Si l'artiste eût particularisé son héros en rappelant quelque trait remarquable de sa vie, croit-on que l'attention n'eût pas été plus éveillée?

### V. — Le *Lion étouffant un boa,* par BARYE (Jardin des Tuileries).

Le *Lion* de Barye, aux Tuileries, n'a pas été philosophiquement conçu. L'artiste a représenté le roi du désert luttant contre un serpent qui a l'air d'une anguille. Le lion regarde de côté son adversaire. Je ne vois là qu'une expression mesquine. Il faut élever l'être qu'on représente en lutte par un combat qui soit digne de lui, si l'on veut que le spectateur en garde une haute idée. Le lion, luttant contre l'homme ou contre des animaux à l'ardeur indomptée, sera plus grand que s'il se défend contre des piqûres d'épingles.

### VI. — Le *Fronton du théâtre de la Porte Saint-Martin*, par Bocquet.

Je regardais tout à l'heure le grand bas-relief qui décore le théâtre de la Porte Saint-Martin. Avec beaucoup d'attention, on découvre que le sujet est un Sacrifice à des Divinités[1]. Lesquelles? Conformément au système en honneur à la fin du dernier siècle, ce bas-relief est composé de groupes saillants, et dans leur voisinage sont des figures qui se perdent sur le fond. Ceux qui comprenaient ainsi l'art plastique pensaient imiter la peinture! Sur les membres des personnages saillants, l'artiste a multiplié les trous et les enfoncements sentis, absolument comme s'il avait eu à traiter une ronde bosse. Le bas-relief y perd toute son harmonie. Des têtes saillantes surmontent des corps perdus dans les fonds; des cheveux en plein relief voltigent, des draperies interrompent les contours; tous les membres paraissent vides. Cette page modelée devient inintelligible. On se croit en face de fous gesticulant au hasard, ou encore en présence de gens qui parleraient tous à la fois : on ne peut saisir aucune pensée. Quelle différence entre une pareille œuvre et les bas-reliefs antiques où chaque figure est rendue avec autant de concision que de netteté!

### VII. — *Hercule*, par Bosio (Jardin des Tuileries).

L'*Hercule* de Bosio, qui est placé au jardin des Tuileries, a l'air de faire la roue. On ne lutte pas en se posant de profil. Dans

[1] Ce bas-relief, exécuté par Bocquet fils en 1781, représentait, au dire de Donnet et d'Orgiazzi, auteurs de l'*Architectonographie des théâtres de Paris* (Paris, 1821, in-8°), le *Triomphe des Arts*. Mais nous devons à l'obligeance de M. Jules Cousin, bibliothécaire de la Ville de Paris, d'avoir eu communication d'un dessin de ce bas-relief; la composition bizarre de Bocquet ne ressemble pas moins à un *Sacrifice* qu'à une marche triomphale. La méprise de David sur le sujet traité est donc explicable. L'ouvrage de Bocquet a été détruit dans l'incendie du théâtre, en 1871.

l'attitude où se trouve Hercule, un homme serait jeté bas au premier choc. Les membres semblent être de bois. On ne voit pas, sur les muscles, la volonté qui atteste la vie. Cette volonté, le sculpteur ne peut l'écrire que dans le mouvement et l'expression des plans sous lesquels il importe qu'on sente les fibres. La mer ne donne pas l'idée complète de sa puissance de destruction lorsqu'elle est calme : elle n'épouvante vraiment que par son courroux.

## VIII. — *La Fontaine de la rue de Grenelle,* par BOUCHARDON.

Ce soir, comme je passais devant la fontaine de la rue de Grenelle, la lune était dans son plein. Je m'efforçai de démêler le mouvement des statues de ronde-bosse et des figures des bas-reliefs ; je n'aperçus qu'un conflit de membres et de lignes tumultueuses, parce que, dans l'ensemble du monument de Bouchardon, il n'existe pas de grandes masses, et si l'on examine les détails, les bas-reliefs, par exemple, le contour de chaque personnage se perd sur le fond. Ainsi ne faisait point Phidias. Sobre sur les détails dans ses bas-reliefs, le maître d'Athènes ne cesse pas d'écrire avec netteté le mouvement d'une figure. Encore que le nu soit invisible sous la draperie, Phidias en a si sévèrement cadencé les lignes que celles-ci permettent toujours au regard de discerner sans peine la saillie des membres et de suivre leur jeu.

## IX. L'*Innocence*, par CALLAMARE (Musée du Louvre).

(N° 317, Catal. de H. Barbet de Jouy, édition de 1873.)

L'innocence n'est pas la nullité. Cet état d'âme est le privilége des êtres qui n'ont pas encore traversé les épreuves de la vie. J'aurais donc voulu que la tête de la statue de l'*Innocence* par Callamare exprimât la joie naïve de la jeune fille qui presse un reptile sur son sein dans le but de le réchauffer. Que le reptile soit ici le symbole d'un avenir plein de déceptions, qu'il doive envenimer et corrompre l'existence de la jeune fille, celle-ci du moins l'ignore, et, tout entière à l'acte qu'elle accomplit, elle doit porter la marque d'un bonheur candide. Callamare n'a pas fait à sa statue de l'*Innocence* des chairs assez souples, un épiderme suffisamment flexible; il n'a pas dit cette jeune puissance de la vie qui monte d'un cœur vierge, resplendit, rayonne et tient le spectateur sous le charme.

X. — *La Gloire distribuant des couronnes*, par CARTELLIER (archivolte de la porte extérieure du Louvre, côté de la Colonnade).

Les draperies de Cartellier, dans son bas-relief de la porte du Louvre, sont d'une maigreur dont rien n'approche : elles ont une roideur métallique. Le fronton de Lemot reste bien supérieur à cet ouvrage. Quand la lumière baigne les personnages de Cartellier, les ombres portées semblent tracées à la règle, ce qui est antipathique à toute expression vraie de la vie.

XI. — *James Watt*, par CHANTREY, sculpteur anglais (Londres).

Je viens d'examiner avec une scrupuleuse attention le buste en marbre de Watt, œuvre de Chantrey. Ce buste est étudié avec une vérité très-grande : c'est une sorte de stéréotypie de la nature. Mais pour peu qu'on s'éloigne de quelques pas, on n'a plus sous les yeux qu'un bloc de marbre bien blanc, sur lequel apparaissent de légères traces d'outil. Chantrey n'a pas compris l'objet de la statuaire. Notre art est appelé par son essence à impressionner de loin, à être apprécié par l'avenir. La sculpture n'est pas un trompe-l'œil comme la peinture, qui donne l'illusion de la réalité à l'aide de la couleur. Il faut que la statuaire imprime avec énergie, par des lignes simples, des plans larges, des enfoncements ressentis à l'endroit des grandes surfaces, la manifestation de l'âme et du génie d'un illustre modèle. Les premiers dans l'ordre des âges, les Égyptiens ont eu le vrai sens de la sculpture. Leurs statues aperçues à de fortes distances laissent deviner tout de suite qu'elles sont là pour des siècles. Les Égyptiens ont encore parfaitement compris quelle différence doit exister entre la statue, qui est l'apothéose, et le bas-relief, la note écrite avec le ciseau, afin d'expliquer les traits saillants de la vie d'un homme ou d'une nation. Ils s'appliquaient à rendre les détails les plus délicats dans leurs bas-reliefs, les ouvrages de ce genre étant destinés à être vus de près. Lorsqu'on traduit la nature comme l'a fait Chantrey dans le buste de Watt, c'est ne pas vouloir placer son modèle dans une sphère différente de la nôtre; c'est craindre d'en faire un demi-dieu. Est-ce donc à la représentation exclusive de l'homme physique que doit s'attarder le statuaire? Les hautes vertus qui ont fait la gloire d'un héros ou d'un homme de pensée ne sont-elles pas plus dignes du ciseau?

## XII. — *Casimir Périer*, par CORTOT (Cimetière du Père-Lachaise).

La statue de Casimir Périer, placée sur son tombeau au Père-Lachaise, le représente debout, la main droite fermée avec violence, la main gauche posée sur des tablettes où est gravée la Charte constitutionnelle. Dans la pensée de Cortot, le poing fermé indique la résistance : à mes yeux, c'est là une allégorie misérable. Que penser d'une Constitution qui devrait être défendue à coups de poing? Cortot n'a pas su prendre son sujet par son côté noble, et l'impression qui découle de son œuvre est plus digne des pages du *Charivari* que de la sculpture. Il me semble qu'un Casimir Périer indiquant du doigt cette Charte posée sur un faisceau de drapeaux surmontés du coq gaulois eût laissé de l'homme d'État une idée plus juste. Il ne fallait pas oublier que la Charte est placée par l'un de ses articles sous la protection de l'armée et de la garde nationale ; ce ministre auquel on élève une statue, comment a-t-il comprimé les révoltes et les émeutes? En faisant intervenir la garde nationale et l'armée. En aucune occasion, il ne s'est servi de son poing.

## XIII. — *Boïeldieu,* par DANTAN jeune (Rouen).

Boïeldieu est représenté assis, tenant en main un papier sur lequel il écrit. Cette action ne définit pas le compositeur : elle est commune à tout écrivain. Afin de donner plus de mouvement à sa statue, le sculpteur a placé une pile de livres sous le pied gauche de son modèle. Je plaindrais vraiment un auteur que je verrais fouler des livres aux pieds, à moins qu'il ne cédât à un sentiment de modestie exagérée, tel que peut en concevoir l'homme qui méprise ses propres ouvrages. Mais ce n'est point là ce qu'a voulu dire le statuaire.

Tout homme illustre a sa physionomie. La musique de Boïeldieu est tendre. *Des accents du cœur impriment* à ses ouvrages un cachet tout particulier. J'aurais voulu trouver dans la pose de la statue et dans l'expression des traits l'*indice de cette délicatesse de pensée.* Boïeldieu a écouté son cœur : c'est de là que sont sorties ses inspirations bien plus que de son cerveau. Voilà pour le moral du sujet. — Maintenant, comme les statuaires sont tenus de rendre leurs compositions aussi claires que possible, afin de parler promptement aux masses, j'aurais essayé de créer une plinthe avec des instruments de musique. Ne sont-ce pas là les auxiliaires du compositeur pour traduire ses inspirations? Un sabre au guerrier, une palette au peintre, un livre pour le poëte. L'orchestre est le vrai piédestal du compositeur. Quant au costume, je l'admets sans peine pour le soldat, mais les hommes de pensée devraient être représentés nus et drapés. La draperie est de tous les temps, comme les œuvres du génie.

Un homme, pauvrement couvert de quelques guenilles,

chantait, en passant devant la statue de Boïeldieu, un air de la *Dame blanche*; je l'ai vu lever les bras vers l'image du compositeur, comme s'il eût voulu le remercier des jouissances que lui faisait éprouver son chef-d'œuvre. Je l'ai dit bien des fois, à mesure que le peuple participera davantage aux plaisirs intellectuels, les grands hommes grandiront.

## XIV. — *Cambronne*, par J. B. DE BAY fils (Nantes).

On vient de construire à Nantes un grand square entouré de maisons bâties sur le même plan. Au milieu est placée la statue de Cambronne. Il tient le drapeau de la main gauche, et de la droite l'épée. Il est dans l'action d'un homme prêt à défendre l'étendard. Cette statue est mal posée. Les jambes forment compas. Toute la figure est tortillée de telle façon qu'il serait impossible à un homme d'imiter ces mouvements compliqués. L'homme qui est en lutte a bien soin de se maintenir dans une attitude qui lui laisse toute sa force. La vie tout entière de Cambronne est résumée dans la parole qu'il a prononcée. L'épée que lui a donnée l'artiste est une arme inutile. Je comprendrais mieux Cambronne impassible que se débattant contre l'ennemi formidable qui l'enveloppe. De même un drapeau rongé jusqu'à la hampe par la mitraille serait plus éloquent que ces grands plis qui nuisent à la simplicité des lignes, principalement du côté droit, où les jambes et les bras produisent l'effet le plus désagréable. J'observais cette figure au soleil couchant : le ciel était en feu et rappelait à propos l'atmosphère d'une bataille. Le ciel est un coloriste qui poétise la terre.

## XV. — *Cadmus*, par DUPATY (Jardin des Tuileries).

Le *Cadmus* de Dupaty est une figure petite et mal posée. Les jambes sont placées sur une même ligne. Il suffirait du moindre choc pour renverser le personnage. Les formes de cette statue sont de convention. On s'aperçoit bien vite que le *Cadmus* est composé de fragments copiés sur l'antique. De là, pas d'homogénéité. Dupaty n'avait pas le sentiment de la nature ni celui de la vie. Toute sa force résidait dans son esprit.

### XVI. — *Spartacus*, par FOYATIER (Jardin des Tuileries).

Foyatier demeurait dans la même maison que Rabbe, le littérateur. Celui-ci m'a dit : « C'est moi qui ai donné à Foyatier l'idée du *Spartacus*, mais je n'ai jamais pu faire comprendre à l'artiste ce que doit être la tête d'un homme supérieur épris d'une haute vengeance. La tête qu'il a modelée est celle d'un esclave ordinaire brisant ses fers : il n'y a rien que de matériel et d'égoïste sur ce visage. Dans l'exécution des membres, on ne sent pas non plus le frémissement qu'imprime à toutes les fibres une âme ardente. Seule la pose de la figure est vraiment énergique, mais les membres sont mous.»

### XVII. — *Jeanne d'Arc*, par FOYATIER (Orléans).

L'artiste a tellement accentué le nu de sa *Jeanne d'Arc*, que, vue d'une certaine distance, on la prendrait volontiers pour un homme. S'il eût tout simplement fait un jupon à l'héroïne, on ne se tromperait pas sur son sexe. De plus, la statue est en bronze : elle devient invisible la nuit. Le bronze a par sa nature quelque chose de mystérieux et d'incertain. Même au grand jour, la couleur du bronze permet à peine que l'on distingue les traits. Il semble donc que le héros auquel on dresse une image de bronze inspirait des doutes sur son mérite. Le marbre, au contraire, appelle les rayons lumineux. La nuit la plus obscure est impuissante à voiler au regard une statue de marbre.

## XVIII. — *Bisson*, par M. Gatteaux (Lorient).

On a placé à Lorient la statue du brave lieutenant Bisson. Elle est posée sur une colonne de granit qui n'a pas moins de vingt-cinq pieds de hauteur. C'est une faute. La statue d'un grand homme doit toujours être à portée du regard, afin qu'on puisse contempler ses traits. Posées en l'air, comme celle de Bisson, les figures historiques ne sont plus que des décorations sans caractère : l'apothéose du sujet est manquée. La statue de l'héroïque marin est sur la place de la Cathédrale. Le nom de Bisson n'est pas inscrit sur la colonne. J'ai demandé à des hommes du peuple, à des paysans, qui était là représenté. Pas un n'a su me répondre. — Ce que c'est que la gloire[1] ! — 1849.

## XIX. — *Fronton du Louvre*, par Lemot (côté de la Colonnade).

Plusieurs figures du Fronton de Lemot ont un caractère mesquin ; cela vient de ce que les draperies ont trop de sécheresse. Les plis ressemblent à des baguettes qui passeraient sur le nu : rien ne peut imprimer un caractère malheureux à une femme comme une robe dont les plis collent sur elle. Tout autres sont les draperies traitées par Phidias : l'œil ne peut suivre leurs plis perdus. Elles expriment bien le vague de la nature ; elles sont fugitives comme la vie.

Nous devons imiter les bas-reliefs de Phidias et ceux de Jean Goujon, bien qu'ils s'élèvent à un degré de perfection moins saisissant. Chez ces maîtres, le nu est sous les draperies. Les plus

[1] Henri Bisson, lieutenant de vaisseau, servait sous l'amiral de Rigny dans l'Archipel, lorsque, ayant été chargé de commander le *Panayoli*, brick grec capturé, des pirates l'assaillirent, et son bâtiment fut envahi : Bisson, mettant le feu aux poudres, se fit sauter avec ses ennemis (6 novembre 1827). Il n'avai que trente et un ans.

fins tissus ne cessent pas de couvrir l'épiderme. Dans le Fronton de Lemot, les figures sont drapées d'une manière toute différente : le nu est pour ainsi dire sur la draperie. Les plis ayant l'aspect de tuyaux, les figures semblent vues à travers un treillage ou entourées de ceps de vigne à l'époque où il n'y a plus de feuilles. Lemot n'avait pas un sentiment juste de la vie; il eût dû comprendre qu'un pli qui est derrière un autre ne doit pas être fouillé avec la même profondeur que le premier. C'est là une règle élémentaire de perspective. Cette entente des parties à sacrifier était admirablement connue des Grecs. Derrière les jambes des deux figures assises qui décoraient le Fronton du Parthénon, on aperçoit un pan du manteau à peine tracé sur le siége, ce qui fait que les jambes sont bien en saillie; si la draperie dont je parle eût été trop fouillée, les noirs auraient attiré le regard et détruit l'harmonie de l'ensemble.

## XX. — *Un Prisonnier*, par MICHEL-ANGE (Musée du Louvre).

(N° 29, Catal. de H. Barbet de Jouy, édition de 1873.)

L'une des statues de Michel-Ange qui se trouvent dans la galerie d'Angoulême[1], celle qui est représentée le bras sur la tête, me semble un chef-d'œuvre de sentiment. Michel-Ange a traduit dans ce marbre le sommeil de l'esclave; il a nuancé son œuvre de douce mélancolie. Cette statue serait une juste personnification d'un peuple en servitude.

[1] La galerie d'Angoulême, ou Musée de la Sculpture française, comprenait les cinq salles que Louis XVIII fit remplir des œuvres sculptées conservées au *Musée des Petits-Augustins*. « A l'exception des statues de Michel-Ange et de Canova, auxquelles on ne peut refuser de place nulle part, écrivait Clarac au début de sa Description des Musées de sculpture antique et moderne du Louvre, toutes les sculptures de la galerie d'Angoulême sont de sculpteurs français. » (*Manuel de l'Histoire de l'Art*, 1re partie. Paris, Renouard, 1847, in-12.)

### XXI. — *Moïse*, par Michel-Ange (Rome).

Le *Moïse* de Michel-Ange est admirable sous le rapport de l'anatomie, mais je ne reconnais pas dans cette image le grand homme, le profond législateur, le chef d'État qui a tiré tout un peuple de l'esclavage, le souverain qui a lutté contre l'inconstance, l'esprit de révolte, l'ingratitude de ses sujets, supplice ordinaire des hommes qui se dévouent pour leurs semblables. Ce qui manque au *Moïse* de Michel-Ange, c'est une âme en vibration.

### XXII. — *Le Jour et la Nuit*, par Pradier (palais du Luxembourg).

Pradier a fait à la Chambre des pairs un bas-relief représentant le *Jour* et la *Nuit* qui s'élèvent vers le ciel. La *Nuit* est vue de face. Le *Jour* tourne le dos aux spectateurs. Le statuaire n'a pas représenté la *Nuit* dans cette pose sans une intention lascive, bien indigne de l'art qui doit toujours respecter sa mission. Il me semble qu'il y avait un motif bien intéressant dans ce sujet : c'était de représenter la *Nuit* et le *Jour* se poursuivant gracieusement autour du cadran : le *Jour* entraînant après lui les Heures personnifiées par leurs différentes occupations ; la *Nuit* avec ses Heures personnifiées aussi : l'une tenant une lampe et étudiant ; l'autre en prière, une autre allaitant un enfant, une autre méditant un crime, etc., etc.

Les Heures du *Jour* eussent pu rappeler le travail, les repas, le combat, la prière, la méditation, l'enseignement, les arts, le commerce, etc. Quoi de plus facile à personnifier ! Dans l'image des Heures du soir, on pouvait rappeler les bals, les fêtes, les festins, et enlacer amoureusement quelques Heures. — La *Nuit* et le *Jour* devaient être de proportions colossales, et les Heures plus petites.

Pradier est certainement l'homme le mieux doué pour les arts qu'il soit possible de rencontrer. Dans certaines de ses figures, qui échappent au caractère licencieux dont son génie est trop souvent imprégné, il y a un charme, une grâce, une puissance de résolution dans les contours et dans les lignes qui donnent à Pradier une parenté avec Jean Goujon. Il a une adresse exquise pour travailler le marbre. On admire dans chacun de ses ouvrages une incontestable habileté. Malheureusement, Pradier a souvent prostitué son ciseau à des sujets qui devraient être rayés du domaine de la statuaire. La sculpture est un sacerdoce. Il manque à cet artiste la vie des chairs qui permet au marbre de respirer. Pradier n'a jamais apprécié cette sorte de vie. Il semble que son libertinage, comme celui des vieillards, soit pour ainsi dire tout en paroles. Les poses, les lignes de ses statues sont libertines, mais les figures ne vivent pas. Les moyens physiques leur font défaut pour cela. Le libertinage n'est pas la passion : c'est la scorie qui sort d'un métal pur.

## XXIII. — Monument de Frédéric, par Rauch (Berlin).

J'ai vu le monument du grand Frédéric par Rauch. Le cheval guindé a un peu l'air d'être de bois. Sa tête droite cache celle du héros. Les chevaux ont des mouvements si gracieux que l'artiste eût, ce me semble, pu saisir un de ces mouvements et faire courber la tête au sien. Tous les hommes illustres de l'époque, qui parlent, gesticulent et se meuvent à la base du piédestal, produisent un effet désagréable. Ces figures sont trop petites pour le héros ; elles n'ont pas la taille ordinaire de l'homme, et comme les proportions naturelles rapetissent toujours une sculpture, il eût fallu leur donner six pieds de dimension pour qu'elles eussent été en harmonie avec la statue colossale de Frédéric. Il y a là une faute grave de calcul sculptural. De plus, cette affluence énorme de figures fait une cacophonie regrettable. Elles produisent l'effet d'une foule en marche. L'œil est déconcerté par tant de mouvements contradictoires. Ce sont des acteurs qui se démènent sur un théâtre sans qu'on puisse deviner pourquoi.

## XXIV. — Le *Départ*, par RUDE (arc de triomphe de l'Étoile).

La passion qui grimace aux heures les plus solennelles est ridicule. La laideur n'entraîne pas, et le visage de la Liberté, tel que Rude l'a rendu, est hideux. La douleur peut crier en sculpture, mais jamais l'enthousiasme qui doit électriser une nation. L'art, dans le groupe du *Départ* de Rude, est l'expression d'une fausse chaleur. Un acteur qui crie à outrance croit sans doute émouvoir les spectateurs : il agace leurs nerfs ou les fait sourire de pitié. L'étendard, porté, à travers l'armée, sur la redoute conquise, vaut le discours le plus énergique de la patrie. Quelles paroles d'un chef pourraient atteindre à l'éloquence d'une telle scène ! La Liberté indiquant du geste aux citoyens en armes le chemin de la victoire, c'est la *Marseillaise* en action.

Rude a voulu rappeler, sur l'Arc de triomphe, le départ pour la frontière en 1793. Un groupe de vieillards s'apprête au combat, un jeune homme va partager leurs périls, une figure ailée plane sur eux, et, selon la pensée de l'auteur, elle chante la *Marseillaise*. Telle est la composition du statuaire. D'abord, ses personnages armés comme des Gaulois sont un contre-sens. L'homme courbé, qui a fait ployer son arc, est non-seulement d'un dessin très-mou, mais il rappelle une façon de combattre qui n'a nul rapport avec l'époque de la Révolution. La Liberté indique d'une main qu'il faut marcher en avant ; de l'autre, elle appelle les défenseurs de la France ; l'action se trouvait ainsi suffisamment exprimée sans qu'il fût nécessaire de faire hurler la bouche. Le geste aide à comprendre au premier coup d'œil le sentiment moral de ce groupe. D'ailleurs, plus les masses sont imposantes, plus les auditeurs sont nombreux, moins la voix conserve d'action : c'est par des gestes grands et simples qu'on entraîne les foules. Un sabre levé en l'air a plus d'éloquence aux yeux d'une armée que des paroles qu'elle n'entendrait pas. Rude laisserait supposer, par la manière dont il a traité son personnage principal, que la manifestation patriotique rappelée par lui a tout au plus intéressé quelques Français, tandis que ce mouvement national a soulevé plusieurs millions d'hommes.

### XXV. — Monument de Godefroy Cavaignac, par Rude (cimetière de Montmartre).

Rude se montre sévère à l'endroit du général Cavaignac, parce qu'il n'a pas fait preuve d'un grand enthousiasme au sujet du monument de Godefroy Cavaignac, son frère : la chose est cependant naturelle, l'artiste ayant représenté son modèle sous les traits d'un cadavre amaigri, avec la roideur de la mort.

### XXVI. — Monument de Napoléon, par Rude (Fixin, Côte-d'Or).

Il y a environ deux ans que Rude a exécuté un monument en l'honneur de Napoléon. Par malheur, l'artiste n'a pas été bien inspiré. L'Empereur est représenté couché sur le roc de Sainte-Hélène. Il est enveloppé dans son manteau d'une façon maladroite. Il semble s'éveiller. La tête, interprétée sans largeur, pose sur la main droite qui, en même temps, tient relevé au-dessus du front un pan du manteau. C'est d'un fâcheux effet. On cherche inutilement quelques masses dans cette figure de ronde bosse, traitée comme un mauvais bas-relief. — 1848.

### XXVII. — *Napoléon*, par Seurre jeune (colonne Vendôme).

Quand je vois la statue de Napoléon, avec son petit chapeau et sa redingote, huché sur le sommet de la colonne Vendôme, j'éprouve un sentiment pénible, difficile à décrire. J'ai toujours peur que cet homme ne tombe. Une pensée politique a commandé cette image. On a voulu enlever à l'Empereur tout caractère de grandeur. Son apothéose l'eût élevé trop au-dessus de notre mesquine époque. On n'a cherché qu'un portrait en pied : le général seul est représenté. L'apothéose eût rappelé le grand homme, et un tel bronze eût pu remuer l'âme du peuple, car le peuple est toujours sensible à la grande poésie.

## XXVIII. — *Oreste réfugié à l'autel de Pallas*, par SIMART (envoi de Rome, 1839).

Simart avait choisi l'instant le plus touchant de la fuite d'Oreste. Accablé de lassitude, le jeune prince éprouve cet anéantissement qui suit les grandes crises, et il s'est prosterné devant l'autel de Minerve, sa protectrice. Si l'artiste avait su graver sur la face l'émotion d'une âme qui vient de traverser les plus terribles épreuves, de même qu'après l'orage résonnent encore les sourds grondements du tonnerre, l'œuvre de M. Simart eût été parfaite.

## XXIX. — Sur une statue représentant le *Christ devant ses juges*.

Je viens de voir un *Christ devant ses juges*. J'ai dit à l'artiste : « Ne le posez pas avec l'énergie du soldat attendant la mort. Si vous rentrez cette jambe qui est en avant, vous aurez une ligne plus noble et plus architecturale. Un grand homme qui fonde une religion est un être privilégié qui doit résister aux siècles, et les lignes simples de l'architecture rendent bien l'impression de durée. Relevez sa tête, car il aurait l'air d'un criminel devant ses accusateurs. Ne la levez pas trop, cependant, cela indiquerait la passion d'un être faible qui demande du secours au ciel, mais tenez-la droite, et montrez par l'expression du regard qu'il dit à Dieu : « Voilà le sacrifice que tu as exigé de moi qui va

« s'accomplir; puisse-t-il être utile à cette pauvre humanité si « faible, par conséquent si sujette à l'erreur! » Une mélancolique résignation, une légère nuance de déception et d'amertume doivent se lire sur sa physionomie, sur les lèvres, mais si peu indiquées pourtant qu'elles ne puissent être saisies que par des yeux exercés. Moins vous chercherez à accentuer l'expression, plus vous produirez d'effet. L'imagination du spectateur doit compléter votre pensée. Il faut, toutefois, que l'indication soit toujours juste, afin que l'impression de l'esprit ne puisse errer. Pensez, lui dis-je encore, aux figures égyptiennes, à leur grande simplicité monumentale. Les lignes calmes conviennent aux grands philosophes, qui ne sont pas des hommes d'action comme les soldats. »

## XXX. — Des principaux ouvrages de sculpture élevés en France par souscription.

Les statues sont les glorieuses archives du genre humain. Quand une génération est entièrement endormie dans la poussière, il reste encore un peuple de grands hommes debout sur les autels de la patrie. Quelle tâche difficile pour l'artiste d'élever de telles images! Plus la matière dont il se sert porte le caractère de durée, plus il doit chercher à répandre la vie sur ses ouvrages, afin qu'ils ne soient pas comme ces muets et désespérants hiéroglyphes que les monuments antiques ont gardés et qu'ils semblent nous montrer avec dérision.

Les bronzes de l'artiste peuvent être comparés à des pages burinées par la vénération et le génie. Ils apprendront aux peuples que le beau et le bien ont leur apothéose sur la terre, que si les pieds de l'homme foulent la poussière, sa tête regarde le ciel, qui sera son dernier asile. Les bronzes de l'artiste penseur diront encore que le malheur, lorsqu'il s'attache à quelque chose de grand, a son autel et mérite d'être offert en exemple à l'avenir dans des images indestructibles.

Le peuple français a, plus d'une fois, merveilleusement compris ce qu'il devait à ses glorieux génies.

Essayons d'esquisser rapidement une nomenclature des principales statues élevées depuis quelques années par souscription dans les départements.

A Bourbon-Vendée, on voit sur la place publique la statue en bronze de Travot, et à Cholet, le buste colossal de ce général.

On s'est plu à élever de nombreux monuments à Travot, tandis que le grand, l'immortel Hoche, le pacificateur de la Vendée, n'a qu'une statue dans sa ville natale.

Verdun garde avec orgueil la statue de son illustre Chevert.

Celle de Fénelon décore une des places publiques de sa ville natale.

Le profond Montaigne a ses traits consacrés en bronze au lieu de sa naissance.

Au Vigan, le brave d'Assas crie dans le bronze : « *A moi, Auvergne, ce sont les ennemis!* » — Brune vient de recevoir un semblable hommage de la ville de Brives.

A Toulouse, on voit la statue du savant Cujas.

Grenoble possède la statue de Bayard.

Le brave Bisson dit à tous, sur la colonne de Lorient, qu'un marin doit se faire sauter plutôt que de se rendre aux ennemis.

Le brave, l'immortel grenadier de France, la Tour d'Auvergne, vient de recevoir de ses compatriotes, accourus en foule du fond de la Bretagne, la consécration de ses traits pour les siècles à venir.

Le modeste et bienfaisant Jacquard vit aussi pour toujours dans le bronze.

Le physiologiste Broussais médite sur son immortalité sous une des voûtes du Val-de-Grâce.

A Metz, Fabert dit à tous les siècles ce que peuvent ensemble le génie et l'audace.

Le maréchal Lannes, le brave des braves, a sa statue sur une des places publiques de sa ville natale.

A Orléans, la statue de Jeanne d'Arc la représente chassant les Anglais du territoire reconquis.

La ville de Béziers a inauguré la statue de Riquet, et toute une ville a célébré avec enivrement le souvenir du bienfaiteur de la Provence.

A Rouen, on voit, sur le pont, la statue colossale du grand Corneille; elle fut inaugurée aux acclamations d'un peuple. A ses pieds s'étaient massés des navires pavoisés de toutes les nations, et trente mille soldats citoyens ont défilé devant elle, présentant les armes et saluant avec le drapeau français.

A Strasbourg, le grand, l'immortel Kléber, qui, par sa bataille d'Héliopolis, avait reconquis l'Égypte, vient de recevoir l'hommage de la France dans un bronze impérissable.

Gutenberg, après des siècles d'indifférence, a enfin aussi reçu son ovation; pendant trois jours, toute la ville de Strasbourg a tressailli d'allégresse. Le peuple, dirigé par les membres de la Commission du monument, a fait les frais de cette fête; là, comme à Béziers, l'autorité n'a été que spectatrice.

A Cambrai, dans la cathédrale, se trouve le monument de Fénelon. Trois bas-reliefs permettent de recomposer dans ses phases principales la noble vie du prélat patriote.

Bientôt, une place de Versailles recevra l'image du généreux abbé de l'Épée.

A Montbéliard, les compatriotes de Cuvier lui ont élevé une statue.

Au Jardin des Plantes, une autre statue de Cuvier est due à une souscription européenne.

A Laval, celle du grand chirurgien Ambroise Paré, portant écrite sur la plinthe cette phrase si naïve et qu'il affectionnait tant : « Je le pansay, Dieu le guarit », a été inaugurée en 1840.

Une statue en bronze a été élevée, par sa ville natale, au maréchal Mortier, victime de Fieschi.

Dans l'église de Saint-Florent, où étaient enfermés les cinq mille prisonniers à qui Bonchamps, sur le point de mourir, a sauvé la vie, se voient le tombeau et la statue du général vendéen. Cet ouvrage est signé par le fils de l'un des soldats prisonniers.

La Provence, en élevant une statue à René d'Anjou, a bien moins pensé au prince qu'au philosophe, au peintre, à l'écrivain bonhomme, qui s'en allait avec les gens du peuple se chauffer au soleil d'hiver, le dos contre une muraille exposée au midi.

Cent mille citoyens, consternés de la mort du général Foy, votèrent un million à sa famille et un monument au tribun. Ce monument est placé au cimetière du Père-Lachaise.

Casimir Périer vient de recevoir un magnifique tombeau; c'est le gouvernement qui l'a commandé et la ville de Paris qui en a fait les frais.

Le généreux et noble Carrel a sa statue en bronze, sur son tombeau, à Saint-Mandé.

Angers verra bientôt s'élever sur une de ses places la statue de l'héroïque Beaurepaire, chef du 1er bataillon de Maine-et-Loire. Ce guerrier, qui s'est brûlé la cervelle plutôt que de signer la capitulation de Verdun, exerça par ce trait de bravoure une véritable influence sur le moral des soldats de la République. Sa statue sera aussi un hommage rendu à la légion angevine qui, la première, marcha vers la frontière française afin d'en repousser l'ennemi.

Nancy possède depuis plusieurs années l'effigie de Stanislas. On se sent fier de retrouver dans ce pays un durable souvenir des liens qui nous unissent à nos braves et valeureux frères les Polonais.

Bientôt, la statue de Callot proclamera que ce n'est point assez d'être un grand artiste pour mériter une récompense nationale, mais qu'il faut joindre à la flamme du génie le feu sacré du patriotisme. Jamais la France n'oubliera que Callot répondit à Louis XIII, qui lui demandait de graver la prise de Nancy : « Je me couperais plutôt le pouce que de rien faire qui fût contre l'honneur de mon pays. »

La ville de Bourg élève un monument au grand physiologiste Bichat, auteur de l'ouvrage *Recherches sur la vie et la mort.*

La ville de Mayenne s'occupe aussi d'élever un monument durable à son vertueux enfant, le cardinal de Cheverus.

A Beaufort, les habitants ont élevé une statue à leur bienfaitrice, Jeanne de Laval.

Le statuaire David a proposé à la municipalité de Rennes de faire don à la ville de la statue du tailleur Leperdit, qui fut maire pendant les années 1792 et 1793.

Sous la Restauration, on éleva une statue à Pichegru. En 1830, l'image fut renversée de son piédestal et remplacée par un drapeau tricolore.

Également sous la Restauration, le gouvernement a fait exécuter trois statues de Moreau, et chaque ministre a essayé de les faire accepter par la ville de Rennes, qui les a constamment refusées.

La ville de Valence s'occupe activement de réaliser le projet d'élever une statue à Championnet.

La Fayette avait pour monument un buste en plâtre placé en 1830 sur une fontaine de la place des Invalides; on n'a même pas attendu que le plâtre fût détruit par les années, on l'a brisé!

Enfin, Molière va bientôt avoir un monument; c'est la ville de Paris qui en fait les frais. C'est une justice bien tardive; cependant, « *e meglio tardi che mai.* »

Les départements, sous ce rapport, ont des franchises que ne possède pas Paris. Je suis étonné que l'on permette aux villes de province de consacrer leurs places publiques à l'érection des statues des grands hommes; il est vrai que ce qui se fait en province ne tire pas à conséquence.

Ne vient-on pas de reléguer les cendres de Napoléon avec celles de ses capitaines aux Invalides? Il y a plusieurs années, on n'a pas craint de représenter, avec le costume de général, celui que le monde vaincu avait été obligé de saluer empereur; mais, aux yeux d'une certaine aristocratie, cet homme n'est toujours qu'un héroïque parvenu.

Toutes les statues rappelées dans cette note rapide, et encore inexacte, ont été faites par souscription. Le gouvernement a commandé celles de ses sujets favoris et des grands seigneurs de l'ancienne monarchie pour en orner les salles du Musée de Versailles. Beaucoup de militaires, peu ou presque pas d'hommes politiques, de chanceliers; voilà ce qui décore les salles officielles de Versailles.

On peut voir à Versailles la statue du maréchal Jourdan; mais la tête seule a été faite en son honneur : le corps appartient de droit au général Valhubert, dont l'image devait décorer le pont Louis XVI, et que l'on a guillotinée afin de substituer sur ses épaules la tête de l'illustre maréchal à la sienne propre.

Boulogne-sur-Mer a érigé un buste colossal à Henri II. Ce roi avait battu les Anglais; c'est ce qui lui a mérité le souvenir des Boulonnais.

La Ferté-Milon, patrie de Racine, possède sa statue en marbre.

Château-Thierry s'enorgueillit de l'image du bon la Fontaine, né dans ses murs.

Les mariniers de Clamecy élevèrent de leurs modestes souscriptions un buste colossal à Jean Rouvet, leur compatriote, inventeur des trains de bois. Il est placé sur le pont.

Il faut certainement élever beaucoup de monuments aux grands hommes; mais il faut le faire avec justice et discernement, afin que cet honneur ne devienne pas banal et que le but à atteindre ne soit pas manqué, c'est-à-dire la vénération des peuples à l'égard du génie, et l'émulation des citoyens.

# PEINTURES ET DESSINS

## I. — *Deux Soldats*, par CHARLET.

(Appartenant à madame David d'Angers.)

En 1820, j'ai vu chez M. de Musigny un dessin de Charlet représentant deux soldats, noble débris de la Grande Armée, rentrés en France dans le plus affreux dénûment. Tous deux sont assis au pied d'un mur. L'un semble tellement affaibli qu'on pourrait le croire mort. Son camarade porte un regard oblique qui ne pouvait être exprimé que par un artiste de génie.

Ces deux soldats constituent le poëme le plus dramatique qui puisse être inspiré par nos désastres. Ce sont deux frères d'armes qui ensemble ont versé leur sang pour la patrie et que rapproche une misère commune, à peine allégée par le pain de l'aumône, jusqu'à ce que la mort les sépare pour les réunir bientôt après et à jamais!

Chaque fois que j'allais chez M. de Musigny, je me sentais attiré par ce poëme, et cependant ses salons renfermaient bien des toiles et des dessins de grands maîtres; mais ce qui m'appelle avant tout, c'est l'expression de la douleur.

Aujourd'hui, 8 janvier 1845, j'ai appris que la vente de M. de Musigny avait lieu. Je me suis rendu avec anxiété au lieu de la vente. Il me semblait que je n'arriverais pas à temps; que les personnes que je rencontrais sur ma route allaient m'enlever ce dessin. Lorsqu'on le mit sur la table, mon émotion devint tellement visible que Delestre, s'approchant de moi, me dit : « Retirez-vous donc, car on vous le ferait payer très-cher. Laissez M. Dubos s'occuper de mettre aux enchères, chose que vous m'avez l'air de ne point comprendre. »

Enfin, le coup de marteau m'annonça que le dessin m'était adjugé. Je le serrai sur ma poitrine et je sortis de l'enceinte, où la chaleur et l'émotion m'étouffaient. Les passants devaient lire sur mes traits combien j'étais heureux!

Que de telles émotions paraissent puériles, je n'y puis rien; chez moi, toutes les impressions sont durables. La succession des années ne les affaiblit point, parce que, avant d'ébranler mon esprit, elles ont traversé mon cœur.

L'art peut exprimer de hautes et fortes pensées, mais il n'appartient qu'au génie de trouver l'heureuse expression d'une grande idée. C'est le génie qui seul parle avec simplicité et avec laconisme. Ainsi, comment rappeler nos désastres? Une toile immense suffirait-elle au tableau de pareils faits? Que d'épisodes! Mais leur multiplicité serait leur annulation mutuelle. L'esprit veut être saisi par une seule pensée, ne voir qu'un seul acte du drame. Que la pensée de l'artiste, énergique, puissante, magistrale, rappelle l'ensemble des faits qu'il veut célébrer, et l'imagination du spectateur agrandit aussitôt la scène représentée; il la multiplie à l'infini, l'écho douloureux du malheur exprimé se répercute, et l'on sait gré à l'artiste d'avoir eu confiance dans les facultés intellectuelles du spectateur en leur laissant un champ libre et illimité. Ainsi, deux soldats mourants près d'un pan de mur ont réveillé chez moi tout un monde de souvenirs patriotiques. Deux soldats dessinés par la main du génie peuvent être le sublime résumé d'une grande époque.

## II. — Les *Amours de Pâris et d'Hélène,* par Louis David (Musée du Louvre).

(N° 154, Catal. de Frédéric Villot, édition de 1874.)

Je viens de voir le charmant tableau de Louis David, les *Amours de Pâris et d'Hélène.* Hélène s'appuie avec un abandon plein de naturel sur Pâris. La pose de la jeune femme est séduisante; son amant lui tient le bras. Je me suis demandé s'il n'aurait pas mieux valu que Pâris eût pris la main de la jeune femme. C'eût été plus délicat et plus juste, car la main transmet les impressions de l'âme, et son étreinte est d'une grande éloquence.

## III. — La *Mort de Socrate*, par Louis David.

(Appartenant à M. de Trudaine.)

Dans le tableau de David représentant la *Mort de Socrate*, si les élèves du grand philosophe avaient été montrés se désespérant, ils eussent laissé voir à tous les yeux qu'ils n'avaient pas su profiter des leçons de leur maître. Selon Socrate, la mort le délie des vicissitudes humaines; il va jouir du bonheur, et il plaint ceux qui demeurent après lui sur la terre.

Je voudrais que Platon recueillît ses dernières paroles, puisque c'est lui qui nous les a transmises. Je voudrais que cette figure eût la pose et l'expression de quelqu'un qui cherche à conserver le souvenir d'un événement considérable. Au lieu de cela, Platon tourne le dos à l'ami, au maître qu'il va perdre. Cette attitude n'est pas dans la nature. Mais peut-être David a-t-il voulu faire entendre que la postérité commençait déjà pour Socrate, en isolant comme il l'a fait de la scène principale le continuateur de cet homme sublime?

## IV. — *Paysage*, par Friedrich (Weimar).

J'ai vu, dans le château de Weimar, plusieurs tableaux de Friedrich, l'un entre autres représentant une *Mer* écumante, un ciel sombre et trois chênes au premier plan, dont les branches noires se détachent avec énergie sur un ciel chargé : c'est admirable.

## V. — Les *Remords d'Oreste*, par HENNEQUIN (Musée du Louvre).

(N° 284, Catal. de Frédéric Villot, édition de 1874.)

Hennequin a superbement traité les *Remords d'Oreste*. Le groupe des Furies est digne de Michel-Ange, et la figure d'Oreste a beaucoup de sentiment. On comprend que les remords tordent ses entrailles, et que les touchantes consolations de Pylade et de sa sœur ne pourront ramener le calme dans cette poitrine gonflée sous la pression d'horribles tourments. Il est impossible de rendre d'une manière plus heureuse ce qui constitue le drame, la terreur et la pitié. La peinture a, comme la littérature, l'espace qui lui permet de développer une pensée, mais la sculpture ne peut disposer que d'une plinthe exiguë, sur laquelle il lui faut représenter son drame. C'est donc au statuaire à chercher l'instant le plus simple, le plus caractéristique qui aide le spectateur à continuer lui-même le poëme.

## VI. — *Apothéose d'Homère*, par INGRES (Musée du Louvre).

Plafond de la neuvième salle de la galerie Charles X.

Dans l'*Apothéose d'Homère*, Ingres a voulu représenter des êtres divinisés. Ils sont dans une autre sphère que la nôtre. C'est pour cela que la couleur qui règne dans ce tableau est absolument conforme au moral du sujet. Cette couleur un peu terne et fantastique convient si bien à la composition que je demeure surpris qu'on n'en ait pas été frappé. Si l'artiste avait donné le vrai ton de chair à ses figures, il en aurait fait des personnages terrestres, ils n'auraient pas été transfigurés. On reste saisi d'admiration quand on voit ce pauvre vieil Homère bien cassé, ayant pris une pose si simple. On lui compare tout de suite tous les illustres personnages qui l'environnent, et l'on se dit : « Il faut que ce soit là un être bien extraordinaire et vraiment privilégié, puisque de tels hommes, si distingués, si nobles d'allure et de maintien, lui font cortége. » Quelque chose de cette étrangeté devait frapper dans Bonaparte, au milieu de son brillant état-major.

## VII. — Sur la Collection Kant (Dresde).

Le 2 novembre 1834 était un dimanche. Tieck n'a pas posé. Ce jour-là, nous avons été voir M. Kant, qui possède une collection de tableaux très-remarquables. Nous avons vu chez lui une toile de Friedrich représentant un *Vaisseau perdu dans les glaçons* : c'est de la grande et terrible poésie. Friedrich a l'âme sombre; il a parfaitement compris que l'on peut faire servir le paysage à peindre les grandes crises de la nature.

M. Kant possède plusieurs têtes d'un peintre allemand nommé Eckert. J'ai vu de lui, notamment, une *Tête de jeune fille*, peinte dans le genre des vieux maîtres : on ne peut rendre avec plus de vérité, de saillie, une belle et simple nature; c'est d'un fini qui rappelle Léonard de Vinci.

Nous avons aussi remarqué une *Scène de Russie* : ce sont des dragons russes qui voyagent; cela a l'air d'un avant-poste. On aperçoit un corps d'homme sous la neige, qui le couvre comme un linceul. On ne voit pas les traits, mais on devine les membres, tendus et roidis par le froid. Cette toile est de Kruger, le peintre qui habite Berlin, et dont nous avions vu un grand tableau à l'Exposition de Berlin, représentant l'*Empereur Nicolas avec son état-major*. — Je me souviens encore d'un petit tableau peint par Overbeck qui représente le *Couronnement de la Vierge par le Christ*. Les deux personnages principaux sont entourés d'une foule d'anges, admirables de grâce, de pureté et de sentiment religieux. Il tombe de ce groupe céleste des fleurs sur les marches de l'autel qui est au-dessous de cette gloire religieuse : des moines les recueillent avec un caractère de piété qui atteint au sublime.

Cette toile est l'esquisse d'une fresque qu'Overbeck a peinte il y a quelques années.

Il y a également dans la collection un admirable carton représentant *Sophonisbe sur le bûcher*[1]. Rien n'est beau, vrai et naïf comme cet admirable dessin. Ce ne sont pas des formes d'après l'antique; tout est inspiré par la nature, ce qui est bien préférable. Le sentiment est juste, les gestes et l'expression des visages ne le sont pas moins. Autour de cette composition court un encadrement en arabesques avec des branchages, et aux angles sont plusieurs médaillons composés de sujets ayant trait à la vie du personnage. Un tableau de Nako nous a vivement frappé. On prétend que Nako n'aurait fait que quatre tableaux. En voyant cet ouvrage, j'ai eu l'intuition de l'état maladif de cet artiste. La couleur est harmonieuse, mais on sent que le peintre n'a pas de puissance vitale. Tous les personnages ont l'air affaibli. Rien d'accentué dans les formes ni dans le mouvement. La couleur est plutôt celle d'un reflet que le résultat de corps vivants. Le sujet est une *Reine faisant des aumônes aux pauvres et aux malades*[2]. Il y a un aveugle qui est conduit par un beau et naïf jeune homme; l'aveugle est aussi très-beau. Le tableau respire une onction, un calme respectueux qui est vraiment remarquable. Le même sentiment moral se retrouve à un très-haut point dans le coloris.

## VIII. — La *Création du monde*, par Raphael (Rome).

Dieu, débrouillant le chaos, nous est représenté, par Raphaël, à cheval sur des nuages. Il semble que le Père éternel fasse des efforts inouïs pour consommer cet acte, tandis que sa seule volonté dut suffire. Le Jupiter des Grecs, nous dit le poëte, d'un simple froncement de ses sourcils, faisait trembler le monde.

[1] Nous avons inutilement cherché sur quelles données historiques s'était appuyé l'auteur de cette composition. Tite-Live et, après lui, Corneille s'accordent à représenter Sophonisbe mourant par le poison.

[2] Peut-être s'agit-il ici du tableau le plus connu de Gustave-Henri Nake, *Sainte Élisabeth distribuant des aumônes*.

## IX. — Sur un *Épisode de la campagne de* 1812 (Dresde).

Je me souviens d'avoir vu à Dresde une toile qui m'a vivement remué. Quelques Cosaques se tiennent immobiles sur une plaine dont l'horizon s'étend à perte de vue; derrière eux, on voit une rangée de monceaux de neige ayant un peu conservé la forme de nos pauvres compatriotes, faits statues par le froid et la misère. C'est effrayant à voir.

## X. — Sur une *Descente de croix* (Louvain).

Une *Descente de croix*, de l'époque qui a suivi Hemling, est dans une église de Louvain. Il y a certainement dans ce tableau de la couleur, telle qu'on la comprend de nos jours, et une certaine entente du dessin, mais les figures « posent » la douleur. Elles jouent pour le public accoutumé au jeu faux des acteurs. Les personnages d'Hemling et de ses contemporains ne se doutent pas qu'on les regarde : ils souffrent de toute leur âme, et c'est tout. Dans le tableau qui me sert de point de comparaison avec les maîtres primitifs, la Vierge et la Madeleine portent un mouchoir à la main pour essuyer leurs larmes, comme si, dans de semblables douleurs, les larmes n'étaient pas taries! Dans les grandes crises, l'homme pleure du cœur.

# MÉLANGES

## I. — LA SCULPTURE CHEZ LES ANCIENS (fragment).

Bien que les Égyptiens passent généralement pour avoir été les inventeurs de la sculpture, ils n'ont point la même part que les Grecs à la gloire de cet art. Le marbre sortait si beau des mains de ces derniers qu'il fut l'objet d'un culte; on était tellement ébloui par la majesté des dieux qui naissaient sous le ciseau des grands artistes qu'on en pouvait à peine soutenir l'éclat; et des villes entières, chez ce peuple si accessible aux impressions, crurent voir s'animer le visage de leurs divinités.

Quoiqu'il eût été défendu aux Israélites, par Moïse, de faire aucune image à la ressemblance des faux dieux, la sculpture ne passait pas chez les Hébreux pour une idolâtrie. On voyait dans le temple de Salomon deux Chérubins couvrant l'arche de leurs ailes. La *Mer d'airain*, qui était dans ce temple, avait pour base quatre bœufs énormes.

Nemrod, pour se consoler de la mort de son fils, fit reproduire ce monument. Mais il nous est permis de penser que ces images durent être roides et grossières, tandis que les ouvrages des Grecs ont une noblesse, une suavité, une grâce qu'aucun peuple ne surpassera jamais.

Dans les temps primitifs de la Grèce, la représentation de l'homme était de la plus grande simplicité; l'imagination du spectateur terminait la forme incomplète. Le Grec dévot qui s'inclina depuis à Olympie devant le *Jupiter* de Phidias, avait révéré les deux pièces de charpente liées au sommet par une autre pièce de bois, simulacres de Castor et Pollux. C'était alors un signe suffisant pour des âmes croyantes. La simplicité d'une profonde conviction n'avait pas besoin de l'éloquence des belles formes. La configuration la plus grossière d'un symbole, d'un héros, d'un dieu, était tout ce qu'il fallait. Plus tard vint le temps de l'analyse, et alors il fallut soulager la paresse de la pensée : on donna des proportions naturelles aux objets des sensations de l'homme.

A Argos, à Thespies, et jusqu'au sein d'Athènes, on adorait des figures de Junon, de l'Amour, de Vénus et des Grâces, qui n'étaient que des pierres brutes ou des troncs d'arbres mal façonnés. On adorait, sur le mont Élénis, une Cérès qui avait la tête et la crinière d'un cheval; à Phygalie, une déesse Eurynome moitié femme, moitié poisson; dans le temple d'Éphèse, qui était pourtant une des sept merveilles du monde, un monstre gigantesque et hiéroglyphique chargé de trois rangs de neuf ou dix mamelles.

On éprouve une vive émotion en songeant que c'est l'amour d'une femme qui fut le principe créateur de la sculpture. La jeune fille de Dibutade, potier de terre à Corinthe, conserva par la plastique les traits de son amant. Le premier statuaire fut une femme! C'était bien à l'être que la nature a formé pour nous créer une âme qu'il appartenait de trouver le moyen de perpétuer le beau physique et moral.

Beaucoup des premières statues furent seulement pétries avec de la terre; *pour tout ornement, on les coloriait en rouge.*

Peu après, on les fit en bois, puis en métal, puis en pierres dures.

Dédale, Athénien, est le plus renommé de ceux qui, les premiers, se livrèrent à la sculpture et à l'architecture. Tandis que les héros purgeaient la Grèce des bandits qui l'infestaient, il avait la gloire d'inventer et de perfectionner les arts encore dans l'enfance.

Avant lui, les statues avaient les yeux fermés, les bras collés le long du corps, les pieds joints; rien d'animé, nulle attitude, nul geste; c'étaient, pour la plupart, des figures carrées et informes, terminées en gaîne.

Dédale donna à ses figures des pieds et des mains; il leur donna bien plus, l'âme et la vie; elles semblaient courir, marcher, s'élancer.

C'est de ce point de départ que s'élevèrent ces illustres statuaires dont les siècles conserveront le souvenir avec une éternelle admiration. Parmi tant de grands hommes, Phidias, Praxitèle et Scopas tiennent le premier rang; ils n'eurent jamais de rivaux et ne seront jamais dépassés. Il semble qu'à cette époque le génie humain ait atteint son apogée.

Leurs sublimes créations ont été, dans plus d'une circonstance, depuis vingt siècles, l'objet de stipulations dans les traités des vainqueurs : au temps des Grecs, de la part des Romains; durant notre République, de la part de Bonaparte, qui, sur l'ordre de la Convention, fit des ouvrages d'art le principal impôt dont il frappa l'Italie vaincue. Alors on voyait des chars, ployant sous le poids des chefs-d'œuvre, traverser triomphalement notre capitale et verser, aux acclamations d'un peuple ivre de gloire, les trésors dont ils étaient chargés, dans notre Musée national.

La Grèce, divisée en petits États, avait compris que chaque citoyen devait être un actif défenseur du territoire; de là le soin extrême que l'on prenait d'endurcir l'homme par les exercices du corps; ces exercices développaient la beauté des formes et stimulaient l'ardeur du peuple. Les prix de beauté donnaient aux hommes de nobles idées. Le beau est presque toujours inséparable du bon : il est rare de voir un être aux formes pures se salir dans la boue du vice. La forme est l'expression de l'âme. Telle est une des causes puissantes de la grande perfection de l'art chez les anciens. Chez les modernes, au contraire, la beauté physique n'est plus aussi appréciée; voilà pourquoi nos arts restent toujours enchaînés dans leur essor par les absurdes systèmes de nos modes ridicules.

Ce soin extrême de la forme, que les Grecs apportaient à la perfection de la race humaine, ne s'est conservé chez nous qu'à l'égard des animaux, comme si l'homme n'était pas la créature la plus intéressante sortie des mains du Créateur!

Si l'art ne s'éleva pas si haut à Rome que dans la Grèce, c'est parce que les artistes qui se formèrent dans son sein n'étaient à Rome que des esclaves qui, ayant une fois réussi dans leur art, devenaient un trésor pour le maître, soit qu'il voulût vendre l'esclave lui-même ou les créations de son génie. Il faut excepter pourtant quelques bons ouvrages exécutés par des hommes libres venus de Grèce. Les arts ne peuvent être dignement compris que par des cœurs indépendants.

Il en est ainsi de toutes choses en ce monde; la sculpture, après avoir été portée à son plus haut degré de perfection en Grèce, dégénéra dès que cette nation eut perdu sa liberté. Dans les beaux temps de leur république, les Grecs, si passionnés pour l'art, ne prononçaient jamais le nom du statuaire phocéen Théléphanes, parce qu'il avait travaillé pour Xerxès et Darius, punition bien digne de ce grand peuple.

La sculpture dégénérera, naturellement, chez toutes les nations qui ne destineront pas ses œuvres à perpétuer la gloire nationale et les exemples de morale publique.

Exprimer les formes des corps sans y joindre le sentiment qui doit les animer, n'est-ce pas créer des corps sans âme? En se proposant l'imitation des surfaces, la sculpture ne doit pas s'en tenir à une froide ressemblance : celle-ci fût-elle même bien rendue, le spectateur ne serait point ému. C'est la nature vivante, animée, passionnée, morale surtout, qu'il faut exprimer par le marbre ou par le bronze.

Comme la sculpture exige la plus rigoureuse exactitude, un dessin négligé y serait moins supportable que dans la peinture, qui a pour elle la couleur et le vague des effets. Le nu doit être le principal objet de l'étude du statuaire, car c'est sa seule véritable expression. Il doit se souvenir aussi que, quelque belles que soient les statues grecques; elles n'en sont pas moins des productions humaines, et, comme telles, susceptibles de défauts; il faut donc que l'artiste moderne s'inspire de ces nobles modèles, sans cependant cesser de puiser dans la nature, source intarissable du beau et de l'original.

Parmi les difficultés de la statuaire, il en est une immense, c'est l'impossibilité de revenir sur son œuvre, le marbre une fois dégrossi, et de faire des changements quelquefois essentiels dans la composition.....

*Almanach populaire de la France*, 1840. Paris, Degouve-Denuncques, in-18. — Manuscrit autographe appartenant à M. Victor Pavie. — Cette étude a été reproduite par le journal de Leipsick, *Blatter für literarische Unterhaltung*, nos 36, 37, 5-6 février 1840.

## II. — EXPOSITIONS NATIONALES.

Deux sortes d'expositions doivent intéresser particulièrement une nation : l'exposition de l'industrie et celle des beaux-arts.

L'institution de la première remonte au Directoire; elle fut dictée par une pensée politique. Sans racines au cœur de la nation, le gouvernement directorial cherchait à caresser les manufacturiers et les industriels, germe précieux d'une aristocratie nouvelle que l'on s'efforçait dès lors de constituer. En conséquence, le Directoire annonça comme fête digne d'illustrer le sixième anniversaire de la République l'ouverture de la première exposition de l'industrie.

Bonaparte devait nécessairement obéir à la même pensée; il chercha, lui aussi, à éblouir la nation par le luxe des grands spectacles. Et, à vrai dire, il était beau et il pouvait être utile de voir les industries de tout genre venir se grouper dans la capitale de la France, qui était alors celle du monde. Les encouragements du chef de l'État, le suffrage ou les critiques des artistes et des savants devaient naturellement donner à l'industrie une impulsion puissante; et cela était logique dans un gouvernement jaloux de la splendeur extérieure, et qui voulait écraser l'Angleterre en rivalisant sur le terrain de l'industrie avec elle.

L'époque actuelle est essentiellement industrielle. Aussi, depuis vingt ans, les expositions de l'industrie ont-elles pris un immense développement. Mais il y aurait beaucoup à faire pour les rendre vraiment dignes de la mission qu'elles devraient remplir. Les expositions ne sont guère aujourd'hui que des lices ouvertes aux productions du luxe. Or, un gouvernement sage et national doit surtout porter ses vues et ses encouragements sur les découvertes utiles, encourager et récompenser les hommes généreux qui consacrent leurs veilles à chercher les moyens de rendre meilleure la condition des plus pauvres; et malheureusement ce ne sont guère là les résultats actuels des expositions industrielles.

Et puis, ne serait-il pas raisonnable et d'une sage prévoyance de chercher à décentraliser quelque peu le mouvement du commerce et de l'industrie? Quant à moi, je voudrais que l'on ouvrît une exposition annuelle ou bisannuelle dans les principales villes de nos départements. Les expositions centrales n'auraient lieu alors à Paris que tous les dix ans; et cette exposition solennelle serait, pour ainsi dire, le compte rendu des progrès de l'industrie pendant ces dix années; le gouvernement donnerait de dignes récompenses aux découvertes les plus utiles.

Il faudrait aussi trouver le moyen de faire participer à ces expositions l'agriculture, mère de l'industrie et du commerce, et nourricière du peuple.

Pendant la grande époque de la République française, toutes les idées tendaient au même but : l'amélioration du sort du peuple. On honorait principalement les arts utiles; dans les fêtes publiques, le premier pas était donné à l'agriculture. Depuis, on a comparativement donné à l'industrie une impulsion excessive; et l'abus de l'industrie, l'industrialisme, a tout envahi, même les cultivateurs. Aussi, combien de terres incultes en France pourraient être fructifiées et nourrir une population qui devient de jour en jour plus nombreuse! La quantité de gens des campagnes qui affluent dans les grandes villes pour y gagner de plus forts salaires n'est-elle pas effrayante? Les terres languissent, les hommes, qui eussent été forts et robustes s'ils fussent restés dans leurs paisibles chaumières, viennent s'étioler physiquement et moralement dans nos villes; puis, après avoir perdu plusieurs années dans les débauches des grands centres de population, ils retournent porter au milieu des paysans les vices dont ils se sont imprégnés, et la corruption s'agrandit.

Il importe donc, au plus haut degré, de mieux régler les développements de l'industrie et d'encourager surtout, comme nous l'avons déjà dit, non les inventions bizarres ou luxueuses, mais les découvertes vraiment utiles. Alors les expositions industrielles ne soulèveront plus aucune critique.

Les expositions des arts répondent à un autre ordre d'idées, à d'autres besoins; l'art n'a point, comme le commerce, une utilité positive; il ne peut, ne doit être jugé, analysé que par l'âme; il faut qu'il soit indépendant de toute spéculation, et comme sa mission est, avant tout, de moraliser le peuple, il faut qu'il puisse s'adresser directement à lui, sans avoir à subir d'autre censure qu'une censure morale. Je voudrais aussi que l'exposition des arts ne fût point patronée par un homme; car l'art abdique ainsi en quelque sorte sa liberté, et par conséquent sa dignité. L'art a le droit et le devoir de traduire les puissants à la barre de son tribunal; il est la justice des peuples, le sanctuaire conservateur des annales de la vertu et des crimes des tyrans; il éternise les belles actions, et il imprime sur les mauvaises le doigt brûlant de la justice.

Il faut donc aux productions des arts une exposition digne d'eux, une exposition nationale dans un local national. Le pays, auquel les artistes consacrent leurs veilles, leurs créations, les intimes émanations de leur génie, leur doit un vaste monument où ils puissent exposer leurs ouvrages. Il faut que les artistes, eux aussi, soient en mesure de dresser leur tribune au milieu des masses, qu'ils jouissent de leur liberté de la presse.

L'expérience a démontré jusqu'à l'évidence la plus complète que le mode actuel de Salon est on ne peut plus vicieux. J'indiquerai donc ici quelques modifications à apporter dans les expositions des arts.

On regarderait comme souverainement injuste qu'un littérateur ne pût faire imprimer son œuvre sans qu'elle eût d'abord subi l'examen d'un jury d'auteurs, les membres de ce jury fussent-ils des hommes du plus grand mérite.

Or, quelle raison qu'il n'en soit pas ainsi pour les artistes? La liberté des expositions est non-seulement un acte de haute justice, mais encore une question d'humanité. Je ne puis dire à quel point je trouve coupables les hommes qui viennent s'ériger en maîtres pour accueillir ou repousser les ouvrages de leurs confrères. D'où leur vient le droit de réduire par un *veto* un artiste au désespoir, trop souvent à l'affreuse misère, parce qu'il voit la nature autrement qu'eux?

Le caractère des artistes est extrêmement impressionnable; c'est cette exaltation même qui crée les grands talents, car elle leur fait envisager la nature sous un point de vue original; mais cette impressionnabilité les rend souvent injustes à l'égard d'œuvres senties différemment que les leurs; c'est pourquoi il ne faut pas en faire des juges, des arbitres, car leur partialité pour tel ou tel genre les entraîne souvent, à leur insu même, aux abus les plus graves.

Un jury, de quelque manière qu'il soit formé, est une création nécessairement défectueuse : je me sers d'un mot adouci. Les membres d'un jury, quels qu'ils soient, forment un tribunal exceptionnel, d'autant plus dangereux qu'ils sont sous l'influence de préjugés d'école et de goût bien souvent passagers.

Que l'on consulte les archives des Académies, on verra qu'elles ont trop souvent perpétué des traditions systématiques adoptées suivant les époques; qu'elles ont fait une guerre acharnée aux novateurs que le génie entraînait vers des régions nouvelles.

Les corporations sont des chaînes qui retiennent dans la

médiocrité des hommes qui, sans cela, eussent porté leurs regards vers les plus hautes sphères. Le jury met obstacle à la communication des artistes avec le public. Or, le public est en définitive le souverain juge. Le public prend ses jouissances partout où il les trouve en rapport avec ses goûts et ses besoins. Les ouvrages d'art lui étant destinés, il n'est pas juste de le tyranniser en lui triant les objets de son affection obligée, en lui imposant des admirations forcées.

Organisées comme elles le sont aujourd'hui, les expositions sont une institution monarchique. C'est Louis XIV qui, le premier, daigna leur octroyer une salle de son Louvre; les ouvrages des académiciens furent seuls admis. Les autres artistes exposaient en plein air leurs productions sur la place Dauphine. Cet état de choses dura jusqu'en 1789.

A cette époque, les expositions furent rendues à la liberté. Le 22 *août* 1791, l'Assemblée nationale, faisant droit à une pétition des artistes et aux conclusions de Barrère, rendit un décret donnant à chacun le droit d'exposer.

Le jury fut rétabli sous l'Empire, et continua de fonctionner, malgré les plus justes réclamations.

A mon avis, les expositions devraient être permanentes, renouvelées tous les six mois. Il y aurait deux galeries : dans l'une, seraient placés les ouvrages des artistes ayant été admis aux précédentes expositions et ayant obtenu des prix, des médailles, etc.; dans l'autre, les ouvrages des artistes exposant pour la première fois.

Chaque peintre ou sculpteur ne pourrait être admis qu'avec un certificat signé d'un maître connu; ce certificat, placé au-dessus de l'ouvrage, engagerait ainsi la responsabilité morale du parrain. On éviterait par là un débordement d'œuvres ridicules. L'artiste auquel un certificat aurait été refusé trouverait sa garantie en en appelant, dans son atelier, au public lui-même.

Après avoir exposé deux ou trois fois dans cette salle d'introduction, les jeunes gens passeraient dans la galerie consacrée aux maîtres.

Par ce genre d'admission, les artistes seraient, dès leur début, vus et jugés par le public, qui deviendrait chaque jour plus éclairé et, partant, plus sévère. Pendant six mois, l'opinion aurait le temps de se former irrévocablement sur une œuvre d'art, car, s'il y avait, d'une part, action de la camaraderie, il y aurait, de l'autre, réaction de la partie saine du public. Les artistes ne pourraient plus alléguer la jalousie et la haine de leurs confrères, chacun étant à même de faire apprécier son talent. Si, après plusieurs tentatives infructueuses, ils voyaient leurs efforts inutiles, ils pourraient, jeunes encore, embrasser une autre carrière.

Les expositions durant six mois, les artistes auraient plus d'occasions de vendre leurs ouvrages, à cause de la quantité d'étrangers qui se succèdent journellement à Paris; tandis qu'avec notre mode actuel, le Salon une fois fermé, les artistes remportent leurs œuvres dans leurs ateliers, et perdent alors tout espoir de s'en défaire. C'est là ce qui les rend si dépendants du pouvoir.

On repousserait toute copie exécutée d'après les maîtres. L'expertise de deux ou trois restaurateurs de tableaux suffirait pour cela.

Tout ouvrage d'art en rapport trop direct avec l'industrie serait aussi refusé. Ceux-là se trouvent exposés en permanence dans les magasins des marchands.

Une commission, composée d'hommes recommandables pris dans toutes les classes des citoyens, expulserait les compositions contraires aux mœurs, et serait obligée de motiver cette exclusion.

Les ouvrages commandés par le gouvernement, placés par leur destination dans un monument public, ne seraient pas admis non plus; il y aurait à cela le double avantage de laisser plus de place à ceux qui ont besoin de se faire connaître, et de permettre à l'artiste de songer exclusivement aux exigences monumentales de l'endroit que doit occuper son ouvrage, sans se préoccuper de l'effet du Salon.

Pour donner un stimulant aux artistes, pour que le public pût constater les progrès des arts, dans notre patrie, tous les dix ans, ainsi que pour l'industrie, serait ouverte une exposition solennelle; les ouvrages les plus remarqués pendant ce laps de temps y seraient seuls admis. Le gouvernement décernerait alors des récompenses dignes d'une grande nation.

Pour ne pas laisser ces récompenses à l'arbitraire du pouvoir, les noms des ouvrages désignés par la voix publique seraient inscrits sur un registre ouvert aux artistes, et où ils viendraient sanctionner ou réprouver ce choix par un oui ou un non. Chacun serait obligé d'ajouter son nom à son vote, ce qui aurait une grande influence morale[1].

Que ceux qui craignent que la grande quantité d'ouvrages de styles différents corrompe le goût public se rassurent. Le contre-poison se trouve tout naturellement, et en permanence, dans les galeries du Louvre. C'est là que les anciens maîtres dictent leurs immortelles leçons.

Il ne faut pas même redouter les écarts du génie, les différentes manières de sentir l'art. C'est de ce choc que naît la vérité. D'ailleurs, la nature n'est pas coulée tout entière dans le même moule. Le domaine de l'art est incommensurable. Qui oserait fixer des bornes au génie humain?

*Dictionnaire politique, Encyclopédie du langage et de la science politiques*, publié par E. Duclerc et Pagnerre. Septième édition. Paris, Pagnerre, 1868, grand in-8° à deux colonnes.

[1] Sur une note de David où se trouvent relatés divers passages de cette étude, nous relevons ces lignes complémentaires : « Au nombre des récompenses que pourraient obtenir les artistes, j'aimerais que l'on comprît des médailles frappées à leur effigie. Ne viendra-t-il pas un jour où l'on voudra reproduire sur les pièces de monnaie la figure des hommes dont s'honore le pays? » — Notes autographes appartenant à la famille.

## III. — ARCS DE TRIOMPHE.

On appelle arc de triomphe un monument formé de grands portiques, placé à l'entrée des villes, sur des ponts, des rues ou des chemins publics, pour consacrer la gloire d'un vainqueur ou le souvenir de quelque événement remarquable; élevé souvent, chez les anciens, en l'honneur des dieux, auxquels on associait des mortels.

L'arc de triomphe est une pensée toute romaine, une pensée toute politique. Rome voulait conquérir le monde; le premier soin de ceux qui la gouvernaient fut d'entretenir et d'exciter l'esprit militaire. On institua donc le triomphe, qui honorait le vainqueur dans le présent, et l'on éleva des monuments pour léguer sa gloire à l'avenir. De là l'architecture triomphale. Les premiers arcs, construits sous la République, étaient d'une extrême simplicité; leur forme fut d'abord un demi-cercle : on les appelait, à cause de cela, *fornix*.

Si l'on remonte vers la plus haute antiquité, on trouve la pensée du triomphe exprimée par des formes trop naïves pour figurer dans le domaine de l'art.

C'est donc chez les Romains qu'il faut étudier ces considérations. Parmi les arcs qui nous restent en France, il en est un, à Saint-Remy, dont les sculptures représentent des batailles pleines d'animation. Dans la frise sont des enfants gaulois pendus par le cou à des guirlandes. C'est sans doute la commémoration de la vengeance du vainqueur. Affligeant exemple des cruautés qui suivent les conquêtes égoïstes.

Le cadre étroit qui m'est réservé pour cet article m'oblige à passer sous silence, pour arriver aux monuments plus voisins de notre époque, les vestiges encore nombreux de ces monuments qui gisent sur presque toutes les parties du globe; admirables ruines qui attestent la puissance colossale des Romains!

L'arc de triomphe de la porte Saint-Denis est orné de deux

bas-reliefs, dont l'un représente le *Passage du Rhin* à Tolhuis; l'autre, la *Prise de Maëstricht* en 1673. Il est impossible, sans une inscription, de deviner ce que faisaient là des Français vêtus à la romaine. Un contre-sens inexplicable a fait adapter à cet arc deux pyramides chargées de trophées d'armes; on réserve généralement les pyramides pour les monuments funéraires.

L'arc de la porte Saint-Martin est encore inférieur : le style de ses bas-reliefs fait ressortir davantage le mauvais effet de leur distribution.

Sous le rapport de l'art, ces arcs portent bien le cachet de cette époque de prétentieuse boufissure appelée celle du grand Roi! Voilà bien le temps où la grandeur consistait dans la dimension!...

Un jour viendra où les grandes pensées monumentales se feront jour; le peuple, alors, saura récompenser dignement les hommes qui auront travaillé à son affranchissement et hâté les progrès de l'esprit humain; il ne s'édifiera plus de monument qui n'ait passé au scrutin de la nation, et qui ne porte inscrit sur sa base : *Récompense nationale*.....

Bonaparte fit élever l'arc du Carrousel, sur lequel il avait eu l'intention de placer sa statue. Un remords politique lui fit donner l'ordre de la retirer vingt-quatre heures après qu'elle y eut été posée : il a pourtant fait couronner de son image impériale la colonne Vendôme.

L'arc de l'Étoile fut commencé avec une grande activité. En 1810, Napoléon adopta le plan de M. Raymond, qui fut modifié par M. Chalgrin, que remplaça plus tard M. Goust. Les événements désastreux de 1815 suspendirent ces travaux. En 1823, M. Huyot reçut de Louis XVIII l'ordre de disposer pour les bénignes victoires du duc d'Angoulême l'arc destiné aux grandes batailles de l'Empire. La révolution de 1830 chargea M. Blouet de continuer ce monument.....

Sur la surface de l'arc regardant les Tuileries, M. Rude avait à représenter le *Départ;* c'était l'immortelle *Marseillaise!* Ce groupe est composé de six ou sept figures dans un mouvement de marche, apprêtant leurs armes. Il est surmonté d'une figure de femme poussant le cri de guerre.

M. Cortot a représenté le *Triomphe de l'Empire*. Napoléon occupe le centre de ce groupe; une Ville vaincue s'agenouille à ses pieds, la Victoire le couronne, et l'Histoire, le dos tourné vers lui, enregistre ses hauts faits.

Dans les deux groupes qui font face à Neuilly, M. Étex était chargé de représenter 1814 et 1815. 1814 est symbolisé par la *Résistance*. Les armées sont vaincues; un cavalier, vieux débris de ces illustres cohortes qui ont porté nos victoires jusqu'au bout du monde, to' be blessé de son cheval. Un autre soldat a tiré l'épée; il en présente la pointe à l'ennemi et protége les vieillards, les femmes et les enfants qui l'entourent. Le génie de l'avenir, si plein, hélas! d'amères déceptions, plane au-dessus d'eux. Dans l'autre groupe, le guerrier a remis l'épée au fourreau. Son unique pensée est le sort à venir de la famille qui travaille auprès de lui. Il dompte un taureau et s'est fait laboureur, en attendant l'instant de reprendre ses armes pour purifier son pays des souillures de l'invasion. C'est la *Paix*. Minerve couronne ce groupe.

Comme programme, on ne peut qu'applaudir à ces deux compositions. Toutefois, sans entrer dans des observations critiques sur le mérite des sculptures qui décorent ce monument, je ne puis m'empêcher d'exprimer ici quelques idées sur le parti pris par les statuaires à l'égard du costume qui, selon moi, doit servir à préciser une époque, sorte d'écriture où nos descendants doivent lire comme dans de glorieuses archives. Par exemple, dans le *Départ*, le costume républicain du citoyen-soldat, qui s'enrôle aux accents de la *Marseillaise* pour repousser l'ennemi, eût-il produit un moins bon effet que celui dont l'artiste a revêtu ses figures, et dont il est difficile de préciser l'époque et le pays?

Il en est de même pour les soldats de M. Étex.

Je ne suis point partisan de la suppression totale des figures allégoriques; liées convenablement aux sujets historiques, elles donnent de la force à la pensée et permettent à l'artiste de parler poétiquement au peuple, qui comprend mieux qu'on ne le pense les sentiments élevés.

En leur donnant, soit par le caractère de la forme, soit par des accessoires bien compris, une physionomie d'actualité, on pourrait les employer avec succès. . . . .

A l'égard de l'architecture de ce monument, elle ne manque pas d'un caractère de grandiose, et moi-même je n'ai pu me refuser à un sentiment de profonde émotion en voyant s'élever vers le ciel cette masse gigantesque ; cependant, je n'en ai pas moins amèrement regretté que les architectes ne cessent de se traîner péniblement et servilement sur les traces de leurs devanciers, et ce passage de la préface des *Nuits* d'Young, dans lequel il dit « qu'il serait à désirer que tous les ouvrages de littérature, excepté ceux de sciences et quelques monuments du génie, tels que la Bible, les œuvres d'Homère, de Virgile, de Dante, devinssent la proie des flammes, afin que les auteurs fussent obligés de chercher dans la nature des créations originales », m'est revenu à la mémoire, et si j'osais réitérer le même souhait, ce serait surtout à l'égard des monuments d'architecture.

Les architectes ne pourraient-ils pas s'inspirer de l'arrangement si pittoresque des armes dans nos arsenaux ? Ils y verraient des colonnes faites avec des lances, des rosaces formées par des sabres-baïonnettes et des pistolets, des ornements de moulures composées de pièces d'armes démontées. Ne pourraient-ils pas encore, sur de longues travées, représenter debout les statues, en bronze pris à l'ennemi, des braves de toutes armes, tenant à la main des palmes dont la courbure gracieuse formerait facilement une arcade, et penchées vers les générations qui doivent passer sous ces emblèmes de l'héroïsme? De belles jeunes filles, personnifiant des Victoires, seraient assises aux pieds des héros, sur des canons enlevés aux étrangers, et portant, écrit en gros caractères, le nom de la bataille où ils ont été conquis; elles tiendraient à la main des couronnes de laurier et de fleurs. Dans les frises seraient représentés les hauts faits qui ont motivé l'érection de ce monument de la gloire nationale.

Les architectes pourraient aussi faire une heureuse alliance de l'architecture avec des armes réelles en bronze.

On a longuement discuté sur le choix d'un couronnement pour l'arc de l'Étoile. Il faut nécessairement renoncer aux chars, les triomphateurs ayant cessé d'en faire usage. Je voudrais voir couronner ce monument par une de ces belles pensées que la Convention nationale votait par acclamation dans ses immortelles séances.

Un de ses membres, Louis David, proposa un jour de remplacer la statue de Henri IV par une figure de cinquante pieds de proportion, représentant le *Peuple*, beau et robuste jeune homme, tenant une massue d'une main et de l'autre une couronne de chêne. Sur son front devait être écrit : *Génie;* sur sa poitrine : *Courage;* et sur ses bras : *Travail.*

Ne serait-ce pas un digne couronnement au monument érigé aux victoires de celle qui fut la grande nation, et un noble piédestal au peuple qui gagne les batailles au prix de son sang?

*Dictionnaire politique* de Duclerc et Pagnerre. — Manuscrit autographe appartenant à M. Victor Pavie.

## IV. — DU COURONNEMENT DE L'ARC DE TRIOMPHE DE L'ÉTOILE.

Quel est l'homme qui, passant sur nos ponts de Paris, ne s'arrête pour contempler le spectacle du soleil se couchant derrière l'arc de l'Étoile, comme s'il s'inclinait en présence d'un monument sculpté par une génération d'artistes, à la gloire des immortels défenseurs de la patrie et de la liberté?

On éprouve le besoin de voir enfin l'arc de l'Étoile recevoir un couronnement digne de l'édifice. Ne serait-il pas juste qu'il fût surmonté de la statue de la Liberté? Cette image répondrait, je crois, à la destination glorieuse du monument. Je voudrais voir la déesse appuyée sur un fusil et tenant dans sa main l'olivier de la paix. L'image serait de bronze. Il faudrait qu'elle fût de proportions gigantesques et conçue dans le style grave et monumental que les Égyptiens ont si merveilleusement compris. Certes, l'Arc de triomphe serait un bien noble piédestal à une figure qui symboliserait ici les grandes luttes du peuple français et ses droits si chèrement conquis.

Notes autographes de David appartenant à la famille.

## V. — DE LA SITUATION DES ARTISTES ET DES MOYENS DE LEUR VENIR EN AIDE.

### *Proposition adressée au ministre de l'Intérieur.*

CITOYEN MINISTRE,

Parmi les travailleurs qui souffrent se trouve une classe nombreuse, digne du plus vif intérêt. Nous voulons parler des artistes. On a vu, dans ces derniers et tristes jours, des hommes distingués, des élèves de l'École de Rome, poussés par la misère, venir s'embrigader dans les ateliers nationaux. Cette déplorable ressource leur manque aujourd'hui, et le Comité de l'intérieur, profondément ému du malheur qui frappe les enfants de l'intelligence, ces archivistes du peuple, chargés de léguer à l'avenir les glorieuses annales de l'humanité, vient vous prier de décréter d'urgence l'achèvement de quelques-uns de nos monuments et d'en créer de nouveaux.

Le Comité vous signale en première ligne le Panthéon, comme devant recevoir, sous la République, l'empreinte définitive de sa glorieuse destination. C'est un grand livre dont les pages attendent l'inscription de nos archives nationales. Couvrir les murs intérieurs de fresques et de peintures, dresser, sous les voûtes, les statues des hommes dont la France s'honore, orner l'extérieur de bas-reliefs, voilà de puissants moyens d'encourager les arts. Dans ces décorations artistiques, il ne faudrait pas se borner à une seule époque : tout ce qui fut utile à la patrie, toutes les actions qui contribuèrent à sa gloire méritent d'être retracées pour l'enseignement patriotique des générations futures. Naguère encore, les rois avaient leurs musées; il est temps que le peuple ait le sien, digne de sa grandeur et de sa majesté!... Le jour où les populations trouveront dans nos monuments de grandes leçons de patriotisme et de dévouement, l'art sera véritablement digne de sa mission civilisatrice.

Le Comité pense qu'on devrait arrêter, en principe, l'érection des statues des hommes célèbres de toutes les époques, pour décorer l'avenue des Champs-Élysées et relier ainsi l'arc de l'Étoile à la place de la Concorde.

Il ne faut pas s'effrayer de ces travaux, gigantesques en apparence; les difficultés ne sont point insurmontables, financièrement parlant, car il faudrait plusieurs années pour l'achèvement de ces travaux, et il suffirait, pour secourir les artistes, de leur donner des à-compte successifs sur leurs œuvres commencées.

Les départements ne doivent point être oubliés dans cette répartition. Il faut que le goût des arts se répande jusque dans les provinces les plus reculées; il faut le populariser, en plaçant les statues, les portraits des grands hommes, dans les lieux qui les virent naître.

Le gouvernement, tout en favorisant les artistes d'un talent éprouvé par des commandes importantes, ne doit pas oublier les femmes artistes, auxquelles il faut ouvrir des travaux secondaires.

Les graveurs en taille-douce souffrent cruellement : pourquoi laisser inachevées les planches des grands ouvrages scientifiques entrepris depuis de longues années? En accordant à chaque graveur connu une ou plusieurs planches, on pourrait terminer promptement des ouvrages que les sciences réclament, et soulager ainsi de nombreux artistes bien dignes d'intérêt.

Il y aurait lieu de faire quelques avances aux éditeurs qui ont été forcés de suspendre la publication d'ouvrages importants.

Sous la monarchie, il était d'usage, après l'Exposition, de consacrer une certaine somme à l'achat des œuvres qui avaient obtenu l'assentiment du public. Cette tradition ne doit pas être perdue, et le Salon de cette année offre plusieurs œuvres dignes d'être acquises par la République.

Voulez-vous faciliter la vente des ouvrages d'art? Ouvrez, jusqu'au mois de mars prochain, une exposition permanente, soit à l'Élysée-Bourbon, soit au Palais-National, et vous verrez les étrangers fréquenter cette galerie, tandis qu'ils ne peuvent visiter les tableaux et les statues disséminés dans les ateliers.

Le Comité soumet ces notes au ministre, en lui faisant observer que chaque jour voit s'accroître la misère des artistes; que leur malheureuse situation exige de prompts secours, et que la France se doit à elle-même de protéger les arts, qui ont tant contribué à la placer au premier rang parmi les nations.

Le Comité croit que pour donner une impulsion salutaire aux beaux-arts, que pour surveiller utilement l'emploi des sommes votées par l'Assemblée nationale, il y aurait lieu, de la part du citoyen ministre de l'Intérieur, à nommer une Commission composée d'artistes et d'amateurs, qui porteraient tous leurs soins sur cet intéressant objet.

Cette proposition de David d'Angers, insérée au *Moniteur* du jeudi 27 juillet 1848, nº 209, 2ᵉ supplément, fut remise au ministre, revêtue de la signature des président et secrétaires du comité de l'Intérieur.

## VI. — LE MARBRE STATUAIRE DES PYRÉNÉES.

Je suis allé visiter, à une demi-lieue de Laruns, le village et la carrière de marbre blanc de Louvie. La carrière me faisait de loin l'effet d'une blessure de la montagne. C'est une tache d'argent. Les nuages lui font une ceinture, tandis que le sommet de la montagne va se perdre dans le ciel. N'est-ce pas une juste image du génie, dont le front reste inaccessible, tandis que ses pieds posent sur cette terre? C'est à la base de la montagne que s'accrochent les habitations. Là se trouvent les mines à exploiter par des hommes auxquels les sommets de la montagne restent inabordables, comme les hautes pensées du génie. Que de générations passent et vivent à l'abri de ces gigantesques monuments de la nature! Que d'hommes qui végètent en ces lieux, comme les brebis inconscientes que l'on voit se nourrir des herbes et des fleurs produites par le sol! Ces êtres, tout de matière, arrachent, à l'aide de la poudre à canon, des blocs qui vont passer entre les mains des Prométhées, afin de consacrer les traits des êtres supérieurs, la gloire du genre humain. Ces images sont appelées à *électriser les jeunes âmes et à montrer la route du beau et du bien.* Quelques-uns peut-être de ces blocs recevront l'empreinte de certaines illustrations, opprobres de l'humanité, afin de bien caractériser le vice et de le faire exécrer en montrant toute sa laideur.

Ces belles pages de marbre blanc attendent l'artiste inspiré qui doit leur donner la vie. L'une sera l'objet de l'admiration publique; l'autre, un sujet de honte et de malédictions. Cependant, leur pureté, leur transparence est la même. C'est la forme qu'elles vont rappeler qui changera leur destinée. N'en est-il pas ainsi de l'homme, ce livre sublime?

Parfois, les blocs se détachent d'eux-mêmes, et roulent au bas de la montagne, entraînant la chaumière, abri d'une pauvre famille. J'ai rêvé bien longtemps devant ces masses puissantes qui viennent, avec un bruit semblable au roulement du tonnerre, *s'offrir aux mains du statuaire. Les éboulements ont toujours lieu* la nuit. Il en est de même de la chute d'un modèle de statue dans l'atelier de l'artiste.

Toutes les maisons qui environnent la carrière sont construites en marbre, et j'éprouvais un sentiment pénible en voyant cette belle matière employée en grands blocs pour clore des écuries ou des toits à porcs. Des hommes vulgaires ont souillé ces marbres si purs; mais vienne la main paternelle du statuaire, l'épiderme immonde disparaîtra, et la matière précieuse reprendra son éclat : elle sera digne de la forme qu'elle doit perpétuer. N'en est-il pas de même de ces êtres d'élite, d'abord méconnus et souillés par la misère, qui reprennent, grâce à quelque auxiliaire éclairé, leur place au soleil de l'intelligence? — 1836.

Je ne doute nullement que l'on veuille s'occuper un jour de l'exploitation des marbres des Pyrénées. On en trouve en grande quantité pour la statuaire. On en rencontre dans plusieurs localités, par exemple à Estagel, près de Perpignan. J'ai vu là des blocs dont le grain, la consistance et les brillantes paillettes rappelaient le marbre grec.

Deux carrières sont maintenant en pleine activité et susceptibles d'acquérir une grande extension : ce sont celles de Louvie et de Saint-Béat. Le marbre de Louvie est d'un grain très-fin; depuis 1829 j'ai exécuté un très-grand nombre d'ouvrages avec des blocs de cette provenance, dont la teinte était aussi belle que celle des marbres de Carrare. Plus généralement, il est d'une couleur bleuâtre, qui peut le faire comparer à la plus belle qualité du marbre « blanc clair » de Carrare. Je sais qu'on y rencontre quelquefois des veines blanches, mais ces mêmes veines sont noires dans le marbre d'Italie, ce qui est bien plus incommode.

Le marbre de Saint-Béat a le grain un peu moins fin que celui de Louvie, mais il est également très-bon pour la statuaire. On trouve une assez grande variété de tons dans les blocs : ceux dont la couleur tire sur une légère nuance grisâtre, avec de petits points brillants, ressemblent beaucoup au marbre grec. Il y a aussi des blocs presque blancs.

L'exploitation de ces marbres peut, à mon avis, favoriser singulièrement la statuaire en France. Ils pourraient être acquis à des prix bien inférieurs à ceux du marbre de Carrare, et j'estime que le marbre français peut remplacer celui d'Italie sous tous les rapports.

C'est à ma longue expérience de ces marbres que je dois ma

conviction. Je pense que la commission pourra, elle aussi, se former une opinion favorable aux marbres français, en ne s'en tenant pas seulement à l'examen des deux blocs assez défectueux qu'elle a vus chez MM. Cortot et Gayrard, mais en examinant avec une scrupuleuse attention la très-grande quantité de statues et de bustes exécutés avec des marbres des Pyrénées, et sur lesquels on ne peut rien trouver à reprendre au point de vue de la matière.

Quelques artistes rejettent les marbres des Pyrénées, à cause des fils que l'on y rencontre de temps à autre. Il serait aisé de remédier à cet inconvénient en n'envoyant à Paris que des blocs « sains ». Tous les statuaires ont éprouvé le même désagrément avec le marbre d'Italie; on peut voir à l'île des Cygnes quelques statues ébauchées, en marbre de Carrare, que les artistes ont été obligés d'abandonner, entre autres celle de Pascal, par M. Ramey père, dans laquelle s'est découvert un fil que l'on ne pouvait soupçonner à la superficie. Je crois aussi que l'objection qui a trait à la teinte du marbre des Pyrénées, que l'on trouve d'un blanc moins pur que celui de Carrare, ne peut pas être sérieuse. Tout le monde sait que ce n'est pas la blancheur du marbre qui fait le mérite de l'ouvrage, et certes les statues des anciens et des grands maîtres modernes n'en sont pas moins des chefs-d'œuvre, quoique le marbre ait perdu depuis longtemps sa blancheur primitive.

Paris, 9 juin 1840.

Notes autographes de David appartenant à la famille. — Une seconde note de l'artiste datée du 15 juin 1840, à peu près identique avec celle qu'on vient de lire, nous donne lieu de penser que ces lignes ont été la base d'un rapport présenté par le maître en faveur des marbres français à quelque commission vraisemblablement instituée près la direction des Beaux-Arts.

## VII. — UNE NUIT D'ATELIER.

Aussitôt que j'eus connaissance de la mort de Marco Botzaris, je formai le projet de lui élever un monument. Je cherchai dans mes souvenirs allégoriques une pensée qui pût rendre dignement

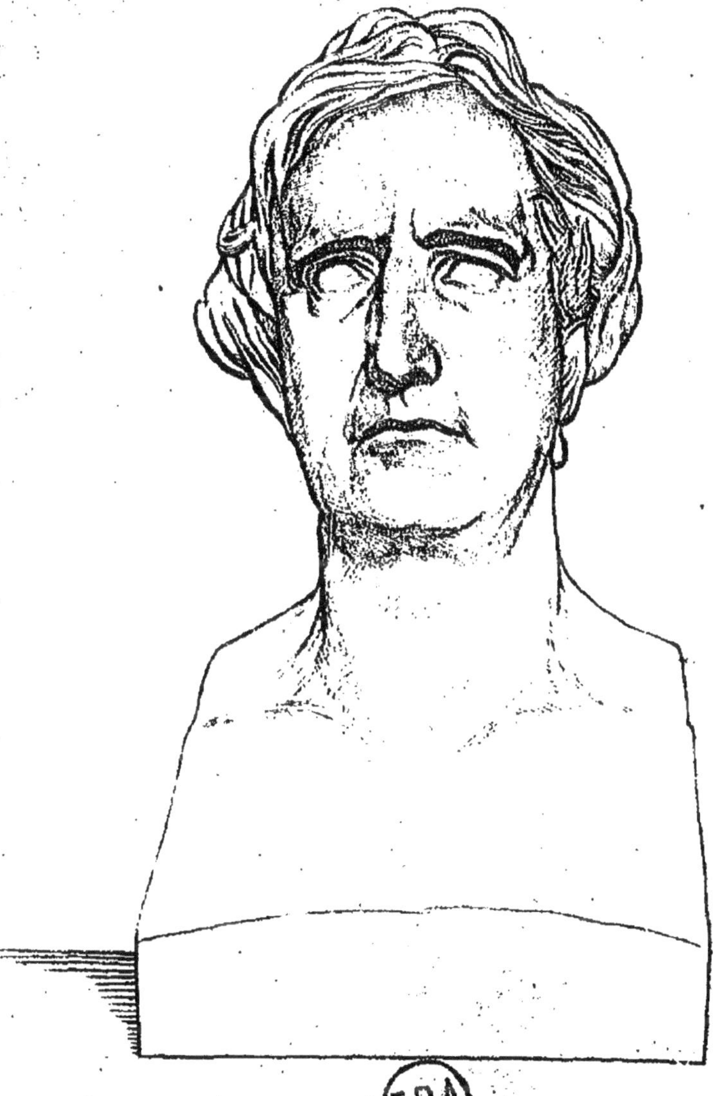

A. Peène del. A. Durand sculp.



FRANÇOIS ARAGO

*Marbre*

Imp. A. Durand _ Paris.

ma profonde admiration pour ce grand homme, mais tout me paraissait emphatique. J'attendis l'inspiration. Un jour, me promenant dans un cimetière, je vis une petite fille, à genoux sur un tombeau, épeler avec son doigt l'inscription qui y était gravée. J'avais trouvé ma composition.

J'ai fait choix d'une jeune fille, parce que la jeune fille a presque toujours l'âme élevée. La femme est destinée à engendrer les héros, et c'est souvent par ses inspirations qu'elle fait germer dans leur cœur les hautes pensées. Ma *Jeune Grecque* est à cet âge de transition où la nature va passer à une organisation, à une constitution plus forte et plus positive. N'est-ce pas l'image de la Grèce qui, comme un enfant plein d'avenir, se laisse dominer, diriger par un gouvernement dont la forme ne peut durer, lorsque l'heure de l'émancipation aura sonné pour elle?

Te voilà terminée, chère enfant, tu vas quitter notre France pour ce beau pays de Grèce! Je t'aimais tant! Ah! je t'aimais comme un père tendre aime sa fille, même malgré ses défauts, qu'il connaît si bien!

Tu vas quitter le pays des nobles inspirations et des grandes œuvres pour celui qui les fit germer dans le monde. Le soleil de l'Attique, dont nous n'avons ici que les pâles reflets, te réchauffera. Lorsque l'astre montera dans l'azur, comme une pensée du Christ, un de ses rayons se posera sur ton front mélancolique, car tu es bien triste, ô ma pauvre enfant!... Sur ce tombeau du brave, tu ne le pleures pas, lui, mais tu t'affliges sur le sort de l'espèce humaine, obligée, pour conquérir les droits imprescriptibles qu'elle tient de la nature, à des luttes sanglantes! Sur ce monument funèbre, tu es l'allégorie de la vie humaine, que l'homme passe presque entièrement sur les tombeaux des êtres qui lui furent chers.

Combien d'insouciants ou d'égoïstes passeront devant toi! Que de flots de générations s'écouleront autour de ton piédestal! Ah! si c'étaient encore des générations d'esclaves, brise-toi, rentre dans la poussière du néant. Mais non, cela n'est pas possible; le grand nom que tu épelles, chère petite, fera battre des cœurs de patriotes qui auront, eux aussi, leurs Thermopyles. Il viendra de ces jeunes Grecs épeler après toi ce grand nom de Botzaris, dont chaque lettre sera l'étincelle électrique qui fait les héros. Il viendra peut-être quelques jeunes filles répandre leurs larmes sur la cendre de l'illustre mort. C'est une grande chose qu'une larme de jeune vierge, car la femme, être mystérieux, sublime chaînon qui lie l'humanité au Créateur, n'est impressionnée que par ce qui est noble et généreux.

Enfant, tu es nue sur la froide pierre! Ainsi tu es le vrai symbole de ces hommes courageux qui vont te donner asile, eux qui, pauvres et presque nus, ont reconquis la liberté véritable, la seule vie.

Quand le ciseau passait sur tes jeunes membres, le marbre rendait un bruit sonore; c'était une voix qui répondait aux dévorantes palpitations du sculpteur. Maintenant, te voilà silencieuse et pensive! Retiens la pensée des âmes ardentes, inspire-leur quelques sentiments patriotiques, car, ainsi que le soleil communique par réfraction la vie lumineuse aux autres mondes, l'homme a tout en lui; l'objet extérieur ne fait que réveiller un sentiment assoupi.

Qui oserait dire que cette poussière, que le ciseau fit tomber de tes membres autour de ton socle, n'est pas l'emblème, l'expression des choses de cette vie? Mon humble travail ne serait-il pas l'image de l'humanité? Dieu est la statue, et les éclats de marbre les hommes périssables qui vont se perdre dans la poussière; la statue resplendissante comme une étoile, c'est l'âme, c'est la pensée qui s'est faite apothéose. L'art est l'immortalité de la matière et la parole de l'âme. Ainsi procède la nature pour les êtres. Combien de matériaux bruts et ignorés retournent au néant de la terre, pendant que quelques noms à peine survivent pour la postérité! Tandis que la dépouille mortelle rentre dans cette argile bouillonnante d'activité vitale, les œuvres du génie, qui sont l'expression d'un rayon divin, restent parmi les hommes pour l'étonnement et l'instruction des siècles à venir. Oui, je le pense dans ma conviction intime, ces débris sont une juste image de tout ce qui compose l'univers, car les mondes qui effrayent notre pensée par leur incommensurable durée subiront le même sort que l'homme. Quel droit l'homme a-t-il de se plaindre, s'il est lui-même continuellement brisé par la nature, alors qu'elle a tiré de lui ce qu'elle en attendait? Il n'y a que la forme mère qui subsiste éternellement; les exemplaires différents de la forme seront brisés et broyés par les éléments, comme le moule en plâtre que l'ouvrier détruit quand l'intérêt qu'éveillait l'image taillée par lui n'existe plus. Il jette ensuite, avec un balai, sur un tas de décombres, les fragments qui le gênaient dans son atelier. Après plusieurs siècles de ces grands brisements faits par la nature, l'homme retrouve des débris fossiles qui étonnent et affligent l'humanité. Homme vain de ton existence éphémère, qu'es-tu? Quoique tu parcoures une longue carrière, le jour de ta mort est lié à celui de ta naissance. L'intervalle n'est rien, puisque tu n'en gardes pas le souvenir au delà du tombeau. Cependant, aussi longtemps que dure cette vision que l'on appelle la vie, tu peux avoir les jouissances d'un cœur généreux qui sait être utile à ses semblables.

Si l'âme voyait au delà du cercueil, elle ne pourrait s'enorgueillir; car quel bien l'homme peut-il faire, pauvre, chétif, et composé d'imperfections? Toutefois, que de douleurs à surmonter pendant ce court espace de notre apparition ici! Il est impossible de ne pas se livrer quelquefois à la tristesse, en face d'un avenir dont la perspective est un effrayant abîme; mais, quelquefois aussi, en interrogeant son cœur, on y retrouve de douces illusions, de nobles sentiments, qui nous portent à faire le sacrifice de la vie pour une grande pensée.

Viens, mon art chéri, porter la consolation et l'enthousiasme dans mon cœur ulcéré par les froissements de la société! Combien il est beau et noble, cet art, le sacerdoce des grandes œuvres et des pensées pures! Combien l'art du statuaire est chaste! Les regards des générations se posent avec complaisance sur le visage plein de candeur d'une jeune fille faite apothéose par l'art. Sortie de nos mains, elle n'a rien de commun avec la vie périssable. C'est une créature idéale, c'est une âme. Au contraire, voyez ces pauvres enfants que les regards dépravés de l'homme ont atteintes; un venin corrupteur les ronge. L'innocence calme de la jeune vierge disparaît pour faire place à cette vie ardente qui rappelle la matière en fusion. C'est la rouille qui couvre une parure, hier encore éclatante de beauté sur le chaste col de l'enfant, aujourd'hui délaissée dans le sable humide. La rouille ronge le métal précieux : essayez de la combattre, la rouille restera victorieuse de vos soins.....

Cette nuit, ma lampe projette jusqu'à la voûte de mon atelier les ombres des grands hommes dont j'ai eu le bonheur de représenter les traits. Je les vois fixer sur moi ce regard sévère et imposant du génie; j'incline mon front brûlant sur le socle de la statue de ma *Jeune Grecque*, sur ce marbre baigné de mes sueurs. Ma pensée se reporte à ces instants que rien au monde ne peut remplacer, où, seul éveillé, je m'occupe d'art auprès des êtres qui m'attachent à la vie. Près du lit où repose Émilie, et près du berceau de notre cher enfant, si mes regards se tournent vers eux, je contemple un léger sourire qui vient caresser le visage de Robert. Bons petits, on dit que vous souriez aux anges! Vous êtes, sans doute, caressés par l'aile d'un songe gracieux et naïf comme vous-mêmes! Que les vœux que je forme pour vous soient exaucés; à toi, amie, un bonheur pur comme ton âme; à toi, cher enfant, une tête assez forte pour mépriser les torts que te feront les hommes, un cœur de fer pour la liberté, l'indépendance de ta patrie et l'émancipation du genre humain. Dormez, vous qui avez encore tant de temps à rester sur la terre; pour moi, la vie m'échappe, c'est pour cela que je veille.....

D'autres rêveries me transportent vers Angers, auprès de mes amis, vers toi aussi, cher Victor, dont le souvenir se lie à toutes mes pensées de gloire et de bonheur. C'est à toi que je destine ces lignes; quand j'aurai disparu de ce monde, peut-être que tu les liras, peut-être aussi qu'une larme de souvenir viendra mouiller ce papier, ou la froide et inexorable pierre sur laquelle on aura gravé cette touchante inscription du chrétien : *Passant, priez pour lui!* Ah! quelle est l'âme tendre qui n'a pas tressailli de reconnaissance en pensant qu'une larme sortie du cœur d'un ami viendra mouiller notre cercueil! C'est tout ce que peut ambitionner notre chétive et fragile nature.

Mes pensées me ramènent à mon atelier; je les contemple, ces ombres majestueuses des grands hommes auxquels j'ai voué ma vie, mon cœur d'artiste; les voilà qui se pressent en foule : c'est Grégoire, l'ancien évêque de Blois, l'apôtre de la liberté, dont l'âme évangélique a dû rêver le Christ assis sur le monde et mouillant son doigt dans son sang pour y écrire cette grande charte : *Liberté, Fraternité.*

La Revellière-Lepeaux, républicain digne des plus beaux temps de l'histoire : entré pauvre dans les charges publiques, il est sorti pauvre, après avoir déposé le pouvoir. Je le vois qui va se livrer à son étude favorite, la botanique; homme vénérable et intègre, sévère pour lui, et qui poussait l'indulgence au point de dire des hommes qui avaient eu des moments blâmables dans leur vie : « Lorsque j'entends accuser quelqu'un, j'aime à me dire : Cet homme a été grand tel jour! » Je me plais à contempler ta belle figure; elle est si calme, si bienveillante!

Volney, qui est allé sur les ruines des empires avec le scalpel de l'analyse démontrer les causes de leur chute.

Cuvier, plongeant dans les entrailles de la terre, et revenant avec ses pages éloquentes, véritables archives de la nature.

Suchet, Lefebvre, Kléber, soldats au cœur de plomb et à la tête de bronze.

Béranger, le peuple qui s'est fait poëte pour chanter ses misères et sa gloire, et qui voit la liberté debout sur le monde, tenant un glaive d'une main, une branche d'olivier de l'autre, pendant que d'heureux enfants se jouent à ses pieds.

Chateaubriand, dont l'âme sublime a toujours eu de mélancoliques accents pour les grandes douleurs de l'humanité.

Foy, dont la vie eût été trop prolongée six années plus tard, car peut-être aurait-il perdu la couronne que le peuple lui décerna. Tant d'autres ont perdu la leur, après 1830, qui avaient lutté près de lui, à la tribune, pour la liberté.

Périer, ah! celui-là, lorsque je faisais son portrait, me dit : « Vous devez gagner beaucoup d'argent; il faut le placer à intérêts. »

Manuel, salut, ombre généreuse! tu as été arraché de ton banc pour avoir dit trop tôt ce que presque toute la France pensait.

Sieyès, qui a porté le coup le plus terrible à l'ancien régime, en expliquant ce que c'est que le tiers état.

Jérémie Bentham, un pionnier dans le dédale des lois humaines.

Casimir Delavigne, l'enfant chéri du peuple, tant qu'il a su faire vibrer une fibre qui eût de l'écho dans le cœur de ce peuple jamais oublieux pour ses défenseurs! Pauvre jeune homme, cette tâche était donc trop forte pour ta voix? L'extinction t'est venue; on t'a oublié.

Voilà Gœthe, qui a eu le rare bonheur de ne pas survivre à sa propre gloire, comme tant d'hommes qui, après avoir dépensé la somme de génie que la nature leur avait concédée, semblent des spectateurs assis au parterre pour applaudir les productions de leur génie! Gœthe a pu jouir de son immortalité jusqu'à ses derniers jours.

Salut, Merlin de Douai, toi qu'on venait consulter, sur la terre d'exil, de tous les points de l'Europe, afin que tu portasses la lumière de ton génie dans les questions les plus difficiles du droit.

J'aperçois Brunel, avec son vaste front en avant, qui semble pousser son gigantesque passage sous la Tamise.

Choudieu, qui, pauvre sur la terre d'exil, aima mieux être prote dans une imprimerie que de recevoir les secours de ses anciens collègues de la Convention.

Lacépède! tu me souris avec bienveillance; c'est toi qui,

lorsque j'habitais un grenier, luttant courageusement contre la plus affreuse misère, m'envoyas, dans une lettre sans signature, un billet de cinq cents francs, qui me mit à même de gagner le prix de Rome; aussi, quand je revins d'Italie et que le nom de mon bienfaiteur me fut connu, j'ai fait ton buste en marbre et te l'ai offert.

Salut! Riquet, toi qui, devant un ruisseau dont le cours se divisait, as conçu, d'après un si faible indice, la grande et puissante pensée de la jonction des deux mers.

Te voilà, Gutenberg! Après avoir formé, avec des caractères mobiles, le mot : « Émancipation », tu tiens dans ta main le mot : « Liberté ».

Et toi, jeune Barra, qui, blessé à mort par les Vendéens, et sommé par eux de crier : « Vive le Roi! » ne pouvant plus parler, pressas sur ton cœur une cocarde tricolore. Tu es l'expression accentuée d'une Révolution qui doit changer le monde. Oui, c'est bien sur le cœur des braves que ce signe doit être placé. Sur ton marbre sera gravé le décret de la Convention où il est dit : « Les cendres de cet enfant héroïque seront placées au Panthéon. » C'est le peintre David qui fut chargé du rapport sur tes funérailles; c'est le sculpteur David qui se charge d'exécuter le décret oublié. Je ferai don de ton monument à la France.

C'est Jefferson qui rédigea l'acte d'Indépendance de l'Amérique, page sublime qu'on dirait détachée de la Bible.

Racine, tu interroges ton cœur pour y trouver tes inspirations. Auprès de toi, Talma médite l'un de ses rôles; ses profondes réflexions sur les ouvrages des autres faisaient que ses copies devenaient des originaux.

Bonchamps, homme généreux, tu as légué à l'humanité un trait qui ne sera pas perdu. En faisant ton monument, j'ai cédé au besoin de consacrer un grand exemple; j'ai laissé parler la reconnaissance que te devait le fils d'un des républicains que tu as sauvés.

Mais je me sens accablé par les émotions que m'apporte la foule toujours croissante des hommes illustres qui honorent cet atelier. Je succombe sous le poids de sensations étranges. Le jour est près de paraître, ma lampe s'éteint, je vais embrasser mon Robert dans son berceau.

Manuscrit autographe appartenant à M. Victor Pavie.

## VIII. — LE MONUMENT DE MOLIÈRE.

Certainement, tout le monde applaudit à la noble pensée d'élever des statues aux grands hommes qui ont fait la gloire de notre France. C'est une dette que la reconnaissance nationale doit acquitter. C'est aussi un stimulant pour les générations futures. Mais n'êtes-vous pas étonné, comme moi, de l'inconcevable oubli que l'on a fait peser sur notre Molière, le seul grand homme dont le génie ne soit pas contesté par les étrangers? Molière n'a pas de statue, lui qui devrait en avoir une colossale sur la plus belle place de Paris.

Il existait un monument, bien modeste à la vérité; c'était la maison natale du grand homme. On avait placé son buste sur la façade. Un locataire, trouvant cette tête un peu salie par le temps, la fit peindre couleur de bronze et trouva très-ingénieux, pour attirer l'attention des passants, d'inscrire au-dessous du buste de Molière : « *A la Tête noire.* »

Les admirateurs de Molière ne furent pas dupes de cette bizarre inscription. Ils continuèrent à visiter la maison du poëte avec le respect que commande le souvenir d'un grand homme. Aujourd'hui, on vient de réparer la façade de la maison de Molière, et son buste a disparu. N'y a-t-il pas lieu de rappeler aux hommes de notre génération que la France doit un monument à ce grand génie, si elle ne veut pas que le monde soit en droit de penser que les Tartufes, dont Molière a si puissamment flétri les manœuvres, poursuivent encore sa mémoire?

Ceci est le brouillon d'un article que j'ai fait insérer dans le journal *le Temps.*

*Notes autographes de David appartenant à la famille.*

## IX. — TOAST A LA VILLE DE STRASBOURG.

Si l'imprimerie propage avec rapidité, à travers le monde, les inspirations du génie, l'art, qui donne, lui aussi, une forme saisissable à la pensée, est une sorte d'écriture imprimée sur le marbre, le bronze ou la toile.

Mais de tels livres, profondément scellés dans le sol, afin de résister aux outrages du temps, ne seraient instructifs qu'au lieu même où ils sont exposés, sans l'immortelle découverte de Gutenberg. C'est elle, c'est l'imprimerie seule qui donne aux productions de l'art de porter un enseignement fécond et universel, quand l'artiste a dignement compris sa mission.

La statuaire, dont la durée est éternelle, doit s'interdire les sujets futiles ou corrupteurs.

Pour moi, Messieurs, qui ai voué ma vie à reproduire les traits des grands hommes, je renonce à vous dire combien je suis heureux et reconnaissant que la ville de Strasbourg m'ait permis d'associer mon nom à celui de son grand citoyen Gutenberg.

Toutes les paroles seraient impuissantes à vous exprimer ma gratitude; mais permettez, Messieurs, permettez que je vous propose de porter un toast à l'auteur de la statue de Kléber, au statuaire auquel est due celle de l'architecte de la cathédrale; enfin, à tous les artistes dont la ville de Strasbourg s'honore.

Notes autographes de David appartenant à la famille.

## X. — LE CHRIST DE LA RUE DE SEINE.

Rue de Seine, n° 4, en face le bâtiment de l'Institut, on voit, suspendu à une fenêtre, un *Christ*. Il est là depuis trois ans. Cette fenêtre est celle d'un jeune peintre qui lutte contre le malheur. En 1848, j'ai fait tous mes efforts pour améliorer sa position. Je ne passe jamais devant cette maison sans avoir le cœur serré. Je ne puis songer qu'avec tristesse que ce pauvre jeune homme use sa vie par lambeaux entre des murailles nues et inflexibles comme celles d'une prison.

Ce *Christ* est bien l'enseigne de la souffrance. Il y a quelque chose de déchirant dans l'exposition de l'image du divin Pauvre. C'est évidemment une pensée douloureuse qui a inspiré Puget, lorsqu'il a sculpté, sur la façade de sa maison, la figure du Christ. Le statuaire marseillais ne se trouvait pas, il s'en faut, dans le cas de notre jeune homme; mais que de déceptions, de tourments n'y a-t-il pas dans la vie d'un artiste! Oh! s'il était possible de descendre au plus intime de notre âme, que de sentiments qui éveilleraient une pensée de terreur chez le témoin des insomnies et des tortures morales qui nous usent! Quels ne sont pas les cauchemars du statuaire, lorsqu'il vient de terminer son œuvre! Pendant qu'il l'exécutait, soutenu par l'enthousiasme, il se sentait au cœur des joies mystérieuses; mais, a-t-il achevé de donner une forme à sa création, tout prestige s'évanouit, il n'a plus sous les yeux qu'une œuvre glacée, inerte comme la matière dont il s'est servi tout à l'heure pour modeler. Pauvre jeune artiste! Sa fenêtre obtiendra toujours un regard de compassion de moi. X..., membre de l'*Institut*, qui a son atelier placé vis-à-vis du n° 4 de la rue de Seine, doit n'attacher, je le crains, sur le *Christ* du jeune peintre, qu'un œil insouciant.

Notes autographes de David appartenant à la famille.

# CORRESPONDANCE

---

## LETTRES SUR L'ART

# CORRESPONDANCE

## LETTRES SUR L'ART

### I. — *A Monsieur Ganne, à Angers.*

Paris, le 7 août 1808.

MON CHER AMI,

Je suis bien heureux d'avoir reçu une lettre de toi. J'y vois une preuve que tes sentiments sont toujours les mêmes pour ton ami David. Ma joie a été grande quand j'ai reconnu ton écriture. Mais cela m'a fait voir que j'avais trop tardé à m'entretenir avec un ami tel que toi.

Je n'entreprendrai pas de m'excuser. Tu connais les difficultés de notre art. Ce n'est que par le travail assidu que nous pouvons parvenir à fixer l'attention de nos maîtres sur nos ouvrages. Les minutes sont comptées par l'étude. Le dimanche, je trouve à peine le temps d'aller faire une courte promenade vers le soir. C'est toujours aux Champs-Élysées que je porte mes pas. Il y a vraiment à jouir. On y voit une ardente jeunesse se livrer à toutes sortes de jeux. Là, quelquefois, caché derrière une charmille, je dessine des groupes que la nature prend soin de varier avec un goût exquis. Certaines têtes me semblent curieuses, j'en trace le croquis, et, sans le savoir, les passants deviennent ma propriété. Voilà, cher ami, mon plus grand plaisir. C'est l'amour des arts qui me le procure.

Il y a des agréments de plus d'un genre à vivre à Paris. Tout s'y trouve réuni ; mais il faut ici beaucoup d'argent pour pouvoir jouir. Paris deviendra de plus en plus magnifique, si le grand Napoléon réalise ses vastes projets. Paris sera peut-être une des plus belles villes du monde; mais il reste furieusement à faire. Je suis venu ici plein d'idées fausses sur Paris. La ville m'est apparue inférieure à l'idée que je m'en étais faite. Ce n'est pas cependant qu'il n'y ait des monuments qui étonnent et qui portent l'enthousiasme dans l'âme. Mais les rues sont affreuses. On cherche inutilement une place publique qui mérite la peine d'être regardée. Point de salle de spectacle qui éveille l'intérêt extérieurement! Mais, il est vrai, que de changements tous les jours! On espère voir le Louvre achevé. Ce monument-là est fait pour exciter l'admiration de l'univers. C'est majestueux. On se refuse à croire que des hommes y habiteront, tant l'édifice est sublime!

Un arc de triomphe s'élève, avec grandeur, devant les Tuileries. Il est presque achevé. Ce monument est dédié à la gloire de la garde impériale. Au-dessus de l'arc sont placés quatre superbes chevaux en bronze. Figure-toi comme c'est magnifique! Des bas-reliefs en marbre représentent les actions mémorables de notre Empereur.

Sur chaque colonne est un soldat sculpté dans le marbre, tel que : dragon, grenadier, sapeur, etc. On prétend que l'arc est trop peu élevé. Les architectes répondent à cela qu'ils n'ont pas voulu que la porte fût plus haute que le bâtiment. C'est, en effet, une porte d'honneur, puisqu'il faudra passer sous ses voûtes pour entrer au château des Tuileries.

Un autre arc s'élève à l'extrémité des Champs-Élysées, mais il sera bien plus colossal que celui des Tuileries.

Une colonne, qui rappelle celle de Trajan, s'élève au milieu de la place Vendôme. Elle est revêtue de bas-reliefs en bronze, représentant les plus brillantes actions des armées françaises. Ce sont les canons pris aux Russes qui ont fourni le métal nécessaire à la fonte des bas-reliefs [1]. Paris, avant quelques années, méritera l'admiration de tous les habitants du globe.

Paris renferme en effet tout ce que l'art peut imaginer de plus séduisant; mais la belle nature en est exclue. De quelque côté que l'on se dirige en dehors de Paris, on ne retrouve pas les bords enchanteurs de la Loire. Il m'en reste des souvenirs bien doux. Plusieurs artistes m'ont affirmé que, dans le cours de leurs voyages, ils n'avaient rien vu de plus beau que nos charmants sites. Si tu avais le temps de faire une excursion d'Angers à Nantes, je suis sûr que tu ne pourrais pas en croire tes yeux. Il faut être de marbre pour ne pas se sentir ému. On rêve de quelque demeure des dieux. Oh! mon ami, comme mon imagination croit voir encore ces merveilles de la nature! Mais un long espace me sépare de ces lieux aimés. Je dois contempler d'autres spectacles. Je

[1] La colonne de la place Vendôme, appelée aussi *colonne de la Grande Armée*, reproduit avec une exacte vérité les proportions et le style de la colonne Trajane. Construite en pierre par les architectes Lepère et Gondoin, elle fut revêtue de bas-reliefs en bronze fondu, mesurant un développement de deux cent soixante mètres. Ces bas-reliefs représentent les faits mémorables de la campagne de 1805, et, ainsi que le dit David, le métal en fut fourni par les canons enlevés aux Autrichiens et aux Russes. Commencée le 25 août 1806, la colonne de la place Vendôme a été terminée le 15 août 1810.

t'engage bien vivement, mon ami, à visiter les bords de la Loire. N'as-tu pas une campagne d'où l'on découvre notre fleuve? Quand tu iras sur le rocher dont tu m'as souvent parlé, pense à ton ami David.

Oui, mon cher ami, si je réussis au gré de mes désirs, j'irai passer quelque temps auprès de mes amis. Nous irons ensemble sur ce même rocher contempler la belle nature. Il y aura pour moi double plaisir. L'art et l'amitié seront intéressés dans la circonstance. Je reverrai donc celui qui n'a cessé de me donner des preuves d'une amitié constante, et je te répéterai, ce que mon cœur ne cessera jamais d'exprimer, que je suis pour la vie ton fidèle ami.

DAVID.

*P. S.* Je te prie de dire bien des choses aux dames Poupard, ainsi qu'à M. Poupard le père, car je compte que notre bon Charles n'est plus à Angers. Adieu.

Tu excuseras ce griffonnage : la nuit avance, et tous les jours il faut que je sois à quatre heures et demie sur pied, afin de me trouver à cinq heures avec les autres élèves à étudier. Il m'en a coûté pendant les premiers instants ; moi qui étais dormeur! mais la raison a pris le dessus. Bien des choses à M. Maillard, ainsi qu'à tous nos amis.

Autographe appartenant à la famille du destinataire.

---

II. — *A Monsieur Ganne, à Angers.*

Paris, ce 28 août 1809.

MON CHER GANNE,

Je profite d'une occasion qui se présente on ne peut mieux, car j'étais décidé à t'écrire.

Nous voilà encore une fois dans l'inquiétude pour notre diable de conscription. D'après les bruits qui courent, on va faire partir le dépôt; comme nous en sommes, nous ne pourrons échapper. Il eût mieux valu que l'on nous eût fait partir tout de suite, c'eût été moins dur qu'à présent : enfin, ce ne seront peut-être que des bruits.

Le peuple, à Paris, est étonnant; il est d'une avidité pour tout ce qui est des affaires politiques! un faux bruit vient-il à se manifester de langue en langue, il prend racine, et c'est une loi.

Si le sort nous fait soldats, le seul vœu que je forme est que nous soyons réunis. Nous partagerons les mêmes périls et les mêmes plaisirs. L'amitié est un lien si beau! Nous braverons les coups de la fortune, et nous ferons voir que nous sommes dignes du nom de Français. Écris-moi, je te prie, les inquiétudes que nous devons avoir. Comme cela dérangerait mes projets, s'il me fallait partir! Les hommes sont malheureux d'être nés dans un tel siècle!

Si tu savais les mathématiques, tu pourrais entrer dans le 2e corps de l'artillerie de la marine, pour lequel on recrute en ce moment. Il est dit que ceux qui connaîtront les mathématiques et le dessin entreront de suite officiers. C'est une bien belle carrière à parcourir, quand on ne peut faire mieux; il faut que j'en parle à notre ami Babin.

*Mais revenons à des idées plus gaies; il sera toujours temps de nous* chagriner quand cela viendra. Voilà l'époque des vacances, les vendanges vont venir; alors, nouvelles sources de plaisirs pour toi. Les plaisirs de nos villes, malgré ce qu'on en dit, sont bien plus agréables que ceux de Paris. Je ne me rappelle jamais sans quelque sensation les douces émotions qu'ils m'ont fait éprouver, et j'en suis privé pour toujours! Je sens bien qu'avec le caractère que j'ai, cette vie-là, à la longue, n'aurait pour moi rien que de très-monotone. Il me faut des choses qui, par leur étonnante variété, aiguisent le goût que j'ai pour la nouveauté. Le monde entier est le seul livre qui doive nous instruire, et tous les poëtes s'accordent à dire que c'est par des voyages que l'on acquiert cette connaissance si nécessaire du cœur humain.

Je jouis en idée des promenades charmantes que tu fais avec tes amis naturalistes; c'est une bien belle science que de connaître toutes les productions de la nature.

Pour moi, la seule plante qui se présente continuellement à mes études, c'est l'homme. Que de découvertes chaque jour! J'étudie sans cesse l'homme extérieur; mais malgré toutes les merveilles qui se découvrent à mes yeux, j'aperçois que l'homme intérieur est plus surprenant encore, puisque c'est de l'intérieur que le merveilleux surgit. Les passions du cœur humain sont une fière étude, et c'est une des plus importantes pour l'artiste. Je voudrais que nous fussions ensemble à tout jamais; nous nous communiquerions mutuellement nos idées; mais ce sont de ces choses presque impossibles. Je désire que Mars nous laisse tous les deux à nos travaux, et te prie de croire à la sincérité de mon amitié.

Bien des choses de ma part à notre ami Maillart; surtout de tes nouvelles le plus promptement possible.

Ton véritable ami, DAVID.

Autographe appartenant à la famille du destinataire.

### III. — *Au Maire d'Angers.*

Paris, 8 octobre 1811.

MONSIEUR LE MAIRE,

La reconnaissance que je dois à ma commune, pour tous les bienfaits que j'en ai reçus et auxquels vous avez puissamment contribué, me fait un devoir de la supplier de me donner encore une marque de sa bienveillance, en daignant accepter les ouvrages pour lesquels on a bien voulu me décerner des prix. Ces ouvrages seraient déposés au Musée d'Angers, comme un témoignage de reconnaissance et de l'engagement que je prends de redoubler d'efforts pour me rendre de plus en plus digne de la protection spéciale qu'elle m'a accordée.

Daignez être, Monsieur le Maire, mon organe auprès des membres de la commune, et agréez, en votre particulier, l'assurance de l'entier dévouement et de l'éternelle gratitude de votre respectueux serviteur.

P. J. DAVID.

*P. S.* Les ouvrages en question sont :

1° La figure de ronde bosse de trois pieds six pouces de proportion, pour laquelle j'ai obtenu le second prix l'année dernière (*Otryades*);

2° La tête d'expression, buste de grandeur naturelle, qui m'a valu le prix cet hiver (*la Douleur*);

3° Et le bas-relief du grand prix de cette année, de trois pieds six pouces sur trois pieds et demi (*Épaminondas*).

Autographe déposé aux Archives municipales d'Angers.

---

### IV. — *A Monsieur Canne, à Angers.*

Paris, le 6 décembre 1811.

MON CHER AMI,

La voici, cette lettre d'adieu. Rome va développer ses splendeurs devant moi. Ah! sans doute ces palais, ces monuments que l'orgueil des conquérants de l'univers a élevés pour dire à la postérité que leurs idées étaient aussi grandes que le monde, ils sont là, qui m'attendent depuis plusieurs siècles. Mais ce que je ne retrouverai pas, ce sont mes amis; je devrai vivre isolé, et ces affections du cœur qui depuis quelque temps m'ont fait passer des jours si suaves, ne seront remplacées que par l'ennui de l'absence. Vive toi, ton sort est fixé! Tes vignes, ton commerce et, par la suite, une compagne, te réservent des joies pures. Car, mon ami, ce ne sont pas les grandes villes ou les grands emplois qui donnent le bonheur. Tout gît dans l'imagination, comme tu le sais fort bien. Le laboureur qui cultive son champ vit plus heureux que les rois sous les grandeurs qui les écrasent.

Adieu, mon cher Ganne; souviens-toi de ton sincère ami David, conserve-lui toujours une place dans ton cœur.

Je suis et serai toute ma vie ton fidèle ami, DAVID.

Je te demande pardon d'être si bref, les moments me pressent, tu dois te faire une idée des préparatifs d'un voyage comme celui-là.

Autographe appartenant à la famille du destinataire.

---

## V. — *Au Maire d'Angers.*

Rome, 18 décembre 1812.

MONSIEUR LE MAIRE,

Je viens de recevoir les cinq cents francs; c'est une nouvelle marque de votre gratitude et des soins vraiment paternels dont la ville d'Angers me comble. Cette somme me met à même de faire des études sérieuses, que l'extrême modicité de notre pension ne me permettait pas de faire. J'ai toujours devant les yeux tous ces bienfaits; ils sont pour moi un grand sujet d'émulation. Ce sont ces mêmes bontés qui m'ont conduit à Rome; si j'ose en croire le résultat de mes veilles et l'amour que j'ai pour ce bel art, elles me conduiront à la gloire, ce que je devrai à votre généreuse protection.

J'ai employé mon année du mieux que j'ai pu; j'oserai vous dire que mes efforts n'ont pas été tout à fait infructueux. J'ai fait une figure de jeune homme; M. Canova l'a vue; il a daigné m'encourager, et m'a donné des avis dictés par son bon goût et son jugement. J'ai fait aussi une tête d'Ulysse, que je vais exécuter en marbre.

Je me pénètre continuellement des chefs-d'œuvre qui fourmillent dans ce beau pays; j'ai sans cesse sous les yeux la vue et les écrits des grands hommes qui les ont créés. Puissé-je, en remuant leurs cendres, retrouver quelques étincelles de ce génie qui semble s'être éteint avec eux!

Agréez, etc.

DAVID.

Autographe déposé aux Archives municipales d'Angers.

## VI. — *Au statuaire Roland, à Paris.*

Paris, 18 décembre 1812.

MON CHER MAITRE,

Je ne puis laisser commencer cette nouvelle année sans vous réitérer les souhaits que j'ai toujours faits pour que vous jouissiez d'une santé et d'une prospérité sans bornes. Ce sont les vœux d'un élève dont l'estime et la reconnaissance seront éternelles.

Pour moi, je suis quelquefois tenté d'accuser le sort, qui m'a relégué à près de quatre cents lieues de vous, et qui ne me donne pas même la douce consolation de recevoir de vos nouvelles. J'ai cependant bien besoin de vos conseils; vous devez aisément vous faire une idée de l'embarras où se trouve un jeune homme (qui, comme moi, n'a pas beaucoup d'expérience) dans une ville pleine des ouvrages de tant de maîtres, et où, par conséquent, se rencontrent tant de routes différentes à suivre qu'elles pourraient parfois faire errer, car il existe une route qui doit être la plus sûre pour parvenir au bien. Je pense que l'étude constante de l'antique et de la nature peut produire un grand effet; je crois aussi que l'étude mal raisonnée de l'antique peut induire dans un goût roide et froid; mais si l'antique sert à épurer le goût et à nous faire voir les beautés qui existent réellement dans la nature, je crois alors que cette étude sera toujours d'une grande utilité, car certainement la nature est belle. Certes, la différence de beauté qui existe entre les habitants de l'ancienne Grèce et ceux de nos jours n'est pas si grande que les artistes modernes ne puissent parvenir à les égaler. La grande difficulté consiste à savoir bien voir la nature, et je crois que l'étude continuelle des productions des Grecs, tant dans leur sculpture que dans leur littérature, peut amener un résultat de perfection dont leurs ouvrages nous offrent le modèle. Voilà, mon cher maître, les idées qui me dirigent dans mes études. Je ne me flatte pas de réussir, mais j'aurai du moins la consolation de n'avoir rien négligé, et, quand je ne retirerais de mes peines que le souvenir des sensations délicieuses que l'étude fait naître à chaque instant dans l'âme de celui qui s'y livre, je m'estimerais encore heureux.

Dans le court intervalle que les fièvres me laissent, j'ai trouvé le moyen de finir ma figure, dont je vous ai envoyé le croquis dans ma première lettre, et, dans quelques jours, j'espère avoir fini une tête d'Ulysse. Il est bien malheureux pour moi d'avoir toujours les fièvres, ce qui ne s'arrange nullement avec mon tempérament, qui n'est pas fort.

La renommée m'a annoncé une nouvelle qui ne m'étonne point,

puisqu'elle parle avantageusement d'un chef-d'œuvre (que j'ai vu) qui fait le plus grand honneur à la France, car, en faisant la statue d'Homère, cet homme immortel, vous vous êtes immortalisé. Je sais, mon cher maître, que le jugement d'un faible élève ne peut pas être d'un grand poids ; mais je ne suis que l'écho des hommes dont les lumières et les connaissances peuvent vous rendre leur jugement agréable.

J'ai appris avec bien du plaisir que Massa vient d'obtenir une médaille ; j'en suis enchanté pour ce brave ami.

Daignez agréer l'assurance du plus profond respect et de l'attachement le plus inviolable de votre élève.

DAVID.

Veuillez, je vous prie, présenter mon respect à madame Roland, à M. et à madame Lucas. Si je ne craignais d'abuser de votre complaisance, je vous prierais de présenter mon respect à MM. Ménageot, Geoffroy, Ramey, Norry, Lesueur et Bridan.

Suscription : *A Monsieur, Monsieur Roland, sculpteur, membre de l'Institut et de la Légion d'honneur, professeur des Écoles spéciales de peinture et sculpture, à la Sorbonne, Paris.*

Autographe appartenant à madame Gubler (née Hélène David d'Angers). — Cette lettre a passé dans plusieurs ventes d'autographes depuis la dispersion du cabinet de M. Lucas de Montigny, gendre du statuaire Roland.

---

## VII. — *A Monsieur Louis Pavie, à Angers.*

Paris, 23 février 1823.

MON CHER AMI,

Dans quelques jours, le buste en bronze de François Ier sera rendu à Angers. C'est un bien faible cadeau que je fais à cette bonne ville, qui prend tant d'intérêt à mon sort. Un jour viendra, je l'espère, où je pourrai offrir à mon pays un ouvrage plus important.

Bien à vous. DAVID.

Autographe appartenant à M. Victor Pavie.

---

## VIII. — *Au Maire d'Angers.*

Paris, 26 novembre 1824.

MONSIEUR LE MAIRE,

... Toutes les fois que je serai chargé de représenter les traits d'un homme célèbre, je m'empresserai d'envoyer à Angers une copie de mon ouvrage. C'est un bien faible tribut de mon éternelle reconnaissance pour tout ce que mes compatriotes ont fait pour moi. Leur estime et leur bienveillance, voilà le seul prix que j'ambitionne; en voulant me payer, ce serait m'empêcher d'effectuer le projet dont je viens de vous faire part, et me causer un bien grand déplaisir.....

Agréez, etc. DAVID D'ANGERS.

Autographe déposé aux Archives municipales d'Angers.

---

## IX. — *A Monsieur Louis Pavie, à Angers.*

Paris, 10 octobre 1820.

Enfin, M. Dutertre a fait imprimer le *Fénelon*. Je lui ai bien recommandé de vous en envoyer des épreuves..... Dans une quinzaine de jours, je pourrai expédier le buste de Béclard à Angers. On fait une gravure du profil, d'après le buste, pour mettre en tête de ses œuvres, que le libraire Béchet va publier le mois prochain.

C'est à la fin de ce mois qu'on va nommer le professeur. Si j'en crois tous les membres de l'Académie, ma nomination serait aussi unanime que celle de l'Institut. Mais, selon mon habitude, je n'ai confiance dans les choses que quand j'en suis possesseur.

Bien à vous. DAVID.

Autographe appartenant à M. Victor Pavie.

---

## X. — *A Monsieur Louis Pavie, à Angers.*

Paris, 23 décembre 1826.

CHER AMI,

Je reçois à l'instant la nouvelle de ma nomination à la place de professeur. C'est une chose bien avantageuse pour moi.

A vous. DAVID.

Autographe appartenant à M. Victor Pavie.

---

## XI. — *A Monsieur Louis Pavie, à Angers.*

Paris, 11 janvier 1827.

MON CHER AMI,

Notre compatriote Moll est de retour de son voyage d'Italie. Je viens de voir ses études; elles sont vraiment remarquables. Je puis affirmer, d'après même l'avis d'architectes distingués que je connais, que ses études ne sont pas d'un artiste ordinaire. Il ne lui manque que des occasions pour se faire apprécier; tâchez de le faire charger de quelques travaux importants.

Tout à vous. DAVID.

Autographe appartenant à M. Victor Pavie.

---

### XII. — *A Monsieur Louis Pavie, à Angers.*

Paris, 25 mai 1827.

MON CHER AMI,

J'ai reçu le discours prononcé à l'inauguration du buste de Béclard; cette cérémonie a dû être imposante : votre discours est parfait, vous avez dit beaucoup en peu de mots; je regarde cette cérémonie comme un point de départ pour la régénération du goût et des grandes idées dans notre chère patrie. . . . . . . . . . . . . . . . . .

Je vois souvent notre bon ami Hugo. Je vous remercie mille fois de m'avoir fait faire sa connaissance.

Tâchez, si vous pouvez, de me négocier le moyen d'avoir le masque moulé sur M. Proust. Mon intention est de faire le buste de M. Proust pour la ville d'Angers. . . . . . . . . . . . . . . . . . .

Je suis bien content du brave Angevin que j'ai chez moi. J'entends au moins tous les jours l'accent angevin.

A vous cordialement. DAVID.

Autographe appartenant à M. Victor Pavie.

---

### XIII. — *A Monsieur Louis Pavie, à Angers.*

Paris, 15 novembre 1827.

MON CHER AMI,

Je vais prier M. Baudouin de me vendre deux cents épreuves du monument de Bonchamps. Vous pourriez faire une notice sur le monument et la vie du héros, et, si cela se vendait bien, on couvrirait sans doute les frais d'impression et de gravure. Qu'en pensez-vous? . . .

Une idée qui me soutient, c'est de pouvoir passer les dernières années de ma vie auprès de vous, au sein de notre belle patrie. Cette idée me sourit beaucoup; le soleil est terne ici, il n'est pas aussi chaud que celui de notre Anjou.

A vous de cœur. DAVID.

Autographe appartenant à M. Victor Pavie. — La notice projetée entre David et Louis Pavie fut écrite en 1846 par M. Victor Pavie; elle a pour titre : *Bonchamps et sa statue*, Angers, V. Pavie, grand in-8°, avec planche.

## XIV. — *A Monsieur Louis Pavie, à Angers.*

Paris, 17 avril 1828.

MON CHER AMI,

Je partirai pour l'Angleterre le 26 ou le 27 de ce mois, afin de me trouver à l'ouverture du Salon de Londres. Je ne puis rester à Londres plus de huit jours.

Tout à vous. DAVID.

Autographe appartenant à M. Victor Pavie.

---

## XV. — *Au Maire de la Ferté-Milon.*

Paris, 13 août 1828.

MONSIEUR LE MAIRE,

Je viens d'apprendre, au ministère, que la statue de Racine est arrivée à sa destination. Comme je n'ai pas entendu parler de l'inauguration de cette figure, je pense qu'il est encore temps de vous écrire pour vous donner mon avis concernant sa conservation.

Si vous la destinez à la décoration d'une place publique, il serait indispensable de lui faire un abri, car la qualité du marbre dont j'ai dû me servir se détruit promptement à l'air.

Excusez-moi, Monsieur le Maire, de la liberté que je prends, et veuillez recevoir l'assurance du profond respect de votre serviteur.

DAVID,
Statuaire,
Rue de Vaugirard, 20.

Autographe déposé aux Archives municipales de la Ferté-Milon.

---

## XVI. — *A Monsieur Louis Pavie, à Angers.*

Paris, 5 septembre 1828.

MON CHER AMI,

J'insère dans cette lettre des vers d'Alfred de Vigny, qu'il a écrits sur un *Cinq-Mars* qu'il m'a donné. Si vous pouviez lire l'ode faite par Hugo pour moi! Je suis bien heureux d'avoir encore trouvé, dans de Vigny, un cœur qui réponde au mien. Comme vous l'aimeriez si vous le connaissiez! Quel génie noble et divin! . . . . .

Bien à vous. DAVID.

Autographe appartenant à M. Victor Pavie.

## XVII. — *A Monsieur Louis Pavie, à Angers.*

Paris, 12 novembre 1828.

J'envoie à la mairie, pour être placés au Musée, plusieurs bustes. Cher ami, veillez à ce qu'ils soient placés convenablement. Le *Fénelon* est en bronze; s'il était sur un piédestal au milieu du Musée, cela serait bien, je crois, pour la mémoire du grand homme. Les autres auront besoin de vos bons soins pour qu'on puisse les voir.

Tout à vous et merci. DAVID.

Autographe appartenant à M. Victor Pavie.

---

## XVIII. — *Au Président des États-Unis.*

Paris, ..... 1828.

MONSIEUR LE PRÉSIDENT,

J'ai fait le buste de La Fayette. J'aurais voulu lui élever une statue, non pour lui, qui n'en a pas besoin, mais pour nous, qui éprouvons si vivement le désir d'exprimer l'amour et l'admiration qu'il nous inspire.

Toute la jeunesse française envie et la jeunesse et la vieillesse de celui dont je vous envoie le portrait.

Elle envie cette gloire qui fut conquise sur votre sol d'Amérique, à côté de l'immortel Washington, et pour la défense de vos nobles droits.

Elle envie cette gloire qui fut acquise sur le sol de la France, au milieu des troubles de Paris et de Versailles, au sein des débats où il fallait plus de courage pour lutter par la parole qu'il n'en aurait fallu pour combattre avec l'épée.

Elle envie cette gloire qui couvre un front blanchi par l'âge, mais encore étincelant du feu de la liberté et du patriotisme.

C'est au nom de cette jeunesse française, jalouse d'imiter tout ce qui est généreux et grand, que je vous offre l'ouvrage auquel mes mains ont mis le plus de soins.

J'aurais voulu qu'il eût été plus digne du sujet, et plus digne de la place que j'ambitionne de lui voir occuper. Oui, Monsieur, je voudrais que le buste de notre brave général, de notre illustre député, fût élevé sur un cippe, dans la salle des séances du Congrès, auprès du monument érigé à Washington lui-même, afin que le fils fût à côté du père, ou, si vous l'aimez mieux, que les deux frères d'armes, les deux compagnons de victoires, les deux hommes de l'ordre et des lois ne fussent pas plus séparés dans notre culte qu'ils ne l'ont été dans leurs vœux et dans les périls.

La Fayette est un des liens qui unissent les deux mondes. Il était allé, il y a quelques mois, saluer encore une fois votre terre sacrée de justice et d'égalité, et vous nous l'avez rendu après l'avoir honoré de vos fêtes et de vos hommages.

Je vous le rends à mon tour, ou plutôt je ne vous rends que son image, car il faut qu'il nous reste, lui, pour rappeler souvent à la tribune nationale les principes éternels sur lesquels repose l'indépendance des États.

Je suis avec le plus profond respect, Monsieur le Président, votre très-humble serviteur.

DAVID,

Membre de l'Institut de France,
Professeur à l'École de peinture,
Membre de la Légion d'honneur.

Minute autographe appartenant à M. le comte Ferdinand de Lasteyrie, membre de l'Institut.

---

## XIX. — *A Monsieur Louis Pavie, à Angers.*

Paris, 11 février 1830.

MON CHER AMI,

Il paraît que le Maire a le désir de fixer Moll à Angers, en le faisant nommer architecte de la ville. Je puis t'assurer que c'est un très-bon choix. C'est un homme sage qui fera toujours un honorable emploi des fonds mis à sa disposition; un homme dont le goût et le talent peuvent rivaliser avec bien des architectes de Paris; il est d'ailleurs chargé ici de travaux très-importants. Je t'engage à le soutenir de tout ton pouvoir à Angers.

Tout à toi. DAVID.

Autographe appartenant à M. Victor Pavie.

---

## XX. — *A Monsieur Louis Pavie, à Angers.*

Paris, 2 octobre 1830.

MON CHER AMI,

J'ai besoin de savoir si la ville d'Angers voudrait bien accepter le modèle du *Condé;* si elle pourrait lui donner une destination.

On s'occupe de la fonte du coq qui doit surmonter notre drapeau; j'ai le dessein d'en offrir un semblable à la ville de Saumur. . . . .

. . . . Je comptais pouvoir aller voir Walter Scott, en Écosse. Tous les événements arrivés à Paris sont cause de la non-exécution de mon projet.

À toi. DAVID.

Autographe appartenant à M. Victor Pavie. — David avait été chargé par le maire de la ville d'Angers de lui procurer un coq pour le drapeau de la garde nationale.

---

### XXI. — *A Monsieur Louis Pavie, à Angers.*

Paris, 14 septembre 1831.

MON CHER AMI,

Me voilà de retour de Marseille, enchanté, émerveillé de ce beau pays de Provence, étonné que tous ces poitrinaires de Parisiens restent ainsi à barboter dans leur cloaque de Paris. Si j'étais libre de faire mes ouvrages sous ce beau ciel, je ne resterais pas à Paris ....

..... Je m'occupe de la statue du général Foy; aussitôt qu'elle sera terminée, je prendrai ma volée vers notre cher Anjou : ce sera encore quelques jours de bonheur de plus.

Tout à toi. DAVID.

Autographe appartenant à M. Victor Pavie.

---

### XXII. — *A Monsieur Louis Pavie, à Angers*

Paris, 17 octobre 1831.

MON CHER AMI,

Je viens enfin de terminer la statue du général Foy; on va la placer sous peu de jours, et ensuite je partirai pour notre chère patrie.....

..... J'ai reçu cette semaine une bien bonne et aimable lettre de Gœthe : je t'apporterai la traduction. Le buste est arrivé en bon état, et il paraît que le procédé et l'ouvrage ont fait impression en Allemagne.

Ton ami de cœur,

DAVID.

Autographe appartenant à M. Victor Pavie.

---

### XXIII. — *A Monsieur Auguste Barbier.*

Paris, ..... 1831.

Venez, mon cher poëte, si vous pouvez, demain lundi, vers deux heures de l'après-midi; nous commencerons votre profil pour l'avenir.

DAVID d'Angers.

Minute autographe appartenant à la famille du statuaire.

## XXIV. — *A Adam Mickiewicz.*

Paris, 8 juin 1832.

MON CHER BON AMI,

Il y a bien longtemps que je suis à la recherche du lieu que vous habitez ; enfin, Chodzko vient de me dire qu'il pensait que ma lettre pouvait encore vous parvenir à Dresde, mais qu'il fallait me dépêcher, parce que vous étiez sur le point d'entreprendre le voyage d'Égypte. Je vous écris, d'abord pour vous dire que votre buste est terminé en marbre, et pour vous demander où et à qui je puis l'adresser pour qu'il puisse vous être remis. Recevez-le, cher ami, comme un faible tribut de mon admiration pour votre beau génie. Cet ouvrage vous rappellera quelquefois un homme qui regarde comme une des circonstances les plus heureuses de sa vie l'avantage qu'il a eu de faire votre connaissance. Ensuite, si je puis être assez dans votre souvenir pour que vous me donniez quelquefois de vos chères nouvelles, je vous en conserverai la plus profonde reconnaissance.

Vous savez sans doute tout ce qui se passe en France : l'avenir est gros de nuages ; plus tard nous saurons s'ils renferment les tempêtes, ou bien si c'est une pluie bienfaisante.

Nous gémissons bien sur le sort de votre malheureuse patrie :

*Ci vuol pazienza e coraggio.*

Adieu, cher ami ; croyez à tous les sentiments bien sincères de votre tout dévoué de cœur,

DAVID.

*P. S.* — Il y a à Dresde un bien habile artiste (peintre), M. Vogel ; je désire beaucoup qu'il fasse votre connaissance : vous serez content de son caractère et de son talent, qui est admirable. J'ai fait sa connaissance à Paris ; je lui parle de vous dans les lettres que je lui écris par le même courrier qu'à vous.

Voici mon adresse : rue de Seine-Saint-Germain, 41.

Autographe appartenant à M. Ladislas Mickiewicz. Voir *Korrespondencja Adama Mickiewicza*, Paryz, Ksiegarnia Luxemburgska, 1872, 2 vol. in-12.

---

## XXV. — *A Monsieur Humbert de Superville,*
## *Auteur de l'*Essai sur les signes inconditionnels de l'Art [1].

Paris, ..... 1832.

MONSIEUR,

L'honorable M. Coquerel m'a rendu bien heureux en me gratifiant de l'ouvrage extrêmement remarquable que vous avez publié sur les « Formes

[1] Leyde, 1832-1837, 4 livraisons in-folio, avec figures. L'ouvrage est signé D. P. G. H. de S.

inconditionnelles de l'art ». C'est une grande et productive idée dont vous venez de doter le monde savant; assurément il ne peut exister aucune contestation sur le lumineux système que vous appuyez de raisons si puissantes.

Tous ceux qui ont eu l'avantage de lire votre ouvrage doivent désirer ardemment posséder celui que vous annoncez sous le titre de *Méduse*. L'indication que vous en donnez fait présager que vous allez soulever un coin du voile mystérieux qui cache les époques les plus reculées du monde. En grâce, Monsieur, ne privez pas plus longtemps la science d'un ouvrage destiné à faire sortir la vérité obscurcie par les allégories religieuses qui se sont amoncelées depuis tant de siècles. On y verra probablement la matière exprimant le grand, le sublime, par la plus grande simplicité des formes. C'est une chose digne de remarque que toutes les productions de la nature, grandes et simples dans leur principe, à mesure qu'elles prennent leur développement, se rapetissent par la multiplicité des détails. Certes, le gland doit frapper davantage l'imagination que quand il est devenu l'arbre superbe qui domine les forêts. Mais, pour que l'imagination puisse comprendre le sublime mystère du gland, il faut qu'elle ait eu la transmission de la beauté du chêne. Le monde, dans ses premiers âges, était le gland, mais il n'y avait alors que Dieu initié aux mystérieuses beautés de l'avenir.

Vous avez bien raison, Monsieur, la statuaire ne peut être digne de la vénération des hommes que quand elle crée des symboles vénérables. Dans les colosses égyptiens, elle est un mythe, une religion. Plus tard, chez les Grecs, elle n'est plus que la représentation de l'individu, choisie, il est vrai; leurs artistes sont des naturalistes; cependant, leur mission était encore très-belle. Chez nous autres modernes, c'est le portrait en pied de l'individu, non tel qu'il est sorti des mains du Créateur, mais déguisé, affublé de la défroque inventée par le stupide cerveau d'un tailleur, c'est là ce qui nous occupe. C'est chose en vérité bien précieuse que de fixer pour l'avenir les excentricités de la mode!

Que faire cependant? Il faut pourtant recueillir les traits des hommes grands par leur génie ou leurs bienfaits envers l'espèce humaine. Ces saints-là qui se succèdent, trop rarement à la vérité, sont cependant utiles à rappeler à la mémoire de ceux qu'ils sont venus consoler, de ceux qu'ils ont tenté de rendre meilleurs en leur montrant de nobles exemples, et en les stimulant plus tard par les honneurs pacifiques qui leur sont décernés.

A l'égard du costume, jamais on ne pourra persuader aux hommes de persévérer dans les mêmes formes, fussent-elles belles. Le caractère changeant de l'humanité et les nécessités de l'industrie sont des empêchements irrémédiables.

Je ne sais pourquoi nous nous plaisons tant à voir l'art représenter des animaux, et pourquoi nous ne voudrions pas copier le plus bel être sorti de la volonté du Créateur. Le nu n'est indécent que lorsque les actes reproduits ne sont pas chastes. L'art statuaire doit être pur et virginal; c'est là son essence et son caractère, mais cela dépend de la moralité de l'artiste.

Je suis heureux de vous entendre parler de Raphaël comme vous le faites. Lorsque j'étais à Rome, j'avais déjà secoué la compression fanatique imposée longuement par ses contemporains aux générations suivantes. Certes, c'était un grand peintre, mais, par la raison qu'il était homme, il a dû être sujet à l'erreur. Votre jugement sur Michel-Ange me semble aussi très-juste.

Je vous le demande encore en grâce, donnez-nous votre *Méduse*, et croyez que rue d'Assas, n° 14, il y a un homme plein de sympathie pour votre mérite, et qui sera toujours heureux de vous assurer de sa plus haute considération et de son entier dévouement.

DAVID d'Angers.

Minute autographe appartenant à la famille du statuaire.

---

## XXVI. — *A Monsieur Charles de Lasteyrie.*

Paris, 8 mai 1833.

MONSIEUR,

Toutes les personnes qui vous connaissent vous aiment et admirent votre caractère. C'est mû par ce même sentiment que j'ai essayé de rendre vos traits dans ce profil en bronze que j'ai l'honneur de vous offrir.

Veuillez, Monsieur, recevoir favorablement l'assurance du profond respect de votre humble serviteur,

DAVID.

Autographe appartenant à M. le comte Ferdinand de Lasteyrie.

---

## XXVII. — *A Adam Mickiewicz.*

Paris, samedi matin 1834.

MON AMI,

J'ai reçu avec bien de la reconnaissance la traduction de quelques-unes de vos œuvres. Quoique les traductions ne soient ordinairement qu'un reflet de l'original, cependant le reflet de vos productions est bien lumineux, et au bonheur que j'éprouve en vous lisant, se joint celui de penser que les Français pourront mieux vous connaître et vous apprécier.

D'ailleurs, mon ami, vous n'avez pas à redouter une traduction, car le génie peut toujours être traduit dans une autre langue : ce sont les productions de l'esprit seul qui sont intraduisibles.

Venez donc, cher ami, me voir comme vous me l'avez promis dans votre dernière lettre ; je suis bien souffrant de ma bronchite, et cependant je travaille beaucoup pour tâcher de terminer d'anciens ouvrages et m'en aller, si je puis, comme les hirondelles, respirer dans un pays plus chaud un air plus convenable à mes poumons malades.

Adieu, ami ; soyez heureux, et croyez à mon entier dévouement de cœur.

DAVID.

*P. S.* — Présentez, je vous prie, mes respectueux hommages à Madame. Émilie me charge de la rappeler à son bon souvenir.

Autographe appartenant à M. Ladislas Mickiewicz. — Voir *Correspondencja Adama Mickiewicza.*

---

## XXVIII. — *A Monsieur Louis Pavie, à Angers.*

Paris, 20 avril 1835.

MON CHER AMI,

Je viens de recevoir de Dresde la caisse contenant le buste colossal de Tieck, sa statue et beaucoup de médailles. Le long retard qu'a subi cet envoi m'inquiétait. Enfin, je vais exécuter ce buste en marbre et l'envoyer au modèle le plus promptement possible. Nous sommes de retour depuis peu de jours de Rouen et du Havre. Dans cette dernière ville, j'ai fait la médaille de Corbière, qui est un homme très-distingué comme littérateur et comme patriote. A Rouen, j'ai vu mon *Corneille*, qui fait un très-bon effet sur son fond de ciel et d'étoiles, la nuit. Nous sommes allés voir les Andelys, le clos Poussin. La maison où est né le grand peintre est détruite, mais il semble que les hommes respectent ce clos, car il n'est pas cultivé ; j'étais curieux de voir les sites qui ont frappé sa vue dans son enfance. C'est une nature grave, mélancolique et grandiose. On n'a pas assez fait attention aux objets qui ont attiré les regards des grands hommes à leur entrée dans la vie.

Ils doivent nécessairement avoir une très-grande influence sur la direction de leur génie. . . . .

A toi.

DAVID.

Autographe appartenant à M. Victor Pavie.

## XXIX. — *A Monsieur Louis Pavie, à Angers.*

Paris, 15 septembre 1835.

MON CHER AMI,

J'achève le buste colossal du célèbre Berzélius, dont je suis très-heureux d'avoir fait la connaissance. J'ai aussi fait celui d'Hahnemann, l'inventeur de l'homœopathie, et enfin celui du célèbre physiologiste Carus de Dresde.

Combien je regrette de ne pouvoir aller en Anjou cette année! Je t'avoue cependant que cela serait un grand bien pour moi, car j'aime ce coin de terre de toute mon âme, et il se passe bien peu de jours que je n'y pense, d'une manière souvent à troubler ma tranquillité. Il y a un sentiment bien mystérieux et bien indéfinissable dans cet amour du pays où on a reçu le jour.

Tout à toi. DAVID.

Autographe appartenant à M. Victor Pavie.

---

## XXX. — *A Adam Mickiewicz.*

Paris, 20 octobre 1835.

MON AMI,

Voilà enfin votre buste que je viens de terminer. Recevez cet ouvrage comme un faible hommage de ma sincère et constante amitié pour vous et de mon admiration pour votre génie. Quand vous serez de retour dans votre chère patrie, quelquefois en portant vos regards sur ce marbre, vous vous rappellerez peut-être l'auteur, qui fera toujours des vœux ardents pour votre bonheur et celui de votre chère famille.

Tout à vous de cœur.

DAVID.

Autographe appartenant à M. Ladislas Mickiewicz. — Voir *Korrespondencja Adama Mickiewicza.* — Cette lettre, dont l'objet est le même que celui de la lettre publiée plus haut, sous la date du 8 juin 1832, nous laisse dans l'incertitude sur les motifs qui ont pu retarder pendant trois années, soit l'achèvement du buste lui-même, soit la remise du marbre entre les mains du modèle, que de fréquents voyages ont tenu, à maintes reprises, éloigné de Paris.

---

## XXXI. — *A Monsieur Louis Pavie, à Angers.*

Paris, 20 décembre 1835.

MON CHER AMI,

Leroux vient de graver la *Sainte Cécile;* on va bientôt s'occuper de l'exécution en marbre de cette figure, qui, j'espère, pourra être exposée au Salon dans un an; puis je l'enverrai à Angers, pour qu'elle soit placée à Saint-Maurice. . . . .

A toi. DAVID.

Autographe appartenant à M. Victor Pavie.

---

## XXXII. — *A Monsieur Azaïs, président de la Société archéologique de Béziers.*

Paris, 22 avril 1836.

MONSIEUR LE PRÉSIDENT,

Toutes les croyances de ma vie ont été vouées à la représentation des hommes dont le génie a été utile à leur pays. Jugez si j'accepte de grand cœur l'honorable mission dont la Société archéologique de Béziers veut bien me charger. Vous aviez bien raison de penser que mon patriotisme et mon amour pour les arts me feraient mettre de côté toute idée d'intérêt pécuniaire. . . . .

Agréez, etc. DAVID d'Angers.

Voir *Biographie des hommes illustres de Béziers*, par M. Auguste FABREGAT. — *David d'Angers.* — Béziers, Millet, 1866, in-8°.

---

## XXXIII. — *Au Maire d'Angers.*

Paris, 21 novembre 1836.

MONSIEUR LE MAIRE,

C'est à notre époque qu'appartient la noble tâche de payer aux grands hommes qui, par leurs utiles travaux et leur courage héroïque, ont illustré notre beau pays, la dette de la reconnaissance qui leur est légitimement due. Le temps est venu de consacrer leurs traits d'une manière durable, pour les offrir comme modèle aux générations présentes et futures et leur prouver que la justice nationale récompense tôt ou tard les grandes actions.

J'aime à penser, Monsieur le Maire, que vous recevrez favorablement la proposition que je vais avoir l'honneur de vous soumettre, et qu'une décision favorable sera prise sous un maire qui, comme vous, doit toujours avoir en vue la gloire d'une ville qui lui a confié ses intérêts les plus chers.

En voyant les piédestaux placés à l'entrée de notre belle promenade du Mail, l'idée m'est venue que les statues des hommes remarquables de l'Anjou orneraient dignement cet endroit; je vous proposerais donc d'y ériger les statues de Volney, de Robert le Fort, de Roland, du roi René, de Bodin, l'auteur des *Républiques*, et de Ménage. Il reste encore celle de l'un de ces gigantesques et nobles acteurs de notre Révolution régénératrice, de l'homme qui a donné un si sublime exemple d'honneur national dans cette crise unique dans l'histoire des peuples ; je veux parler du général Beaurepaire, dont vous m'avez si heureusement désigné la place sur le pont d'Angers, à l'entrée de la rue qui porte le nom de cet illustre citoyen. Je serais heureux d'offrir à mon pays les modèles de ces statues pour ma part de souscription, s'il veut bien me mettre à même, par ce moyen, de payer mon tribut d'admiration à mes célèbres compatriotes et de prouver aussi aux Angevins que le souvenir du bienveillant intérêt dont ils m'ont honoré n'est pas effacé de mon cœur.

L'exécution de toutes ces statues demanderait au moins six années, et la ville, n'ayant ainsi qu'à payer la fonte, qui ne s'élèverait pas, à ce que je pense, au delà de douze mille francs pour chaque figure, pourrait aisément réaliser dans ce laps de temps les fonds nécessaires, et par son budget et par les modes de souscription.

J'attends, Monsieur le Maire, avec une vive impatience, la décision que vous et votre conseil voudrez bien prendre à cet égard, et vous prie de croire à la considération très-distinguée de votre très-humble et très-obéissant serviteur,

DAVID.

Autographe déposé aux Archives municipales d'Angers.

---

## XXXIV. — *A Monsieur Louis Pavie, à Angers.*

Paris, 15 décembre 1836.

MON CHER AMI,

Je te remercie beaucoup de l'extrait du contrat de mariage de mon père, cela m'intéresse ; mais ce que je désirerais aussi tout particulièrement, ce serait celui du père de ma mère, François Lemasson, marié à Perrine Gendron. Si les archives n'ont pas éprouvé de désastres, il serait facile de remonter à une source très-éloignée de la famille. Le désir que j'éprouve de me procurer ces renseignements tient à une bien ancienne idée que m'avait suggérée ma mère. . . . .

Sais-tu que tu m'as rendu bien heureux en me disant que l'évêque d'Angers voulait bien placer notre *Sainte Cécile* dans le chœur de la cathédrale? C'est une destination admirable.

Actuellement, termine ton ouvrage en affermissant ces messieurs dans une résolution si favorable pour moi. Le pupitre du chœur serait adossé à la statue. Le piédestal pourrait être en marbre de notre pays. . . . .

A toi,

DAVID.

Autographe appartenant à M. Victor Pavie.

---

XXXV. — *A Monsieur Thomas, directeur du* National.

Paris, décembre 1830.

CHER AMI,

Hier au soir, j'ai vu M. Decamps. Il venait me dire qu'il avait proposé aux membres de la Commission du monument Carrel de ne pas laisser exécuter ce travail par un membre de l'Institut et d'en charger son ami Préault, jeune statuaire, auquel je m'intéresse aussi beaucoup. Ce jeune homme espère fixer l'attention publique en attachant son nom à celui d'un homme aussi justement célèbre que Carrel. C'est une noble ambition d'artiste que je comprends parfaitement. Faites donc tout ce que vous pourrez pour lui. Quant à moi, qui voulais payer par mon travail la dette d'amitié, d'estime et de sympathie politique, je n'en exécuterai pas moins mon projet, en offrant à la ville de Rouen le buste en bronze de notre malheureux ami, et je veux faire aussi le modèle d'une statuette destinée à ceux de ses amis qui conserveront fidèlement son souvenir. En vous recommandant M. Préault, je ne fais que renouveler auprès de vous une démarche que j'ai déjà faite auprès d'autres personnes, en mesure de lui procurer des travaux, car, ainsi que je vous l'ai déjà dit, je lui porte beaucoup d'intérêt, et je désire sa réussite dans les arts.

Votre ami de cœur, DAVID.

Minute autographe appartenant à la famille du statuaire.

---

XXXVI. — *A Monsieur Adrien Maillard, à Angers.*

Paris, . . . . . 1836.

Mille remercîments, cher ami, pour le soin que vous voulez bien prendre de parler de moi. Victor [1] a entre les mains une biographie écrite par un Anglais. Celle que va faire paraître ces jours-ci M. Sarrut n'est pas exempte d'erreurs [2]. Par exemple, on dit à tort que j'ai eu le grand prix à Rome; or, on ne peut jouir de la pension si on n'a pas remporté

[1] M. Victor Pavie.

[2] Voir *Biographie des hommes du jour*, par SARRUT et SAINT-EDME. Paris, Krabbe, 1836, 2 vol. gr. in-8°.

le prix à Paris. Il existe également dans cet écrit des noms propres défigurés : Floxmann au lieu de Flaxman, Delasse au lieu de Delusse. On a aussi négligé de relater un fait authentique : c'est que mon père était au nombre des soldats républicains sauvés par Bonchamps. J'ai été heureux, vous le savez, d'acquitter, en exécutant le monument de Bonchamps, la dette de l'un des hommes qui furent redevables de la vie au général vendéen. On dit aussi dans cette notice que je ne suis pas croyant; or, j'ai le sentiment religieux profondément gravé dans mon cœur; c'est simplement la forme qui ne fait pas partie de ma croyance. Je pense que le temps et les passions humaines ont voilé sous des préjugés la grande et symbolique figure du Christ. Je pense qu'un jour des hommes généreux feront tomber le masque dont on a recouvert cette pure image, qui apparaîtra dans sa beauté primitive.

Je vous enverrai si vous le voulez une ancienne biographie : vous aviserez à en extraire ce que vous jugerez convenable. On vient encore de faire paraître une notice sur moi dans l'*Encyclopédie des gens du monde*.

Je crois qu'il ne convient pas de publier ce que j'ai écrit sur mon père : c'est trop intime. Peut-être, quand je n'y serai plus, vous et quelques-uns de vos jeunes amis qui me portez tant d'intérêt, lirez-vous quelques pages que je tiens en réserve et qui sont comme les feuillets d'une vie qui a eu des crises bien terribles. Mais, vous le comprenez, ces notes ne peuvent être lues que par des hommes qui m'aiment. Moi, enfant de mes œuvres, je n'ai point appris à draper ma pensée. J'écris le plus souvent sous la pression d'un besoin mystérieux et invincible, et les lignes que je trace m'apparaissent à travers un voile de larmes. Vous serez surpris, cher ami, de tout ce que j'ai écrit dans les cimetières. Lord Byron aimait à dire qu'une partie de son existence s'était écoulée sur l'Océan; moi, je passe une grande partie de la mienne dans les cimetières : n'est-ce pas là que doit se consommer le naufrage de la vie? Ma vie est déjà longue, et j'ai enfoui bien des êtres qui m'étaient chers dans le sillon des cimetières. Combien de seuils, franchis autrefois par des hommes pleins de force, qui sont aujourd'hui déserts! Où sont allés ces hommes que j'aimais? Ils m'attendent sous la terre! Combien de maisons, combien de rues dans Paris dont la vue m'est pénible! Ah! mon ami, que de tragédies l'homme porte au fond du cœur!

Mais revenons à ce que vous voulez faire à mon sujet. Lorsqu'on propose un homme à l'attention de ses semblables, il faut au moins que son exemple puisse leur être de quelque utilité; or, je n'ai encore produit que des « à peu près »; ce n'est là que l'ombre de ce que je me propose de faire, si je reste ici-bas assez de temps. Si tel n'est pas votre but en écrivant, à quoi bon prendre la plume? Sera-ce pour amuser quelques oisifs qui ne se rappelleront que d'un seul trait de ma vie, à savoir qu'on m'a vu en sabots et en bonnet de laine aller, tout enfant, chercher à l'École centrale l'instruction qu'un gouvernement républicain dispensait sans mesure à des hommes qui, plus tard, devaient se montrer ingrats envers la République?

Faites, ami, ce que vous voudrez. Si je vaux quelque chose, c'est plutôt par l'intention que par le fait. Dites que toute mon ambition eût été d'inspirer aux artistes le goût des hautes pensées capables de concourir au triomphe de la liberté, au bonheur des hommes. C'est pour cela que j'eusse voulu éterniser tous les traits susceptibles de faire germer de généreuses inspirations dans les âmes.

Vous, mon jeune ami, avec votre candeur et votre sentiment poétique, vous qui êtes entouré de si bons parents, la vie se prépare bien pour vous. Je désire ardemment qu'elle se prolonge avec toutes ses illusions. Vivez toujours heureux, et croyez au dévouement sans bornes de votre ami,

DAVID.

En note, de la main de l'artiste : « Je ne puis rendre les sentiments pénibles que font naître en moi toutes les demandes de biographie. »

Minute autographe appartenant à la famille du statuaire.

---

## XXXVII. — *Au Président de l'Académie.*

Paris, ..... 1836.

MONSIEUR LE PRÉSIDENT,

J'ai terminé, il y a peu de jours, le modèle du buste de notre illustre collègue Gérard. Bien loin de penser qu'il dût nous être ravi si tôt, mon intention était de lui faire hommage du marbre; mais sa mort me prive d'exécuter le projet que m'inspire ma profonde admiration pour lui. J'ai l'honneur de prier l'Académie de vouloir bien accepter ce buste dès qu'il sera achevé, croyant en disposer ainsi de la manière qui répondrait le mieux aux désirs de l'artiste célèbre dont nous déplorons la perte. Son image se trouvera de la sorte toujours au milieu de nous, au milieu d'une compagnie dont il s'honorait d'être membre.

Agréez, etc. DAVID d'Angers.

Minute autographe appartenant à la famille du statuaire.

## XXXVIII. — *A Monsieur Ferdinand de Lasteyrie.*

Paris, jeudi matin 1830.

MONSIEUR,

Émilie m'a dit que vous voyez quelquefois le fils de Canaris. Voudriez-vous me rendre le service de lui demander s'il lui serait possible de me prêter pour quelques instants le portrait de son père[1] ?

Veuillez, Monsieur, m'excuser de la liberté que je prends de vous importuner ainsi, et croire au respectueux attachement de votre bien dévoué et très-humble serviteur,

DAVID.

Autographe appartenant à M. le comte Ferdinand de Lasteyrie.

---

## XXXIX. — *A Monsieur Ferdinand de Lasteyrie.*

Paris, 24 août 1837.

MON CHER MONSIEUR,

Je vous remercie de tout mon cœur de l'intérêt que vous voulez bien prendre à ce qui concerne le fronton du Panthéon. M. Dumon avait mission de me demander au nom du ministre un croquis de mon ouvrage. Vous concevez que cette demande m'a semblé une dérision. J'ai répondu, comme je le devais, par un refus. Actuellement, je n'entends plus parler de rien à cet égard.

Mille remercîments, et croyez à tous mes sentiments d'estime pour vous et de bien sincère affection.

DAVID.

Quand vous écrirez à M. et à madame de Lasteyrie, veuillez leur présenter mon respect et rappeler Émilie à leur bon souvenir.

Autographe appartenant à M. le comte Ferdinand de Lasteyrie.

---

## XL. — *A Monsieur Louis Pavie, à Angers.*

Paris, 8 septembre 1837.

MON CHER AMI,

La semaine prochaine, je vais envoyer la statue de Philopœmen sur son piédestal des Tuileries. *Gutenberg* et *Riquet* sont presque terminés,

[1] Le médaillon de Canaris ne fut exécuté qu'en 1852, pendant le séjour de David d'Angers à Athènes.

et l'exécution en pierre des deux grands bas-reliefs de la Douane de Rouen le sera vers la fin du mois prochain. . . . .

Quand M. Lemaire eut terminé son fronton de la Madeleine, ses compatriotes firent frapper une médaille en son honneur : la députation de Maine-et-Loire serait la mienne. . . . .

Tout à toi. DAVID.

Autographe appartenant à M. Victor Pavie.

---

## XLI. — *A Monsieur Ferdinand de Lasteyrie.*

Paris, mercredi matin 1837.

MON CHER MONSIEUR FERDINAND,

Je voulais aller vous remercier de votre admirable livraison que vous avez eu la bonté de m'apporter et des renseignements que vous m'avez donnés à l'égard des défenseurs de la cause des noirs. Mais un labeur excessif, nécessité par le désir que j'ai de terminer certains travaux avant le mois d'octobre, me retient à l'atelier. Excusez-moi donc, je vous prie.

Je vais encore vous importuner pour vous demander si vous pourriez me donner un calque de la signature de M. Kératry. Peut-être que Monsieur votre père aura quelques lettres de ce pair de France. J'aurais besoin de cette signature pour la graver sur une ancienne médaille que j'avais faite, et je voudrais bien ne plus avoir de rapport avec cet enragé juste milieu.

Décidément, j'ai pris le parti de mettre le portrait de Condorcet dans le bas-relief représentant les bienfaiteurs africains; c'est un grand nom littéraire, plus grand que celui de la Rochefoucauld.

Recevez, je vous prie, l'assurance de mon entier et profond dévouement de cœur.

DAVID.

Veuillez, je vous prie, présenter mes respectueux hommages à M. et à madame de Lasteyrie

Autographe appartenant à M. le comte Ferdinand de Lasteyrie.

---

## XLII. — *A Monsieur Ferdinand de Lasteyrie.*

Paris, jeudi soir 1837.

Je remercie beaucoup Monsieur Ferdinand de Lasteyrie de la signature qu'il a bien voulu me prêter. Je la lui fais remettre sous ce pli et le prie de croire à mon bien sincère dévouement de cœur.

DAVID.

Autographe appartenant à M. le comte Ferdinand de Lasteyrie.

---

## XLIII. — *Au Maire d'Angers.*

Paris, 9 mars 1838.

MONSIEUR LE MAIRE,

Je m'occupe actuellement de faire encaisser plusieurs de mes ouvrages, que j'ai l'honneur d'offrir à la ville d'Angers. Ce sont les modèles des statues de Cuvier et de Philopœmen, deux bas-reliefs que j'ai exécutés pour la Douane de Rouen, des bustes de MM. Hugo, de Jussieu, Armand Carrel et de Tracy; d'un médaillon colossal de Monge. Je joins à cela une empreinte du célèbre bas-relief appelé la *Table Iliaque*.

Je dois vous renouveler mes remercîments pour l'asile que vous voulez bien donner à mes ouvrages, qui ont tous été inspirés par le désir de me rendre digne du bienveillant intérêt que mes concitoyens n'ont cessé de prendre à mes efforts dans les arts : c'est, je vous l'assure, le plus puissant stimulant, l'unique ambition qui m'animent; pénétré de ce sentiment profond, je vous réitère ici la prière que je vous ai déjà faite de vive voix, lorsque vous me fîtes part de l'honorable décision que le Conseil municipal, en émettant le projet de donner mon nom à la nouvelle salle du Musée, avait bien voulu prendre à mon égard. J'ai été touché jusqu'aux larmes, Monsieur le Maire, de la marque d'estime bienveillante que daignaient m'accorder mes compatriotes, mais permettez que je vous soumette quelques réflexions, qui, jointes à mes prières, pourront, j'aime à me le persuader, faire abandonner ce projet.

La ville d'Angers, dans son insigne bonté, m'élevait un monument en inscrivant mon nom sur une galerie consacrée à mes études d'art; je crois que cet honneur ne doit être décerné à un homme qu'après sa mort, s'il s'en est rendu digne. Mais il faut, pendant sa vie, le laisser mériter une telle faveur par ses constants efforts; c'est la génération suivante qui doit et peut tenir l'équitable balance de l'histoire.

Nous autres hommes de progrès, qui travaillons au grand monument de l'émancipation de l'humanité, en tâchant de rendre les hommes meilleurs, il faut que nous leur donnions d'abord l'exemple de la modestie; que nous soyons en droit de leur dire qu'ils doivent parcourir le plus dignement possible la carrière dans laquelle le sort les a placés, sans aspirer à d'autre récompense que la conscience du devoir rempli. Pour moi, je vous avoue que c'est la seule pensée qui m'a soutenu dans ma vie.

Croyez, Monsieur le Maire, que tout en ne me reconnaissant pas digne de la haute faveur dont mes compatriotes voulaient m'honorer, je n'en ai pas moins gardé une profonde et éternelle reconnaissance. Si vous êtes assez bon pour être mon interprète auprès d'eux, veuillez les assurer qu'en renonçant à ce projet, ils auront acquis un nouveau titre à la gratitude que je leur porte pour la tendre sollicitude qu'ils m'ont toujours témoignée.

S'il m'était permis de vous exprimer un vœu, ce serait de donner à quelque rue de notre chère ville d'Angers les honorables noms de Volney, Ménage, Bodin (l'ancien), et cet acte aurait l'assentiment général, car le temps a sanctionné ces illustres réputations.

Agréez, je vous prie, Monsieur le Maire, l'assurance de la haute considération avec laquelle j'ai l'honneur d'être

Votre très-humble et bien dévoué serviteur, DAVID.

Minute autographe appartenant à l'auteur du présent ouvrage.

---

## XLIV. — *A Monsieur Guillory aîné, à Angers.*

Paris, 9 mars 1838.

MONSIEUR ET CHER COMPATRIOTE,

Il me serait impossible de vous exprimer ici toute l'émotion que m'a causée la lecture du projet, trop bienveillant pour moi, que vous avez si bien exprimé devant mes concitoyens; si vous saviez avec quelle affection j'aime mon pays, combien est puissant le souvenir de la tendre sollicitude dont mes compatriotes ont entouré mes débuts dans les arts et ont depuis suivi ma vie d'artiste, vous auriez une idée de ce que j'ai pu éprouver de reconnaissance.

Mais, tout en vous témoignant ma profonde gratitude, tout en vous exprimant ce qu'il y a de généreux dans les sentiments qui vous ont guidé, je viens vous prier, Monsieur, vous prier en grâce, de ne pas donner suite à cette idée, selon moi intempestive; un semblable honneur ne doit, je le crois, être décerné qu'après la mort d'un homme. C'est à ce prix qu'il est durable et peut servir de stimulant aux générations futures.

Croyez, mon cher compatriote, à tous mes sentiments de reconnaissant dévouement et de haute considération.

DAVID.

Minute autographe appartenant à l'auteur du présent ouvrage.

### XLV. — *A Monsieur Th. Wains-Desfontaines, à Alençon.*

Paris, 9 mars 1838.

MONSIEUR,

Riquet est représenté debout, dans le costume du temps, au moment où il aperçoit, sur le rocher de Naurouse, l'eau qui se sépare en deux ruisseaux et fait naître dans sa pensée le grand projet de la jonction des deux mers. De la main gauche, il tient des papiers sur lesquels seront tracés les plans qu'il dut faire au cours de l'étude de son gigantesque travail. Dans la main droite est un crayon. Sur le rocher de Naurouse, Riquet a déposé un compas et une équerre : c'est sa prise de possession.

J'ai choisi cet instant parce qu'il motive un mouvement animé et une expression vive sur les traits du visage. En effet, la face doit rappeler l'enthousiasme d'un homme illuminé par une soudaine pensée. Je ne sais si j'ai réussi, mais voilà du moins ce que j'ai tenté de faire.

La statue de Riquet aura..... de proportion, comme celle de Corneille.

Je vous prie de croire, Monsieur, que je suis toujours à votre disposition pour tous les renseignements que vous voudrez bien me demander, et j'ai l'honneur d'être votre bien dévoué et très-humble et très-obéissant serviteur.

DAVID.

La statue ne pourra être inaugurée que vers la fin de l'été, parce que le fondeur ne peut avoir terminé son travail que vers cette époque.

Autographe appartenant à M. L. de la Sicotière, sénateur.

---

### XLVI. — *A Monsieur Th. Wains-Desfontaines, à Alençon.*

Paris, 27 mars 1838.

MONSIEUR,

Je viens d'obtenir d'un de mes amis une notice sur P. Riquet. Elle est extrêmement rare; je m'empresse de vous la faire parvenir, vous m'obligerez beaucoup en voulant bien me la renvoyer par la poste quand vous en aurez pris connaissance.

La Société archéologique de Béziers avait fixé l'époque du mois d'avril, parce qu'elle supposait que la statue serait terminée vers cette date. Comme cela n'a pas eu lieu, l'inauguration sera retardée jusqu'à la fin de l'été; cependant, je crois que vous ferez bien de vous tenir en mesure pour l'époque que cette Société avait fixée.

La statue s'élèvera sur une place publique de Béziers.

J'ai lu avec bien de l'intérêt les beaux vers que vous avez eu la bonté de me faire remettre : recevez mes compliments bien sincères.

J'ai l'honneur d'être, Monsieur, votre très-humble serviteur.

DAVID.

Autographe appartenant à M. L. de La Sicotière. — Cette lettre a trait au dithyrambe *la Statue de P. P. Riquet*, composé par Wains-Desfontaines, qui obtint une mention honorable de la Société archéologique de Béziers, le 24 mai 1838. Voir *Mes Éphémères*, poésies. Moulins, Desrosiers, 1839, in-12.

---

## XLVII. — *A Monsieur le baron de Menneval.*

Paris, 19 juillet 1838.

MONSIEUR,

J'ai l'honneur de vous faire remettre une caisse que je vous prie de vouloir bien faire parvenir à madame la comtesse de Lipona. J'ai pensé que vous voudriez bien me rendre ce service. J'ai fait réduire le médaillon de manière qu'il puisse, étant fondu en or, orner quelques bijoux. Je vous en envoie deux épreuves, une grande et une petite, vous priant de vouloir bien les accepter.

Dans la lettre que j'écris à madame Murat, et que je vous prie de lui envoyer cachetée après l'avoir lue, je m'excuse auprès d'elle de ne pas me charger du monument dont elle m'avait parlé, sous le prétexte d'immenses travaux; mais cette raison n'est pas la seule, et à vous, Monsieur, je crois devoir d'autres explications.

Je ne puis vaincre mes scrupules à l'égard du monument du roi Murat : il m'est impossible d'oublier que cet homme a tourné ses armes contre sa patrie. Rien au monde ne peut excuser une semblable action à mes yeux; c'est une tache, selon moi, que ne parvient pas à laver sa noble et brillante carrière de soldat français.

Ma vie a toujours été vouée à la représentation des hommes qui ont illustré leur patrie, quelles que soient les circonstances où les a jetés le sort. Je crois servir ainsi la noble cause de la liberté et de l'émancipation. J'ai refusé plusieurs fois de représenter des hommes célèbres dont la vie ne me paraissait pas exempte de reproches. Il y a à peu près trois ans que Talleyrand vint dans mon atelier me demander son buste; malgré l'importance historique de ses traits, je ne pus vaincre le dégoût qu'il m'inspirait, et je refusai. Je sais, Monsieur, et je sens parfaitement l'énorme différence qui existe entre Talleyrand et l'illustre guerrier qui a laissé l'exemple du plus bouillant courage; je sais aussi que s'il a faibli dans les dernières années de son règne, c'est par un moment d'oubli auquel son cœur ne dut pas participer. Mais l'histoire inexorable est là, et la statuaire, qui est de l'histoire faite marbre, la statuaire, presque éternelle par la matière dont elle se sert, ne doit consacrer et illustrer que de grands et salutaires exemples.

Je serai heureux, Monsieur, si vous appréciez à sa juste valeur le sentiment qui me fait refuser ce travail. Lors de mon séjour en Italie, je fis partie d'une conspiration pour tenter la délivrance de Murat à son débarquement en Calabre; ce n'était pas pour lui-même que je me dévouais, mais pour la liberté, car il venait de s'engager à émanciper l'Italie. Je n'oubliais pas, pour cela, qu'il avait trahi la France, et si je payais de ma personne pour essayer de l'arracher à la mort, je n'en eusse pas moins refusé, alors comme aujourd'hui, de me charger de sa statue.

Veuillez, etc.

DAVID d'Angers.

Minute autographe appartenant à la famille du statuaire.

---

## XLVIII. — *A Madame la baronne de Salvage.*

Paris, 23 juillet 1838.

MADAME,

Si je n'étais encombré de travaux extrêmement pressés, et qui réclament impérieusement tout mon temps, j'aurais eu l'honneur de me présenter chez vous pour vous remercier de la communication que vous avez bien voulu me faire.

Le prince Louis m'apprend que, d'après le vœu de son père, c'est Bartolini qui se trouve chargé du monument de la reine Hortense. Je ne puis qu'approuver hautement ce choix; car Bartolini est, sans contredit, le premier sculpteur de l'Italie, et c'est chez moi une conviction si intime que j'ai tâché, autant qu'il était en mon pouvoir, de le faire nommer membre correspondant de l'Institut de France.

Me permettez-vous, Madame, de vous avouer que je suis heureux du résultat de cette affaire? Je regrettais beaucoup de m'être chargé de ce travail. Mon opinion démocratique, religion de toute ma vie, a établi une barrière insurmontable entre la famille de Napoléon *empereur* et mes sympathies. La vie honorable et si malheureuse de la reine de Hollande pouvait impressionner un artiste; son fils était rentré dans les rangs des citoyens; mais, maintenant que ses projets se dévoilent, pour moi qui, comme républicain, dois être tout naturellement dans les rangs de ses adversaires politiques, il n'eût pas convenu à mon caractère de recevoir son argent, bien que je l'eusse gagné par mon travail.

J'ai cru nécessaire, Madame, de vous donner cette explication, afin de vous faire mieux comprendre pourquoi je n'ai pas (ainsi que je l'ai fait maintes fois pour un sujet que je sentais) offert gratuitement mon temps et mon travail à un prince qui, d'après ce que vous m'avez dit, est sans fortune.

Je suis pourtant heureux, Madame, que cette circonstance m'ait procuré l'honneur de vous présenter mes respectueux hommages, et j'espère, connaissant vos nobles sentiments, que vous excuserez ma franchise et rendrez justice à mon caractère.

Veuillez, Madame, agréer favorablement, etc. DAVID d'Angers.

Minute autographe appartenant à la famille du statuaire.

---

XLIX. — *A Monsieur Th. Wains-Desfontaines, à Alençon.*

Paris, 2 septembre 1838.

MONSIEUR,

Dans votre dernière lettre, vous m'annoncez que vous avez l'intention de faire un voyage à Paris, afin de visiter le Musée de Versailles, et vous me demandez ce que j'en pense. L'idée de former un Musée historique est très-belle. Elle fut conçue et exécutée, pour les siècles passés, par cette Convention nationale qui, en repoussant l'étranger du sol de la France, et en faisant respecter de toute l'Europe, au nom d'un grand peuple, sa volonté, trouvait encore le temps de s'occuper de belles institutions. C'est à cette époque que fut formé le Musée des Petits-Augustins, détruit sous la Restauration. C'était un monument bien utile et bien digne d'intérêt.

On peut reprocher à ceux qui ont fondé le Musée de Versailles de n'y avoir fait de place qu'aux portraits des militaires, pour les personnages de la période révolutionnaire; on ne s'est pas préoccupé des hommes qui se sont acquis une juste célébrité dans la vie politique. C'est un grand tort, à mon avis, puisqu'il est impossible de déchirer les pages de l'histoire, qui sont à jamais entre les mains de tout le monde. Cependant, venez voir cette collection, vous jugerez qu'il y a un pas de fait vers le progrès. Le Musée de Versailles montre aussi comment il est possible d'utiliser les palais des rois.

J'éprouve un bien vif regret de ne pouvoir pas vous serrer la main lorsque vous passerez à Paris. Je pars pour Strasbourg, où je vais désigner l'emplacement le plus convenable à la statue de Gutenberg, dont je viens de terminer le modèle; de là, je dois me rendre à Béziers, pour assister à l'inauguration de la statue de Riquet.

Je vous recommande d'avoir soin de la brochure anglaise dans laquelle est insérée ma biographie. Je ne possède que ce seul exemplaire. Lorsque vous n'en aurez plus besoin, vous pourrez toujours l'envoyer chez moi; il y aura une personne qui la recevra.

Agréez, Monsieur, l'assurance de la haute considération de votre bien dévoué serviteur.

DAVID.

Autographe appartenant à M. L. de La Sicotière.

---

## L. — *A Monsieur Charles Blanc.*

Marseille, mars 1839.

Vous souvenez-vous, mon cher ami, de nos longues conversations sur l'avenir des peuples, sur les moyens de rendre l'homme meilleur et par conséquent plus heureux? Les arts trouvaient naturellement leur place dans cet échange de nos pensées, dans ces épanchements de nos cœurs.

Ici, dans cette belle Provence, noble préface de l'Italie, sous le ciel aimé, près du pays qu'ont illustré Raphaël, Léonard de Vinci, Michel-Ange, je sens mon imagination s'exalter; et ma pensée retrouve, doucement associée à votre souvenir, l'éternel sujet de nos entretiens.

Nous nous sommes demandé souvent, vous le savez, si les artistes seraient moins heureux, comme quelques-uns l'assurent, sous un gouvernement démocratique que sous une monarchie.

Ah! sans doute il faut que l'artiste ne trouve pas trop d'amertume dans les préoccupations de la vie. Si ces hommes qui, sortis du peuple, consacrent leurs veilles à la représentation des grands actes de l'espèce humaine, et dont le berceau est presque toujours entouré de privation et d'infortune, ne peuvent pas suivre en toute liberté l'inspiration qui les guide; s'il faut qu'ils partagent leurs pensées entre les rêves de gloire et les soucis de l'existence, l'âme ardente qui les élèverait si haut retombera, se repliera sur elle-même; ils cesseront d'être pénétrés de la haute mission qu'ils ont à remplir, et nul ne devra s'étonner si leur pensée, violemment courbée vers la terre par la pauvreté, reste indifférente à ces grandes questions de l'avenir des peuples et de l'émancipation de l'homme.

Mais serait-il possible, en effet, qu'il n'y eût chances de bonheur pour les artistes que dans un régime qui commence par leur demander l'abdication de leur dignité, et où l'homme de génie n'est admis aux faveurs que sous la livrée du courtisan? Eh quoi! n'est-ce pas déjà une partie essentielle du bonheur que cette jouissance intérieure que les âmes fières tirent du sentiment de leur dignité personnelle déclarée inviolable? Que dis-je? cette jouissance n'est pas seulement une partie du bonheur, et je me persuade volontiers que c'est une partie du génie.

Mais les artistes auraient moins de travaux? Quelle erreur! La liberté possède une force d'expansion immense. Le despotisme sent le besoin de corrompre les hommes pour les dominer, et d'éteindre, pour les asservir, *en même temps que l'enthousiasme des grandes choses*, le respect des grands hommes. Le gouvernement démocratique, au contraire, a besoin d'exalter les âmes, de mettre continuellement sous les yeux du peuple l'image des vertus qui peuvent l'entretenir dans le sentiment de sa grandeur.

Ainsi, dans les lieux où se traitent les affaires publiques, dans le palais où siégent les représentants de la nation, seraient peintes ou sculptées les pages de l'histoire de nature à rappeler aux législateurs les devoirs de leur mission.

Dans le temple de la justice seraient représentés tous les actes de désintéressement et de courage qui ont honoré la magistrature.

Sous les péristyles *des théâtres seraient placées* les statues des grands poëtes : et, sur la place publique, . . . . . celles des hommes utiles à l'humanité. Carrière immense ouverte aux monuments et aux récompenses artistiques!

Comme aucun gouvernement démocratique ne peut vivre sans imprimer à la société une puissante direction morale, la nécessité de faire un enseignement de la culture des arts rehausserait l'importance des artistes, et élargirait en même temps le cercle de leurs actions. Dans les villes et les villages décorés par eux, la mémoire du bon et du beau prendrait une forme saisissable. Quel encouragement à la fois et quelle récompense pour les artistes, devenus ainsi les prêtres de cette religion, *si bien comprise par ceux des peuples anciens qui nous ont légué* de grands souvenirs!

Les premiers dieux des Grecs étaient des héros.

Dans un tel ordre de choses, les artistes, sans doute, ne traîneraient plus dans les antichambres des princes une existence avilie.

Ils auraient même un juge sévère dans le peuple, qui demanderait quelques vertus à des hommes ainsi mêlés à la direction de ses destinées. Mais qu'y perdraient l'art et les artistes?

« Que ceux qui sentent et qui comprennent la dignité de l'art sachent élever vers le ciel leurs fronts inclinés. »

*Non disperato mai veder lo cielo.* DANTE.

Certes, un artiste ne serait pas digne de ce nom, si toutes les facultés de son âme n'étaient ébranlées, lorsqu'il se trouve chargé de l'exécution d'un monument élevé à un grand homme par souscription des citoyens. Admirable moyen offert au prolétaire de témoigner de sa sympathie pour celui qui n'est plus, en joignant son obole aux offrandes du riche.

Mais comment et par qui seraient adjugés les travaux? L'idée du concours paraît grande et démocratique à toutes les personnes étrangères aux arts : belle, en effet, en théorie, elle échoue presque toujours par la pratique. Tous les peuples ont essayé des concours dans des circonstances importantes sans recueillir de succès satisfaisants : d'abord, parce que le génie d'un grand artiste ne peut s'astreindre à se renfermer dans les mesquines limites d'une esquisse, qui ne peut servir que de simple note et doit recevoir d'immenses modifications, suivant la succession des nouvelles et différentes impressions de l'auteur; ensuite, parce que la lutte d'un concours ne peut convenir à un homme qui considère l'art d'un point de vue élevé, car, pour obtenir les suffrages de ses juges, il faut s'inspirer de leur opinion, du goût du jour, et ainsi le génie est comprimé, privé de cet essor d'indépendance qui peut seul faire enfanter des ouvrages dignes de l'admiration de la postérité.

Il s'établit dans les concours une lutte violente d'amour-propre, qui nuit essentiellement à l'expansion de l'âme, sur laquelle le sujet devrait régner sans partage. Le but de l'art est trop haut placé pour qu'on fasse ainsi descendre l'artiste dans l'arène contemporaine; ce sont les suffrages des générations futures qui doivent seuls faire battre le cœur de l'artiste : les ouvrages des grands maîtres ne furent pas créés par le stimulant d'un concours.

La formation même d'un jury est impossible; ceci est prouvé. Si quelques concours peuvent être tentés, ce sont ceux d'architecture et de gravure en médailles, parce qu'on a sous les yeux, dans l'épreuve du concurrent, la chose positive. Si l'on voulait cependant pousser plus loin l'épreuve du concours pour la peinture et la sculpture, il faudrait choisir, parmi les artistes, ceux qui ont déjà donné le plus de garanties par leur talent, et leur faire exécuter le sujet à la dimension qu'il doit avoir réellement, puis exposer de tels objets à la hauteur pour laquelle ils sont destinés; les meilleurs ouvrages seraient conservés, les autres payés à leurs auteurs. Mais cela coûterait des sommes énormes, et, par cette raison, serait vite impraticable; puis, je le répète, les passions contemporaines sont toujours injustes, et l'on ne peut attendre le jugement définitif que de la génération qui nous remplace.

Il n'est pour le gouvernement qu'un moyen d'avoir de bons ouvrages : qu'il s'adresse aux artistes dont la réputation est établie par une série de travaux remarquables. Son choix, d'ailleurs, pourrait être dirigé par les expositions, qui font subir au talent des artistes l'épreuve du suffrage populaire.

Que vous semble, mon ami, du mode actuel d'exposition? Que vous semble de cet immuable jury dont les artistes connaissent à peine les membres, et qui décide souverainement du sort, de l'avenir des artistes? Les arts, dans ce siècle et dans ce pays, ont donc aussi leur monarchie de droit divin?

Pour moi, je voudrais que les expositions fussent permanentes; qu'elles fussent renouvelées tous les six mois, et ouvertes à tous les artistes, avec cette restriction, toutefois, qu'une commission spéciale serait chargée de repousser les ouvrages contraires aux mœurs, et à cette condition que chaque artiste ne pourrait exposer que deux tableaux.

Ce système de liberté paraît-il dangereux? le juge-t-on propre à empêcher toute *direction morale par les arts*? craint-on qu'il n'aboutisse à enterrer les perles de Virgile dans le fumier d'Ennius? Eh bien! je voudrais, dans ce cas, que le jury destiné à prononcer sur l'admission des tableaux fût élu par les artistes.

Dans ma pensée, les travaux exécutés pour le compte de l'État ne devraient point faire partie des expositions. De pareils ouvrages ne peuvent être vus et appréciés qu'à la place qui leur est destinée et dans le monument qu'ils sont appelés à embellir. Cette réforme aurait le double avantage de ne pas livrer à des artistes déjà suffisamment favorisés les meilleures places du Salon, et d'obliger l'auteur à exécuter son œuvre pour l'endroit où elle doit figurer, sans sacrifier les exigences monumentales au futile honneur de plaire pendant quelques mois à un public de passage.

Tous les dix ans aurait lieu une exposition solennelle, où les ouvrages achetés par l'Etat, et ceux qui auraient plus particulièrement fixé l'attention publique, seraient de nouveau présentés à la nation, qui décernerait aux auteurs des récompenses dignes d'elle. On ne donnerait pas de prix; car, comment porter un jugement équitable sur la valeur relative d'ouvrages différents de sujet et de style? (C'est par là que péchait la grande idée des prix décennaux.) On se contenterait donc de distribuer des récompenses : et on les appellerait *nationales*, pour bien faire comprendre aux artistes que c'est à la nation, à elle seule, qu'ils doivent le bénéfice de leurs travaux, et qu'il est indigne d'eux de prostituer le génie reçu de Dieu à l'orgueil d'un Louis XIV ou au libertinage d'un Louis XV.

Ainsi les artistes auraient, eux aussi, dressé leur tribune au milieu de nous, et trouvé leur liberté de la presse.

O mon ami, que l'art est une grande et sainte chose, conçu comme je le conçois! Vivre d'une vie toute pleine d'enthousiasme et de poésie, et transformer en leçons utiles, en nobles enseignements, ces jouissances ineffables de l'âme; animer des milliers d'intelligences de sa pensée traduite sur le marbre ou la toile; se faire l'interprète de la publique reconnaissance, et écrire, à l'usage du peuple, les plus vivantes pages de l'histoire de ceux qui méritent de ne pas mourir, quoi de plus doux, de plus glorieux, de plus digne d'envie!

Et à ce propos, il faut que je vous dise une idée que j'émis pour la première fois dans le salon de Gœthe. Dois-je ajouter qu'elle fit impression sur toutes les personnes dont se composait la société de l'illustre vieillard? Voici ce que c'est. On grave sur les monnaies l'image du roi régnant. A quoi bon? Ne vaudrait-il pas mieux, à certaines époques fixes, choisir législativement un nombre déterminé d'hommes illustres appartenant aux générations éteintes, et dont les monnaies recevraient l'image?

Des précautions faciles à deviner préviendraient l'altération des monnaies.

Il me semble que ce serait ennoblir la possession de l'argent. On mettrait ainsi à la disposition du peuple une sorte de médaillier circulant, qui aurait pour lui toute l'utilité d'un cours d'histoire. Chacun porterait pour ainsi dire un Panthéon dans sa poche. Qu'en dites-vous, mon ami? Cent hommes comme Parmentier valent bien un roi comme Louis XV, par exemple, et il doit plus importer au peuple de connaître l'image de celui à qui il doit de ne pas mourir de faim que la figure de celui qui a déshonoré et pillé la nation!

Mais cette causerie m'emporte trop loin. Vous écrire, c'est encore être près de vous.

Adieu. DAVID d'Angers,
Membre de l'Institut.

Voir *Revue du progrès politique, social et littéraire*, 1re année, 6e livraison, 1er avril 1839.

---

## LI. — *A Monsieur le docteur Bigot, à Angers.*

Paris, 6 avril 1839.

MON CHER COMPATRIOTE,

Je vais sous peu de jours envoyer à la Société de médecine d'Angers deux bustes : *Béclard* et *Proust*. J'aurais bien voulu joindre à cet envoi le buste d'Ambroise Paré, mais je n'ai plus d'épreuves en plâtre en ma possession; je pense qu'il vous sera très-facile de faire exécuter un moule sur l'original qui est à Angers.

J'espère bien que, vers la fin de l'été, il me sera possible de donner à notre Musée le modèle de la statue de ce célèbre chirurgien, car je m'occupe activement de ce travail, que j'ai promis aux habitants de Laval pour le mois de septembre prochain.

Vous m'avez rendu un véritable service en me faisant part de vos réflexions à l'égard du sujet d'*Hippocrate refusant les présents d'Artaxerxès*, et j'adopte de grand cœur celui d'*Érasistrate*; c'est un beau sujet de médecine morale.

Je ne pouvais me résoudre à m'occuper d'un sujet qui est tout contraire à la haute idée que j'ai de la noble et généreuse profession de médecin.

Quoique encombré de nombreuses occupations, je vous assure que je ne négligerai pas de payer ma dette à l'École de médecine d'Angers, et c'est une idée bien douce et bien encourageante pour mon cœur de penser que mes ouvrages trouveront un asile au milieu de mes amis et de mes chers compatriotes.

Croyez à tous mes sentiments de profonde estime et de dévouement bien sincère.

DAVID.

*P. S.* Rappelez-moi, je vous prie, au bon souvenir de mon ami Mirault.

Autographe appartenant à la famille du destinataire. — A l'époque où il écrivait cette lettre, — nous tenons le fait du docteur Bigot, — David se proposait de décorer l'amphithéâtre de l'École de médecine d'Angers de trois bas-reliefs. Il avait fait choix pour le premier d'*Hippocrate refusant* Artaxerxès, qui lui avait fait offrir des présents pour l'attirer à sa cour pendant une épidémie. On sait que le médecin grec, par un sentiment de patriotisme exagéré, refusa de se rendre à l'invitation du roi de Perse. Le docteur Bigot n'eut pas de peine à faire comprendre à David combien la conduite d'Hippocrate était en désaccord avec le dévouement traditionnel des médecins. L'artiste, qui lui-même n'était point satisfait de son sujet, accepta sans hésiter de substituer à ce bas-relief *Érasistrate découvrant la passion d'Antiochus pour Stratonice*. Ce trait est devenu populaire par le tableau d'Ingres, et il eût été intéressant de pouvoir comparer l'œuvre du peintre à celle du statuaire, si David eût eu le temps d'exécuter la décoration de l'École de médecine d'Angers. Dans le second bas-relief devait être représenté *Desgenettes s'inoculant le virus pestilentiel à Jaffa pour relever le moral de l'armée*. — Dans le troisième, le maître avait le dessein de rappeler le *Dévouement des médecins et des sœurs de charité à Angers pendant le typhus de 1814 et le choléra de 1832*.

---

## LII. — *A Monsieur Legendre-Hérald, statuaire à Lyon.*

Paris, 20 juillet 1839.

MON CHER CONFRÈRE,

M. Ferdinand de Lasteyrie doit passer quelques jours à Lyon pour y étudier les vieux monuments que cette ville renferme; il s'occupe de la publication d'un ouvrage de la plus haute importance sur les vitraux des cathédrales de France. Il pense trouver dans vos églises de précieux matériaux pour son œuvre; j'ai pensé que vous pourriez lui être d'un grand secours, soit en les lui indiquant, soit en le mettant en rapport avec des savants vos amis.

Je suis aussi bien aise qu'il fasse votre connaissance et qu'il voie vos travaux. Il est à même de les apprécier mieux que qui que ce soit, et je suis aussi bien persuadé que vous serez très-content de le connaître.

Recevez, je vous prie, l'assurance de l'entier dévouement de votre très-humble serviteur.

DAVID.

Autographe appartenant à M. le comte Ferdinand de Lasteyrie.

---

## LIII. — *A Monsieur Ganne, à Angers.*

Paris, 6 septembre 1839.

MON CHER AMI,

Quoique mes nombreuses occupations ne me permettent pas de t'écrire souvent, cependant mon cœur ne perd pas ton cher souvenir qui est basé sur une estime profonde. De tels sentiments durent autant que l'existence. J'ai pensé que tu éprouverais quelque intérêt à voir quelquefois les traits de ton ancien ami; c'est pour cette raison que je charge Pavie de mon portrait pour toi.

Adieu, conserve-moi toujours ta bonne amitié, et sois bien assuré de l'inaltérable constance de la mienne.

DAVID.

Autographe appartenant à la famille du destinataire.

---

## LIV. — *A Monsieur le docteur Bigot, à Angers.*

Paris, 9 octobre 1839.

MON CHER COMPATRIOTE,

N'attribuez, je vous prie, qu'à de nombreuses et graves occupations le retard que j'ai mis à répondre à votre dernière lettre; je suis certain que vous m'excuserez. Notre ami Mirault a l'obligeance de se charger de cette lettre pour vous.

Je ne puis admettre vos scrupules à l'égard du trait sublime de Desgenettes à Jaffa; j'ai, pour en douter, de trop honorables témoignages; j'ai été en relation intime avec plusieurs spectateurs de cette scène, qui s'est d'ailleurs passée devant une partie de l'armée : je vous le répète, il m'est impossible d'en douter un seul instant.

Vous qui connaissez le cœur humain, ne savez-vous pas que les chefs ont toujours auprès d'eux de vils courtisans qui cherchent à effacer, à dénigrer tout ce qui n'émane pas du maître? Il fallait laisser au chef ambitieux la gloire intacte d'un acte honorable dont le mérite eût sensiblement diminué s'il eût été partagé par un autre. Vous savez ensuite qu'entre confrères s'emploient trop souvent des moyens pour rabaisser une action qui tendrait à en élever un au-dessus des autres. Percy a été un des premiers à insinuer des doutes sur la véracité du fait dont nous parlons : il servait ainsi sa courtisanerie et sa jalousie mesquine, indigne d'un homme de talent.

Il ne faut donc jamais, mon cher compatriote, se refuser à croire à *l'héroïsme des médecins, ils ont donné trop de preuves de leur noble* caractère; je sais qu'il y a eu de honteuses exceptions, elles sont en petit *nombre ; il faut jeter le voile de l'oubli sur de semblables hommes et* recueillir avec soin, pour les léguer à la postérité, les actes de ceux qui *font la gloire de la profession de médecin.*

Laissons les hommes faibles et corrompus s'incliner servilement devant *le pouvoir; pour moi, je crois remplir dignement ma mission d'artiste en* écrivant autant que je le puis l'histoire dans toute sa sévère intégrité.

*Ainsi donc, mon cher compatriote, laissez de côté vos scrupules, et* admirez avec le monde entier le trait d'abnégation de votre confrère *Desgenettes, qui ne faisait, du reste, que son devoir de Français en* exposant sa vie pour remonter le moral de l'armée.

*Dès que je vais avoir terminé quelques grands travaux qui prennent* encore tout mon temps, je m'occuperai avec ardeur de nos bas-reliefs.

Croyez-moi, je vous prie, mon cher docteur, votre tout dévoué compatriote.

DAVID.

Autographe appartenant à la famille du destinataire.

---

## LV. — *Au Maire d'Angers.*

Paris, le 3 novembre 1839.

MONSIEUR LE MAIRE,

C'est avec le plus profond sentiment de gratitude que je réponds à la lettre que vous m'avez fait l'honneur de m'adresser, pour m'inviter à assister à l'inauguration qui doit avoir lieu au Musée d'Angers, le 17 de ce mois.

En accordant un asile si honorable à mes ouvrages, les Angevins anticipent sur la récompense qui ne doit être accordée qu'à la mémoire *d'un homme qui l'a bien méritée de ses concitoyens; mais je ne dois pas* être surpris, car c'est ainsi qu'ils agirent avec moi, lorsqu'ils soutinrent *et encouragèrent mes efforts dans les arts,* avant qu'aucun succès eût encore marqué mon avenir.

C'est dans cette salle, qu'ils destinent si noblement à mes productions, que j'ai commencé à former les premiers traits de crayon qui devaient plus tard me valoir un si grand honneur; plein d'enthousiasme pour les arts, ma jeune imagination rêvait un bel avenir, mais je n'aurais jamais osé espérer une récompense telle que celle qui m'est décernée par des compatriotes auxquels je suis entièrement dévoué.

Soyez persuadé, Monsieur le Maire, que j'apprécie de toutes les forces de mon âme ce que veulent bien faire pour moi les Angevins; je ne saurais vous exprimer par des paroles tout ce que j'éprouve de reconnaissance; mais il me sera impossible d'assister à cette fête, je ne saurais surmonter l'excès de mon émotion. Permettez donc que, retiré dans mon atelier, je tâche, par de nouveaux travaux, de me rendre moins indigne de l'honorable estime de mes chers compatriotes.

Vous, Monsieur le Maire, toujours si bon, si bienveillant pour moi, veuillez être mon interprète auprès d'eux et les assurer que ma reconnaissance ne finira qu'avec ma vie.

Agréez, Monsieur le Maire, l'assurance de ma haute considération et de mon respect très-humble.

DAVID.

Autographe déposé aux Archives municipales d'Angers. — L'auteur du présent ouvrage possède la minute originale de cette pièce, écrite de la main de David.

---

## LVI. — *A Monsieur Chambolle, directeur du* Siècle.

Paris, ..... 1839.

MON CHER MONSIEUR CHAMBOLLE,

Je viens de lire mon nom, dans le *Siècle,* parmi ceux des membres du jury d'admission des ouvrages d'art pour le Salon du Louvre. Comme je me suis toujours prononcé contre l'institution du jury, je suis bien aise de conserver ma position dans cette question qui intéresse extrêmement le sort des artistes. Vous m'obligeriez donc infiniment si vous vouliez bien donner dans votre journal une place aux quelques mots de réclamation que je joins à cette lettre. Ce n'est pas la première fois que j'ai lieu de reconnaître l'aimable obligeance que vous mettez à m'être agréable. Croyez donc à ma reconnaissance et au sincère attachement de votre tout dévoué,

DAVID d'Angers.

Minute autographe appartenant à la famille du statuaire.

## LVII. — *A Monsieur Th. Wains-Desfontaines, à Alençon.*

Paris, ..... 1839.

Monsieur,

J'ai reçu avec une bien vive reconnaissance les numéros du journal dans lequel vous avez eu l'extrême bonté de faire insérer ma biographie. Je ne sais, en vérité, comment vous remercier des preuves réitérées de votre bienveillance à mon égard.

J'avais depuis longtemps l'intention de vous écrire, mais l'annonce que vous m'aviez faite dans l'une de vos lettres d'un volume de poésies que vous veniez de publier m'avait engagé à attendre sa réception pour le lire avant de vous en remercier. Cependant votre dernière, en m'informant que vous m'aviez adressé mon exemplaire sous le couvert du ministre, m'a déterminé à faire les démarches utiles pour obtenir ce volume. Mes efforts n'ont pas eu de résultat : on n'a nulle connaissance au ministère de votre envoi, et j'ai été fortement engagé à vous instruire de ce fait qui doit être la conséquence d'un malentendu.

J'attends avec impatience l'occasion de lire vos dernières productions.

Croyez, Monsieur, à tous les sentiments d'intérêt que vous savez si bien inspirer à votre bien dévoué de cœur.

David.

Autographe appartenant à M. L. de La Sicotière. — Il s'agit ici de l'*Hommage poétique* à David d'Angers, statuaire, qui termine l'ouvrage *Mes Éphémères*, poésies, par Th. Wains-Desfontaines, Moulins, Desrosiers, 1839, in-12. Cette pièce de vers, qui ne renferme pas moins de douze pages, est une sorte de biographie du statuaire.

---

## LVIII. — *A Monsieur Ferdinand de Lasteyrie.*

Paris, mardi soir 1839.

Mon cher Monsieur,

Je vous fais remettre en tremblant le croquis que j'ai essayé et qu'il m'eût été si agréable de faire ressemblant. Je n'en suis pas content. Je suis persuadé qu'il a été mieux à une époque; mais, à force de me tourmenter la cervelle pour tâcher de faire quelque chose de bien, j'ai affaibli la ressemblance.

Je vois bien que dans les arts l'analyse tue l'instinct qui seul doit diriger l'artiste.

Enfin, je vous envoie cet essai, moins pour ce qu'il vaut que pour vous faire voir que l'intention qui m'a guidé était bonne.

Je vous prie de croire à tous mes sentiments de sincère affection et de dévouement de cœur.

David.

Autographe appartenant à M. le comte Ferdinand de Lasteyrie.

LIX. — *Au Directeur des Beaux-Arts.*

Paris, ..... 1839.

Monsieur le Directeur,

Par votre lettre du 23 avril, vous me faites l'honneur de m'annoncer que vous m'avez chargé du buste de M. de Prony pour l'une des salles de l'Institut. J'éprouve le vif regret de vous dire qu'il m'est impossible de me charger de ce travail; je vous prie, Monsieur le Directeur, d'être persuadé que j'apprécie bien sincèrement les bonnes intentions que vous m'avez toujours témoignées, et j'en éprouve personnellement une vive reconnaissance.

Agréez, etc. David d'Angers.

Minute autographe appartenant à la famille du statuaire.

---

LX. — *A Monsieur le docteur Bigot, à Angers.*

Paris, 16 janvier 1840.

Mon cher compatriote,

Le lendemain du jour où je me présentais à votre hôtel, je me suis mis au lit avec une fluxion de poitrine qui m'a fait longtemps et gravement souffrir; maintenant que je suis en convalescence, il ne me reste qu'à prendre patience.

J'ai bien vivement regretté de ne pas pouvoir vous exprimer moi-même toute ma gratitude pour la bienveillance avec laquelle vous avez parlé de moi dans le discours, d'ailleurs si remarquable par la profondeur des pensées philosophiques, que vous avez prononcé le jour de l'inauguration de la galerie destinée à mes ouvrages. Je suis habitué à recevoir des marques réitérées de l'affection de mes compatriotes; mais quand cette bienveillance est formulée par un homme de votre mérite, l'honneur en est plus grand pour celui qui le reçoit.

J'espère que, malgré l'urgence de mes travaux pour compléter le monument de Gutenberg, et que ma maladie a beaucoup retardés, il me sera possible d'aller assister à Laval à l'inauguration du monument d'Ambroise Paré, qui aura lieu, je le pense, vers le mois de mars; je serais ravi de passer quelques jours dans notre cher pays et de serrer la main à mes bons et chers compatriotes. Rien ne rend mieux à la santé que de respirer l'air natal.

Veuillez, mon cher compatriote, recevoir, avec l'expression sincère de ma reconnaissance, l'assurance de mon dévouement affectueux.

David.

*P. S.* — Mille souvenirs d'amitié à Mirault.

Autographe appartenant à la famille du destinataire.

LXI. — *A Monsieur Th. Waïns-Desfontaines, à Villeneuve-sur-Lot.*

Paris, 7 février 1840.

MON BON ET CHER MONSIEUR DESFONTAINES,

Votre noble et touchante poésie est venue calmer les souffrances d'une maladie qui m'avait saisi d'une manière brutale.

Vous autres, hommes de génie, vous êtes les médecins de l'âme, et les réactions de celle-ci sur le corps sont d'une immense puissance.

Maintenant, je me trouve en rapport intime avec les inspirations de votre génie. Je vous connais comme si j'avais passé ma vie auprès de vous, car, ainsi qu'on l'a dit, « le style, c'est l'homme », et l'on n'est certainement pas un homme ordinaire quand on sait remuer et faire vibrer aussi noblement que vous le faites, Monsieur, les fibres les plus secrètes du cœur humain.

Votre sensibilité est bien celle du cœur, car elle s'empare de toutes les intelligences. J'ai vu mon petit Robert, qui n'a pas encore sept ans, écouter avec le plus vif intérêt votre délicieuse histoire du *rouge-gorge*, et en redemander plusieurs fois la lecture. Pour moi, je suis toujours profondément reconnaissant aux poëtes qui consacrent leurs inspirations à défendre la noble cause de la liberté, et je ne saurais vous dire la profonde impression de plaisir, de reconnaissance, d'admiration que m'a fait éprouver votre pièce de vers à la mémoire de Levasseur de la Sarthe.

Recevez donc, Monsieur, l'expression sincère de ma gratitude, et pour la noble direction que vous donnez à vos écrits, et pour la bienveillance avec laquelle vous avez toujours parlé de moi. Tout en comprenant bien que je ne mérite pas les louanges trop flatteuses que vous m'avez adressées, je n'en suis pas moins vivement touché du sentiment qui vous les a dictées.

Je regrette beaucoup que mon état de souffrance ne m'ait pas permis de recevoir M. votre beau-père lorsqu'il s'est donné la peine de passer chez moi ; je lui en aurais fait mes excuses, si j'avais connu son adresse.

Veuillez, je vous prie, mon cher Monsieur, recevoir la sincère assurance de mon attachement et de mon entier dévouement de cœur.

DAVID.

Autographe appartenant à M. L. de La Sicotière. — *Le Nid du rouge-gorge*, ballade, et l'hymne funèbre *Aux mânes de Levasseur, ex-conventionnel de la Sarthe*, ont été insérés par WAINS-DESFONTAINES dans son recueil *Mes Éphémères*. L'hymne *Aux mânes de Levasseur* est dédié à David d'Angers.

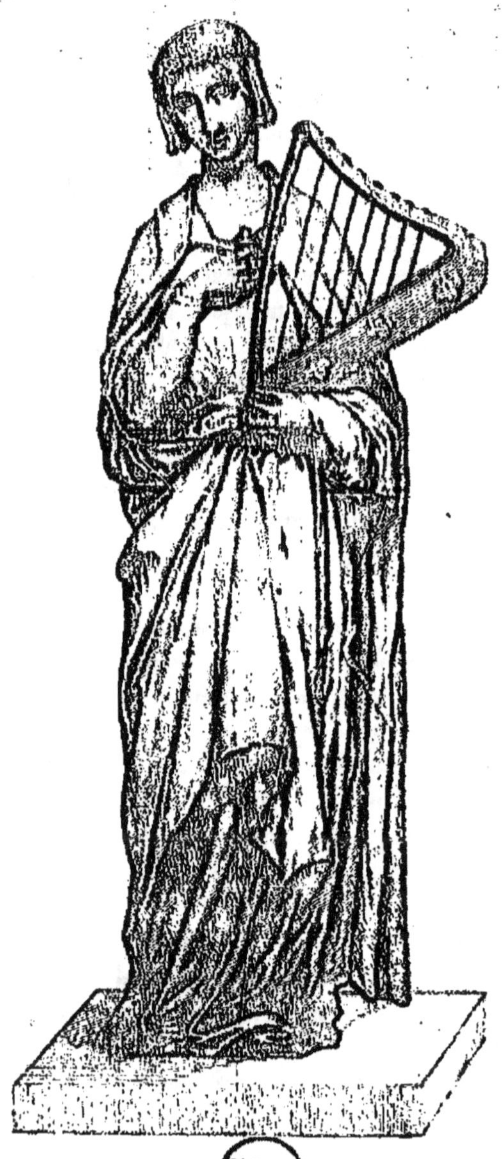

Leroux sculp. 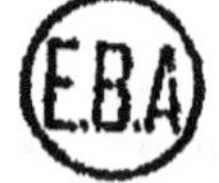 Héliog[ie] Amand-Durand

STE CÉCILE

Cathédrale d'Angers — *Marbre*

Imp. A. Durand — Paris.

## LXII. — *A Monsieur Gaudin, à Poitiers, président de la Commission du monument de Boncenne.*

Paris, 20 mars 1840.

MONSIEUR,

Malgré la dernière lettre que vous m'avez fait l'honneur de m'écrire, je n'en reste pas moins sous cette impression pénible que je suis en concurrence avec un artiste qui semble vivement souhaiter de faire le buste de M. Boncenne et qui, comme je vous l'ai dit, est un homme de mérite. Tout ce que vous m'écrivez dans votre dernière lettre établit franchement ma position. Je ne dois plus conserver de scrupules, puisque la Commission dont vous êtes l'organe avait bien voulu penser à moi.

Il y aura actuellement une question de temps, car, ayant été malade tout l'hiver, j'ai nécessairement dû suspendre mes travaux; il va falloir que je les reprenne avec activité pour répondre à mes engagements. C'est ce qui pourrait encore me forcer à retarder l'exécution du buste de M. Boncenne.

Agréez, etc.

DAVID d'Angers.

Autographe déposé aux Archives de la Faculté de droit à Poitiers.

---

## LXIII. — *A Victor Cousin, ministre de l'Instruction publique. (Réception du 2 avril 1840.)*

Paris, 28 mars 1840.

MONSIEUR LE MINISTRE,

Je suis à peine convalescent d'une longue et douloureuse maladie qui me force à de très-grands ménagements; c'est ce qui m'empêche d'avoir l'honneur de me rendre à votre invitation.

J'ai l'honneur d'être, etc.

DAVID d'Angers.

Minute autographe appartenant à la famille du statuaire.

---

## LXIV.

Le maître récrivait deux jours après :

Paris, 30 mars 1840.

MON CHER ET HONORABLE COLLÈGUE,

L'excuse que je vous ai donnée est véritable, car je suis réellement souffrant. Je suis sincèrement reconnaissant de votre bon et affectueux billet. Soyez persuadé qu'il n'y a rien de changé dans mes sentiments d'estime et d'amitié pour vous.

Vous ne m'en voudrez pas, je l'espère, si je vous avoue que je me suis fait une règle invariable de ne jamais accepter d'invitation de mes amis au pouvoir, mais ils ne doivent pas pour cela (et vous ne le ferez pas, j'en suis sûr) supposer que si mes convictions politiques m'éloignent du ministre, je sois capable d'oublier jamais un ancien ami.

Croyez-moi, mon cher collègue, votre bien dévoué de cœur.

DAVID d'Angers.

Minute autographe appartenant à la famille du statuaire.

---

## LXV. — *Au Maire de Beaufort en Vallée (Maine-et-Loire).*

Paris, 17 août 1840.

MONSIEUR LE MAIRE,

Dans votre lettre du 3 août, vous me faites part de l'intention où est le Conseil municipal de me charger de l'exécution de la statue de Jeanne de Laval, et vous désirez en même temps savoir le prix de cette figure. Pour une colonne de douze mètres, il faut au moins une figure de six pieds de proportion. Si le gouvernement donne le marbre, cela fera une économie de cinq mille francs, et, dans ce cas, celle de huit mille francs suffirait pour les frais indispensables, car, Monsieur le Maire, je serais trop heureux d'offrir gratuitement à mes compatriotes mon temps et mon travail.

Agréez, je vous prie, Monsieur le Maire, l'assurance de la haute considération avec laquelle j'ai l'honneur d'être

Votre très-humble serviteur,

DAVID.

Autographe déposé aux Archives municipales de Beaufort. — Nous devons communication de cette lettre à M. J. R. Denais.

---

## LXVI. — *A Monsieur ***.*

Paris, 18 septembre 1840.

MONSIEUR,

En vous quittant hier, je pensais à l'inscription projetée pour le monument de madame d'Abrantès, et je composai celle que je joins ici. Cette inscription serait peut-être un reproche trop amer pour les Français; cependant, pourquoi ne pas dire à ses amis qu'ils ont eu tort? pourquoi ne pas leur reprocher leur ingratitude envers le souvenir d'une pauvre femme dont les derniers instants ont été si malheureux? Certes, les Russes, quand ils viendront pour chercher à asservir notre chère patrie, trouveront en moi un ennemi tout prêt à donner la dernière goutte de son sang pour la liberté de la France, et, depuis le massacre de la noble Pologne, le gouvernement de la Russie m'est odieux. Mais quand un citoyen étranger fait une belle action, pourquoi ne pas la signaler?

D'ailleurs, cette action est faite par une femme. Les femmes doivent être en dehors de toutes les querelles politiques. Leur nationalité, à elles, c'est le monde entier. Elles sont les anges consolateurs de la triste et misérable espèce humaine.

J'ai l'honneur d'être votre très-humble et bien dévoué serviteur.

DAVID d'Angers.

LAURE PERMON, DUCHESSE D'ABRANTÈS
MORTE A PARIS LE 7 JUIN 1838

CETTE MODESTE PIERRE
A ÉTÉ ÉDIFIÉE AU FOND DE LA RUSSIE
PAR UNE MAIN AMIE
QUI A VOULU QUE LA DÉPOUILLE MORTELLE D'UNE FEMME
QUI FUT SI MALHEUREUSE ET SI DIGNE DE SYMPATHIE
EUT UN PEU DE TERRE
POUR DERNIER ASILE

Minute autographe appartenant à la famille du statuaire. — Il est évidemment question dans cette lettre d'un monument funèbre que quelque personnage russe était dans l'intention d'élever à la duchesse d'Abrantès, morte, comme on sait, dans le dénûment, à Chaillot. Nous n'avons pu découvrir le nom du personnage auquel est adressée l'inscription ci-dessus par l'intermédiaire d'une tierce personne, qui reste également inconnue pour nous. Il nous est permis de penser que le projet de bas-relief, *Madame d'Abrantès écrivant ses Mémoires*, mentionné dans l'œuvre du maître, était destiné au tombeau dont il vient d'être parlé.

---

## LXVII. — *A Monsieur Adolphe Chambolle, directeur du* Siècle.

Paris, ..... 1840.

MONSIEUR LE RÉDACTEUR,

Dans votre numéro de mercredi dernier, vous indiquez les noms des membres du jury d'admission au Salon, et vous exceptez seulement MM. Ingres, Delaroche et Vernet d'avoir pris part aux décisions. Depuis plusieurs années, je dois à la vérité d'affirmer n'avoir pris aucune part aux opérations du jury. MM. Horace Vernet et Delaroche se sont retirés, parce qu'ils voulaient que l'on fût extrêmement rigide sur l'admission des ouvrages. Ils souhaitaient qu'on n'admît que des œuvres très-remarquables. Quant à moi, je ne reconnais précisément à aucun jury composé d'artistes le droit d'admettre ou de refuser les ouvrages de leurs confrères. Je veux que les artistes aient aussi leur liberté de la presse comme les auteurs ; je ne veux pas qu'ils puissent être les victimes des passions, des modes de l'instant. Je ne reconnais qu'un juge aux artistes : c'est le public qui peut et qui doit faire justice des coteries. Il faut, je le répète, que nous ayons les mêmes droits que les littérateurs. Ne serait-il pas absurde de composer un tribunal d'écrivains, les plus distingués si l'on veut, pour juger les ouvrages dignes de l'impression? Il est facile de prévoir combien d'abus pourraient entacher de tels jugements, même à l'insu des juges, exposés, cela est naturel, aux faiblesses humaines. Depuis bien des années déjà, j'ai publié dans les journaux mes idées sur les expositions libres de toute censure, hors celle nécessitée par la morale. Quelques personnes ont objecté que le nombre des ouvrages d'art serait trop grand, que la médiocrité dégoûterait le public. Dans le premier cas, il faudrait réduire les ouvrages du même maître à un seul ; pour le second, qu'on ne s'inquiète pas. Cette liberté d'exposer rendrait le public plus sévère, et l'on peut être bien persuadé que l'homme qui a besoin de vivre de sa profession ne se soumettrait pas plusieurs fois aux sarcasmes des visiteurs. Je crois même que cela aurait l'immense avantage de débarrasser de cet encombrement d'artistes qui se dévorent de rares travaux. Les jeunes gens sauraient promptement s'ils ont des dispositions, des espérances de succès. Dans le cas où tout espoir leur serait enlevé, ils pourraient choisir une autre profession, et il ne resterait dans la lice que ceux qui sont vraiment appelés par la nature à illustrer la France. Le gouvernement pourrait choisir dans cette pépinière les hommes dont le talent est susceptible de donner une incontestable garantie, et l'État ne serait pas obligé d'alimenter tant d'artistes qui se servent de la formule « *Reçu au Salon* » pour réclamer une subsistance bien précaire, vu le grand nombre des affamés. Puis tous les dix ans le gouvernement pourrait faire une exposition solennelle, composée des ouvrages remarqués pendant la période décennale, et donner alors des récompenses dignes de la grande nation qu'il est appelé à représenter.

Je me résume : les expositions seraient un droit acquis aux artistes et pourraient, si l'on veut, être considérées comme un bazar, car il faut que les artistes vivent de leur profession ; elles seraient permanentes, renouvelées tous les six mois, et dans un local hors du Louvre, ce qui aurait l'immense avantage de ne plus cacher les œuvres des grands maîtres ; puis tous les dix ans on pourrait constater les progrès des arts. Un jury, quelles que soient son origine et sa composition, est immoral et contraire à la justice. Notre véritable juge, c'est le public.

Agréez, etc. DAVID D'ANGERS.

Minute autographe appartenant à la famille du statuaire.

## LXVIII. — *Au Préfet de la Vienne.*

Paris, ..... 1840.

MONSIEUR LE PRÉFET,

Je n'ai point oublié le beau et grand projet que vous m'aviez communiqué, de représenter trois faits honorant le plus la magistrature, et que vous aviez l'intention de faire exécuter en bas-reliefs pour orner la salle de justice de la ville de Poitiers.

Voici trois sujets que je vous propose :

1° Mathieu Molé résistant aux factieux ;

2° Le président La Vacquerie adressant à Louis XI son refus d'enregistrer des édits onéreux pour le peuple ;

3° Dans le cours de l'hiver 1787, les gardes du commerce conduisirent devant Anglas d'Alleray, lieutenant civil au Châtelet de Paris, un malheureux débiteur arrêté pour une somme assez considérable. C'était un honnête père de famille, qu'on venait d'arracher à sa femme et à ses cinq enfants, et dont le désespoir offrait le plus douloureux spectacle. D'Alleray, après avoir examiné la procédure des consuls (juges au tribunal de commerce), se vit obligé d'ordonner l'exécution de la contrainte par corps. Il était onze heures du soir lorsque les recors et leur capture quittèrent l'hôtel du magistrat ; le temps était très-rigoureux. D'Alleray prit aussitôt sur lui la somme nécessaire, sortit à pied par une porte secrète et arriva à la prison presque aussitôt que le détenu, qu'il eut la satisfaction de faire élargir sur-le-champ en sa présence. Toute la famille du débiteur pourrait assister à cette scène. Je crois que ce sujet serait très-pathétique.

Je vous avoue que je serais heureux de représenter cette trilogie, si honorable pour la magistrature, et si bien faite pour servir de leçon. Je crois que c'est un bien bel et bien noble usage de l'art que de le faire servir à représenter les actions qui honorent l'humanité.

Si vous vous décidiez, je pourrais commencer bientôt, et alors vous auriez les bas-reliefs vers la fin de septembre, car il faut beaucoup de temps pour que la terre soit assez sèche pour supporter la cuisson. Dans le désir que j'ai de m'occuper de ces beaux sujets, je suis décidé à me désintéresser sous le rapport pécuniaire. Je me contenterais de mes frais seulement, et cela ne dépasserait pas trois mille francs.

J'attends avec bien du désir, Monsieur le Préfet, une réponse favorable, et vous prie de croire à la très-haute considération de votre dévoué serviteur.

DAVID d'Angers.

Minute autographe appartenant à la famille du statuaire.

## LXIX. — *A Monsieur Adrien Maillard.*

Dernier feuillet d'une lettre mutilée, sans date. (1840?)

Il y a dans ce souvenir de quoi froisser le cœur d'un artiste républicain. En considérant cependant Napoléon sous le point de vue poétique, certes, c'est une grande figure appelée à tenir une large place dans l'histoire, et alors le héros entre dans le domaine des arts qui ont la mission de faire revivre ses traits. Mais ne vous semble-t-il pas que le projet de représenter Napoléon à cheval sur son tombeau soit une absurdité des plus grandes? Il me semble qu'Horace Vernet a merveilleusement compris son sujet dans le tableau où il a représenté le tombeau de Bonaparte à Sainte-Hélène. Le chapeau, l'épée, une couronne de laurier et le nom du héros sur le cercueil, voilà le seul monument digne du grand homme. Un nom, lorsqu'il est connu du monde entier, est certainement le plus grand hommage. Combien de héros de l'antiquité dont nous vénérons la mémoire, et dont, cependant, nous ne possédons que le nom! En le lisant, chacun se fait à lui-même son poëme, qui n'est point imposé par l'artiste.

Que l'art s'empare des hauts faits, des grandes actions; qu'il décore les temples et les places publiques; ses œuvres sont autant de livres instructifs. Mais, sur une tombe, sur ce débris qu'on appelle la mort — mystérieuse destruction du temple dont le dieu a disparu — un mot a le pouvoir magique d'évoquer ce qui honore le plus l'humanité! Quelques syllabes que les ennemis d'un héros, ses descendants eux-mêmes, dans leur rage aveugle, peuvent effacer sur la pierre, mais qui, victorieuses, traversent les siècles dans la mémoire des hommes, oh! certes, voilà un monument impérissable.

Adieu, cher ami; croyez à tous mes sentiments d'estime et d'amitié bien sincère.

David.

Mille amitiés à vos chers parents.

Autographe appartenant à M. L. de La Sicotière.

---

## LXX. — *A Monsieur Ferdinand de Lasteyrie.*

Paris, jeudi matin, 1840.

Mon cher Monsieur Ferdinand,

Dans le bas-relief de l'*Afrique*, qui doit décorer le monument de Gutenberg, j'ai une place pour un des défenseurs de la cause des nègres. Deux noms se présentent à ma pensée : Condorcet et Mirabeau.

Lequel des deux a parlé le premier et le plus énergiquement en faveur de cette noble cause? Soyez assez bon pour me donner par la poste des renseignements à cet égard.

Vous obligerez beaucoup votre bien dévoué de tout cœur,

DAVID.

Veuillez, je vous prie, présenter mes respectueux hommages à madame de Lasteyrie.

Autographe appartenant à M. le comte Ferdinand de Lasteyrie.

---

## LXXI. — *A Monsieur Th. Wains-Desfontaines, à Villeneuve-sur-Lot.*

Paris, 23 janvier 1841.

MON BON ET HONORABLE AMI,

J'aime à me persuader que, ne recevant pas de lettre de moi en réponse à la vôtre, vous avez bien pensé qu'un tel silence de ma part avait pour cause quelque grave motif. Effectivement, j'ai été malade, mais je vais tâcher actuellement de payer mes dettes de correspondance, et je commence par celle qui me touche davantage.

Vous êtes mille fois trop bon de vouloir me dédier votre poème sur Gutenberg. Sans faire de la modestie, je vous dirai en ami qu'il faut, dans votre intérêt, inscrire en tête de votre œuvre un grand nom littéraire, tel que Chateaubriand, Hugo, Lamennais : ce sont là des soleils dont la lumière peut éclairer avec bonheur votre jeune laurier. Vous voyez que je suis votre ami, puisque je mets de côté tout égoïsme; car quel plus grand honneur pour un homme que de voir son nom lié à celui d'un poète dont les ouvrages resteront, soyez-en certain! — Si vous suivez mon conseil, je me charge de présenter votre ouvrage à l'un des littérateurs que je viens de vous nommer.

Vous croyez que j'ai une grande influence dans les journaux : détrompez-vous. Au *National*, où je compte beaucoup d'amis politiques, il m'a été impossible de parvenir à faire rendre compte d'ouvrages d'un haut intérêt. Là, les rangs sont si pressés, comme partout, que l'espace manque le plus souvent pour glisser quelques lignes.

Le *Journal du peuple* va devenir bien plus important que précédemment, car il va paraître trois fois la semaine. Je verrai de ce côté s'il y aurait moyen de faire insérer l'une de vos pièces, la plus avancée en opinions démocratiques.

La *Revue du progrès* est presque anéantie. Elle n'est pas lue suffisamment, et, d'ailleurs, Louis Blanc est trop positif pour se passionner à l'endroit de la poésie.

Dans la *France littéraire*, j'ai un ami que j'essayerai d'influencer, afin de faire insérer quelques-unes de vos productions.

Croyez-le bien, en province, on se fait illusion sur le pouvoir de certains hommes qui habitent Paris. Tant d'intérêts sont en présence; un si grand nombre d'hommes de mérite s'occupent des mêmes intérêts! Puis, les événements politiques préoccupent si puissamment les intelligences qui se laissent volontiers séduire par l'*actualité*, au préjudice des productions de l'art qui ne revêtent point le caractère de ces événements, que la poésie se trouve nécessairement réduite à n'avoir qu'un très-petit nombre de lecteurs d'élite. Ceci est malheureux, mais c'est un fait.

Bientôt, j'aurai le plaisir de vous envoyer une esquisse de la statue de Gutenberg.

Adieu, Monsieur et cher ami; consacrez tous vos instants à graver pour l'avenir vos nobles inspirations. Lorsque l'humanité aura planté le drapeau de l'émancipation des peuples, l'art pur et plein de sentiment, comme vous le comprenez, reprendra faveur parmi les hommes, et votre nom aura une place honorable dans leur mémoire. Après tout, cette vie si courte et si misérable que nous traversons est bien peu de chose; c'est la vie de l'immortalité que doivent ambitionner les hommes de génie.

Soyez heureux et croyez à mon entier dévouement de cœur.

DAVID.

Autographe appartenant à M. L. de La Sicotière. — Nous avons inutilement compulsé les œuvres poétiques de Waint-Desfontaines pour trouver trace du poëme qu'il s'était proposé d'écrire sur le monument de Gutenberg.

---

## LXXII. — *A Monsieur le comte Charles de Lasteyrie.*

Paris, 26 janvier 1841.

MON BIEN HONORABLE COLLÈGUE,

Depuis que j'ai eu l'honneur de vous voir, j'ai réfléchi à la proposition que vous avez bien voulu me faire, de lire quelque chose à la séance qui doit avoir lieu jeudi prochain. Décidément, je puis bien risquer timidement quelques articles sur les arts, dans les revues, mais, en vérité, comme écrivain, mon talent est trop faible pour que je me pose devant une assemblée qui sera composée d'hommes distingués par leur mérite littéraire. Ainsi, j'irai écouter et applaudir.

Je suis toujours on ne peut plus reconnaissant de la bienveillance dont vous voulez m'honorer, et vous prie de croire à ma considération la plus distinguée et à mon entier dévouement de cœur.

DAVID.

Veuillez présenter mes respectueux hommages à madame de Lasteyrie et mes salutations amicales à Monsieur votre fils.

Autographe appartenant à M. le comte Ferdinand de Lasteyrie.

---

## LXXIII. — *A Sainte-Beuve.*

Paris, avril 1841.

La veille de la mort de Bertrand, j'ai passé plusieurs heures près de son lit; ses yeux, quoique brillants encore, ne distinguaient plus les objets qu'avec difficulté; il cherchait à rassembler des idées qu'il exprimait par des phrases fiévreuses et inachevées [1]. Votre nom, mon cher Sainte-Beuve, était souvent prononcé par lui. Il disait : « Puisque « vous tenez tant à ce que mon *Gaspard de la Nuit* soit imprimé, tâchez « de le retirer des mains de Renduel ; mais, hélas ! j'ai bien des choses à « y retoucher. . . . . Je ferai cela quand je pourrai me lever, ce qui ne « sera pas long, je l'espère ; dans tous les cas, quelques mots de Sainte- « Beuve en tête de mon ouvrage auront sur son succès une grande « influence. » Il voulait dire d'autres choses, mais de pénibles idées semblaient retenir ses paroles sur ses lèvres mourantes; ensuite, il me disait : « Parlez-moi, car je ne vous vois plus. »

Vers neuf heures, le lendemain matin, je me présentai à l'hôpital Necker : « Il est inutile d'aller plus loin, Monsieur, me dit le portier, « le n° 6 vient de mourir. » Déjà son corps avait été transporté dans l'ensevelissoir; je demandai au garçon de salle de m'y conduire; il souleva la toile grossière qui recouvrait le corps décharné du poëte : ses yeux, naguère étincelants de génie, où se reflétaient avec tant de puissance les vagues effets du ciel et les fantastiques créations du monde, étaient caves et ternes; l'intelligence qui revêtait tous les objets d'une forme si neuve, si originale, qui eût interprété encore si poétiquement la nature, si le malheur n'eût submergé cette pauvre barque errante et disjointe, dont la seule ancre était une pauvre vieille mère maintenant repliée sur son désespoir et égarée sur cette terre, ne les animait plus.

Quelques heures à peine se sont écoulées depuis que l'âme a quitté

[1] David avait rencontré pour la première fois Louis Bertrand — qui signait plus volontiers *Aloysius* — dans la maison de Charles Nodier, en 1828. Peu après, le statuaire se trouvant un jour chez Sainte-Beuve, qui avait précisément sous la main le manuscrit du *Gaspard de la Nuit*, l'unique ouvrage du poëte : « Écoutez », dit-il au statuaire, et il lut le *Maçon*, la plus caractéristique des pièces du recueil; *Harlem*, la *Viole de Gamba*. David, enthousiaste, n'appela plus Bertrand que « le Maçon ». Il le connut bientôt, et il l'aida de son crédit et de sa bourse pendant treize années, c'est-à-dire jusqu'à l'heure où il dut lui fermer les yeux.

pour un meilleur séjour sa frêle enveloppe, et les poings restaient encore contractés ; la tête était levée vers le ciel, la bouche ouverte, comme si son dernier soupir eût été un blasphème contre le sort, une énergique protestation contre le malheur.

Je détachai une petite médaille en cuivre qu'une sœur de l'hôpital lui avait passée au cou depuis quelques jours, et qui désormais ne quittera plus la poitrine décharnée qui l'allaita. Je coupai de ses beaux cheveux noirs, je lui fis ensuite couvrir la tête d'un de mes bonnets et je fis ensevelir le corps dans un drap ; j'éprouvai un sentiment de douce mélancolie quand je le vis si bien enveloppé dans ce linge blanc et portant par hasard mon chiffre, sur cette poitrine dans laquelle avait battu un si noble cœur. J'étais soulagé de penser que la serpillière du n° 6 n'imprimerait pas sa rude trame sur sa chair.

Le lendemain, je fis placer dans le cercueil ces vestiges humains, qui sont aussi le cercueil de l'âme sur cette terre, et chaque coup du fatal marteau retentissait en échos douloureux dans mon cœur. Quelques clous, quatre faibles planches mal jointes suffisent pour ce dernier acte, qui doit cacher à la lumière du ciel ce moule sublime devenu désormais inutile. — Les garçons de salle transportèrent le léger fardeau à la chapelle : il fallut traverser les cours où se trouvaient les convalescents ; les uns regardaient d'un air hébété, d'autres avec insouciance, d'autres enfin riaient de ce rire infernal des naufragés sur un radeau. — L'hôpital est bien le séjour où l'égoïsme se montre dans toute sa laideur ; cependant, j'ai vu avec reconnaissance une jeune fille émue à la vue de ce cercueil sans drap mortuaire, nu comme les inflexibles murs d'un cachot, et quelques vieilles femmes faisant un signe de croix.

L'orage, qui grondait sourdement pendant ce triste trajet, fit entendre, à notre arrivée à la chapelle, son énergique et sombre rumeur : le prêtre, assisté d'un servant, dit l'office des morts devant moi, seul représentant de la famille du pauvre abandonné des hommes. Pendant cette cérémonie, les éclairs ne cessèrent de déchirer le ciel et d'illuminer les saints de la chapelle d'une lumière blafarde. Le prêtre partit, je restai seul dans l'église, attendant pendant plus de trois quarts d'heure l'arrivée du corbillard ; le tonnerre hurlait violemment, et moi, gardien des restes inanimés, mais éloquents, du pauvre Bertrand, je sentais remuer au fond de mon âme un monde de sensations impossible à décrire. Quelques visages, rongés par la maladie, paraissaient par intervalles à l'ouverture de la porte. Au fond de la chapelle, une sœur de l'hôpital décorait un autel de guirlandes pour la fête du lendemain.

Le corbillard arriva enfin ; nous sortîmes de l'hôpital pour nous rendre au cimetière de Vaugirard ; la pluie tombait alors par torrents, le char poursuivait sa route funèbre, nous étions seuls, le mort et moi, car l'orage avait chassé tous les promeneurs, et, d'ailleurs, qui pouvait deviner que ces restes étaient ceux d'une intelligence élevée? Il n'y avait ni chevaux caparaçonnés, ni char décoré des riches emblèmes d'un pouvoir éteint par la mort, ni de longues files de voitures armoriées, ni compagnies de soldats avec leurs armes baissées, mais le corbillard du pauvre suivi d'un homme inconnu.

Le coup de sifflet du portier du cimetière annonça l'arrivée d'un nouvel hôte dans la demeure de l'oubli; deux hommes prirent le cercueil et le confièrent à l'une de ces bouches altérées et béantes toujours prêtes à engloutir indistinctement le crime, la vertu, le génie et l'ignorance stupide. La terre résonna sourdement sur les planches caverneuses, et lorsqu'elle se fut élevée en monticule et ne parut plus qu'une cicatrice, j'adressai un dernier adieu à la triste relique; je fis planter une croix portant pour inscription un nom qui, sans doute, fût devenu populaire, si les hommes, moins absorbés dans leur égoïsme, se fussent préoccupés de soutenir le génie, étouffé trop souvent par l'envie et l'indifférence.

Ce triste et prématuré débris d'un être si noblement doué me rappelait ces beaux navires étouffés dans les glaces des mers du Nord, et dont l'existence se révèle quelquefois longtemps après leur perte par les feuillets du journal du bord recueillis par hasard sur une plage déserte. Ainsi, les pensées échappées à la plume de notre pauvre poëte vont, grâce à vous, être conservées à la mémoire des hommes.

Lorsque tout fut terminé, la pluie cessa, le soleil reparut, et les oiseaux insouciants, qui jouissent de tant de liberté dans ces bosquets de la mort, recommencèrent leurs chants.

Chaque grande catastrophe qui s'adresse directement au cœur de l'homme rompt l'un des liens qui l'attachaient au rivage éblouissant et mensonger de l'existence : ainsi se brisent successivement les chaînes qui nous cramponnaient à la vie; un dernier fil se détache, et l'ancre va pourrir dans la terre.

Comme les amis, en sortant du banquet, vont se reconduire, le dernier qui regagne sa triste demeure jette un regard mélancolique sur la fleur déjà fanée du banquet. Ainsi, la petite branche que nous emportons du cyprès planté sur le tombeau de l'un de nos amis, déjà fanée à notre entrée au logis, ne reverdira plus que sur notre tombe.....

Ma liaison intime avec Bertrand date de son entrée à l'hôpital Necker. Là, pendant près de six semaines, presque tous les jours, j'ai recueilli dans mon cœur sa fiévreuse conversation. C'est, il y a déjà longtemps, dans votre petite chambre de la rue Notre-Dame des Champs que nous fûmes, Victor Pavie et moi, initiés à quelques-unes de ses productions. Vous m'aviez inspiré une juste estime pour ce jeune talent; aussi, dès le lendemain, j'étais chez lui, mais je n'y trouvai que sa vieille mère.

Quelques années après, je causais chez Renduel et avec lui de mon admiration pour Bertrand; il était là, et je l'ignorais; il avait pu juger de la haute estime qu'il m'inspirait, il se fit connaître à moi avec timidité. La seconde entrevue se passa chez moi : il venait, dans une circonstance désastreuse, faire appel à mon cœur; je ne l'ai plus revu que sur son lit de mort.

Il passa, l'année dernière, huit mois à l'hôpital de la Pitié; j'y allais souvent visiter un jeune élève sculpteur. Bertrand me reconnut de son lit, mais il se couvrit la tête de son drap, craignant, m'avoua-t-il depuis, que je ne le visse à l'hôpital. Combien je regrette ce sentiment d'orgueil! alors, peut-être, j'aurais pu le sauver.

Si vous parlez de sa mort, ne me nommez pas, je vous en supplie, vous me rendrez un réel service d'ami; en grâce, accédez à ma prière.

En écrivant une notice sur ce malheureux jeune homme, vous accomplissez, mon ami, un saint devoir, vous lui consacrez un monument honorable et éternel. C'est une noble compensation à sa douloureuse existence; il a tant souffert pendant sa courte apparition sur ce triste théâtre de la vie! Vous le dédommagerez réellement; car, en enchâssant ce diamant dans un travail précieux, vous faites comprendre aux hommes toute sa valeur, puisqu'il s'est attiré votre attention.

Croyez que je vous en suis reconnaissant du plus profond de mon cœur.

David.

Autographe déposé à la Bibliothèque d'Angers. — N° 1038, Catalogue des manuscrits par M. Albert Lemarchand.

---

## LXXIV. — *A Monsieur* ***.

Paris, 2 août 1841.

Monsieur,

Il y a déjà longtemps que les œuvres poétiques de M. Magu m'étaient connues; mes plus vives sympathies sont acquises au peuple, et je recherche avec empressement toutes les occasions de prouver mon admiration à ceux de ses nobles enfants qui s'élèvent par leur génie.

J'avais l'intention d'aller un jour à Lizy, serrer la main du poëte et consacrer ses traits par le bronze; ce projet n'est point abandonné, et, dès que je le pourrai je le mettrai à exécution.

Si vous écrivez à M. Magu, veuillez, je vous prie, lui dire que je suis heureux de penser qu'un jour il me sera possible de lui donner un souvenir de mon estime sincère pour lui.

David.

Autographe appartenant à M. Magu fils, peintre à Angers.

LXXV. — *A Monsieur Th. Wains-Desfontaines, à Villeneuve-sur-Lot.*

Paris, 21 décembre 1841.

MON CHER MONSIEUR,

Ne me supposez pas indifférent à votre égard, si je ne vous écris pas plus souvent. Non, certes, il me serait impossible d'oublier un homme dont les productions ont si souvent remué les fibres de mon cœur, et pour lequel je conserverai toujours une affection de frère; car, voyez-vous, il existe une noble fraternité entre les poëtes qui donnent avec la plume une forme à la pensée, et ceux qui impriment la vie sur la toile ou sur le marbre, ou ceux encore qui, avec la règle et le compas, élèvent des temples sublimes. N'est-ce pas dans ces temples que l'homme va confier à Dieu les secrets de son agonisante existence? Un lien réel les unit, ces artistes, qui éprouvent en commun les émotions fiévreuses dont ils imprègnent leurs œuvres, et qui rêvent, pendant tout le temps qu'ils vivent sur cette terre de douleurs, un monde que leurs âmes seules peuvent comprendre.

Quand votre dernière lettre m'est parvenue, j'étais extrêmement malade. Les médecins allaient jusqu'à dire que je ne pourrais me rétablir qu'en changeant de climat. Cela devrait m'excuser à vos yeux, si je ne vous connaissais pour le plus indulgent des hommes.

Si, comme je l'espère, je prends la route du Midi, je ferai tout mon possible pour aller vous serrer la main : je vous assure que ce sera un véritable bonheur pour moi. Si « l'à peu près » de santé que j'ai actuellement me permet de terminer le monument de Bichat, qui est très-avancé et que l'on attend avec impatience, je pourrai quitter Paris vers la fin du mois de janvier, ou la première quinzaine de février.

Vous m'annonciez un nouvel ouvrage; est-il imprimé? J'ai hâte de le lire. Vous avez raison de ne pas vous décourager. Vous avez reçu un don précieux : c'est celui d'aimer l'art pour lui-même. Courage! Soyez bien persuadé que les pages qui tombent de votre noble cœur seront un jour religieusement recueillies par la postérité.

On peut écrire des vers en tout lieu, mais on ne peut tailler le marbre ou faire bouillonner le bronze pour en tirer l'image des grands hommes que dans cette ville de Paris, où tant de talents originaux sont venus s'émousser et perdre le don si rare qu'ils avaient reçu de la nature : ne regrettez donc pas ce triste et fiévreux séjour.

Adieu, bien cher Monsieur; croyez à tous mes sentiments de profonde estime et d'affection de cœur.

DAVID.

Autographe appartenant à M. L. de La Sicotière. — L'ouvrage annoncé par Wains-Desfontaines et dont il est question dans cette lettre est le recueil *Otia, poésies nouvelles*. Toulouse, Paya, 1842, in-8°. Un poëme consacré à la prise de Mazagran, inséré dans ce volume, porte pour dédicace : *A M. P. J. David, statuaire, mon ami.*

---

## LXXVI. — *A Monsieur Ferdinand de Lasteyrie.*

Paris, mardi soir 1842.

MONSIEUR,

J'ai été bien contrarié, en rentrant chez moi, d'apprendre que vous vous étiez donné la peine d'y passer ; je suis obligé de courir beaucoup afin d'avoir une permission pour voir un de mes élèves, qui est impliqué dans la conspiration des poudres[1], et aussi pour lui assurer M. Ledru pour son avocat.

Voici plusieurs lettres. Je désire beaucoup qu'elles vous soient utiles, et que vous fassiez un bon et heureux voyage.

Votre bien dévoué et très-humble serviteur. DAVID.

Autographe appartenant à M. le comte Ferdinand de Lasteyrie.

---

## LXXVII. — *A Adam Miękiewicz.*

Paris, 11 mars 1842.

CHER AMI,

Il y a bien longtemps que j'ai l'intention d'aller vous voir ; j'en ai bien besoin, car il me semble qu'il y a de longues années que je ne vous ai serré la main, et cependant je me vois forcé de retarder encore ma visite, par la raison que je suis toujours encombré d'embarras de toute espèce. Mais vous, mon bon ami, ne pourriez-vous disposer de quelques instants pour venir rue d'Assas ? Je viens justement de terminer le modèle de deux groupes : celui de la mort du général Gobert en Espagne et celui de Bichat, dans lequel j'ai cherché à rendre l'idée de son ouvrage, *De la vie et de la mort*. Je serais heureux de vous faire voir mon travail avant de le confier au mouleur ; si vous pouviez venir dimanche prochain ou jeudi, vous m'obligeriez beaucoup.

Tout à vous de cœur. DAVID.

Autographe appartenant à M. Ladislas Miękiewicz. — Voir *Korrespondencja Adama Miękiewicza*.

[1] La « conspiration des poudres » se rattache aux premiers bruits relatifs à la construction de forts détachés autour de Paris. On se souvient que ce projet fut d'abord très-impopulaire. On annonçait que la garde nationale protesterait en masse à la prochaine revue, et les ardents du parti républicain, voulant s'emparer du mouvement, allèrent jusqu'à organiser une fabrique de cartouches. Un certain nombre de personnes furent arrêtées et poursuivies.

## LXXVIII. — *A Monsieur Ramonet, à Saint-Omer.*

Paris, 11 novembre 1842.

J'étais à la veille de vous écrire, cher ami, pour vous remercier de la preuve d'amitié que vous m'avez donnée en m'initiant aux douleurs de votre famille. Vous avez eu bien raison de penser que les circonstances heureuses ou malheureuses de votre vie trouveraient toujours une profonde sympathie dans mon cœur. Continuez à me conserver une place dans votre souvenir, et croyez à ma constante reconnaissance.

J'ai éprouvé un bien vif plaisir à renouveler connaissance avec M. Casimir. Nous avons parlé du projet dont vous m'entretenez dans votre lettre. Je lui ai parlé avec la franchise que vous me connaissez, et je vous dirai aussi que je n'approuve pas le projet d'élever une statue à un jeune homme qui n'avait point encore mérité un si grand honneur; si l'on prodigue à tout propos de telles récompenses, elles n'auront bientôt plus de prix, c'est-à-dire que les plus nobles manifestations finissent par devenir ridicules. Réservons donc de semblables monuments pour les hommes qui sauvent leur patrie, pour ceux qui ne l'avilissent pas en la mettant aux pieds de l'étranger. Décernons des statues aux bienfaiteurs de l'humanité, à ceux qui ont reculé les bornes de l'esprit humain; alors les générations se prosterneront avec respect devant ces glorieuses images, tandis que les statues élevées par l'engouement d'un instant ou par la flatterie ne peuvent résister au moindre mouvement populaire, car la foule balaye bien vite ce qui lui rappelle son asservissement.

Voulez-vous qu'un souvenir soit durable dans la mémoire du peuple : faites quelque fondation qui ait pour but de le soulager ou de l'instruire; alors ce souvenir sera impérissable, car le peuple a la mémoire du cœur. Pensez-y, mon ami; il appartient à des hommes comme vous de fonder des institutions utiles, et par conséquent durables, et de donner un bel exemple aux villes qui voudraient se laisser entraîner vers un esprit de flatterie qui n'est plus et ne doit plus être de notre temps.

Je ne puis que vous remercier, cher ami, d'avoir pensé à moi; mais si vous persistez à vouloir faire cette statue, il me serait impossible de m'en charger : je n'ai voulu consacrer mon ciseau qu'à de grandes créations et à de grandes vertus. Si un jour vous aviez le désir d'honorer une de ces gloires avouées par l'histoire, et que vous voulussiez vous souvenir de moi, alors mon cœur et mon ciseau seraient acquis avec enthousiasme à cette œuvre.

Rappelez-moi au bon et cher souvenir des amis qui veulent bien ne pas m'oublier, et croyez à ma sincère et constante amitié.

David d'Angers.

*P. S.* — Quand je pourrai trouver une occasion, je vous enverrai quelques notices sur mes travaux; vous verrez que quand j'ai fait la statue de Bonchamps, c'est que je voulais payer autant qu'il était en mon pouvoir la dette de reconnaissance de mon père, qui, soldat républicain, était parmi les cinq mille prisonniers enfermés dans l'église de Saint-Florent et qui ont dû la vie à Bonchamps. Plus tard on m'a proposé de faire les statues de Charette et de Cathelineau; j'ai refusé.

Minute autographe appartenant à la famille du statuaire.

## LXXIX. — *Au Maire de Dunkerque.*

Paris, 13 octobre 1842.

Monsieur le Maire,

Lorsque j'acceptai avec bonheur la mission d'exécuter la statue de Jean Bart, j'ignorais que M. Elshoëct se fût déjà proposé. Il y a peu de jours que j'ai acquis cette certitude, et comme il n'est ni dans mon intention, ni dans mon caractère de lutter et d'établir de rivalité avec mes confrères, je me vois forcé, bien à regret, je vous assure, et pour le noble sujet et pour l'honneur que me faisait la Commission, de me retirer devant lui. Vous concevez, Monsieur le Maire, qu'il serait bien difficile, malgré toutes les preuves que vous pourriez fournir de ma franchise dans cette affaire, d'empêcher la calomnie, qui n'est pas toujours très-délicate sur ses moyens, de jeter du doute sur mon caractère, resté, j'ose le dire, sans tache. Je vous prie donc, Monsieur le Maire, de m'éviter un sensiblable malheur, et vous vous convaincrez facilement de la gravité des circonstances quand vous aurez lu la lettre ci-jointe de M. Elshoëct.

Agréez, etc.

David d'Angers.

Autographe déposé aux Archives municipales de Dunkerque.

## LXXX. — *A Monsieur Benjamin Morel, à Dunkerque, secrétaire de la Commission du monument de Jean Bart.*

Paris, 13 décembre 1842.

Vous devez vous rappeler, Monsieur, avec quel empressement j'acceptai la communication que vous m'aviez faite de la part de la Commission du *Jean Bart;* mais une circonstance que je n'avais pu prévoir est venue me tourmenter. J'ai appris, il y a peu de jours, que M. Elshoëct s'occupait de l'exécution d'une statue du héros dunkerquais. Vous comprenez, Monsieur, qu'il ne peut convenir ni à mon caractère ni à mes sentiments de lutter ainsi avec un artiste qui avait pris l'initiative, et vous sentirez parfaitement que, dans le cas où MM. les membres de la Commission persisteraient à me continuer leur bienveillance, il faudrait que le jeune artiste fût convaincu que je n'ai nullement voulu lui enlever ce travail, et que cette conviction ne fût pas seulement évidente pour lui, mais pour tout le monde.

J'aime l'art avec toute la passion d'un homme qui comprend la sérieuse et pure mission de la statuaire, consacrée à la représentation des hommes destinés par la gloire à rester éternellement dans la mémoire de leurs semblables; mais je crois aussi que, pour comprendre les nobles sentiments du héros, il faut que l'artiste élève constamment son âme vers les plus hautes inspirations et que rien ne puisse ternir sa conscience. Je sais bien qu'en cette circonstance, la mienne ne peut me suggérer aucun reproche, mais il faut aussi que personne ne puisse garder de soupçon.

Agréez, etc. DAVID.

Autographe déposé aux Archives municipales de Dunkerque.

---

## LXXXI. — *Au Maire de Dunkerque.*

Paris, 27 décembre 1842.

MONSIEUR LE MAIRE,

C'est avec une parfaite reconnaissance que j'ai reçu les deux lettres que vous et MM. les membres de la Commission avez bien voulu m'adresser. Veuillez être bien persuadé que je sens tout le prix de l'honorable confiance dont la ville de Dunkerque me donne une preuve si bienveillante, mais j'ai revu M. Elshoëct : son désespoir m'a touché; il part aujourd'hui pour faire auprès de MM. les membres une dernière tentative. Je l'ai moi-même fortement encouragé dans cette démarche, car je comprends combien il doit désirer exécuter un monument important pour sa ville natale. Si, cependant, malgré ses instances, malgré les recommandations sincères que j'adresse encore pour lui, la Commission persiste à ne pas lui accorder l'exécution de la statue de Jean Bart, soyez persuadé, Monsieur le Maire, que je mettrai tous mes soins à remplir le plus dignement possible le noble mandat que m'ont confié les honorables signataires des lettres que j'ai reçues. Il faut une circonstance comme celle-ci pour me faire hésiter à inscrire mon nom aux pieds d'une des gloires les plus pures et les plus nationales dont s'enorgueillisse notre France. Veuillez agréer, etc.

DAVID.

Autographe déposé aux Archives municipales de Dunkerque.

## LXXXII. — *A Madame Victor Hugo.*

Paris, ..... 1842.

MADAME,

Recevez, je vous prie, avec bienveillance le buste de votre illustre mari. Donnez un asile à cet ouvrage que je quitte à regret, car je sens combien il est loin de réaliser ce que mon admiration pour un noble et puissant génie m'a toujours inspiré; je serais cependant heureux que vous voulussiez bien voir dans cette production les efforts de l'ami; si la réussite n'a pas répondu à la haute idée qu'il a du modèle, vous le jugerez avec indulgence en faveur du motif qui l'a inspiré.

La couronne de lauriers, que j'ai fixée pour les siècles et à l'insu d'Hugo, n'est point une flatterie. Un républicain s'incline devant le génie, mais il ne le flatte jamais. En mettant sur ce buste le signe décerné aux grands hommes, je crois être l'interprète des nombreux admirateurs du poète immortel. L'avenir confirmera la pensée du statuaire.

Agréez, etc.

DAVID d'Angers.

Minute autographe appartenant à la famille du statuaire. — Le buste couronné de Victor Hugo donna lieu à une lettre du poète, datée de l'exil, qu'il nous paraît intéressant de reproduire : « *Marine-Terrace*, 28 avril 1855. Cher grand David, j'ai reçu votre bonne et noble lettre avec la page si intéressante qu'elle contenait. Je suis heureux que le livre ait été à votre cœur. Cher ami, enviez-moi, enviez-moi tous : ma proscription est bonne, et j'en remercie la destinée. En ces temps-ci, je ne sais pas si proscription est souffrance, mais je sais que proscription est honneur. O mon sculpteur, un jour vous m'avez mis une couronne sur la tête, et je vous ai dit : — Pourquoi? — Vous deviniez la proscription. — A ce propos, ce chef-d'œuvre, je vous le remets et vous le confie. Je n'ai plus de chez moi : le buste est chassé comme l'homme. Ouvrez-lui votre porte. J'espère qu'un de ces jours, bientôt peut-être, j'irai le chercher chez vous. En attendant, gardez-le-moi. — Gardez-moi aussi votre vaillante et généreuse amitié. Je vous serre la main, poète du marbre. Victor Hugo. — Mettez-moi aux pieds de votre courageuse et charmante femme. Ma femme et ma fille l'embrassent. »

---

## LXXXIII. — *A Monsieur Ferdinand de Lasteyrie.*

Paris, vendredi matin, 1842?

MON CHER MONSIEUR FERDINAND,

Je désire faire pour Angers la statue du roi René; je voudrais le représenter jeune et dans le costume militaire : voudriez-vous m'indiquer où je pourrais trouver des documents positifs à cet égard?

Je crois me rappeler que, dans l'ouvrage de M. de Viel-Castel, il y avait de beaux costumes civils et militaires se rattachant à l'époque où a vécu mon héros.

Excusez, je vous prie, l'embarras que je vous occasionne, et croyez-moi toujours votre reconnaissant et bien dévoué de cœur.

DAVID.

Autographe appartenant à M. le comte Ferdinand de Lasteyrie.

---

## LXXXIV. — *A Monsieur Ferdinand de Lasteyrie.*

Paris, mardi soir, 1842?

MON CHER MONSIEUR FERDINAND,

Je vous ai écrit, il y a quelques jours, pour vous prier de me chercher un costume de guerrier du temps du roi René. Je viens de voir M. de Quatrebarbes, mon compatriote, qui veut bien faire les frais de la fonte en bronze de la statue. Il désirerait voir avant son départ, qui ne tardera que de quelques jours, le costume en question. Ne pourriez-vous pas chercher dans l'ouvrage de M. de Viel-Castel, et nous permettre d'aller chez vous lundi matin à l'heure qui vous conviendra pour causer avec vous? Je vous demande pardon d'être si importun, mais vous portez la peine de votre science et aussi de l'amitié que vous voulez bien témoigner en toute occasion à votre dévoué de cœur.

DAVID.

Autographe appartenant à M. le comte Ferdinand de Lasteyrie.

---

## LXXXV. — *A Monsieur Ferdinand de Lasteyrie.*

Paris, lundi soir, 1843?

MON CHER MONSIEUR FERDINAND,

Vous qui avez quelques relations avec le directeur du *Journal des Artistes*, pourriez-vous lui demander s'il lui conviendrait de me vendre une cinquantaine d'épreuves de la lithographie de la statue du petit Barra (sur papier de Chine)?

Veuillez ne pas vous déranger pour cela; il sera toujours temps lorsque vos affaires vous porteront dans le voisinage de la Revue.

Mille amitiés de tout cœur.

DAVID.

Autographe appartenant à M. le comte Ferdinand de Lasteyrie.

## LXXXVI. — *Au Président de la Commission du monument de Dombasle à Nancy.*

Paris, 1er février 1844.

MONSIEUR,

J'ai reçu avec reconnaissance la bienveillante communication que vous avez bien voulu me faire à l'égard du monument à élever à la mémoire de M. de Dombasle. Nul, mieux que celui dont la vie entière a été consacrée aux progrès de l'agriculture, source de bien-être et de moralité pour les nations, ne mérite que son image soit léguée à la reconnaissance des générations à venir.

Je serai donc, Monsieur, très-heureux de m'associer de tous mes moyens et de tout mon cœur à une manifestation si juste et si honorable.

Veuillez agréer, etc.

DAVID d'Angers.

*Le Précurseur de l'Ouest, journal d'Angers, 8 février 1844.*

---

## LXXXVII. — *A Monsieur Hippolyte, baron Larrey.*

Jeudi matin (15 mai 1844).

CHER AMI,

Me voici de retour d'un petit voyage, et je m'empresse de vous faire savoir que je vous attendrai à mon atelier tous les jours, le samedi excepté. Vous savez que nous sommes convenus que vous viendriez voir l'esquisse avec M. Benoît avant que je prévienne la Commission. De son côté, M. Labarraque m'a fait prévenir qu'il était sur le point de quitter Paris, et qu'il serait bien aise de recevoir promptement une invitation pour veniev oir mon esquisse.

Mille amitiés de tout cœur. DAVID.

Autographe appartenant à M. le baron Larrey.

---

## LXXXVIII. — *A Monsieur Ganne, hôtel Molière, à Paris.*

Paris, 15 mai 1844.

CHER AMI,

Nous t'avions écrit hier pour te prier de venir dîner à la maison aujourd'hui, afin qu'il nous fût possible de parler ensemble de notre jeune temps et de notre cher Anjou. Est-ce que la lettre ne t'aurait pas été remise?

Viens donc me voir, je suis à mon atelier toute la journée, hors le samedi, jour de réunion à l'Institut. Malheureusement, je suis rarement chez moi le soir, parce que, travaillant sans relâche le jour, je profite de mes soirées pour faire des courses nécessaires.

Je suis, en attendant le plaisir de te serrer la main, de tout cœur ton bien dévoué et ancien ami.

DAVID.

Autographe appartenant à la famille du destinataire.

---

## LXXXIX. — *A Louis Visconti, architecte.*

Paris, .... 1844.

MON CHER VISCONTI,

J'ai appris que tu avais dit que j'avais fait parler en ma faveur au ministère. Tu as été mal informé. Je n'ai donné cette commision à personne, et je suis certain que mes amis ne se sont jamais occupés de moi à l'égard de travaux. Si, par hasard, pareille chose s'était passée, il en faudrait reporter la responsabilité sur des personnes que je ne connais pas.

Au reste, les articles qui ont paru dans la presse à l'égard des deux statues du monument de Napoléon m'ont vivement étonné, car je n'ai rien reçu d'officiel. J'ai cru voir dans ces articles une mystification, dès lors que je savais par ailleurs que M. Duret avait obtenu ce travail, et qu'il avait été recommandé tout particulièrement au ministre par toi et par des personnes et des députés très-influents. Je me suis, du reste, expliqué comme je le devais, en disant que M. Duret était un homme d'un immense talent, que l'on ne pouvait confier un ouvrage à de meilleures mains que les siennes. A l'Institut, je l'ai assez soutenu pour que mes paroles pussent avoir le caractère de la gravité la plus incontestable.

J'ai voulu t'écrire, afin que tu ne pusses douter de moi et que tu sois bien persuadé que je sais supporter ma situation telle que je me la suis faite ; que je ne suis pas arrivé à mon âge avec un caractère d'indépendance qui, j'aime à le croire, ne s'est pas encore démenti, pour me servir du secours de mes amis qui, du reste, font avec moi ce qui se fait toujours : ils éviteront, je le suppose, des recommandations qui pourraient compromettre leur situation.

Crois à la sincérité de ton vieil et constant ami.

DAVID.

Minute autographe appartenant à la famille du statuaire.

## XC. — *A Monsieur Daumas, statuaire.*

Paris, ..... 1845.

Mon cher Daumas,

La statue qui décrit une courbe dans son mouvement général paraît toujours de plus grandes proportions que celle qui est droite. Dans la première, le haut de la tête reçoit les rayons lumineux, mais le milieu du corps est dans un demi-jour. La seconde, qui présente une ligne droite comme un fût de colonne, semble plus petite, parce que la lumière la baigne également des pieds à la tête, et l'œil en parcourt avec rapidité toutes les parties. Une telle œuvre a je ne sais quoi de positif qui nuit à l'imagination. Les effets d'ombre sont d'un puissant secours pour arriver à de poétiques mensonges. Voyez la grotte du Pausilippe. Quand vous êtes à l'entrée, l'intérieur est sombre, et la lumière que vous apercevez à l'extrémité vous laisse supposer que la grotte est d'une profondeur sans limites.

Tout à vous. David.

Minute autographe appartenant à la famille du statuaire.

---

## XCI. — *A Monsieur Ferdinand de Lasteyrie.*

Paris, mardi soir, 1844?

Mon cher Monsieur,

J'avais écrit à madame de Tocqueville pour le prier de m'envoyer un dessin de l'épée du colonel Briqueville. Elle me répond que l'on n'a point conservé cette épée, et que j'aie à en copier une à mon choix, ce qui m'embarrasse beaucoup, parce que je ne sais dans quelle arme a servi ce colonel. Soyez donc assez bon pour me tirer d'embarras à cet égard.

On m'écrit aussi de Cherbourg que l'on n'a pas encore l'autorisation du ministre pour commencer le monument de Briqueville. Demain, j'irai voir M. Sellier; de votre côté, faites-moi le plaisir de presser cette affaire de tout votre pouvoir.

Tout à vous de cœur.

David.

Autographe appartenant à M. le comte Ferdinand de Lasteyrie.

## XCII. — *Au Président de la Société d'agriculture, du commerce, des sciences et des arts de Calais.*

Paris, 10 février 1845.

MONSIEUR LE PRÉSIDENT,

Je serai heureux et fier de m'associer à l'hommage mérité que la ville de Calais veut rendre au généreux citoyen qui se montra si dévoué au salut de ses compatriotes, si courageux devant l'ennemi de notre chère patrie. Je vous remercie de ne pas avoir douté de la sympathie qu'éveillerait en moi le souvenir d'une action patriotique, et je mets mon temps et mon travail à votre entière disposition.

Veuillez agréer, etc.

DAVID d'Angers.

*L'Industriel calaisien*, 20 janvier 1850.

---

## XCIII. — *Au Président de la Commission du monument de Briqueville, à Cherbourg.*

Paris, mars 1845.

MONSIEUR LE PRÉSIDENT,

. . . Maintenant, en ce qui concerne l'emplacement du buste colossal de Briqueville, je ne doute pas que la Commission n'ait choisi l'endroit qui fait face à l'arrivée du port : mon souvenir ne m'en retrace pas de plus convenable.

Agréez, etc. DAVID.

Autographe cité dans le procès-verbal de la séance du conseil municipal de Cherbourg en date du 28 mars 1845.

---

## XCIV. — *Au Maire d'Angers.*

Paris, 20 juin 1845.

MONSIEUR LE MAIRE,

Depuis plusieurs années, la ville d'Angers avait accordé au jeune Taluet une pension qui lui permettait d'étudier à Paris la sculpture, pour laquelle il annonce de véritables dispositions; si ce secours lui était enlevé, il lui faudrait renoncer à une carrière qu'il semble appelé à honorer. Comme je pense qu'il n'a rien fait pour démériter de ses concitoyens, je viens vous prier, Monsieur le Maire, de vouloir bien appuyer ma demande près du Conseil municipal pour que la pension du jeune statuaire lui soit conservée.

Agréez, je vous prie, Monsieur le Maire, l'assurance de ma considération distinguée.

DAVID d'Angers.

Autographe déposé aux Archives municipales d'Angers.

---

XCV. — *Au Président de la Commission du monument de Garnier, à Angers.*

Paris, 23 juillet 1845.

MONSIEUR,

Veuillez m'excuser si je n'ai pas répondu plus tôt à la première lettre que vous m'avez fait l'honneur de m'écrire ; je suis si occupé, qu'il m'a été, malgré mon désir, impossible de le faire.

J'applaudis de cœur à l'idée de mes compatriotes d'élever un monument à la mémoire de M. Garnier, c'est un acte de justice : je ne dirai pas un exemple, car les médecins angevins ont toujours prouvé qu'ils savaient allier à une science profonde les sentiments les plus élevés et les plus généreux.

J'ai essayé depuis longtemps, tant par mes ouvrages que par mes écrits, de répandre l'idée moralisatrice d'honorer par des monuments la mémoire des hommes utiles à l'humanité ; rien ne serait plus facile et moins coûteux. Je voudrais que, dans les villages même, de simples tablettes de marbre, placées dans les mairies, rappelassent les noms des citoyens qui auraient rendu quelques services à la commune ; ce serait, je le crois, un puissant stimulant que de semblables archives.

Si vous aviez quelques instants à sacrifier, je serais heureux, Monsieur, que vous pussiez lire quatre articles : *Expositions*, *Fêtes nationales*, *Récompenses nationales* et *Arcs de triomphe*, que j'ai fait paraître dans le *Dictionnaire politique* de Pagnerre [1]. Les idées que j'ai émises pourraient vous sembler de quelque utilité ; je proposais de faire graver sur les monnaies les traits des grands hommes, et leur image ainsi popularisée devenait un enseignement de tous les instants pour le peuple et un encouragement pour la jeunesse.

D'après tout cela, Monsieur, vous apprécierez facilement l'adhésion complète que je donne à votre proposition. J'ai regretté que les Angevins n'eussent pas songé à faire reproduire les traits du général Delaage, ce brave et glorieux soldat, ce courageux Angevin qui a versé son sang pour

[1] On trouvera plus haut les articles consacrés par le maître aux *Expositions* et aux *Arcs de triomphe* (voir *Mélanges*). L'art n'étant pas directement en cause dans les études, *Fêtes nationales* et *Récompenses nationales*, nous ne les avons pas reproduites.

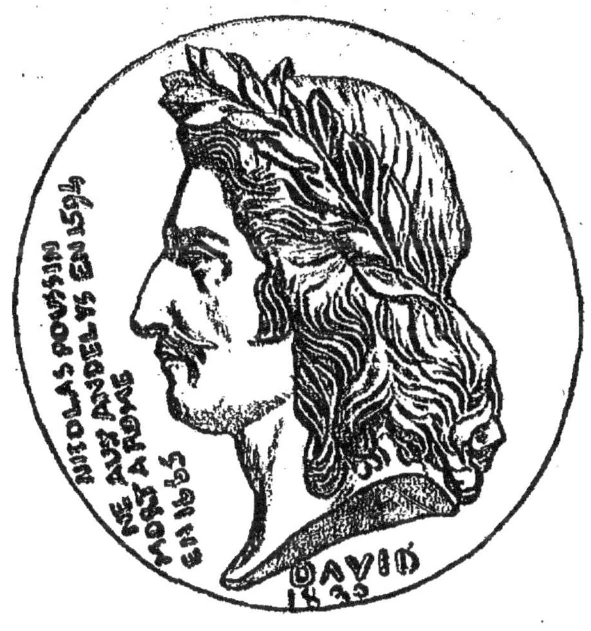


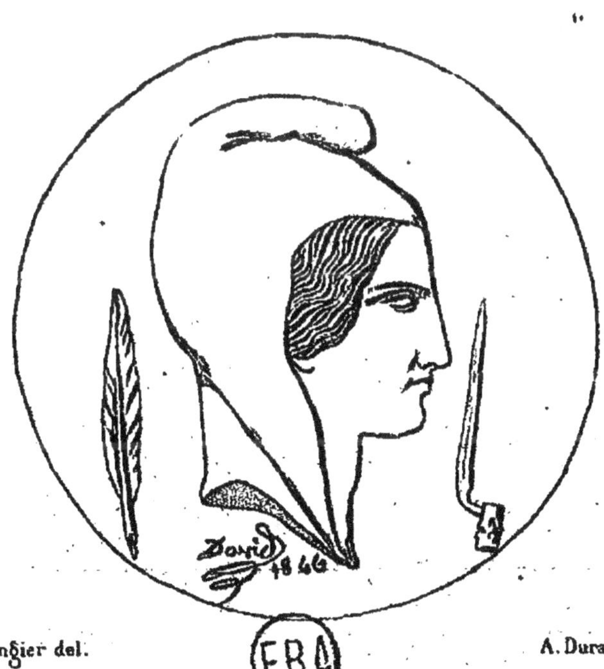


Th. Berengier del. A. Durand sculp.



NICOLAS POUSSIN — LA LIBERTÉ

la gloire et la défense de la France, et dont le nom figure avec honneur parmi ceux des héroïques soldats de la République et de l'Empire sur l'arc de triomphe de l'Étoile. Ce buste aurait été dignement placé sur l'esplanade du Château. J'ai regretté aussi amèrement, je vous l'avoue, de voir ajourner l'hommage si légitime dû par la ville d'Angers à l'héroïque Beaurepaire, car jamais personne n'a donné un plus bel exemple de dévouement patriotique à une patrie. Un jour viendra, n'en doutons pas, où sa noble conduite, appréciée comme elle le mérite, obtiendra le monument que je désirais offrir à mes compatriotes; mais il m'est pénible de penser que des années encore peuvent s'écouler, et que cette réparation juste, mais tardive, n'arrivera peut-être que lorsque je ne serai plus!

Veuillez, je vous prie, Monsieur et cher concitoyen, agréer l'assurance de ma parfaite considération.

DAVID d'Angers.

Autographe appartenant à la famille du destinataire.

---

## XCVI. — *Au Président de la Commission du monument de Garnier, à Angers.*

Paris, 12 août 1845.

MONSIEUR,

Il n'y a que le bronze qui puisse convenir à un monument exposé aux injures de l'air dans notre climat; le marbre est trop fragile, une pierre lancée au hasard par un enfant pourrait endommager gravement le buste que vous vous proposez d'élever à la mémoire de M. Garnier, tandis que le bronze est indestructible. D'ailleurs, le travail du marbre nécessite de trop grands frais.

Le buste de M. Garnier, devant être mis sur une place publique, devra avoir la proportion de celui d'Arago, qui est dans votre Musée; alors le prix de la fonte s'élèvera à la somme de mille à douze cents francs.

Je suis heureux que mes compatriotes aient approuvé mes idées sur les récompenses civiques, et je reviens encore sur le paragraphe de ma lettre dans lequel je demandais que dans chaque mairie de village des tables en marbre fussent érigées pour y consacrer les noms des hommes utiles au pays. Je voudrais que le pauvre agriculteur, le plus simple artisan participât à cette récompense nationale, s'il avait fait un acte de courage pour sauver la vie d'un autre homme, ou bien doté sa commune de quelque découverte utile pour l'agriculture; que le brave qui revient dans ses foyers après avoir défendu la patrie et fait quelque action d'éclat eût son nom inscrit. Je me souviens que j'ai vu dans une chaumière de notre Anjou un sabre d'honneur suspendu à la muraille, et je me souviens encore de la noble et martiale figure de l'ancien soldat d'Égypte qui nous montrait, avec orgueil cette récompense donnée par le gouvernement. Croyez-vous, Monsieur, qu'il ne serait pas très-facile de retrouver tous ces noms honorables et de les consacrer pour les siècles à venir, et n'est-il pas vrai que ce serait un bon enseignement pour les jeunes gens? Quelle époque favorable que la nôtre pour réaliser des idées utiles à la morale et aux grands sentiments!

Vous savez aussi, Monsieur, que pour que les récompenses aient une grande influence, il ne faut pas qu'elles soient accordées trop facilement, car alors le but serait manqué.

Lorsque l'on veut honorer par un monument la mémoire d'un homme, je voudrais qu'il fût ouvert un livre, dans chaque mairie, où chaque citoyen vînt inscrire son vote approbatif ou désapprobatif; alors une récompense serait véritablement l'expression de la volonté nationale.

Agréez, Monsieur, l'assurance de mes sentiments les plus dévoués.

David d'Angers.

Autographe appartenant à la famille du destinataire.

---

## XCVII. — *A Karl Elshoëct, à propos du* Jean Bart.

*Paris*, 20 août 1845.

J'ai été vivement touché, mon cher Monsieur Elshoëct, de la bonne et amicale lettre que vous venez de m'écrire. Je sens bien que les éloges que vous faites de mon travail vous ont été inspirés par l'affection que vous m'avez toujours montrée, et j'en suis doublement reconnaissant.

Vous savez qu'après avoir refusé trois fois de me charger de cet ouvrage, je n'ai cédé aux instances de la Commission que sur son assurance de ne pas en charger un autre; mais la persistance de ces messieurs doit, croyez-le bien, être attribuée à un sentiment affectueux pour le plus ancien dans la carrière, et non à un manque d'estime pour le talent d'un des jeunes confrères qui aura, je le désire ardemment, l'occasion de se montrer et d'être apprécié dans d'honorables circonstances.

Vous avez, mon cher Monsieur, agi en cette occasion comme un véritable artiste. Je vous assure que j'en prends note dans mon cœur. Mon estime et mon amitié vous sont acquises pour toujours. Quoique vous soyez, j'en suis sûr, bien persuadé de mes sentiments pour vous, j'ai été heureux de vous en renouveler l'assurance, et je vous prie de me croire, mon cher Monsieur, votre tout dévoué de cœur.

David d'Angers.

Minute autographe appartenant à la famille du statuaire. — Voir aussi le *Journal de Dunkerque* du 14 septembre 1845, où la présente lettre est publiée presque intégralement. — Cette lettre est la réponse de David à la lettre d'Elshoëct citée par nous, tome I, page 401.

---

## XCVIII. — *A Monsieur Hippolyte, baron Larrey.*

Samedi, ..... 1845?

CHER AMI,

Je vous fais remettre la petite voiture d'ambulance que vous m'avez prêtée. J'y joins une lettre et une brochure que j'ai trouvées en remuant la paille qui entourait le masque de votre père moulé sur nature, lequel vous sera également remis demain.

Mille amitiés.

DAVID d'Angers.

Autographe appartenant à M. le baron Larrey.

---

## XCIX. — *A Monsieur Hippolyte, baron Larrey.*

Dimanche soir, 1845?

MON BON ET CHER MONSIEUR LARREY,

J'ai l'honneur de vous faire remettre les instruments de chirurgie que vous avez eu l'extrême obligeance de me prêter. Je vous prie de vouloir bien m'excuser de les avoir gardés si longtemps. J'espérais toujours aller vous les porter moi-même et vous remercier de vive voix, mais l'encombrement qui résulte de mes travaux retarderait outre mesure cette restitution, qui déjà s'est trop fait attendre.

Croyez à ma bien profonde estime et à mon entier dévouement de cœur.

DAVID.

Autographe appartenant à M. le baron Larrey.

---

## C. — *A Monsieur Hippolyte, baron Larrey.*

Dimanche soir, 1845?

MON CHER AMI,

D'après l'ouvrage *Victoires et Conquêtes* que vous m'avez prêté, c'est M. de Bellune qui a gagné la bataille de Somo-Sierra. Faites-moi le plaisir de lire le récit de ce fait d'armes dans l'ouvrage de Thiers, afin de me dire si Bonaparte y a paru.

A vous de cœur.

DAVID d'Angers.

Autographe appartenant à M. le baron Larrey.

## CI. — *A Monsieur Hippolyte, baron Larrey.*

Lundi soir, 1845?

J'aurais besoin, cher ami, de voir pour quelques instants seulement le petit chariot d'ambulance. Pourriez-vous me l'envoyer?

Tout à vous.

DAVID d'Angers.

Autographe appartenant à M. le baron Larrey.

---

## CII. — *Au Président de la Commission du monument de Garnier, à Angers.*

Paris, 21 février 1840.

MONSIEUR,

Je vous prie de vouloir bien m'excuser du retard que j'ai mis à répondre à votre lettre; mes nombreuses occupations me rendent les heures bien courtes et me forcent à tenir plus souvent le ciseau que la plume.

J'ai reçu en bien bon état le portrait au pastel, ainsi que le masque moulé sur nature; j'ai examiné avec beaucoup d'attention le dessin du monument destiné à perpétuer la mémoire du docteur Garnier; je crois que la proportion du buste est d'une dimension trop colossale pour la place qui lui est destinée. Pensez aussi à la modicité de la somme que vous avez à dépenser; un buste d'un mètre quinze centimètres reviendrait à plus de trois mille francs pour la fonte en bronze seulement : c'est le prix qui a été donné au fondeur pour la fonte du buste du colonel Briqueville qui est aussi de la dimension d'un mètre cinquante centimètres; quand la grandeur dépasse celle adoptée ordinairement, la main-d'œuvre du fondeur augmente énormément.

Dans la première lettre que j'ai eu l'honneur de vous adresser, je vous indiquais le buste d'Arago, qui est au Musée d'Angers, comme étant d'une proportion suffisante pour être mis sur une place de notre ville : c'est une mesure colossale; si la Commission l'adoptait, les fonds de souscription suffiraient.

Voyez, mon cher compatriote, avec MM. les membres de la Commission ce que vous jugerez le plus convenable de faire, et croyez que je suis de tout cœur à votre disposition pour tâcher de faire un monument le plus digne possible de l'homme si honorable dont nous voulons consacrer la mémoire.

Recevez, je vous prie, mon cher concitoyen, l'assurance de mon entier dévouement de cœur.

DAVID d'Angers.

Je vous prie de demander à MM. les membres de la Commission ce qu'ils pensent à l'égard du costume, dont on ne peut faire voir qu'une indication dans un buste, ou bien s'ils veulent la forme d'Hermès antique.

Autographe appartenant à la famille du destinataire.

---

### CIII. — *Au Président de la Commission du monument de Garnier, à Angers.*

Paris, 11 avril 1840.

MON CHER MONSIEUR,

Depuis la lettre que j'ai eu l'honneur de vous écrire pour vous annoncer que j'avais reçu le portrait et le masque moulé sur le visage de M. Garnier, j'en ai reçu une autre de vous par laquelle vous me faites savoir le désir que l'on aurait à Angers que j'envoyasse des dessins du buste que je vais exécuter; cela est tout à fait impossible : on ne peut faire un portrait par correspondance. Quand j'ai dessiné la tête de M. Proust, c'était dans l'impossibilité d'avoir le modèle vivant à Paris; ces dessins m'ont servi de notes.

Avec tous les matériaux que vous avez mis à ma disposition, il me semble qu'il me sera facile de faire un buste ressemblant; et puis ne serait-il pas possible qu'un des amis ou parents du docteur vînt passer quelques jours à Paris pour vérifier la ressemblance et me donner des avis?

J'ai l'honneur d'être, Monsieur et cher compatriote, votre bien dévoué de cœur.

DAVID.

Autographe appartenant à la famille du destinataire.

---

### CIV. — *A Monsieur Ferdinand de Lasteyrie.*

Paris, 29 mai 1840.

MON CHER MONSIEUR,

J'éprouve un regret bien sincère de ne pouvoir assister à la célébration de votre mariage; je suis forcé de me rendre à onze heures précises à l'École des Beaux-Arts pour juger, avec mes collègues de l'Institut, les ouvrages qui doivent servir à l'admission des huit concurrents pour le prix de Rome.

Croyez, je vous prie, à mes vœux les plus sincères pour votre bonheur et à mon tout dévoué attachement de cœur.

DAVID d'Angers.

Autographe appartenant à M. le comte Ferdinand de Lasteyrie.

## CV. — *Au Maire de Béziers.*

Paris, 5 juin 1840.

Monsieur le Maire,

Il y a déjà quelques jours que j'ai fait charger au roulage les bas-reliefs, pour la décoration de la façade du théâtre, encaissés avec le plus grand soin, et qui arriveront à Béziers sans changer de voiture. Je les ai adressés au théâtre : je vous prie donc, Monsieur, de vouloir bien en faire prévenir et de dire surtout que *cette matière étant extrêmement fragile*, il serait prudent de ne les faire décaisser que sur les échafauds qui doivent servir à la pose.

J'ai mis tous mes soins à ce travail, que je regrette beaucoup de vous envoyer si tard; il était terminé dès l'automne dernier, mais il faut beaucoup de temps pour sécher de semblables masses de terre; l'hiver si humide de cette année a beaucoup contribué au retard; les essais de peintures, que M. Isabelle a désiré faire exécuter sur les fonds, ont aussi apporté leurs entraves.

Il n'y a plus maintenant qu'à s'occuper du placement. Je serai heureux si mon travail obtient l'assentiment de vos honorables compatriotes, toujours si bienveillants pour moi.

Agréez, etc.

David d'Angers.

*Journal de Béziers*, 12 juin 1840.

---

## CVI. — *Au Président de la Commission du monument de Garnier, à Angers.*

Paris, 3 août 1840.

Monsieur et cher compatriote,

J'ai fait tout ce qui a été en mon pouvoir pour interpréter le mieux possible le mauvais portrait au pastel fait d'après M. Garnier, et le masque moulé sur nature; actuellement, j'aurais besoin que mon ouvrage eût la sanction, sous le rapport de la ressemblance, d'une personne qui eût connu particulièrement l'homme dont j'ai cherché à reproduire les traits.

Vous m'obligeriez beaucoup si vous pouviez engager M. Raoul de Baracé à entreprendre le voyage de Paris pour me donner ses avis, qui dissiperont le vague dans lequel je suis en cette circonstance, n'ayant jamais vu M. Garnier.

Recevez, mon cher compatriote, l'assurance de mon entier dévouement de cœur.

David d'Angers.

Autographe appartenant à la famille du destinataire.

CVII. — *Au Président de la Commission du monument de Marceau, à Chartres.*

Paris, 12 octobre 1840.

Monsieur le Président,

Tous les Français qui ont conservé un culte sacré pour les glorieux souvenirs de notre Révolution applaudiront à la noble pensée d'élever un monument à l'héroïque républicain, à Marceau.

Pour rendre dignement cette grande illustration guerrière, pour s'identifier avec cette âme noble et généreuse, il faut un artiste qui, impressionné par son sujet, imprime sur le bronze tout ce que la postérité sera fière de retrouver sur les traits d'un jeune héros, grand parmi les hommes gigantesques de cette sublime époque de notre histoire. M. Préault, auquel son génie enfin apprécié doit assurer une place si distinguée parmi les statuaires dont s'honore la France, est digne, sous tous les rapports, de la confiance que voudra lui accorder la Commission, en le chargeant de l'exécution de ce monument national.

J'aime à me persuader, Monsieur le Président, que ma longue expérience dans les arts pourra donner quelque poids à ma recommandation auprès de vous et de MM. les membres de la Commission. Pour moi, je serai heureux d'avoir pu profiter de cette occasion de rendre justice à un artiste dont le mérite incontestable ne devrait pas avoir besoin de la garantie de ses confrères.

Veuillez, Monsieur le Président, agréer favorablement l'assurance de ma parfaite considération.

David d'Angers,
Membre de l'Institut,
et professeur à l'École des Beaux-Arts.

Autographe appartenant à M. L. de La Sicotière.

---

CVIII. — *Au Président de la Commission du monument de Garnier, à Angers.*

Paris, 27 octobre 1840.

Mon cher compatriote,

Le buste de M. Garnier sera terminé pour la foire de la Saint-Martin; le fondeur y fait travailler même la nuit; c'est une opération très-longue, car le buste est d'une proportion colossale. S'il n'arrive pas d'accident à la fonte, le roulage ne mettant que cinq jours pour le transport de Paris à Angers, vous pourrez faire l'inauguration le premier jour de la Saint-Martin. Le buste d'Olivier arrivera par le même transport.

Les inscriptions sont parfaitement bien; mais il m'est de toute impossibilité actuellement de les graver sur le buste; d'ailleurs, je n'aurais pas la place nécessaire pour cela, les lettres seraient trop petites; il faudra les faire graver sur le piédestal, elles seront visibles à tout le monde; si vous aviez voulu le buste en gaîne, comme celui d'Olivier, nous aurions eu aisément de la place pour écrire.

A l'égard du payement, il me semble que dans l'une des lettres que j'ai eu l'honneur de vous adresser, je vous disais que je me contenterais du montant de la souscription; que s'il manquait quelque chose pour couvrir mes frais, cela était mon affaire, étant trop heureux d'apporter mon tribut à un monument si honorable pour la mémoire d'un homme justement estimé, et aussi pour prouver à mes bons et chers compatriotes mes sentiments de reconnaissance et de profonde estime. Ne vous inquiétez donc pas à l'égard du prix, je vous le répète; le montant de la souscription, quel qu'il soit, me suffira.

La caisse vous sera adressée comme vous le désirez.

Agréez, mon cher Monsieur, l'assurance de ma considération très-distinguée.

DAVID d'Angers.

Autographe appartenant à la famille du destinataire.

---

## CIX. — *Au Président de la Commission du monument de Garnier, à Angers.*

Paris, 7 novembre 1836.

MON CHER COMPATRIOTE,

Le buste du docteur Garnier vous sera remis du 12 au 13 de ce mois, car je viens de faire charger la caisse, ainsi que celle contenant le buste d'Olivier, que j'adresse à M. Bigot. Vous trouverez dans la caisse le masque moulé sur nature, et le portrait au pastel que M. de Baracé avait eu la bonté de me prêter. Plus tard, je vous enverrai les modèles en plâtre qui ont servi à l'exécution du bronze, lorsque j'aurai fait le médaillon de nos deux compatriotes, pour les joindre à la collection placée dans notre Musée.

Selon ma prévision, vous pourrez faire l'inauguration du buste de M. Garnier vers les premiers jours de la foire de la Saint-Martin.

Je serai heureux si mes compatriotes peuvent voir, dans l'activité et le soin que j'ai mis à mon travail, mon désir constant de leur témoigner mon inaltérable dévouement.

Je viens de voir dans le *Journal de Maine-et-Loire* que la souscription était toujours ouverte; je vous prie de la clore, en vous rappelant ce que j'ai eu l'honneur de vous dire dans ma précédente lettre.

Recevez, Monsieur et cher compatriote, l'assurance de ma parfaite considération.

David d'Angers.

Autographe appartenant à la famille du destinataire.

---

CX. — *Au Président de la Société d'agriculture, des sciences et des arts de Calais.*

Paris, 7 novembre 1840.

Monsieur,

..... Je ne puis oublier que je dois votre connaissance à un grand et noble projet : ainsi la statue d'Eustache sera le lien qui m'unira à Calais. Mais si le projet du monument est beau, digne des Calaisiens, il ne faut pas cependant se contenter de l'intention. Il faudrait que je pusse faire sortir du bronze cette grande apparition, qui doit dire aux siècles à venir que les habitants de Calais ont un cœur qui comprend les nobles sentiments d'héroïsme et de reconnaissance. Je pense souvent à l'imposante figure de notre héros, aux bas-reliefs qui feraient ressortir le sublime courage des bourgeois de Calais; c'est un poëme bien palpitant d'intérêt à faire. Mais il faut du bronze au fondeur; pensez donc à recueillir des souscriptions. Pour cela, il faut, je le sais, se donner beaucoup de peine. La récompense sera d'avoir doté votre ville d'un monument qui aurait dû être élevé, depuis bien des années déjà, sur le sol de la patrie...

Veuillez agréer, etc.

David d'Angers.

*L'Industriel calaisien*, 20 janvier 1856.

---

CXI. — *A Monsieur Ferdinand de Lasteyrie.*

Paris, 10 novembre 1840.

Mon cher Monsieur Ferdinand,

Le jour de la fête des Morts, le cimetière du Mont-Parnasse a été visité par une nombreuse population. J'ai vu avec un vif intérêt que la foule ne cessait d'entourer le trop simple monument des Sergents de la Rochelle, et je me suis rappelé l'heureuse idée que vous m'aviez exprimée un jour dans mon atelier en voyant le portrait de ces jeunes patriotes : vous vouliez ouvrir une souscription pour leur élever un monument, et vous pensiez que vos collègues de la Chambre souscriraient, et même M. Mérilhou!

Je viens donc vous rappeler votre heureuse et patriotique idée, dont la réalisation ne me semble pas impossible. Il est temps, d'ailleurs, que nous exhumions le nom et les généreuses actions des nobles martyrs de la liberté. L'idée du croquis ci-joint m'est venue dans le cimetière, auprès du *petit drapeau déchiré*, et dont les couleurs sont *déteintes*, planté au milieu de quelques moellons.

Je serais charmé de connaître votre opinion à l'égard de ce projet de monument.

Votre bien dévoué de tout cœur. DAVID d'Angers.

*Autographe appartenant à M. le comte Ferdinand de Lasteyrie.* — *Sur la troisième page de cette lettre est dessiné à la plume un monument formé de deux pyramides superposées, ayant pour base des degrés et pour faîte un billot que surmonte une hache entourée de lauriers. Sur la face antérieure de la pyramide la plus élevée, le médaillon colossal des Sergents renfermant les quatre têtes affrontées. A droite et à gauche du médaillon, des palmes.*

## CXII. — *A Monsieur* ***.

Paris, sans date (1846).

MONSIEUR,

J'ai appris que vous aviez l'intention de protester, par tous les moyens qui sont en votre pouvoir, contre la spoliation des monuments de Fontevrault [1], spoliation qui a vivement, même à Paris, affecté les amis des arts. — Permettez-moi de vous en témoigner ma vive et profonde reconnaissance.

Je conçois que quand un pays a la lâcheté de se laisser conquérir par l'étranger, il soit obligé de subir la loi du plus fort; mais, dans le cas présent, c'est Paris *qui enlève des monuments historiques à la province*. C'est inconstitutionnel, car, pour accomplir un acte semblable, il faudrait une loi des Chambres. Si l'on désirait avoir une reproduction des statues qui viennent de nous être enlevées, rien n'était plus facile que de les mouler et d'en faire exécuter une copie. Les monuments historiques

[1] Tout le monde connaît aujourd'hui les remarquables sculptures de Fontevrault que M. Louis Courajod a si minutieusement décrites dans la *Gazette des Beaux-Arts*, sous le titre *les Sépultures des Plantagenets à Fontevrault* (année 1867, t. XXIII, p. 537-558). *Enlevées pendant une nuit en 1846 pour être transportées à Versailles, elles ne furent rendues* à l'Anjou qu'en septembre 1849 par l'intervention de M. le comte de Falloux, alors ministre de l'instruction publique. En 1867, le gouvernement impérial fit don de ces statues à la reine Victoria. *Henri II, Richard Cœur de lion, Élisabeth d'Angoulême, Éléonore d'Aquitaine* devaient quitter l'abbaye de Robert d'Arbrissel pour aller décorer Westminster; mais devant la protestation de toute la contrée, les démarches de M. de Caumont, une consultation du barreau de Paris revêtue des signatures de MM. Dufaure, Allou, Berryer, Marie, Albert Gigot et Salvetat, l'enlèvement n'eut pas lieu. Voir *Westminster et Fontevrault*, par M. Victor PAVIE, *Mémoires de la Société d'agriculture, sciences et arts d'Angers*, année 1866; *les Statues de Fontevrault* et *Protestation contre l'enlèvement des statues de Fontevrault*, même collection, année 1867.

sont la propriété du pays qui les possède; ils ont un immense intérêt, vus sur la place consacrée par les siècles; ils attirent les étrangers et sont une cause de prospérité pour la contrée.

Je vous renouvelle donc ma prière comme Angevin et comme artiste pour que mes compatriotes protestent énergiquement contre cette spoliation qu'il serait honteux de laisser passer sous silence.

Agréez, etc.

Minute autographe appartenant à la famille du statuaire.

---

## CXIII. — *A Monsieur* ***.

Paris, 10 juin 1847.

Mon cher et honorable collègue,

L'un des membres de la Commission du monument qui doit être élevé à la mémoire du général Drouot, et dont on m'a confié l'exécution, m'a demandé des renseignements administratifs et pécuniaires touchant la statue de Corneille. Malheureusement, j'ai donné à Dunkerque le livre que vous aviez fait paraître après l'inauguration du monument de Corneille.

Je viens donc vous prier de me dire le plus promptement possible si je puis le trouver à Paris. Au cas où vous penseriez qu'il serait nécessaire de le faire venir de Rouen, vous m'obligeriez en priant le libraire rouennais de me faire passer un exemplaire, que je solderai à son correspondant ici.

Je suis heureux de saisir cette nouvelle occasion de vous assurer de ma considération la plus distinguée, et de mon entier dévouement de cœur.

David d'Angers.

*P. S.* Je viens de terminer le tombeau du général Gobert. Le monument se compose d'un groupe équestre et colossal. Le général est représenté blessé à mort, sur un cheval qui se cabre. Dessous, un Espagnol lutte avec énergie. Je me suis souvenu de l'Espagne et de sa lutte terrible contre l'étranger.

Sur le piédestal du monument, j'ai sculpté quatre bas-reliefs rappelant les actes les plus remarquables de la vie du guerrier. Le monument tout entier est en marbre blanc des Pyrénées.

D.

Autographe appartenant à M. L. de La Sicotière.

## CXIV. — *A Achille Leclère, membre de l'Institut.*

Paris, 29 mai 1847.

MON CHER COLLÈGUE,

Veuillez, je vous prie, faire savoir à M. le président de la Commission du monument David Purry que je m'occupe avec toute l'activité possible de la statue et des quatre bas-reliefs. Le modèle de la statue est très-avancé; j'espère pouvoir le livrer au fondeur au mois d'août, et, pendant qu'il fera cette opération, je lui enverrai successivement les bas-reliefs, afin que la fonte puisse être terminée en même temps que celle de la statue.

M. de Pourtalès, qui est venu me voir, m'avait promis d'écrire à MM. les membres de la Commission combien mon modèle, qu'il avait vu, était avancé.

Veuillez aussi, mon cher ami, réitérer à M. le président l'assurance du soin que j'apporterai à mon travail, pour répondre le plus dignement possible à la confiance dont m'a honoré la Commission, et à la dignité du sujet qu'elle a bien voulu m'appeler à représenter.

Votre bien dévoué de cœur. DAVID d'Angers.

Autographe déposé aux Archives municipales de Neuchâtel (Suisse).

---

## CXV. — *A Monsieur le colonel de Meuron.*

Paris, 2 septembre 1848.

MONSIEUR LE COLONEL,

J'avais totalement terminé le modèle de la statue de David Purry avant la révolution de Février, et j'avais prié M. Achille Leclère, ainsi que M. Pourtalès, de vous en prévenir; il me semblait que, puisque la statue était achevée, le fondeur pouvait tout de suite s'occuper de son travail. Ce fondeur (M. Quesnel) est un homme en première *ligne* comme *talent*; il a demandé la somme de six mille francs pour la fonte de la statue. Rien n'empêche donc que la réalisation du noble projet des habitants de Neuchâtel n'obtienne tout de suite son exécution.

J'avais aussi remis, avant février dernier, à M. Leclère les dessins au trait des quatre bas-reliefs, en le priant de vous les soumettre, afin que vous eussiez la bonté de me communiquer vos observations; vous penserez, j'espère, qu'il serait important de me les renvoyer tout de suite, afin que je m'en occupe, pour qu'ils puissent être fondus en même temps que la statue.

Selon les conventions avec le fondeur, il aurait droit à des à-compte, seulement, selon le degré d'avancement de son travail, et avec l'attestation de l'architecte et de moi. Il serait, je crois, facile d'envoyer les six mille francs à l'un de vos correspondants de Paris, chez lequel on prendrait à mesure les fonds dus au fondeur jusqu'à l'entier achèvement de la fonte.

Je vous prie, Monsieur le Colonel, de vouloir bien recevoir l'assurance de ma considération la plus distinguée.

David d'Angers,
Représentant du peuple,
Membre de l'Institut,
et professeur à l'École des Beaux-Arts.

Autographe déposé aux Archives municipales de Neuchâtel (Suisse).

---

## CXVI. — *Au Président de la Société d'agriculture, des sciences et des arts de Calais.*

Paris, 8 janvier 1849.

Monsieur,

..... Vous faites bien de penser au monument de votre noble compatriote. Quand le temps sera venu, nous nous mettrons à l'œuvre avec tout le cœur et l'âme possible.....

Veuillez agréer, etc. David d'Angers.

*L'Industriel calaisien*, 20 janvier 1856.

---

## CXVII. — *Au Maire du Havre.*

Paris, ..... 1849.

Monsieur le Maire,

Tous les hommes qui apprécient le génie ont appris avec un vif plaisir la décision du Conseil municipal du Havre, à l'égard de l'érection d'une statue à la mémoire de Casimir Delavigne. J'ai applaudi pour ma part à l'idée de placer sa statue près de celle de Bernardin de Saint-Pierre, en face de l'entrée principale de la Bibliothèque. Ces deux grandes intelligences feront un glorieux frontispice au monument consacré au dépôt des connaissances humaines. Si un homme pouvait prévoir ce que ses concitoyens réservent à sa mémoire, Casimir Delavigne eut dû éprouver une vive reconnaissance d'avoir son image placée près de celle de son illustre compatriote. Quand je lui montrai ma composition pour la statue de l'auteur de *Paul et Virginie,* il fut saisi d'enthousiasme, et il voulait écrire une pièce de vers sur ce sujet. La mort est venue clore une page qui eût certainement honoré les deux grands littérateurs.

Delavigne fut mon ami, mon collègue à l'Institut. A l'époque de l'apparition des *Messéniennes*, je fis son buste en marbre et lui en fis don. Aujourd'hui, Monsieur le Maire, je viens vous offrir le modèle de sa statue pour ma part de souscription, et je serai bien heureux que cet hommage et celui de la statue de Bernardin de Saint-Pierre soient acceptés par les Havrais. J'espère qu'ils voudront bien me permettre de me joindre à eux, dans une si juste manifestation nationale à l'égard de deux grands génies.....

Agréez, etc. DAVID d'Angers.

Minute autographe appartenant à la famille du statuaire.

---

CXVIII. — *A Monsieur Hippolyte, baron Larrey.*

Lundi matin, 1849?

MON CHER AMI,

M. Leclère a l'intention de faire graver sur le piédestal le nom des batailles auxquelles se rapportent les bas-reliefs. Il demande s'il est nécessaire de répéter le mot « bataille » au-dessus de chaque bas-relief. Mon avis serait d'inscrire simplement *Béresina*, *Pyramides*, *Austerlitz* et *Somo-Sierra*. Tranchez la question, et envoyez tout de suite à Leclère votre décision sur ce point.

DAVID d'Angers.

Autographe appartenant à M. le baron Larrey.

---

CXIX. — *A Monsieur Hippolyte, baron Larrey.*

Paris, 21 janvier 1850.

MON CHER AMI,

Vous m'aviez promis de m'envoyer l'adresse de notre ami Delacroix : vous l'aurez sans doute oublié.

Veuillez lui faire remettre la lettre ci-incluse, qui est adressée à ce grand artiste. Ce sera ma carte de visite.

Je travaille *sans relâche* aux bas-reliefs du monument de votre père, et j'espère bien que, vers la fin de février, j'aurai totalement terminé mon travail. Si les fondeurs veulent travailler à leur tour avec activité, l'inauguration pourra certainement avoir lieu dans le mois d'avril.

A vous de cœur.

DAVID d'Angers.

Autographe appartenant à M. le baron Larrey.

CXX. — *Au Président de la Société d'agriculture, des sciences et des arts de Calais.*

Paris, 21 avril 1850.

MONSIEUR,

Croyez que je n'abandonne pas notre projet de monument d'Eustache de Saint-Pierre; mais, avant que je m'occupe du modèle, qui sera une opération longue, il faut que vous ayez recueilli une somme de quinze mille francs au moins pour la fonte du bronze de la statue et des bas-reliefs. Ainsi, tous vos efforts doivent tendre à augmenter le montant de la souscription.....

Veuillez agréer, etc. DAVID d'Angers.

*L'Industriel calaisien*, 20 janvier 1850.

---

CXXI.— *A Monsieur L. Willay, ancien contrôleur des hospices, à Dunkerque.*

Paris, 16 juin 1850.

MONSIEUR,

Votre projet d'éclairage de la statue de Jean Bart me paraît aussi ingénieux que pittoresque; la seule crainte que j'éprouve, c'est que la statue, éclairée par le bas, ne produise pas un effet satisfaisant, car vous avez pu voir qu'au théâtre, la rampe n'avantage pas les acteurs.

Pourtant, comme l'éclairage est impossible de toute autre manière, il faut, je crois, s'occuper de votre projet; mais je crois aussi qu'il serait urgent d'en faire des essais et de les soumettre à l'appréciation des gens de goût. N'oubliez pas, surtout, mon honorable ami, M. Benjamin Morel, dont le goût et le jugement sont parfaits.

J'aurais désiré pouvoir assister à l'épreuve que je vous conseille, mais je suis tellement encombré d'occupations qu'il me serait, à mon vif regret, difficile de faire le voyage.

Recevez, Monsieur, l'assurance de ma considération très-distinguée.

DAVID d'Angers.

*Journal de Dunkerque*, 19 juin 1850.

---

CXXII. — *A Monsieur Hippolyte, baron Larrey.*

Paris, jeudi 20 juillet 1850.

CHER AMI,

Nos bas-reliefs sont terminés. Lundi prochain 24, la Commission pourra venir les voir chez les fondeurs, et j'écris au général Petit de bien vouloir la convoquer pour ce jour-là. Il est urgent de ne pas retarder cette visite, car les fondeurs n'ont pas trop de temps jusqu'au 8 pour poser la statue et les bas-reliefs.

Je viens de voir le piédestal, auquel le marbrier n'a pas encore travaillé. Pas d'inscriptions non plus! J'écris à M. Leclère pour le presser.

Il sera nécessaire d'entourer le monument d'une barrière garnie de toiles, afin que les ouvriers ne soient pas troublés pendant leur travail, et aussi pour que la sculpture ne soit pas vue avant l'inauguration.

Tâchez, mon ami, de vous concerter avec l'architecte, et dites au secrétaire de la Commission qu'il ait soin de convoquer M. Leclère pour lundi prochain.

A vous de cœur.

DAVID d'Angers.

Autographe appartenant à M. le baron Larrey.

---

CXXIII. — *Au Président de la Commission du monument de Marceau, à Chartres.*

Paris, 6 septembre 1850.

MONSIEUR LE PRÉSIDENT,

Bien que la mission d'un artiste chargé de contrôler l'ouvrage d'un confrère qui n'est plus un élève ne me paraisse pas compatible avec l'indépendance qui doit être laissée à l'homme qui crée une œuvre d'art, la tâche extrêmement délicate que vous m'avez confiée n'offrait plus à mes yeux autant de difficultés, dès lors que j'étais envoyé vers M. Préault, dont personne plus que moi n'apprécie le talent. Je n'ai donc pas hésité à me rendre à l'invitation que vous m'avez fait l'honneur de m'adresser.

L'aspect de la statue de Marceau m'a vivement frappé par son caractère monumental, l'énergie bien sentie de la pose, ses heureux aspects, de quelque point qu'on l'observe, et l'on retrouve dans cet ouvrage l'exécution brûlante et si passionnée qui caractérise les œuvres du jeune maître.

Cette statue, élevée sur son piédestal, produira un grand effet, et je pense que MM. les membres de la Commission s'estimeront dignement récompensés du choix qu'ils ont fait d'un artiste si capable de comprendre le caractère du héros républicain.

Veuillez, Monsieur le Président, recevoir l'assurance de ma considération la plus distinguée.

DAVID d'Angers.

Minute autographe appartenant à la famille du statuaire.

## CXXIV. — *A Monsieur Hippolyte, baron Larrey.*

Lundi, 1850?

CHER AMI,

Les fondeurs, en moulant le canon, ont effacé deux noms de bataille. Ces deux noms étaient placés tout à fait au bas du canon. Je n'ai plus la liste que vous m'aviez dressée. Pourriez-vous m'en envoyer une autre ou aller rue des Trois-Bornes, n° 15, chez MM. Eck et Durand? Mais c'est si loin que je crains de vous engager à faire cette course.

A vous de cœur.

DAVID.

Autographe appartenant à M. le baron Larrey.

---

## CXXV. — *A Monsieur Hippolyte, baron Larrey.*

Samedi, 1850?

CHER AMI,

M. Leclère vient de me dire que les inscriptions du monument sont coulées en bronze. Il n'y a plus à revenir là-dessus.

Comme Leclère n'a pas reçu de lettre de convocation pour mardi matin, soyez assez bon pour engager le secrétaire de la Commission à lui écrire tout de suite : il est important que l'architecte du piédestal assiste à vos délibérations.

A vous de cœur. DAVID d'Angers.

Autographe appartenant à M. le baron Larrey.

---

## CXXVI. — *A Monsieur Hippolyte, baron Larrey.*

Mercredi matin, 1850.

CHER AMI,

Je ne vois pas à quoi pourra servir l'inauguration du monument, puisqu'il est visible à tous les regards. J'avais cependant demandé que les bas-reliefs fussent couverts d'une toile. On vient de me dire que rien n'avait été fait à cet égard.

On m'apprend aussi que le jour de l'inauguration est retardé encore !...

Votre tout dévoué. DAVID d'Angers.

MM. les fondeurs doivent être contents. Je leur ai fait obtenir deux mille francs de plus que le prix convenu dans leur marché.

Autographe appartenant à M. le baron Larrey.

### CXXVII. — *A Monsieur Hippolyte, baron Larrey.*

Mercredi soir, 1850?

CHER AMI,

La lithographie de M. Aubry-Lecomte me semble très-bonne ; cependant il y aurait une retouche à faire au bras qui tient le testament, et cette retouche me paraît indispensable. Serait-il encore temps ?

Je vous écris ce billet dans la presque certitude de ne pas vous voir ce soir chez madame Lamouriez.

Tout à vous de cœur.

DAVID.

Autographe appartenant à M. le baron Larrey.

---

### CXXVIII. — *A Monsieur Benjamin Fillon, à Fontenay.*

Paris, 22 mai 1851.

MONSIEUR,

J'ai souvent rêvé d'élever un monument à la gloire des grands hommes amis de l'humanité. J'appellerais dans ce Panthéon en plein air les plus humbles des hommes utiles : poëtes, artistes, savants ou inventeurs ; mais je chasserais impitoyablement de son enceinte les tueurs de nations ; je les laisserais dans le vide qu'ils ont fait autour d'eux, hissés sur leur piédestal de cadavres.

Paris, à la fois le cerveau et le cœur du genre humain, devrait consacrer la place du Carrousel à cette grande épopée de pierre. La ville souveraine prendrait ainsi possession de son titre de capitale du monde, et lui annoncerait qu'elle adopte toutes les gloires de son passé, au même titre que toutes les gloires de son présent viennent lui demander sanction des œuvres de leur génie. Tout alentour, le Louvre achevé, soudé aux Tuileries par deux galeries parallèles, qui feraient des deux édifices un immense palais, où prendraient place toutes les œuvres de l'intelligence : livres, tableaux, statues, antiquités, etc. ; le Louvre, ainsi complété, serait le centre commun vers lequel convergeraient les hommes d'élite de l'univers entier, et je vous promets qu'une fois la grande Bibliothèque installée en *reine* aux Tuileries, il serait plus difficile de la déménager que trois dynasties appuyées sur leurs chartes octroyées, leurs gardes du corps et leurs régiments de ligne. — Les peuples heureux et libres, après des années encore, des siècles, qui sait ? de combats, viendraient vers ce sanctuaire, sans crainte d'y trouver le lendemain autre chose que ce qu'ils y auraient laissé la veille.

Agréez, etc.

DAVID d'Angers.

*Lettres écrites de la Vendée à M. Anatole de Montaiglon*, par Benjamin FILLON. Paris, Tross, 1861, in-8°.

## CXXIX. — *A Monsieur Benjamin Fillon, à Fontenay.*

Paris, 29 mai 1851.

MONSIEUR,

Je sais que N... doit avoir à se plaindre de moi. Les méchants et les sots ont trompé sa bonne foi, en lui persuadant que j'étais jaloux de lui. — Personne, plus que son maître, n'a désiré lui voir des travaux qui eussent fait ressortir le côté vigoureux de son talent; mais la bureaucratie des Beaux-Arts, ennemie de la vigueur du caractère et du style, l'a fait étioler. Elle en a tué bien d'autres! Elle s'entend à éreinter le génie. — J'ai le cœur assez haut planté pour n'être jaloux de personne. L'art est saint; il périt par le fiel : mon cœur et ma main n'ont jamais profané son culte. . . . .

Agréez, etc. DAVID d'Angers.

*Lettres écrites de la Vendée à M. Anatole de Montaiglon*, par Benjamin Fillon.

## CXXX. — *A Monsieur Marchant Dubois d'Hault, à Angers.*

Paris, 4 août 1851.

MONSIEUR,

J'ai reçu avec une bien vive reconnaissance votre livraison de l'*Anjou pittoresque;* vous ne pouvez vous faire une idée du bonheur que votre bienveillant souvenir m'a fait éprouver, car, en rendant un juste tribut d'éloges à votre talent si remarquable, je puis aussi jouir continuellement des sites si beaux de mon cher pays et renouveler à chaque instant mes souvenirs de jeunesse.

Je vous prédis, Monsieur, un grand succès, non-seulement en Anjou, mais en France, car notre pays sera désormais visité, et les voyageurs désireront emporter votre bel ouvrage.

Merci encore, Monsieur; croyez à ma considération la plus distinguée.

DAVID d'Angers.

*Le Précurseur de l'Ouest*, journal d'Angers, 11 novembre 1851.

## CXXXI. — *Au Président de la Commission du monument de Puget.*

Paris, 11 octobre 1851.

MONSIEUR,

Vous avez pensé justement que je serais heureux d'apprendre le projet des Marseillais d'élever enfin un monument à un grand homme, l'honneur de la France entière. C'eût été avec un véritable bonheur que j'eusse exécuté la statue de votre immortel compatriote si, par un choix direct et spontané, elle m'eût été confiée, ainsi qu'il en a toujours été pour mes travaux.

Ma longue carrière doit suffire pour me dispenser des concours, généreux en théorie et impraticables comme réalisation, les juges compétents étant, pour ainsi dire, impossibles à trouver.

Si le choix de la ville tombe sur un artiste digne de comprendre le grand et noble sujet qu'il sera appelé à consacrer, je m'en réjouirai pour la gloire de l'art et pour notre chère patrie, que je voudrais toujours voir la première sous tous les rapports.

Quant à moi, je n'ai jamais compris cette *course au clocher* pour obtenir des travaux. Mon respect pour l'art est trop profond, et si je déplore cette influence, passagère, il faut bien l'espérer, c'est que dans l'ardeur des artistes pour s'enlever les travaux, l'intérêt pécuniaire les dirige seul, tandis que le sujet reste accessoire; les générations futures seront souvent réduites à maudire les tristes concessions que leurs ancêtres se sont crus obligés de faire à de certaines opinions et de certaines coteries.

DAVID d'Angers.

*Pierre Puget*, peintre, sculpteur, architecte, décorateur de vaisseaux, par Léon LAGRANGE.

---

## CXXXII. — *A Monsieur* ***.

Paris, sans date, 1851?

MON CHER AMI,

J'ai bien longtemps tardé à répondre à votre dernière lettre; il m'était trop pénible de ne pas y répondre selon votre désir et le mien, qui serait, soyez-en bien persuadé, d'aider à la publication si patriotique que vous voulez faire. Ma politique est toute de dévouement. Lorsque, le 25 février, les gardes nationaux vinrent dans la nuit m'apporter ma nomination de maire du XIe arrondissement, je recevais en même temps celle de directeur des Musées nationaux. Je ne balançai pas un instant à refuser la place rétribuée et à accepter celle qui me présentait de grands périls et beaucoup de dépenses d'argent. Lorsque j'ai siégé à la Constituante, tous mes appointements ont été consacrés aux crèches d'Angers et de Paris. Je n'ai eu de la République que mon écharpe de maire. Depuis, j'ai énormément dépensé pour les grandes infortunes des républicains et pour les pauvres prisonniers politiques, et vous savez que j'ai des enfants dont il faut faire l'éducation. Le gouvernument, comme celui de Louis-Philippe, me tient toujours à l'index pour ses travaux; ceux que je fais pour les villes sont des dons que je leur offre, et vous savez aussi combien les travaux de sculpture sont ruineux par les frais qu'ils nécessitent. Je vais faire une seconde statue de Bichat pour l'École de médecine, qui sera donnée comme la première. Napoléon, apprenant la mort de Bichat, décréta qu'il lui serait consacré, dans l'Hôtel-Dieu, une inscription gravée sur une plaque de marbre. Voilà le monument de la munificence du grand Empereur, et un simple artiste lui dresse deux statues.

*Ma vie artistique est bien difficile, croyez-le bien*, mon cher ami, et si j'ai fait de grands travaux, élevé quantité de monuments aux hommes illustres, il m'a fallu faire de lourds sacrifices pécuniaires. Je ne le regrette pas, car j'ai satisfait à un *invincible* sentiment qui me porte à admirer et à vénérer les hommes qui ont été utiles à mon pays par leur science ou leur héroïsme...

J'ai pensé que je vous devais cette explication, afin que vous soyez bien persuadé que mon refus à votre égard est commandé par la force des choses.

Je m'occupe du modèle de la statue de notre Beaurepaire. Qui sait si nos compatriotes voudront au moins faire les frais du bronze? Je dois *en douter*, car je constate un *bien mauvais* vouloir. Vous aviez *engagé* des personnes à pousser cette affaire. Je sais qu'elles n'en ont rien fait, tout le monde n'a pas le cœur chaud et patriotique comme vous, cher ami. Enfin, lorsque le modèle sera terminé, j'aurai payé ma dette au héros de notre Anjou : *Fais ce que dois, advienne que pourra.*

A vous de cœur.

DAVID d'Angers.

Minute autographe appartenant à la famille du statuaire.

---

CXXXIII. — *A Monsieur Benjamin Fillon, à Fontenay.*

Paris, 17 septembre 1854.

MONSIEUR,

Un jour, je vous enverrai la médaille de Bonchamps. Cet homme a légué une leçon de générosité à tous les partis qui se dévorent dans les guerres civiles. Mon père lui a dû la vie; car il était l'un des prisonniers républicains enfermés dans l'église de Saint-Florent, avec le Régulus nantais, Haudaudine, dont j'ai eu le bonheur de faire le portrait, que je vous enverrai aussi. — Après le combat, il n'y a plus d'ennemis, les vaincus sont des frères. — D'ailleurs, nous autres artistes, nous sommes les historiens des traits; les questions de partis ne sauraient nous toucher. Artiste, j'ai du marbre et du bronze pour le génie, la vertu, le courage héroïque; je n'en ai point pour les tyrans et les Rothschild.

Agréez, etc.

DAVID d'Angers.

*Lettres écrites de la Vendée à M. Anatole de Montaiglon*, par Benjamin FILLON.

---

CXXXIV. — *A Monsieur Benjamin Fillon, à Fontenay.*

Paris, 20 septembre 1854.

MONSIEUR,

Lelewel m'a fait part, lorsque j'étais à Bruxelles, de votre projet d'écrire, avec M. Mathieu de Montaign, l'*Histoire de la Vendée militaire*, et de jeter à l'égout le tas d'ordures amoncelé par les ennemis de la Révolution, dans des livres dignes de Loriquet. Je vous crie : Courage; disposez de moi, si je suis bon à vous ouvrir la porte de mes amis. Mais n'oubliez jamais que vous allez juger des frères, des Français comme nous. Ceux qui meurent pour une cause, fût-elle mauvaise, sont sacrés, tant que l'intérêt de la vérité n'est pas dans l'autre plateau de la balance qui les pèse. Soyez vrais, impitoyables pour les intrigants, les lâches, les égoïstes, mais respectez, chez les ennemis de la démocratie, le malheur, le courage, la foi, quand elle fut leur mobile.

Agréez, etc.

DAVID d'Angers.

*Lettres écrites de la Vendée à M. Anatole de Montaiglon*, par Benjamin FILLON.

---

CXXXV. — *A Monsieur Benjamin Fillon, à Fontenay.*

Paris, 12 octobre 1854.

A la réception de votre lettre, mon cher Monsieur et ami, je me suis occupé d'une esquisse dont M. Cosnier d'Angers a bien voulu se charger pour vous la faire parvenir. Comme vous ne m'aviez pas donné de programme, j'ai imaginé de représenter l'Histoire, couronnée de cyprès, ayant auprès d'elle la Justice qui l'éclaire. Sur les gradins de droite sont les généraux républicains. Hoche, appuyé sur une charrue, présente l'olivier de la paix, et Travot, le dernier pacificateur, tient aussi une branche d'olivier. Sur les gradins de gauche, sont les chefs vendéens, et, sur la marche du milieu, est une mère entourée de ses enfants. C'est l'image de la sécurité que procure la paix. Vous verrez si ce croquis peut vous convenir. Dans tous les cas, gardez-le comme carte de visite.

Adieu, Monsieur et ami; croyez-moi votre tout dévoué de cœur.

DAVID d'Angers.

*Lettres écrites de la Vendée à M. Anatole de Montaiglon*, par Benjamin FILLON.

---

## CXXXVI. — *Au Ministre de l'Intérieur.*

Paris, sans date.

MONSIEUR LE MINISTRE,

J'ai l'honneur de recommander tout particulièrement à votre bienveillante protection M. Petit, statuaire. En lui confiant quelques travaux dans les monuments publics, vous mettrez cet artiste en mesure de faire connaître son talent, et vous obtiendrez des ouvrages d'une exécution parfaite.

M. Petit a fait des études très-sérieuses; il a remporté à l'Académie plusieurs prix dans des conditions remarquables. Le prix de Rome eût sans doute couronné ses efforts, sans le mal terrible (un anévrisme) qui ne lui permit pas d'affronter pour la deuxième fois les émotions prolongées d'une lutte de trois mois. Le second grand prix remporté par lui d'une manière si brillante permettait cependant de bien augurer en sa faveur d'une nouvelle épreuve.

M. Petit n'a d'autre ressource, pour assurer son avenir dans les arts, que les succès qui l'attendent aux Expositions; il est sans fortune; les travaux que vous voudrez bien lui confier, en étant pour lui d'un secours immédiat, apporteront peut-être à cet artiste si digne d'intérêt la santé dont il a besoin.

Dernièrement, Monsieur le Ministre, l'Académie, appelée à désigner l'artiste le plus méritant pour lui adjuger le prix Latour-Landry, a honoré M. Petit d'un très-grand nombre de suffrages.

Veuillez agréer, etc.

DAVID d'Angers.

Minute autographe appartenant à la famille du statuaire.

# AUTOGRAPHES DE DAVID D'ANGERS

## PASSÉS EN VENTES PUBLIQUES

## PARIS ET LEIPZIG

*Vente de la collection de M. Capelle.* — 6 juin 1849.
Laverdet, expert.

Une lettre autographe signée, à M. Lucas de Montigny, Paris, 9 juin 1838, 2 pages in-4°.

Cette lettre est relative à un des élèves de David qui doit passer au prochain conseil de révision.

*Vente de la collection de feu M. Lalande.* — 29 avril 1850.
Laverdet, expert.

Deux lettres autographes signées, 1848, 2 pages in-8°.

Trois lettres signées, 1848, 3 pages in-8°.

*Vente de la collection de feu le marquis de Chateaugiron.*
15 octobre 1851. — Clérambault, expert.

Quatre lettres autographes signées, 1836.

*Vente d'une collection d'autographes.* — 25 mai 1852.
Laverdet, expert.

Une lettre autographe signée, à M. ***, Paris, 1843, 2 pages in-8°.

Une lettre autographe signée, à M. ***, 27 juillet 1837, 2 pages petit in-8°.

Cette lettre est relative au fronton du Panthéon qui n'est pas découvert.

*Vente de la collection de feu M. le baron de Trémont.*
9 décembre 1852. — Laverdet, expert.

Une lettre autographe signée, à son ami Haudebourt, 4 mai 1832, 1 page plano in-4°.

Un dessin original, beau bas-relief antique : l'*Amour désarmé*, in-folio oblong, est joint à cet autographe.

*Vente de la collection de feu M. le baron de Trémont.*
28 avril 1853. — Laverdet, expert.

Une lettre autographe signée, à M. Auber, jeudi matin, 1846, 1 page in-8°.

Une lettre autographe signée, à M. Letronne, Paris, 29 mai 1843, 1 page in-8°.

*Vente de la collection de feu M. Aug. de la Bouisse-Rochefort.*
10 mai 1854. — Laverdet, expert.

Une lettre autographe signée, à M. Le Chevalier, 1828, 1 page in-8°.

Une lettre autographe signée, à M. Marchand, Paris, 7 août 1836.

Cette lettre est relative à la statue d'Armand Carrel.

*Vente de la collection Hüttner, à Leipzig.* — 11 décembre 1854.
H. Hartung, expert.

Un billet autographe signé, Paris, 1835.

Quatre billets autographes signés, Paris, 1848.

*Vente du cabinet de M. J. L. de Nancy.* — 25 janvier 1855.
Laverdet, expert.

Une lettre autographe signée, à M. Ch. Woinez, à Caen, Paris, 28 octobre 1839, 2 pages in-8°.

*Vente d'une collection provenant de plusieurs cabinets.*
20 avril 1855. — Laverdet, expert.

Une lettre autographe signée, à un rédacteur de journal, Paris, 10 novembre 1839, 3 grandes pages plano in-folio.

Cette lettre est relative à l'inconvénient et aux dangers qu'il y a de couvrir de charpente et de toile pendant six mois les chefs-d'œuvre des grands maîtres pour installer au Louvre la prochaine exposition de tableaux.

Une lettre autographe signée, à M. ***, 1 page plano in-8°.

Cette lettre est relative à une statue que David termine.

Une lettre autographe signée, à M. Bérard, Paris, 19 décembre 1837, 2 pages in-8°.

Cette lettre est relative au tirage de la loterie des deux portraits de Mirabeau.

Une lettre autographe signée, à M. Bérard, 13 juillet 1834, 1 page in-12.

Cette lettre renferme l'offre du médaillon qu'il vient de faire de Bérard.

*Vente du cabinet de M.* ***. — 19 juin 1855.
Charavay, expert.

Quatre lettres autographes signées, à M. Duchesne aîné, 1839-1842, 4 pages in-8°.

*Vente du cabinet de feu M. Parison.* — 25 mars 1856.
Laverdet, expert.

Deux lettres autographes signées, à madame Delpech, 2 pages in-8°.

*Vente de la collection de feu M. Lucas de Montigny.*
30 avril 1860. — Laverdet, expert.

Huit lettres autographes signées, à M. Lucas de Montigny, 1835 à 1847, ensemble 13 pages in-12 et in-8°.

*Vente de la collection de feu M. de Lajarriette.*
15 novembre 1860. — Charavay, expert.

Une lettre autographe signée, à Fortoul, 1 page in-8°.

Une lettre autographe signée, à Rouget de Lisle, Paris, 18 juillet 1830, 2 pages in-4°.

« En faisant votre portrait en marbre, j'ai voulu consacrer les traits d'un homme qui a servi la noble cause de notre chère patrie; ce trop faible tribut est de tout cœur. »

*Vente d'une collection de lettres autographes.* — 11 mai 1861. Laverdet, expert.

Une lettre autographe signée, à madame Delpech, mercredi matin, 1 page in-8°.
Une lettre autographe signée, à la même, 1827, 1 page in-8°.
Une lettre autographe signée, à la même, 1855, 1 page in-8°.

*Vente d'une collection provenant d'un des plus précieux cabinets de Paris.* 7 décembre 1865. — Charavay, expert.

Une lettre autographe signée, à Rouget de Lisle, Paris, 18 juillet 1830. 2 pages in-4°.
C'est le même autographe que plus haut.

*Vente du cabinet de M. Henri Dervieux.* — 1er décembre 1868. Charavay, expert.

Une lettre autographe signée, 1848, 2 pages in-8°.
Une lettre autographe signée, 1 page in-12.

*Vente des collections de feu M. Dromont et de feu M. Delestre, peintre d'histoire.* — 13 décembre 1871. — Charavay, expert.

Sept lettres autographes signées, 8 pages in-8° et in-12.

*Vente de la collection de feu M. Gauthier-Lachapelle.* 10 mai 1872. — Charavay, expert.

Une lettre autographe signée, à M. Puvis, à Bourg, Paris, 22 juillet 1840, 3 pages plano in-8°, portrait.
Cette lettre est relative à la statue de Bichat qui doit être érigée à Bourg.

*Vente de la collection de feu M. Labouisse-Rochefort.* 28 mars 1874. — Charavay, expert.

Quatre lettres autographes signées, à M. Tardieu, 1842, 6 pages in-4°.

*Vente de lettres autographes.* — 26 mai 1876.
Charavay, expert.

Une lettre autographe signée, 2 octobre 1830, trois quarts de page in-folio.

Une lettre autographe signée, 1er septembre 1836, 1 page in-8°.

*Vente de lettres autographes.* — 28 novembre 1876.
Charavay, expert.

Une lettre autographe signée, jeudi matin, 1 page in-8°.

Cette lettre est relative aux bas-reliefs du monument de Gutenberg.

Article autographe signé, 17 mai 1850, 16 pages in-folio, sur Théodore Lebreton.

# ŒUVRE SCULPTÉ ET DESSINÉ

## DE DAVID D'ANGERS

# ŒUVRE SCULPTÉ ET DESSINÉ

## DE DAVID D'ANGERS

### 1806—1855[1]

### 1806

*La Virilité*. Bas-relief, bois. Dessus de porte, au Châtelet, à Milon (Maine-et-Loire). Voir pl. II de ce volume.

*M. de Crochard*. Dessin. || M. de Crochard, frère du propriétaire du Châtelet, à Milon (Maine-et-Loire).

*Le Châtelet*. Dessin. || Le Châtelet, habitation de la famille de Crochard, à Milon (Maine-et-Loire).

*Enseigne de cordonnier*. Bas-relief plâtre, haut. 0m,45, larg. 0m,58. Modèle unique, Musée David. Voir t. I, pl. II.

### 1807

*Vue de la Pierre-Bécherelle*. Dessin, appartenant à M. Robert David.

### 1808

*L'Aurore*. Esquisse. Tête d'étude modelée d'après Michel-Ange. (Figure du mausolée de Laurent de Médicis, à Florence.)

*La Nuit*. Esquisse. Tête d'étude modelée d'après Michel-Ange. (Figure du mausolée de Julien de Médicis, à Florence.)

### 1810

*Othryades mourant*. Figure de ronde bosse, plâtre, haut. 0m,80, larg. 0m,86. Modèle unique, Musée David. Deuxième grand prix de Rome. « *Je remportai le second grand prix le 6 octobre 1810.* » (Notes autographes de David. Bibliothèque d'Angers.) Voir pl. III de ce volume.

*Le lieutenant Poupard*. Buste, plâtre, haut. 0m,72. Offert au modèle. Signé : *David fils*, 1810. Modèle unique. Offert par l'auteur du présent ouvrage au Musée David (juin 1877). || Poupard (Charles), 1790-1822, né à Angers, élève de l'École polytechnique, employé aux fortifications d'Anvers et des bouches de l'Escaut, mort de la peste en Corse.

*Même sujet*. Dessin au pastel, appartenant à M. A. Maillard. Donné par l'auteur.

### 1811

*La Douleur*. Buste, plâtre, haut. 0m,53. Modèle unique, Musée David. Prix de la tête d'expression. « Je remportai le prix de la *Tête d'expression* à l'unanimité, le 7 février 1811. » (Notes autographes de David. Bibliothèque d'Angers.)

*Mort d'Épaminondas*. Bas-relief, plâtre, haut. 1m,03, larg. 1m,54, Musée David. Premier grand prix de Rome. Voir t. I, pl. III.

*Même sujet* avec variantes. Dessins, appartenant à M. Robert David. Six pièces.

[1] Nous avons mentionné dans l'Œuvre sculpté et dessiné :
1° Les ouvrages du maître, classés d'après l'ordre chronologique d'exécution;
2° L'indication de la matière et de la place de l'original, ainsi que des copies de chaque ouvrage;
3° Les particularités remarquables qui se rattachent aux principales pièces;
4° Une notice biographique sur chacun des personnages historiques représentés;
5° Un relevé, avec pièces à l'appui, de plusieurs monuments ou statues, attribués à David, et qu'il n'a pas faits.

## 1813

*Tête d'Omphale.* Buste, plâtre. Exécuté à Rome.

## 1814

*Ulysse.* Buste, marbre, haut. 0m,63, Musée David. Envoi de Rome. — 1819. Bronze, appartenant à l'un des membres de la famille Bonaparte. « Le premier ouvrage en marbre que j'exécutai à Rome fut une *Tête d'Ulysse*; j'en ai fait don à la ville d'Angers. » (Notes autographes de David. Bibliothèque d'Angers.)

*Hérold.* Médaillon, bronze. Offert au modèle. — Terre cuite, appartenant à M. Victor Pavie. Donné par l'auteur. — Bronze, Musée David. — Bronze, collection de madame David. Signé : *David, Roma*, 1814. || Hérold (Ferdinand), 1793-1833, compositeur, membre de l'Institut.

## 1815

*Jeune Berger.* Statue, marbre, haut. 1m,38, Musée David. Envoi de Rome (dernière année). — Plâtre, Académie de France à Rome, Salon des pensionnaires. « A Rome, j'ai exécuté en marbre une figure de berger : l'élève, avant de quitter la pension, doit une œuvre au gouvernement. Cette figure a été donnée par le ministre de l'intérieur à la ville d'Angers. » (Notes autographes de David. Bibliothèque d'Angers.) Le modèle fut exécuté en 1812. Le marbre occupa l'artiste pendant l'année 1813. Il fut exposé à Paris, aux Petits-Augustins, avec les envois des pensionnaires du Roi à Rome, le 13 juillet 1818. Donné en 1820 à la ville d'Angers.

*Même sujet.* Dessin, appartenant à M. Robert David.

*Néréide apportant le casque d'Achille.* Bas-relief, plâtre, haut. 1m,06, larg. 1m,03, Académie de Rome. — Modèle plâtre, Musée David. Envoi de Rome. « J'ai exécuté une *Néréide* qui apporte un casque à Achille, grand bas-relief; il est à l'Académie de Rome. » (Notes autographes de David. Bibliothèque d'Angers.)

*Néréide portant le bouclier d'Achille.* Dessin de bas-relief (non exécuté). Voir *Œuvres complètes de P. J. David d'Angers, lithographiées par Eugène Marc, son élève.* Paris, Haro, 1856, gr. in-4°.

*Même sujet,* avec variantes. Dessins, appartenant à M. Robert David. Deux pièces.

*Tête de Néréide.* Buste, marbre, appartenant au prince Louis Bonaparte. « J'ai aussi exécuté en marbre une *Tête de Néréide*; elle appartient à Louis Bonaparte. » (Notes autographes de David. Bibliothèque d'Angers.)

*Cécilia Odes*... Médaillon gr. mod.[1], bronze, diam. 0m,37. — Bronze, Musée David. — Bronze, collection de madame David. Ouvrage exécuté à Rome. Voir t. I, pl. X. || Cécilia Odes..., princesse romaine.

*Cécilia Odes*... Médaillon, bronze. — Bronze, Musée David. — Bronze, collection de madame David.

*Vénus sortant du sein des ondes.* Dessin, appartenant à mademoiselle Esther Le Clère, sœur de l'architecte Achille Le Clère.

## AVANT 1816

*Hymne à l'Amour.* Dessin de bas-relief (non exécuté), appartenant à M. Mathieus, architecte. Une femme assise, vers les lèvres de laquelle se penche un jeune homme qui tient une draperie. A droite, une colonne que surmonte l'Amour. Au pied, une lyre et un livre sur lequel est écrit : ΑΣΜΑ ΕΙΣ ΑΦΡΟΔΙΤΗΝ. *Roma.*

*Même sujet,* avec variantes. Dessin, appartenant à M. Robert David.

## 1816

*La Maine et la Loire.* Dessin, Musée David. Projet de fontaine pour la ville d'Angers, composé en collaboration avec Achille Le Clère. Deux naïades symbolisent les deux cours d'eau. La Maine verse son urne dans une vasque importante, au bord de laquelle la Loire se tient accoudée. Une rame est dans sa main droite.

## 1817

*Le Grand Condé à Fribourg.* Statue, marbre, haut. 2m,15, Cour d'honneur de Versailles. Commande du gouvernement. — Modèle plâtre, Musée David. Cette statue fut d'abord placée sur le pont Louis XVI. Le modèle du *Condé* fut exposé au salon de 1817, avec cette mention : « Figure commandée par le Roi pour la décoration du pont Louis XVI, devant être exécutée dans

[1] Gr. mod. — grand modèle. — Nous nous sommes servi de ce mot pour distinguer les Grands Médaillons des Médaillons ordinaires. — Tous ceux qui ne sont pas suivis de cette abréviation font partie, à proprement parler, de la collection des *médailles du maître*, qui se voit presque entière au Musée David. Les grands médaillons y figurent seulement au nombre de vingt-trois.

une proportion double du modèle. » Cette statue ne fut achevée qu'en 1827, et le livret du salon porte à son sujet la mention suivante : « Cette statue colossale en marbre est exposée aux ateliers du gouvernement, esplanade des Invalides. » Voir t. I, pl. IV. || Condé (Louis II, prince de), 1621-1686.

*Même sujet*, avec variantes. Dessins, appartenant à M. Robert David. Six pièces.

*Auguste Lethière*. Buste, plâtre, haut. 0m,58. Offert au modèle. — Modèle plâtre, Musée David. Ce buste a figuré au Salon de 1819. || Lethière (Auguste), fils de Guillaume-Guillon Lethière, peintre d'histoire, et directeur de l'Académie de France pendant le séjour de David à la villa Médicis.

*Vadier*. Médaillon, bronze. Offert au modèle. — Bronze, Musée David. — Bronze, collection de madame David. || Vadier, 1735-1828, conventionnel.

*Le Grand Condé*. Dessin, appartenant à M. Robert David. Au bas est écrit : « Le *Grand Condé*, d'après la statue pédestre de l'École royale militaire. Costume de Dufloy. »

## 1818

*Monsieur et madame Abel de Pujol*. Médaillon, bronze. Offert au modèle. — Bronze, Musée David. — Bronze, collection de madame David. || Pujol (Abel-Alexandre-Denis de), 1785-1861, peintre d'histoire, membre de l'Institut.

*Abel de Pujol*. Médaillon, bronze. Offert au modèle.

*Auguste Pajou*. Médaillon, bronze. Offert au modèle. — Bronze, Musée David. — Bronze, collection de madame David. || Pajou (Auguste), peintre, fils du statuaire.

*Mademoiselle Desnoyers*. Médaillon, bronze. — Bronze, collection de madame David. || Desnoyers (mademoiselle Louise-Joséphine).

*Élisa Frey*. Médaillon, bronze. — Bronze, Musée David. Ne figure pas dans la reproduction photographique des médaillons de David, publiée par son fils. || Frey (Élisa)?

## 1819

*Tombeau de la duchesse de Brissac*. Bas-relief, marbre, château de Brissac (Maine-et-Loire). « Ce bas-relief représente le Génie de l'Hymen, couronné de cyprès, éteignant son flambeau, et écrivant l'inscription : Élisabeth-Marie-Louise de Malide, duchesse de Brissac, 1818. Dans la partie supérieure, j'ai représenté le portrait de cette dame. » (Notes autographes de David, Bibliothèque d'Angers.) Ce monument a figuré au Salon de 1819.

*Même sujet*, avec variantes. Dessins, appartenant à M. Robert David. Quatre pièces.

*Ambroise Paré*. Buste, marbre, haut. 0m,60. École de médecine de Paris. Donné par l'auteur. — Modèle plâtre, Musée David. — 1820. Plâtre, École de médecine d'Angers. Donné par l'auteur. Sur le socle est écrit : « *Je le pansay, Dieu le guarit.* » L'hommage fait par l'auteur à l'Académie royale de médecine de Paris est mentionné au *Moniteur* du 13 août 1828. Le modèle a figuré au Salon de 1819 et le marbre aux Salons de 1822 et de 1824. || Paré (Ambroise), 1518-1590, dit « *le Père de la chirurgie française* », né à Laval ; chirurgien des rois Henri II, François II, Charles IX et Henri III.

*Visconti*. Buste, marbre, haut. 0m,80, Bibliothèque de l'Institut. — 1820. Zinc, Musée David. — 1820. Plâtre, Musée de Saumur. Donné par l'auteur. — 1820. Plâtre, Musée de Cambrai. Donné par l'auteur. Le modèle de ce buste a figuré au Salon de 1819, et le marbre à celui de 1822. (Commande du ministère de l'intérieur.) « J'ai donné à la Bibliothèque d'Angers le buste de Visconti coulé en zinc. » (Notes autographes de David, Bibliothèque d'Angers.) Accusé de réception des bustes d'Ambroise Paré et de Visconti par le maire d'Angers, le 1er mai 1820. (Archives municipales d'Angers.) || Visconti (Ennius-Quirinus), 1751-1818, antiquaire, né à Rome ; membre de l'Institut de France.

*Le colonel Moncey*. Buste, marbre, haut. 0m,60, appartenant à la famille. — Modèle plâtre, Musée David. A figuré au Salon en 1819. || Moncey (...), tué par accident à la chasse, après avoir échappé aux dangers de batailles nombreuses ; fils unique du maréchal Moncey, duc de Conegliano.

*Monument de Bonchamps*. Dessin, haut. 0m,30, larg. 0m,38, Musée David. Ce dessin comprend un bas-relief surmonté d'un trophée. Premier projet pour le monument de Bonchamps ; déposé au Musée David par l'Administration départementale (1867).

*Monument de Bonchamps*. Dessin, haut. 0m,47, larg. 0m,50, Musée David. Ce dessin comprend un bas-relief surmonté d'un buste. Second projet pour le monument de Ronchamps; déposé au Musée David par l'Administration départementale (1867).

## 1820

*Madame Ingres.* Médaillon, bronze. Offert au modèle. Légué par Ingres au Musée de Montauban. — Bronze, Musée David. — Bronze, collection de madame David. || Ingres (madame Magdalena).

## 1821

*Le Christ, la Vierge et saint Jean* (Calvaire). statues, cathédrale d'Angers. Commande de la ville d'Angers. Le Christ est fondu en zinc, les deux figures sont en pierre.

*Les douze Apôtres.* Figures de ronde bosse, marbre, chapelle de Vincennes bâtie par saint Louis. Ouvrage détruit. « J'ai aussi exécuté les douze Apôtres, figures de ronde bosse qui décorent le maître-autel de la chapelle de Vincennes. » (Notes autographes de David. Bibliothèque d'Angers.)

*Six Apôtres.* Dessin, appartenant à M. Th. Coinchon, élève de David. Ces six figures d'apôtres, très-finement dessinées sur une même feuille, nous ont paru se rattacher aux statues de la chapelle de Vincennes. Chaque figure mesure 0m,08. Les quatre premières, en partant de la gauche, sont placées sur un socle.

*François Ier* (avec couronne). Buste, marbre, haut, 0m,73, le Havre, salle de l'Hôtel de ville. Commande du gouvernement. — Bronze, Musée David. — Plâtre, Musée de Saumur. Donné par l'auteur. — Plâtre, Musée de Cambrai. Donné par l'auteur. A droite est écrit : « P. J. David. 1821. » — Plâtre, Musée de Rouen. Donné par l'auteur. Le marbre a figuré au Salon de 1822. || François Ier, roi de France, 1515-1547.

*Crignier.* Médaillon gr. mod., bronze, diam. 0m,36. Offert au modèle. — Modèle plâtre, Musée David. || Crignier (Louis), 1790-?, peintre d'histoire, né à Amiens, élève de L. David et de Gros.

## 1822

*Le roi René.* Statue, marbre, haut. 2m,40, Aix (en Provence). Commande du gouvernement. — Modèle plâtre, Musée David. Cette statue décore le cours à Aix. Sur le socle est écrit : Loz en croissant, devise de l'ordre du Croissant, fondé par le roi René. « Sur le piédestal sont sculptés les profils de Matharon et de Forbin, ministres du roi René. » (Notes autographes de David appartenant à la famille.) Cette statue fut commandée par le ministre de l'intérieur. Le modèle a figuré au Salon de 1819; le marbre au Salon de 1822. MM. Sarrut et Saint-Edme ont voulu voir dans le costume de René celui de chevalier du Croissant que ce prince avait institué. (*Biographie des hommes du jour*, par Sarrut et Saint-Edme. Paris, Krabbe, 1830, gr. in-8°, t. II, 2e partie, p. 68.) || René d'Anjou, 1408-1480, dit le *bon roi René*, né au château d'Angers, devint roi de Naples et y régna quelques années. De retour en France, il se retira en Lorraine, puis en Anjou, et enfin en Provence, où il mourut.

*Génies militaires.* Bas-reliefs, bois, palais de Fontainebleau. « Galerie de Diane, à Fontainebleau, j'ai exécuté quatre génies militaires; ces bas-reliefs sont en bois. » (Notes autographes de David. Bibliothèque d'Angers.)

*Le génie de la Guerre s'appuyant sur le génie des Fortifications.* Bas-relief, plâtre. Destiné à la fontaine non exécutée de la Bastille. Commande du ministère de l'intérieur. Cet ouvrage a figuré au Salon de 1822. Ouvrage détruit. Voir le dessin. (*Œuvres complètes de P. J. David d'Angers.*)

*Volney.* Buste, bronze, haut. 0m,62, Musée David. — 1825. Marbre, palais de l'Institut. — 1824. Plâtre, Musée de Saumur. Donné par l'auteur. Cet ouvrage a figuré aux Salons de 1822 et de 1824. « Je viens d'exécuter le buste de Volney, représenté en Hermès. Une guirlande de lauriers et des couronnes sont suspendues des deux côtés du buste; il est chez Bossange père, en attendant que j'en puisse faire don à la ville d'Angers. » (Notes autographes de David. Bibliothèque d'Angers.) « On parle ici d'une souscription pour faire un marbre du buste de Volney. » (Lettre de David à Louis Pavie. 24 juillet 1822.) Sur le marbre du palais de l'Institut est écrit : « J'irai vivre dans la solitude parmi les ruines; j'interrogerai les monuments anciens sur la sagesse des temps passés. » (Préface des *Ruines de Palmyre*.) || Volney (Constantin-François Chassebœuf, comte de), 1757-1820, philosophe et orientaliste.

*Camille Jordan.* Buste, marbre, haut. 0m,80, cimetière du Père-Lachaise. — Modèle plâtre, Musée David. A figuré au Salon de

1822. || Jordan (Camille), 1771-1821, né à Lyon, membre du conseil des Cinq-Cents, député et membre du Conseil d'État sous la Restauration.

*Tête de jeune homme.* Buste, marbre. Acquis par madame la duchesse de Berry.

## 1823

*Tombeau du comte de Bourcke.* Bas-relief, marbre, haut. 1m,90, larg. 1m,07, cimetière du Père-Lachaise. — Plâtre, Musée David. Donné par Le Goupil. « La comtesse est représentée assise devant le buste de son mari et tenant une branche de cyprès. » (Notes autographes de David. Bibliothèque d'Angers.) || Bourcke (Edmond, comte de), 1761-1821, diplomate danois, né à Sainte-Croix (Antilles), mort à Vichy. Ambassadeur à Naples du roi Poniatowski. Voir t. I, pl. V.

*Même sujet.* Dessin, appartenant à madame David.

*Marches militaires.* Bas-relief, marbre, Hôtel de ville de Paris. Frise de 54 pieds. Ouvrage détruit ; le dessin n'existe plus.

*Sainte Geneviève.* Bas-relief, pierre. Il y eut trois bas-reliefs. Place inconnue. Ouvrage détruit.

*Même sujet.* Dessins, appartenant à M. Robert David. Six pièces.

*Louis XVI.* Buste, marbre, haut. 0m,70. Le Havre, salle de l'Hôtel de ville. Commande du gouvernement. — Modèle plâtre, Musée David. A figuré au Salon de 1824. || Louis XVI, roi de France, 1774-1793.

*Madame Haudebourt-Lescot.* Buste, marbre. Offert au modèle. A figuré au Salon de 1824. || Haudebourt (Antoinette-Cécile-Hortense Lescot, madame), 1784-1845, peintre de genre, membre de l'Académie de Saint-Luc, à Rome.

*Casenave.* Buste, plâtre. || Casenave (Antoine), 1763-1818, conventionnel ; député en 1815.

## 1824

*Bonchamps.* Statue, marbre, haut. 1m,20, long. 2m,50, église de Saint-Florent-le-Vieil (Maine-et-Loire). Souscription nationale. — Modèle plâtre, Musée de Rouen. Donné par l'auteur. En 1872, des démarches furent tentées par la Société d'agriculture, sciences et arts d'Angers auprès de la municipalité de Rouen dans le but d'obtenir l'échange de ce modèle que David avait souhaité de voir dans son Musée, mais cet acte d'initiative est demeuré sans résultat. Le marbre a figuré au Salon de 1824. || Bonchamps (Artus de), 1759-1793, général, né à Juvardeil, province d'Anjou, tombé mortellement blessé devant Cholet, le 18 octobre 1793. Voir pl. IV de ce volume.

*Même sujet.* Statuette, bronze, appartenant à M. Théobald de Soland, à Angers.

*Même sujet* avec variantes. Dessins à la plume, appartenant à M. Robert David. Onze pièces.

*La France.* Bas-relief, marbre, haut. 1m,40, larg. 0m,63, monument de Bonchamps. — Modèle plâtre, atelier de M. J. F. Soitoux, élève de David.

*La Religion.* Bas-relief, marbre, haut. 1m,40, larg. 0m,63, monument de Bonchamps.

*L'Innocence implorant la Justice.* Bas-relief, pierre, œil-de-bœuf de la cour du Louvre. Commande du ministre de la maison du Roi. — Modèle plâtre, Musée David. Voir t. I, pl. VI.

*Même sujet* avec variantes. Dessins, appartenant à M. Robert David. Dix pièces.

*Lacépède.* Buste, marbre, haut. 0m,52. Offert au modèle. — Marbre, Musée d'Angers, galeries d'histoire naturelle. — 1826. Marbre, Muséum d'histoire naturelle à Paris. Commande du gouvernement. — 1826. Plâtre, Palais de Versailles. Commande du gouvernement. — 1826. Plâtre, Musée de Saumur. Donné par l'auteur. — 1826. Plâtre, Musée de Cambrai. Donné par l'auteur. A figuré au Salon de 1824. || Lacépède (Étienne de Laville, comte de), 1756-1825, naturaliste, né à Agen.

*La Revellière-Lepeaux.* Buste, marbre, haut. 0m,50. Offert à la famille du modèle. Thouarcé (Maine-et-Loire). — Marbre, Musée David. — Bronze, appartenant à madame David. — Marbre, appartenant à M. Victorin La Revellière et légué par lui à la ville d'Angers en 1867, aujourd'hui au Musée David. || La Revellière-Lepeaux (Louis-Marie), 1753-1824, né à Montaigu (Vendée), avocat au parlement de Paris (1774), quitta le barreau pour les sciences, et professa la botanique à Angers ; siégea à l'Assemblée constituante, à la Convention, au conseil des Anciens, et fit partie du Directoire dès sa création (1795) ; membre de l'Institut. — David d'Angers a épousé, en 1831, mademoiselle Émilie Maillocheau, petite-fille de Louis-Marie La Revellière.

*Jean-François Bodin.* Buste, bronze, haut.

0m,48. Offert au modèle, aujourd'hui au Musée David. Sur le socle est écrit : *Tout à mon pays*. — Plâtre, Musée de Saumur. Donné par l'auteur. Le bronze a été donné au Musée David par M. Félix Bodin fils, député (1832). || Bodin (Jean-François), 1766-1820, né à Angers; historiographe de l'Anjou, député de Maine-et-Loire. Ses *Recherches historiques sur Angers et le bas Anjou*, parues en 1822, le firent nommer membre correspondant de l'Institut. Il avait pour devise : « *Tout à mon pays*. »

*Desgenettes*. Buste, marbre, haut. 0m,50. Offert au modèle. Acquis par le Musée d'Alençon, postérieurement à 1862. — Plâtre, Musée de Saumur. Donné par l'auteur. — Modèle plâtre, Musée David. A figuré au Salon de 1824. || Desgenettes (René-Nicolas Dufriche, baron), 1762-1837, médecin militaire, né à Alençon, fit partie de l'expédition d'Égypte (1798).

*Racine*. Buste, bronze, haut. 0m,53, Musée David. — Plâtre, Musée de Saumur. Donné par l'auteur. || Racine (Jean), 1639-1699; poëte dramatique, né à la Ferté-Milon.

*Madame Urbain Chartier*. Buste, marbre, haut. 0m,60, offert au modèle. Craon (Mayenne). — Modèle plâtre, Musée David. A figuré au Salon de 1824. || Madame Urbain Chartier, femme auteur, née à Craon, a édité un volume de poésies : *Loisirs d'une mère* (1845).

*Jeune fille*. Buste, marbre, haut. 0m,43. Offert à la famille (Amérique). — Modèle plâtre, Musée David. || Mademoiselle Robinson.

*Mademoiselle Mollard*. Buste, marbre, appartenant à la famille.

*Tête d'etude*. Buste. Relevé sur le livret du Salon de 1824.

*M. L****. Buste. Relevé sur le livret du Salon de 1824.

*M. B****. Buste. Relevé sur le livret du Salon de 1824.

*Mademoiselle Emma M****. Buste. Relevé sur le livret du Salon de 1824. Nous n'avons pu découvrir si ces initiales se rapportent pas au buste de mademoiselle Mollard.

*Jean-François Bodin*. Médaillon, bronze. Offert au modèle. — Bronze, Musée David. — Bronze, collection de madame David.

*Louis Proust*. Dessin, haut. 0m,25, largeur 0m,19, Musée David. Dessin original (face et profil) d'après nature. || Proust (Louis), 1755-1826, chimiste, né à Angers.

## 1825

*La Religion*. Bas-relief, marbre, haut. 0m,65, cimetière d'Angers. Tombeau de R. P. V. — Modèle plâtre, Musée David. « La Religion est représentée de bas-relief sur une colonne. Elle répand des fleurs. » (Notes autographes de David. Bibliothèque d'Angers.) || Papiau la Verrie (Raymond), mort à neuf ans et demi; 13 août 1822.

*Le roi René*. Buste, marbre, haut. 0m,63, Musée David. Donné par le gouvernement (1820). — Plâtre, Musée de Saumur. Donné par l'auteur.

*Le colonel Lemercier*. Buste, plâtre. Offert au modèle. || Lemercier (Jean-Baptiste-Nicolas, vicomte), né en 1789, échangea, en 1809, le grade d'enseigne de vaisseau contre une lieutenance de dragons; il se retira du service quand il eut atteint le grade de colonel. Député, commandeur de la Légion d'honneur.

*Mademoiselle Mars*. Buste, marbre, haut. 0m,55, foyer du Théâtre-Français. Donné par madame David après la mort de l'auteur. — Modèle plâtre, Musée David. Le marbre a figuré au Salon de 1830. || Mademoiselle Mars, 1779-1847, comédienne.

*Le comte de Bouillé*. Buste, plâtre. Offert au modèle. || Bouillé (Arthur, comte de), gendre de Bonchamps.

*La comtesse de Bouillé*. Buste, plâtre. Offert au modèle. || Elle est morte en 1877.

*Même sujet*. Dessin, appartenant à M. Robert David. Au bas est écrit : « Madame de Bouillé, fille unique du général de Bonchamps. »

*Dupré*. Médaillon, bronze. Offert au modèle. — Bronze, collection de madame David. || Dupré, père d'un ami de l'auteur.

*Gaune*. Dessin. Offert au modèle. Portrait exécuté à Angers. || Gaune (Jean), ami de l'auteur.

*René Maillard père*. Dessin. Offert au modèle. Appartenant à M. Jules Maillard, maire d'Ancenis. Portrait exécuté à Angers. || Maillard (René), ami de l'auteur.

*La Baronnière*. Dessin. || La Baronnière, château du général de Bonchamps.

*Chaumière vendéenne*. Dessin. || Cette chaumière est celle où expira Bonchamps. Voir *Voyage à Saint-Florent et la Chapelle*, le 25 juin 1825, par Louis Pavie. Angers, L. Pavie, 1825, in-8°, 7 p.

*Chefs et soldats de l'armée vendéenne.* Dessins. Musée David.

*Le marquis de la Bretesche*, ancien chef vendéen de la division de Bonchamps.

*Ragueneau*, de Chanzeaux. Armée vendéenne.

*Jean Pasquier*, né à Chaudron en 1766. Armée vendéenne.

*François Boré*, né à Saint Florent en 1764. Armée vendéenne.

*L'abbé Martin*, 1764-1829, curé de Montrevault; ancien intendant dans l'armée de Bonchamps.

*Tristan Martin*, frère du précédent, né en 1763, ancien adjudant général dans l'armée de Bonchamps; colonel et chevalier de Saint-Louis en 1825.

*René Arial*, né en 1750 à la Chapelle-du-Genêt. Armée de d'Elbée.

*Étienne-Mathurin Penneau*, dit *la Ruine*, né à Cholet en 1760, tambour-major dans les armées vendéennes. Vu de face.

*Le même*. Vu de profil.

*François Coguard*, né à Saint-Florent en 1765. Armée vendéenne.

*Jean Brugevin*, né à Saint-Florent en 1766. Armée vendéenne.

*Pierre Lebrun*, né à Saint-Florent en 1760. Armée vendéenne.

*Jean Albert*, né au Marillais en 1773. Armée vendéenne.

*René Grunahut*, né à Drain en 1775. Porte-drapeau dans l'armée vendéenne.

*François Pitton*, 1776-1836, né au Mesnil. Armée vendéenne.

*Foyer*, ancien commandant de la division de Cholet, colonel et chevalier de Saint-Louis en 1825.

*L'abbé Gourdon*, 1789-1846, curé de Saint-Maurice d'Angers, prononça l'oraison funèbre de Bonchamps, dans l'église de Saint-Florent, le jour de l'inauguration de la statue, 25 juillet 1825.

*Jean Réthoré*, 1772-1847, né à Saint-Florent. Armée vendéenne.

*René Michel*, 1777-1839, né à Saint-Florent. Armée vendéenne.

*Jacques Quoicos*, né au Marillais, en 1753. Armée de Bonchamps.

*Charles Quoicos*, né à Saint-Florent en 1758. Armée de Bonchamps.

*Julien-René Dalaine*, 1775-1839, né à Saint-Florent, capitaine dans les armées vendéennes.

*Jacques Rouger*, né au Marillais en 1776; capitaine dans les armées vendéennes.

*Pierre Déniau*, 1781-1857, né au Marillais; lieutenant pendant les Cent-Jours.

*Sébastien Bricot*, dit *la Grenade*, né en 1769; des compagnies bretonnes de l'armée de Bonchamps.

*L'abbé Courgeon de la Pannière*, 1775-1840; curé de la Chapelle-Saint-Florent, a administré le général Bonchamps à ses derniers moments, au village de la Meillerale, en Bretagne, le 18 octobre 1793. Mort chapelain au Mesnil.

*Mathurin Cosnou*, dit *Trompe-la-Mort*, né à Varades en 1756, doit son surnom à son adresse dans une infinité de circonstances périlleuses. Vu de trois quarts.

*Le même*. Vu de profil.

*René Bélions*, né à Varades en 1766; des compagnies bretonnes; a fait passer la Loire au général Bonchamps, blessé à mort, et l'a porté lui-même au tombeau. Vu de trois quarts.

*Le même*. Vu de profil.

*Jean Bélions*, né à Varades en 1769; des compagnies bretonnes; c'est chez lui qu'est mort le général Bonchamps, et il l'a porté au cimetière.

*René Perraud*, né à Varades en 1768, canonnier des compagnies bretonnes de l'armée de Bonchamps.

*Laurent Brau*, né à la Chapelle-Saint-Florent en 1772; sergent de la 1re compagnie de l'armée de Bonchamps, reçut un brevet et un fusil d'honneur.

*Michel Boré*, né à Saint-Florent en 1768. Armée de Bonchamps.

*Louis Grimaud*, né à la Pommeraye en 1767, ancien capitaine de l'armée de Bonchamps.

*Louis Chataignier*, de l'armée de Bonchamps. Lors de la déroute du Mans, il fut pris, ainsi que son frère, et tous les deux furent passés par les armes; son frère tomba roide mort, et lui, la joue traversée d'une balle, feignit d'être mort, resta plusieurs heures sans bouger, et, la nuit, se sauva à travers les bruyères.

*Pierre Laux*, né à Saint-Florent. Armée de Bonchamps.

*François-René Brau*, né à Saint-Remy en Mauges en 1770, porte-drapeau de l'armée de Bonchamps.

*Marie-Anne Cathelineau*, veuve Mousseau, née au bourg du Pin en Mauges en 1759, sœur de Cathelineau, généralissime des Vendéens. Vue de trois quarts.

*La même.* Vue de profil.

*Louis Robjeau*, 1757-1840, né à Saint-Florent; sergent dans les chasseurs de la division de Beaupreau. Pendant les Cent-Jours, il se présenta avec ses quatre fils.

*Joseph Lapin*, né à Saint-Florent en 1765; chasseur de la division de Beaupreau.

*René-Guillaume Michel*, né à Saint-Florent en 1769; lieutenant dans l'armée de Bonchamps. Il est un de ceux qui sont allés chercher le général pour le conduire au combat.

*René-Jean Gallard*, né à Saint-Florent en 1771; sergent dans les armées vendéennes.

*Julien Suzeneau*, né à Saint-Erblon en 1763. Il est un de ceux qui sont allés chercher M. de Bonchamps et l'ont forcé à se mettre à leur tête.

*Louis Roger*, 1765-1836, né au Petit-Montrevault. Armée de Bonchamps.

*Toussaint-Simon Ragueneau*, 1773-1850, né à Villedieu; capitaine de l'armée de Charette.

*Michel Chataignier*, né à Saint-Florent en 1756, a été témoin des derniers moments du général. C'est dans ses bras qu'il a rendu le dernier soupir.

*Paul-Jacques Tarrau*, né à Saint-Quentin en Mauges en 1749, fut un des premiers à aller chercher le général.

*Louis Poitevin*, né à Saint-Florent en 1754; chasseur de l'armée vendéenne; un des insurgés.

*Pierre Herrau*, né à Candé en 1757. Armée vendéenne.

*Pierre Coupart*, né au Fuilet en 1772; soldat de l'armée vendéenne, de la Galerne et des Chouans.

*Oger de l'Isle*, chef de division; chevalier de Saint-Louis en 1825.

*René Grasset*, ancien canonnier de l'armée de Bonchamps, puis lieutenant d'artillerie.

*Jean Saudejeau*, né à Saint-Florent en 1775. Armée vendéenne.

*François Quoicos*, né à Saint-Laurent en 1762. Armée de Bonchamps.

*Julien Chapron*, né à la Chapelle-Saint-Florent en 1774; ancien capitaine de l'armée de Bonchamps.

*François Brevet*, né à Beaupreau en 1768. Armée de d'Elbée.

Ces profils ont été recueillis à Saint-Florent-le-Vieil (Maine et-Loire) lors de l'inauguration de la statue de Bonchamps, juillet 1825. Le texte reproduit ci-dessus, sauf les dates, est écrit de la main de David au bas des cinquante-huit têtes dessinées que possède le Musée David.

## 1826

*Fénelon.* Statue, marbre, haut. 1m,35, long. 2m,11, cathédrale de Cambrai. Commande de la ville de Cambrai et souscription nationale. — Modèle plâtre, Musée David. « *Le prélat est représenté sur son tombeau, comme dans les monuments de la Renaissance.* »(Notes autographes de David. Bibliothèque d'Angers.) Inauguration en 1826. Mgr Belmas, évêque de Cambrai, prononça un discours très-remarqué. Miel (Antoine), le critique d'art, vit dans cette solennité le sujet d'une *Ode à la ville de Cambrai*, qui lui valut la *Lyre d'argent* décernée, en 1828, par la Société d'émulation de cette ville, et, plus tard, le titre de citoyen de Cambrai. Le 12 janvier 1819, le duc d'Angoulême souscrit au monument de Fénelon pour la somme de 1,000 francs, entre les mains du maire de Cambrai. C'est en août 1821 que le conseil municipal charge David d'exécuter la statue de Fénelon. Le ministre de l'intérieur, sur la demande du maire, accorde le marbre de la statue en octobre 1822. || Fénelon (François de Salignac de la Mothe), 1651-1715, précepteur du duc de Bourgogne et archevêque de Cambrai.

*Même sujet*, avec variantes. Dessin, appartenant à M. Robert David.

*Fénelon, precepteur du duc de Bourgogne.* Bas-relief, marbre, monument de Fénelon. — Modèle plâtre, Musée David.

*Même sujet*, avec variantes. Dessin, appartenant à M. Robert David.

*Fénelon pansant des prisonniers espagnols.* Bas-relief, marbre, monument de Fénelon. — Modèle plâtre, Musée David.

*Même sujet*, avec variantes. Dessin, appartenant à M. Robert David.

*Fénelon, archevêque de Cambrai, ramène à des paysans leur vache égarée.* Bas-relief, marbre, monument de Fénelon. — Modèle plâtre, Musée David.

*Le maréchal Lefebvre.* Médaillon gr. mod., marbre, diam. 0m,75, cimetière du Père-Lachaise, monument du maréchal. — Fonte, Musée David. || Lefebvre (François-Joseph), 1755-1820, maréchal de France.

*Victoires, couronnant le maréchal Lefebvre.* Bas-relief, marbre, monument du maré-

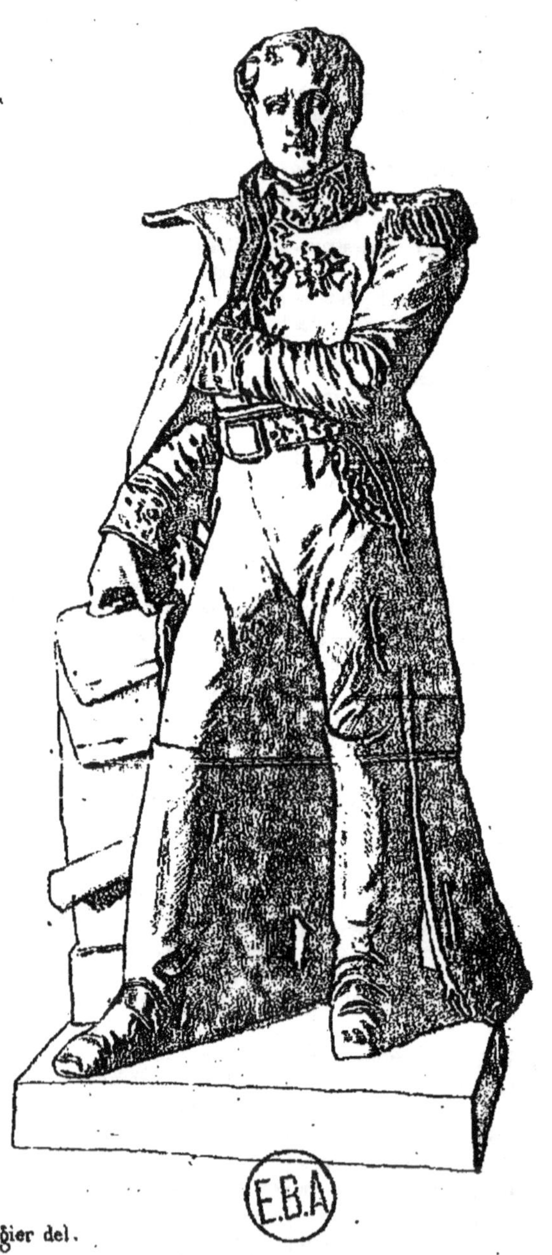

Th. Berengier del. A. Durand sculp

GOUVION-SAINT-CYR

Cimetière du Père-Lachaise — *Marbre*.

chal. Architecte du monument, Jean-Louis Provost.

*Frotté et ses compagnons.* Bas-relief, pierre, église de la Madeleine, Verneuil (Eure). — Modèle plâtre, Musée David. Le comte de Frotté est debout, entouré de ses six compagnons, faisant face au peloton d'exécution. Signé P. J. David, 1826. Au-dessous du bas-relief est gravé : SICUT MACCHABÆI. Sur le socle est une urne funèbre, un drapeau semé de fleurs de lis et une croix. Sur la panse de l'urne, PRO DEO ET REGE. || Frotté (Louis, comte de), 1755-1800, gentilhomme normand, général des armées royalistes, fut pris par les républicains à la tête de sa compagnie *les gentilshommes de la Couronne* et condamné à être fusillé avec six de ses compagnons (28 janvier 1800).

*Henri II.* Buste, bronze, Boulogne-sur-Mer (Pas-de-Calais). — Modèle plâtre, Musée de Boulogne, donné par l'auteur. « Le buste en bronze a été placé le 16 août 1826, au sommet d'une fontaine monumentale élevée sur l'esplanade de Boulogne, au milieu d'un emplacement aujourd'hui transformé en jardin d'agrément pour l'hôtel de la sous-préfecture. L'idée d'ériger ce monument appartient à M. de Chaulaire, habitant de la ville, qui, seul, en a fait les frais... » (Lettre du maire de Boulogne.—2 novembre 1867.) || Henri II, roi de France, 1547-1559, se fit rendre Boulogne par les Anglais en l'an 1550.

*Béclard.* Buste, marbre, haut. 0m,73, Musée David. Souscription nationale. — Plâtre, Société d'agriculture, sciences et arts d'Angers. Donné par l'auteur. — Plâtre, École de médecine d'Angers, donné par l'auteur. — Plâtre, Musée de Saumur. Donné par l'auteur. — Plâtre, Musée de Cambrai, donné par l'auteur. Signé, à droite, P. J. David, 1826. Sur le socle de l'original est écrit : *A P. A. Béclard d'Angers, professeur à l'École de médecine de Paris, ses amis, ses élèves, ses compatriotes.* A la droite du buste est gravé : *Propriété des souscripteurs.* Ce buste a figuré au Salon de 1827. Inauguration le 8 mai 1827. Discours de MM. Grégoire Lachèse, docteur-médecin ; Ouvrard, docteur-médecin ; Louis Pavie, adjoint au maire. || Béclard (Pierre-Augustin), 1785-1825, né à Angers, professeur d'anatomie et de physiologie à l'École de Paris (1818). *Éléments d'anatomie.*

*Alexandre de Lameth.* Médaillon gr. mod., marbre, diam. 0m,60. Offert au modèle. — Modèle plâtre, Musée David. || Lameth (Alexandre de), 1760-1837, député aux états généraux (1790), émigra en compagnie de La Fayette (1792), préfet et député sous la Restauration.

*Manuel.* Médaillon gr. mod., marbre, diamètre 0m,62. Offert au modèle. — 1831. Bronze, cimetière du Père-Lachaise. — 1831. Marbre. Offert à Béranger. — 1831. Plâtre. Offert à La Fayette. — Modèle plâtre, Musée David. Le marbre, légué à Béranger, passa entre les mains de l'éditeur Perrotin, ainsi que tout le mobilier du poëte chansonnier en 1857, et madame Perrotin en a fait don, en 1867, au Musée historique de la ville de Paris (hôtel Carnavalet). || Manuel (Jacques-Ant.), 1775-1827, député, orateur constitutionnel, né à Barcelonnette (Basses-Alpes).

*Casimir Périer.* Médaillon gr. mod., marbre, diam. 0m,63. Offert au modèle. — Modèle plâtre, Musée David. — Plâtre, Musée de Valenciennes, donné par l'auteur. — Plâtre, Musée de Troyes. Donné par l'auteur. — 1834. Plâtre, Musée de Saint-Omer. Donné par l'auteur. Cet ouvrage a figuré au Salon de 1834. || Périer (Casimir), 1777-1832, homme d'État, né à Grenoble, publiciste, député, orateur, ministre.

*Baraguié.* Médaillon gr. mod., marbre. Offert au modèle. « J'ai exécuté en marbre le médaillon grandeur naturelle de M. Baraguié, architecte du Luxembourg. (Notes autographes de David. Bibliothèque d'Angers.) Ce médaillon ne figure pas dans la reproduction photographique des Médaillons de David d'Angers, publiée par son fils. L'original est aujourd'hui placé au cimetière du Père-Lachaise, sur le tombeau du modèle.

*Ingres.* Médaillon, bronze. Offert au modèle. Légué par lui au Musée de Montauban. — Bronze, Musée David. — Bronze, collection de madame David. || Ingres (Jean-Auguste-Dominique), 1781-1867, peintre d'histoire, membre de l'Institut.

*Même sujet.* Dessins, appartenant à M. Robert David. Cinq pièces.

*Même sujet.* Portrait à la plume. Dessiné en séance de l'Institut, appartenant à M. Victor Pavie. Donné par l'auteur.

*Même sujet.* Dessin à la plume, appartenant

à M. J. Gigoux. Donné par l'auteur.

*Alexandre de Lameth*. Médaillon, bronze. Offert au modèle. — Bronze, Musée David. — Bronze, collection de madame David.

*Casimir Périer*. Médaillon, bronze. Offert au modèle. — Bronze, Musée David. — Bronze, collection de madame David.

## 1827

*Le Général Foy*. Statue, marbre, haut. 2m,30, cimetière du Père-Lachaise. Souscription nationale. — Modèle plâtre, Musée David. Le monument du général Foy ne fut entièrement achevé et mis en place qu'en décembre 1831. || Foy (Maximilien-Sébastien), 1775-1825, général et orateur, né à Ham, membre de la Chambre des députés en 1819.

*Même sujet*. Statuette, plâtre, Musée de Saumur. Donné par l'auteur.

*Même sujet* avec variantes. Dessins, appartenant à M. Robert David. Dix-huit pièces.

*Le Génie de la guerre*. Bas-relief, pierre, haut. 1m,50, larg. 1 mètre. Monument du général Foy. — Modèle plâtre, Musée David.

*Le Génie de l'éloquence*. Bas-relief, pierre, haut. 1m,50, larg. 1 mètre. Monument du général Foy. — Modèle plâtre, Musée David.

*Le Général Foy en Espagne*. Bas-relief, pierre, haut. 1m,50, larg. 3m,30. Monument du général Foy. — Modèle plâtre, Musée David.

*Le Général Foy à la tribune*. Bas-relief, pierre, haut. 1m,50, larg. 3m,30. Monument du général Foy. — Modèle plâtre, Musée David. Sont représentés sur ce bas-relief, en partant de gauche : Daunou, Chauvelin, Chateaubriand, J. Laffite, Alexandre de Lameth, Royer-Collard, Camille Jordan, Kératry, Dupin aîné, le général Gérard, — le général Foy, — l'abbé de Pradt, Caumartin, Casimir Périer, Manuel, La Fayette, Ternaux, Étienne, Labbey de Pompières, Benjamin Constant, Guizot, Bodin.

*Funérailles du général Foy*. Bas-relief, pierre, haut. 1m,50, larg. 3m,30. Monument du général Foy. — Modèle plâtre, Musée David. Sont représentés sur ce bas-relief, en partant de gauche : Viennet, Gohier, Alexandre de Lameth, Casimir Périer, Benjamin Constant, le duc de Choiseul, le maréchal Jourdan, Delphine Gay, deux neveux du général Foy, Charlet, Kératry, trois enfants du général, Victor Hugo, Mérimée, David d'Angers, Brady, Dupin aîné, Prudhomme, le colonel Fabvier.

*Même sujet*. Dessin, appartenant à M. Robert David.

*Le Général Foy à la tribune*. *La Bataille en Espagne*. *Le Convoi du général*. Fragments du modèle en plâtre des bas-reliefs du monument. Cinq pièces, appartenant à M. Victor Pavie. Donnés par l'auteur.

*La Jeune Grecque au tombeau de Marco Botzaris*. Statue, marbre, haut. 0m,65, larg. 1m,20. Missolonghi (Grèce). Donné par l'auteur. Cet ouvrage, en marbre des Pyrénées, a figuré au Salon de 1827. Il a été en outre l'objet d'une exposition publique et gratuite, galerie Vivienne, no 2, en août 1834. — Modèle plâtre, Musée David. Voir t. I, pl. VII. || Botzaris (Marco), 1789-1823, l'un des héros de la Grèce moderne, tué à Missolonghi.

*Retour du duc d'Angoulême après la guerre d'Espagne*. Bas-relief, marbre, haut. 1m,90, larg. 3m,50. Arc de triomphe du Carrousel. Commande du gouvernement, en date du 9 avril 1825. (Archives des Musées nationaux.) — Modèle plâtre, Musée David. Donné par l'État en 1862. Le modèle a figuré au Salon de 1827. Ouvrage détruit en 1830. Au centre de la composition, Charles X sur son trône, la main gauche posée sur l'épaule du jeune comte de Chambord, accueille le duc d'Angoulême, debout, à droite, qui lui présente une palme. Derrière le duc, soldats chargés de drapeaux. A la gauche du Roi, la duchesse de Berry, présentant sa fille. Un général est debout, à l'extrémité du bas-relief. || Bourbon (Louis-Antoine de), 1775-1844, duc d'Angoulême, fils aîné du comte d'Artois (Charles X), alla porter secours, en 1823, à Ferdinand VII, roi d'Espagne, et couronna son expédition par la prise du Trocadéro.

*Même sujet* avec variantes. Dessins, appartenant à M. Robert David. Deux pièces.

*Victoire écrivant sur un canon*. Bas-relief, marbre, haut. 2m,08, larg. 1m,32, monument du maréchal Suchet, cimetière du Père-Lachaise. — Plâtre, Musée David. Donné par Le Goupil. « Tombeau du maréchal Suchet, une *Victoire* écrivant sur un canon les victoires du maréchal. J'ai cherché à représenter la Victoire en rapport avec les idées de notre civilisation; nous n'allons plus, comme les anciens, insulter le cadavre de notre ennemi. J'ai imprimé à la tête une expression de mélancolie. Le buste du maréchal est de ronde bosse dans une niche. » (Notes autographes de David. Bibliothèque d'Angers.)

*Suchet.* Buste, marbre, haut. 0m,60, appartenant à la famille. — Marbre, cimetière du Père-Lachaise. — Plâtre, Musée de Saumur. Donné par l'auteur. — Modèle plâtre, Musée David. Le marbre a figuré au Salon de 1827. || Suchet (L. Gabriel), 1772-1826, maréchal de France, duc d'Albuféra.

*Jérémie Bentham.* Buste, marbre, haut. 0m,54. Offert au modèle. — Modèle plâtre. Musée David. — 1829. Bronze. Offert à la ville de Genève. — 1829. Plâtre, Musée de Saumur. Donné par l'auteur. Le marbre a figuré au Salon de 1827. || Bentham (Jérémie), 1748-1832, jurisconsulte et publiciste, né à Londres. La Convention lui conféra le titre de citoyen français.

*Louis Pavie.* Buste, marbre. Offert au modèle. Ce buste a figuré au Salon de 1827. || Pavie (Louis-Joseph-Marie-François), 1782-1859, né à Angers, littérateur, imprimeur et libraire, fut réformateur d'un journal de sciences et d'arts, *Feuilleton des affiches d'Angers*, qu'il dirigea longtemps, et dans lequel il a publié de nombreux articles. Ami de l'auteur.

*Raoul Rochette.* Buste, marbre, haut. 0m,52, palais de l'Institut. — Modèle plâtre, Musée David. Ce buste, en marbre des Pyrénées, a figuré au Salon de 1827. || Rochette (Raoul), 1789-1854, archéologue, membre de l'Académie des inscriptions, secrétaire perpétuel de l'Académie des beaux-arts.

*Cooper.* Buste, marbre, haut. 0m,62, New-York. Offert au modèle. — Modèle plâtre, Musée David. — Plâtre, Musée de Saumur. Donné par l'auteur. — 1828. Plâtre, Musée de Cambrai. Donné par l'auteur. Le marbre a été exposé au Salon de 1827. || Cooper (J. Fenimore), 1789-1851, romancier américain.

*Casimir Delavigne.* Buste, plâtre, haut. 0m,62. Offert au modèle. — Modèle plâtre, Musée David. — 1844. Marbre, foyer du Théâtre-Français. Donné par l'auteur. — 1844. Bronze, cour d'honneur du lycée Napoléon (Paris). — 1844. Plâtre, Musée du Havre. Donné par l'auteur. — 1844. Plâtre, Musée de Saumur. Donné par l'auteur. Le plâtre a figuré au Salon de 1827. Le modèle fut payé à l'artiste 900 fr. (Archives des Musées nationaux.) Mention est faite de la prochaine exécution du marbre pour le Théâtre-Français, au *Moniteur* du 16 juin 1844. || Delavigne (Casimir), 1793-1843, poëte dramatique, né au Havre, membre de l'Académie française.

*Fénelon.* Buste, marbre, haut. 0m,65, commandé par le garde des sceaux. — Bronze, Musée David. — Plâtre, Musée de Saumur. Donné par l'auteur. Ce buste a figuré au Salon de 1827.

*Montesquieu.* Buste, marbre, commandé par le garde des sceaux. Ce buste a figuré au Salon de 1827. || Montesquieu (Charles de Secondat, baron de), 1689-1755, publiciste et philosophe.

*Mademoiselle Jubin.* Buste, marbre, haut. 0m,53, appartenant à la famille (Angers). — Plâtre, Musée de Saumur. Donné par l'auteur.

*Rouget de Lisle.* Médaillon gr. mod., marbre, diam. 0m,60. Mis en loterie pour venir en aide au poëte. — Modèle plâtre, Musée David. — 1844. Marbre, monument de Rouget de Lisle à Thiais, près Paris. Donné par l'auteur. || Rouget de Lisle (Joseph), 1760-1836, auteur de la *Marseillaise*.

*Gohier.* Médaillon gr. mod., marbre, diam. 0m,57. Offert au modèle. — Modèle plâtre, Musée David. || Gohier (L. Jérôme), 1746-1830, ministre, membre du Directoire.

*Kératry.* Médaillon gr. mod., bronze, diam. 0m,58. Offert au modèle. — Modèle plâtre, Musée David. « Ce médaillon, qui doit appartenir à la famille, a été exécuté en même temps que le monument du général Foy. » (Lettre de madame David d'Angers. Octobre 1867.) || Kératry (Auguste-Hilarion de), 1769-1859, littérateur et homme politique, né à Rennes.

*Jourdan.* Médaillon, bronze. Offert au modèle. — Bronze, Musée David. — Bronze, collection de madame David. || Jourdan (Jean-Baptiste), 1762-1833, maréchal de France.

*Granet.* Médaillon, bronze. Offert au modèle. — Bronze, Musée David. — Bronze, collection de madame David. || Granet (François-Marie), 1775-1849, peintre de genre, membre de l'Institut.

*Victor Pavie*. Médaillon, bronze. Offert au modèle. — Bronze, Musée David. — Bronze, collection de madame David. ‖ Pavie (Victor), 1808-....., né à Angers, littérateur, poëte; ami de l'auteur.

## 1828

*Saint Louis recevant le plan de la Sainte-Chapelle*. Bas-relief, terre cuite, appartenant à M. d'Houdan. Signé : *P. J. David*, 1828.

*Auteurs tragiques et comiques suivis de leurs pièces personnifiées*. Bas-relief, plâtre doré, théâtre de l'Odéon (Paris). Frise de 104 pieds de longueur : 90 personnages. Ouvrage détruit dans l'incendie de 1829. Les sujets historiques de cette frise sont : Laharpe : Philoctète; Lafosse : Manlius; Ducis : Macbeth, Othello, Hamlet; Debelloy : Gabrielle de Vergy, Gaston et Bayard; Racine : Phèdre, Iphigénie, Athalie; Corneille : Cinna, Horace; Crébillon : Électre, Atrée; Voltaire : la Mort de César, Mahomet, Zaïre; Melpomène, Calliope, Uranie, Euterpe, Polymnie, Apollon, Erato, Terpsichore, Clio; Molière : Tartufe, le Misanthrope; Regnard : le Légataire, le Joueur, le Distrait; Destouches : le Dissipateur, l'Homme singulier, le Glorieux; Baron : l'Homme à bonnes fortunes; Beaumarchais : le Barbier de Séville, Figaro, la Mère coupable; Brueys : le Grondeur, l'Avocat Patelin; Dancourt : le Chevalier à la mode, les Bourgeoises de qualité; Collin d'Harleville : le Vieux Célibataire. Deux Victoires et douze poëtes sans nom complètent le cortége. Voir *Œuvres complètes de P. J. David d'Angers, lithographiées par Eugène Marc, son élève.*

*Même sujet*. Dessin appartenant à M. Isabelle, architecte.

*Même sujet*, avec variantes. Dessins, appartenant à M. Robert David. Trente-cinq pièces.

*Les Douze Divinités de l'Olympe* : Vulcain, Mars, Diane, Minerve, Apollon, Vénus, Neptune, Vesta, Junon, Mercure, Jupiter, Cérès. Bas-relief, plâtre doré, théâtre de l'Odéon. Plafond détruit dans l'incendie de 1829. Voir *Œuvres complètes de P. J. David d'Angers, lithographiées par Eugène Marc, son élève.*

*Washington*. Buste, marbre, haut. $0^m,75$, Washington. Souscription nationale. Détruit en 1852, dans l'incendie de la bibliothèque. — Modèle plâtre, Musée David. ‖ Washington (Georges), 1732-1799, fondateur de la République des États-Unis.

*La Fayette*. Buste, marbre, haut. $0^m,54$, château de Lagrange, près Paris. Offert au modèle. — Marbre. Offert au Président des États-Unis. — Modèle plâtre, Musée David. — Plâtre, Musée de Saumur. Donné par l'auteur. ‖ La Fayette (Gilbert Motier, marquis de), 1757-1834, général et homme d'État.

*Jean Rouvet*. Buste, bronze, Pont de Bethléem, Clamecy (Nièvre). Le monument fut élevé sur la proposition de Dupin aîné, qui souscrivit lui-même pour 200 francs. « Jusqu'ici on a retenu le nom de *Jean Rouvet*; le commerce du bois lui a fait l'honneur de graver son effigie sur les jetons de la Compagnie, mais on ne lui a point encore élevé de monument public. Je propose de lui en élever un modeste comme lui, en vue du pertuis de l'Yonne, et sur des plans et dessins arrêtés par une commission composée du sous-préfet, du maire de Clamecy et du syndic des marchands de bois de la haute Yonne. » (Dupin aîné. — Prospectus de souscription, 1826.) ‖ Rouvet (Jean), seizième siècle, inventeur du flottage pour le transport du bois par la rivière de l'Yonne. C'était un paysan du Nivernais, occupé du commerce du bois dès sa jeunesse. Son invention date de 1549. On ne sait rien de plus sur son compte.

*Prudhomme*. Médaillon, bronze. Offert au modèle. — Bronze, collection de madame David. « A gauche est écrit : *Les grands ne nous paraissent grands que parce que nous sommes à genoux..... Levons-nous.....* 1789. » ‖ Prudhomme (L.), 1752-1830, journaliste et pamphlétaire. *Les Révolutions de Paris.*

*L'Abbé Grégoire*. Médaillon, bronze. Offert au modèle. — Bronze, Musée de Blois. Donné par l'auteur. — Bronze, Musée d'Angers. — Bronze, collection de madame David. ‖ Grégoire (l'abbé Henri), 1750-1831, conventionnel.

*Victor Hugo*. Médaillon, bronze. Offert au modèle. — Bronze, Musée de Blois. Donné par l'auteur. — Bronze. Offert à Gœthe. — Bronze, Musée David. — Bronze, collection de madame David. ‖ Hugo (Marie-Victor), 1802-....., membre de l'Académie française.

*Sainte-Beuve*. Médaillon, bronze. Offert au modèle. — Bronze, Musée David. — Bronze, collection de madame David. || Sainte-Beuve (Charles-Augustin), 1804-1870, membre de l'Académie française.

*Alfred de Vigny*. Médaillon, bronze. Offert au modèle. — Bronze, Musée David. — Bronze, collection de madame David. || Vigny (Alfred, comte de), 1797-1863, poëte, membre de l'Académie française.

*Delphine Gay*. Médaillon, bronze. Offert au modèle. — Bronze, Musée David. — Bronze, collection de madame David. || Gay (Delphine), depuis madame Émile de Girardin, 1804-1855, poëte, auteur dramatique.

*Mérimée*. Médaillon, bronze. Offert au modèle. — 1829. Bronze. Offert à Gœthe. — Bronze, collection de madame David. || Mérimée (Prosper), 1803-1870, littérateur, membre de l'Académie française.

*Thierry*. Médaillon, bronze. Offert au modèle. — Bronze, Musée David. — Bronze, collection de madame David. || Thierry (Augustin), 1795-1856, historien, membre de l'Institut.

*Duméril*. Médaillon, bronze. Offert au modèle. — Bronze, Musée David. — Bronze, collection de madame David. || Duméril (Constant), 1774-1860, naturaliste, professeur à la Faculté de médecine et au Muséum.

*Fabvier*. Médaillon, bronze. Offert au modèle. — Cire, appartenant à M. Victor Pavie. Donné par l'auteur. — Bronze, Musée David. — Bronze, collection de madame David. || Fabvier (Charles-Nicolas), 1782-1855, général, orateur, pair de France et député; défendit l'Acropole d'Athènes, en 1826.

*Brunel*. Médaillon, bronze. Offert au modèle. — Bronze, Musée David. — Bronze, collection de madame David. || Brunel (Marie-Isambart), 1769-1849, né à Hacqueville (Eure), ingénieur, a construit le tunnel de la Tamise.

*Eugène Devéria*. Médaillon, bronze. Offert au modèle. — Bronze, Musée David. — Bronze, collection de madame David. || Devéria (Eugène), 1806-1865, peintre d'histoire. *Naissance de Henri IV.*

*Achille Devéria*. Médaillon, bronze. Offert au modèle. — Cire, appartenant à M. Victor Pavie. Donné par l'auteur. — Bronze, Musée David. — Bronze, collection de madame David. || Devéria (Achille), 1800-1857, peintre et dessinateur, appliqua le premier la couleur à la lithographie.

*Laure Devéria*. Médaillon, bronze. Offert au modèle. — Bronze, Musée David. — Bronze, collection de madame David. || Devéria (Laure), sœur d'Eugène et d'Achille Devéria.

*Céleste Motte*. Médaillon, bronze. Offert au modèle. — Bronze, Musée David. — Bronze, collection de madame David. || Motte (Céleste), depuis madame Achille Devéria.

*Schnetz*. Médaillon, bronze. Offert au modèle. — Bronze, Musée David, deux exemplaires. — Bronze, collection de madame David. || Schnetz (Jean-Victor), 1787-1870, peintre d'histoire, membre de l'Institut.

*Lamartine*. Dessin, appartenant à l'auteur du présent ouvrage. Au bas est écrit : « Lamartine dessiné un soir chez Hugo. » Voir t. I, pl. VIII. || Lamartine (Alphonse de Prat, dit), 1792-1869, poëte et homme politique.

*Gros*. Portrait à la plume, dessiné en séance de l'Institut, appartenant à M. Victor Pavie. Donné par l'auteur. || Gros (Antoine-Jean), 1771-1835, peintre d'histoire, membre de l'Institut.

*Même sujet*, avec variantes. Croquis à la plume, appartenant à M. J. Gigoux. Donnés par l'auteur. Cinq pièces.

*Même sujet*, avec variantes. Dessins, appartenant à M. Robert David. Deux pièces.

*L'Abbé Grégoire*. Dessin, appartenant à M. Robert David. Au bas est écrit : « Grégoire, d'après M. David. » Ce dessin est la reproduction du portrait de Grégoire, par Louis David.

## 1829

*Béranger*. Buste, marbre, haut. 0m,56. Offert au modèle. — Modèle plâtre, Musée David. L'original a été légué par Béranger à madame David (1857). || Béranger (Pierre-Jean de), 1780-1857, chansonnier national, né à Paris.

*Lamartine*. Buste, marbre, haut. 0m,70. Offert au modèle. — Plâtre, Musée de Saumur. Donné par l'auteur. — Plâtre, atelier de M. Robert David. — Modèle plâtre, Musée David. Le marbre fut exposé au Musée Colbert, en avril 1830. Il est devenu la propriété de M. Millaud. (Voir Lamartine, *Cours de littérature*, t. XVIII, p. 287.)

*Chateaubriand.* Buste, marbre, haut. 0m,81. Offert au modèle. — 1834. Plâtre, Musée de Saint-Omer. Donné par l'auteur. — Plâtre, Musée de Saumur. Donné par l'auteur. — Plâtre, Musée de Cambrai. Donné par l'auteur. — Modèle plâtre, Musée David. Le marbre fut exposé au Musée Colbert, en janvier 1830. Voir pl. VI de ce volume. || Chateaubriand (François-René vicomte de), 1769-1848, écrivain et homme d'État, membre de l'Académie française.

*L'Abbé Grégoire.* Buste, marbre, haut. 0m,62. Musée de Nancy. Donné par l'auteur, en 1839. — 1828. Modèle plâtre, Musée David. — 1844. Plâtre, Musée de Saumur. Donné par l'auteur. — 1847. Bronze, Port-au-Prince, république d'Haïti. Voir le *Moniteur haïtien* du 12 juin 1847. Cet ouvrage, en marbre des Pyrénées, a figuré au Salon de 1839.

*Caumartin.* Buste, marbre, 0m,60. Appartenant à la famille. — Modèle plâtre, Musée David. || Caumartin (Jacques-Étienne), 1769-1825, député de la Côte-d'Or sous la Restauration.

*Bodinier père.* Buste, marbre, Musée David. Ce buste est en marbre des Pyrénées. || Bodinier (Guillaume-Joseph-Christophe), 1761-1828, né à Angers.

*Tête d'Amazone.* Buste.

*Tête d'Hélène.* Buste. « Je fais une *Tête d'amazone* pour l'Exposition prochaine. *Tête d'Hélène,* aussi pour l'Exposition. » (Notes autographes de David. Bibliothèque d'Angers.) Nous n'indiquons ces deux ouvrages que sous toutes réserves et uniquement sur la foi des lignes qu'on vient de lire. Nous ne pouvons dire en quelle matière ils furent exécutés et quelle place leur fut donnée.

*Victor Cousin.* Médaillon, bronze. Offert au modèle. — Bronze, Musée de Blois. Donné par l'auteur. — Bronze, Musée David. — Bronze, collection de madame David. — Bronze. Offert à Gœthe. || Cousin (Victor), 1794-1867, philosophe, membre de l'Académie française.

*Alexandre Dumas.* Médaillon, bronze. Offert au modèle. — Bronze, Musée David. — Bronze, collection de madame David. || Dumas (Alexandre), 1803-1870, romancier, auteur dramatique.

*Émile Deschamps.* Médaillon, bronze. Offert au modèle. — Cire, appartenant à M. Victor Pavie. Donné par l'auteur. — Bronze, Musée David. — Bronze, collection de madame David. || Deschamps (Émile), 1791-1870, poëte.

*Delacroix.* Médaillon, bronze. Offert au modèle. — Cire, appartenant à M. Riesener. — Bronze, Musée David. — Bronze, collection de madame David. — Bronze. Offert à Gœthe. || Delacroix (Frédéric-Victor-Eugène), 1798-1863, peintre d'histoire, membre de l'Institut.

*Madame Haudebourt-Lescot.* Médaillon, bronze. Offert au modèle. — Bronze, Musée David. — Bronze, collection de madame David.

*Madame Victor Hugo.* Médaillon, bronze. Offert au modèle. — Bronze, collection de madame David. || Foucher (Adèle), depuis madame Victor Hugo, morte en 1868.

*La Princesse de Salmdick.* Médaillon, bronze. Offert au modèle. — Bronze, Musée David. — *Bronze, collection de madame* David. || Salmdick (Constance de Théis, princesse de), 1767-1845, poëte, auteur dramatique.

*Rossini.* Médaillon, bronze. Offert au modèle. — Bronze, Musée David. — Bronze, collection de madame David. || Rossini (Joacchino), 1792-1868, compositeur italien.

*Ampère.* Médaillon, bronze. Offert au modèle. — Bronze, Musée David. — Bronze, collection de madame David. || Ampère (André-Marie), 1775-1836, mathématicien, membre de l'Institut.

*Labbey de Pompières.* Médaillon, bronze. Offert au modèle. — Bronze, collection de madame David. || Labbey de Pompières (Guillaume-Xavier), 1751-1831, député, orateur.

*Dulaure.* Médaillon, bronze. Offert au modèle. — Bronze, Musée David. — Bronze, collection de madame David. || Dulaure (Jacques-Antoine), 1755-1835, conventionnel, historien.

*O'Connor.* Médaillon, bronze. Offert au modèle. — Bronze, appartenant à M. Ferdinand de Lasteyrie. Donné par l'auteur. — Bronze, Musée David. — Bronze, collection de madame David. || O'Connor (Arthur), petit-fils de Condorcet.

*Gœthe.* Médaillon, bronze. Offert au modèle. — Bronze, Musée David. — Bronze, collection de madame David. Signé : « *David à Weimar.* » || Gœthe (Jean-Wolfgang), 1749-1832, poëte et philosophe allemand.

*Mickiewicz.* Médaillon, bronze. Offert au

modèle. — Bronze, Musée David. — Bronze, collection de madame David. ‖ Mickiewicz (Adam), 1798-1850, poète polonais.

*Le Capitaine Franklin*. Médaillon, bronze. Offert au modèle. — Bronze, collection de madame David. ‖ Franklin (John), 1786-1847, marin anglais.

## OUVRAGES EXÉCUTÉS AVANT 1830

*Haudaudine*. Médaillon. bronze. Offert au modèle. Ce médaillon ne figure pas dans la reproduction photographique des Médaillons de David d'Angers, publiée par son fils. Nous l'avons trouvé signalé de la main de l'auteur dans ses Notes autographes déposées à la Bibliothèque d'Angers. ‖ Haudaudine (Pierre), 1756-1846, surnommé le *Régulus nantais*.

*Même sujet*. Dessins, appartenant à M. Robert David. Vu de trois quarts et vu de profil. Deux pièces.

## 1830

*Rossini*. Buste, marbre, haut. 0m,83. Offert au modèle. — Modèle plâtre, Musée David. — Plâtre, Musée de Saumur. Donné par l'auteur.

*Sieyès*. Buste, marbre, haut. 0m,50. Offert au modèle. — Modèle plâtre, Musée David. ‖ Sieyès (l'abbé), 1748-1836, homme d'État, siégea à la Convention, au conseil des Cinq-Cents et au Directoire, sénateur et comte de l'Empire.

*Même sujet*. Dessin, appartenant à M. Robert David. Au bas est écrit : « Croquis fait d'après Sieyès un soir dans son jardin. »

*Lefebvre*. Buste, marbre, haut. 0m,85, appartenant à la famille. — Modèle plâtre, Musée David.

*Dumont de Genève*. Buste, marbre, haut. 0m,53, Genève (souscription nationale). — Modèle plâtre, Musée David. ‖ Dumont (Pierre-Étienne-Louis), 1759-1829, publiciste, né à Genève.

*Lady Morgan*. Buste, marbre, haut. 0m,60. Offert au modèle. Dublin (Irlande). — Modèle plâtre, Musée David. — Plâtre, Musée de Saumur. Donné par l'auteur. ‖ Morgan (Miss Sydney Owenson lady), 1783-1859, femme de lettres, née à Dublin.

*Daunou*. Médaillon, gr. mod., bronze, diam. 0m,40, palais de l'Institut. — Modèle terre cuite, Musée David. ‖ Daunou (Pierre-Claude-François), 1761-1840, conventionnel, membre de l'Académie des inscriptions, pair de France.

*Monge*. Médaillon gr. mod., bronze, diam. 0m,60, palais de l'Institut. — Modèle terre cuite, Musée David. — Plâtre, Musée de Saumur. Donné par l'auteur. ‖ Monge (Gaspard), 1746-1818, géomètre, membre de l'Académie des sciences, l'un des fondateurs de l'École polytechnique.

*Lamartine*. Médaillon, bronze. Offert au modèle. — Bronze, Musée David. — Bronze, collection de madame David.

*Chateaubriand*. Médaillon, bronze. Offert au modèle. — Bronze, Musée de Blois. Donné par l'auteur. — Bronze, Musée David. — Bronze, collection de madame David.

*Sismondi*. Médaillon, bronze. Offert au modèle. — Bronze, Musée David. — Bronze, collection de madame David. ‖ Sismondi (Charles Simonde de), 1773-1842, historien, économiste, membre de l'Académie des sciences.

*George Sand*. Médaillon, bronze. Offert au modèle. — Bronze, Musée David. — Bronze, collection de madame David. ‖ Sand (madame George), 1804-1876, romancier.

*Roulin*. Médaillon, bronze. Offert au modèle. — Bronze, Musée David. — Bronze, collection de madame David. ‖ Roulin (François-Désiré), 1796-1874, naturaliste, voyageur, membre de l'Institut.

*Ballanche*. Médaillon, bronze. Offert au modèle. — Bronze, Musée David. — Bronze, collection de madame David. ‖ Ballanche (Pierre-Simon), 1776-1847, littérateur, philosophe, membre de l'Institut.

*Béranger*. Médaillon, bronze. Offert au modèle. — Bronze, collection de madame David.

*Couturier de Vienne*. Médaillon, bronze. — Bronze, Musée David. — Bronze, collection de madame David. ‖ Couturier de Vienne, publiciste.

*Chevreul*. Médaillon, bronze. Offert au modèle. — Bronze, Musée de Dijon. Donné par l'auteur. — Bronze, Musée David. — Bronze, collection de madame David. ‖ Chevreul (Michel-Eugène), 1786-...., chimiste, né à Angers, directeur du Muséum d'histoire naturelle à Paris, membre de l'Institut.

*Eynard*. Médaillon, bronze. Offert au modèle. — Bronze, Musée David (deux exemplaires). — Bronze, collection de madame David. || Eynard (Jean-Gabriel), 1775-1863, orientaliste, surnommé l'*Ami des Grecs*.

*Madame Belloc*. Médaillon, bronze. Offert au modèle. — Bronze, collection de madame David. || Belloc (Louise Swanton, dame), 1796-...., traducteur de lord Byron.

*Taylor*. Médaillon, bronze. Offert au modèle. — Bronze, Musée David. — Bronze, collection de madame David. || Taylor (Isidore-Séverin-Justin, baron), 1788-...., voyageur, écrivain, dessinateur.

*Daunou*. Médaillon, bronze. Offert au modèle.—Bronze, collection de madame David.

*Destutt de Tracy*. Médaillon, bronze. Offert au modèle. — Bronze, Musée David. — Bronze, collection de madame David. || Tracy (Antoine-Louis-Claude Destutt de), 1754-1836, philosophe, membre de l'Institut.

*Même sujet*. Dessins, appartenant à M. Robert David. Deux pièces.

*Lenormand*. Médaillon, bronze. Offert au modèle. — Bronze, Musée David. — Bronze, collection de madame David. || Lenormand (Charles), 1802-1859, archéologue, membre de l'Institut.

*Gérando*. Médaillon, bronze. Offert au modèle. — Bronze, Musée David. — Bronze, collection de madame David. || Gérando (Joseph-Marie, baron de), 1772-1842, économiste, membre de l'Institut.

*Géricault*. Médaillon, bronze. — Bronze, Musée David. — Bronze, collection de madame David. || Géricault (Jean-Louis-André-Théodore), 1791-1824, peintre d'histoire. *Le Naufrage de la Méduse*.

*Gérard*. Médaillon, bronze. Offert au modèle. — Bronze, Musée David. — Bronze, collection de madame David. || Gérard (François-Pascal-Simon, baron), 1770-1837, peintre d'histoire, membre de l'Institut.

*Le Comte de Forbin*. Médaillon, bronze. Offert au modèle. — Bronze, Musée David. — Bronze, collection de madame David. || Forbin (Louis-Nicolas-Philippe-Auguste, comte de), 1779-1841, peintre de paysages, membre de l'Institut.

*Mademoiselle Georges*. Médaillon, bronze. Offert au modèle. — Cire, appartenant à M. Victor Pavie. Donné par l'auteur. — Bronze, Musée David. — Bronze, collection de madame David. || Weimer (Georges), dite *mademoiselle Georges*, 1786-1867, artiste dramatique.

*Merlin de Thionville*. Médaillon, bronze. Offert au modèle. — Bronze, Musée David. — Bronze, collection de madame David. || Merlin de Thionville, 1762-1833, gouverneur de Mayence pendant le siége de cette ville par les Prussiens, membre de la Convention.

*Merlin de Douai*. Médaillon, bronze. Offert au modèle. — Bronze, Musée David. — Bronze, collection de madame David. || Merlin de Douai, 1754-1838, jurisconsulte, conventionnel.

*Marat*. Médaillon, bronze.—Bronze, collection de madame David. || Marat (Jean-Paul), 1774-1794, conventionnel, démagogue.

*Thibaudeau*. Médaillon, bronze. Offert au modèle. — Bronze, Musée David. — Bronze, collection de madame David. || Thibaudeau (Antoine-Claire), 1765-1854, conventionnel.

*L'Abbé de Pradt*. Médaillon, bronze. Offert au modèle. — Cire, appartenant à M. Victor Pavie. Donné par l'auteur. — Bronze, Musée David. — Bronze, collection de madame David. — Bronze, Musée de Blois. Donné par l'auteur. || Pradt (Dominique Dufour, baron de), dit l'abbé de Pradt, 1759-1837, député, orateur, diplomate.

*Sieyès*. Médaillon, bronze. Offert au modèle. — Bronze, Musée David. — Bronze, collection de madame David.

*Condorcet*. Médaillon, bronze. — Bronze, Musée David. — Bronze, collection de madame David. || Condorcet (M. J. Ant.-Nic. Caritat, marquis de), 1743-1794, géomètre, philosophe, conventionnel.

*Madame Condorcet O'Connor*. Médaillon, bronze. — Bronze, Musée David. — Bronze, collection de madame David. — Bronze, appartenant à M. Ferdinand de Lasteyrie. Donné par l'auteur. || O'Connor (Élisa de Condorcet, madame).

*Panis*. Médaillon, bronze. Offert au modèle. — Cire, appartenant à M. Victor Pavie. Donné par l'auteur. — Bronze, Musée David. — Bronze, collection de madame David. — Bronze, appartenant à M. A. Maillard. Donné par l'auteur. || Panis, 1757-1832, homme politique, conventionnel.

*Desgenettes*. Médaillon, bronze. Offert au modèle. — Bronze, collection de madame David.

*Hulin*. Médaillon, bronze. Offert au modèle. — Bronze, Musée David. — Bronze, collection de madame David. || Hulin (Pierre-

Auguste, comte), 1758-1841, général, gouverneur de Paris en 1814.

*Guizot.* Médaillon, bronze. Offert au modèle. — Bronze, Musée David. — Bronze, collection de madame David. || Guizot (François-Pierre-Guillaume), 1787-1874, député, orateur, ministre, membre de l'Académie française.

*La Fayette.* Médaillon, bronze. Offert au modèle. — Bronze, collection de madame David.

*Même sujet.* Dessins, appartenant à M. Robert David. Deux pièces.

*Laffitte.* Médaillon, bronze. Offert au modèle. — Bronze, Musée David (deux exemplaires). — Bronze, collection de madame David. || Laffitte (Jacques), 1767-1844, député, ministre.

*Chauvelin.* Médaillon, bronze. Offert au modèle. — Bronze, Musée David. — Bronze, collection de madame David. || Chauvelin (Bernard-François, marquis de), 1766-1832, député.

*Benjamin Constant.* Médaillon, bronze. — Bronze, Musée David. — Bronze, collection de madame David. || Constant (Benjamin), 1767-1830, député, orateur, publiciste.

*Royer-Collard.* Médaillon, bronze. Offert au modèle. — Cire, appartenant à M. Victor Pavie. Donné par l'auteur. — Bronze, Musée David. — Bronze, collection de madame David. || Royer-Collard (Pierre-Paul), 1763-1845, député, orateur, membre de l'Académie française.

*Vogel de Vogelstein.* Médaillon, bronze. Offert au modèle. — Bronze, collection de madame David. A gauche est écrit : « *A Charles Vogel, peintre, son ami David.* 1830. » || Vogel de Vogelstein (Charles-Christian), 1788-1868, peintre allemand.

*Spontini.* Médaillon, bronze. Offert au modèle. — Cire, appartenant à M. Victor Pavie. Donné par l'auteur. — Bronze, Musée David. — Bronze, collection de madame David. || Spontini (Gaspard), 1779-1851, compositeur italien. *La Vestale.*

*Lady Morgan.* Médaillon, bronze. Offert au modèle. — Bronze, Musée David. — Bronze, collection de madame David.

*Amélia Opie.* Médaillon, bronze. Offert au modèle. — Bronze, Musée David. — Bronze, collection de madame David. || Opie (Amélia Alderson, mistress), 1769-1853, romancier anglais, s'était affiliée, en 1825, à la secte des quakers, dont elle avait adopté les formules et le costume.

*Stammann.* Médaillon, bronze. — Bronze, collection de madame David. || Stammann (Friedrich), architecte allemand.

*Acosta.* Médaillon, bronze. Offert au modèle. — Bronze, Musée David. — Bronze, collection de madame David. || Acosta (Joachim), 1808-....., colonel et savant distingué. (République de Santa-Fé.)

*Hahnemann.* Médaillon, bronze. Offert au modèle. — Bronze, Musée David. — Bronze, collection de madame David. || Hahnemann (Samuel), 1755-1843, médecin, créateur de l'*homœopathie.*

*Santander.* Médaillon, bronze. Offert au modèle. — Bronze, Musée David. — Bronze, collection de madame David. || Santander, 1792-1840, général, premier président de la Nouvelle-Grenade.

*Colettis.* Médaillon, bronze. Offert au modèle. — Bronze, Musée David. Deux exemplaires. — Bronze, collection de madame David. || Colettis (Jean), 1784-1840, ministre grec.

*Projet de monument à la mémoire d'un guerrier polonais.* Dessin à la plume, appartenant à M. Victor Pavie. Donné par l'auteur.

*Ramey père.* Dessin à la plume, appartenant à M. J. Gigoux. Donné par l'auteur. || Ramey (Claude), 1754-1838, statuaire, membre de l'Institut.

*Même sujet.* Dessins, appartenant à M. Robert David. Deux pièces.

*Cortot.* Croquis à la plume, appartenant à M. J. Gigoux. Donné par l'auteur. || Cortot (Jean-Pierre), 1787-1843, statuaire, membre de l'Institut.

*Même sujet.* Dessin, appartenant à M. Robert David.

*Grenadier brisant son fusil.* Dessin à la plume, appartenant à M. Victor Pavie. Donné par l'auteur.

## 1831

*Gœthe.* Buste, marbre, haut. 0m,70, Weimar. Donné par l'auteur. — 1833. Marbre, Munich. *Donné par l'auteur*, qui usa de l'entremise de Schelling pour offrir son travail. — 1833. Plâtre, Dresde, Bibliothèque royale. Donné par l'auteur. — 1833. Plâtre, Musée de Saumur. Donné par l'auteur. — Modèle plâtre, Musée David. Voir t. I, pl. IX.

*La Revellière-Lepeaux.* Buste, bronze, haut. 0m,54, Musée David. Sur le socle est écrit : « *Dans aucune circonstance de ma vie, je ne plierai mon langage et mes actions au gré des partis, ni pour obtenir leurs faveurs, ni pour sauver ma tête.* »

*Proust.* Buste, bronze, haut. 0m,56, Musée David. — Plâtre, Société d'agriculture, sciences et arts d'Angers. Donné par l'auteur. — Plâtre, Musée de Saumur. Donné par l'auteur. Sur le bronze est écrit : « *A Louis Proust, son compatriote, P. J. David*, 1831. »

*Le Général Condorcet-O'Connor.* Buste, marbre. Offert au modèle, appartient aujourd'hui à M. Ferdinand de Lasteyrie. ‖ Condorcet-O'Connor (Arthur), 1767-1852, général, d'origine irlandaise, naturalisé Français, commanda, en 1804, la brigade *irlandaise sur* les côtes d'Écosse, par ordre de Napoléon. Il épousa, en 1807, Élisa de Condorcet, fille unique du philosophe. Depuis 1815, il s'occupait d'agriculture dans le domaine du Bignon (Loiret), qui avait appartenu à la famille de Mirabeau.

*Alfred de Musset.* Médaillon, bronze. Offert au modèle. — Bronze, Musée David. — Bronze, collection de madame David. ‖ Musset (Alfred de), 1810-1857, poëte, membre de l'Académie française.

*Lamennais.* Médaillon, bronze. Offert au modèle. — Cire, appartenant à M. Victor Pavie. Donné par l'auteur. — Bronze, collection de madame David. ‖ Lamennais (l'abbé Félicité-Robert de), 1782-1854, écrivain.

*Étienne Geoffroy-Saint-Hilaire.* Médaillon, bronze. Offert au modèle. — Bronze, Musée David. — Bronze, collection de madame David. ‖ Geoffroy-Saint-Hilaire (Étienne), 1772-1844, naturaliste, membre de l'Institut.

*Edgar Quinet.* Médaillon, bronze. Offert au modèle. — Bronze, Musée David. — Bronze, collection de madame David. ‖ Quinet (Edgar), 1803-1875, poëte, écrivain politique.

*Charles Nodier.* Médaillon, bronze. Offert au modèle. — Bronze, collection de madame David. ‖ Nodier (Charles), 1780-1844, littérateur, membre de l'Académie française.

*Madame Saint-Elme.* Médaillon, bronze. Offert au modèle. — Bronze, Musée David. — Bronze, collection de madame David. ‖ Saint-Elme (Ida), dite LA CONTEMPORAINE, 1776-1845, femme auteur. *Mémoires.*

*Boulay-Paty.* Médaillon, bronze. Offert au modèle. — Bronze, Musée David. — Bronze, collection de madame David. ‖ Boulay-Paty (Évariste), 1804-1864, poëte. *L'Arc de triomphe.*

*Casimir Delavigne.* Médaillon, bronze. Offert au modèle. — Bronze, Musée David. — Bronze, collection de madame David.

*Roche.* Médaillon, bronze. Offert au modèle. — Bronze, Musée David. — Bronze, collection de madame David. ‖ Roche (Achille), 1801-1834, publiciste. *Le Bon Sens.*

*Pigault-Lebrun.* Médaillon, bronze. Offert au modèle. — Bronze, Musée David. — Bronze, collection de madame David. ‖ Pigault-Lebrun (Guillaume Charles), 1753-1835, romancier.

*Théodore Pavie.* Médaillon, bronze. Offert au modèle. — Bronze, Musée David. — Bronze, collection de madame David. ‖ Pavie (Théodore), 1811-...., né à Angers, orientaliste, ami de l'auteur.

*Proust.* Médaillon, bronze. — Bronze, Musée David. — Bronze, collection de madame David.

*Léon Cogniet.* Médaillon, bronze. Offert au modèle. — Bronze, Musée David. — Bronze, collection de madame David. ‖ Cogniet (Léon), 1794-...., peintre d'histoire, membre de l'Institut.

*Levasseur de la Sarthe.* Médaillon, bronze. Offert au modèle. — Bronze, Musée David. — Bronze, collection de madame David. Voir t. I, pl. XIII. ‖ Levasseur de la Sarthe (René), 1747-1834, conventionnel.

*Kléber.* Médaillon, bronze. — Bronze, Musée David. — Bronze, collection de madame David. Voir t. I, pl. XIII. ‖ Kléber (Jean-Baptiste), 1753-1800, général, tué au Caire.

*Le Capitaine Miel.* Médaillon gr. mod., *marbre, Musée de Châtillon-sur-Seine.* Donné par l'auteur. ‖ Miel (Edme-Marie), 1777-1830, né à Châtillon-sur-Seine, frère d'Antoine Miel, le critique d'art, exerça longtemps la profession de chirurgien-dentiste et rédigea sur son art plusieurs mémoires remarquables qui lui valurent, entre autres, les encouragements de Cuvier. Capitaine de la garde nationale, il fut tué par méprise aux journées de juillet 1830.

*Le Général Condorcet-O'Connor.* Médaillon, bronze. Offert au modèle. — Bronze, appartenant à M. Ferdinand de Lasteyrie. Donné par l'auteur.

*J. A. Washington*. Médaillon, bronze. — Bronze, collection de madame David. || Washington (John-Augustin), descendant du premier président des États-Unis. « C'était un jeune étudiant, qui avait l'air plein d'entrain et d'avenir, et qui, réunissant les noms du grand Georges et de son frère, dut à cette circonstance l'honneur d'une reproduction à laquelle contribua encore la beauté de ses traits. » (Lettre de madame David d'Angers, du 21 avril 1872.)

*L. J. A. de Potter*. Médaillon, bronze. Offert au modèle. — Bronze, collection de madame David. || Potter (Louis-Joseph-Antoine de), 1786-1859, publiciste et homme politique belge.

*Madame de Potter*. Médaillon, bronze. — Bronze, Musée David. — Bronze, collection de madame David. || Potter (madame Sophie de).

*Carus*. Médaillon, bronze. Offert au modèle. — Bronze, Musée David. — Bronze, collection de madame David. || Carus (Carl-Gustave), 1789-1869, médecin, littérateur, peintre (Saxe).

*Dannecker*. Médaillon, bronze. Offert au modèle. — Bronze, Musée David. — Bronze, collection de madame David. || Dannecker (J. H. de), 1739-1841, statuaire allemand.

*Humboldt*. Médaillon, bronze. Offert au modèle. — Bronze, Musée David. — Bronze, collection de madame David. || Humboldt (Alexandre, baron de), 1769-1859, naturaliste, voyageur et astronome prussien.

*Klense*. Médaillon, bronze. Offert au modèle. — Bronze, Musée David. — Bronze, collection de madame David. || Klense (Louis-Léon de), 1784-1864, architecte bavarois.

*Dumont de Genève*. Médaillon, bronze. — Bronze, Musée David. — Bronze, collection de madame David.

*Le Capitaine Lévy*. Médaillon, bronze. — Bronze, Musée David. — Bronze, collection de madame David. || Lévy (le capitaine Ulric), marin américain.

*John Ross*. Médaillon, bronze. Offert au modèle. — Bronze, Musée David. — Bronze, collection de madame David. || Ross (sir John), 1777-1856, amiral anglais. (Soixante-treizième et dernier voyage à la recherche de Franklin.)

## 1832

*Racine*. Statue, marbre, la Ferté-Milon (Aisne). Commande du ministère de l'Intérieur. Cette commande est mentionnée au *Moniteur* du 12 mars 1819. Le modèle de la statue a figuré au Salon de 1824.

*Même sujet*, avec variantes. Dessins, appartenant à M. Robert David. Onze pièces.

*Racine*. Statuette, marbre, haut. 0m,80, appartenant à M. Kestner, à Thann (Haut-Rhin). Donné par l'auteur. — Modèle, plâtre, Musée David. Réduction de la statue.

*Gouvion-Saint-Cyr*. Statue, marbre, haut. 2m,03, cimetière du Père-Lachaise. Commandée par la maréchale. — Modèle plâtre, Musée David. Voir pl. XI de ce volume. || Gouvion-Saint-Cyr (Laurent), 1764-1830; maréchal de France, ministre de la guerre de 1815 à 1821.

*Même sujet*, avec variantes. Dessins, appartenant à M. Robert David. Quatre pièces.

*Annibal enfant*. Buste, bronze, haut. 0m,50, galerie Pourtalès. Acquis par M. Piot à la vente Pourtalès. — Modèle plâtre, Musée David.

*Racine*. Buste, marbre, haut. 0m,85. Donné par l'auteur au théâtre d'une ville de province dont nous n'avons pu retrouver le nom. — Modèle plâtre, Musée David.

*Boulay de la Meurthe*. Buste, marbre, haut. 0m,72, appartenant à la famille. — Plâtre, Musée de Saumur. Donné par l'auteur. — Bronze, Musée de Nancy. Donné par M. Boulay de la Meurthe fils. — Modèle plâtre, Musée David. Le marbre a figuré au Salon de 1833. || Boulay de la Meurthe (Antoine-Jacques-Claude-Joseph, comte), 1761-1840, homme politique, ministre d'État pendant les Cent-Jours.

*Bellart* (costume officiel). Buste, marbre, haut. 0m,62. Commande de la préfecture de la Seine. — Plâtre, Musée de Saumur. Donné par l'auteur. Commandé, sous la Restauration, par le comte de Chabrol, préfet de la Seine, le marbre, à peine ébauché lors de la révolution de 1830, fut terminé deux ans plus tard pour un parent du modèle. Le plâtre a figuré au Salon de 1827. || Bellart (Nicolas-Fr.), 1761-1826, procureur général à la cour royale sous la Restauration, joua un rôle important dans le procès du maréchal Ney.

*Même sujet*, avec variantes. Dessins, appartenant à M. Robert David. Deux pièces.

*Azaïs*. Médaillon, bronze. Offert au modèle. — Bronze, Musée David. — Bronze, collection de madame David. || Azaïs

(P. Hyacinthe), 1766-1845, philosophe.

*Leroux*. Médaillon, bronze. Offert au modèle. — Bronze, Musée David (deux exemplaires). — Bronze, collection de madame David. || Leroux (Pierre), 1798-1871, philosophe.

*Madame Voïart*. Médaillon, bronze. Offert au modèle. — Bronze, Musée David. — Bronze, collection de madame David. || Voïart (Anne-Élisabeth-Élise Petit-Pain, dame), 1786-1866, littérateur.

*Armand Carrel*. Médaillon, bronze. Offert au modèle. — Bronze, Musée David. — Bronze, collection de madame David. || Carrel (Armand), 1800-1836, publiciste, *le National*.

*Cormenin*. Médaillon, bronze. Offert au modèle. — Bronze, Musée David. — Bronze, collection de madame David. || Cormenin (Louis-Marie de la Haye, vicomte de), 1783-1868, député pamphlétaire, sénateur, pseudonyme *Timon*.

*Jules Janin*. Médaillon, bronze. Offert au modèle. — Bronze, Musée David. — Bronze, collection de madame David. || Janin (Jules), 1804-1874, critique, romancier.

*Jean de Bry*. Médaillon, bronze. Offert au modèle. — Bronze, Musée David. — Bronze, collection de madame David. || Bry (Jean de), 1760-1843, conventionnel, plénipotentiaire à Rastadt.

*Choudieu*. Médaillon, bronze. Offert au modèle. — Cire, appartenant à M. Victor Pavie. Donné par l'auteur. — Bronze, appartenant à M. A. Maillard. Donné par l'auteur. — Bronze, Musée David. — Bronze, collection de madame David. || Choudieu (René), 1761-1840, né à Angers, conventionnel.

*Madame Roland*. Médaillon, bronze. — Bronze, Musée David. — Bronze, collection de madame David. || Roland (Manon-Jeanne Phlipon, dame), 1754-1793, publiciste, rédigea le *Courrier de Lyon*.

*Ferry*. Médaillon, bronze. — Bronze, Musée David. — Bronze, collection de madame David. || Ferry (Gabriel), conventionnel.

*Boulay de la Meurthe*. Médaillon, bronze. Offert au modèle. — Cire, appartenant à M. Victor Pavie. Donné par l'auteur. — Bronze, Musée David. — Bronze, collection de madame David.

*Le Comte Réal*. Médaillon, bronze. Offert au modèle. — Cire, appartenant à M. Victor Pavie. Donné par l'auteur. — Bronze, Musée David. — Bronze, collection de madame David. || Réal (Pierre-François, comte), 1765-1834, homme politique, préfet de police en 1815.

*Pasquier*. Médaillon, bronze. Offert au modèle. — Bronze, Musée David. — Bronze, collection de madame David. || Pasquier (Étienne, duc), 1767-1862, homme d'État, ministre, membre de l'Académie française.

*Gros*. Médaillon, bronze. Offert au modèle. — Bronze, Musée David. — Bronze, collection de madame David.

*Paul Delaroche*. Médaillon, bronze. Offert au modèle. — Bronze, Musée David. — Bronze, collection de madame David. || Delaroche (Paul), 1797-1856, peintre d'histoire, membre de l'Institut.

*Augustin*. Médaillon, bronze. — Bronze, Musée David. — Bronze, collection de madame David. || Augustin (Jean-Baptiste), 1759-1832, peintre en miniature.

*Drolling*. Médaillon, bronze. Offert au modèle. — Cire, appartenant à M. Victor Pavie. Donné par l'auteur. — Bronze, Musée David. — Bronze, collection de madame David. || Drolling (Michel-Martin), 178[illegible]-1851, peintre d'histoire. École française.

*Bowring*. Médaillon, bronze. Offert au modèle. — Cire, appartenant à M. Victor Pavie. Donné par l'auteur. — Bronze, Musée David. — Bronze, collection de madame David. || Bowring (John), 1792-...., diplomate, littérateur anglais.

*Pentland*. Médaillon, bronze. — Bronze, Musée David (deux exemplaires). — Bronze, collection de madame David. || Pentland (John), naturaliste anglais.

*Edwards*. Médaillon, bronze. Offert au modèle. — Cire, appartenant à M. L. de la Sicotière. Donné par l'auteur. — Bronze, Musée David (deux exemplaires). — Bronze, collection de madame David. || Edwards (William), 1777-1842, médecin, économiste, membre de l'Institut.

*Smith*. Médaillon, bronze. Offert au modèle. — Bronze, appartenant à M. A. Maillard. Donné par l'auteur. — Bronze, Musée David. — Bronze, collection de madame David. || Smith (sir Sidney), 1764-1840, amiral anglais.

*Mina*. Médaillon, bronze. Offert au modèle. — Bronze, Musée David. — Bronze, collection de madame David. || Mina (Espoz y), 1781-1836, général espagnol (guerre de l'Indépendance).

## 1833

*Jefferson*. Statue, bronze, Philadelphie (États-Unis). Souscription nationale. Voir t. I, pl. XI. || Jefferson (Thomas), 1743-1826, troisième président des États-Unis, de 1801 à 1809, diplomate, législateur, philosophe.

*Même sujet*, avec variantes. Dessins, appartenant à M. Robert David. Trois pièces.

*Cuvier*. Buste, marbre, haut. 0m,75. Offert à la famille du modèle. — Marbre, Londres, *Royal Academy*. Donné par l'auteur, qui usa de l'entremise de Bowring pour offrir son travail. — Bronze, Oxford, palais de l'Université. Donné par l'auteur. — Plâtre, Londres, Collége royal des chirurgiens. Donné par l'auteur. — Plâtre, Gœttingue, palais de l'Université. Donné par l'auteur. — Plâtre, Musée de Saumur. Donné par l'auteur. — Plâtre, Musée de Cambrai. Donné par l'auteur. — Plâtre, Musée de Montbéliard. Donné par l'auteur. — 1834. Plâtre, Musée de Saint-Omer. Donné par l'auteur. — Plâtre, Société d'agriculture, sciences et arts d'Angers. Donné par l'auteur. — Modèle, plâtre, Musée David. A la droite est écrit : « *A la mémoire de Georges Cuvier, P. J. David d'Angers*, 1833. » Le marbre a figuré au Salon de 1834. || Cuvier (Georges), 1769-1832, naturaliste, membre de l'Institut.

*Billard*. Buste, marbre, haut. 0m,62, Musée David (souscription nationale). — Plâtre, Musée de Saumur. Donné par l'auteur. || Billard (Charles-Michel), 1800-1832, docteur-médecin, né à Pellouailles, près d'Angers. *Traité des maladies des enfants*.

*Paganini*. Buste, bronze, haut. 0m,57, Musée David. — Plâtre, Musée de Saumur. Donné par l'auteur. Le bronze a figuré au Salon de 1834. || Paganini (Nicolo), 1784-1840, violoniste, né à Gênes.

*Charles Nodier*. Buste, marbre, haut. 0m,75. Offert au modèle. — Modèle plâtre, Musée David.

*Jefferson*. Buste, plâtre, haut. 0m,16, Musée de Saumur. Donné par l'auteur. — Tête de la statue au tiers d'exécution. Modèle unique.

*Arthur O'Connor*. Buste, marbre. Offert au modèle; appartient aujourd'hui à M. Ferdinand de Lasteyrie.

*Bellart* (costume civil). Buste, marbre, haut. 0m,63, appartenant à la famille. — Modèle plâtre, Musée David.

*Augustin*. Médaillon gr. mod., marbre, cimetière du Père-Lachaise. Donné par l'auteur.

*Madame David d'Angers*. Médaillon, bronze. — Bronze, Musée David. — Bronze, collection de madame David. Voir t. I, pl. X. || David d'Angers (mademoiselle Émilie Maillocheau, dame).

*Le Comte de Lasteyrie*. Médaillon, bronze. Offert au modèle. — Bronze, Musée David. — Bronze, collection de madame David. || Lasteyrie (Charles-Philibert, comte de), 1759-1849, économiste, a importé la lithographie en France.

*Même sujet*. Dessin à la mine de plomb, appartenant à M. Ferdinand de Lasteyrie. Donné par l'auteur.

*Madame de Lasteyrie*. Médaillon, bronze, appartenant à M. Ferdinand de Lasteyrie. — Bronze, Musée David. — Bronze, collection de madame David. || Lasteyrie (madame la comtesse de), née du Saillant.

*Même sujet*. Dessin à la mine de plomb, appartenant à M. Ferdinand de Lasteyrie. Donné par l'auteur.

*A. de Gisors*. Médaillon, bronze. Offert au modèle. — Bronze, Musée David. — Bronze, collection de madame David. || Gisors (Alphonse de), 1796-1866, architecte, membre de l'Institut.

*Madame de Gisors*. Médaillon, bronze. Offert au modèle. — Bronze, Musée David. — Bronze, collection de madame David. || Gisors (madame Amélie de).

*Arnault*. Médaillon, bronze. Offert au modèle. — Bronze, Musée David. — Bronze, collection de madame David. || Arnault (Antoine-Vincent), 1766-1834, poëte tragique, fabuliste, membre de l'Académie française.

*Auguste Barbier*. Médaillon, bronze. Offert au modèle. — Bronze, Musée David. — Bronze, collection de madame David. || Barbier (Henri-Auguste), 1805-. . . ., poëte. *Les Iambes*. Membre de l'Académie française.

*Droz*. Médaillon, bronze. Offert au modèle. — Bronze, Musée David. — Bronze, collection de madame David. || Droz (Joseph), 1773-1850, philosophe, membre de l'Académie française.

*Duvernoy*. Médaillon, bronze. Offert au modèle. — Bronze, Musée de Montbéliard. Donné par l'auteur. — Bronze, Musée David. — Bronze, collection de madame David. || Duvernoy (G. L.), 1777-1855, naturaliste, membre de l'Institut.

*Beyle*. Médaillon, bronze. Offert au modèle. — Bronze, Musée David. — Bronze, collection de madame David. || Beyle (Henry), pseudonyme de Stendhal, 1783-1842, romancier.

*Barginet*. Médaillon, bronze. Offert au modèle. — Bronze, Musée David. — Bronze, collection de madame David. A droite est écrit : *Dieu et liberté*. || Barginet (de Grenoble), 1797-....., romancier. *La 32e demi-brigade*.

*Savary*. Médaillon, *bronze*. — *Bronze*, Musée David. — Bronze, collection de madame David. || Savary (Julien), juge au tribunal de Cholet (Maine-et-Loire), auteur des *Guerres de la Vendée*.

*Foucher*. Médaillon, bronze. Offert au modèle. — Bronze, Musée David. — Bronze, collection de madame David. || Foucher (Paul), 1810-1875, poëte, auteur dramatique.

*Dupré*. Médaillon, bronze. — Bronze, Musée David. — *Bronze, collection de madame* David. || Dupré (Augustin), 1748-1833, graveur en médailles.

*Mademoiselle Mars*. Médaillon, bronze. Offert au modèle. — Bronze, Musée David. — Bronze, collection de madame David.

*André Étienne*. Médaillon, bronze. — Bronze, appartenant à M. A. Maillard. Donné par l'auteur. — Bronze, Musée David. — Bronze, collection de madame David. || Étienne (André), tambour d'Arcole (République française).

*Rœderer*. Médaillon, bronze. Offert au modèle. — Bronze, Musée David. — Bronze, collection de madame David. || Rœderer (Pierre-Louis, comte de), 1754-1835, membre de l'Assemblée constituante, publiciste, jurisconsulte, homme politique. Le *Journal de Paris*.

*Sauquaire-Souligné*. Médaillon, bronze. Offert au modèle. — Bronze, appartenant à M. A. Maillard. Donné par l'auteur. — Bronze, Musée David. — Bronze, collection de madame David. || Sauquaire-Souligné, 1766-1843, conventionnel.

*Bailleul*. Médaillon, bronze. Offert au modèle. — Bronze, appartenant à M. A. Maillard. Donné par l'auteur. — Bronze, Musée David. — Bronze, collection de madame David. || Bailleul (Charles), 1762-1843, député, publiciste, géographe.

*Charles Comte*. Médaillon, bronze. Offert au modèle. — Bronze, Musée David. — Bronze, collection de madame David. || Comte (Charles), 1782-1837, député, orateur, publiciste. *Le Censeur*.

*Baudin*. Médaillon, bronze. Offert au modèle. — Bronze, Musée David. — Bronze, collection de madame David. || Baudin (Charles), 1784-1854, amiral.

*Bérard*. Médaillon, bronze. Offert au modèle. — Bronze, *Musée* David. — *Bronze*, collection de madame David. || Bérard (Auguste-Simon-Louis), 1783-1859, député, rédigea la Charte de 1830.

*Bronsted*. Médaillon, bronze. Offert au modèle. — Bronze, Musée David. — Bronze, collection de madame David. || Bronsted (Pierre-Oloff), 1781-....., antiquaire danois.

*Candolle*. Médaillon, bronze. Offert au modèle. — Bronze, Musée David. — Bronze, collection de madame David. || Candolle (Auguste-Pyrame de), 1778-1841, botaniste, membre correspondant de l'Institut.

*Retzsch*. Médaillon, bronze. Offert au modèle. — Bronze, *Musée David* (deux exemplaires). — Bronze, collection de madame David. || Retzsch (Moritz), 1779-1857, peintre d'histoire. École allemande.

*Reinhard*. Médaillon, bronze. Offert au modèle. — Bronze, appartenant à M. A. Maillard. Donné par l'auteur. — Bronze, Musée David. — Bronze, collection de madame David. || Reinhard (Charles-Frédéric, comte), 1761-1838, député allemand, ministre, membre de l'Institut.

*Neureuther*. Médaillon, *bronze*. *Offert* au modèle. — Bronze, Musée David. — Bronze, collection de madame David. || Neureuther (Eugène), 1806-....., peintre allemand.

*Valdès*. Médaillon, bronze. — Bronze, appartenant à M. A. Maillard. Donné par l'auteur. — Bronze, Musée David. — Bronze, collection de madame David. || Valdès (Francisco), général espagnol. (Guerre de l'Indépendance.)

*Ferdinand de Lasteyrie*. *Dessin*. *Offert* au modèle. || Lasteyrie (comte Ferdinand de), 1810-....., membre de l'Institut.

## 1834

*Sainte Cécile*. Statue, marbre, Paris, commande du préfet de la Seine. Le modèle en plâtre a figuré au Salon de 1822, et le marbre à celui de 1834. « Je fais une statue de sainte Cécile pour une église de Paris; cette figure est commandée par

M. de Chabrol, préfet de la Seine. » (Notes autographes de David. Bibliothèque d'Angers.) « Ouvrages de sculpture exécutés par David depuis son retour en France : Statue de sainte Cécile pour l'église Saint-Roch, à Paris. » (François Grille, *Collections de notices biographiques*, *n° 1038 du Catalogue des manuscrits de la Bibliothèque d'Angers.*) Nous avons voulu savoir avec certitude si une statue de sainte Cécile existait à Saint-Roch. Voici la lettre de M. l'abbé Faudet, curé de cette paroisse, en réponse à notre demande; elle porte la date du 17 février 1868 : « J'ai un peu tardé à vous écrire pour prendre tous les renseignements voulus. Je suis depuis quinze ans curé de Saint-Roch, et je n'ai pas vu de statue de sainte Cécile. Un de nos Messieurs, plus ancien dans la paroisse, conserve le souvenir vague d'une statue de cette Sainte; mais il ne peut rien préciser. Il y a dix-huit ou vingt ans, on fit une restauration importante dans l'église, et l'on supprima des statues et des tableaux que l'on donna à diverses églises. » D'autre part, un témoin oculaire, ami du statuaire, nous a affirmé avoir vu cette statue dans le chœur de l'église Saint-Roch, à Paris, vers 1834.

*Pierre Corneille.* Statue, bronze, Rouen (Seine-inférieure). Souscription nationale ouverte par la Société d'émulation de Rouen. Inauguration le 19 octobre 1834. Pierre Lebrun prononça le discours au nom de l'Académie française. — Modèle plâtre, Musée de Rouen. Donné par l'auteur. Voir pl. VII de ce volume. || Corneille (Pierre), 1606-1684, poëte tragique.

*Même sujet,* avec variantes. Dessins, appartenant à M. Robert David. Quatre pièces.

*Ludwig Tieck.* Statuette. Plâtre, haut. 0m,31. Offert au modèle (Dresde). — Maquette, plâtre, appartenant à M. Xavier Marmier, de l'Académie française. Donné par l'auteur. — Plâtre, Musée de Saumur. Donné par l'auteur. — Modèle plâtre, Musée David. || Tieck (Ludwig), 1773-1853, l'un des chefs du romantisme en Allemagne.

*Pierre Corneille.* Buste, bronze, haut. 0m,81, Musée David. — Modèle plâtre, Musée David. — A droite est écrit : *P. Corneille, par P. J. David d'Angers,* 1834.

*Gouvion-Saint-Cyr.* Buste, marbre, haut. 0m,58, appartenant à la famille. — Plâtre, Musée de Versailles. — Plâtre, palais des Tuileries, tribune de la salle des maréchaux, commande du gouvernement. Détruit dans l'incendie de 1871. — Modèle plâtre, Musée David.

*Merlin de Douai.* Buste, marbre, haut. 0m,53. Offert au modèle et légué par lui au Musée de Douai. — Plâtre, Musée de Saumur. Donné par l'auteur. — Modèle plâtre, Musée David.

*Parent-Réal.* Buste, marbre, haut. 0m,67, appartenant à la famille. — Modèle, terre cuite, Musée David. — 1841. Marbre, haut. 0m,95, Musée de Saint-Omer, souscription nationale. Signé à droite : *P. J. David d'Angers,* 1841. || Parent-Réal (Nicolas-Joseph-Marie), 1768-1834, homme politique, né à Ardres (Pas-de-Calais).

*Rauch.* Buste, marbre, haut. 0m,70. Offert au modèle (Berlin). — Modèle plâtre, Musée David. || Rauch (Chrétien), 1777-1857, statuaire prussien, né à Arolsen (principauté de Waldeck).

*Tieck.* Buste, marbre, haut. 0m,70. Offert au modèle (Dresde). — Modèle plâtre, Musée David.

*Robert David d'Angers enfant.* Médaillon, gr. mod., bronze, appartenant à M. Robert David. || David d'Angers fils (Robert), 1833-.....

*Même sujet.* Dessins, appartenant à M. Victor Pavie. Donnés par l'auteur. Vue de face et de profil. Deux pièces.

*Condorcet.* Médaillon gr. mod., diam. 0m,60, appartenant à la famille. — Bronze, palais de l'Institut. — Plâtre, Musée de Bagnères de Bigorre. Donné par l'auteur. — Modèle terre cuite, Musée David. « Exécuté d'après un portrait fait par madame de Condorcet elle-même. » Lettre de madame David d'Angers, octobre 1867.

*Robert David d'Angers enfant.* Médaillon, bronze. — Bronze, appartenant à M. Hippolyte, baron Larrey. Donné par l'auteur. — Bronze, collection de madame David.

*Cuvier.* Médaillon, bronze.—Bronze, Musée David. — Bronze, collection de madame David.

*Michelet.* Médaillon, bronze. Offert au modèle. — Bronze, Musée David. — Bronze, collection de madame David. || Michelet (Jules), 1798-1874, historien, membre de l'Académie française.

*Godefroid Cavaignac*. Médaillon, bronze. Offert au modèle. — Bronze, Musée David. — Bronze, collection de madame David. || Cavaignac (Godefroid), 1798-1845, publiciste.

*Philippon*. Médaillon, bronze. Offert au modèle. — Bronze, Musée David. — Bronze, collection de madame David. || Philippon (Charles), 1800-1862, dessinateur, publiciste, *la Caricature*, *le Charivari*.

*Madame Allard*. Médaillon, bronze. Offert au modèle. — Bronze, Musée David. — Bronze, collection de madame David. || Allard de Méritons (madame Hortense), 1801-...., romancier.

*Richard*. Médaillon, bronze. Offert au modèle. — Bronze, Musée David. — Bronze, collection de madame David. || Richard (Louis), fondeur de la collection des médaillons.

*Charlet*. Médaillon, bronze. Offert au modèle. — Bronze. Musée David. — Bronze, collection de madame David. || Charlet (Nicolas-Toussaint), 1792-1848, peintre de batailles, dessinateur.

*Jullien de Paris*. Médaillon, bronze. Offert au modèle. — Bronze, Musée David. — Bronze, collection de madame David. || Jullien de Paris (Marc-Antoine), 1775-1848, conventionnel, publiciste.

*Barrère*. Médaillon, bronze. Offert au modèle. — Bronze, Musée David. — Bronze, collection de madame David. || Barrère de Vieuzac (Bertrand), 1755-1841, orateur, publiciste, conventionnel.

*Même sujet*. Dessin, appartenant à M. Robert David.

*Larrey*. Médaillon, bronze. Offert au modèle. — Bronze. Offert à M. Hippolyte, baron Larrey. — Bronze, Musée David. — Bronze, collection de madame David. || Larrey (J.-Dominique, baron), 1766-1842, chirurgien en chef de la grande armée.

*Renoult*. Médaillon, bronze. — Bronze, appartenant à M. A. Maillard. Donné par l'auteur. — Bronze, Musée David. — Bronze, collection de madame David. || Renoult, chirurgien militaire.

*Gouvion-Saint-Cyr*. Médaillon, bronze. Offert au modèle. — Bronze, Musée David. — Bronze, collection de madame David.

*Morand*. Médaillon, bronze. Offert au modèle. — Bronze, Musée David. — Bronze, collection de madame David. || Morand (L. L. Ch. A. A. comte), 1770-1835, lieutenant général, pair de France.

*Caroline Murat*. Médaillon, bronze, Musée David. — Bronze, collection de madame David. — Cire, épreuve réduite, offerte au modèle pour être fondue en or. || Murat (madame Caroline), 1782-1839, ex-reine de Naples, née Bonaparte.

*Ludwig Tieck*. Médaillon, bronze. Offert au modèle. — Bronze, Musée David. — Bronze, collection de madame David.

*Friedrich Tieck*. Médaillon, bronze. Offert au modèle. — Bronze, appartenant à M. A. Maillard. Donné par l'auteur. — Bronze, Musée David. — Bronze, collection de madame David. || Tieck (Friedrich), 1776-1851, statuaire allemand.

*Schelling*. Médaillon, bronze. Offert au modèle. — Bronze, Musée David. — Bronze, collection de madame David. || Schelling (Frédéric-Guillaume, Joseph de), 1775-1854, philosophe allemand, chef d'école.

*Friedrich*. Médaillon, bronze. Offert au modèle. — Bronze, Musée David. — Bronze, collection de madame David. || Friedrich (Gaspard David), 1774-1840, paysagiste allemand.

*Schinkel*. Médaillon, bronze. Offert au modèle.—Bronze, appartenant à M. A. Maillard. Donné par l'auteur.—Bronze, Musée David. — Bronze, collection de madame David. || Schinkel, 1781-1841, architecte prussien. *Musée de Berlin*.

*Rietschell*. Médaillon, bronze. Offert au modèle. — Bronze, Musée David. — Bronze, collection de madame David. || Rietschell (Ernest), 1804-1861, statuaire allemand (Saxe).

*Bœttiger*. Médaillon, bronze. Offert au modèle. — Bronze, Musée David. — Bronze, collection de madame David. || Bœttiger (Charles-Auguste), 1760-1835, antiquaire allemand, historien.

*Brandt*. Médaillon, bronze. Offert au modèle. — Bronze, Musée David. — Bronze, collection de madame David. || Brandt, 1789-1845, graveur en médailles (Prusse).

*Blumenbach* (face). Médaillon, bronze. Offert au modèle. — Bronze, Musée David. — Bronze, collection de madame David. — Cire, appartenant à M. Victor Pavie. Donné par l'auteur. || Blumenbach (Jean-Frédéric), 1752-1841, médecin physiologiste et naturaliste allemand.

*Blumenbach* (profil). Médaillon, bronze. Offert au modèle. — Bronze, Musée David. — Bronze, collection de madame David.

*Hummel.* Médaillon, bronze. Offert au modèle. — Bronze, Musée David. — Bronze, collection de madame David. || Hummel (Jean-Népomucène), 1778-1837, compositeur allemand.

*Lindenau.* Médaillon, bronze. Offert au modèle. — Bronze, Musée David. — Bronze, collection de madame David. || Lindenau (Bernard, baron de), 1780-1854, astronome, homme d'État (Saxe).

*Haering.* Médaillon, bronze. Offert au modèle. — Bronze, Musée David. — Bronze, collection de madame David. || Haering (Alexis), 1798-1843, romancier allemand, auteur tragique; pseudonyme : Willibad.

*Chamisso.* Médaillon, bronze. Offert au modèle. — Bronze, Musée David. — Bronze, collection de madame David. || Chamisso (Adalbert de), 1781-1836, littérateur allemand. *L'Homme qui a perdu son ombre.*

*Muller.* Médaillon, cire. Offert au modèle. Exécuté à Weimar. || Muller, grand chancelier de la cour de Weimar.

*Coudray.* Médaillon, cire. Offert au modèle. Exécuté à Weimar. || Coudray, architecte à Weimar.

*Rivers.* Médaillon, bronze. Offert au modèle. — Bronze, Musée David. — Bronze, collection de madame David. || Rivers (Georges Pitt), 1810-....., membre du Parlement anglais.

*John Wilks.* Médaillon, bronze. — Bronze, Musée David. — Bronze, collection de madame David. || Wilks (John), 1727-1797, publiciste anglais.

## 1835

*Bataille de Fleurus* (le maréchal Jourdan). Bas-relief, pierre, haut. 3m,07, larg. 2m,30, arc de triomphe de Marseille. — Esquisse, terre cuite, haut. 0m,26, larg. 0m,30, Musée d'Orléans. Donné par Charles Lenormand. — Modèle plâtre, Musée David. Ce bas-relief a été payé à l'auteur 9,000 fr.

*Même sujet.* Dessin, appartenant à M. Robert David.

*Bataille d'Héliopolis* (le général Kléber). Bas-relief, pierre, haut. 3m,07, larg. 2m,20, arc de triomphe de Marseille. — Esquisse, terre cuite, haut. 0m,26, larg. 0m,35, Musée d'Orléans. Donné par Charles Lenormand. — Modèle plâtre, Musée David. Ce bas-relief a été payé à l'auteur 9,000 fr.

*Même sujet.* Dessin, appartenant à M. Robert David.

*Trophée d'armes européennes.* Bas-relief, pierre, arc de triomphe de Marseille.

*Même sujet.* Dessin, appartenant à M. Robert David.

*Trophée d'armes orientales.* Bas-relief, pierre, arc de triomphe de Marseille.

*Même sujet.* Dessin, appartenant à M. Robert David.

*Deux Renommées.* Bas-reliefs, pierre, tympans de l'arc de triomphe de Marseille.

*Mêmes sujets.* Dessins, appartenant à M. Robert David. Deux pièces.

*Le Dévouement.* Statue, pierre, arc de triomphe de Marseille.

*Même sujet.* Dessin, appartenant à M. Robert David.

*La Valeur.* Statue, pierre, arc de triomphe de Marseille.

*La Prudence.* Statue, pierre, arc de triomphe de Marseille.

*Même sujet.* Dessin, appartenant à M. Robert David.

*La Résignation.* Statue, pierre, arc de triomphe de Marseille.

*Même sujet.* Dessin, appartenant à M. Robert David.

*Le Départ des volontaires.* Bas-relief, pierre, haut. 2m,20, larg. 6m, arc de triomphe de Marseille. — Esquisse, terre cuite, haut. 0m,30, larg. 0m,71, Musée d'Orléans. Donné par Charles Lenormand. Signé : *P. J. David.* 1830. — Modèle plâtre, Musée David. Ce bas-relief a été payé à l'auteur 10,000 fr.

*Même sujet.* Dessins, appartenant à M. Robert David. Vingt et une pièces.

*L'Adieu* (fragment du *Départ des volontaires*). Terre cuite, grandeur d'esquisse, appartenant à M. Victor Pavie. Donné par l'auteur.

*Cuvier.* Statue, bronze, Montbéliard (Doubs), souscription nationale.

*Même sujet,* avec variantes. Dessins, appartenant à M. Robert David. Deux pièces.

*Le Serment du Jeu de paume.* Bas-relief, appartenant à M. Ledru-Rollin. Esquisse de fronton pour le palais Bourbon.

*Même sujet.* Dessin, appartenant à M. Robert David.

*Les Quatre Ages de l'enfance.* Bas-reliefs, cire, ornant un gobelet destiné à M. Robert David enfant.

*Même sujet.* Dessin, appartenant à M. Robert David.

*Adam Billaud.* Buste, bronze, haut. 0m,73, Musée de Nevers. Donné par l'auteur. —

Modèle plâtre, Musée David. Écrit à l'ébauchoir : *Maître Adam Billaud, menuisier de Nevers et poëte, mort le 19 mai 1662.* || Billaud (Adam), plus connu sous le nom de *Maître Adam*, poëte et menuisier de Nevers.

*Percy.* Buste, marbre, haut. 0m,70, Paris, Académie de médecine, commande du gouvernement. — Modèle plâtre, Musée David. || Percy (P. François, baron), 1754-1825, chirurgien militaire, né à Montagney (Doubs).

*Hulin.* Buste, marbre, haut. 0m,80, appartenant à la famille. — Modèle plâtre, Musée David.

*Mickiewicz.* Buste, marbre, haut. 0m,55. Offert au modèle. — Modèle plâtre, Musée David.

*Hahnemann.* Buste, marbre, haut. 0m,74. Offert au modèle. — Modèle plâtre, Musée David.

*Carus.* Buste, marbre, haut. 0m,70. Offert au modèle (Dresde). — Modèle plâtre, Musée David.

*Berzélius.* Buste, marbre, haut. 0m,75. Offert au modèle (Stockholm). — Modèle plâtre, Musée David. || Berzélius (Jacques), 1779-1848, chimiste suédois.

*Ambroise Paré.* Médaillon, bronze. — Bronze, Musée David. — Bronze, collection de madame David.

*Marmier.* Médaillon, bronze. Offert au modèle. — Bronze, Musée David. — Bronze, collection de madame David. || Marmier (Xavier), 1809-. . . . , voyageur, littérateur, membre de l'Académie française.

*Percier.* Médaillon, bronze. Offert au modèle. — Bronze, Musée David, deux exemplaires. — Bronze, collection de madame David. || Percier (Charles), 1764-1840, architecte, membre de l'Institut.

*Même sujet.* Dessin à la plume, appartenant à M. J. Gigoux. Donné par l'auteur.

*Même sujet.* Dessins, appartenant à M. Robert David. Sept pièces.

*Corbière.* Médaillon, bronze. Offert au modèle. — Bronze, Musée David. — Bronze, collection de madame David. || Corbière (Jean-Antoine-René-Édouard), 1793-1875, romancier, *le Négrier*, publiciste.

*Robespierre.* Médaillon, bronze. — Bronze, Musée David. — Bronze, collection de madame David. || Robespierre (Maximilien), 1759-1794, conventionnel, règne de la Terreur.

*Sergent-Marceau.* Médaillon, bronze. — Bronze, Musée David. — Bronze, collection de madame David. || Sergent-Marceau, 1751-1834, conventionnel.

*Oudot.* Médaillon, bronze. Offert au modèle. — Bronze, Musée David. — Bronze, collection de madame David. || Oudot, 1760-1840, conventionnel.

*Rouget de Lisle.* Médaillon, bronze. Offert au modèle. — Bronze, Musée David. — Bronze, collection de madame David. Voir pl. V de ce volume.

*Rauch.* Médaillon, bronze. Offert au modèle. — Bronze, collection de madame David.

*Ramey fils.* Dessin, appartenant à M. Robert David. || Ramey (Étienne), 1796-1852, statuaire, membre de l'Institut.

## 1836

*Sainte Cécile.* Statue, marbre, cathédrale d'Angers. Donné par l'auteur. — Esquisse, terre cuite, appartenant à M. Victor Pavie. Donné par l'auteur. Voir pl. IX de ce volume.

*Même sujet* avec variantes. Dessins, appartenant à M. Robert David. Neuf pièces.

*L'Abbé Horeau.* Buste, marbre, haut. 0m,60. Collége de Château-Gontier (Mayenne). Souscription nationale. — Modèle plâtre, Musée David. || Horeau (Basile), 1737-1830, né à la Jumellière (Maine-et-Loire), principal du collége de Château-Gontier de 1778 à 1828, chevalier de la Légion d'honneur.

*Jollivet.* Buste, bronze, haut. 0m,59. Offert au modèle. — Modèle plâtre, Musée David. || Jollivet (Adolphe), 1799-1848, publiciste, exerçait la profession d'avocat à Rennes en 1830; député, mort le 24 février 1848.

*Amélia Opie.* Buste, marbre, haut. 0m,70. Offert au modèle. Northwich (Angleterre). — Modèle plâtre, Musée David.

*Carnot.* Médaillon gr. mod., marbre, diamètre 0m,52, appartenant à la famille. — Plâtre, Musée de Beaune. Donné par M. Sadi Carnot. — Modèle plâtre, Musée David. || Carnot (Lazare-Nicolas-Marguerite), 1753-1823, conventionnel, membre du Directoire, ministre pendant les Cent-Jours.

*Pouqueville.* Médaillon gr. mod., bronze, diamètre 0m,46. Palais de l'Institut. — Modèle terre cuite, Musée David. — Plâtre, Musée de Saumur. Donné par l'auteur. || Pouqueville (François-Charles-

Hugues-Laurent), 1770-1838, historien, membre de l'Académie des inscriptions. *Histoire de la régénération de la Grèce.*

*Billard.* Médaillon, bronze. — Bronze, Musée David. — Bronze, collection de madame David. A gauche est écrit : *Le docteur Billard, d'Angers, par son ami David,* 1836.

*Le Comte de Pastoret.* Médaillon, bronze. Offert au modèle. — Bronze, Musée David. — Bronze, collection de madame David. || Pastoret (Amédée, comte de), 1791-1857, littérateur, membre de l'Institut, sénateur.

*Sylvestre de Sacy.* Médaillon, bronze. Offert au modèle. — Bronze, Musée David. — Bronze, collection de madame David. || Sacy (Sylvestre de), 1758-1838, orientaliste, membre de l'Institut.

*Dulong.* Médaillon, bronze. Offert au modèle. — Bronze, Musée David. — Bronze, collection de madame David. || Dulong (Pierre-Louis), 1785-1838, chimiste, membre de l'Institut.

*Laurent de Jussieu.* Médaillon, bronze. — Bronze, Musée David. — Bronze, collection de madame David. || Jussieu (Antoine-Laurent de), 1748-1836, membre de l'Institut, naturaliste.

*Henriquel-Dupont.* Médaillon, bronze. Offert au modèle. — Bronze, Musée David. — Bronze, collection de madame David. || Henriquel-Dupont (Louis-Pierre), 1797-. . . ., graveur en taille-douce, membre de l'Institut.

*Depaulis.* Médaillon, bronze. Offert au modèle. — Bronze, Musée David. — Bronze, collection de madame David. || Depaulis (Alexis-Joseph), 1792-1867, graveur en médailles.

*Lebreton.* Médaillon, bronze. Offert au modèle. — Bronze, Musée David. — Bronze, collection de madame David. || Lebreton (Théodore), 1803-. . . ., poëte ouvrier de Rouen. *Heures de repos.*

*Pouqueville.* Médaillon, bronze. — Bronze, Musée David. — Bronze, collection de madame David.

*Kératry.* Médaillon, bronze. Offert au modèle. — Bronze, Musée David. — Bronze, collection de madame David.

*Thérèse Olivier.* Médaillon, bronze. Offert au modèle. — Bronze, Musée David. — Bronze, collection de madame David. Ne figure pas dans la reproduction photographique des médaillons de David d'Angers publiée par son fils. || Olivier (Thérèse), domestique chez David d'Angers.

*Niemcewicz.* Médaillon, bronze. Offert au modèle. — Bronze, Musée David. — Bronze, collection de madame David. || Niemcewicz (J.-U.), 1757-1841, patriote et poëte polonais.

*Czartoryski.* Médaillon, bronze. Offert au modèle. — Bronze, Musée David. — Bronze, collection de madame David. || Czartoryski (Adam, prince), 1770-1861, homme politique polonais.

## 1837

*Fronton du Panthéon.* Bas-relief, pierre. Paris. Haut. 6m, larg. 30m,80. — Esquisse, terre cuite, Musée David. — Modèle plâtre, au tiers d'exécution, Musée David. Voir t. I, pl. XII.

*Même sujet* avec variantes. Dessin, appartenant à M. Robert David. Ce dessin comprend la partie gauche du fronton. Au bas est écrit : « Il y aura un chirurgien d'armée ; un médecin, Bichat, sera représenté mourant et présentant son ouvrage sur *la Vie et la Mort.* On pourrait représenter le jeune Barra. Je mettrai La Tour d'Auvergne. Je mettrai le peintre David. Le Poussin et le Sueur seront sur un plan plus reculé. Ils auront déjà leur couronne sur la tête. »

*Même sujet* avec variantes. Dessins à la plume, appartenant à M. Robert David. Vingt et une pièces.

*Même sujet.* Fragments du modèle en plâtre, appartenant à M. Victor Pavie. Donnés par l'auteur.

*Le Général Bonaparte.* Profil, bronze, hauteur 0m,34, Musée David. (Tête du fronton du Panthéon.) — Esquisse plâtre, appartenant à M. Hippolyte, baron Larrey. Donné par l'auteur. — Modèle plâtre, appartenant à M. Victor Pavie. Donné par l'auteur. — Plâtre. Offert à Eugène Delacroix. || Bonaparte (Napoléon), 1769-1821.

*Voltaire.* Profil, bronze, haut. 0m,34, Musée David. (Tête du fronton du Panthéon.) || Voltaire (François-Marie-Arouet de), 1694-1778.

*Philopœmen.* Statue, marbre, haut. Musée du Louvre. Commande du gouvernement. — Modèle plâtre, Musée David. Voir pl. XII de ce volume. Cet ouvrage fut terminé peu après la mise au jour du fronton du Panthéon. Placé dans le jardin des Tuileries, il y resta jusqu'en novembre

1839, époque à laquelle il fut rentré au Louvre. Voir *Gazette des Beaux-Arts*, 1er décembre 1859, t. IV, p. 233. || Philopœmen, général grec de Mégalopolis, né l'an 253, avant J. C., gagna la bataille de Mantinée. On l'a surnommé *le dernier des Grecs*.

*Même sujet* avec variantes. Esquisses, terre cuite, appartenant à M. Victor Pavie. Donnés par l'auteur. Deux pièces.

*Même sujet* avec variantes. Dessin, appartenant à M. Robert David.

*Talma*. Statue, marbre, haut. 1m,75. Théâtre-Français (Paris). Souscription nationale. — Maquette, plâtre, appartenant à M. Robert David. — Esquisse, terre cuite, hauteur 0m,44, Musée David. — Modèle plâtre, Musée David. Ce modèle a figuré au Salon de 1827; le marbre, à celui de 1837. || Talma (François-Joseph), 1763-1826, tragédien.

*Même sujet* avec variantes. Dessins, appartenant à M. Robert David. Dix-neuf pièces.

*L'Enfant à la grappe*. Statue marbre, hauteur 1m,27, atelier de M. Robert David. — Modèle plâtre, Musée David. Le marbre a figuré au Salon de 1845.

*Même sujet* avec variantes. Dessins, appartenant à M. Robert David. Deux pièces.

*La Navigation*. Figure de haut relief, pierre. Douane de Rouen. — Esquisse, terre cuite, appartenant à M. Isabelle. Donné par l'auteur. — Modèle terre cuite, Musée David. Architecte du monument, M. Isabelle.

*Le Commerce*. Groupe de haut relief, pierre. Douane de Rouen. — Esquisse, terre cuite, appartenant à M. Isabelle. Donné par l'auteur. — Modèle terre cuite, Musée David.

*Même sujet*. Dessin, appartenant à M. Robert David.

*La France et l'Allemagne unies par la Liberté*. Bas-relief, bronze. Monument de Ludwig Bœrne au Père-Lachaise. — Bronze, Musée David.

*Bœrne*. Buste, bronze, haut. 0m,62. Cimetière du Père-Lachaise. Monument élevé par un ami. — Modèle terre cuite, Musée David. || Bœrne (Ludwig), 1786-1837, publiciste allemand, auteur des *Lettres de Paris*.

*Victor Hugo*. Buste, marbre, haut. 0m,62. Offert au modèle. — Modèle terre cuite, Musée David. Écrit à l'ébauchoir : *A son ami Victor Hugo. P J. David*, 1837. — Plâtre, Musée de Saumur. Donné par l'auteur. — Plâtre, appartenant à M. Victor Pavie. Donné par l'auteur. — Plâtre, Musée de Cambrai. Donné par l'auteur.

*Gérard*. Buste, marbre, haut. 0m,54, palais de l'Institut. Donné par l'auteur. — Modèle plâtre, Musée David. — Plâtre, Musée David.

*Même sujet*. Dessin, appartenant à M. Robert David.

*Destutt de Tracy*. Buste, marbre, haut. 0m,52. Offert au fils du modèle, appartient aujourd'hui à madame de Magnoncour. — Modèle terre cuite, Musée David. — Plâtre, Musée de Saumur. Donné par l'auteur. Cet ouvrage, en marbre des Pyrénées, a figuré au Salon de 1839.

*Le Général Bonaparte*. Médaillon, bronze. — Bronze, Musée de Châteauroux. — Bronze, Musée David. — Bronze, collection de madame David. — Terre cuite, appartenant à M. Victor Pavie. Donné par l'auteur.

*Talma*. Médaillon, bronze. — Bronze, Musée de Blois. Donné par l'auteur. — Bronze, Musée David. — Bronze, collection de madame David.

*Adrien Maillard*. Médaillon, bronze. Offert au modèle. — Bronze, Musée David. — Bronze, collection de madame David. || Maillard (Adrien), 1815-....., avocat, né à Angers. *Étude sur la vie et les ouvrages de David d'Angers*.

*Taillandier*. Médaillon, bronze. Offert au modèle. — Bronze, Musée David. — Bronze, collection de madame David. || Taillandier (Alphonse), 1797-1870, jurisconsulte, député. Ami de l'auteur.

*Liébig*. Médaillon, bronze. Offert au modèle. — Bronze, Musée David (deux exemplaires). — Bronze, collection de madame David. || Liébig (Justus, baron de), 1803-1873, chimiste allemand.

*Spurzheim*. Médaillon, bronze. — Bronze, Musée David. — Bronze, collection de madame David. — Cire, appartenant à M. Victor Pavie. Donné par l'auteur. || Spurzheim (Gaspard), 1766-1833, médecin, phrénologiste allemand.

*Ludwig Bœrne*. Médaillon, bronze. — Bronze, Musée David. — Bronze, collection de madame David.

*Baudissin*. Médaillon, bronze. — Bronze, Musée David. — Bronze, collection de madame David. || Baudissin (Wolf-Henri-Frédéric-Charles, comte de), 1789-1866, diplomate allemand, traducteur de Shakespeare.

*Georges Canning*. Médaillon, bronze. — Bronze, Musée David. — Bronze, collection de madame David. || Canning (Georges), 1770-1827, membre du Parlement anglais, ministre.

*Alberto Nota*. Médaillon, bronze. Offert au modèle. — Bronze, Musée David. — Bronze, collection de madame David. || Nota (Alberto), 1775-1847, auteur dramatique italien.

### MÉDAILLONS EXÉCUTÉS AVANT 1838

*Auguste Jal et madame Aspasie Jal*. Médaillon, bronze. Offert au modèle. — Bronze, Musée David. Envoi de 1838. — Bronze, collection de madame David. || Jal (Auguste), 1795-1873, critique, romancier; *Salons*.

*Gay-Lussac*. Médaillon, bronze. Offert au modèle. — Bronze, Musée David. Envoi de 1838. — Bronze, collection de madame David. || Gay-Lussac (Nicolas-François), 1778-1850, chimiste et physicien, membre de l'Institut.

*Lesson*. Médaillon, bronze. Offert au modèle. — Bronze, Musée David. Envoi de 1838. — Bronze, collection de madame David. || Lesson (René-Primevère), 1794-1849, voyageur et naturaliste.

*Volney*. Médaillon, bronze. — Bronze, Musée David. Envoi de 1838. — Bronze, collection de madame David.

*La Grange*. Médaillon, bronze. — Bronze, Musée David. Envoi de 1838. — Bronze, collection de madame David. || Grange (Joseph-Louis de), 1738-1813, mathématicien, membre de l'Institut. *Méthode des variations*.

*Lemercier*. Médaillon, bronze. Offert au modèle. — Cire, appartenant à M. Victor Pavie. Donné par l'auteur. — Bronze, Musée David. Envoi de 1838. — Bronze, collection de madame David. || Lemercier (Népomucène), 1772-1840, poëte tragique, romancier, membre de l'Institut.

*Même sujet*. Dessins, appartenant à M. Robert David. Deux pièces.

*Lacépède*. Médaillon, bronze. — Bronze, Musée David. Envoi de 1838. — Bronze, collection de madame David.

*Orfila*. Médaillon, bronze. Offert au modèle. — Bronze, Musée David. Envoi de 1838. — Bronze, collection de madame David. || Orfila (Matéo), 1787-1853, doyen de la Faculté de médecine de Paris. *Traité des poisons*.

*Béclard*. Médaillon, bronze. — Cire, appartenant à M. Victor Pavie. Donné par l'auteur. A gauche est écrit : « A Béclard d'Angers, mon compatriote. *David*. » — Bronze, Musée David. Envoi de 1838. — Bronze, collection de madame David.

*Gustave Planche*. Médaillon, bronze. Offert au modèle. — Bronze, Musée David (deux exemplaires). Envoi de 1838. — Bronze, collection de madame David. || Planche (Gustave), 1808-1857, critique.

*J. J. Ampère*. Médaillon, bronze. Offert au modèle. — Bronze, Musée David. Envoi de 1838. — Bronze, collection de madame David. || Ampère (Jean-Jacques), 1800-1864, historien, membre de l'Académie française.

*Senancourt*. Médaillon, bronze. Offert au modèle. — Bronze, Musée David. Envoi de 1838. || Senancourt (Et. P. de), 1770-1846, moraliste, littérateur. *Oberman*.

*Reynaud*. Médaillon, bronze. Offert au modèle. — Bronze, Musée David. Envoi de 1838. — Bronze, collection de madame David. || Reynaud (Jean), 1806-1863, philosophe.

*Madame d'Abrantès*. Médaillon, bronze. Offert au modèle. — Bronze, Musée David. Envoi de 1838. — Bronze, collection de madame David. || Abrantès (duchesse d'), 1784-1836, littérateur. Mémoires, romans.

*Madame Waldor*. Médaillon, bronze. Offert au modèle. — Bronze, Musée David. Envoi de 1838. — Bronze, collection de madame David. || Waldor (madame Mélanie), 1796-1871, poëte, littérateur.

*Madame de Bruyères*. Médaillon, bronze. — Bronze, Musée David. Envoi de 1838. — Bronze, collection de madame David. || Bruyères (madame Rose Rovel de), poëte.

*Desalle*. Médaillon, bronze. — Bronze, Musée David. Envoi de 1838. Ne figure pas dans la reproduction photographique des médaillons de David d'Angers publiée par son fils. || Desalle (Eusèbe), littérateur.

*Milbert*. Médaillon, bronze. — Bronze, Musée David. Envoi de 1838. Ne figure pas dans la reproduction photographique des médaillons de David d'Angers. || Milbert (Alphonse), avocat.

*Raoul.* Médaillon, bronze. — Bronze, Musée David. Envoi de 1838. — Bronze, collection de madame David. || Raoul (Max), littérateur, critique.

*La Revellière-Lepeaux.* Médaillon, bronze. Offert à la famille. — Bronze, Musée David. Envoi de 1838. — Bronze, collection de madame David. — Bronze, Musée de la Roche-sur-Yon. Donné par MM. Eck et Durand.

*Carnot.* Médaillon, bronze. Offert à la famille. — Bronze, Musée David. Envoi de 1838. — Bronze, collection de madame David.

*Robespierre jeune.* Médaillon, bronze. — Bronze, Musée David. Envoi de 1838. — Bronze, collection de madame David. A gauche est écrit : « Je partage les vertus de mon frère, je veux partager son sort ; je demande aussi le décret d'arrestation contre moi. 9 thermidor. » || Robespierre jeune (Augustin-Bon-Joseph), 1764-1794, conventionnel.

*Le Bas.* Médaillon, bronze.—Bronze, Musée David. Envoi de 1838. — Bronze, collection de madame David. || Le Bas (Phil.), 1766-1794, conventionnel.

*Comte de Las-Cases.* Médaillon, bronze. Offert au modèle. — Bronze, Musée David. Envoi de 1838. — Bronze, collection de madame David. || Las-Cases (Dieudonné, comte de), 1766-1842, compagnon d'exil de Napoléon Ier.

*Duc de Bassano.* Médaillon, bronze. — Bronze, Musée David. Envoi de 1838. — Bronze, collection de madame David. || Bassano (Maret, duc de), 1763-1835, secrétaire de Napoléon Ier, ministre.

*Même sujet, avec variantes. Dessins,* appartenant à M. Robert David. Deux pièces.

*Manuel.* Médaillon, bronze. — Bronze, Musée David. Envoi de 1838. — Bronze, collection de madame David.

*Dupont de l'Eure.* Médaillon, bronze. Offert au modèle. — Bronze, Musée David. Envoi de 1838. — Bronze, collection de madame David. || Dupont de l'Eure (Jacques-Charles), 1767-1855, député, *ministre* (1830).

*Siméon.* Médaillon, bronze. Offert au modèle. — Bronze, Musée David. Envoi de 1838. — Bronze, collection de madame David. || Siméon (Joseph-Jérôme, comte), 1749-1842, membre du conseil des Cinq-Cents, ministre, pair de France.

*Dupin.* Médaillon, bronze. Offert au modèle. — Bronze, Musée David. Envoi de 1838. — Bronze, collection de madame David. || Dupin (André-Marie-Jean-Jacques), 1783-1865, député, avocat, orateur.

*Horace Vernet.* Médaillon, bronze. Offert au modèle. — Bronze, Musée David. Envoi de 1838. — Bronze, collection de madame David. || Vernet (Horace), 1789-1863, peintre de batailles, membre de l'Institut.

*Ary Scheffer.* Médaillon, bronze. Offert au modèle. — Bronze, Musée David. Envoi de 1838. — Bronze, collection de madame David. || Scheffer (Ary), 1795-1858, peintre d'histoire.

*A. Johannot.* Médaillon, bronze. Offert au modèle. — Cire, appartenant à M. Ferdinand de Lasteyrie. Donné par l'auteur. — Bronze, Musée David. Envoi de 1838. — Bronze, collection de madame David. || Johannot (Alfred), 1800-1837, peintre et dessinateur.

*Alavoine.* Médaillon, bronze. — Bronze, Musée David. Envoi de 1838. — Bronze, collection de madame David. || Alavoine (Jean-Antoine), 1776-1834, architecte. *Flèche de la cathédrale de Rouen.*

*Penchaud.* Médaillon, bronze. — Bronze, Musée David. Envoi de 1838. — Bronze, collection de madame David. || Penchaud (Michel), 1772-1832, architecte. Palais de justice d'Aix.

*Visconti.* Médaillon, bronze. — Bronze. Musée David. Envoi de 1838. — Bronze, collection de madame David.

*Villemin.* Médaillon, bronze. Offert au modèle. — Bronze, Musée David. Envoi de 1838. — Bronze, collection de madame David. || Villemin (...), antiquaire.

*Madame Pasta.* Médaillon, bronze. Offert au modèle. — Bronze, Musée David. Envoi de 1838. — Bronze, collection de madame David. || Pasta (Giuditta), 1798-1865, cantatrice italienne.

*Même sujet.* Dessin, appartenant à M. Robert David.

*Byron.* Médaillon, bronze. — Bronze, Musée David. Envoi de 1838. — Bronze, collection de madame David. || Byron (Noël Gordon, lord), 1788-1824, poëte anglais.

*Jérémie Bentham.* Médaillon, bronze. Offert au modèle. — Bronze, Musée David. Envoi de 1838. — Bronze, collection de madame David.

*Madame Somerville.* Médaillon, bronze. Offert au modèle. — Bronze, Musée David.

Envoi de 1838. — Bronze, collection de madame David. || Somerville (Marie Fairfax, dame), 1790-....., mathématicien et astronome anglais.

*Cooper.* Médaillon, bronze. Offert au modèle. — Bronze, Musée David. Envoi de 1838. — Bronze, collection de madame David.

*C. Botta.* Médaillon, bronze. — Bronze, Musée David. Envoi de 1838. — Bronze, collection de madame David. || Botta (Carlo), 1766-1837, historien italien, membre du Corps législatif de France.

*Werner.* Médaillon, bronze. — Bronze, Musée David. Envoi de 1838. — Bronze, collection de madame David. || Werner (Zacharie), 1768-1823, poëte allemand, auteur dramatique.

## 1838

*Riquet.* Statue, bronze. Béziers (Hérault). Souscription nationale. — Maquette, terre cuite, Musée de Béziers. Donné par l'auteur. — Modèle plâtre, grandeur d'esquisse, appartenant à M. Victor Pavie. Donné par l'auteur. La souscription ouverte par la Société archéologique de Béziers, le 14 avril 1835, ayant produit en moins d'une année 28,000 francs, une ordonnance royale du 9 avril 1836 autorisa la ville de Béziers à élever une statue en bronze à P. P. Riquet, auteur du canal des Deux-Mers. L'inauguration eut lieu le 21 octobre 1838. || Riquet (Pierre-Paul), 1604-1680, créateur du canal du Languedoc, né à Béziers, bien qu'originaire d'une famille florentine, conçut et poussa presque à sa fin le canal du Midi, qui fut exécuté à ses frais et coûta 34 millions de notre monnaie.

*Cuvier.* Statue, marbre, haut. 2m,38. Jardin des Plantes de Paris. Commande du gouvernement. — Esquisse, terre cuite, appartenant à M. Victor Pavie. Donné par l'auteur. — Modèle plâtre, Musée David.

*Même sujet*, avec variantes. Dessins, appartenant à M. Robert David. Deux pièces.

*Beaurepaire.* Esquisse, terre cuite. Projet de statue pour la ville d'Angers. Ouvrage détruit accidentellement dans l'atelier de l'auteur. || Beaurepaire (Nicolas-Joseph), 1740-1792, lieutenant-colonel du 1er bataillon des volontaires de Maine-et-Loire, mort à Verdun, dont il avait accepté le commandement pendant le siége de cette place par l'armée prussienne.

*Même sujet*, avec variantes. Dessins, appartenant à M. Robert David. Deux pièces. *Dans le premier dessin*, Beaurepaire est debout, la main droite résolûment fermée. La main gauche, ramenée sur le cœur, tient un drapeau sur les plis duquel se lit, au centre d'une couronne de chêne : « 1er BATAILLON DE MAINE-ET-LOIRE. » Derrière le commandant, une pyramide de boulets. Sous ses pieds, un parchemin déchiré, avec ces mots : « CAPITULATION DE VERDUN. » Le second dessin représente Beaurepaire debout et drapé déchirant le traité de la capitulation de Verdun.

*Arago.* Buste, marbre, haut. 0m,54. Offert au modèle. — Modèle terre cuite, Musée David. Écrit à l'ébauchoir : *A son honorable ami Arago, P. J. David*, 1838. — Marbre, Hôtel de ville d'Estagel. Donné par l'auteur. — Marbre, Hôtel de ville de Perpignan. — Plâtre, Musée de Perpignan. — Plâtre, Musée de Saumur. Donné par l'auteur. — Bronze, cimetière du Père-Lachaise. Offert par madame David. Le marbre a figuré au Salon de 1839. Voir pl. VIII de ce volume. || Arago (François), 1786-1853, savant français, né à Estagel (Pyrénées-Orientales), membre de l'Académie française.

*Portal.* Buste, marbre, haut. 0m,63, appartenant à la famille. — Modèle, plâtre, Musée David. — Plâtre, Société d'agriculture, sciences et arts d'Angers. Donné par l'auteur. — Plâtre, Musée de Saumur. Donné par l'auteur. Le marbre a été donné par la fille du modèle à l'École de médecine de Paris. || Portal (Antoine), 1742-1832, médecin, né à Gaillac (Tarn), membre de l'Académie des sciences.

*Lamennais.* Buste, marbre, haut. 0m,54. Offert au modèle. — Modèle terre cuite, Musée David. — Plâtre, Musée de Saumur. Donné par l'auteur. Cet ouvrage, en marbre des Pyrénées, a figuré au Salon de 1839.

*Jussieu.* Buste, marbre, haut. 0m,55, palais de l'Institut. — Marbre, Muséum d'histoire naturelle. — Plâtre, Musée de Rouen. Donné par l'auteur. — Plâtre, Musée de Versailles. — Plâtre, Musée de Saumur. Donné par l'auteur. — Plâtre, Musée de Cambrai. Donné par l'auteur. — Modèle terre cuite, Musée David. Commande du ministère de l'Intérieur contre-signée par M. de Gasparin. Ce buste a été payé 2,000 francs.

*Langlois*. Buste, marbre, haut. 0m,56, Musée de Rouen. Donné par l'auteur. — Modèle terre cuite, Musée David. || Langlois (Eustache-Hyacinthe), 1777-1837, peintre, dessinateur, graveur et antiquaire, né à Pont-de-l'Arche, élève de Louis David.

*Riquet*. Buste, bronze, haut. 0m,78, Béziers. Donné par l'auteur. — Plâtre, Musée David. — Tête de la statue.

*Armand Carrel*. Buste, bronze, haut. 0m,66, Musée de Rouen. Donné par l'auteur. — Modèle terre cuite, Musée David. Écrit à l'ébauchoir : « Au courageux défenseur de la Liberté, *Armand Carrel*, né à Rouen en 1800, tué à Saint-Mandé en 1836, son ami David. » — Plâtre, Musée de Saumur. Donné par l'auteur.

*Ferdinand de Lasteyrie*. Médaillon, gr. mod. — Bronze. Offert au modèle. Profil détaché du bas-relief *le Départ des volontaires*, de la porte d'Aix.

*Hélène David d'Angers* à l'âge de dix-neuf mois. Médaillon gr. mod. — Bronze, diamètre 0m,23. — Modèle terre cuite, Musée David. Pendant du médaillon de M. Robert David (1834). || David d'Angers (Hélène), aujourd'hui madame Adolphe Gubler.

*Même sujet*. Dessin, appartenant à M. Victor Pavie. Donné par l'auteur.

*Même sujet*. Dessin, appartenant à M. Robert David.

*Serres*. Médaillon, bronze. Offert au modèle. — Bronze, Musée David. — Bronze, collection de madame David. || Serres (Antoine-Étienne-Renaud-Augustin), 1786-1866, docteur, professeur d'anthropologie, membre de l'Institut.

*Raspail*. Médaillon, bronze. Offert au modèle. — Bronze, Musée David. — Bronze, collection de madame David. || Raspail (Eugène), 1794-...., docteur, publiciste, chimiste.

*Magendie*. Médaillon, bronze. Offert au modèle. — Bronze, Musée David. — Bronze, collection de madame David. || Magendie (François), 1782-1855, physiologiste, professeur au Collége de France, membre de l'Académie de médecine et de l'Académie des sciences.

*Marquis de Pastoret*. Médaillon, bronze. Offert au modèle. — Bronze, Musée David (deux exemplaires). — Bronze, collection de madame David. || Pastoret (Claude-Emmanuel-Joseph-Pierre, marquis de), 1756-1840, ministre de la Justice sous Louis XVI, constitutionnel, sénateur, pair de France, jurisconsulte, membre de l'Académie française.

*Meneval*. Médaillon, bronze. Offert au modèle. — Bronze, Musée David. — Bronze, collection de madame David. || Meneval (C., baron de), 1778-1850, secrétaire et bibliothécaire de Napoléon Ier.

*Hélène David d'Angers*, à l'âge de dix-neuf mois. Médaillon, bronze. — Bronze. Offert à M. Hippolyte, baron Larrey. — Bronze, collection de madame David.

*Langlois*. Médaillon, bronze. Offert au modèle.—Bronze,collection de madame David.

*Paul Huet*. Médaillon, bronze. Offert au modèle. — Bronze, Musée David (deux exemplaires). — Bronze, collection de madame David. || Huet (Paul), 1804-1860, peintre de paysages.

*Leader Temple*. Médaillon, bronze.—Bronze, Musée David (deux exemplaires). — Bronze, collection de madame David. || Temple (Leader), membre du Parlement anglais.

*Annonciation*. Dessin, appartenant à M. Victor Pavie. Donné par l'auteur. A gauche est écrit : « *Ave, Maria*. »

## MÉDAILLONS EXÉCUTÉS AVANT 1839

*Monge*. Médaillon, bronze. — Bronze, Musée David. Envoi de 1839. — Bronze, collection de madame David.

*Isidore Geoffroy-Saint-Hilaire*. Médaillon, bronze. Offert au modèle. — Bronze, Musée David. Envoi de 1839. — Bronze, collection de madame David. || Geoffroy-Saint-Hilaire (Isidore), 1805-1861, naturaliste, membre de l'Institut.

*Lallemand*. Médaillon, bronze. Offert au modèle. — Bronze, Musée David. Envoi de 1839. — Bronze, collection de madame David. || Lallemand (François), 1790-1853, médecin, membre de l'Académie des sciences.

*Arago*. Médaillon, bronze. Offert au modèle. — Bronze, Musée David. Envoi de 1839. — Bronze, collection de madame David.

*Thénard*. Médaillon, bronze. Offert au modèle. — Bronze, Musée David. Envoi de 1839. — Bronze, collection de madame David. || Thénard (Louis-Jacques, baron), 1777-1857, chimiste, membre de l'Institut.

*Becquerel père*. Médaillon, bronze. Offert au modèle. — Bronze, Musée David. Envoi de 1839. — Bronze, collection de madame David. || Becquerel père (Antoine-

César), 1788-....., chimiste, membre de l'Institut.

*Madame Tastu*. Médaillon, bronze. Offert au modèle. — Bronze, Musée David. Envoi de 1839. — Bronze, collection de madame David. || Tastu (madame Amable), 1795-....., femme poëte.

*Madame Récamier*. Médaillon, bronze. Offert au modèle. — Bronze, Musée David. Envoi de 1839. — Bronze, collection de madame David. || Récamier (Julie Bernard, dame), 1777-1849, salon littéraire sous l'Empire et la Restauration.

*Quatremère de Quincy*. Médaillon, bronze. Offert au modèle. — Bronze, Musée David. Envoi de 1839. — Bronze, collection de madame David. || Quatremère de Quincy (Antoine-Chrysostome), 1755-1849, membre du conseil des Cinq-Cents, antiquaire, membre de l'Académie des Beaux-Arts, doyen de l'Institut.

*Poussin*. Médaillon, bronze. — Bronze, Musée David. Envoi de 1839. — Bronze, collection de madame David. Voir pl. X de ce volume. || Poussin (Nicolas), 1594-1665, peintre d'histoire.

*Godefroy*. Médaillon, bronze. — Bronze, Musée David. Envoi de 1839. — Bronze, collection de madame David. || Godefroy (Adrien), graveur.

*Desnoyers père*. Médaillon, bronze.— Bronze, Musée David. Envoi de 1839. — Bronze, collection de madame David. || Desnoyers père (Boucher), ancien commissaire de la maison du Roi.

*Desnoyers*. Médaillon, bronze. Offert au modèle. — Bronze, Musée David. Envoi de 1839. — Bronze, collection de madame David. || Desnoyers (Louis Boucher, baron), 1779-1857, graveur en taille-douce, membre de l'Institut.

*Pallière*. Médaillon, bronze. — Bronze, Musée David. Envoi de 1839. — Bronze, collection de madame David. || Pallière (Léon), peintre d'histoire.

*Louis Boulanger*. Médaillon, bronze. Offert au modèle. — Bronze, Musée David. Envoi de 1839. — Bronze, collection de madame David. || Boulanger (Louis), 1806-1867, peintre d'histoire.

*Collas*. Médaillon, bronze. Offert au modèle. — Bronze, Musée David. Envoi de 1839. — Bronze, collection de madame David. || Collas (Achille), 1795-1859, mécanicien, inventeur du *procédé Collas* pour la réduction des sculptures.

*Lepelletier Saint-Fargeau*. Médaillon, bronze. — Bronze, appartenant à M. Maillard. Donné par l'auteur. — Bronze, Musée David. Envoi de 1839. — Bronze, collection de madame David. || Lepelletier Saint-Fargeau (Félix), 1769-1832, conventionnel.

*Ragmey*. Médaillon, bronze. — Bronze, Musée David. Envoi de 1839. — Bronze, collection de madame David. Ne figure pas dans la reproduction photographique des médaillons de David d'Angers, publiée par son fils. || Ragmey, juge au tribunal révolutionnaire.

*Souberbielle*. Médaillon, bronze. Offert au modèle. — Bronze, Musée David. Envoi de 1839. — Bronze, collection de madame David. || Souberbielle, [illegible]-1858, homme politique de la Révolution française.

*Lefebvre*. Médaillon, bronze. — Bronze, Musée David. Envoi de 1839. — Bronze, collection de madame David.

*Berzélius*. Médaillon, bronze. Offert au modèle. — Bronze, Musée David. Envoi de 1839. — Bronze, collection de madame David.

*Bolivar*. Médaillon, bronze. — Bronze, Musée David. Envoi de 1839. — Bronze, collection de madame David. || Bolivar (Simon), 1780-1830, LE LIBÉRATEUR, fondateur de la Bolivie (États d'Amérique).

## 1839

*Ambroise Paré*. Statue, bronze, haut. 2m,33, Laval (Mayenne). Souscription nationale. — Esquisse plâtre, appartenant à M. Hippolyte, baron Larrey. Donné par l'auteur. — Modèle plâtre, grandeur d'esquisse, appartenant à M. Victor Pavie. Donné par l'auteur. — Modèle plâtre, grandeur d'exécution, Musée David.

*Le Jeune Barra*. Statue, marbre, long. 1m,48, galeries du prince Napoléon (Paris). — Esquisse avec variante, terre cuite, appartenant à M. Victor Pavie. Donné par l'auteur. — Plâtre, Musée de Saumur. Donné par l'auteur. — Modèle plâtre, Musée David. Cet ouvrage, en marbre des Pyrénées, a figuré au Salon de 1839. Sur le socle est écrit : *Décret du 8 nivôse an II.* « La « Convention nationale décerne les hon- « neurs du Panthéon au jeune Barra. « Louis David est chargé de donner ses « soins à l'embellissement de cette fête na- « tionale. La gravure qui représentera l'ac- « tion héroïque de Joseph Barra sera faite

« aux frais de la République, d'après le « tableau de David, et un exemplaire en- « voyé par la Convention nationale sera « placé dans chaque école primaire. » — *Séance du 23 messidor an II de la République.* « A treize ans, le jeune Barra, « enfant héroïque dont la main filiale « nourrissait sa mère, de toutes parts en- « veloppé des ennemis, accablé par le « nombre, tombait vivant dans leurs fé- « roces mains. C'est dans le danger que la « vertu brille d'une manière plus écla- « tante; *sommé par eux de crier : Vive le « Roi!* saisi d'indignation, il frémit; il ne « leur répondit que par les cris de : *Vive « la République!* A l'instant, percé de « coups, il tombe en pressant sur son cœur « la cocarde tricolore. Il meurt pour re- « vivre à jamais dans les fastes de l'his- « toire. »

*Même sujet.* Dessin, appartenant à M. Edmond About. Donné par l'auteur. Ce dessin est l'exacte reproduction de la statue.

*Même sujet* avec variantes. Dessins, appartenant à M. Robert David. Onze pièces.

*Armand Carrel.* Statue, bronze, haut. $2^m$,15. Cimetière de Saint-Mandé (Seine). Souscription nationale. — Modèle plâtre, Musée David. Sur le socle, écrit à l'ébauchoir : « *Si parmi les membres de cette Chambre il en est un qui se trouve offensé de mes paroles, qu'il me dénonce à cette barre, j'y comparaîtrai; je serai fier d'être le premier homme de la génération de* 1830 *qui viendra protester ici contre un abominable assassinat* (14 janvier 1834). » Chambre des pairs, Armand Carrel défendant le gérant du *National*. Ces paroles ont trait à la condamnation du maréchal Ney, dont plusieurs juges étaient devenus pairs de France et assistaient au plaidoyer de Carrel.

*La Liberté.* Statuette, bronze, haut. $0^m$,51, Musée David. — Bronze, Musée de Nantes. — Bronze, collection de madame David.

*André Chénier.* Buste, bronze, haut. $0^m$,54. Terre cuite, Musée David. Écrit à l'ébauchoir : *Au poëte André Chénier, David d'Angers,* 1839. — Plâtre, Musée de Saumur. Donné par l'auteur. || Chénier (André de), né à Constantinople en 1762, mort sur l'échafaud le 7 thermidor an II (25 juillet 1794).

*Lakanal.* Buste, marbre, haut. $0^m$,60. Offert au modèle. — Plâtre, Musée de Saumur. Donné par l'auteur. — Modèle terre cuite, Musée David. Le marbre est aujourd'hui à l'Institut. || Lakanal (Joseph), 1762-1845, conventionnel, eut une grande part dans la création des écoles normales (1794) ainsi que dans la fondation de l'Institut.

*Lechevallier.* Buste, marbre, haut. $0^m$,60. Palais de l'Institut. Souscription nationale. — Modèle terre cuite, Musée David. || Lechevallier (Jean-Baptiste), 1752-1836, littérateur, né à Trély, près Coutances, auteur du *Voyage à la Troade* et de *Ulysse-Homère.*

*Deville.* Médaillon, bronze. — Bronze, Musée David. — Bronze, collection de madame David. || Deville (Jean-Achille), 1789-1875, archéologue.

*Poterlet.* Médaillon, bronze. — Bronze, collection de madame David. || Poterlet (Hippolyte), peintre d'histoire.

*Bory de Saint-Vincent.* Médaillon, bronze. Offert au modèle. — Bronze, Musée David. — Bronze, collection de madame David. || Bory de Saint-Vincent (le colonel), 1780-1846, naturaliste, voyageur, membre de l'Institut.

*André Chénier.* Médaillon, bronze. — Bronze, Musée David. — Bronze, collection de madame David.

*Barthélemy.* Médaillon, bronze. Offert au modèle. — Bronze, Musée David. — Bronze, collection de madame David. — Cire, appartenant à M. Victor Pavie. Donné par l'auteur. || Barthélemy (Auguste-Marseille), 1797-1867, poëte satirique. *Némésis.*

*Madame Desbordes-Valmore.* Médaillon, bronze. Offert au modèle. — Bronze, Musée David. — Bronze, collection de madame David. — Cire, appartenant à M. Victor Pavie. Donné par l'auteur. || Valmore (Madame Desbordes-), 1786-1858, poëte, romancier.

*Bouchotte.* Médaillon, bronze. Offert au modèle. — Bronze, Musée David. — Bronze, collection de madame David. || Bouchotte (Jean-Baptiste-Noël), 1754-1840, ministre de la Guerre, an XI (République française).

*L'Ange gardien.* Dessin, appartenant à M. Victor Pavie. Donné par l'auteur.

### MÉDAILLONS EXÉCUTÉS AVANT 1840

*Lechevallier.* Médaillon, bronze. — Bronze, Musée David. Envoi de 1840. Bronze, collection de madame David.

*Chaudet.* Médaillon, bronze. — Bronze, Musée David. Envoi de 1840. — Bronze, collection de madame David. || Chaudet (Antoine-Denis), 1763-1810, statuaire et peintre, membre de l'Institut.

*Lemot.* Médaillon, bronze. — Bronze, Musée David. Envoi de 1840. — Bronze, collection de madame David. || Lemot (Frédéric, baron), 1771-1827, statuaire, membre de l'Institut.

*Houdon.* Médaillon, bronze. — Bronze, Musée David. Envoi de 1840. — Bronze, collection de madame David. || Houdon (Jean-Antoine), 1741-1828, statuaire, membre de l'Institut.

*Flaxman.* Médaillon, bronze. — Bronze, Musée David. Envoi de 1840. — Bronze, collection de madame David. Voir pl. V de ce volume. || Flaxman (John), 1755-1826, statuaire anglais.

*Prieur-Duvernoy.* Médaillon, bronze. — Bronze, Musée David. Envoi de 1840. — Bronze, collection de madame David. || Prieur-Duvernoy, de la Côte-d'Or, 1763-1832, conventionnel; l'un des fondateurs de l'École polytechnique et de l'Institut.

*Le Général Petit.* Médaillon, bronze. Offert au modèle. — Bronze, Musée David. Envoi de 1840. — Bronze, collection de madame David. || Petit (Jean-Martin, baron), 1772-1856, général, gouverneur des Invalides.

*Gourgaud.* Médaillon, bronze. Offert au modèle. — Bronze, Musée David. Envoi de 1840. — Bronze, collection de madame David. || Gourgaud (Gaspard), 1783-1852, député, général d'artillerie, compagnon d'exil de Napoléon Ier.

*Masséna.* Médaillon, bronze. — Bronze, Musée David. Envoi de 1840. — Bronze, collection de madame David. || Masséna (André), 1758-1817, prince d'Essling, maréchal de France.

*Suchet.* Médaillon, bronze. — Bronze, Musée David. Envoi de 1840. — Bronze, collection de madame David.

## 1840

*Gutenberg.* Statue, bronze, haut. 3m,31, Strasbourg. Souscription nationale. — Fonte. Cour de l'Imprimerie nationale, Paris. Donné par l'auteur. — Modèle plâtre, Musée David. Envoi de 1839. || Gutenberg (Jean), 1400-1468, inventeur de l'imprimerie, né à Mayence, s'établit à Strasbourg en 1424.

*Même sujet* avec variantes. Dessin, appartenant à M. Robert David, d'Angers. Projet de groupe. Au bas est écrit : « Gutenberg, sur un piédestal, une presse auprès de lui; il a les deux bras étendus et tient dans ses mains des feuilles imprimées qu'il répand sur les peuples. Ceux-ci entourent le piédestal. Devant la face antérieure, des Européens brisent les fers d'esclaves nègres et leur offrent des livres. L'Amérique, appuyée sur son drapeau, est entourée d'enfants heureux. La Pologne brandit son sabre, ainsi que la Hongrie et l'Italie. De chaque côté, deux figures accroupies représentent l'Asie et l'Océanie. »

*Bienfaits de l'imprimerie en Europe.* Bas-relief, bronze, haut. 0m,82, larg. 1m,43, Monument de Gutenberg à Strasbourg. — 1835. Esquisse, terre cuite, appartenant à M. Victor Pavie. Donné par l'auteur. — Modèle terre cuite. Donné par l'auteur à M. Martin, de Strasbourg, et offert par lui à madame Gubler, née David d'Angers. — Bronze, Musée de Strasbourg. Donné par l'auteur. — Fonte, Imprimerie nationale. Donné par l'auteur. — Modèle plâtre, Musée David. Les personnages historiques représentés sur ce bas-relief sont, en partant de gauche : Bossuet, Camoëns, le Tasse, Cervantes, Calderon, Milton, Mozart, Buffon, Racine, Molière, Poussin, Albert Dürer, Voltaire, Corneille, Shakespeare, Descartes, Boerhaave, Roger Bacon, Erasme, Copernic, Gœthe, J. J. Rousseau, Schiller, Hégel, Newton, Watt, Klopstock, Papin, Spinosa, Ambroise Paré, Luther, Kant, Volta, Galiléo, Fermat, Raphaël. Ainsi qu'on le verra en se reportant aux *Pièces justificatives et annexes*, doc. XXXV, t. I, p. 590, ce bas-relief subit plusieurs variantes, et les figures de Bossuet et de Luther n'existent pas dans le bronze du monument à Strasbourg.

*Bienfaits de l'imprimerie en Asie.* Bas-relief, haut. 0m,82, larg. 1m,43. Monument de Gutenberg. — Fonte, Imprimerie nationale, à Paris. Donné par l'auteur. — 1835. Modèle terre cuite. Donné par l'auteur à M. Martin, de Strasbourg, et offert par lui à madame Gubler, née David d'Angers. — Modèle plâtre, Musée David. Les personnages historiques représentés sur ce bas-relief sont, en partant de gauche : Mahmoud II, William Jones, Anquetil-Duperron, Ram-Maoun-Roy, et à la droite du spectateur, l'orientaliste angevin M. Théodore Pavie, apprenant à lire à des enfants nègres.

*Bienfaits de l'imprimerie en Afrique.* Bas-relief, bronze, haut. 0m,82, larg. 1m,43, Monument de Gutenberg. — Fonte, Imprimerie nationale. Donné par l'auteur. — 1835. Modèle terre cuite. Donné par l'auteur à M. Martin, de Strasbourg, et offert par lui à madame Gubler, née David d'Angers. — Modèle plâtre, Musée David. Les personnages historiques représentés sur ce bas-relief sont, en partant de gauche : William Rogers, Thomas Clarkson, Condorcet, l'abbé Grégoire.

*Bienfaits de l'imprimerie en Amérique.* Bas-relief, bronze, haut. 0m,82, larg. 1m,43, Monument de Gutenberg. — 1835. Esquisse terre cuite, appartenant à M. Victor Pavie. Donné par l'auteur. — Fonte, Imprimerie nationale. Donné par l'auteur. — 1835. Modèle terre cuite. Donné par l'auteur à M. Martin, de Strasbourg, et offert par lui à madame Gubler, née David d'Angers. — Modèle plâtre, Musée David. Les personnages historiques représentés sur ce bas-relief sont, en partant de gauche : Benjamin Rush, Lewis, Morris, Jefferson, La Fayette, Washington, Franklin, Hancock, Henry Laurens, John Adams, Bolivar, etc.

*La Reine Hortense.* Esquisse de statue, terre cuite, appartenant à M. Victor Pavie. Donné par l'auteur. Elle est représentée debout, les mains jointes, le regard au ciel, et le corps légèrement penché en avant dans l'attitude de la prière. || Hortense (Eugénie de Beauharnais), 1783-1837, reine de Hollande.

*Madame de Staël.* Esquisses de statue, terre cuite, appartenant à M. Robert David. Deux pièces. Le personnage est représenté assis. || Staël (Anne-Louise-Germaine Necker, baronne de), 1766-1817, philosophe.

*Boncenne.* Buste, marbre, haut. 0m,51, appartenant à la famille. — Modèle terre cuite, Musée David. || Boncenne (Pierre), 1775-1840, jurisconsulte, né à Poitiers.

*Daunou.* Buste, marbre, haut. 0m,57. Palais de l'Institut. — Marbre, palais des Archives nationales à Paris. — Plâtre, Musée de Saumur. Donné par l'auteur. — Modèle terre cuite, Musée David.

*Bosc.* Buste, marbre. Jardin des Plantes de Paris. || Bosc (L.-Aug.-Guill.), 1759-1828, naturaliste, membre de l'Institut.

*Turpin.* Buste, marbre, haut. 0m,59, appartenant à la famille. — Modèle terre cuite, Musée David. || Turpin (J.-Franç.), 1775-1840, botaniste et dessinateur, né à Vire (Calvados), membre de l'Académie des sciences (1833).

*Barrère.* Buste, marbre. Offert au modèle. Tarbes (Hautes-Pyrénées).

*Même sujet.* Dessin, appartenant à Me Cléry.

*Grouchy.* Buste, marbre, haut. 0m,55, appartenant à la famille du modèle. — Modèle terre cuite, Musée David. « C'est le maréchal lui-même qui a commandé ce buste. » Lettre de madame David d'Angers, 1866. || Grouchy (Emmanuel, marquis de), 1766-1847, maréchal de France.

*Travot.* Buste, bronze, haut. 0m,90. Cholet (Maine-et-Loire). Souscription nationale. — Plâtre, Musée de Saumur. Donné par l'auteur. — Modèle terre cuite, Musée David. Envoi de 1839. « Le buste du général Travot a été enlevé de la place publique où il était à Cholet, et placé provisoirement à la mairie. Le monument sur lequel il reposait était d'un mauvais effet, par ses faibles dimensions, au milieu de cette place. L'administration municipale a l'intention de remettre en public l'œuvre de David, lorsque l'occasion s'en présentera. Le monument a été inauguré le 5 avril 1840. Il a été élevé par souscription de la ville de Cholet. On m'a affirmé que David n'avait rien demandé pour son travail et qu'il n'avait fait payer que la matière. » Lettre du maire de Cholet, 1867. Le buste a été fondu avec des canons hors de service donnés par l'État. || Travot (Jean-Pierre, baron), 1767-1836, général français.

*Espercieux.* Médaillon gr. mod., marbre, diam. 0m,42, Musée de Marseille. — — Bronze, Musée David. || Espercieux (Jean-Joseph), 1760-1840, statuaire, né à Marseille, élève de Roland et de Louis David.

*Ambroise Paré.* Médaillon, bronze. — Bronze, Musée David. Cette médaille représente en bas-relief la statue d'Ambroise Paré, telle qu'elle se voit à Laval. Sur le socle est écrit : « *Je le pansay et Dieu le guarit.* » (*Devise d'Ambroise Paré.*) Ne figure pas dans la reproduction photographique des médaillons de David d'Angers, publiée par son fils.

*Pariset.* Médaillon, bronze. Offert au modèle. — Bronze, Musée David. — Bronze collection de madame David. || Parisot (Étienne), 1770-1847, membre de l'Académie des sciences.

*J. Dumas.* Médaillon, bronze. Offert au modèle. — Bronze, Musée David, deux exemplaires. — Bronze, collection de madame David. || Dumas (Jean-Baptiste), 1800-...., chimiste, membre de l'Académie française.

*Letronne.* Médaillon, bronze. Offert au modèle. — Bronze, Musée David. — Bronze, collection de madame David. || Letronne (Jean-Antoine), 1787-1848, érudit, géographe, archéologue, membre de l'Institut.

*Burnouf.* Médaillon, bronze. Offert au modèle. — Bronze, Musée David. — Bronze, collection de madame David. || Burnouf (Eugène), 1801-1852, orientaliste, membre de l'Institut.

*Biot.* Médaillon, bronze. Offert au modèle. — Bronze, Musée David. — Bronze, collection de madame David. || Biot (Jean-Baptiste), 1774-1862, astronome, membre de l'Institut.

*Le Duc de Luynes.* Médaillon, bronze. Offert au modèle. — Bronze, Musée David. — Bronze, collection de madame David. || Luynes (d'Albert, duc de), 1802-1867, antiquaire, membre de l'Institut.

*Berton.* Médaillon, bronze. Offert au modèle. — Bronze, Musée David. — Bronze, collection de madame David. || Berton (Henri-Montauban), 1767-1844, compositeur, membre de l'Institut.

*Même sujet.* Dessin, appartenant à M. Robert David.

*Cherubini.* Médaillon, bronze. Offert au modèle. — Bronze, Musée David. — Bronze, collection de madame David. || Cherubini (Salvador), 1760-1842, compositeur italien, membre de l'Institut.

*Espercieux.* Médaillon, bronze. — Bronze, Musée David. — Bronze, collection de madame David.

*L'Architecture. A la mémoire de Charles Percier.* Médaillon, bronze. — Bronze, Musée David. — L'Architecture est assise et tient dans ses mains une carte et un compas. A gauche est écrit : *A la mémoire de Charles Percier, architecte, membre de l'Institut, ses élèves, ses amis et les admirateurs de son grand talent et de son noble caractère.* Ne figure pas dans la reproduction photographique des médaillons de David d'Angers, publiée par son fils.

*Fortoul.* Médaillon, bronze. Offert au modèle. — Bronze, Musée David. — Bronze, collection de madame David. || Fortoul (Hippolyte), 1811-1856, littérateur, ministre, membre de l'Institut.

*Ch. Didier.* Médaillon, bronze. Offert au modèle. — Bronze, Musée David. — Bronze, collection de madame David. || Didier (Charles), 1805-1864, littérateur, *Rome souterraine.*

*Delaage Saint-Cyr.* Médaillon, bronze. — Bronze, Musée David. — Bronze, collection de madame David. || Delaage (Henri-Pierre, baron de Saint-Cyr), 1766-1840, maréchal de camp, né à Angers.

*Travot.* Médaillon, bronze. — Bronze, Musée de la Roche-sur-Yon. Donné par MM. Eck et Durand. — Bronze, Musée David. — Bronze, collection de madame David.

*Exelmans.* Médaillon, bronze. Offert au modèle. — Bronze, Musée David. — Bronze, collection de madame David. || Exelmans (Isidore, comte), 1775-1852, grand chancelier de la Légion d'honneur, maréchal de France.

*Montholon.* Médaillon, bronze. Offert au modèle. — Bronze, Musée David. — Bronze, collection de madame David. || Montholon (Charles-Tristan, comte de), 1783-1853, général, compagnon d'exil de Napoléon Ier, exécuteur testamentaire de l'Empereur.

*Grouchy.* Médaillon, bronze. Offert au modèle. — Bronze, Musée David. — Bronze, collection de madame David.

*Maréchal Victor.* Médaillon, bronze. Offert au modèle. — Bronze, Musée David. — Bronze, collection de madame David. || Victor (Victor Perrin, dit), 1766-1841, maréchal, duc de Bellune, pair de France.

*Bertrand.* Médaillon, bronze. Offert au modèle. — Bronze, Musée de Châteauroux. — Bronze, collection de madame David. || Bertrand (Henri-Gratien, comte), 1773-1844, général, compagnon d'exil de Napoléon Ier.

*Garnier-Pagès aîné.* Médaillon, bronze. Offert au modèle. — Bronze, Musée David. — Bronze, collection de madame David. || Garnier-Pagès (Étienne-Joseph-Louis), 1801-1841, homme politique.

*Venedey.* Médaillon, bronze. Offert au modèle. — Bronze, Musée David. — Bronze, collection de madame David. || Venedey (Jacob), 1805-...., littérateur allemand.

*Dwernicki.* Médaillon, bronze. — Bronze,

Musée David. — Bronze, collection de madame David. || Dwernicki (Joseph), 1779-1857, général polonais.

*Christ écrivant sur le globe du monde.* Dessin, appartenant à M. Victor Pavie. Donné par l'auteur.

*Même sujet* avec variantes. Dessin, offert à Lamennais.

*Frontispice destiné au livre l'Anjou et ses monuments, par M. Godard-Faultrier.* Dessin, appartenant à M. Victor Pavie. Donné par l'auteur.

*Madame d'Abrantès écrivant ses Mémoires.* Dessin, projet de bas-relief pour le tombeau de la duchesse. Elle est représentée au milieu des guerriers et des hommes illustres dont elle a parlé dans ses *Mémoires.*

*Auguste Blanqui.* Dessin, appartenant à M. Robert David, d'Angers. Au bas est écrit : « Auguste Blanqui, dessiné d'après nature lorsqu'il était caché chez moi en mai 1840. » Signé David d'Angers. || Blanqui (Louis-Auguste), 1805-...., homme politique.

## MÉDAILLONS EXÉCUTÉS AVANT 1841

*Boissy d'Anglas.* Médaillon, bronze. — Bronze, Musée David. Envoi de 1841. — Bronze, collection de madame David. || Boissy d'Anglas (François-Antoine, comte de), 1756-1826, président de la Convention nationale.

*Gohier.* Médaillon, bronze. — Bronze, Musée David. Envoi de 1841. — Bronze, collection de madame David.

*La Tour d'Auvergne.* Médaillon, bronze. — Bronze, Musée David. Envoi de 1841. — Bronze, collection de madame David. || La Tour d'Auvergne (Théophile Corret de), 1743-1800, premier grenadier de France.

*Thiers.* Médaillon, bronze. Offert au modèle. — Bronze, Musée David. Envoi de 1841. — Bronze, collection de madame David. || Thiers (Adolphe), 1797-1877, membre de l'Académie française.

*Laplace.* Médaillon, bronze. — Bronze, Musée David. Envoi de 1841. — Bronze, collection de madame David. — Terre cuite, appartenant à M. Victor Pavie. Donné par l'auteur. || Laplace (Pierre-Simon, marquis de), 1749-1827, géomètre, membre de l'Institut.

*Madame Isidore Geoffroy Saint-Hilaire.* Médaillon, bronze. Offert au modèle. — Bronze, Musée David. Envoi de 1841. — Bronze, collection de madame David. || Geoffroy Saint-Hilaire (Louise, madame Isidore).

*Broussais.* Médaillon, bronze. — Bronze, Musée David (deux exemplaires). Envoi de 1841. — Bronze, collection de madame David. || Broussais (Casimir), 1772-1838, docteur, chef de l'école physiologique.

*Puget.* Médaillon, bronze. — Bronze, Musée David. Envoi de 1841. — Bronze, collection de madame David. || Puget (Pierre), 1622-1694, statuaire.

*Moitte.* Médaillon, bronze. — Bronze, Musée David. Envoi de 1841. — Bronze, collection de madame David. || Moitte (J.-Guillaume), 1747-1810, statuaire, membre de l'ancienne Académie des Beaux-Arts.

*Schlegel.* Médaillon, bronze. — Bronze, Musée David. Envoi de 1841. — Bronze, collection de madame David. || Schlegel (Auguste-Guillaume de), 1767-1845, poète, critique, linguiste allemand.

## 1841

*Une distribution de prix.* Bas-relief, marbre, haut. 0m,87, larg. 1m,60. — Monument de l'abbé Mongazon au Petit Séminaire d'Angers. Donné par l'auteur. — Modèle plâtre, Musée David.

*Même sujet.* Dessin, appartenant à M. Victor Pavie. Donné par l'auteur.

*Même sujet.* Dessin, appartenant à M. Robert David.

*L'Abbé Mongazon.* Buste, marbre. Monument de l'abbé Mongazon au Petit Séminaire d'Angers. Donné par l'auteur. || Mongazon (l'abbé Urbain Loir), 1761-1839, né à Saumur. Supérieur du collège de Beaupréau pendant trente-trois ans, et fondateur du Petit Séminaire d'Angers (1831), qu'il dirigea jusqu'à sa mort.

*Monument à la mémoire de Gilbert.* Esquisse, terre cuite, appartenant à M. Victor Pavie. Donné par l'auteur. Gilbert, le torse nu, couché sur une pierre sépulcrale, meurt convulsivement tandis que sa main ramenée en arrière laisse échapper un manuscrit entr'ouvert. || Gilbert (Nicolas-Joseph-Laurent), 1751-1780, poëte, mort à l'Hôtel-Dieu de Paris.

*Même sujet* avec variantes. Terre cuite, appartenant à l'auteur du présent ouvrage. Le jeune poëte est couché sur la table de direction. Le haut du corps est nu; la tête est renversée dans une dernière contraction. D'une main, Gilbert saisit sa gorge où s'est arrêtée la clef qui l'étouffe. Un manuscrit et une plume sont dans l'autre main.

*Même sujet* avec variantes. Dessin appartenant à M. Robert David.

*Baron de Prony.* Médaillon, bronze. — Bronze, Musée David. — Bronze, collection de madame David. || Prony (Gaspard Riche, baron de), 1755-1839, ingénieur et mathématicien, membre de l'Académie des sciences.

*Pelouze.* Médaillon, bronze. Offert au modèle. — Bronze, Musée David. — Bronze, collection de madame David. || Pelouze (Valentin), 1817-1867, chimiste, membre de l'Institut.

*Civiale.* Médaillon, bronze. Offert au modèle. — Bronze, Musée David. — Bronze, collection de madame David. || Civiale (Jean), 1792-1868, chirurgien, membre de l'Institut; fit le premier usage du brise-pierre sur le vivant pour éviter l'opération de la taille.

*Élie de Beaumont.* Médaillon, bronze. Offert au modèle. — Bronze, Musée David. — Bronze, collection de madame David. || Élie de Beaumont (Jean-Baptiste-Armand-Louis-Léonce), 1798-1874, géologue, membre de l'Institut.

*Granville.* Médaillon, bronze. Offert au modèle. — Bronze, Musée David. — Bronze, collection de madame David. || Granville (Isidore-Ignace de), 1803-1847, dessinateur et peintre.

*Louis Bertrand.* Dessin, appartenant à M. Robert David. Au bas est écrit : « Louis Bertrand dessiné à l'hôpital Necker, la veille de sa mort, lorsqu'il me disait : « Je vous entends, mais je ne vous « vois plus. » Signé David, 1841. || Bertrand (Louis), dit Aloysius Bertrand, poëte, né en 1805, mort à l'hôpital Necker entre les bras de David, en avril 1841.

*Louis Bertrand.* Dessin, appartenant à M. Robert David. Au bas est écrit : « Louis Bertrand, à l'ensevelissoir de l'hospice Necker, avant que l'infirmier vint clouer le cercueil. » Signé David, 1841.

*Joachim du Bellay.* Dessin, appartenant à M. Victor Pavie. Donné par l'auteur. — Portrait destiné à l'édition des œuvres choisies de Joachim du Bellay, publiée sous le patronage de la Société d'agriculture, sciences et arts d'Angers, par M. Victor Pavie, imprimeur-éditeur. || Du Bellay (Joachim), 1524-1560, poëte, né à Liré (Maine-et-Loire), mérita le surnom d'*Ovide français*.

*Tombeau de Garnier-Pagès aîné.* Dessin à l'aquarelle, appartenant à M. Robert David. Une tribune sur laquelle sont déposés une plume, un manuscrit et une couronne. Le cercueil de l'orateur est au pied de la tribune.

## 1842

*Tombeau d'enfant.* Bas-relief, pierre. Cimetière de Saint-Melaine (Maine-et-Loire). La pierre sépulcrale, gravée en creux, représente un ange emportant un enfant. Ce monument décore la tombe de Joseph Pavie, mort à l'âge de seize ans, fils de M. Victor Pavie.

*Même sujet.* Dessin, appartenant à M. Victor Pavie. Donné par l'auteur. Carton du monument.

*Vanière.* Buste, bronze, haut. 0m,87. Béziers. Souscription nationale. — Modèle terre cuite, Musée David. || Vanière (le P. Jacq.), 1664-1739, jésuite, né près de Béziers, s'est fait une réputation comme poëte latin.

*Victor Hugo* (avec couronne). Buste, marbre, haut. 0m,68. Offert au modèle. — Modèle terre cuite, Musée David. — Plâtre, appartenant à M. Victor Pavie. Donné par l'auteur.

*Maréchal Soult.* Médaillon bronze. Offert au modèle. — Bronze, Musée David (deux exemplaires.) — Bronze, collection de madame David. — Terre cuite, appartenant à M. Victor Pavie. Donné par l'auteur. || Soult (Nicolas-Jean-de-Dieu), 1769-1851, duc de Dalmatie, maréchal de France.

*Dutrochet.* Médaillon, bronze. Offert au modèle. — Cire, appartenant à M. d'Andecy. Donné par l'auteur. — Bronze, Musée David. — Bronze, collection de madame David. || Dutrochet (Octave), 1776-1847, physicien, naturaliste, membre de l'Institut.

*Trélat.* Médaillon, bronze. Offert au modèle. — Bronze, Musée David. — Bronze, collection de madame David. || Trélat (Ulysse), 1795-...., médecin, publiciste, *le Patriote du Puy-de-Dôme*, ministre.

*Magu.* Médaillon, bronze. Offert au modèle. — Plâtre, Musée de Nancy. Donné par l'auteur. — Bronze, Musée David. —

Bronze, collection de madame David. || Magu (Marie-Éléonore), 1788-1860, poète tisserand de Lizy-sur-Ourcq.

*P. Lebrun*. Médaillon, bronze. Offert au modèle. — Bronze, Musée David. — Bronze, collection de madame David. || Lebrun (Pierre), 1785-1873, poète tragique, membre de l'*Académie française*.

*Paul de Kock*. Médaillon, bronze. Offert au modèle. — Bronze, Musée David. — Bronze, collection de madame David. || Kock (Paul de), 1794-1871, romancier.

*Bosio*. Médaillon, bronze. Offert au modèle. — Bronze, Musée David. — Bronze, collection de madame David. || Bosio (J. François-Joseph), 1767-1845, statuaire, membre de l'Institut.

## MÉDAILLONS EXÉCUTÉS AVANT 1843

*Louis David*. Médaillon, bronze. — Bronze, Musée David. Envoi de 1843. — Bronze, collection de madame David. || David (Jacques-Louis), 1748-1825, peintre d'histoire, conventionnel, membre de l'Institut.

*Auber*. Médaillon, bronze. Offert au modèle. — Bronze, Musée David. Envoi de 1843. — Bronze, collection de madame David. || Auber (Daniel, F. E.), 1782-1870, compositeur, membre de l'Institut.

*Wilhem*. Médaillon, bronze. — Terre cuite. *Atelier de M. Aimé Millet. Donné par* l'auteur. — Bronze, Musée David. Envoi de 1843. — Bronze, collection de madame David. || Wilhem (Guillaume L. Bocquillon dit), 1779-1842, compositeur, créateur de l'Orphéon.

*Meyerbeer*. Médaillon, bronze. Offert au modèle. — Bronze, Musée David. Envoi de 1843. — Bronze, collection de madame David. || Meyerbeer (Giacomo), 1794-1864, compositeur allemand, membre de l'Institut.

*Lacroix*. Médaillon, bronze. — Bronze, Musée David. Envoi de 1843. — Bronze, collection de madame David. || Lacroix (Sylvestre-François), 1765-1834, mathématicien, géomètre, membre de l'Institut.

*Madame Arago*. Médaillon, bronze. Offert au modèle. — Bronze, Musée David. Envoi de 1843. — Bronze, collection de madame David. || Arago (Madame Anne-Marie), 1765-1845.

*Monteil*. Médaillon, bronze. Offert au modèle. — Bronze, Musée David. Envoi de 1843. — Bronze, collection de madame David. || Monteil (Alexis), 1769-1850, historien. *Les Français de divers états*.

## 1843

*Bichat*. Groupe, bronze, haut. 2m,22. Bourg (Ain). Souscription nationale. — Esquisses avec variantes, terre cuite, appartenant à M. Victor Pavie. Donnés par l'auteur. Deux pièces. — Plâtre, escalier de la bibliothèque de l'École de médecine de Paris. — Plâtre, Musée de Saumur. Donné par l'auteur. — Modèle plâtre, Musée David. || Bichat (Marie-François-Xavier), 1771-1802, physiologiste, né à Thourette, près Bourg, médecin à l'Hôtel-Dieu de Paris (1800). *Recherches physiologiques sur la vie et la mort*.

*Même sujet* avec variantes. Dessins, appartenant à M. Robert David. Deux pièces.

*Alexandre de Laborde*. Buste, marbre, hauteur 0m,65. Palais de l'Institut. — Plâtre, Musée de Saumur. Donné par l'auteur. || Laborde (le comte Alexandre de), 1773-1842, ancien préfet de la Seine, membre de l'Académie des Inscriptions. *Les Monuments de la France classés chronologiquement*.

*Humboldt*. Buste, marbre, haut. 0m,71. Offert au modèle (Berlin). — Modèle terre cuite, Musée David. — Plâtre, Musée de Saumur. *Donné par l'auteur. Le marbre* offert au savant fut légué par lui avec sa bibliothèque et ses objets les plus précieux à son vieux valet de chambre. La *Gazette des Beaux-Arts* du 15 novembre 1860 annonça la vente de ce buste aux enchères publiques à Berlin et son acquisition pour le Musée du Louvre, au prix de 7,500 fr. Le 15 décembre 1860, le même recueil informait ses lecteurs de l'achat du buste par le libraire Asher de Berlin, pour 2,000 thalers.

*Yves Besnard*. Médaillon gr. mod., plâtre. Offert au modèle. || Besnard (François-Yves), né en 1752 en Anjou, mort à Paris en 1842, prêtre constitutionnel, président du directoire du département de la Sarthe (an II), agronome, écrivain.

*Poinsot*. Médaillon, bronze. Offert au modèle. — Bronze, Musée David. — Bronze collection de madame David. || Poinsot (Louis), 1777-1859, mathématicien, membre de l'Institut.

*Lakanal.* Médaillon, bronze. Offert au modèle. — Bronze, Musée David. — Bronze, collection de madame David.

*Artaud de Montor.* Médaillon, bronze. Offert au modèle. — Bronze, Musée David. — — Bronze, collection de madame David. || Artaud de Montor (Al. Frédéric, le chevalier), 1772-1849, antiquaire, membre de l'Institut.

*Brongniart.* Médaillon, bronze. Offert au modèle. — Bronze, Musée David. — Bronze, collection de madame David. || Brongniart (Alexandre), 1770-1847, géologue, membre de l'Institut.

*Boissonade.* Médaillon, bronze. Offert au modèle. — Bronze, Musée David. — Bronze, collection de madame David. || Boissonnade (Jean-François), 1774-1857, helléniste, membre de l'Institut.

*Cauchy.* Médaillon, bronze. Offert au modèle. — Bronze, Musée David. — Bronze, collection de madame David. || Cauchy (Auguste-Louis, baron), 1789-1857, mathématicien, membre de l'Institut.

*Balzac* (face). Médaillon, bronze. Offert au modèle. — Bronze, Musée David. — Bronze, collection de madame David. — Terre cuite, appartenant à M. Victor Pavie. Donné par l'auteur. || Balzac (Honoré de), 1799-1850, romancier. *La Comédie humaine.*

*Balzac* (profil). Médaillon, bronze. Offert au modèle. — Bronze, Musée David. — Bronze, collection de madame David. — Terre cuite, appartenant à M. Victor Pavie. Donné par l'auteur.

*Esquirou.* Médaillon, bronze. Offert au modèle. — Bronze, Musée David. — Bronze, collection de madame David. || Esquiros (Alphonse), 1814-1870, poëte, littérateur.

*Louis Blanc.* Médaillon, bronze. Offert au modèle. — Bronze, Musée David. — Bronze, collection de madame David. || Blanc (Jean-Joseph-Louis), 1814-....., publiciste, historien.

*Scribe.* Médaillon, bronze. Offert au modèle. — Bronze, Musée David. — Bronze, collection de madame David. || Scribe (Eugène), 1791-1861, auteur dramatique, membre de l'Académie française.

*Calamatta.* Médaillon, bronze. Offert au modèle. — Bronze, Musée David. — Bronze, collection de madame David. || Calamatta (Louis), 1802-1869, graveur en taille-douce.

*Henri Lehmann.* Médaillon, bronze. Offert au modèle. — Bronze, Musée David. — Bronze, collection de madame David. || Lehmann (Henri), 1814-....., peintre d'histoire.

*Madame Segalas.* Médaillon, bronze. Offert au modèle. — Bronze, Musée David. — Bronze, collection de madame David. || Segalas (Anaïs Ménard, dame), 1814-....., femme poëte. *Les Enfantines.*

*La Comtesse de La Valette.* Médaillon, bronze, Musée David. — Bronze, collection de madame David. || La Valette (Émilie-Louise de Beauharnais, comtesse de), sauva la vie à son mari en prenant sa place dans la prison d'où il ne devait sortir que pour être exécuté.

*Même sujet.* Dessin. Croquis du médaillon exécuté d'après nature à l'insu du modèle, appartenant à M. Hippolyte baron Larrey. Donné par l'auteur. Trois pièces.

*Pepe.* Médaillon, bronze. Offert au modèle. — Bronze, Musée David. — Bronze, collection de madame David. || Pepe (Guillaume), 1782-1855, général italien.

## 1844

*Le Cardinal de Chéverus.* Statue, bronze, haut. $2^{m}$,74. Mayenne (Mayenne). Souscription nationale. Inauguration, 8 août 1844. — Esquisse, terre cuite, appartenant à M. Victor Pavie. Donné par l'auteur. — Modèle plâtre, Musée David. Envoi de 1844. || Chéverus (J. Lefebure de), 1768-1836, cardinal, archevêque de Bordeaux, né à Mayenne, s'expatria en 1792 et fut évêque de Boston (États-Unis).

*Chéverus, évêque de Boston, pansant les ulcères d'un vieux nègre.* Bas-relief, bronze, haut. $0^{m}$,55, larg. $1^{m}$,00. Monument du cardinal de Chéverus. — Modèle plâtre, Musée David.

*Matelot remerciant l'évêque de Boston des soins qu'il a donnés à sa femme pendant une longue maladie.* Bas-relief, bronze, haut. $0^{m}$,55, larg. $1^{m}$,00. Monument du cardinal de Chéverus. — Esquisse, terre cuite, appartenant à M. Victor Pavie. Donné par l'auteur. — Modèle plâtre, Musée David.

*Même sujet.* Dessin, appartenant à M. Robert David.

*L'Évêque de Boston portant des consolations aux sauvages dans une savane de l'Amérique.* Bas-relief, bronze, haut. $0^{m}$,55, larg. $1^{m}$,00. Monument du cardinal de

Chéverus. — Esquisse, terre cuite, appartenant à M. Victor Pavie. Donné par l'auteur. — Modèle plâtre, Musée David.

*Même sujet* avec variantes. Dessin, appartenant à M. Robert David.

*L'Évêque de Rouen donnant sa bénédiction pendant une tempête.* Bas-relief, hauteur 0m,53, larg. 1m,00. Monument du cardinal de Chéverus. — *Esquisse, terre cuite*, appartenant à M. Victor Pavie. Donné par l'auteur. — Modèle plâtre, Musée David.

*Marie-Joseph Chénier.* Buste, marbre, hauteur 0m,73. Théâtre-Français. Donné par l'auteur. — Modèle terre cuite, Musée David. Mention est faite de la prochaine exécution du marbre pour le Théâtre-Français au *Moniteur* du 16 juin 1844. ‖ Chénier (Marie-Joseph de), 1764-1811, membre de l'Académie française.

*Balzac.* Buste, marbre, hauteur 0m,63. Offert au modèle. — Modèle terre cuite, Musée David, 1830. *Écrit à l'ébauchoir : A son ami de Balzac, David d'Angers*, 1844. — Bronze, cimetière du Père-Lachaise. — Plâtre, Musée de Saumur. Donné par l'auteur.

*Les Quatre Sergents de la Rochelle.* Médaillon gr. mod., bronze, diam. 0m,40. — Bronze face et revers, Musée David. — Bronze, collection de madame David. — Modèle terre cuite, appartenant à madame Ledru-Rollin. Donné par l'auteur. — Plâtre, le revers seul, appartenant à M. Robert David. — Face. Un faisceau d'armes couronné du bonnet de la Liberté. Quatre têtes prises de profil sous lesquelles on lit : Pommier (Jean-Joseph), âgé de vingt-six ans, né à Pamiers (*Ariège*), *sergent-major.* — Raoulx (Marin-Charles-Bonaventure), âgé de vingt-six ans, né à Aix (Bouches-du-Rhône), sergent. — Goubin (Charles-Paul), âgé de vingt-cinq ans, né à Falaise (Calvados), *sergent.* — Bories (Jean-François-Louis-Leclerc), âgé de vingt-sept ans, né à Villefranche (*Aveyron*), *sergent-major au* 45me. — Revers. La Liberté dépose quatre couronnes sur le billot. A sa droite est écrit : « 21 septembre 1822, cinq heures du soir. » « Je me suis servi, pour l'exécution de cette médaille, des profils de ces jeunes gens dessinés dans leur prison, ainsi que du *buste de Bories.* » (*Notes autographes* de David, appartenant à la famille.) ‖ Les quatre sergents, vulgairement appelés « Sergents de la Rochelle » parce qu'ils se trouvaient en garnison dans cette ville, furent *accusés*, on le sait, d'avoir conspiré contre le Roi, et fusillés.

*A la mémoire des frères Bandiera.* Médaillon gr. mod., bronze, diam. 0m,40. — Bronze. Face, Musée David. — Face. L'Italie, couronnée d'épines, est représentée allumant sa torche à la flamme qui s'échappe de l'urne des patriotes italiens, fusillés à Cosenza (1844). Sur l'urne est gravé : *Nostris ex ossibus ultor.* Autour est écrit : A. Bandiera, E. Bandiera, Nardi, Berti, Rocca, Lupatelli, Moro, Ricciotti, Venerucci, e consorti. — Au bas, cette dédicace : *A perpetua memoria ed esempio gli uomini liberi.* — Revers. Au revers est écrit : *Ora e sempre; E fede nostra. Giovarare l'Italia liberta. Meglio morti che vivi.* ‖ Les frères Bandiera (Attilius et Emilius), le premier né en 1817, le second en 1819, fils de l'amiral Bandiera, l'un et l'autre dans la marine, conspiraient contre l'Autriche, lorsqu'ils furent pris pendant une descente en Sicile, *condamnés à être fusillés et exécutés* le 23 juillet 1844.

*Marie-Joseph Chénier.* Médaillon, bronze. — Bronze, Musée David. Envoi de 1831. — Bronze, collection de madame David.

*Poncy.* Médaillon, bronze. Offert au modèle. — Bronze, Musée David. — Bronze, collection de madame David. ‖ Poncy (Charles), 1821-. . . . ., poëte-maçon de Toulon.

*Gigoux.* Médaillon, bronze. Offert au modèle. — Bronze, Musée David. — Bronze, collection de madame David. ‖ Gigoux (Jean), 1806-. . . . ., peintre d'histoire.

*Les Quatre Sergents de la Rochelle.* Médaillon, bronze. — Bronze, collection de madame David.

*Barbès.* Médaillon, bronze. *Offert au modèle.* — Bronze, Musée David. — Bronze, collection de madame David. A droite est écrit : « *Prison de Nîmes. Décembre* 1844. *P. J. David.* » ‖ Barbès (Armand), 1809-1870, homme politique.

*A la mémoire des frères Bandiera* (médaille commémorative). *Médaillon, bronze.* — Bronze, Musée David. — Bronze, collection de madame David.

*Lelewell.* Médaillon, bronze. Offert au modèle. — Bronze, Musée David. — Bronze, collection de madame David. ‖ Lelewell (Joachim), 1787-1861, nonce à la Diète de Pologne (1830), historien.

*Même sujet.* Dessin, appartenant à M. Ro

bert David. Au bas est écrit : « Joachim Lelewell, dessiné à Bruxelles en décembre 1844, par David d'Angers. »

*Frontispice de l'Almanach du mois, Revue de toutes choses.* Dessin. La Patrie, debout, drapée à l'antique, le front surmonté de rayons derrière lesquels apparaît le coq gaulois, distribue des palmes à ses enfants qui l'entourent. A sa droite, un écrivain, un commerçant et un peintre gravissent les degrés sur lesquels est posée la Patrie; à sa gauche, un marin, un soldat et un laboureur; celui-ci lui présente une gerbe. Aux extrémités du groupe, figures d'hommes symbolisant l'étude. Sur le socle, une figures d'enfants occupés à lire ou à dessiner.

## 1845

*Jean Bart.* Statue, bronze, haut. 4m,70. Dunkerque (Nord). Souscription nationale. — Esquisse plâtre, Musée de Dunkerque. Offert par la famille de M. Benjamin Morel. — Esquisse avec variante, terre cuite, appartenant à M. Victor Pavie. Donné par l'auteur. — Modèle plâtre, Musée David. La souscription produisit 24,000 francs; le gouvernement alloua 6,000 francs; le département, 2,000; le prince de Joinville, 500; la liste civile, 500; produit d'un concert donné par la musique de la garde nationale, 300, soit 33,300 francs recueillis en deux ans. Le bronze et la fonte coûtèrent 18,000 francs; les ornements, 1686; les frais d'atelier, 3,000; le transport, 600; les fondations, 10,014, soit 33,300 francs. L'inauguration eut lieu le 7 septembre 1845. || Bart (Jean), 1651-1702, marin français né à Dunkerque; chef d'escadre en 1691. Louis XIV lui conféra des titres de noblesse.

*Monument à la mémoire de Kœrner.* Esquisse, terre cuite, appartenant à M. Victor Pavie. Donné par l'auteur. Un tombeau sur lequel sont un manuscrit et une couronne; derrière, un cippe avec le médaillon du poëte; sur les marches de devant, une chaîne brisée. || Kœrner (Théodore), 1788-1812, poëte allemand, né à Dresde, tué près de Leipzig en combattant contre les Français; surnommé le *Tyrtée de l'Allemagne.*

*Le Général d'Andigné.* Buste, marbre, hauteur 0m,60, appartenant à la famille. — Modèle plâtre, Musée David. L'original est en marbre des Pyrénées. || Andigné (Louis-Marc-Antoine-Auguste-Fortuné, chevalier d'), 1765-1857, né à Saint-Gault, près Segré (Maine-et-Loire), maréchal de camp et pair de France.

*Fresnel.* Buste, marbre, haut. 0m,55, appartenant à la famille. — Modèle terre cuite, Musée David. || Fresnel (Augustin-Jean), 1788-1827, savant et physicien, né à Broglie (Eure), est l'inventeur des phares lenticulaires (1822).

*Charles Nodier.* Buste, marbre, haut. 0m,70. Palais de l'Institut. Commande du Gouvernement. — Plâtre, Musée de Tarbes. Donné par l'auteur. — Modèle plâtre, Musée David. Le modèle de ce buste fut payé à l'auteur 900 francs. (Archives des Musées nationaux.)

*Couthon.* Buste, terre cuite, haut. 0m,60, Musée David. — Plâtre, Musée de Saumur. Donné par l'auteur. || Couthon (Georges), 1755-1794, conventionnel.

*Le Maréchal Ney.* Médaille commémorative, gr. mod., bronze. — Face et revers. — Esquisse, terre cuite. Offert par l'auteur à Toussaint, son élève. Face : La tête laurée du maréchal. A droite est écrit : « *Au brave des braves, David d'Angers,* 1845. » Revers : Le maréchal est représenté debout, la chemise ouverte, la main au cœur; dix baïonnettes sont dirigées sur lui; auprès du condamné, une civière. Derrière la figure est écrit : « Je proteste devant Dieu et la patrie contre le jugement qui me condamne. J'en appelle aux hommes, à la postérité, à Dieu! Vive la France! 7 décembre, 8 heures du matin, 1815. » || Ney (Michel), 1769-1815, prince de la Moskowa, maréchal de France, fusillé sous la Restauration.

*Même sujet.* Dessins, appartenant à M. Robert David. Deux pièces. — Face. Croquis de la médaille commémorative avec cette mention : « *La France au maréchal Ney,* 1845. » Revers : Le maréchal en pied, adossé à une muraille, la main droite sur le cœur. A gauche, la pointe des baïonnettes dirigées contre le condamné. Derrière la figure : « 1815. »

*E. Geoffroy-Saint-Hilaire.* Médaillon gr. mod., bronze. Cimetière du Père-Lachaise.

*Maréchal Ney.* Médaillon, bronze. — Bronze, Musée David. Envoi de 1851. — Bronze, collection de madame David. Ney a la tête laurée.

*Lordat.* Médaillon, bronze. Offert au modèle.

Terre cuite, appartenant à M. d'Audecy. Donné par l'auteur. — Bronze, Musée David. — Bronze, collection de madame David. || Lordat (Jacques), 1773-1869, physiologiste, professeur à Montpellier.

*Même sujet.* Dessin, appartenant à M. Albert Geoffroy-Saint-Hilaire. Donné par l'auteur.

*Fremel.* Médaillon, bronze. — Bronze, Musée David. — Bronze, collection de madame David.

*Roussin.* Médaillon, bronze. Offert au modèle. — Bronze, Musée David. — Bronze, collection de madame David. || Roussin (Albin-Reine), 1781-1854, amiral, membre de l'Académie des sciences.

*Morel.* Médaillon, bronze. — Bronze, collection de madame David. || Morel (Benjamin), député.

*Théophile Gautier.* Médaillon, bronze. Offert au modèle. — Bronze, Musée David. — Bronze, collection de madame David. || Gautier (Théophile), 1808-1872, critique, publiciste, historien, romancier.

*Isabey père.* Médaillon, bronze. Offert au modèle. — Bronze, Musée David. — Bronze, collection de madame David. || Isabey père (Jean-Baptiste), 1767-1855, peintre miniaturiste.

*Adèle Hugo.* Médaillon, bronze. — Bronze, Musée David. — Bronze, collection de madame David. || Hugo (mademoiselle Adèle).

*Madame Fortoul.* Médaillon, bronze. — Bronze, Musée David. — Bronze, collection de madame David. || Fortoul (madame Julie).

*Boyer.* Médaillon, bronze. Offert au modèle. — Bronze, Musée David. — Bronze, collection de madame David. || Boyer (Jean-Pierre), 1776-1850, président de la République d'Haïti, en 1822.

*Carle Ritter.* Médaillon, bronze. Offert au modèle. — Bronze, Musée David. — Bronze, collection de madame David. || Ritter (Carle), 1779-1859, géographe et littérateur prussien.

## MÉDAILLONS EXÉCUTÉS AVANT 1846

*Lavoisier.* Médaillon, bronze. — Bronze, Musée David. Envoi de 1846. — Bronze, collection de madame David. — Terre cuite, appartenant à M. Victor Pavie. Donné par l'auteur. || Lavoisier (Antoine-Laurent), 1743-1794, chimiste, physicien, membre de l'Académie des sciences.

*Berthollet.* Médaillon, bronze. — Bronze, Musée David. Envoi de 1846. — Bronze, collection de madame David. || Berthollet (Claude-Louis, comte), 1748-1822, chimiste, membre de l'Institut.

*Dureau de la Malle.* Médaillon, bronze. Offert au modèle. — Bronze, Musée David. Envoi de 1846. — Bronze, collection de madame David. || Dureau de la Malle (Auguste), 1777-1857, érudit, poète, dessinateur, membre de l'Académie des inscriptions et belles-lettres.

*Jean Reboul.* Médaillon, bronze. Offert au modèle. — Bronze, Musée David. Envoi de 1846. — Bronze, collection de madame David. — Terre cuite, appartenant à M. Victor Pavie. Donné par l'auteur. || Reboul (Jean), 1796-1864, poète, boulanger.

*Raoul Rochette.* Médaillon, bronze. — Bronze, Musée David. Envoi de 1846. — Bronze, collection de madame David.

*Dubos.* Médaillon, bronze. — Bronze, Musée David. Envoi de 1846. — Bronze, collection de madame David. || Dubos (Constant), médecin.

*Madame Camille Bodin.* Médaillon, bronze. — Bronze, Musée David. Envoi de 1846. — Bronze, collection de madame David. || Bodin (madame Camille), pseudonyme Jenny Bastide, romancier. *Alice de Lortanges.*

*Guérin.* Médaillon, bronze. — Bronze, Musée David. Envoi de 1846. — Bronze, collection de madame David. || Guérin (Pierre), 1774-1833, peintre d'histoire, membre de l'Institut.

*Prud'hon.* Face. Médaillon, bronze. — Bronze, Musée David. — Bronze, collection de madame David. || Prud'hon (Pierre-Paul), 1760-1823, peintre d'histoire.

*Prud'hon.* Profil. Médaillon, bronze. — Bronze, Musée David. Envoi de 1846. — Bronze, collection de madame David.

*Cartellier.* Médaillon, bronze. — Bronze, Musée David. Envoi de 1846. — Bronze, collection de madame David. || Cartellier (Pierre), 1757-1831, statuaire, membre de l'Institut.

*Roland.* Médaillon, bronze. — Bronze, Musée David. Envoi de 1846. — Bronze, collection de madame David. || Roland (Philippe-Laurent), 1746-1816, statuaire, membre de l'Institut.

*Dupaty*. Médaillon, bronze. — Bronze, Musée David. Envoi de 1840. — Bronze, collection de madame David. || Dupaty (Charles), 1771-1825, statuaire, membre de l'Institut.

*Julien*. Médaillon, bronze. — Bronze, Musée David. Envoi de 1840. — Bronze, collection de madame David. || Julien (Pierre), 1731-1804, statuaire, membre de l'Institut.

*Leysener*. Médaillon, bronze. — Bronze, Musée David. Envoi de 1840. — Bronze, collection de madame David. || Leysener (Jean-Sébastien), 1728-1781, statuaire allemand, mort à Angers.

*Reboul de Pézénas*. Médaillon, bronze. — Bronze, Musée David. Envoi de 1840. — Bronze, collection de madame David. || Reboul (Henry) de Pézénas, 1750-18..9, conventionnel, géologue, économiste, membre de l'Institut.

*Cassanyes*. Médaillon, bronze. — Bronze, Musée David. Envoi de 1840. — Bronze, collection de madame David. || Cassanyes (J), conventionnel, représentant du peuple pour le département des Pyrénées.

*Guyton de Morveaux*. Médaillon, bronze. — Bronze, Musée David. Envoi de 1840. — Bronze, collection de madame David. || Guyton de Morveaux (Louis-Bernard), 1737-1816, conventionnel, chimiste, membre de l'Institut.

*Garat*. Médaillon, bronze. — Bronze, Musée David. Envoi de 1840. — Bronze, collection de madame David. — Terre cuite, appartenant à M. Victor Pavie. Donné par l'auteur. || Garat (Dominique-Joseph), 1749-1833, conventionnel, ministre.

*Camille Jordan*. Médaillon, bronze. — Bronze, Musée David. Envoi de 1840. — Bronze, collection de madame David.

*Lætitia Bonaparte*. Médaillon, bronze. — Bronze, Musée David. Envoi de 1840. — Bronze, collection de madame David. — Terre cuite, appartenant à M. Victor Pavie. Donné par l'auteur. || Bonaparte (Lætitia), 1750-1820, madame Mère.

*Quetelet*. Médaillon, bronze. Offert au modèle. — Bronze, Musée David. Envoi de 1840. — Bronze, collection de madame David. || Quetelet (Lambert-Adolphe-Jacques), 1796-1874, astronome et chimiste belge.

*James Watt*. Médaillon, bronze. — Bronze, Musée David. Envoi de 1840. — Bronze, collection de madame David. || Watt (James), 1736-1819, ingénieur, mécanicien écossais.

## 1840

*Larrey*. Statue, bronze, haut. 3m,23. Cour du Val-de-Grâce (Paris). — Souscription nationale. — Modèle plâtre, Musée David. Fondeurs Eck et Durand. Inauguration, août 1850.

*Même sujet*. Dessin, appartenant à M. Hippolyte, baron Larrey. Donné par l'auteur. Ce dessin est l'exacte reproduction de la statue.

*Les Pyramides*. Bas-relief, bronze, haut. 0m,75, larg. 1 mètre. Monument de Larrey. — 1845. Esquisse plâtre, appartenant à M. Hippolyte, baron Larrey. Donné par l'auteur. — Modèle plâtre, Musée David.

*Austerlitz*. Bas-relief, bronze, haut. 0m,75, larg. 1 mètre. Monument de Larrey. — 1845. Esquisse plâtre, appartenant à M. Hippolyte, baron Larrey. Donné par l'auteur. — Modèle plâtre, Musée David.

*Somo-Sierra*. Bas-relief, bronze, haut. 0m,75, largeur 1 mètre. — Monument de Larrey. — 1845. Esquisse plâtre, appartenant à M. Hippolyte, baron Larrey. Donné par l'auteur. — Modèle plâtre, Musée David.

*La Bérésina*. Bas-relief, bronze, haut. 0m,75, larg. 1 mètre, monument de Larrey. — Modèle plâtre, Musée David. L'esquisse en plâtre de ce bas-relief fut détruite par la gelée dans l'atelier de l'artiste pendant l'hiver de 1845.

*René d'Anjou*. Statue bronze, commande du comte de Quatrebarbes, historien du roi René, Angers, place du Château. — Esquisse terre cuite, appartenant à M. Théodore Pavie. Donné par l'auteur. — Modèle plâtre, château de Chanzeaux (Maine-et-Loire), appartenant à M. le comte de Quatrebarbes. « L'acquisition et la fonte du métal, le travail des ouvriers, tous les frais d'exécution, tant de la statue principale que des douze statuettes, furent payés par M. de Quatrebarbes, excepté ce qui eut été dû à David lui-même, dont le généreux donateur ne put vaincre l'obstination à ne rien accepter. » *Éloge de David d'Angers*, par M. J. Sorin. (*Inauguration du buste de David*, *12 mars* 1863, *Angers*.) Le piédestal a été exécuté par M. Moll.

*Même sujet*. Dessin, appartenant à M. Robert David.

*Dumnacus*. Statuette, bronze, haut. 0m,75, Angers, monument de René d'Anjou. —

Plâtre, Société d'agriculture d'Angers. Donné par l'auteur. — Modèle plâtre, Musée David. || Dumnacus, dernier défenseur de la liberté des Andegaves (Angevins) 59 ans avant Jésus-Christ.

*Même sujet.* Dessin, appartenant à M. Victor Pavie. Donné par l'auteur.

*Roland.* Statuette, bronze, haut. 0m,75. Angers, monument de René d'Anjou. — Plâtre, Société d'agriculture d'Angers. Donné par l'auteur. — Modèle plâtre, Musée David. || Roland, le paladin, succéda, peu après la bataille de Roncevaux, à Milon, dans le gouvernement de la province d'Anjou (777).

*Même sujet.* Dessin, appartenant à M. Victor Pavie. Donné par l'auteur.

*Robert le Fort.* Statuette, bronze, haut. 0m,75, Angers, monument de René d'Anjou. — Plâtre, Société d'agriculture d'Angers. Donné par l'auteur. — Modèle plâtre, Musée David. || Robert le Fort, gouverneur du comté d'Outre-Maine, tué à Brissarthe (25 juillet 867).

*Même sujet.* Dessin, appartenant à M. Victor Pavie. Donné par l'auteur.

*Louis d'Anjou, roi de Sicile.* Statuette, bronze, haut. 0m,75, Angers, monument de René d'Anjou. — Plâtre, Société d'agriculture d'Angers. Donné par l'auteur. — Modèle plâtre, Musée David. || Louis II, duc d'Anjou, 1377-1417, épousa Yolande d'Aragon, princesse du sang espagnol, qui fut la mère du roi René.

*Même sujet.* Dessin, appartenant à M. Victor Pavie. Donné par l'auteur.

*Philippe-Auguste.* Statuette, bronze, haut. 0m,75, Angers, monument de René d'Anjou. — Plâtre, Société d'agriculture d'Angers. Donné par l'auteur. — Modèle plâtre, Musée David. || Philippe-Auguste, roi de France, après l'assassinat du prince Arthur de Bretagne par Jean Sans terre (1203), dépouilla ce prince des fiefs qu'il possédait en France, parmi lesquels se trouvait l'Anjou, qu'il réunit ainsi à la couronne.

*Même sujet.* Dessin, appartenant à M. Victor Pavie. Donné par l'auteur.

*Charles d'Anjou.* Statuette, bronze, haut. 0m,75, Angers, monument de René d'Anjou. — Plâtre, Société d'agriculture d'Angers. Donné par l'auteur. — Modèle plâtre, Musée David. || Charles Ier, frère de saint Louis, comte d'Anjou et du Maine, puis roi de Naples (1266), se rendit odieux et arma contre lui Jean de Procida, qui dirigea le massacre des *Vêpres siciliennes* (1282).

*Même sujet.* Dessin, appartenant à M. Victor Pavie. Donné par l'auteur.

*Foulques Néra.* Statuette, bronze, haut. 0m,75, Angers, monument de René d'Anjou. — — Plâtre, Société d'agriculture d'Angers. Donné par l'auteur. — Modèle plâtre, Musée David. || Foulques III, dit Néra ou le Noir, gouverna l'Anjou de l'an 987 à l'an 1040.

*Même sujet.* Dessin, appartenant à M. Victor Pavie. Donné par l'auteur.

*Foulques V, roi de Jérusalem.* Statuette, bronze, haut. 0m,75, Angers. Monument de René d'Anjou. — Plâtre, Société d'agriculture d'Angers. Donné par l'auteur. — Modèle plâtre, Musée David. || Foulques V, succéda à Beaudouin II sur le trône de Jérusalem, en 1131, et à sa mort (1144), laissa son comté d'Anjou à Geoffroy Plantagenet, son second fils.

*Même sujet.* Dessin, appartenant à M. Victor Pavie. Donné par l'auteur.

*Henri II,* d'Angleterre. Statuette, bronze, haut. 0m,75, Angers. Monument de René d'Anjou. — Plâtre, Société d'agriculture d'Angers. Donné par l'auteur. — Modèle plâtre, Musée David. || Henri II, roi d'Angleterre, 1154-1189, prit les armes contre son frère Geoffroy Plantagenet II, comte d'Anjou, et lui enleva le gouvernement de cette province. Fondateur de l'hôpital Saint-Jean (Angers).

*Même sujet.* Dessin, appartenant à M. Victor Pavie. Donné par l'auteur.

*Isabelle de Lorraine.* Statuette, bronze, haut. 0m,75, Angers. Monument de René d'Anjou. — Plâtre, Société d'agriculture d'Angers. Donné par l'auteur. — Modèle plâtre, Musée David. || Isabelle de Lorraine, première femme de René d'Anjou, l'épousa à Nancy en 1420, lorsque ce prince n'avait encore que douze ans.

*Même sujet.* Dessin, appartenant à M. Victor Pavie. Donné par l'auteur.

*Jeanne de Laval.* Statuette, bronze, haut. 0m,75, Angers. Monument de René d'Anjou. — Plâtre, Société d'agriculture d'Angers. Donné par l'auteur. — Modèle plâtre, Musée David. || Jeanne de Laval, deuxième femme de René d'Anjou, l'épousa le 10 septembre 1455, dans l'église de l'abbaye de Saint-Nicolas d'Angers.

*Même sujet.* Dessin, appartenant à M. Victor Pavie. Donné par l'auteur.

*Marguerite d'Anjou.* Statuette, bronze, haut. 0m,75. Angers. Monument de René d'Anjou. — Plâtre, Société d'agriculture d'Angers. Donné par l'auteur. — Modèle plâtre, Musée David. || Marguerite, fille de René d'Anjou, épousa en 1444 Henri VI d'Angleterre et revint mourir, après la guerre des Deux-Roses, au château de Dampierre, près Saumur.

*Même sujet.* Dessin, appartenant à M. Victor Pavie. Donné par l'auteur.

*Œdipe roi.* Haut relief, terre cuite, haut. 1m,05, larg. 1m,05. Théâtre de Béziers (Hérault). — Modèle plâtre, Musée David. || Créon. Chœur. Œdipe. (Acte III, scène II.)

*Les Nuées.* Haut relief, terre cuite, haut. 1m,05, larg. 1m,05. Théâtre de Béziers. — Modèle plâtre, Musée David. || Cherephon, Strepsiade, Socrate, valet de Socrate.

*Le Cid.* Haut relief, terre cuite, haut. 1m,05, larg. 1m,40. Théâtre de Béziers. — Modèle plâtre, Musée David. || Elvire, Chimène, Rodrigue. (Acte III, scène IV.)

*Tartufe.* Haut relief, terre cuite, haut. 1m,05, larg. 1m,40. Théâtre de Béziers. — Modèle plâtre, Musée David. || Orgon, Elmire, Tartufe. (Acte IV, scène VI.)

*Sophocle.* Médaillon colossal, pierre. Façade du théâtre de Béziers.

*Aristophane.* Médaillon colossal, pierre. Façade du théâtre de Béziers.

*Corneille.* Médaillon colossal, pierre. Façade du théâtre de Béziers.

*Molière.* Médaillon colossal, pierre. Façade du théâtre de Béziers.

*La Musique, la Poésie, la Peinture.* Dessins. Plafond du théâtre de Béziers. Les peintures qui décorent le plafond ont été exécutées d'après ces dessins.

*Le Docteur Garnier.* Buste, bronze, haut. 0m,97. Place Garnier, à Angers. Souscription nationale. || Garnier (François-Claude), 1759-1844, dit *le Médecin des pauvres*, né à Angers, chevalier de la Légion d'honneur (1836), *Grand Prix de Vertu* (1838). Dans l'*Éloge de David d'Angers*, par M. J. Sorin, prononcé le 12 mars 1863 en la fête d'inauguration du buste de David d'Angers, l'orateur suppose que l'artiste avait connu son modèle le docteur Garnier. C'est une erreur, comme l'atteste la lettre CVI, publiée plus haut.

*Le Docteur Ollivier.* Buste, bronze, haut. 0m,80. Souscription nationale, Musée David. — Plâtre, École de médecine d'Angers. Donné par l'auteur. || Ollivier (Prosper), 1796-1845, docteur-médecin, né à Angers. *Traité sur les maladies de la moelle épinière* (1823).

*Le Colonel Briqueville.* Buste, bronze, haut. 1m,50. Cherbourg (Manche). Souscription nationale. || Briqueville (Armand-François-Bon-Claude), 1785-1844, colonel du 20e *régiment de dragons à la bataille de* Ligny (Belgique), 16 juin 1815. Député en 1827.

*Les Massacres de Gallicie.* Médaillon grand mod., bronze, diam. 0m,40. — Bronze, Musée David (face). Face : La Liberté est représentée écrivant avec une baïonnette sur une potence les noms de Metternick, Breindt, etc. Revers : Inscription : « La Démocratie française a fait frapper cette médaille pour vouer les auteurs des massacres de la Gallicie à l'exécration du monde et de la postérité. » A droite, une torche ; à gauche, un poignard. La Gallicie, province autrichienne conquise par les Polonais en 1809, revenue aux mains de l'Autriche en 1815, voulut secouer le joug en 1846, mais ce fut inutilement, et l'insurrection servit de prétexte aux sanglantes représailles connues sous le nom de *Massacres de Gallicie.*

*Armand Marrast.* Médaillon, bronze. Offert au modèle. — Bronze, Musée David. — Bronze, collection de madame David. || Marrast (Armand), 1801-1852, publiciste. *Le National.*

*Les Quatre Sergents de la Rochelle.* Dessin. Projet de monument, appartenant à M. Ferdinand de Lasteyrie. Donné par l'auteur.

## 1847

*Le Général Gobert.* Groupe équestre, marbre, 3m,10. Cimetière du Père-Lachaise. Monument élevé par son fils. — Plâtre, moulage de l'esquisse, appartenant à M. Victor Pavie. — Plâtre. Modèle au vingtième d'exécution, appartenant au même. — Modèle plâtre, demi-grandeur d'exécution, Musée David. || Gobert (J. N.), 1770-1808, né à la Guadeloupe, général de division, se distingua successivement à *Bologne (an I)*, aux *colonies* en compagnie du général Leclerc, en Allemagne, en Italie et enfin en Espagne, où il mourut tué à Baylen, à l'âge de trente-huit ans.

*Même sujet* avec variantes. Dessins, appartenant à M. Robert David. Deux pièces.

*Le Général Dampierre expirant remet son sabre de bataille au général Gobert.* Bas-relief, marbre, haut. 0m,95, larg. 2m,30. Monument du général Gobert. — Modèle plâtre, Musée David. ‖ Dampierre (Auguste-Henri-Marie Picot de), 1756-1793, général français, né à Paris, tué d'un coup de canon dans le bois de Vigogne, sous Valenciennes, pendant le siége de cette ville.

*Même sujet avec variantes. Dessin*, appartenant à M. Robert David.

*Le Général Gobert délivre à Saint-Domingue des soldats français renfermés dans une maison minée, et brûle la cervelle au nègre, leur gardien.* Bas-relief, marbre, haut. 0m,95, larg. 1m,35. Monument du général Gobert. — Modèle plâtre, Musée David. Les Noirs insurgés avaient rassemblé quatre-vingts femmes et enfants blancs dans une maison qu'ils devaient faire sauter dans le cas où l'attaque des troupes françaises réussirait; Gobert, ayant aperçu un mouchoir blanc flotter d'une fenêtre en signe de détresse, vole au lieu du danger, et, suivi d'une poignée d'hommes, arrive assez à temps, malgré la mitraille de l'ennemi, pour tuer le nègre qui allait mettre le feu aux poudres (1802).

*Même sujet* avec variantes. Dessin, appartenant à M. Robert David.

*Le Général Gobert, gouverneur de Bologne, apaise par sa seule présence une émeute contre les Français.* Bas-relief, marbre, haut. 0m,95, larg. 2m,30. Monument du général Gobert. — Modèle plâtre, Musée David.

*Napoléon Gobert, mourant en Égypte, remet son testament à un ami qui part pour la France.* Bas-relief, marbre, haut. 0m,95, larg. 1m,35. *Monument du général Gobert.* — Modèle plâtre, Musée David. ‖ Gobert (Napoléon, baron), 1807-1833, fils du général, mourut au Caire d'une fièvre gagnée pour s'être baigné imprudemment dans le Nil. Il a légué une rente de dix mille francs à l'Académie française pour la fondation d'un prix annuel qui porte son nom, destiné à récompenser l'auteur du meilleur ouvrage sur l'histoire de France. Un prix d'égale valeur a été mis par lui à la disposition de l'Académie des inscriptions. Le testament du baron Gobert, écrit à Vitré (Ille-et-Vilaine), porte la date du 2 mai 1833.

*Même sujet* avec variantes. Dessins, appartenant à M. Robert David. Deux pièces.

*David Purry.* Statue, bronze, Neuchâtel (Suisse). Souscription nationale. — Maquette, plâtre, appartenant à M. Robert David. Inauguration de la statue, 6 juillet 1855. La Commission du monument eut pour président M. le colonel de Meuron; architecte du monument, Achille Le Clère. ‖ Purry (David), 1709-1786, né à Neuchâtel (Suisse), mort à Lisbonne; patriote distingué, fit à ses frais un grand nombre de fondations utiles dans le pays de Neuchâtel.

*L'Hôtel de ville* ou *Palais de justice de Neuchâtel.*

*L'Hôpital.* Édifice consacré au soulagement des malheureux.

*Le Collége.* Édifice consacré à l'éducation de la jeunesse.

*Le Tunnel* ou *trouée du Seyon.* Ouvrage destiné à détourner ce torrent si nuisible à la salubrité et à la sécurité de la ville. Dessins de bas-reliefs non exécutés destinés au monument de David Purry. Archives du comité de souscription de Neuchâtel (Suisse). Le sujet de ces bas-reliefs est destiné à rappeler les plus remarquables fondations de David Purry dans sa ville natale.

*Le Général d'Audigne.* Médaillon, bronze. Offert au modèle. — Bronze, Musée David. — Bronze, collection de madame David. — Terre cuite, appartenant à M. Victor Pavie. Donné par l'auteur.

*Blainville.* Médaillon, bronze. Offert au modèle. — Bronze, Musée David. — Bronze, collection de madame David. ‖ Blainville (H. M. Ducrotay de), 1777-1850, naturaliste, membre de l'Institut.

*Sixdeniers. Médaillon, bronze.* — Bronze, Musée David. — Bronze, collection de madame David. ‖ Sixdeniers (Alexandre-Vincent), graveur en médailles.

*Thoré.* Medaillon, bronze. Offert au modèle. — Bronze, Musée David. — Bronze, collection de madame David. ‖ Thoré (Théophile), 1807-1869, critique, publiciste.

*Baronne de Forget.* Médaillon, bronze. — Bronze, Musée David. — Bronze, collection de madame David. ‖ Forget (baronne de), née de La Valette.

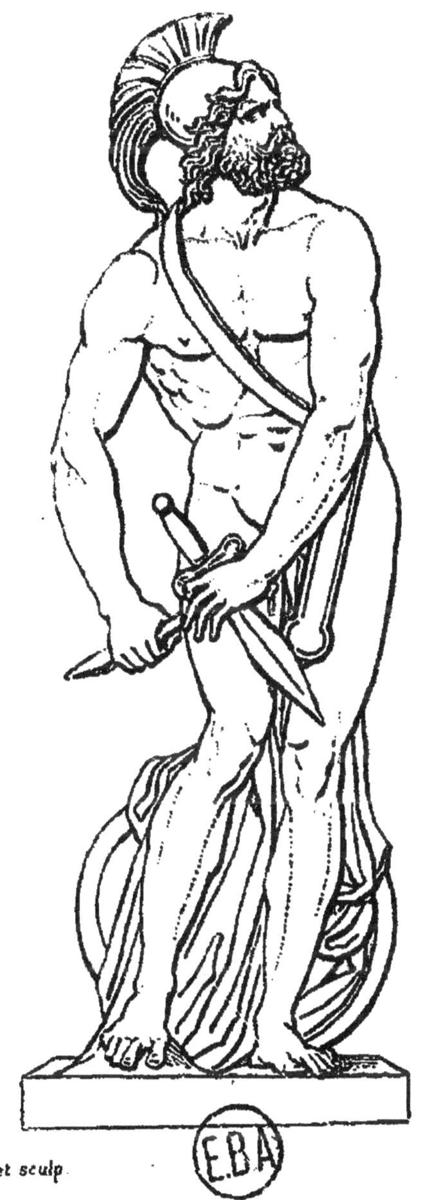

A. Durand del et sculp



PHILOPOEMEN

Musée du Louvre — *Marbre*

Imp. A. Durand — Paris

## 1848

*Mgr Belmas.* Statue, marbre, Cambrai (Nord). — Modèle plâtre, grandeur d'esquisse, appartenant à M. Victor Pavie. Donné par l'auteur. Les frais du Monument, dont l'inauguration eut lieu le 22 juillet 1848, s'élevèrent à environ vingt-cinq mille francs, produit d'une quête dans le diocèse. || Belmas (Louis), 1757-1841, évêque de Cambrai, né à Montréal (Aude), précédemment évêque de Carcassonne.

*Saint-Just.* Buste, marbre, appartenant à madame David d'Angers. A figuré au Salon de 1849. || Saint-Just (Antoine), 1768-1794, conventionnel.

*Saint-Just.* Médaillon, bronze. — Bronze, Musée David. — Bronze, collection de madame David.

## 1849

*Mathieu de Dombasle.* Statue, bronze, Nancy (Meurthe). Souscription nationale. Mention est faite au *Moniteur* du 19 avril 1849, de l'arrivée à Nancy de David d'Angers, appelé au sujet du monument de Dombasle. Cette statue fut érigée en 1850 sur la place Dombasle; elle est supportée par un piédestal monolithe en granit des Vosges, taillé sur les plans de M. Morey, architecte de la ville; sur la face antérieure est inscrite la date de l'érection : 1850. Cette statue est due à la générosité de David, qui n'a laissé supporter à la ville de Nancy que les frais de la matière et de la main-d'œuvre. || Dombasle (Mathieu de), 1778-1843, agronome, né à Nancy, dirigea pendant près de vingt ans l'Institut agricole de Roville (Meurthe). *Annales agricoles de Roville*, *Théorie de la charrue*, etc.

## 1850

*Wilhem.* Médaillon gr. mod., terre cuite, appartenant à M. Robert David d'Angers.

*Le Suffrage universel.* Médaillon gr. mod., plâtre, appartenant à M. Robert David. Un homme du peuple, placé près d'une urne, couvre les tables de la Loi des plis d'un drapeau qu'il tient à la main.

*Même sujet.* Dessin, appartenant à M. Cléry.

*Mathieu de Dombasle.* Médaillon, bronze. — Bronze, Musée David. — Bronze, collection de madame David.

## MÉDAILLONS EXÉCUTÉS AVANT 1851

*La Liberté.* Médaille pour la Pologne. — Médaillon, bronze. — Bronze, Musée David. Envoi de 1851. — Bronze, collection de madame David. Voir pl. X de ce volume.

*Même sujet.* Dessin, appartenant à M. Robert David.

*Lalande.* Médaillon, bronze. — Bronze, Musée David. Envoi de 1851. — Bronze, collection de madame David. || Lalande (Joseph-Jérôme Le Français de), 1732-1807, astronome, membre de l'Institut.

*Jomard.* Médaillon, bronze. Offert au modèle. — Bronze, Musée David. Envoi de 1851. — Bronze, collection de madame David. || Jomard (Edme-François), 1777-1862, ingénieur, géographe, voyageur, membre de l'Institut.

*Couthon.* Médaillon, bronze. — Bronze, Musée David. Envoi de 1851. — Bronze, collection de madame David.

*Eugène de Beauharnais.* Médaillon, bronze. — Bronze, Musée David. Envoi de 1851. — Bronze, collection de madame David. || Beauharnais (prince Eugène de), 1781-1824, vice-roi d'Italie.

*Madame Carrier.* Médaillon, bronze. — Bronze, Musée David. Envoi de 1851. — Bronze, collection de madame David. || Carrier (madame Auguste).

## 1851

*Bernardin de Saint-Pierre.* Statue, bronze, haut. 2m,66. Le Havre. Souscription nationale. — Maquette, plâtre, appartenant à M. Robert David. — Esquisse, terre cuite, appartenant à M. Victor Pavie. Donné par l'auteur. — 1867. || Saint-Pierre (Bernardin de), 1737-1814, né au Havre, membre de l'Académie française.

*Casimir Delavigne.* Statue, bronze. Le Havre (Seine-Inférieure). Souscription nationale. — Esquisse, terre cuite, appartenant à M. Victor Pavie. Donné par l'auteur. — Maquette, plâtre, appartenant à M. Robert David. Inauguration le 9 août 1852.

*Gerbert*, pape sous le nom de Sylvestre II. Statue, bronze, haut. 3m,70, Aurillac (Cantal). Souscription nationale. — Esquisse, terre cuite, appartenant à M. Victor Pavie. Donné par l'auteur. Inauguration le 10 octobre. La statue et les bas-reliefs ont été fondus par MM. Eck et Durand. Le piédestal, en granit cantalien, est d'Achille Le Clère. || Gerbert, 930-1003, pape sous le nom de Sylvestre II, né à Aurillac, d'une famille obscure; élevé dans un monastère de sa ville natale où il acquit des connaissances surprenantes pour son siècle, spécialement en mécanique et en astronomie; fut évêque de Ravenne (997), et pape (999 à 1003).

*Gerbert enfant examine les astres en conduisant paître son troupeau.* Bas-relief, bronze, haut. 1m,00, larg. 1m,50. Monument de Gerbert. — Plâtre, Musée d'Aurillac. Donné par l'auteur. — Modèle plâtre, Musée David.

*Gerbert faisant jouer un orgue au moyen de la vapeur.* Bas-relief, bronze, haut. 1m,00, larg. 1m,00. Monument de Gerbert. — Plâtre, Musée d'Aurillac. Donné par l'auteur. — Modèle plâtre, Musée David. — Les personnages historiques représentés debout et attentifs aux explications de Gerbert sont : Hugues Capet, Robert Ier, Fulbert, Othon Ier, Othon II, Adalbéron, Flodoard, Aimoin, Geber.

*Même sujet* avec variantes. Dessin, appartenant à M. Robert David.

*Gerbert,* pape sous le nom de Sylvestre II, *porté en triomphe à Rome.* Bas-relief, bronze, haut. 1m,00, larg. 1m,50. Monument de Gerbert. — Plâtre, Musée d'Aurillac. Donné par l'auteur. — Modèle plâtre, Musée David.

*Daniel O'Connor.* Médaillon gr. mod., marbre. Offert à madame veuve Daniel O'Connor. — Marbre. Offert à la famille du modèle. — Terre cuite, appartenant à M. Ferdinand de Lasteyrie. Donné par l'auteur. || O'Connor (Daniel), mort en 1851, petit-fils de Condorcet.

*Bernardin de Saint-Pierre.* Médaillon, bronze. — Bronze, Musée David. — Bronze, collection de madame David.

*Gerbert.* Médaillon, bronze. — Bronze, Musée David. — Bronze, collection de madame David.

*Hélène de Valette.* Médaillon, bronze. — Bronze, Musée David. — Bronze, collection de madame David. || Valette (Hélène de).

*M. Grognier.* Dessin, Musée d'Aurillac. || Grognier (.....), maire d'Aurillac, en 1850.

## 1852

*Canaris.* Buste, plâtre, haut. 0m,80. Offert au modèle. Exécuté à Athènes. — Modèle, plâtre, Musée David. || Canaris (Constantin), 1792-1877, marin grec amiral, sénateur et ministre de la marine.

*Canaris.* Médaillon, bronze. Offert au modèle. Exécuté à Athènes. — Bronze, Musée David. — Bronze, collection de madame David.

*Madame Canaris.* Médaillon, bronze. Offert au modèle. Exécuté à Athènes. — Bronze, Musée David. — Bronze, collection de madame David.

*L'Architecture, la Peinture et la Sculpture.* Médaille allégorique, bronze. Exécuté à Athènes. — Bronze, Musée David. — Bronze, collection de madame David. — Modèle plâtre, appartenant à M. Hippolyte baron Larrey. Donné par l'auteur.

*Même sujet* avec variantes. Dessin, appartenant à M. Robert David. Deux pièces.

*Les Trois Grâces.* Médaillon, bronze. Exécuté à Athènes. — Bronze, Musée David. — Bronze, collection de madame David. — Plâtre original, appartenant à M. Hippolyte baron Larrey. Donné par l'auteur.

*Ulysse chez Admète.* Dessin, exécuté à Athènes. Appartenant à M. Robert David.

*Jeune Athénienne.* Dessin, exécuté à Athènes.

## 1853

*Mistress Beecher Stowe.* Médaillon, bronze. Offert au modèle. — Bronze, Musée David. — Bronze, collection de madame David. || Stowe (Harriet Beecher mistress), 1814-1872, romancier américain. *La Case de l'oncle Tom.*

*Même sujet.* Dessin, appartenant à M. Robert David. Étude pour le médaillon de madame Beecher Stowe avec deux croquis de madame Stowe elle-même, à droite et à gauche du dessin. Signé : « David d'Angers, *Paris,* 24 juin 1853. »

*Le Clère.* Médaillon, bronze. — Bronze, collection de madame David. || Le Clère (Achille), 1785-1853, architecte, membre de l'Institut.

## 1854

*Rosa Bonheur.* Médaillon, bronze. Offert au modèle. — Terre cuite, appartenant à M. Robert David. — Bronze, collection de madame David. || Bonheur (mademoiselle Rosa), 1822-....., peintre de paysages.

*Manin*. Médaillon, bronze. Offert au modèle. — Bronze, Musée David. — Bronze, collection de madame David. || Manin (Daniel), 1804-1857, président de la République vénitienne, avocat, orateur.

*Graillon*. Dessin. Offert au modèle. Exécuté à Dieppe pendant la visite que fit David à son ancien élève. || Graillon (Pierre-Adrien), sculpteur sur ivoire, mort en 1870.

*Frontispice de l'Histoire des guerres de la Vendée*. Dessin, haut. 0m,18, larg. 0m,22, appartenant à M. Benjamin Fillon.

## 1855

*Drouot*. Statue, bronze, Nancy (Meurthe). Souscription nationale. La statue érigée sur le cours Léopold est supportée par un piédestal en marbre blanc, exécutée sur les dessins de M. Morey, architecte de la ville de Nancy. Aux quatre angles abattus sont sculptés des étendards et des trophées. Sur la face antérieure, une aigle, les ailes déployées, tient dans ses serres une couronne de chêne. Cette statue est due à la générosité de David, qui n'a laissé supporter à la ville de Nancy que les frais de la matière et de la main-d'œuvre. || Drouot (Antoine), 1774-1847, général d'artillerie, fit toutes les campagnes de l'Empire. Napoléon le créa comte.

*Drouot, enfant, porté en triomphe par ses camarades*. Bas-relief, bronze, haut. 1m,00, larg. 1m,22. Monument du général Drouot. — Modèle plâtre, Musée David.

*Bataille en Bavière*. Bas-relief, bronze, haut. 1m,00, larg. 1m,22. Monument du général Drouot. — Modèle plâtre, Musée David.

*Le Général Drouot, aveugle, remettant aux sœurs de charité des secours pour les indigents*. Bas-relief, bronze, haut. 1m,00, larg. 1m,22. Monument du général Drouot. — Modèle plâtre, Musée David.

*Bichat*. Statue, bronze, haut. 2m,55. École de médecine de Paris. Souscription nationale. — 1851. Esquisse, terre cuite, appartenant à M. d'Andecy. Donné par l'auteur. — 1831. Esquisse, plâtre, appartenant à M. Hippolyte, baron Larrey. Donné par l'auteur. — Modèle plâtre, Musée David. L'inauguration eut lieu le 16 juillet 1857.

*Arago*. Esquisse, terre cuite, appartenant à M. Robert David. *Dernière œuvre de David d'Angers, juin 1855*. Esquisse de la statue destinée à la tombe d'Arago. Souscription nationale. « L'esquisse de la statue d'Arago est une terre cuite. C'est le dernier ouvrage de David, qui l'a terminé avant son départ pour les eaux en 1855. Il la donna à son fils en lui disant : *Garde-la bien, je n'en ferai plus d'autre!* Deux mois après, il était frappé de paralysie, et sa main droite n'a jamais retrouvé le mouvement jusqu'à sa mort. » (Lettre de madame David d'Angers, octobre 1867.)

## MÉDAILLONS SANS DATE ENTRÉS AU MUSÉE DAVID APRÈS LA MORT DE L'ARTISTE.

*Victor Hugo*. Médaillon, bronze, diam. 0m,29. Offert au modèle. — Bronze, Musée David. Ce médaillon représente la tête du poëte avec indication de l'épaule droite: palmes au col du vêtement. A gauche est écrit : *A mon célèbre ami Victor Hugo*. Ne figure pas dans la reproduction photographique des médaillons de David d'Angers, publiée par son fils.

*Savigny*. Médaillon, bronze. Offert au modèle. — Bronze, Musée David. — Bronze, collection de madame David. || Savigny (Frédéric-Charles de), 1779-1861, naturaliste.

*Laromiguière*. Médaillon, bronze. — Bronze, Musée David. — Bronze, collection de madame David. || Laromiguière (Pierre de), 1756-1837, philosophe, littérateur.

*Anquetil-Duperron*. Médaillon, bronze. — Bronze, Musée David. — Bronze, collection de madame David. || Anquetil-Duperron (Abraham-Hyacinthe), 1731-1805, orientaliste, membre de l'Institut.

*Bichat*. Médaillon, bronze. — Terre cuite, appartenant à M. d'Andecy. Donné par l'auteur. — Bronze, Musée David. — Bronze, collection de madame David.

*L'Impératrice Joséphine*. Médaillon, bronze. — Bronze, Musée David. — Bronze, collection de madame David. || Joséphine Tascher de la Pagerie, 1763-1814.

*Callamare*. Médaillon, bronze. — Bronze, Musée David. — Bronze, collection de madame David. || Callamare (Charles-Antoine), 1769-1821, statuaire.

*Dejoux*. Médaillon, bronze. — Bronze, Musée David. — Bronze, collection de madame David. — Terre cuite, appartenant à M. Victor Pavie. Donné par l'auteur. || Dejoux (Claude), 1741-1816, statuaire, membre de l'Académie de peinture (1770) et de l'Institut, dès sa fondation.

*Champin*. Médaillon, bronze. Offert au modèle. — Bronze, Musée David. — Bronze, collection de madame David. || Champin (Jean-Jacques), 1790-1860, paysagiste.

*Babeuf*. Médaillon, bronze. — Bronze, Musée David. — Bronze, collection de madame David. || Babeuf (François-Noël), 1762-1797, publiciste, conventionnel.

*Rampon*. Médaillon, bronze. — Bronze, Musée David. — Bronze, collection de madame David. || Rampon, 1759-1842, général.

*Robespierre*. Médaillon, bronze. — Bronze, Musée David. Ne figure pas dans la reproduction photographique des médaillons de David d'Angers publiée par son fils. Robespierre a la tête laurée.

*Romme*. Médaillon, bronze. — Bronze, Musée David. — Bronze, collection de madame David. || Romme (Gilbert), 1750-1795, conventionnel, présenta la réforme du calendrier romain.

*Labédoyère*. Médaille commémorative, bronze. — Bronze, Musée David. — Bronze, collection de madame David. — Terre cuite, appartenant à M. Victor Pavie. Donné par l'auteur. || Labédoyère (Charles Huchet, comte de), 1786-1815, colonel, fusillé sous la Restauration.

*Les Jumeaux de la Réole*. Médaille commémorative, bronze. — Bronze, Musée David. — Bronze, collection de madame David. || Faucher (les frères César et Constant, dits *les Jumeaux de la Réole*), 1760-1815, généraux fusillés sous la Restauration.

*Boulay-Paty*. Médaillon, bronze. — Terre cuite, appartenant à M. Robert David. — Bronze, Musée David. — Bronze, collection de madame David. || Boulay-Paty (Pierre-Sébastien), 1763-1830, jurisconsulte, membre du conseil des Cinq-Cents.

*Schiller*. Médaillon, bronze. — Bronze, Musée David. — Bronze, collection de madame David. || Schiller (J. Frédéric-Christophe), 1759-1805, poète et historien allemand.

*Volta*. Médaillon, bronze. — Bronze, Musée David. — Bronze, collection de madame David. || Volta (Alexandre), 1745-1828, physicien, inventeur de la pile électrique qui porte son nom.

## MÉDAILLONS SANS DATE NE FIGURANT PAS AU MUSÉE DAVID

*Henri de Latouche*. Médaillon, bronze. Offert au modèle. — Bronze, collection de madame David, signé : « A son ami Henri de Latouche. P. J. David. » || Latouche (Henri de), 1785-1851, poète, littérateur, publiciste.

*Dureau de la Malle*. Médaillon, bronze. — Bronze, collection de madame David. || Dureau de la Malle (Jean-Baptiste-René), 1742-1807, traducteur de Tacite, membre de l'Institut.

*Poisson*. Médaillon, bronze. — Bronze, collection de madame David. || Poisson (Denis-Siméon), 1781-1840, géomètre, membre de l'Institut.

*Madame Visconti*. Médaillon, bronze. — Bronze, collection de madame David. || Visconti (madame Sophie).

*Germain Pilon*. Médaillon, bronze. — Bronze, collection de madame David. || Pilon (Germain), 1515-1590, statuaire, né à Loué près le Mans.

*Paganini*. Médaillon, bronze. Offert au modèle. — Bronze, collection de madame David.

*Barras*. Médaillon, bronze. Offert au modèle. — Bronze, collection de madame David. || Barras (Paul-François-Jean-Nicolas, comte de), 1755-1829, président du Directoire.

*Talot*. Médaillon, bronze. — Bronze, collection de madame David. || Talot (Michel-Louis), 1755- ?, conventionnel, né à Cholet (Maine-et-Loire).

*La Fayette* (avec couronne). Médaillon, bronze. — Bronze, collection de madame David.

*Choiseul*. Médaillon, bronze. Offert au modèle. — Bronze, collection de madame David. || Choiseul (Claude-Antoine-Gabriel de), 1760-1838, duc et pair de France, gouverneur du Louvre.

*Buonarroti*. Médaillon, bronze. Offert au modèle. — Bronze, collection de madame David. — Cire, appartenant à M. Victor Pavie. Donné par l'auteur. || Buonarroti (Filippo), 1761-1837, conventionnel.

*Kosciusko*. Médaillon, bronze. — Bronze, collection de madame David. — Terre culte, appartenant à M. Victor Pavie. Donné par l'auteur. || Kosciusko (Thadée), 1746-1816, général polonais.

*Claudine Potocka.* Médaillon, bronze. — Bronze, collection de madame David. || Potocka (Claudine). Voir t. I, p. 524.

DESSINS NON DATÉS

*Vierge tenant l'enfant Jésus.* Dessin, appartenant à M. Robert David.

*Les Salles d'asile.* Dessin, appartenant à M. Robert David. Un évêque, mitre en tête et assis, bénit des troupes d'enfants qui lui présentent les clefs symboliques des salles d'asile. Au fond, étendards flottants.

*La Patience.* Dessin, appartenant à M. Robert David. Une figure de femme ayant les mains liées. Une épée nue dans la main droite. A sa gauche, une hydre dont les têtes sifflent. Signé : *David.*

*La Fidélité.* Dessin, appartenant à M. Robert David. Une figure de femme drapée à l'antique, debout, serrant un drapeau sur son sein. A ses pieds, un lévrier. Signé : *David.*

*L'Amour désarmé.* Dessin, d'après un bas-relief antique. Passé à la vente du baron Trémont, 9 décembre 1852.

*La Seine et la Marne.* Dessin, appartenant à M. Robert David. Au bas est écrit : « Figures de Jean Goujon ayant décoré la porte Saint-Antoine et depuis placées dans le mur de la maison Beaumarchais. »

*Sylla signant une liste de proscription.* Dessins, appartenant à M. Robert David. Deux pièces.

*Mort de Viala.* Dessins avec variantes, appartenant à M. Robert David. Trois pièces. || Viala (Agricole), 1780-1793, tué sur les bords de la Durance, dans un combat contre les fédéralistes du Midi.

*Napoléon Ier à Sainte-Hélène.* Dessins avec variantes, appartenant à M. Robert David. Deux pièces. L'Empereur est debout sur un rocher. Au premier plan, canons et boulets.

*Charette.* Dessin, appartenant à M. Robert David. Au bas est écrit : « Dessin d'après un plâtre moulé à Nantes sur la tête de Charette après sa mort. » || Charette de la Contrie (François-Athanase), 1763-1796, chef vendéen.

*L'Adieu.* Dessin, appartenant à M. Robert David. Une jeune mourante, assise sur un lit et soutenue par une femme, tient des couronnes dans ses mains, qu'elle semble rendre à des personnages qui s'empressent autour d'elle. Au premier plan une vieille femme, en costume moderne, est assise dans une attitude d'affaissement. La mère de la mourante à genoux près de la couche. A l'extrémité du lit un autel surmonté du crucifix; une branche de buis dans un vase d'eau bénite. Au pied du Christ, le père de la jeune malade, la tête dans ses mains.

## PROJETS

*Dessins, appartenant à M. Robert David.*

PROJET DE MONUMENT

*Fontaine pour la place Jean Goujon.* Trois pièces. Le buste de François Ier est supporté par les figures allégoriques de la Guerre, des Arts et des Lettres.

PROJETS DE STATUES

*La Vierge.* A gauche est écrit : « Notre-Dame de l'Épine, à deux lieues de Châlons-sur-Marne. »

*Deux Génies.*

*L'Amour* tenant un papillon.

*Capanée.*

*Amazone mourante.* Huit pièces.

*Mort de Sapho.* Onze pièces.

*Léonidas.* Vingt-deux pièces. Au bas de deux dessins est écrit : « Passant, va dire à *Lacédémone...* »

*Robert le Fort.*

*Henri IV.*

*Sully.* Quatre pièces.

*Kléber.* Cinq pièces. Sur l'un des dessins, le général est représenté tenant à la main une proclamation de Sidney Smith. Au bas est écrit : « Soldats, vous répondrez à cette insolence par des victoires. »

*Soldat de la République appuyé sur son fusil.*

*Lapeyrouse.*

*Napoléon Ier.* L'Empereur est debout sur une demi-sphère, en costume de général; la main gauche dans son habit, le chapeau traditionnel dans la main droite. Expression méditative.

*Victoire posée sur des aigles et des canons, distribuant des couronnes.*

*Prisonnier.*

*Le Patriotisme.* Une figure d'homme, debout et drapé à l'antique, déposant une épée sur l'autel de la Patrie. Un bas-relief, représentant la Patrie et la Liberté, décore

la face antérieure de l'autel. Signé : *David.*
*L'Agriculture.*
*Le Rhône.*
*La Loire.*
*La Garonne.*
*La Saône.*
*L'Asie.*
*L'Architecture.*
*Vieillard.* Trois pièces. Il est assis sur une chaise commune et enveloppé d'une couverture.

PROJETS DE GROUPES

*L'Abolition de l'esclavage.* Quinze pièces. Le Christ debout. A sa gauche des esclaves d'Afrique accroupis qu'il abrite sous son manteau. Vers la droite, des enfants européens qui épèlent du doigt le mot *Fraternité* sur un feuillet de l'Évangile. — Un esclave, rivé au sol par le milieu du corps, lève les bras au ciel. A terre, un crucifix. — Esclave demi-couché, ayant une chaîne au cou, qu'il arrache d'une main. A droite un crucifix. — Une jeune fille enchaînée, dans une attitude d'affaissement. Derrière elle et lui faisant appui, un nègre, le genou en terre, levant les bras au ciel. A droite du groupe, le crucifix. — Une mère penchée sur le cadavre de son enfant. Un esclave, les bras au ciel. — Un esclave seul, le genou droit en terre, les mains levées. L'esclave est rivé à un écrou par une ceinture de fer. A la gauche de l'esclave, un crucifix sur le sol. — Un esclave égorgé sur le cadavre d'une femme et celui d'un enfant. A la gauche du personnage principal un Christ sur le sol. Au bas est écrit : « Merci, Maître, actuellement je suis libre. » Etc.
*Minerve et l'Amour.*
*Prométhée.*
*Médée méditant la mort de ses enfants.*
*Caton.* En marge est écrit : « Caton qui médite sa mort. — Je le représenterai tenant son épée, ayant terminé sa lecture sur l'immortalité de l'âme. Une statue de la Liberté est à côté de lui; il la couvre d'un crêpe. Sur le piédestal on pourrait représenter Rome, conjurant la Liberté de lui rester fidèle, mais la Liberté la repousse et lui indique César prêt à lui donner des chaînes tressées de branches de laurier. On pourrait faire une statue de César entourant la statue de Rome de tresses de laurier. Un poignard serait sculpté sur le socle. La statue de Néron serait à faire avec une torche enflammée. Rome, personnifiée auprès de lui. »
*Jeune Berger caressant sa chèvre.*
*Chien déterrant son maître.*
*L'Architecture, la Peinture et la Sculpture.*
*Matelots du « Vengeur ».*
*Le Lion de Florence vaincu par l'amour maternel.*
*L'Amour maternel.* Une femme enlacée par un serpent élève son enfant dans ses bras.
*Les Heures.* Au bas est écrit : « Une des heures du jour doit être en prière; la première heure de la nuit sera également en prière. »

PROJETS DE BAS-RELIEFS

*David jouant de la harpe devant Saül.* Deux pièces.
*Annonciation.*
*Vierge tenant l'enfant Jésus au milieu d'une gloire d'anges.*
*Le Massacre des Innocents.*
*Saint Vincent de Paul.* Dessin en forme de fronton. Saint Vincent de Paul occupe le centre. Il presse un enfant sur sa poitrine. Groupes de malades, d'infirmes, d'enfants trouvés auxquels des sœurs de charité prodiguent leurs soins.
*Ame d'enfant enlevée au ciel.* La terre pleure cette âme. Quatre pièces.
*Hercule et Omphale.* Deux pièces.
*Naissance de Vénus.* Deux pièces.
*Mars et Vénus.* Deux pièces.
*L'Amour faisant danser les Heures.*
*Mars vengeur.* Dessins en forme de fronton. Trois pièces.
*Ulysse chez Circé.*
*Capanée mourant.*
*Léda.* Deux pièces.
*Idoménée, ayant tué son fils, veut se poignarder.*
*Guerrier blessé.*
*Achille.* Vêtu d'une légère tunique, Achille est sur son cheval dont il modère l'impatience. Armé de ses javelots et de son bouclier, il se retourne de gauche à droite pour prendre son casque des mains d'un éphèbe.
*Amazones.* Huit pièces.
*Un cortège.*
*Un sacrifice dans l'antiquité.*
*Scène antique.*
*Adieux d'Andromaque et d'Hector.*

*Anacréon et l'Amour.* Trois pièces.

*Thétis retrouvant l'épée de son père.* Deux pièces.

*Léonidas.* Deux pièces.

*Timoléon.*

*Mort de César.* Cinq pièces.

*Septime Sévère et son fils Caracalla.*

*Coriolan chez les Volsques.*

*Conjurés.*

*Personnages romains.*

*Une mère et son enfant.* Quatre pièces.

*Une mère frappée à mort sur le cadavre de son enfant.*

*Groupes d'enfants.*

*Enfants au tombeau de leur père.*

*Groupes d'hommes suivant un blessé qu'on emporte.*

*Chien déterrant son maître.* Trois pièces.

*Orateur acclamé par la foule.*

*La Patrie.*

*Le Patriotisme.*

*La Force.*

*Un philosophe ayant sacrifié son amour est couronné par la Sagesse.*

*La Mort.* Un homme est à genoux auprès d'un monticule surmonté d'une croix. La main d'un cadavre enseveli en cet endroit est visible, et l'homme l'a saisie.

*Les Nations déposent des couronnes aux pieds de l'Architecture.*

*Deux Génies, debout, déchiffrent un même parchemin.*

*Le Génie du commerce.* Sept pièces. Sur quatre de ces dessins sont notées des réflexions du maître, qui permettent de surprendre le travail de sa pensée dans la conception d'une œuvre que David n'a pas mise au jour. Voici le texte de l'artiste : « Le Génie du commerce pourrait être représenté assis sur un ballot. Un vaisseau d'un côté ; un chariot de l'autre. Une balance. Deux enfants à droite et à gauche : l'un étudiant, l'autre s'occupant des arts. Ils indiqueraient aussi que le commerce procure les jouissances intellectuelles par la richesse. Le Commerce, représenté par un jeune homme, tient une plume à la main. Il est assis sur un ballot. Au-dessus de sa tête est une balance, signe de l'équité et symbole du commerce, plus convenable que le caducée qui est aussi l'emblème de l'éloquence. Une couronne d'olivier est suspendue à l'armature des balances pour rappeler que la paix est utile au commerce. Un navire indique les transports par mer ; un chariot, les transactions commerciales qui s'opèrent dans une même contrée. Le flambeau et le livre pourraient indiquer que le commerce est aussi un élément de civilisation. »

*Le Commerce.* « Il n'y a pas d'agent plus actif de civilisation. Son génie est cosmopolite et ami de la Liberté. Il tend à entretenir le goût des entreprises lointaines. Il ouvre une carrière large et féconde aux âmes aventureuses. Il est la base de la puissance maritime. Les vertus du commerce, ce sont : l'ordre, l'exactitude, la bonne foi, l'économie. Les quatre parties du monde viennent échanger leurs productions. Elles les déposent sur un autel où seraient sculptées, dans le genre égyptien, deux mains, symbole de la bonne foi qui doit présider aux transactions commerciales. La balance serait aussi l'emblème de la justice. D'un côté, on verrait un vaisseau pour indiquer les voyages lointains ; de l'autre, un chariot chargé de ballots pour rappeler les transports par terre. L'Europe présente son livre, symbole des connaissances humaines si utiles au progrès de la civilisation et du commerce ; l'Asie, ses parfums, ses bijoux, ses cachemires ; l'Afrique, la plante de café ; l'Amérique, ses pelleteries. Comme le commerce sert de trait d'union entre les peuples, ces quatre figures se tiennent enlacées. Le Génie du commerce entouré d'enfants qui lui présentent les emblèmes des arts et métiers : l'un une navette, l'autre un livre, un autre une gerbe de blé, un autre de la vigne. » Bien que certains détails de cette composition, encore à l'état d'ébauche dans l'esprit du maître, rappellent le sujet traité sur la façade de la Douane de Rouen, nous inclinons à penser qu'il s'agit ici d'un ouvrage très-distinct et qui eût reçu plus de développement que le haut relief mis en pendant à la *Navigation.*

*Le Génie du Commerce, des Fortifications, de la Guerre.* Seize pièces.

*Le Général La Fayette à la tribune.*

*Robespierre au comité de salut public.*

*Le Vaisseau « le Vengeur ».* Cinq pièces.

*Distribution de vin aux Champs-Élysées.*

*La France et la Liberté.*

*Les Français en Égypte.* Quatre pièces.

*Mameluck éprouvant la pointe du sabre qui vient de tuer son ennemi.*

*La Russie enveloppant les armées françaises.* Deux pièces.

*Waterloo.* La Victoire, debout, les bras étendus et les ailes largement ouvertes, protége le sommeil de quatre soldats français groupés dans des attitudes diverses. Au bas est écrit : « Les soldats de Waterloo endormis par la Victoire. »

*Les Adieux de Fontainebleau.* Napoléon baise les plis du drapeau français qu'un soldat incline jusqu'à lui.

*Une bataille.* Deux pièces.

*Young inspiré par la Muse.* Le poëte est assis au milieu de ruines gothiques; la main gauche, posée sur un tombeau, tient un manuscrit sur lequel on lit : « Nuit sur la mort. » Dans la main droite, une plume. Derrière le poëte, la Muse, debout et couronnée, porte une lyre et une torche enflammée. Au fond, indication de nuages et du disque lunaire.

### PROJETS DE MÉDAILLONS

*Charbonnier de la Guesnerie* (Charles), né à Angers.

*Falcon* (mademoiselle Marie-Cornélie), cantatrice.

*Garnier* (Étienne-Barthélemy), peintre d'histoire.

*Gastine* (Civique de), publiciste et négrophile français.

*Huyot* (Jean-Nicolas), architecte.

*Meynier* (Charles), peintre d'histoire.

*Wains-Desfontaines* (Théodore), poëte.

*Inconnus.* Quatre-vingt-dix pièces.

### PROJETS DE DESSINS

*Napoléon à Sainte-Hélène.* Croquis.

*Laignelot* (Joseph-François). Croquis de portrait à mi-corps. Au bas est écrit : « Laignelot, poëte tragique, et député de Paris à la Convention nationale. »

*Tête de jeune fille.* Au bas est écrit : « Nièce de lady Morgan. »

### ÉTUDES

*Académies* (hommes). Soixante-neuf pièces.

*Académies* (femmes). Trente-sept pièces.

*Hommes drapés.* Vingt-neuf pièces.

*Femmes drapées.* Dix-neuf pièces.

*Anatomie de l'homme.* Soixante-douze pièces. (Dessins à la sanguine.)

*Anatomie du cheval.* Cinquante pièces.

*D'après l'antique.* Quatre-vingt-seize pièces.

*Sujets inconnus.* Personnages du moyen âge, figures d'après Jean Goujon, Nicolas Poussin, Bernardino Luini, etc. Deux cent soixante et onze pièces.

*Armes, casques, emblèmes, meubles, ornements, chevaux de frise, aigles, lions,* etc. Quarante pièces.

## NOTES COMPLÉMENTAIRES

### § I

### STATUETTES

« Je sais d'une manière certaine que parmi les statuettes de David celles de *Jefferson*, d'*Armand Carrel*, de *Cuvier* (statue de Montbéliard) et de *Sainte Cécile* ne sont que des esquisses. *Condé*, *Foy*, *Jean Bart* et *Talma* sont encore des esquisses, mais beaucoup plus soignées. Je crois bien qu'il existe une esquisse en terre cuite de la statue de *Cuvier* (du Muséum de Paris). Les statuettes de *Gutenberg*, *Ambroise Paré*, *la Jeune Grecque*, *Fénelon*, ont été obtenues par la réduction Collas. Les statuettes de David, comme je viens de l'expliquer, ne sont donc pour la plupart que le premier jet des statues. Il n'eût jamais eu la patience ni le désir de recopier, pour ainsi dire, une œuvre déjà terminée. Il a cédé à la demande des fondeurs qui ont voulu reproduire quelques-unes de ses statues par le procédé Collas, qui est bien loin d'être sans défaut, puisqu'il doit être suivi d'une retouche compliquée de ciselure qui nuit souvent à la fidélité de la reproduction. C'est sur des requêtes réitérées qu'il a retouché lui-même ses esquisses de *Condé* et de *Jean Bart*, ainsi qu'une réduction de *Bonchamps*, que Froment Meurice a fait ciseler, et dont M. Théobald de Soland possède un exemplaire; mais David préférait beaucoup (à l'exception des trois statuettes dont je viens de parler) ses esquisses imparfaites au bronze retouché sans sa participation. » (Lettre de madame David d'Angers, octobre 1867.)

### § II

### MÉDAILLONS POLITIQUES

« Les médailles commémoratives d'événements politiques, telles que les *Quatre Sergents de la Rochelle*, les *Frères Bandiera*, les *Jumeaux de la Réole*, les *Massacres de Gallicie*, le *Maréchal Ney* et une ou deux autres, n'ont jamais eu de destination particulière. C'était en quelque sorte un hommage que David rendait spontanément aux victimes. Plusieurs de ces médailles ont été offertes en terre cuite par mon mari à différents amis qui les possèdent encore. » (Lettre de madame David d'Angers, octobre 1867.)

### § III

### DESSINS

« *Vénus sortant du sein des ondes*, qui est entre les mains de mademoiselle Esther Le Clère, et l'*Hymne à l'Amour*, appartenant à M. Mathieux, sont deux dessins retrouvés par hasard et faisant partie de la quantité énorme de dessins, aquarelles, croquis, etc., disséminés un peu partout et dont nous ne pouvons suivre la trace. Il n'y a pas lieu de leur accorder une importance particulière. Je les ai fait mettre dans la collection lithographiée par M. Marc parce qu'ils étaient alors les seuls que j'eusse sous la main. Il y a, je puis l'affirmer, plus d'une centaine de beaux croquis dans le genre de celui de Louis Proust, que mon mari a donnés, soit aux modèles, soit à ceux qu'ils intéressaient. Où les retrouver? » (Lettre de madame David d'Angers, octobre 1867.)

## OUVRAGES

### ATTRIBUÉS A DAVID D'ANGERS ET QU'IL N'A PAS FAITS

*Félix Bodin, député.* Buste. On lit dans l'*Étude sur la vie et les ouvrages de David d'Angers*, statuaire, par M. Adrien Maillard (1838), p. 19, nomenclature des œuvres de David : « Félix Bodin, buste. » — « David n'a pas exécuté le buste de Félix Bodin... » (Lettre de madame David d'Angers, octobre 1867.)

*Pilastre.* Buste. Même auteur, p. 19 : « Le buste de Pilastre n'existe pas... » (Lettre citée.)

*Alfred de Vigny.* Buste. Même auteur, p. 24 : « Le médaillon seul de ce poëte est dû au ciseau de David... » (Lettre citée.)

*Walter Scott.* Buste. Inauguration de la galerie David d'Angers, 7 novembre 1839. — Discours de M. Guillory : « L'Angleterre, l'Écosse et l'Irlande ont, elles aussi, ouvert à David la glorieuse pléiade de leurs illustrations contemporaines. Au-dessus d'elles dominent les grandes et austères figures de Walter Scott et de Bentham. » — « Walter Scott n'existe pas et n'a jamais été fait... » (Lettre citée.)

*Delaage.* Buste. On lit dans *Bric-à-brac*, par François Grille, Paris, Ledoyen, 1853, in-12, p. 215 : « David a fait le buste de Delaage, et comment ce monument ne figure-t-il pas sur une des places publiques d'Angers?... » — « David a souvent pensé à faire le buste de Delaage, mais il ne l'a jamais exécuté. » (Lettre citée.)

*Gilbert, Malfilâtre.* Bustes. On lit dans les notes autographes de David (bibliothèque d'Angers) : « Je fais le buste de l'infortuné Gilbert pour en faire don à son « pays. Plus tard, celui de Malfilâtre, aussi « un don à son pays. » — « Nous n'avons rien ici de Gilbert dû à David ; j'ai tout lieu de croire que le grand statuaire n'a malheureusement pas donné suite à son projet de doter la ville d'un buste de notre poëte ; à tous les points de vue, c'est infiniment regrettable : nous aurions eu de Gilbert une image par le plus grand artiste du temps. Un génie en eût fait revivre un autre. » (Lettre du maire de Fontenoy-le-Château, 15 janvier 1869.) — « J'ai l'honneur de vous informer que la ville de Caen ne possède aucun buste dû au ciseau de votre illustre compatriote David d'Angers. » (Lettre du maire de Caen, patrie de Malfilâtre, 19 janvier 1869.)

*Flaxmann.* Buste. On lit dans la préface des *Médaillons de David*, publiés par son fils, p. 8 : « ..... David d'Angers ne se vengea d'un procédé si brutal qu'en faisant le buste de Flaxmann. » (Edmond About.) — « David n'a fait que le médaillon de Flaxmann. » (Lettre de madame David d'Angers, octobre 1867.)

*Raspail, lord Byron.* Bustes. Ces deux bustes se trouvent mentionnés dans plusieurs discours sur David d'Angers. — « David n'a exécuté que les médaillons de Raspail et de lord Byron. » (Lettre citée.)

*Mademoiselle Roland.* Buste. Quelques biographes ont mis au nombre des ouvrages du maître un buste de mademoiselle Roland, fille du statuaire de ce nom, qui a été le maître de David. — « David n'a jamais exécuté le buste de la fille de son maître Roland. » (Lettre de madame David d'Angers, 1869.)

*L'Abbé Hauréau.* Buste. On lit dans la *Nouvelle Biographie générale* de Firmin Didot, tome XIII, colonne 230 : « L'abbé Hauréau, buste, à Angers » ; il faut lire : « l'abbé *Horeau*, buste, Château-Gontier (Mayenne). »

*Box*. Buste. Même source, t. XIII, colonne 230, il faut lire : *Bosu* (L. Auguste-Guillaume).

*Grenier*. Médaillon grandeur colossale. Même source, t. XIII, colonne 235 ; il faut lire : « *Crignier* (Louis). » — *N. B.* C'est le même que M. Maillard, dans son *Étude sur David*, appelle improprement *Crinier*.

*Madame d'Abrantès, Dulong*. Médaillons de grandeur colossale. Même source, t. XIII, colonne 235. — Ces médaillons n'ont pas de dimensions colossales ; ils font partie de la collection des médailles de David.

*Baraguey d'Hilliers*. Médaillon, même source, t. XIII, colonne 235 : « Le portrait de Baraguey d'Hilliers n'a jamais été de David d'Angers. » (Lettre de madame David, octobre 1867.) — *N. B.* David a exécuté le médaillon de l'architecte Baraguié.

*A. W. von Vislugel*. Médaillon. On lit dans le *Grand Dictionnaire universel du XIX*e *siècle* de P. Larousse, t. VI, p. 104, colonne 1, que David a exécuté le médaillon de Vislugel ; c'est Wilhelm de Schlegel qu'il faut lire.

*Corvisart, Cullerier*. Médaillons. Discours du docteur Bigot à l'inauguration du Musée David. — Les médaillons de Corvisart et de Cullerier n'existent pas.

*Monument de Quiberon, Chartreuse d'Auray* (Morbihan). Le monument de Quiberon est devenu célèbre, mais ses auteurs, comme on va le voir, sont moins connus, puisque cet ouvrage est assez fréquemment attribué, pour une part du travail, à David d'Angers. — A une demande de renseignements de notre part, voici la lettre qui nous fut adressée par M. l'archiviste du Morbihan ; nous la citons presque en entier ; elle nous a paru curieuse, à une époque comme la nôtre, où tant d'hommes se sont préoccupés de fournir à l'histoire des documents précis : « En 1863, je publiai une petite brochure chez Caudiron, éditeur à Vannes, intitulée : *la Chartreuse d'Auray et le Monument de Quiberon*. Naturellement, j'avais à décrire les belles sculptures qui décorent ce monument et à en rechercher exactement l'auteur. La tradition voulait que David d'Angers y eût travaillé, mais j'ai quelques motifs de me défier des traditions. Je consultai donc une vieille religieuse qui habitait alors, et qui habite peut-être encore aujourd'hui, la Chartreuse. Elle m'assura que David avait en effet travaillé aux sculptures en question ; qu'elle l'avait vu, et je crois même lui avait parlé. Désirant pousser mes recherches aussi loin que possible, afin d'être scrupuleusement exact, je questionnai encore un ancien chef de bureau de la préfecture du Morbihan. Il avait, à l'époque de l'érection du monument, rédigé lui-même toute la correspondance qui le concernait, et il se souvint qu'en effet il avait écrit à David. Enfin, Monsieur, j'écrivis moi-même à tout hasard au peintre Couder, à Paris, auteur d'un tableau que j'ai en ce moment sous les yeux, et qui reproduit une des scènes sculptées au monument ; j'ignorais si Couder vivait encore, et je reçus avec un peu d'étonnement une lettre de lui quelques jours après, dans laquelle, malgré son grand âge, il me donnait des renseignements fort utiles. Il croyait bien se rappeler, disait-il, que David avait travaillé aux sculptures. Tout cela aurait dû, ce semble, me faire conclure pour l'affirmative. Une chose pourtant me préoccupait encore : le dossier que j'ai aux Archives, renfermant toutes les pièces relatives aux travaux de la Chartreuse, ne mentionnait pas une seule fois le nom de David. Je continuai donc mes perquisitions. Je consultai le recueil lithographié des œuvres de David d'Angers : le monument de la Chartreuse n'y figure point. J'écrivis à Angers à des amis particuliers de David, et après avoir interrogé la famille même du statuaire, il me fut répondu que jamais David n'avait travaillé au monument de la Chartreuse d'Auray. » (V. Rosenzweiz.) — « C'est dans un voyage fait en Bretagne, nous écrit madame David d'Angers, bien des années après notre mariage, que David vit pour la première fois le monument de Quiberon, qui lui arracha cette parole : « Je voudrais qu'on ne perpétuât jamais, dans notre patrie, le souvenir d'une guerre civile, quel qu'en ait été le principe. » (Lettre de madame David d'Angers, février 1868.)

# TABLE ESTHÉTIQUE

## DES OPINIONS FORMULÉES PAR DAVID D'ANGERS

SUR

LES STYLES, — LES ÉCOLES, — LES FACULTÉS DE L'ARTISTE
L'ANATOMIE DES BEAUX-ARTS, — LE PROCÉDÉ, — LA PRATIQUE DES ARTS
DU DESSIN

---

# SOURCES BIBLIOGRAPHIQUES

## IMPRIMÉS.


*Académie (l') de France à Rome*, par A. Lecoy de la Marche. Paris, Didier, 1874, in-8°.

*Admiranda Romanarum antiquitatum ac veteris sculpturæ vestigia anaglyphico opere elaborata ex marmoreis exemplaribus quæ Romæ adhuc extant... a P. Sancti* BARTOLO *delineata et incisa; notis Jo. Petr.* BELLORI *illustrata. Romæ*, 1693, in-fol.

*Allégorie (de l')*, ou *Traités sur cette matière*, par Winckelmann, Addison, Sulzer, etc. Paris, J. Jansen, an VIII, 2 vol. in-8°.

*Angers et le département de Maine-et-Loire*, par Blordier-Langlois. Angers, V. Pavie, 1837, 2 vol. in-8°.

*Architectonographie des théâtres de Paris*, par Donnet et d'Orgiazzi. Paris, 1821, in-8°.

*Aristotelis opera omnia, cum indice nominum et rerum absolutissimo ex Scriptorum Græcorum bibliotheca. Græce et latine.* Parisiis, editore Ambrosio Firmin Didot, 1838, 4 vol. gr. in-8°.

*Art (l') et les artistes en France*, par Laurent Pichat. 3e édition. Paris, Pagnerre, s. d., in-18.

*Artistes (les) de mon temps*, par Charles Blanc. Paris, Didot, 1876, in-8°.

*Artistes français (les), Études d'après nature*, par Théophile Silvestre. Bruxelles, 1861, in-12.

*Beaux-arts (les) à l'Exposition universelle de 1855*, par Maxime Du Camp. Paris, Librairie nouvelle, 1855, in-8°.

*Biographie des hommes du jour*, par Sarrut et Saint-Edme. Paris, Krabbe, 1830, 2 vol. gr. in-8°.

*Biographie des hommes illustres de Béziers : David d'Angers, statuaire*, par A. Fabrégat. Béziers, Millet, 1866, in-8°.

*Bonchamps et sa statue*, par Victor Pavie. Angers, V. Pavie, 1840, gr. in-8° avec planche.

*Bouquet de violettes*, par Malvoisine (F. Grille). Angers, Victor Pavie, 1840, in-8°.

*Canova et ses ouvrages, ou Mémoires historiques sur la vie et les travaux de ce célèbre artiste*, par Quatremère de Quincy. Paris, A. Le Clere, 1834, gr. in-8°.

*Catalogue des manuscrits de la Bibliothèque d'Angers*, par M. Albert Lemarchand. Angers, Cosnier et Lachèse, 1863, in-8°.

*Catalogues de ventes d'autographes :*

Collection Capelle, 1849; — Lalande, 1850; — marquis de Chateaugiron, 1851; — anonyme, 1852; — baron de Trémont, 1852; — baron de Trémont, 1853; — de la Bouisse-Rochefort, 1854; — Hüttner, 1854; — J. L., 1855; — anonymes, 1855; — M***, 1855; — Parison, 1856; — Lucas de Montigny, 1860; — de Lajarriette, 1860; — anonyme, 1865; — Dervieux, 1868; — Dromont et Delestre, 1871; — Gauthier Lachapelle, 1872; — de la Bouisse-Rochefort, 1874; — anonymes, 1876.

*Caractères de la Bruyère.* Paris, Firmin Didot frères, 1853, in-12.

*Compte rendu des travaux de la commission*

*de souscription pour le monument de Larrey*. Paris, Baillière, 1850, in-8°.

*Conversations de Gœthe pendant les dernières années de sa vie, 1822-1832*, recueillies par Eckermann, traduites par Émile Délerot. Paris, Charpentier, 1863, 2 vol. in-12.

*Correspondencja Adama Mickiewicza*. Parys, Księgarnia Luxemburgska, 1872, 2 vol. in-12.

*David (Louis), son école et son temps*, par E. J. Delécluze. Nouvelle édition. Paris, Didier, 1863, in-12.

*David d'Angers (A. P. J.), sculpteur*, par Constant Dubos, poésie. Paris, Pagnerre, 1843, in-8°.

*De finibus*, par Cicéron. Paris, Moutard, 1783, in-12.

*Derniers Souvenirs et portraits*, par F. Halévy. Paris, Michel Lévy frères, 1863, in-12.

*Dictionnaire des artistes de l'École française au dix-neuvième siècle, peinture, sculpture, architecture, gravure, dessin, lithographie et composition musicale*, par Ch. Gabet, peintre. Paris, Vergne, 1831, in-8°.

*Dictionnaire historique, géographique et biographique de Maine-et-Loire*, par M. Célestin Port. Paris, Dumoulin, 1874, 3 vol. in-8°, en cours de publication.

*Dictionnaire politique, encyclopédie du langage et de la science politiques*, publié par E. Duclerc et Pagnerre. 7e édition. Paris, Pagnerre, 1868, gr. in-8°.

*Discours prononcé à l'inauguration de la statue de Bichat*, le 24 août 1843, par M. le baron Hippolyte Larrey. Paris, Bourgogne et Martinet, in-8°.

*Discours prononcé à l'inauguration du buste de David d'Angers*, par J. Sorin. Angers, Cosnier et Lachèse, 1863, in-8°.

*Discours prononcé à l'inauguration du buste de David d'Angers*, par M. Victor Pavie. Angers, Cosnier et Lachèse, 1863, in-8°.

*Esquisses, croquis, pochades ou tout ce qu'on voudra sur le Salon de 1827*, par A. Jal. Paris, A. Dupont et Cie, 1828, in-8°, accompagné de dessins lithographiés.

*Essai sur les signes inconditionnels de l'art*. Leyde, 1832-1837, 4 livraisons in-folio avec figures. L'ouvrage est signé D. P. G. H. de S.

*Étude sur la vie et les ouvrages de David d'Angers, statuaire*, par Adrien Maillard. Angers, Victor Pavie, 1838, in-8°, 31 p.

*Études sur les beaux-arts en France et en Italie*, par M. le vicomte Delaborde. Paris, veuve Jules Renouard, 1864, 2 vol. in-8°.

*Études sur les beaux-arts en général*, par M. Guizot. Paris, Didier, 1852, in-12.

*Fouilles et découvertes*, par Ernest Beulé. Paris, Didier et Cie, 1873, 2 vol. in-8°.

*Funérailles de M. David d'Angers*. Paris, Didot, 1856, gr. in-8°.

*Galerie des contemporains illustres*, par un Homme de rien. 88e livraison : *M. David d'Angers*. Paris, A. René, s. d., in-12, avec portrait.

*Géricault, étude biographique et critique, avec le Catalogue raisonné de l'œuvre du maître*, par Charles Clément. Paris, Didier, 1868, in-8°.

*Gœthe et David, souvenirs d'un voyage à Weimar*, par Victor Pavie. Angers, P. Lachèse, Belleuvre et Dolbeau, 1874, in-8°.

*Grammaire des arts du dessin : architecture, sculpture, peinture*, par Charles Blanc, membre de l'Institut. 2e édition. Paris, J. Renouard, 1870, gr. in-8°.

*Grand Dictionnaire universel du dix-neuvième siècle*, par Pierre Larousse. Paris, 15 vol. in-4°, fascicule 145.

*Grèce contemporaine (la)*, par Edmond About. Paris, Hachette, 1854, in-12.

*Habitations des personnages les plus célèbres de France, depuis 1790 jusqu'à nos jours*, dessinées d'après nature par Auguste Regnier et lithographiées par Champin. Paris, s. d., in-8° oblong.

*Histoire d'Angleterre*, par David Hume, traduction Campenon. Paris, Furne, 1840, 13 vol. in-8°.

*Histoire des deux Restaurations*, par Achille de Vaulabelle. 7e édition. Paris, Garnier, s. d., 8 vol. in-8°.

*Histoire de la république de 1848*, par Victor Pierre. Paris, E. Plon et Cie, 1873-1878, 2 vol. in-8°, en cours de publication.

*Histoire de France*, par Michelet. Paris, Hachette; puis Chamerot, 1833-1867, 17 vol. in-8°. Tome VII.

*Histoire de Léonard de Vinci*, par Arsène Houssaye. Paris, Didier, 1869, in-8°.

*Histoire de la vie et des ouvrages de Michel-Ange Buonarroti*, par Quatremère de Quincy. Paris, Didot, 1835, in-8° avec portrait.

*Histoire des peintres français au dix-neuvième siècle*, par Charles Blanc. Paris, Cauville frères, 1845, in-8°.

*Histoire naturelle de Pline*. Paris, Firmin Didot frères, 1855, 2 vol. gr. in-8°.

*Hugo (Victor) raconté par un témoin de sa*

vie. Paris, Lacroix, Verboeckhoven, 1863, 2 vol. in-8°.

*Inauguration de la statue de Bichat*, le 16 juillet 1857. Paris, imprimerie Félix Malteste, in-8°.

*Inauguration de la statue de Gerbert*, par par P. Plout. Aurillac, Plout, 1851, in-12.

*Inauguration du buste de P. A. Béclard, d'Angers, professeur à l'École de médecine de Paris.* Angers, L. Pavie, 1827, in-8°.

*Inauguration du buste de David d'Angers.* Angers, Cosnier et Lachèse, 1863, in-8° de 71 p.

*Ingres, sa vie, ses travaux, sa doctrine*, par le vicomte Henri Delaborde. Paris, H. Plon, 1870, in-8°.

*Isclo d'or (lis), recuei de pouesio diverso*, par Frédéri Mistral, traduction française en regard. Avignon, Roumanille; Paris, A. Lemerre, 1876, in-12.

*Laocoon (du)*, ou *Des limites respectives de la poésie et de la peinture*, par G. E. Lessing; traduit de l'allemand par Charles Vanderbourg. Paris, Renouard, 1802, in-8°.

*Leçons sur l'histoire et la théorie des beaux-arts*, par A. G. Schlegel, traduction de Couturier de Vienne. Paris, Pichon et Didier, 1830, in-8°.

*Lettres écrites de Londres à Rome et adressées à M. Canova sur les marbres d'Elgin, ou les sculptures du temple de Minerve à Athènes.* Paris, A. Le Clerc et Cie, 1836, in-8°.

*Lettres écrites de la Vendée à M. Anatole de Montaiglon*, par Benjamin Fillon. Paris, Tross, 1861, in-8°.

*Lettres sur l'enlèvement des ouvrages de l'art antique à Athènes et à Rome*, écrites les unes au célèbre Canova, les autres au général Miranda, par M. Quatremère de Quincy, nouvelle édition. Paris, Adrien Le Clerc et Cie, 1836, in-8°.

*Livrets des Salons de* 1817 à 1849.

*Manuel d'archéologie*, par Ottfried Muller, traduction Nicard. Paris, Roret, 1841, 3 vol. in-18, tome I.

*Manuel de l'histoire de l'art*, par le comte F. de Clarac. Paris, Renouard, 1847, in-12.

*Mélanges posthumes d'Adam Mickiewicz*, publiés avec introduction, préfaces et notes par Ladislas Mickiewicz. Paris, L. Mickiewicz, 1873, in-12.

*Mémoires, Correspondance et manuscrits du général La Fayette.* Paris, Fournier, 1837-1838, 6 vol. in-8°.

*Mes Éphémères*, poésies, par Th. Wains-Desfontaines. Moulins, Desrosiers, 1839, in-12.

*Monographie de la rue David d'Angers à Dunkerque*, par Raymond de Bertrand. Dunkerque, Benjamin Kien, 1859, in-8°.

*Monument de Pierre-Paul Riquet*, pose de la première pierre. Béziers, veuve Borry, 1830, in-8°.

*Musée d'Angers (le)*, par Louis Tavernier. Angers, Cosnier et Lachèse, 1833, in-8°.

*Musée de sculpture antique et moderne*, ou *description historique et graphique du Louvre*, par le comte F. de Clarac. Paris, Imprimerie royale, texte, 1841-1853, 6 vol. in-8°. Planches, Paris, Victor Texier, 1826-1853, 6 vol. in-4° oblong.

*Notice des peintures et sculptures du Musée d'Angers*, par Henry Jouin. Angers, P. Lachèse, Belleuvre et Dolbeau, 1870, in-12.

*Notice des tableaux exposés dans les galeries du Musée national du Louvre*, par Frédéric Villot. *École française.* Paris, Ch. de Mourgues, 1874, in-12.

*Notice sur deux artistes angevins*, par P. Hawke. *Bulletin de la Société industrielle d'Angers*, XIIIe année, 1842. Angers, Cosnier et Lachèse, in-8°.

*Notice sur la vie et les ouvrages de M. Pierre-Jean David d'Angers*, par M. F. Halévy. Paris, Didot, 1857, gr. in-8°.

*Notice sur la vie et les ouvrages de Roland*, par David d'Angers. Lille, L. Daniel, 1847, in-8°.

*Notice sur Pierre-Louis David*, par David d'Angers. *Bulletin de la Société industrielle d'Angers*, Xe année, 1839. Angers, Cosnier et Lachèse, in-8°.

*Nouvel (le) Hôtel des Douanes.* Rouen, D. Brière, 1838, in-18.

*Otia, poésies nouvelles*, par Th. Wains-Desfontaines. Toulouse, Paya, 1843, in-8°.

*Œuvres de lord Byron*, traduction de Benjamin Laroche. Paris, Hachette et Cie, 1859, 4 vol. in-12, tome II.

*Œuvres complètes de Chateaubriand.* Paris, Garnier, sans date, 12 vol. in-8° illustrés. — *Les Martyrs*, tome IV. — *Itinéraire*, tome V.

*Œuvres choisies de Diderot, précédées de sa vie*, par F. Génin. Paris, Firmin Didot frères. 1847, 2 vol. in-12.

*Œuvres poétiques complètes d'Adam Mic-*

*kiewicz*, traduit du polonais par Christien Ostrowski. 5e édition. Paris, Didot, 1859, 2 vol. in-12.
*Œuvres complètes du roi René*, avec une biographie et des notices par M. le comte de Quatrebarbes, et un grand nombre de dessins et ornements d'après les tableaux et manuscrits originaux, par M. Hawke. Angers, Cosnier et Lachèse, 1845-1846, 4 vol. gr. in-4°. Tome I.
*Origine des premières sociétés des peuples, des sciences, des arts, et des idiomes anciens et modernes*, par Poinsinet de Sivry. Amsterdam, 1769, in-8°.
*Paysages et Souvenirs*, poésies, par Adrien Maillard. Paris, J. Claye, 1869, in-12.
*Phidias, sa vie et ses ouvrages*, par L. de Ronchaud. Paris, Gide, 1861, in-8°.
*Poésies de Victor Hugo*. Paris, Hachette, 1855, 2 vol. in-12. *Les Rayons et les Ombres*, t. I. *Les Feuilles d'automne*, t. II.
*Poésies complètes de Sainte-Beuve*. Paris, Charpentier, 1869, in-12.
*Pologne historique (la)*, par Léonard Chodzko. Paris, 1846-1847, gr. in-8° avec planches.
*Portraits d'artistes*, par Gustave Planche. Paris, Michel Lévy frères, 1853, 2 vol. in-12.
*Pradier (J.), étude sur sa vie et ses ouvrages*, par Antoine Etex. Paris, l'auteur, 1859, in-8°.
*Principe (du) de l'art et de sa destination sociale*, par P. J. Proudhon. Paris, Garnier, 1865, in-12.
*Profils révolutionnaires par un crayon rouge*, publiés par Victor Bouton. Paris, 1848-1849, imprimerie de Beaulé et Maignand, in-8°.
*Puget (Pierre), peintre, sculpteur, architecte, décorateur de vaisseaux*, par Léon Lagrange, 2e édition. Paris, Didier, 1868, in-12.
*Quelques Mots sur la statue de Larrey*, par J. Sabbatier. Riom, Leboyer, 1850, in-12.
*Quelques Notes écrites sur les bords du Rhin*, par David d'Angers. *Bulletin de la Société industrielle d'Angers*, 17e année, 1846.
*Récit de l'inauguration de la statue de Gutenberg et des fêtes données par la ville de Strasbourg les 24, 25 et 26 juin 1840*, par Auguste Luchet. Paris, Pagnerre, 1840, in-18.
*Recueil de Lettres sur la peinture, la sculpture et l'architecture, écrites par les plus grands maîtres, etc., depuis le XVe siècle jusqu'au XVIIIe*, publiées à Rome par Bottari en 1754; traduites et augmentées par L. J. Jay. Paris, Galerie des tableaux, 1817, in-8°.
*Recueil des lois, décrets, ordonnances, arrêtés, avis du Conseil d'État*, etc. In-8°, année 1817.
*Salon de 1833. Les Causeries du Louvre*, par A. Jal. Paris, Ch. Gosselin, 1833, in-8°.
*Simart, statuaire, membre de l'Institut. Étude sur sa vie et son œuvre*, par G. Eyriès. Troyes, Bouquot, 1860, in-8°.
*Station (la) du Levant*, par l'amiral Jurien de la Gravière. Paris, E. Plon et Cie, 1876, 2 vol. in-12.
*Statue de Gerbert, notes explicatives*, par Henri Durif. Aurillac, Picut, 1851, in-8°.
*Thorvaldsen, sa vie et son œuvre*, par Eugène Plon. Paris, Henri Plon, 1867, gr. in-8° avec planches.
*Vita di Michelagnolo Buonarrotti, pittore, scultore ed architetto fiorentino*, scritta da Giorgio Vasari, aggiuntovi copiose note. Roma, Pagliarini, 1760, in-4°.
*Voyage artistique en France*, par Léonce de Pesquidoux. Paris, Michel Lévy frères, 1857, in-12.
*Voyage à Saint-Florent et à la Chapelle le 23 juin 1825*, par Louis Pavie. Angers, Pavie, 1825, in-8°, 7 pages.
*Voyage au pays des milliards*, par Victor Tissot. 18e édition. Paris, Dentu, 1875, in-12.

*Allegemeine Zeitung*, journal d'Augsbourg, nos des 25 et 26 août 1837.
*Almanach du mois. Revue de toutes choses*, Paris, rue Royale-Saint-Honoré, 23, in-12. Mai 1844.
*Almanach du Peuple pour 1850*. Paris, Michel, in-18.
*Almanach populaire de la France*. Année 1840. Paris, Degouve-Denuncque, in-18.
*Annuaire artistique*, 3e année, 1862. Paris, Renouard, 1863, in-8°.
*Blätter für literarische Unterhaltung*. Leipzig, nos des 5 et 6 février 1840.
*Bouil-Abaisso de 1845 (lou)*, n° du 8 mars 1846.
*Bulletin de la Société industrielle d'Angers*, in-8°, *passim*.
*Charivari (le)*, n° du 22 avril 1836.
*Commerce (le)*, n° du 14 mars 1844.
*Commerce de Dunkerque (le)*, nos des 11 et 27 septembre 1845.

*Constitution (la)*, n° du 19 avril 1849.
*Courrier du Bas-Rhin*, n° du 9 juin 1844.
*Courrier de Loir-et-Cher*, n° du 5 octobre 1843.
*Daguerréotype théâtral (le)*, n° du 24 juillet 1850.
*Démocrate de l'Ouest (le)*, n°s des 14, 16 et 28 juin 1849.
*Démocratie (la)*, *journal de Béziers*, n° du 2 avril 1849.
*Deutsche Volkshalle*, n°s du 11 au 20 mars 1840.
*Dunkerquoise (la)*, n°s des 12 août, 2, 9 et 27 septembre 1845.
*Écho (l') de la Mayenne*, *journal de Laval*, n° du 14 août 1844.
*Écho (l') du Cantal*, n°s des 30 novembre 1844, 8 novembre 1845, 4 janvier et 25 octobre 1851.
*Éclaireur (l')*, *journal politique de Saint-Omer*, n° du 3 octobre 1845.
*Espérance (l')*, *Courrier de Nancy*, n° du 7 juillet 1840.
*Gazette des Beaux-Arts*, n°s des 1er décembre 1859, 15 novembre et 15 décembre 1860, 1er janvier 1866 et 1er août 1869.
*Gazette de Cambrai*, n° du 13 juillet 1844.
*Gazette de France*, n° du 6 février 1850.
*Gazette des Hôpitaux*, n° des 6 janvier 1840, 10 et 17 août 1850.
*Illustration (l')*, n° du 27 juillet 1852.
*Impartial (l') de la Meurthe et des Vosges*, n° du 10 septembre 1850.
*Industriel calaisien (l')*, n°s des 9 décembre 1848, 17 novembre 1850 et 20 janvier 1850.
*Journal de Béziers*, n°s du 12 juin 1846, 17 juin et 17 septembre 1847.
*Journal de Calais*, n°s des 26 février, 26 mars, 11 septembre et 2 octobre 1845.
*Journal de Cherbourg*, n°s des 30 mars et 6 avril 1845.
*Journal des Débats*, n° du 27 mars 1850.
*Journal de Dunkerque*, n°s des 14 et 26 septembre 1845, 19 juin 1850.
*Journal du Havre*, n° du 10 août 1852.
*Journal de Maine-et-Loire*, n°s des 27 février et 11 mars 1838, 30 octobre 1839, 9 septembre 1843, 17 et 23 novembre 1846, 12 octobre 1850, 2 juin 1853 et 9 janvier 1856.
*Journal de la Meurthe et des Vosges*, n°s des 10 et 14 septembre 1850.
*Liberté (la)*, journal mensuel, n° de novembre 1832.
*Libre Recherche (la)*, livraison de janvier et de février 1857.
*Mémoires de la Société d'Agriculture, Sciences et Arts d'Angers*, in-8°, *passim*.
*Mémoires de la Société royale des Sciences, de l'Agriculture et des Arts de Lille*. Lille, L. Danel, année 1840.
*Mémorial artésien de Saint-Omer*, n°s des 1er et 4 octobre 1845.
*Moniteur catholique (le)*, n°s des 3 avril 1850 et 20 juillet 1860.
*Moniteur universel (le)*, n°s des 12 janvier, 2 mars et 13 août 1828, 10 juin 1844, 17, 30 mars, 12 mai, 8 juin, 18, 23, 27 juillet, 8, 13, 15, 16, 19 septembre, 5 octobre et 19 décembre 1848, 4 janvier, 11, 17 février, 16 mars, 3, 4 et 10 avril 1849, 23 novembre 1850.
*Mouche littéraire (la) de Saône-et-Loire et de l'Ain*, n° du 29 août 1843.
*National (le)*, n°s des 28 août 1845 et 16 août 1847.
*Nouvelles Annales de l'Institut de correspondance archéologique de Rome*, tome XVIII.
*Observateur (l') des arrondissements d'Avesnes, de Cambrai et de Valenciennes*, n° du 21 septembre 1845.
*Patriote (le) de la Meurthe et des Vosges*, n°s des 23 août 1839 et 14 septembre 1850.
*Précurseur (le) de l'Ouest*, n°s des 3 février 1844, 6 avril, 2 décembre 1847, 26 décembre 1848, 26, 28 août 1850 et 11 novembre 1851.
*Presse (la)*, n°s des 12 juin 1847 et 10 août 1850.
*République (la)*, n° du 20 mai 1851.
*Revue britannique*, livraison de décembre 1875.
*Revue du Cantal*, n° du 22 octobre 1851.
*Revue des Deux Mondes*, livraisons des 15 août 1837, 15 juillet 1852, 1er mars 1856 et 1er mars 1863.
*Revue du Havre*, n° du 7 octobre 1843.
*Revue de Paris*, livraison d'août 1840.
*Revue du Progrès politique social et littéraire*, livraisons des 1er avril et 1er décembre 1839.
*Siècle (le)*, n° du 13 mai 1857.
*Tait's Edinburgh Magazine*, April 1834, Edinburgh, in-8°.
*Travailleur (le) de Nancy*, n° du 10 septembre 1850.
*Union de l'Ouest (l')*, n° du 14 juin 1853.

## MANUSCRITS.

*Archives du collége de Châteaugontier.*
*Archives de la Fabrique de la cathédrale d'Angers.*
*Archives de la Faculté de droit de Poitiers.*

*Archives de l'Institut de France.*
*Archives des Musées nationaux.*
*Archives municipales de la ville d'Angers.*
*Archives municipales de Beaufort en Vallée* (Maine-et-Loire).
*Archives municipales de Cherbourg.*
*Archives municipales de Dunkerque.*
*Archives municipales de la Ferté-Milon.*
*Archives municipales de Margency* (Seine-et-Oise).
*Archives municipales de Neuchâtel* (Suisse).
*Archives municipales de Paris.*
*Archives municipales de la ville de Rennes.*
*Archives nationales*, F[1] 373.
*Archives du Petit-Séminaire Mongazon*, à Angers.
*Correspondance de David d'Angers* avec Louis Pavie, MM. Hippolyte baron Larrey, comte Ferdinand de Lasteyrie, etc.
*Extraits de divers ouvrages manuscrits et imprimés, pour servir à l'histoire d'Anjou*, par l'abbé Jacques Rangeard. Mss. une liasse in-fol., papier, XVIIIe siècle. Bibliothèque d'Angers. Catal. de M. Albert Lemarchand, n° 892.
*Lettres adressées au maître par les savants, poëtes et artistes, etc., ses contemporains.* Appartenant à M. Robert David.
*Lettres de Madame David d'Angers à l'auteur du présent ouvrage* (1860-1877).
*Notes autographes de David d'Angers*, à la Bibliothèque d'Angers.
*Notes autographes de David d'Angers*, appartenant à la famille.
*Notes autographes de David d'Angers*, appartenant à M. Victor Pavie.
*Notice biographique sur David d'Angers*, par François Grille. Mss. In-fol., papier, XIXe siècle. Bibliothèque d'Angers. Catal. de M. Albert Lemarchand, n° 1038.
*Quelques Idées sur les guerres de la Vendée*, par David d'Angers, manuscrit appartenant à M. Victor Pavie.
*Rerum Andegavensium Pandectæ*, auctore Claudio Menardo, presbytero Andegavensi reginæ supplicum libellorum magistro Mss. 2 vol. in-fol. sur papier, XVIIe siècle. Bibliothèque d'Angers. Catal. de M. Albert Lemarchand, n° 875.

## ESTAMPES.

*Médaillons (les) de David d'Angers, réunis et publiés par son fils.* Paris, Ch. Lahure, album photographique précédé d'une notice sur David d'Angers, par M. Edmond About, 1867, in-4°.
*Œuvres complètes de P. J. David d'Angers*, lithographiées par Eugène Marc, son élève. Paris, Haro, 1856, in-4°.
*Œuvre de Flaxmann*, Recueil de ses compositions gravées par Reveil, avec analyse de la *Divine Comédie* de Dante et notice sur Flaxmann. Paris, Reveil, 1836, in-8° oblong, texte et planches.

# CORRECTIONS

## TOME PREMIER

Page 63, ligne 10 : « Il (Louis David) traça devant moi deux têtes. L'une représente le devin Calchas du vase Médicis. » David d'Angers, en transcrivant les paroles de Louis David, n'eut pas la curiosité d'en contrôler l'exactitude. Calchas ne figure pas sur le vase Médicis, mais bien sur le vase d'Étrurie, et c'est là que Louis David l'a emprunté pour lui donner place dans le tableau des *Sabines*. Voir *Admiranda Romanarum antiquitatum ac veteris sculpturæ vestigia anaglyphico opere elaborata ex marmoreis exemplaribus quæ Romæ adhuc extant... A P.* Sancti Bartolo *delineata et incisa; notis Jo. Petr. Bellori illustrata. Romæ*, 1693, in-fol.

Page 73, ligne 10; page 133, ligne 31 : Prévost, *lisez* Provost.

Page 151, lignes 16 et 17; page 454, ligne 32 : Achille Leclère, *lisez* Achille Le Clère.

Page 159, ligne 30 : Bonassieux, *lisez* Bonnassieux.

Page 146, ligne 29; page 107, ligne 9 : David Pury de Neufchâtel, *lisez* David Purry de Neuchatel.

Page 164, ligne 5; page 201, ligne 17; page 210, lignes 1, 7, 10, 13, 20, 27, 35; page 211, lignes 5, 12, 14, 16, 21, 29 : Lafayette, *lisez* La Fayette.

Page 188, ligne 5 : Arnaud, *lisez* Arnault.

Page 208, ligne 34; page 209, ligne 1 : « Un bas-relief représentant le comte de Frotté... date de l'année 1829 », *lisez* 1826.

Page 265, ligne 4 : Sydney Smith, *lisez* Sidney Smith.

Page 276, ligne 5 : Labruyère, *lisez* La Bruyère.

Page 291, ligne 30 : Saccini, *lisez* Sacchini.

Page 329, ligne 27 : Une expression de volonté que le maître a gravée sur les lèvres de Fénelon..., *lisez* a également gravée sur les lèvres de Fénelon.

Page 359, ligne 9 : de Blosserville, *lisez* de Blosseville.

Page 367, ligne 1 : M. de Belmas, *lisez* M. Belmas.

Page 381, lignes 7 et 18 : le colonel de Briqueville, *lisez* le colonel Briqueville.

Page 383, ligne 12 : Thoret, *lisez* Thoré.

Page 431, ligne 38; page 432, ligne 27 : Olivier, *lisez* Ollivier.

Page 433, ligne 36 : Mérilhon, *lisez* Mérilhou.

Page 457, ligne 22 : « Il courait à Duffel admirer le *Mariage de la Vierge* d'Albert Dürer. » Nous avons relevé ces mots sur le carnet du maître : « Je reviens de Duffel où j'ai vu le *Mariage de la Vierge* par Albert Dürer. » Informations prises au cours de l'impression de notre ouvrage, nous apprenons qu'il n'existe pas d'œuvre d'Albert Dürer à Duffel.

Page 496, ligne 15 : Duhaillan, *lisez* du Haillan.

Page 500, ligne 32 : Mademoiselle Lace Boileau, *lisez* Boyleau.

Page 502, ligne 26 : Godefroid Cavaignac, *lisez* Godefroy Cavaignac.

Page 527, ligne 22 : Monna Lisa, *lisez* Mona Lisa.

Page 572, ligne 19 : Pasqueraydaroux, *lisez* Pasqueraie du Rouzay.

## TOME SECOND

Page 436, ligne 24; page 438, ligne 15; page 440, ligne 5; page 441, lignes 13 et 15 : Achille Leclère, *lisez* Achille Le Clère.

# TABLE GÉNÉRALE

DES PERSONNAGES, MONUMENTS, ŒUVRES SCULPTÉES, PEINTES, DESSINÉES ET GRAVÉES, MENTIONNÉS DANS CET OUVRAGE

# TABLE DES MATIÈRES

## DU TOME SECOND



# ESTHÉTIQUE ET HISTOIRE DE L'ART

## SCULPTURE

### CHAPITRE PREMIER. — PHILOSOPHIE DE LA SCULPTURE



### CHAPITRE II. — DES STYLES

## CHAPITRE III. — DE L'ARTISTE



## CHAPITRE IV. — DES DIFFÉRENTS MODES EN SCULPTURE

## CHAPITRE V. — PRINCIPES GÉNÉRAUX SUR LA COMPOSITION



## CHAPITRE VI. — FIGURES DE RONDE BOSSE



## CHAPITRE VII. — BAS-RELIEFS

## CHAPITRE VIII. — DES PROPORTIONS



## CHAPITRE IX. — DU GESTE, DE L'ATTITUDE, DU MOUVEMENT



## CHAPITRE X. — DU CARACTÈRE DES FORMES



## CHAPITRE XI. — DU NU, DU VÊTEMENT, DES ATTRIBUTS DE LA COLORATION DES STATUES

## CHAPITRE XII. — NOTES PHYSIOLOGIQUES



## CHAPITRE XIII. — OUVRAGES PROJETÉS

## ARCHITECTURE

DES STYLES. — DU PROCÉDÉ



## PEINTURE

GENRES. — MÉTHODES



## MUSIQUE

SOUVENIRS



## DANSE

## PORTRAITS D'ARTISTES

# IMPRESSIONS ET CRITIQUES

## MONUMENTS RELIGIEUX

### FRANCE



### BELGIQUE



### ESPAGNE

## MONUMENTS CIVILS

### FRANCE



### BELGIQUE



### HOLLANDE



### EMPIRE OTTOMAN



## SCULPTURES

### SCULPTURES ANTIQUES



### SCULPTURES MODERNES

## PEINTURES ET DESSINS



## MÉLANGES

# LETTRES SUR L'ART

# ŒUVRE SCULPTÉ ET DESSINÉ

# TABLE DES PLANCHES

## DU TOME SECOND



PARIS. TYPOGRAPHIE DE H. PLON ET C^ie, 8, RUE GARANCIÈRE.

www.ingramcontent.com/pod-product-compliance
Lightning Source LLC
LaVergne TN
LVHW010519100826
845148LV00001B/45